儒教 喪禮의 이해

| 이철영 지음 |

도서출판 해조음

머리말

　의례는 사회를 유지하고 발전시키기 위한 공동체적 인식의 시대적 산물로서, 구성원들이 공통적으로 인식하고 있는 가치와 윤리식을 바탕으로 사회적 관계질서를 구축하기 위하여 만들어진 형식이라고 할 수 있다. 이 중 죽음의례는 삶과 죽음에 대한 축적된 논의에 기초함으로써 공동체의 종교·신앙적 성격을 가장 잘 표현하고 있다고 할 수 있다. 그렇기 때문에 의례의 기본적 맥락은 공동체가 가지는 인식에 기초한다. 죽음의례는 당연히 삶의 과정을 통해 축적된 생사관에 의해 정리되고 이해되어야함이 당연할 것이다.

　우리는 일상생활에서 수많은 죽음을 접하고 이야기한다. 그 과정에 언제부터인가 '장례'라는 용어가 등장하였고, 일반화 되었다. 전문적인 학술활동에서조차 한국인의 죽음의례를 논의할 때 '장례'라는 용어를 사용하는 것에 주저하지 않는다. 그러면서 전통을 이야기한다. 전통과 장례를 연결하여 논의하는데 불편함을 느끼는 것은 극소수에 지나지 않고, 이를 지적하는 것이 오히려 시대에 뒤떨어진 모습으로 비춰지고 있다. 그러나 가장 한국적이어야 할 한국인의 죽음에 대한 개념은 모호하다. 장례와 상례를 구분하지 못하고, 전통과 현대의 경계가 명확하지 않고, 죽음과 죽음의례를 터부시하는 것이 오랜 관습으로 이야기된다. 대중의 질문이나, 자신이 잘 모르는 부분, 이해가 되지 않는 부분을 접하면 고민하기보다 전통 유교의례의 허례허식으로 치부한다. 의례가 시대적 요구에 부응하여 정립되고 정착되어지는 것은 고금의 이치라 할 것이다. 그런데 이러한 예를 오늘에 되새기기위해 우리에게 필요한 것은 예를 정립하는 과정에서 선현들이 가졌던 정신세계와 생활방식 등을 온전하게 이해하는 것이 전제되어야 한다. 이를 통해 의례의 목적과 실행을 분석함으로써 우리시대에 필요한 의례를 정립하는 것이 무엇보다 중요한 작업이 될 것이다. 이러한 과정에서 무엇이 잘못되었고 무엇을 알고 모르는가에 대한 질문에 답하는 것이 개인적 관심사였다.

　인생의 전환점에서 시작된 죽음과 죽음의례에 대한 긴 탐구의 여정에서 그 종착점이 어디인지는 가름조차 할 수 없었다. 단지 확실한 것은 죽음이 무엇인지도 모르고, 무엇을 찾아야하고, 무엇이 중심되는지 또, 자신이 어디로 가고 있는지도 모르던 철부지가 막막한 시간을 거치면서 중요한 고비를 통해 여기까지 올 수 있었다는 점이다. 그 험난한 길에서 몸소 연구자의 길을 실천을 통해 이끌어 주시면서 늘 스스로에게 엄격하셨던 스승을 만났고, 삶의 고단함 속에서도 먼 길을 마다하지 않고 함께 토론하며 격려와 성원을 아끼지 않았던 도반(道伴)들의 도움이 있었기에 가능하였다고 할 수 있다.

처음 입문하면서 기초지식이 부족하여, 관련된 단어만 있으면 무조건 살펴보고, 읽고, 정리하고, 나름의 논리를 통해 순서를 정하고 보완하면서 새롭게 바꾸는 지루한 작업을 오랫동안 진행하여왔다. 오랜 축적의 시간을 통해 학문의 근간을 밝히고 관련성에 대해 논리를 펼 수 있는 정도에 이르고, 이제는 대중과 소통하고 후학의 질문에 답해야하는 시기가 되고 보니, 그들도 역시 필자가 경험하였던 것처럼 연구의 기준과 방향을 정하지 못하고 흔들리고 있는 안타까운 모습을 대하게 된다. 단순 번역서뿐인 참고 서적이나 읽고, 보면서 안타까움을 금할 수 없었다. 단순한 한문 번역서를 통해 연구자들이 기초에 천착하기보다 새로운 연구의 지평을 넓혀가기를 바라는 간절한 마음에서 도움을 주고자 선현의 글을 책으로 엮고 해설하고자 하였다. 이 과정에서 드러나는 문제점은 온전히 부족한 연구자의 몫임을 미리 밝히고자 한다.

본 책자는 연구자가 유교상례에 대해 탐구하였던 지난 시간에 대한 기록이며, 고민하였던 결과라고 할 수 있다. 책을 준비하는 과정에서 아직껏 부족한 점이 많아 자칫 선후배님들의 연구에 걸림돌이 되지 않을까 하는 근심이 앞서기도 한다. 그러나 최근까지 진행되었던 "상례 시대구분의 필요성과 근대상례에 대한 논의"과정에서 우리가 인식하고 있는 전통의례가 무엇인가에 대한 이해가 선행된 후에야 발전적 논의가 가능할 수 있음을 절감하였다. 이러한 요구와 필요에 의해 부족하나마 그간의 성과를 토대로 정리하게 되었다.

이 글은 『주자가례』를 중심으로 한 유교 상례의 해설서적 성격을 갖는다. 단순히 『예서』의 문장해석에 머무르지 않고, 그간의 연구서들이 간과하였던 동양 천문학과 음양오행론을 통한 상징체계의 이해를 기초로 하여 분석을 진행하였다. 아울러 전통사회의 생업구조와 생활상 그리고 유교적 가치와 상징을 통해 각 절차에 나타난 의례행위의 목적과 변화양상 등을 살펴봄으로써 상례를 온전히 이해하고자 하였다. 이를 위해 『가례집람』, 『사례편람』, 『상변통고』 등의 예서를 분석하여 가능하면 그 근원을 밝히고 변화양상을 드러내고자 하였다. 그 과정에서 상례의 절차와 진행순서에 맞추어 예서에 기술된 각각의 도식을 살피고, 세분화하여 설명과 연계시켜 정리함으로써 『주자가례』 중심의 유교상례를 이해하는데 도움을 주고자 하였다. 아마도 이러한 노력이 상례의 입문자나 중급연구자, 관련 업종에 종사하는 이들에게는 상례의 전반을 이해하고 이후 연구를 위한 기초를 쌓는데 큰 도움이 될 것이다.

본서를 출간하면서 많은 분들의 도움을 받았다. 은사이신 안동대학교 임재해 교수님과 한양명 교수님께서는 부족한 학문의 이론을 정립하고 연마하는데 많은 도움을 주셨다. 아울러 끊임없는 지지와 성원으로 격려해주셨던 한국장례협회 박일도 회장님과 동국대학교 이범수 교수님, 대전보건대학의 최정목 교수님과 서라벌대학의 김미혜 교수님, 동부산대학의 이남우 교수님 그리고 박해연 교수님, 차미영 교수님께 감사드린다. 아울러 항상 학문적 조언을 통해 이론적 이해의 폭을 넓힐 수 있도록 도움을 주신 김선태 박사님, 이상호 박사님과 권봉관 박사, 김달현 선생 등 안동대 민속학과의 동료 및 선·후배님들의 도움도 잊을 수 없다.

끝으로 영리성 없는 본서의 출간을 흔쾌히 허락해주신 해조음 출판사의 이주현 사장님과 편집부 여러분께 감사드린다. 부족한 자식으로 인해 늘 맘고생 중이신 사랑하는 부모님, 학문의 길을 걷는 동생을 묵묵히 돌봐주신 ㈜인터벤션코리아의 이치영 대표님, 머나먼 이국땅에서 그리움과 안타까움으로 맘 졸이고 있을 착한 동생 내외, 빛바랜 사진 속에서 늘 삶을 되돌아보게 하고 오늘도 책상에 앉을 수 있는 힘을 주는 사랑하는 딸 유림이의 밝은 모습도 필자에게 많은 힘이 되었다.

오늘의 성과가 단순히 책장을 장식하고 지식을 과시하기 위한 수단이기 보다는, 가까이 손때 묻는 소박함으로 남겨졌으면 하는 바람을 담아 엮는다.

2020년 2월
남산기슭의 연구실에서 이철영

차 례

제3장   儒教喪禮의 理解

제1장 喪禮의 背景과 象徵의 理解

1. 한국인의 생사관과 상례의 변화

1) 한국인의 생사관과 상례의 이해

의례(儀禮)는 윤리의식을 바탕으로 하여 실천적 요소를 포함한 문화적 산물이다. 의례에 담긴 형식에는 그 사회가 간직한 다양한 형태의 축적된 경험을 포함하고 있으며, 사회의 이상을 실천하는 기제로 작용한다. 문화는 순수하게 어느 한 국가나 민족의 노력만으로 형성되지 않는다. 시간의 흐름과 사회의 변화과정에서 일정부분 다른 문화와의 교류와 수용을 통해 변화하면서 정착된다. 이러한 문화 중 죽음과 죽음의례에 대한 논의 역시 우리사회가 간직한 다양한 경험적 요소를 포함하는 함축적 의미를 내포하고 있다.

죽음 및 죽음의례에 영향을 미친 요소들은 종교·문화적 영역이 정치적 영역보다 크게 작용하였다. 한반도에서 가장 이른 시기에 종교문화를 형성하였던 무속신앙과 이후 전래된 불교문화 그리고 비교적 최근에 전래되어 현재까지 영향을 미치고 있는 성리학적 유교문화가 상례변화를 이해하는 중요한 축이라고 할 수 있다. 시대를 달리하여 변화과정에서 등장하고 발전되어 온 각각의 요소들은 서로 다른 독특한 특성을 가지고 있어서 이에 대한 이해를 통해 한국인의 생사관 형성과 변화에 대한 대략적인 밑그림을 그려볼 수 있다. 그러나 한국인의 생사관이 어떤 특정 사상이나 시대별 특정 종교적 영향에 의해 규정되었다고 단언하기 어렵다. 한국인의 생사관에는 각각의 요소들이 상호연계의 과정을 통해 통합되어 변화되면서 내면화되었기 때문이다.

시대별 종교 수용에 따른 생사관과 상례의 변화 양상을 살펴보면, 가장 이른 시기에 형성된 민족문화가 무속(巫俗)을 기반으로 시작되었음은 부인할 수 없다. 그러나 이러한 무속사상이 불교문화의 유입과정에서 대등하거나 또는 기존의 무속문화의 틀 안에서 불교문화를 수용하였던 것은 아니다. 지배계층을 통해 진행된 불교문화의 수용은 무속의 전통 위에 불교문화를 받아들임으로써 왕실불교 또는 상류사회의 귀족불교문화를 형성하게 된다. 이를 통해 불교는 문화적으로 무속 보다는 상대적 우위를 점유한 상태가 되면서 자연스럽게 기존의 무속문화가 불교의 하급문화로 평가 절하되는 양상을 보이게 된다.

여말선초(麗末鮮初)에 성리학이 전래되어 정착하는 과정에서도 같은 방식으로 진행되었다. 당시 지배집단인 왕실과 신진사대부들은 주류를 이루었던 민족문화와 불교문화를 배척하고 성리학을 숭상하였다. 그 결과 기존의 민족문화와 불교문화 위에 신유교문화를 올려두는 양상으로 나타나게 되어, '불교는 유가 아래 있게 되었고 우리 고유문화는 불교 밑에 있게 되었다.'는 결과로 이해되었다.[1] 이를 통해 형성된 현대 한국인의 생사관은 성리학적 생사관을 표면에 내세우고, 이전부터 시대를 달리하여 유입되어 정착된 민족문화와 불교문화 등 각기 다른 종교적 특성들이 내면화 되어 융합된 형태를 형성하게 되었다. 그 결과 한국인의 생사관은 생과 사의 문제를 서로 분리하지 않은 채 연속적·유기적 관계 속에서 이해하게 된다. 영육이원론과 영혼불멸론에 기초한 죽음에 대한 이해를 통해 육체와 분리 된 '영혼'은 후손들과의 관계 속에서 지속적으로 영향을 미침으로써, 산자와 함께 공존하고 있는 것으로 상정한다. 이러한 생사관으로 인해 삶과 죽음의 문제를 서로 모순되거나 대립적 관계로 상정하지 않고, 인간의 실존적인 문제로서의 죽음을 삶의 연속선상에서 이해하는 생사관을 탄생시킨 것이라 할 수 있다.[2]

상례는 생사의 관념에 대한 실천적 표현이다. 때문에 상례에 대한 논의과정에서 필연적으로 등장하는 것이 생사관에 대한 이해이다. 의례의 변화과정 역시 앞서 논의한 생사관의 변화양상과 같은 맥락에서 변화되었다. 이러한 변화의 과정을 통해 한국사회의 죽음의례는 전통사회로부터 현재에 이르는 변화가 진행되었다. 오늘날 한국인은 유교상례를 전통문화로 인식한다. 우리사회의 죽음의례와 문화가 전근대 유교상례이후 근대상례와 현대장례로 변화과정을 통해 정착되었지만, 한국인의 생사관과 죽음의례에 대한 논의를 진행하기 위해서는 전근대기 성리학적 유교의례에 대한 올바른 이해가 선행되어야 한다. 현대 한국인의 죽음의례에 대한 연구의 출발점이라고 할 수 있는 유교의례는 근대이후 의례의 시대별 변화에 기준을 제공한다는 관점에서도 중요하다. 이러한 맥락에서 한국사회 죽음의례의 토대라 할 수 있는 『주자가례』를 중심으로 상례에 대한 이해와 의례구조에 대해 분석하고자 한다. 유교상례에 대한 본격적인 논의에 앞서 본장에서는 유교의례 형성과 상징성에 영향을 준 천문과 음양오행에 대해 논의를 진행하고자 한다.

---

1) 윤내현, 『우리 고대사, 상상에서 현실로』, 지식산업사, 2003, 181쪽 참조.
2) 이진우, 「한국사회 장묘관행 변화의 추세 연구」, 고려대학교 석사학위논문, 2004, 23쪽.

2. 고천문학(古天文學)의 이해

1) 개요

인류문명의 발달과정에서 중요한 변화가 되었던 것은 사냥과 유목생활 등이 주류를 이루었던 환경에서 농경을 중심으로 한 정착생활로의 변화과정일 것이다. 농경생활을 목적으로 생활한다는 것은 단순히 농사를 짓기 위해 정착하기 시작했다는 문제로 해결되는 것은 아니다. 사냥이나 채집 중심의 생활에서 농경이라는 전혀 다른 문화로의 변화를 의미한다. 물론 이러한 변화는 단시간 내에 완성된 것은 아니며, 오랜 세월을 거치면서 서서히 진행되었다. 농경사회로의 변화과정에서 주목하고자하는 것은 기원전 80년경 후한(後漢)의 반고에 의해 쓰여 진 『한서(漢書)』「예문지(藝文志)」에 기록된 다음의 내용이다.

> 陰陽家라는 유파는 대개 義和의 관직에서 나왔다. 하늘을 공경하고 잘 따르며, 해와 달과 별을 관찰하여 책력을 만들고 백성들에게 농사를 가르친다.' 3)

이 글에서 주의하여 보아야 할 부분이 음양가(陰陽家)의 기원에 대한 문제이고, 또 하나는 천문(天文)을 관측하여 책력(冊曆)을 만들었다는 점이며, 마지막으로 이러한 책력이 농사에 쓰였다는 것이다. 천문관측과 역법에 대한 관심은 동양의 역사에서 상당히 오래 전부터 연구되었는데, 특히 천문학은 예로부터 '제왕의 학(帝王의 學)'으로 불릴 정도로 매우 중요한 학문분야였다. 『좌전(左傳)』의 기록에서 천문과 기상현상을 자세히 기록하고 있는 것으로 보아 천문학이 중요한 학문분야였음을 알 수 있으며, 이러한 중요성 때문에 지속적으로 발전할 수 있었을 것이다.

사실상 당시의 역법은 농업을 중시한 사회에서는 필수불가결한 학문이었다. 추연(鄒衍)의 오덕종시설(五德終始說) 역시 '오덕(五德)'이 암시하고 있듯이 새로운 시대는 그 시대에 맞는 정치를 행해야 한다는 점을 강조한다. 그러므로 추연의 학설은 역법의 원리에 기반을 둔 것이라 볼 수 있다. 추연이 역법의 질서를 오덕종시설과 연결시킨 이유는 당시 혼란한 시대상황을 극복하기 위한 시금석으로 자연의 질서를 중시했기 때문이다. 자연의 항구적인 질서에 순응할 때 인간은 정치적 안정과 사회적 안정을 이룰 수 있다. 이러한 '天'의 일관된 규칙적인 질서를 이해하기 위해서는 역법이 필연적으로 중시될 수밖에 없었다. 추연에게 있어

---

3) 『漢書』 「藝文志略」 陰陽家流 蓋出於羲和之官 敬順明天 曆象日月星辰 敬授民時

서 역법은 '天'의 항구적 질서를 파악하기 위한 학문이며, 동시에 '天'의 질서를 설명하는 원리였던 것이다.

『관중(管仲)』의 '천(天)' 관념은 하은주(夏·殷·周) 삼대(三代)의 천관(天觀)과는 다른 양상을 띠고 있다. 하대(夏代)의 소박한 자연주의적 '天'인 '자연천 관념(自然天 觀念)'은 은대(殷代)에 이르러 길흉화복을 주관하는 '의지적 천 관념(意志的 天(主宰天)觀念)'으로 전개된다. 그리고 '의지적 천관(意志的 天觀)'은 주초(周初)에 이르면 인문주의적 성격에 영향을 받아 도덕적 가치의 근거로서 '의리 천(義理 天)'으로 발전하게 된다. 그러나 주공(周公)이후 민(民)이 정치적으로 중요한 위치를 차지하면서 지(地)에 대한 의식이 나타나기 시작하였다. 이러한 현상은 도덕적 이상주의가 성행했을 때에는 '天'이 중시되었다가, 현실적인 삶의 공간을 중시한 관중의 시대에는 '지(地)'가 중시되면서 '天'과 '地'가 병렬하여 등장하게 된 것으로 보여 진다.

이처럼 '地'의 부상은 민(民)의 부각과 관계가 있다. 민의 위상이 높아지면서 인간이 살고 있는 땅의 의미도 함께 중시되기 시작한 것이라고 말할 수 있다. 이것이 현실적이고 경제적 측면을 강조한 관중의 경세철학사상에 '天'과 '地'가 함께 등장하는 이유이다. 관중에게 있어서의 '天'은 자연의 영원한 법칙이며, 땅은 그 질서를 충실하게 순응할 따름이다. 여기서 '天'은 의지적 존재가 아니다. 단지 하늘의 운동규칙을 의미하는 '천도(天道)'의 의미이다. '천도(天道)'개념은 서주중기(西周中期)·춘추시대(春秋時代)에 주로 나타나는데, 이 시기의 '천도(天道)'는 인간의 길흉화복을 주관하는 의지적인 천(天)이었다. 그러나 『관자(管子)』의 천도(天道)는 길흉화복을 주관하는 천도(天道)가 아니라, 천상(天上)과 기상(氣像) 등 자연현상의 운동변화를 의미하는 법칙적인 '天'을 의미한다. 본장에서는 이상의 세 가지 문제에 대한 고찰을 통해 천문학과 음양오행론과의 관계를 밝히고자 한다.

천문학을 통한 책력의 작성과 농사의 이용은 어떠한 문제를 가지고 있게 되는가? 농경을 시작한 고대 인류는 과연 무엇으로 시간의 개념을 이해하고 예측할 수 있었겠는가? 또한 농사에서 이러한 시간의 문제는 어떠한 중요성을 갖는가? 의 문제에 접하게 된다. 농사를 짓는 일은 해결해야하는 많은 문제점을 가진다. 그중 가장 중요한 문제는 시간이다. 언제 파종을 하고 언제 못자리를 해야 하고 언제 추수하고 제사를 지내야 하는가의 질문에 무엇으로 대답을 할 수 있겠는가? 그 해결책을 동양은 밤하늘의 별자리에서 찾게 된 것이다. 이는 앞서 설명한 책력을 만든 사람들이 음양가이며, 이러한 음양가가 희화(羲和)의 관직에서 왔다는 구절에서 확인 할 수 있다. 희화의 직은 고대 천문을 관측하던 관직을 통칭하는 말로 이를 다시 설명한다면 고대 천문관측을 하던 직책에 있던 사람들에 의하여 책력이 만들어졌고, 이러한 책력이 백성들의 농사에 쓰였으며, 이러한 천문을 관측하던 사람들이 음양의 유파를 형성하였다는 의미가 된다.

고대 동양에서는 밤하늘을 관측하고 기록하고 그 별자리의 변화에서 변하지 않는 우주의 원리를 발견하게 되고 이를 백성에게 알리고 농사에 활용하게 되었다. 이렇듯 일관되게 천문을 중시한 제일 큰 이유는 농경이다. 고대 동양의 왕이 백성을 위해 해야 할 첫 번째 일은 농사를 위해 시간을 정하고 기후를 예측하는 것이었기 때문이다.

時자의 자의(字意)가 '해(日)가 땅(土)에 마디(寸)를 지어가는 것'을 의미한다. 시간과 계절의 의미가 태양의 변화에 따라 땅에서 발생되어지는 현상으로 이해하고 있었음을 보여준다. 즉, 계절적 변화가 봄에서 여름이 되고, 또 가을에서 겨울로 이어지는 것이 시간이라는 의미가 된다. 고대인들에게 일 년 사시(四時)의 주기성을 파악하고 지상에 미치는 변화를 예측할 수 있게 되었다는 것은 무상(無常)의 대상이었던 시간을 유상(有相)의 측정가능 한 대상으로 이해하게 되었음을 의미한다. 이러한 변화의 중심에 해와 달이 있으며, 천체의 운행에 따라 발생되는 자연의 시간을 알아내게 되었던 것이다. 시간에 대한 이해는 가장 중요한 수단이었던 농경에 활용되면서 긴밀하게 연결되어 일상생활을 지배하는 논리로 정착되었다. 시간의 변화를 나타낸 대표적인 그림이 다음의 천문도이다.

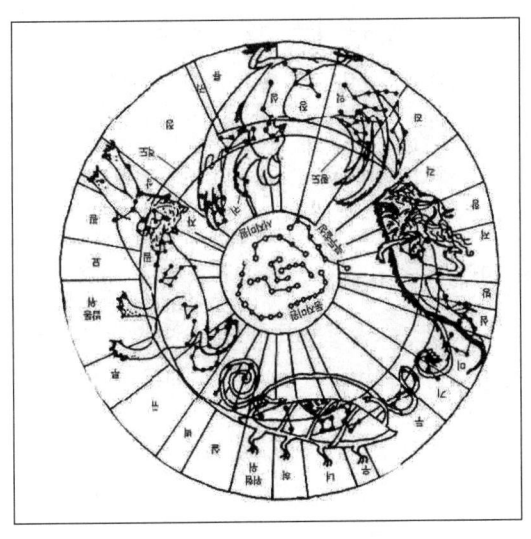

〈그림 1〉 28宿와 四神圖[4]

---

4) 허진웅, 『중국 고대사회 -문자와 인류학의 효시-』, 동문선, 1998, 609쪽

앞의 <그림 1>은 동양의 고천문도(古天文圖)를 바탕으로 사방의 각 방위를 관장하는 사신(四神)을 포함한 사신도이다. 이러한 한 장의 고천문도에는 각 계절의 별자리인 28수(宿)와 태양의 움직임을 기록한 황도(黃道)를 나타내게 되는 것은 단시간에 완성되었다고 볼 수는 없다. 실제로 『서경(書經)』에 의하면 요임금 때에는 일 년의 절기가 중춘(仲春(春分), 중하(仲夏(夏至), 중추(仲秋(秋分), 중동(仲冬(冬至)의 네 가지 밖에 없다고 기록 되어 있다. 그런데 이러한 구분은 농경을 위한 기후예측의 관점에서는 부족한 것으로 절대적인 기후예측을 위한 기준이 되는 이분이지(二分二至)를 중심으로 절기를 구분하였고, 시간의 세부적 필요성이 증대되어 입춘(立春), 입하(立夏), 입추(立秋), 입동(立冬)의 사립(四立)의 개념을 포함함으로써 사립이분이지(四立二分二至)의 개념으로 발전되었다. 더하여 계절적 분화가 더욱 세분화 된 십이진(十二辰)의 개념이 도입되게 됨으로써 <그림 1>의 사신도가 완성된 것이다. 그 결과 시간의 예측서인 천문도에는 사신(四神)의 의미가 합하여 기록됨으로써 사신도(四神圖)가 가지는 음양오행적 상징을 포함함으로써 천문과 음양오행의 사상적 결합이라는 결과는 매우 중요한 의미가 아닐 수 없다. 여기에 더하여 십이진(十二辰)의 개념은 태양의 일 년 간의 움직임이 되는 황도(黃道)와 관련되어 있다. 천문도에 점을 찍어 명칭을 부여한다는 것은 별의 위치가 변함이 없다는 것을 의미한다. 그런 의미에서 우리에게 가장 큰 영향을 주는 별이라면 당연히 태양과 달이 된다. 그런데 천문도에는 그 위치가 표시되어 있지 않다. 이는 태양과 달이 고정되어있는 별이 아니고 움직이는 별이기 때문에 천문도에는 점을 찍어서 나타낼 수 없다. 그러나 그 중요성에 있어서는 다른 어느 별보다 중요하기 때문에 나타내지 않을 수 없다. 그 대안으로 선택된 것이 태양과 달의 움직이는 길을 나타내는 방법으로 정리되며, 태양과 달의 움직임은 선으로 연결하여 나타낸 것이 황도(黃道)가 된다. 황도의 표현에는 낮과 밤의 길이를 구분하여 계절의 기준으로 삼았던 이분이지(二分二至)의 관측과 관계가 있다. 이분이지(二分二至)의 개념에 대하여 살펴보면, 태양의 남중고도(南中高度)를 기준으로 일 년 중 태양의 움직임을 통해 가장 낮은 때와 가장 높은 때를 구분하여 이를 '이지(二至)'라고 하였다. 그 세부적인 사항을 살펴보면 다음 장의 <그림 2>의 그림과 같다.

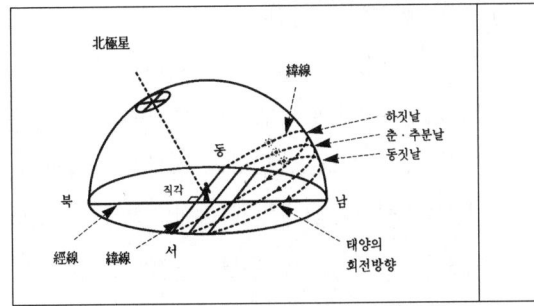

<그림 2> 二分二至의 槪念[5]　　　　　<그림 3> 黃道의 原理

<그림 2>에서 보이는 바와 같이 태양의 남중고도 변화는 계절의 변화를 읽을 수 있는 기준이 됨과 동시에 하루 중에서 낮의 길이를 측정하는 기준이 된다. 때문에 하루에서 낮의 길이가 가장 짧거나, 혹은 가장 긴 날은 태양의 고도와 관련되어 있고, 이는 다시 사계절에서 여름과 겨울을 구분하는 기준이 된다. 하루의 길이가 가장 긴 날이 여름이 되어 하지(夏至)가 되고, 반대로 하루의 길이가 가장 짧은 날이 동지(冬至)가 된다. 아울러 이러한 변화의 중간에 낮과 밤의 길이가 같아지는 시기가 나타나게 되는데 이를 이분(二分)이라하고 춘분(春分)과 추분(秋分)이 된다. 즉 겨울에서 여름으로 이동하는 봄의 기운인가 아니면 여름에서 겨울로 진행하는 가을의 기운인가를 가름할 수 있게 되는 것이다.

이처럼 태양의 남중고도를 기준으로 하여 원을 그린다면 태양의 위치가 각기 다르기 때문에 <그림 3>에서처럼 세 가지의 원으로 나타나게 된다. 그런데 태양의 움직임은 세 개의 원이 각기 존재하는 것이 아니고 계절의 기준에 따라 연속적으로 나타나게 됨으로써 이를 상호 연결하여 태양이 움직이는 길을 나타낸 것이 <그림 3>에서의 태양의 길이다. 이러한 과정을 거쳐 태양의 길이 되는 황도(黃道)가 완성되어지는 것인데, 이렇게 황도를 천문도상에 표기한다는 것은 황도에 대한 상당한 지식을 가졌다는 의미가 되는 것으로 이는 연중 태양의 괘도와 고도의 변화를 알고 있었다는 의미가 된다.

그렇다면 태양과 더불어 지구에서 관측되는 가장 중요한 별 중에 하나인 달의 움직임은 어떻게 기록 하였는가의 문제가 남게 된다. 현대과학에서 이해하고 있는 바와 같이 태양계는 태양을 중심으로 지구가 공전하고 달은 지구를 공전하게 된다. 이러한 변화는 달이 이루는 년 중의 궤도가 태양의 괘도와 큰 차이가 없음을 의미하기도 한다. 때문에 달의 움직임에 대한 별도의 표시를 하지 않지만 태양과 달과의 관계만을 기록하게 된다. 그 관계를 나

---

5) 전창선, 어윤형, 『陰陽五行으로 가는 길』, 세기, 2003, 105쪽

타내는 것이 12진이다. 달의 변화를 살펴보면 삭일(朔日)에서 망일(望日)로 다시 삭일(朔日)로 변화하는 과정을 반복하게 되는데, 그 변화의 주기가 27일 7시간이다. 이러한 변화는 태양이 황도를 따라 이동하는 1년 동안 12번의 변화로 나타나게 되고, 이러한 변화의 시점을 표시한 것이 12진이 된다. 즉 천문도상 외곽에 표현된 12지지를 말하며 이것이 태양과 달과의 관계를 나타내기 위해 작성한 것이다. 태양과 달과의 관계를 나타내기 위해 정리된 '십이지지(十二地支)'를 세부적으로 살펴보면, 태양은 매일 1도씩 우행(右行)하고, 달은 약 13도씩 좌행(左行)한다. 태양과 달의 운행속도의 차이를 통해 해와 달이 만나게 되는 경우가 생기게 되는데 이렇게 만나는 경우에는 해와 달이 동쪽에서 떴다가 서쪽으로 지게 되어 하늘에서 달빛을 볼 수가 없다. 이 날을 삭일(朔日)이라고 한 것이다. 이와는 반대로 태양이 서쪽으로 지면, 달이 동쪽하늘에서 태양의 빛을 가득 담고 떠오르는 날이 있는데, 이를 망일(望日)이라고 하였다. 하(夏)나라때 삭일(朔日)을 한 달의 초하루로 삼는 것을 원칙으로 하여 지금에 이르고 있는 것이다.

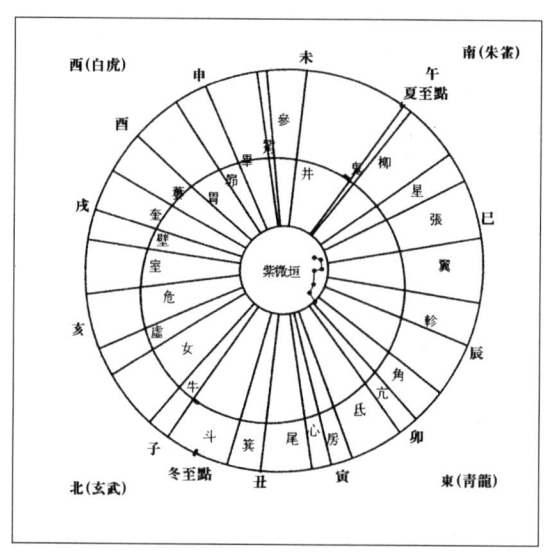

〈그림 4〉 十二地支의 配置6)

이렇게 해와 달은 천문도 상에서 매년 약간씩 다른 위치에서 일 년에 12번을 만나게 된다. 이렇게 만나는 자리의 평균을 잡은 후, 다시 하늘을 구역으로 나누고 이를 십이진(十二

---

6) 전창선, 어윤형, 앞의 책, 79쪽

辰)이라고 하였으며, 성차(星次)라고도 한다. 후대에 이 구역 각각에 이름을 붙여 子, 丑, 寅, 卯, 辰, 巳, 午, 未, 申, 酉, 戌, 亥의 십이지지(十二地支)로 정리 되었다. 이러한 결과로 언어지게 되는 천문도가 <그림 4>에 나타난 천문도로 여기에는 계절별 각각의 별자리와 태양의 움직임을 기록한 황도, 달의 움직임을 기록한 12진을 표시함으로써 천문도가 완성되었다.

천문도의 완성을 통하여 얻을 수 있는 가장 중요한 점은 시간을 구분하여 알 수 있다는 것이다. 이러한 시간의 구분이 밤과 낮의 길이만을 나타내는 것이 아니고 계절의 변화까지도 정확하게 표현할 수 있는 것이다. 작게는 사시인 이분이지(二分二至)를 구분하게 된 것이고, 가깝게는 주야의 구분을 통해 하루의 길이 등 시간의 측정이 가능하게 되었다는 점이다. 이를 통해 일 년이라는 시간의 흐름이 한 장의 천문도에 모두 표현되어지게 되었고, 더욱이 28수(宿)를 통해 각 계절에 보여 지는 별과 그 위치를 구체화함으로써 정확성을 더할 수 있는 것이다.

2) 하도(河圖)와 낙서(洛書)에 나타난 천문관

(1) 하도(河圖)의 천관(天觀)

하도와 낙서에 대한 견해는 크게 세 가지로 구분할 수 있다. 먼저 숫자와 분류에 의해 음양오행론의 근원으로 보는 견해가 있고, 또한 천문의 결과라는 견해도 있으며, 다른 견해는 고대 신화에 근거한 맹목적인 수용이다. 그 예를 자세히 살펴보면 은 『주역(周易)』 「계사전 상(繫辭傳 上)」에

> 하늘이 상을 드리워 길흉을 나타내자 성인은 이것을 본받고, 하도(河圖)가 나오고 낙서(洛書)가 나오자 성인은 이것을 본받는다.7)
> 봉황이 날아오지 않고, 황하에서도 그림이 나오지 않으니 나의 일생도 다한 듯하구나!8)

라는 구절이 나온다. 하늘의 상(象)에서 하도와 낙서가 나왔다는 관점에서 이전의 논의와는 달리 천문역법의 시각에서 논하고자 한다.

인류는 오래기간 자연과의 투쟁을 통하여 자연과학이라고 부르는 방대한 학문적 영역을

---

7) 『周易』 「繫辭傳 上」 天受象 見吉凶 聖人象之 河出圖 洛出書 聖人則之
8) 『論語』 鳳鳥不至, 河不出圖 吾已矣夫!

발전시켜 왔다. 천문학은 이러한 자연과학의 중에서도 필요에 의해 가장 일찍이 발전되었다. 유목 또는 농경을 통해 삶을 영위하는 과정에서 이들을 지배하였던 중요한 문제가 시간의 변화를 알아내는 것이었기 때문이다. 인류는 그 해답을 천문학에서 찾고자 하였기 때문이다. 고대에 천문학은 이른바 선구적인 학문분야였다. 그 결과 고대인들에게도 상당한 수준의 천문지식이 있었는데, 계절의 변화와 방위 등을 알게 됨으로써 24절기로 구분하고 역법을 만들어 농사에 활용하는 등의 활동을 하였던 것이다. 그래서 명나라 말기의 학자인 유염무는 '삼대이전에는 사람마다 모두 천문을 알고 있었다.'고 하였다.

한편, 동양에서의 천문은 하늘이 곧 다른 인간세상이라는 사상에서 출발하여 밤하늘의 모든 별들에 의미를 부여하고 의인화하였다. 이를 통해 인간세계의 거울로 하늘을 인식함으로써 지상의 모든 것의 근본으로 삼았다. 동서남북 상하의 개념 및 사시사철의 계절과 24절기 · 시간의 변화 등 인간이 지상에 살기위한 모든 근거와 철학의 지향점이 하늘이 되었던 것이다. 즉, 앙관(仰觀)하여 북극성과 칠성으로 방향과 절기를 정하고, 북두칠성의 두병(斗柄)과 북극성을 일직선으로 하여 28수를 시작하였다. 이분이지(二分二至)를 기준으로 하늘의 축을 잡아 12지를 돌려 성차(星次)의 12구역을 나누어 절대방향을 선정하여 부찰지리(俯察地理)의 기준을 삼아 하늘의 별들을 보다 쉽게 살펴봄으로써 지상의 방위와 계절 · 시간을 알아내었던 것이다. 이러한 자연과학적 차원의 천문학에는 전혀 다른 관점이라고 할 수 있는 점성학의 내용을 많이 포함하고 있어 정치와 밀접히 연관되었다. 그 결과 황실의 통제 아래서 연구되었으며, 개인적으로 천문을 배우는 것은 금지되었다. 그러므로 하도낙서에 대한 연구도 천문학적 관점에서 접근하는 것이 쉽지 않아, 이제까지 하도와 낙서에 대한 논의는 대단히 다양했지만, 이것을 천문학적 관점에서 다루는 논문이나 학자는 거의 볼 수가 없었고 단지 하도낙서는 신비스런 비밀을 담고 있는 도서로만 여겨져 왔던 것이다.

그런데 이 하도와 낙서를 고천문학적 관점과 앞서 언급한 음양오행론의 관점에서 분석하면 새로운 의미를 발견할 수 있을 것이라는 시각에서 논의를 진행하고자 한다. 이처럼 하도 · 낙서에 대한 이해가 중요한 것은, 우리나라의 생사관에서 천문과 음양오행론으로 대변되는 자연관이 중요한 위치를 차지하고 있기 때문이다.

하도와 낙서는 모두 백권(白圈)과 흑권(黑圈)의 수로 표현되어 있으며, 백권은 양수를 흑권은 음수를 나타내고 있다. 1에서 10까지의 자연수의 수열에 있어서 1에서 5까지를 생수(生數)라고 하고, 6에서 10까지를 성수(成數)라고 한다. 생수란 창조의 근원수로서 보이지 않는 생명의 본질을 나타내며 만물의 운명을 결정하므로 다른 말로는 명수(命數)라고도 한다. 성수란 사물을 완성하는 수(數)로써 사물은 형체를 이루므로 성수는 형수(形數) 또는 물

수(物數)라고도 호칭한다.

우주의 운동은 수·화(水·火)가 변화의 근본을 이룬다. 이를 『역(易)』에서 감리작용(坎離作用)이라 한다. 그런데 이 수·화 중에서도 창조의 근원을 이루어 생명의 뿌리가 되는 것은 수(水)이다. 그렇기 때문에 1은 오행에 있어서 수(水)에 배합이 되며 작용의 근본인 북방에 배속되며 계절로는 새 생명을 준비하는 겨울이 된다. 화(火)는 수(水)의 대립되는 성질을 가지고 있으며 극도로 분열 발전된 대칭축에 위치하므로 1의 반대에 2가 배치되며 양(陽)이 가장 극성한 남방과 여름이 또한 여기에 배속된다.

목(木)은 오행의 변화에서 수(水)가 화(火)까지 발전하는 전반기의 과정 속에서 거치는 중간과정으로 생명의 발전을 주도하므로 3의 수(數)가 여기에 배속되며 동방과 봄이 이에 응한다. 만물이 생겨나면 반드시 완성의 과정을 거쳐야하며 또한 화(火)에서 수(水)로 통일되는 수렴과정의 후반기 정중(正中)에 위치하는 것은 금(金)이다. 그러므로 순차에 있어서 3의 다음에 위치하는 4는 금(金)에 배합되며 방위적으로는 서방과 계절적으로는 가을이 이에 배속된다.

다음으로 나오는 5는 오행에서 남은 토(土)에 배속되는데, 이 토(土)는 火·水·金·木의 변화가 이루어지는 가운데서 저절로 이루어지는 순수정기(純粹精氣)로서 불편부당한 중화(中和)의 덕을 갖추고 있어 水·火·金·木의 변화과정 속에서 나타나는 상극(相剋)과 대립(對立)의 모순을 조화하는 성질이 있다. 그런데 5라는 숫자는 木·火의 양(陽) 운동과정의 변화인 3+2=5, 金·水의 음(陰) 운동과정의 변화인 4+1=5의 수식으로 나타나므로 양(陽)도 음(陰)도 아닌 또는 양성과 음성을 모두 다 지니고 있는 중(中)의 자리에 처해 있어 음양의 조절자로서는 더 없는 적격자가 되는 것이다. 그러므로 토(土)는 5와 배합되며 방위로는 치우치지 않은 중앙이 계절로는 양 운동의 과정이 끝나고 음 운동으로 접어들려고 하는 하추교우기(夏秋交又期)의 장하(長夏)에 배속이 된다.[9]

그런데 이제까지 살펴본 1(水), 2(火), 3(木), 4(金)의 생수는 각기 홀몸으로 창조의 정신만을 머금고 있을 뿐 만물을 현실적으로 화생(化生)시켜내지 못한다. 그러므로 이들은 자신들의 짝을 찾아줄 중매자를 필요로 하며 이를 통해 자신의 짝을 찾아 음양의 조화를 이루게 되는 것이다. 이러한 중매자의 역할을 하는 것이 5(土)이다. 이 5(土)의 중매역할에 의해 양인 1 水는 5+1=6의 음을 만나게 되고 음인 2火는 5+2=7의 양을 만나게 되며, 양인 3 木은 5+3=8(木)의 음을 만나게 되고 음인 4金은 5+4=9(金)의 양을 만나게 되어 자신의 짝을

---

9) 윤석열, 「河圖와 洛書에 나타난 陰陽五行에 관한 硏究」, 大韓原典醫師學會誌 8집, 1994, 107쪽

만나게 되며 이들의 음양조화에 의해 창조와 변화운동이 실현되게 되는 것이다.

그런데 여기에서 중요한 점은 순수정기였던 5 土 자신도 자화(自化, 木火土金水의 기운을 받아들여)하여 10의 짝을 이루어 음양으로 존재하고 있다는 사실이다. 이 10이라는 수는 순수정기의 자화(自化)인 5+5=10으로도 표현될 수 있지만, 1(水)+2(火)+3(木)+4(金)=10의 수식으로 표현되므로 5가 양방위 생수(陽方位 生數)의 합(2+3), 또는 음방위 생수(陰方位 生數)의 합(4+1)에 불과했던 것에 반해서 그 배의 능력을 가지고 있음을 알 수 있다. 이러한 배속의 원리에 의해서 1·6(水), 2·7(火), 3·8(木), 4·9(金), 5·10(土)의 결합이 이루어지게 되며 이것이 방위와 결합되어 표시되어 있는 그림이 하도인 것이다. 그리고 이러한 수(數)의 변화에서 생수(生數)는 생명의 본질을 이루므로 내(內)에 거(居)하고 성수(成數)는 완성된 사물의 형체를 나타내므로 외(外)에 거(居)하고 있는 것이다. 이를 그림으로 설명하면 <그림 5>가 된다. 그러나 이러한 관점은 음양오행설이 완성되어진 이후에 논의가 가능한 부분이 된다.

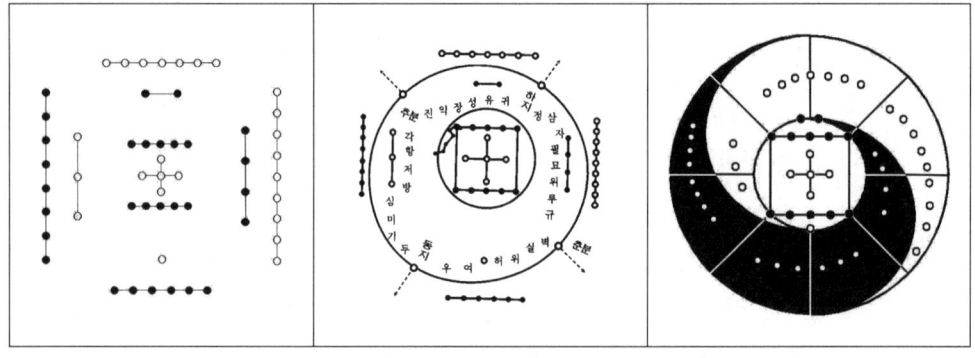

〈그림 5〉河圖[10]　　　〈그림 6〉天文的 觀點에서의 河圖[11]　〈그림 7〉河圖的 해석의 太極圖

이러한 관점에는 음양론의 수리관(數理觀)과 방위에 대한 폭넓은 이해가 있어야 가능한 것이 되는 것이고, 또한 이러한 논리에 의해 음양오행설의 상생론의 증거로 인용되어지는 결과를 가지게 된다. 그러나 하도와 낙서가 출현한 시기가 음양오행설이 완성되어지기 이전에 출현한 것이라면 이러한 논의 자체가 무의미 한 것이 되는 것이다. 실제로 사마천의 『사기(史記)』 「공자세가(孔子世家)」에

---

10) 한동석, 『宇宙變化의 原理』, 대원출판, 2001, 176쪽
11) 전창선, 어윤형, 앞의 책, 279쪽

황하(黃河)에서는 그림이 나오지 않고, 낙수(洛水)에서는 글이 나오지 않으니 나의 일생도 다한 듯하구나! 12)

라는 설명이 있는데 이는 음양오행론의 완성되어진 시기와 구별하여 본다면 그 의미가 후대에 이르러 첨가되어 신성시된 것으로 보여 진다. 이러한 관점에서 하도와 낙서의 본래 의미는 음양오행설의 논리가 아닌 사계절의 방위개념이 포함 된 천문도일 가능성이 더 크다고 할 수 있다.

일 년 사계절의 계절적 구분을 임의 관측이 가능한 태양의 길이라던가 아니면 체온으로 느낄 수 있는 기온의 차이라는 관점에서 살펴보면 앞서 고천문의 이해에서 살펴본 바와 같이 봄·여름·가을·겨울의 구분을 동·서·남·북의 관점과 일치 시킬 수 있다. 이러한 논의는 동양의 고천문도의 제작 과정에서 검증되어 확립된 것으로 더 이상의 논의가 필요 없을 것이다. 이러한 관점은 <그림 6>에서 보여 지는 바와 같이 천문관측에 의한 결과를 계절적 분화에 더하여 작성한 것으로 음양이라는 이분법적사고가 사방의 방위개념과 합하여 이분이지(二分二至)의 천문학적 관점으로 완성된 결과로 이해하는 것이 가능할 것이다. 이를 통해 하도가 표현하고자 하는 것이 학계에서 일반적으로 논의되고 있는 우주질서의 상생이론(相生理論)이라는 관점은 사계절의 순환고리에서 계절의 분화와 구분이라는 의미로 설명하는 것이 올바른 견해라고 할 수 있다. 아울러 당시의 시대상황이 농경사회의 시작과 더불어 인류에게 중요한 문제였을 것으로 추정 할 수 있는 계절과 기후의 변화를 태양의 움직임을 통해 이해하였음을 설명하고 있다. 또한 이러한 변화의 원리가 순환구조를 가지고 반복적으로 진행한다는 점을 이해함으로써 앞으로의 일들을 예측 가능한 것으로 이해하였음을 보여준다고 할 수 있다.

이러한 천문학적 해석의 관점에서 하도에 나타난 형상을 분석하면 우주의 변화를 음양의 시각에서 분석하였음을 알 수 있다. 계절의 변화와 순환은 음과 양의 반복적 순환과 일치하며, 또한 어느 한부분에서 음이고 양인 것이 아니라 순환의 과정에서 마치 태극의 문양과 같이 이해할 수 있다. 태양의 변화를 규명하기 위해 땅위에 규표를 꽂고 그림자의 변화를 살펴보면 오행에서 땅의 의미를 가지는 5 토(土)를 중심으로 변화하는 가운데 이분이지(二分二至)의 사계절이 완성되어 봄·여름·가을·겨울이 되는 것으로 <그림 7>이 됨을 알 수 있다.

---

12) 『史記』 「孔子世家」 河不出圖, 洛不出書, 吾已矣夫!

(2) 낙서(洛書)의 이해(理解)

앞서 살펴본 하도에 대한 우주론적 해석은 낙서에도 적용되어 설명되어야 하는 것이 보편적 이해에 도달하는 방법이라고 할 수 있다. 그런데, 현재까지 낙서에 관한 일반적인 논의는 대부분 하도와의 차이점에 관하여 설명하면서 주자(朱子)가 『역학계몽(易學啓蒙)』에서 설명한 '하도는 체(體)를 말한 것이고, 낙서는 용(用)을 말한 것'이라는 관점을 견지하면서 '금화교역(金火交易)'의 문제를 부각하여 상극론(相剋論)의 논리를 내세우고 있다.

₩그러나 이러한 논리는 앞서 하도의 천문학적 견해에 대한 새로운 이해를 구하면서 설명한 음양오행론과의 논의와 비교하여 음양오행론의 완성과 음양오행의 각 원소의 내부적 특징에 대한 완벽한 이해와 더불어 각 원소간의 상호 관계성에 대한 이해가 완성된 이후에 논의가 가능하다는 점을 염두에 두어야 할 것이다. 음양오행에 대한 이해가 충분하지 않은 상황에서 단순히 금화교역(金火交易)의 논의만을 앞세워 하도가 오행의 상극론(相剋論)을 설명한 것이라는 견해는 본의(本意)의 해석에 있어서 다소 무리가 따르는 것이라고 할 수 있다. 본 장에서는 앞서 살펴본 하도의 작성이 천문관측과 관련된 것이라는 논의와 맥을 같이 하여 낙서의 관점이 천문과 기상의 관측결과에 의한 일 년 사계절의 변화관계를 설명한 것이라는 관점에 관하여 논하고자 한다. 이러한 논의는 이후 동양사상에서 중요한 논의의 대상이 되는 태극론(太極論)과 관련된다는 의미에서 매우 중요한 의의를 가진다.

낙서에 대한 일반적인 견해를 살펴보면 음(陰)과 양(陽)을 나타내는 45개의 점의 배열에서 수(數), 음양(陰陽), 오행(五行), 방위(方位)의 의미를 나타내는 것으로 하도의 사상을 이어 받은 것으로 낙서 또한 음양의 상대성원리를 포함하고 있다. 또 다른 특징으로는 하도의 수(數)가 1에서 10까지로 구성되어 있으나, 낙서의 수는 1에서 9까지로 되어 있는 것이 다른 점이며 그 배열에 있어서는 별도의 규칙적으로 배열되어 있다는 점이다. 또한 하도가 오행의 상생관계(相生關係)로서 영원불멸의 순환적 질서를 나타내는 것에 반해서, 낙서는 모순과 대립작용을 통하여 이면적 원리인 상극관계(相剋關係)를 나타내고 있다는 점이다. 또 동서남북(東·西·南·北)의 사정방(四正方)과 동북(東北)·동남(東南)·서북(西北)·서남(西南)의 사유방(四維方)의 방위를 나타내었다는 점에서 하도와는 상이한 점이 있다. 이를 그림으로 나타낸 것이 <그림 8>이다.

그러나 이러한 논의는 앞서 하도의 천문학적 관점에서의 논의와 같은 맥락에서 낙서를 해석하면, 연중 태양의 남중고도의 차이를 구분하여 설명한 것이 이분이지(二分二至)의 논리가 된다. 이러한 이분이지(二分二至)의 개념을 음양의 크기로 구분하여 계절적 이해를 포함하는 개념으로 확장되면서 천문의 시각에서의 낙서가 된다.

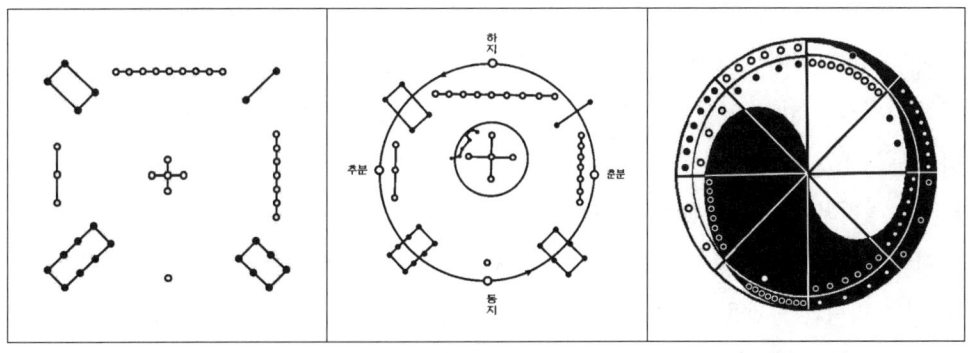

〈그림 8〉 洛書[13]　　〈그림 9〉 天文的 의미의 洛書[14]　〈그림 10〉 洛書的 해석의 太極圖

　음양의 논리에 있어서 극음(極陰)과 극양(極陽)의 완성된 상태를 의미하는 10의 개념으로 본다면 동양의 지정학적 위치가 적도와 극지방의 위치가 아니기 때문에 당시의 사람들이 인식한 극양과 극음의 위치가 동지와 하지의 개념이라고 할 수 있다. 동지와 하지의 계절적의미를 음과 양의 대비로 구분하여 비율로 나타내면 1:9의 관점이 하지(夏至)가 되고, 9:1의 관점이 동지(冬至)가 되는 것이다. 이러한 관점에서 각 계절별 기온 또는 규표(圭表)의 길이 등으로 구분하여 본다면 〈그림 9〉로서 이해될 수 있다. 이러한 관점에서 극음과 극양의 개념이 되는 완성의 수리인 10의 수리적 개념을 더하여 완성된 10의 수리적 영역을 달성하지 못하는 것이기 때문에 하지(夏至)에서의 특징을 양(陽)이 최고조에 달하는 9의 수리로 표현하고 반대로 동지의 특징은 음(陰)이 최고조에 달하는 것이기 때문에 음(陰)이 9가 되는 것이지만 완성된 10의 수리적 표현을 위해 숨어서 감추어진 1 양으로 표현하여 작성한 것이다.

　이상의 논의를 나머지 배열에 적용하여, 현상에 보여 지는 수리적 관점인 9를 극수(極數)로 하는 현상적 천문과 보이지 않는 완성적 천문을 합하여 음양의 변화적 논리를 그림으로 완성하면 〈그림 10〉이 된다. 이를 다시 구체적으로 설명하면, 〈그림 9〉는 천문의 변화과정을 도식한 것이라는 의미로 해석되어야 한는 것이다. 즉, 천지의 변화가 현상으로 드러나게 되는 일 년 사계절의 구성은 땅의 변화에 의해 완성되어지는 것이 아니고 온전히 하늘의 변화에 의거하여 주도되어지는 것이므로 이러한 변화가 땅에 이르러 표현되어질 때 완성되어지는 것이다. 이러한 의미에서 하늘의 변화는 중요한 의미를 가지는데, 앞서 살펴본 하도의

---

13) 한동석, 앞의 책, 176쪽
14) 전창선, 어윤형, 앞의 책, 279쪽

사계절의 구분은 태양의 변화에 따른 이분이지(二分二至)의 개념이 구체화되었지만, 농경생활 등 필요에 의해 계절의 세분화가 요구되면서 보다 구체화된 분류의 과정으로 각 계절의 시작을 알리는 입춘(立春)·입하(立夏)·입추(立秋)·입동(立冬)의 사립(四立)을 구분하게 된다. 사립(四立)을 포함하는 사립이분이지(四立二分二至)의 개념을 포함한 세분화된 천문도가 낙서로 정리되어 발전된 것이라고 할 수 있다.

이러한 논의는 동북아시아의 지형적 특성에 있어서 계절의 변화에 있어서 한가지의 원인이 되는 바람의 방향을 살펴보면, 한겨울의 북풍을 시작으로 동풍 → 남풍 → 서풍으로 변화되면서 다시 북풍이 부는 과정과도 관계를 가지게 된다. 또한 십수(十數)의 변화는 완성의 의미를 가지게 되는 것으로 이러한 십수(十數)로의 완성을 향해 변화되어 가는 것이 목표가 되는 것이기 때문에 기본적으로 모든 변화는 십수(十數)의 완성을 전제로 한 세부적인 변화의 틀 속에서 이루어지게 되는 것이다. 이러한 십수(十數)의 변화가 하도에서는 중앙의 5수를 감싸고 있는 10의 수리(數理)로 표현한 것이 된다.

이러한 논의를 체용론(體用論)의 시각에서 살펴보면, 하도를 체(體)라하고 낙서를 용(用)이라 할 수 있다. 이는 하도가 가지는 의미가 계절적 분화에 따른 사계절의 의미만을 나타내는 것이기 때문에 일 년을 구분하여 사계절의 체(體)가 될 수 있는 것이다. 더하여 낙서를 용(用)이라 한 것은 일 년 사계절의 변화가 태양의 변화 또는 하늘의 변화에 의해 연중 밤낮의 길이가 달라지고, 태양의 남중고도가 달라지며, 또한 기온의 변화가 생기는 것으로 이를 도식화하여 나타낸 것이 낙서가 되는 것이고 용(用)이 되는 것이다. 그러나 지금까지 하도·낙서에 대한 대부분의 견해가 하도와 낙서의 차이점을 해석하면서 하도는 다섯 개의 생수(生數)로 다섯 개의 성수(成數)를 통솔하되 함께 같은 방위에 거하니 대개 그 완전함을 들어 사람에게 보여주어 상수(象數)의 체(體)를 말하고 있고, 낙서는 다섯 개의 기수(奇數)로 4개의 우수(偶數)를 통솔하여 각각 자신의 자리에 거하니 대개 양에 주하여 음을 통솔하여 변수의 용을 나타내고 있는 것으로 해석한다. 이를 다시 구체적으로 설명하면, 하도는 생수와 성수로 음양을 나누어 다섯 개의 생수인 양(陽, 1·2·3·4·5)으로 다섯 개의 성수인 음(陰, 6·7·8·9·10)을 통솔하여 함께 같은 방위에 거하여 양은 안에 있고, 음은 밖에 있어 생(生)과 성(成)이 상합을 이루어 교태의 상이 되는 것으로 이는 시원(始原)이 되는 생수는 양이 되어 용(用)이 되고, 현상으로 나타나는 성수는 음이 되어 체(體)가 되는 것으로 보는 것이다. 더하여 낙서는 기수(奇數)와 우수(偶數)로 음양을 나누어 다섯 개의 기수의 양으로 네 개의 우수인 음을 통솔하여 각각 그 처소에 거하되 양은 정방(正方)에 있고 음은 편방(偏方)에 있어 기수와 우수가 서로 나누어져 존비의 자리가 되는 것이다.[15]

이처럼 앞서 살펴본 하도는 생성의 체(體)를 나타내고 있고, 낙서는 주로 변화의 용(用)을 나타내고 있는 것으로 이를 주자(朱子)는 『역학계몽(易學啓蒙)』에서 다음과 같이 설명하였는데,

하늘은 1로써 수를 생하고 땅은 6으로써 이것을 이룬다. 땅은 2로써 화를 생하고 하늘은 7로써 이것을 이룬다. 하늘은 3으로써 목을 생하고 땅은 8로써 이것을 이룬다. 땅은 4로써 금을 생하고 하늘은 9로써 이것을 이룬다. 하늘은 5로써 토를 생하고 땅은 10으로써 이것을 이룬다. 이것을 이른바 '각각 합하게 된다' 는 것이다.' 16)

낙서가 변화의 용(用)을 이루는 것은 낙서에는 통일을 주도하는 10수가 결여되어 발전하고 변화하는 모습이 담겨져 있으며, 수(數)의 배열도 하도가 사방에 음양이 배치되어 안정을 이루고 있는 것에 반해 간방(艮方)까지의 팔방위(八方位)에 수가 배열되어 불안정속에서 변화하는 모습을 담고 있기 때문으로 이해 되었다. 또한 만물은 비우불립(非偶不立)하고 비기불행(非奇不行)하는데 하도는 10개의 수이므로 우수(偶數)가 되어 음양생성의 체(體)를 나타내고, 낙서는 9개의 수로 기수가 되어 음양변화의 용(用)하는 모습을 나타내고 있다. 즉 음양지수(陰陽之數)가 이위하여 일음일양(一陰一陽)으로 변화의 길을 행하고 있는 것이다. 또한 하도는 수가 짝수(10개)이니 짝수는 정(靜)하고, 정(靜)은 동(動)을 용(用)으로 삼기 때문에 하도의 운동은 합(合)이 모두 홀수가 되어 1과 6이 합하여 7이 되고, 2와 7이 합하여 9가 되고, 3과 8이 합하여 11이 되고, 4와 9가 합하여 13이 되고, 5와 10이 합하여 15가 되어 동(動)에서 생(生)하는 것이다.

낙서는 숫자가 홀수(9개)이니 홀수는 동(動)하고, 동(動)은 정(靜)으로써 용(用)을 삼기 때문에 낙서의 수리는 합이 다 짝수이니 1과 9, 2와 8, 3과 7, 4와 6의 합이 모두 10이 되는 것으로 대개 동(動)하는 것은 반드시 정(靜)한 뒤에 이루어지는 것이기 때문이다. 하도의 중앙에는 5의 주위를 10이 둘러싸면서 짝하여 있지만, 낙서에는 5밖에는 없다. 중앙은 조화의 근원이며, 생명의 고향으로 현상계의 모든 변화는 이 중앙의 5와 10에서 에너지를 공급받아 현실세계의 창조운동을 영위하고 있는 것이다. 먼저 하도와 낙서의 중심에 있는 5의 의미에 대해서 살펴보면, 주자(朱子)는 하도 와 낙서가 모두 5로써 중앙에 거하는 것은 무릇 수의

----

15) 기수와 우수의 차이는 1·3·5·7·9를 양이라 하고, 2·4·6·8·10을 음이라 하는 것은 숫자가 하나하나에 중점을 두고서 외적인 작용으로 음양을 나눈 것이다.

16) 『易學啓蒙』 天以一生水, 而地以六成之, 地以二生火 而天 以七成之, 天以三生木 而地以八成之, 地以四生金 而天以九成之, 天以五生土 而地以十成之, 此又其所謂各有合焉者也

시작은 일음일양(一陰一陽)일 따름이다. 양의 상(象)은 원(둥금)이니 원은 지름이 1이라면 둘레는 삼(三)이 되고, 음의 상(象)은 방(方, 네모짐)이니 방(方)은 직경이 1이면 둘레는 4가 된다. 둘레가 3인 것은 하나로써 하나를 삼기 때문에 그 일양(一陽)을 세배하여 3이 되고, 둘레가 4인 것은 둘로써 하나를 삼기 때문에 그 일음(一陰)을 두 배하여 2가되니 이것이 이른바 삼천양지(參天兩地)인 것이다. 이것이 하도·낙서의 수가 모두 5로써 중심을 삼는 이유이다.

하도는 생수로써 주를 삼기 때문에 가운데의 5는 다섯 개의 생수의 상을 갖추고 있는 것이니 중(中)에서 하(下)의 일점(一點)은 천일(天一)의 상(象)이고, 상(上)의 일점(一點)은 지이(地二)의 상(象)이고, 좌(左)의 일점(一點)은 천삼(天三)의 (象)이고, 우(右)의 일점(一點)은 지사(地四)의 상(象)이고, 중(中)의 일점(一點)은 천오(天五)의 상(象)이 된다. 낙서는 기수로써 주를 삼기 때문에 가운데가 5가 되는 이유는 또한 5 기수의 상이 되니 하(下)의 일점(一點)은 천일(天一)의 상(象)이 되고, 좌(左)의 일점(一點)은 천삼(天三)의 상(象)이 되고, 중(中)의 일점(一點)은 천오(天五)의 상(象)이 되고, 우(右)의 일점(一點)은 천칠(天七)의 상(象)이 되고, 상(上)의 일점(一點)은 천구(天九)의 (象)이 된다[17]고 하였다. 이처럼 하도와 낙서의 중앙에 5가 있다는 것은 천지(天地)는 오행의 기운으로 가득 차 있다는 것을 나타내고 있으며 오행의 원리가 동서남북의 사방과 춘하추동의 사계에 작용하고 있음을 상징하고 있는 것이다. 더하여 하도의 중앙 5의 표면에 10수가 있는 것은 10수는 중의 5수가 자화(自化)한 수(數)이며 사방 생수의 정신을 모두 가지고 있는 중(中)의 중(中)이다. 낙서의 변화 발전은 중앙의 5 토의 작용에 의해서 선도되므로 엄밀하게 말하면 5는 10 토(土)에 비해서 능력이 반 밖에 소유하고 있지 못한 미완성의 토(土)이다. 그러나 하도에는 10 토(土)가 존재하고 있으므로 통일과 종합의 능력까지를 구유하고 있다. 그렇다면 낙서는 통일수(統一數)인 10이 전혀 존재하고 있지 않은가? 낙서에는 그 수를 가로, 세로, 대각선으로 연결하여 보면 각기의 합이 모두 15가 되어 작용은 하나 드러나지 않는 중앙의 5를 제거하고 나면 모두 10이라는 숫자가 나오게 된다. 이것을 보면 洛書는 비록 5 토(土)에 의해 분열의 양운동을 진행하고 있지만, 이면적으로는 통일을 지향하고 있음을 알 수 있을 것이다.

하도의 중앙에 있는 5와 10을 합하면 15가 된다. 이 15수는 우주 생명의 근원처(根源處)이며 창조의 본원(本源)이 되는 곳이다. 그리고 낙서의 종횡과 대각선의 합이 모두 15가 된다는 것은 현상세계는 우주조화의 근원자리를 그대로 반영하고 있음을 증명하고 있는 것이

---

17) 윤석열, 앞의 논문, 111쪽

다. 또 15가 변화의 축이며 중심이 되는 이유는 생수(生數) 1·2·3·4·5의 합이 15가 되며 성수중(成數中) 태양(太陽)·태음수(太陰數)인 9와 6의 합이 15가 되고, 소양(少陽)·소음수(少陰數)인 7과 8의 합이 15가 되는 데에서도 살펴볼 수 가 있다. 즉 사상수(四象數)의 각각의 합이 15가 된다는 것은 현상계의 변화가 우주의 본체에 뿌리를 박고 이루어지고 있음을 나타내는 것이다.

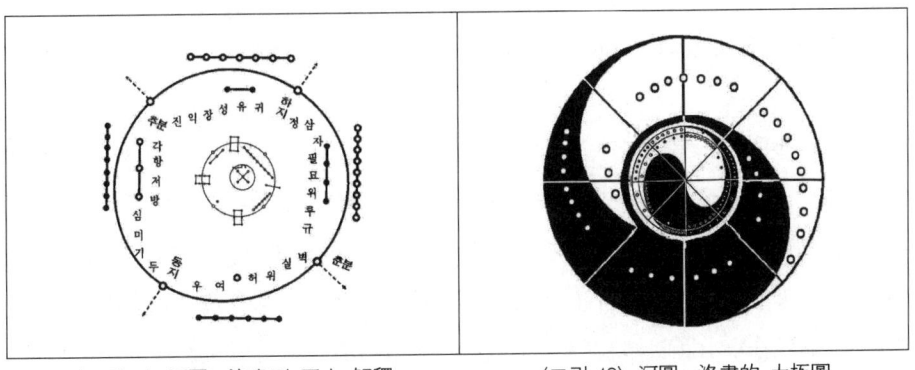

〈그림 11〉 河圖·洛書적 天文 解釋   〈그림 12〉 河圖·洛書的 太極圖

　이러한 견해는 앞서 살펴본 바와 같이 하도·낙서에 대한 음양오행론적 해석에서 비롯된 것으로 음양오행론의 연원과 하도·낙서에 대한 세분화된 연구에 의해 선후관계가 밝혀져야 할 것이다. 이처럼 현재까지 학자들의 논의를 볼 때 하도·낙서의 음양오행론적 이해에는 시기적으로 선후의 문제를 해결해야한다. 이는 하도·낙서와 음양오행론의 상호간 연관관계는 있다고 하더라도 천문학의 관점에서 이해하는 것이 바람직 할 것이라고 할 수 있다. 본고에서 논의 된 천문학의 관점에서 하도와 낙서를 분석할 때 하도는 사계절의 분화를 설명하는 과정에서 순환적 논리의 상생론으로 발전되어지는 것으로 보여 지며, 낙서는 4계절을 구분한 하도를 체라고 할 때 용(用)의 관점에서 계절순환의 변화과정을 세부적으로 설명함으로써 체(體)의 관점으로 이해 할 수 있다. 이러한 관점에서 우주의 변화양상은 〈그림 11〉로 이해되어 질 수 있으며, 이를 태양의 변화에 초점을 맞추어 고찰한다면 종래에는 〈그림 12〉의 개념으로 이해됨으로써 태극론으로 발전하는 과정에 기여한 것이라고 할 수 있다.

3. 음양오행론(陰陽五行論)의 성립과 이해

1) 음양론의 성립과 이해

'음양오행설(陰陽五行說)'을 한마디로 설명한다면, 본래 각기 다른 시대 환경에서 형성된 '음양(陰陽)'과 '오행(五行)'의 관념이 새로운 의미를 함축하고 통합되면서 형성된 고대 동양의 자연철학적 이해라고 정의할 수 있을 것이다. 본장에서는 '음양오행론'의 성립과 관련하여, 문헌적 고찰 통해 밝혀진 기존 학계의 주장을 중심으로 발생과 발전과정을 살펴보고자 한다.

'음양론'은 발생초기 '음(陰)'과 '양(陽)'은 개별적 단어로써의 의미를 가지다가 점차 '음양(陰陽)'이라는 복합어로 통합되면서 그 의미가 확장되었고, '오행(五行)'은 '오부(五府)'에서 '육부(六府)'로 그리고 '오재(五材)'에서 '오행(五行)'으로 발전되었다. 더하여 '음양오행(陰陽五行)'이라는 통합된 개념은 이처럼 '음양'과 '오행'이라는 각기 다른 두 개의 개념이 춘추시대(春秋時代)와 전국시대(戰國時代)를 거치면서 새로운 추상적 개념으로 통합되어 발전하게 된다. 이러한 과정은 전국시대 말기에 일어난 능하학파(稷下學派)에 의해서 통합되었고, 자연의 항구적 질서를 설명하는 수단으로 자리 잡게 된 것[18]이다.

'음'과 '양'은 어원에 대해 학자에 따라 약간의 차이는 있지만 대체로 햇빛과 관련이 있는 명칭이었다는 것으로 이해되었다. 허신의 『설문해자(說文解字)』에서 '음(陰)'은 구름에 가려 해를 볼 수 없는 것을 뜻하고, '양(陽)'은 해가 언덕을 비추다는 의미로 쓰였다. 양계초는 '음(陰)'은 '어둡다'는 의미로 구름이 햇빛을 가려 어두운 상태를 의미하는 것으로 보았으며, '양(陽)'은 햇빛과 밀접한 관련이 있는 글자라는 것을 알 수 있다. '음양'이라는 문자는 자의(字意)로 볼 때 태양의 향배를 가리키는 말로서 산의 북쪽인 응달과 산의 남쪽인 양달을 가리키는 것으로서 '음양(陰陽)'에 대한 최초의 의미는 햇볕과 연관된 자연현상을 지칭할 뿐이었다.

문헌상에 나타난 '음(陰)'과 '양(陽)'에 관한 최초의 기록은 『시경(詩經)』이다. 『시경』은 은(殷)나라와 주(周)나라의 교체기에 이루어진 것으로 보이는데, 『시경』에서는 한 곳에서만 '음양(陰陽)'이 연용 될 뿐, 대부분 '음'과 '양'이 따로 떨어져서 사용되고 있다. 아울러 '음'은 '어둡다' 혹은 '덮는다'는 의미로 사용되었으며, '양'은 '방위, 햇빛, 따뜻하다'라는 뜻으로 사용되었다. 이처럼 『시경』에서의 용례를 살펴보면 '음양'에 대한 최초의 의미는 태

---

18) 박정윤, 「陰陽五行說의 成立과 그 理論的 배경 -春秋·戰國時代를 중심으로-」, 고려대, 2001, 93쪽

양의 향배나 방위를 지칭하는 뜻19)으로 사용되었을 뿐이다. 즉 '음·양'의 독립적인 의미는 태양의 주기에 따라 밝고 어두움에 대한 설명이었으나, 후대에 이르러 '음양'의 관계에 대한 의식이 '고정된 관념'이 아닌 '변화되는 현상'으로 인식하게 된 것으로 보인다. 이는 음 양이 독립적인 자연현상으로 고정불변의 현상이 아닌 '음→양'으로 '양→음'으로 변화되는 과정 속에 나타나는 현상임을 이해하면서 점차 독립된 '음'과 '양'은 하나의 단어인 '음양'으로 결합되었다. 아울러 그 의미도 또한 '밝고', '어둡다'는 단순한 의미에서 '낮과 밤의 변화, 계절의 주기, 나아가 시간의 변화 과정'을 의미하게 되어 시간적으로 변화하는 모든 현상을 설명하는 유용한 개념으로 자리 잡게 된 것이라고 할 수 있다.

'음양론'이 변화하는 대상을 설명하는 개념으로 정착된 것에 관하여 문헌적 관점이 아닌 자연과학과 역사학적 관념에서 살펴본다면, 북방 샤머니즘 문화가 남방 농경문화와 습합되고 변화되는 과정에서 발생된 것이다. 주된 생활양식이었던 샤머니즘의 문화에서 농경을 통한 정착생활로 변화되면서 농작물의 생산에 직접적인 영향을 미치게 되는 기후의 변화에 대해 인식하면서 태양에 대한 관념이 증가한 것이라고 할 수 있다. 이러한 생활양식의 변화는 '음양'의 의미가 '따뜻하다' '어둡다'라는 독립적인 의미로 사용되었던 것에서 태양의 이동과 운행에 따라 서로 관계를 맺으며 '변화 한다'라는 개념으로 발전하고, 더하여 각기 다른 두개의 관념이 '서로 영향을 미친다'는 관념으로까지 확대되면서 '음양(陰陽)'이라는 복합어를 형성시키게 된 것이라고 할 수 있다. 이러한 과정에서 '음양'의 의미가 '변화'라는 새로운 의미를 포함한 복합어로의 등장은, 시간적으로 변화하는 세상의 다양한 양상들을 설명할 수 있게 된 것이다. 결국 전국시대의 '음양'은 기후와 기상의 의미를 넘어서서 '계절 변화의 요인, 사물의 질서를 유지하는 형평의 원리, 사시(四時)의 변화작용, 자연적 변화'를 설명하는 수단으로 그 의미가 확장되어 다양하게 활용되고 있다는 것20)을 알 수 있다. 특히, '음양론'은 변화의 의미를 포함함으로써 자연의 기후변화를 설명하는데 아주 유용한 개념의 틀로 사용될 수 있었으며, 기후의 변화와 기온 등의 변화를 설명하는데 상당한 설득력을 가질 수 있었다.

'음양'의 개념이 계절현상과 시간적으로 변화하는 대상에 대한 설명 틀로 확고하게 자리 잡게 된 이유는 바로 '음양'이 가지는 2분법적 논리에 기초한 것이라고 할 수 있다. 즉, 상대적 세계를 지칭하며, 그 상대적인 세계 사이에 어떤 변화를 설명하는데 '음양론'이 가장 유용했기 때문이며, 이것이 바로 전국시대 말기 추연(鄒衍)과 관중학파(管仲學派)가 역법과

---

19) 송갑준, 「陰陽五行說의 思惟體系」, 人文論叢 14輯, 2001, 114쪽
20) 박정윤, 앞의 논문, 23쪽

계절현상을 설명하는 강력한 수단으로 음양과 오행을 도입하게 된 배경이 된다. 또한 이러한 2분법적 논리는 앞으로 논의하게 될 북방 샤머니즘과 남방 농경문화가 가지는 상징적 이원론체계(二元論體系)에서 상호 관련성을 가지는 것으로 당시의 우주질서와 세계관을 설명하는 수단으로까지 발전하게 된다.

　춘추시대(春秋時代)에 이르면 '음양'은 하늘이 생성하는 '육기(六氣)'가운데에 포함되고, '음'이 지나치면 한질(寒疾)이 생기고 '양'이 지나치면 열질(熱疾)을 일으킨다고 하였다. '육기(六氣)' 가운데 '음양' 두 기(氣)는 자연현상을 지칭하는 풍(風), 우(雨), 회(晦), 명(明) 보다 추상적인 성격을 띠고 있었다. 또한 『국어(國語)』에서도 '음양'은 '어둡다. 춥다 따뜻하다'는 등의 감각할 수 있는 자연현상을 넘어선 추상화(抽象化)된 의미로 언급[21]되었다. 이는 초기의 햇빛과 연관된 자연현상이나 기후 계절의 의미로부터 한 걸음 더 나아간 것으로 이때부터 '음양'은 대립되는 성질로 이해되기 시작 하였다. 이처럼 '음양'이 만물의 대립되는 두 요소로서 이해되기 시작한 것은 노자(老子)부터이며, 이어 장자(莊子)에서는 '음양'이 만물을 생성하는 두 종류의 기(氣)로서 설명[22]되었고, 『회남자(淮南子)』에서는 음양의 만물 생성작용을 남여 양성의 생식능력에까지 비유[23]하게 되었다. 『춘추곡량전(春秋穀梁傳)』에서는 '음이 홀로 사물을 낳지 못하고, 양이 홀로 사물을 낳지 못한다.[24]'고 하여 음양 어느 한편만으로는 사물을 생성할 수 없고 반드시 서로 결합한 뒤에야 사물의 생성이 가능하다는 것을 지적하여 음양론의 논리범위를 확대하고 있음을 나타내고 있다.

　'음양' 관념의 결정적인 변화와 전개는 『주역(周易)』에 대한 논의가 발전하면서 변화된 것이라고 할 수 있다. 본래 『주역』 경(經)의 부분인 괘사(卦辭)와 효사(爻辭)에는 음양의 관념이 없었다. 단지, 역(易)의 골격인 '━━, ━ ━'은 양의(兩儀)로서 사상(四象)과 팔괘(八卦)를 형성하는 실물이었고 추상화된 '음양'은 아니었다. 그러나 역학(易學)의 발전(=『十翼』의 성립)에 따른 음양 관념을 포함하여 『주역』을 해석하는 방법으로 인해 역경(易經)에 대한 유가적 해석에서부터 음양은 추상화되고, 만물 생성의 두 요소로 변용되기 시작된 것[25]이다. 『주역』의 「계사전 상」에서는 '一陰一陽之謂道, 陰陽不則之謂神'이라 하여 상반하는 음양 두 가지의 기로서 우주의 생성 변화를 설명하고자 하였다. 이때의 '음양'은 인

---

21) 송갑준, 앞의 논문, 115쪽

22) 『莊子』 「在宥」 陰陽竝毗, 四時不至.

23) 『淮南子』 陰陽和平, 風雨時節, 萬物蕃息

24) 『春秋穀梁傳』 「장고 3」, 獨陰不生, 獨陽不生, 獨天不生 三合然後生.

25) 송갑준, 위의 논문, 115쪽

간과 사회를 포함한 우주와 자연을 설명하는 방법으로 크게 변모하게 되었다. 이와 같이 음양관념으로 『주역』을 해석함으로써 점복서(卜筮書)에서 벗어나 철학적 구조를 갖춘 경서(經書)로 인정받게 되었고, 이처럼 '음양'이 만물을 이루는 두 요소라는 의미로 사용된 것은 전국시대부터였다. 이때부터 '음양'은 하나의 기(氣)로 인식되었다. 기(氣)는 사물과 현상을 이루는 질료의 의미로서, 자연계의 사물과 현상은 모두 '음양의 이원(二元, 陰과 陽의 두 원소)'으로 형성된다는 사고로 정립되어 '음양론'으로 완성된다. 그러나 '陰陽의 二元'은 사물과 현상의 생성 변화 소멸 등에 결정적인 영향을 주고 있으면서도 그 작용은 일정하지 않다. 그 때문에 생성변화를 예측하기 어렵지만 '음양'의 이원은 상대적이고 동시에 순환적이면서 상호 포함적 이다. '음'과 '양'이 병존하는 경우에는 상화(相和)하여 생성에 관계하고 있지만, 반대로 상반(相反), 상쟁(相爭)하는 경우에는 사멸에 이르게 된다.

이처럼 '음양론'에는 상반(相反)과 응합(凝合)의 논리가 함축되어 있는데, 상반은 음과 양의 대립이고, 응합이란 단순한 대립을 넘어서서 상호 의존의 관계를 유지하면서 발전해가는 것을 의미한다. 예를 들면 여름 한가운데에 가을의 기운이 생겨나고 '음'이 극에 이르면 '양'이 생겨난다는 것으로 이렇게 해서 자연계의 사물과 현상은 생성과 변화를 지속해 가는 것이다. 이처럼 '음양'을 만물 생성의 두 요소로 이해하면서 이 두 원소의 법칙적인 변화 활동으로부터 하나의 통일적 유기체임을 천명하는 것이며, 이때부터 '음양' 관념은 자연과 인간을 아울러 설명하는 획기적인 개념으로 발전하게 된다. 또한 만물의 성질과 상태를 나누는 두 범주의 개념으로써의 음양개념이 『역전(易傳)』에서 사용되어지게 되는데, '음'은 여성적인 것, 수동성, 추위, 어둠, 습기, 부드러움을 뜻하고, '양'은 남성적인 것, 능동성, 더위, 밝음, 건조, 굳음을 뜻하게 된다. 이와 같은 상호보완적인 힘이 서로 작용하여 자연의 생성과 변화를 일으킨다고 본 것이다. 또 '음양'은 '존비(尊卑)의 관계'를 표시할 때에도 사용되어 '양'은 하늘, 임금, 남편, 군자를 의미하고, '음'은 땅, 신하, 아내, 소인을 의미하게 되었다. 이 관계는 물론 주도적 종속적 관계지만 상보적인 것으로도 파악되었으며, '음'에서 '양'으로도, '양'에서 '음'으로 변화하는 것도 가능하다고 인식되었다.

또한 '음양론'은 의술과 예술의 이론적 기초로 발전하기도 하였는데, 『황제내경(黃帝內經)』「소문(素門)」에서는 인체의 생명활동은 음양의 조화를 이루면 살고, 어느 한쪽이 지나치게 성(盛)하면 병(病)이 나며, 음양이 서로 떨어지면 죽는다고 하여 음양을 생명의 운동과 변화의 중추로 파악하였고, 음악(音樂)에서는 율조(律調)를 음양으로 분류하였으며, 회화(繪畵)에서는 음양 이론에 기초한 허실(虛實)로써 그림을 설명하는 등 그 개념의 범위가 확대되어 활용되었다.

2) 오행론(五行論)의 성립과 이해

'五行'이라는 용어는 오늘날 '사물을 이루는 다섯 가지 기본요소'의 의미로 사용되고 있다. 그러나 '오행론' 성립초기의 '五行'은 본래 木·火·土·金·水(나무, 불, 흙, 쇠, 물)라는 인간의 실생활에 필수 불가결한 다섯 가지 물질을 의미할 뿐이었다. '行'의 의미는 통행되어 막힘이 없다는 뜻이 된다. 따라서 '五行'이란 광범위하게 응용되는 다섯 가지의 필수 불가결한 생활 자료를 가리키며, 그것은 일반적인 생활 자료와는 구별되어 특별한 중요성을 가진다.

'五行'에 관한 초기의 기록은 『상서(尙書)』의 「감서(甘誓)」와 「홍범(洪範)」, 『좌전(左傳)』의 「昭公 25年」, 『국어(國語)』의 「노어(魯語 上)」 등에 보인다. 여기에서 언급된 오행은 인간의 실생활에 유용한 다섯 가지 물질, 혹은 땅이 생산해 내는 다섯 가지 실용적인 생활 자료를 의미한다. 특히 『상서』 「홍범」에서 언급된 오행은 물질을 다섯 가지로 구분하고 각각의 기능과 성질을 설명한 것에 지나지 않는다. 이렇게 전국시대 이전, 춘추시대까지의 '오행'은 후대의 추상화된 '오행'의 의미로는 사용되지 않았다. 필수불가결한 생활 자료로서의 '오행'이 상징화되어 각각의 특유한 기(氣)가 우주 만물의 존재와 작용의 유래를 설명하게 된 것은 전국시대 이후의 일[26]이다. '오행'의 의미가 확대되고 조직화 되는 것은 『여씨춘추(呂氏春秋)』에서부터이다. 계절과 방위를 비롯하여 오성(五星), 오미(五味), 오곡(五穀), 오사(五事), 오장(五臟), 오제(五帝) 등을 모두 오행에 분배하고, 이외에도 십간(十干)이나 육률(六律)·육여(六呂) 등도 포함시킨다. 그리하여 우주자연의 모든 사물과 현상을 '오행' 속에 편입시켰다. 그 후 『예기(禮記)』 「월령(月令)」과 『회남자(淮南子)』에서도 이 이론이 채용[27]되었다.

그렇다면 다섯 가지의 물질을 의미하는 '오재(五材)'가 '오행(五行)'으로 사용되게 된 배경에 대해서 살펴보면, 金·木·水·火·土가 글자가 지칭하는 구체적 사물의 의미를 넘어 보다 광범위하게 사용되면서 기존의 다섯 가지 재료의 의미를 지닌 '오재'명칭으로는 한계가 있었기 때문이라고 생각된다. 이 시기에는 개별적이고 구체적인 사물과는 다른 새로운 의미가 金·木·水·火·土에 포함되기 시작했을 것으로 보여 지며, 이러한 과정에서 본래 '오행' 명칭은 金·木·水·火·土와 아무 관련이 없는 '오재'라는 용어였다가 각 요소에 '순서(順序)', '차례(次例)'의 의미가 중시되면서 그 의미를 가장 잘 나타내는 '오행'이라는 의미로 구체화 되었다. 이렇게 '오행'을 '영원히 순환 운동을 하는 5개의 기본적인 힘'으로 파악하는

---

26) 송갑준, 앞의 논문, 116쪽

27) 양계초, 『陰陽五行說之來歷』, 경문사, 1978, 352쪽

것은 전국말기와 한대에 '오행설'이 확립되면서 형성된 관념28)으로 보여 진다. 이러한 의미에서 「홍범(洪範)」에서의 오행개념은 분명 '오재'의 의미와 잘 부합한다. 초기 '오행'의 각각의 요소에는 순서와 차례 그리고 순환의 의미는 포함되어 있지 않았다. 단지 각 요소의 성격과 특징만이 언급되어 있었다. 이것은 '오행'이 아직 계절에 배속하지 않았다는 것을 의미하며 '오재'에서 '오행'으로 넘어가는 시기의 오행의 초기개념을 반영하고 있다고 볼 수 있다. 「홍범」에서는 '오행'의 특성과 성질에 대해,

> 水는 물건을 적시고 낮은 곳으로 내려가는 성질을 가졌으며, 火는 물건을 태우고 위로 올라가는 성질을 가졌으며, 木은 굽기도 하고 곧기도 하는 성질을 가졌으며, 金은 변화하는 성질을 가졌으며, 土는 식물을 심으면 자라게 하고 열매를 맺게 하는 성질을 가졌다.' 29)

라고 하였다. 이처럼 「홍범」에는 '오행'의 순서나 과정의 의미는 나타나 있지 않다. 다만 '오행' 각각의 성질과 특성만이 나타나 있을 뿐이었다. '오행'의 의미보다는 '오재'의 의미가 더 분명하게 드러나 있다. 이러한 「홍범」에는 오행과 오미(五味)가 어떻게 서로 연결되는지를 설명함으로써, '오행' 각각의 주어진 성질과 오미를 서로 연결시키고 있음을 알 수 있다. 즉 '水는 물건을 적시고 낮은 곳으로 내려가는 성질'은 '짠맛을 낸다'고 기록하고 있다. 火는 '염상(炎上)'의 성질이 쓴맛을 내며, 木은 곡직(曲直)의 성질이 신맛을 낸다. 또한 金은 변화(變化)하는 성질에 매운맛을 내고, 土는 식물을 심으면 자라게 하고 열매를 맺게 하는 성질에 의해 단맛을 낸다고 하였다. 이것은 오미가 오행 각각의 성질과 관련해서 발생한다는 것을 나타내고 있는 것이다. '水가 물건을 적시고 낮은 곳으로 내려가는 성질이 어떻게 짠맛을 만들게 될까?' 해안지방에 사는 사람들에게 있어서는 자연스러운 결과라고 한다. 해안에 사는 고대인들은 물이 아래로 흘러 마지막으로 바다로 흘러들어 소금물이 된다고 생각했을 수 있다. 물건을 태우는 성질은 火를 쓴맛이 나게 하는 것으로 인식하게 되었을 것이다. 나무와 식물은 식물성으로 분해하면 신맛을 내며, 金의 매운 맛은 금속제련 과정에 발생하는 자극적인 가스냄새와 관계가 있고, 土가 단맛을 내는 것은 일반적으로 곡물에는 단맛이 있다는 것에서 유래했을 것30)이다. 이처럼 「홍범」의 오행에는 상승의 관념

---

28) 송갑준, 위의 논문, 118쪽
29) 『尚書』 「洪範」 水曰潤下, 火曰炎上, 木曰曲直, 金曰從革, 土爰稼穡, 潤下作鹹, 炎上作苦, 曲直作酸, 從革作辛, 稼穡作甘.
30) Joseph Needham, 李錫浩 外 역, 『中國의 科學과 文明』 2책, 乙酉文化社, 1991, 344쪽

도 없고 상생관념도 없다. 단지 오재(五行)의 성질과 특성 그리고 그 특성에 따라 연결된 다섯 가지 맛(五味)만이 언급되어 있는 것이다.

전국시대 말에 이르면 오재의 의미는 거의 사라지고 새로운 오행개념을 형성하게 된다. 오행은 인간 생활에 필요한 중요한 구체적인 사물의 의미에서 모든 사물을 대표하는 대표적 개념이 되고, 그것이 확장되어 세계를 이해하는 새로운 해석 수단으로 변화하게 된다. 따라서 「홍범」의 '오행'에는 사물의 다섯 가지 대표적인 상징과 기호를 통해 세계를 이해하려는 고대인들의 초기의식을 엿볼 수 있다. 다섯 가지 상징과 기호체계를 통하여 자신들이 살고 있는 세계를 좀 더 구체적으로 규명하려한 고대인들의 의식이 반영되어 있는 것이다.

그렇다면, 오재의 의미에서 순서와 차례, 변화의 의미를 포함하여 '오행'의 관념으로 발전되는 과정에서 각각의 순서가 어떻게 정해지게 되는가의 문제는 각 원소의 상호관계성에 관련하여 중요한 문제가 아닐 수 없을 것이다. 이러한 논의에 대해 '음양'의 문제에 대해서는 '음양론'이 '음양'의 교역(交易)으로 만물의 생성과 변화를 설명하는 것으로, 음과 양은 교대로 계기하기 때문에 그 순서를 정하는데 어려움이 없다. 그러나 '오행'으로 만물의 생성과 변화를 설명할 때는 그 배합 방법과 순서를 정하기가 쉽지 않다. 그리고 '오행'의 의미가 확대되어 이것으로 사물과 현상에 분배할 때도 복잡한 문제가 발생할 수 있다. 이에 '오행'을 여러 가지 경우에 배열할 수 있는 두 가지의 중요한 방법이 나타나게 되었다. 그 하나는 자연계의 운동을 음양이 서로 소장하는 다섯 단계의 과정으로 생각한 것이다. 즉, '양의 성장 → 양의 성숙 → 음양의 균형 → 음의 성장 → 음의 성숙'이 그것이다. 이와 같은 순환은 반복되어 이루어진다. 그러나 '양'이 다시 성장하기 전의 균형상태를 이루는 부분은 생략되어 있다. 이러한 운동과정을 '오행'의 순환관계에 대입한 도식은 「춘추번로(春秋繁露) 卷 13」 제 59편 오행상생 의 편명(篇名)에 따라 '오행상생설(五行相生說)'이라고 불리 운다[31]. 동중서(董仲舒)는 여기에서 '東方을 뜻하는 木은 火를 낳고, 南方을 뜻하는 火는 土를 낳고, 中央을 뜻하는 土는 金을 낳고, 西方을 뜻하는 水는 木을 낳는다'고 하면서 이 다섯 가지 요소가 끊임없이 木 → 火 → 土 → 金 → 水로 순환한다고 하였다. 또한 『한서(漢書)』에서는 이러한 도식으로 순환론적 사관(史觀)을 전개[32]시켜 한왕조(漢 王朝)의 정통성을 주장하는 근거로 삼았다.

두 번째의 입장은 '오행' 하나하나의 작용을 강조하면서 그것들 상호 간의 순환관계를 파

---

31) 이정재, 「陰陽五行論의 形成과 이의 應用研究」, 한국문화연구 7집, 182쪽
32) 『漢書 卷 25』 「교사지」

악하는 것이다. 즉, '木은 土를 극복하고, 土는 水를 극복하고, 水는 火를 극복하고, 火는 金을 극복하고, 金은 木을 극복한다'는 것이다. 이것은 木 → 金 → 火 → 水 → 土의 배열로서 후행자가 선행자를 극복하는 도식으로서 물질세계를 이루는 각 요소간의 끊임없는 갈등관계를 나타내고 있다. 이러한 관계는 『여씨춘추(呂氏春秋)』의 「응동(應同)」, 『회남자(淮南子)』의 「지형훈(地形訓)」, 『백호통의(白虎通儀)』의 「오행(五行)」 등에 나타나지만, 특히 「춘추번로(春秋繁露)」에 오행상승의 이름을 따라 '오행상승설(五行相勝說)' 혹은 '오행상극설(五行相剋說)'이라고 한다. 이러한 포괄적 도식에 맞추어 모든 사물과 현상은 말할 것도 없고 수(數), 방위(方位), 천간(天干), 지지(地支) 등을 다섯 범주로 구분하였다. 그러나 명확하게 다섯으로 구분되지 않는 경우에는 자의적인 구분과 선택이 이루어지기도 하였다. 또한 『춘추번로』에서는 이것을 정부의 관직과 관련 시켜 설명하기도 하였다. 『사기(史記)』의 「봉선서(封禪書)」에서는 이 도식을 역대 왕조와 결부시켜 왕조교체의 필연성을 설명하는 근거[33]로 삼기도 하였다. 한편 오행설은 역사관에도 편입되었는데, 추연(鄒衍)은 '오덕종시설(五德終始說)'을 주창하였다. '오덕종시설'은 추연의 창설로 전해지지만 그 원작은 소실되고 다만 『회남자(淮南子)』의 「제속훈」, 『사기(史記)』의 「卷 6, 秦始皇 本記」와 「卷 28, 封禪書」 등에서 그 내용을 살펴 볼 수 있다. 이 설은 오행의 덕을 실현하는 것이 왕도의 규범이며 오행의 속성을 군주가 지녀야할 덕의 기본으로 삼아야 한다는 주장이다. 예컨대 수덕(水德)의 왕은 수(水)의 속성인 윤하(潤下)를 규범으로 하고, 화덕(火德)의 왕은 화(火)의 속성인 염상(炎上)을 규범으로 삼아야 한다는 것이다. 또한 왕조의 교체도 오덕의 계승과 합치된다고 하여 황제의 토덕(土德)을 하조(夏朝)의 목덕(木德)이 극복하고, 하조(夏朝)의 목덕(木德)을 상조(商朝)의 금덕(金德)이 이기며, 상조(商朝)의 금덕(金德)을 주조(周朝)의 화덕(火德)이 이기므로 주(周) 다음의 왕조(王朝)는 반드시 수덕(水德)을 지니게 된다는 주장이다. 이에 따라 진시황(秦始皇)은 수덕(水德)을 기본으로 하면서 수(水)의 색(色)인 흑색을 숭상하고 황하의 이름도 흑수(黑水)라고 바꿀[34] 정도로 매우 중요한 정치적 영향을 끼친 것을 알 수 있다.

이러한 논의에 더하여 일반적인 글자의 의미만을 살펴본다면, '오행'은 순서와 차례의 의미가 된다. 그러나 『관자』에는 '오행'이 특정계절을 대표하며 동시에 '순차'의 의미를 지닌다. 아울러 음양오행설은 전국시대 월령(月令) 관념과 관련해서 이해해야 한다. 월령(月令)관

---

33) 이정재, 위의 논문, 183쪽
34) 이정재, 앞의 논문, 183쪽

념을 무시하고 음양오행설을 설명하는 것은 자칫 그 의미를 왜곡시킬 우려가 있기 때문이다. 『관자』에 나타나 있는 음양오행설은 계절 현상을 음양과 소식(消息)과 오행의 순차로 설명하려는 학설일 뿐만 아니라, 사계절의 질서와 그 질서에 적합한 인사가 어떤 관계로 결합되어 있는지를 설명하였다. 즉 음양오행설은 자연의 질서와 그 질서와 상응하는 인사 관계를 음양의 소식(消息)과 오행의 순차를 통하여 해명하려는 자연철학이라고 할 수 있다.

3) 음양오행론의 이해

앞서 살펴본 바와 같이 '음'과 '양'은 처음부터 연용된 것도 아니었고, '음양'으로 연용 되었어도 최초의 의미는 태양의 향배와 연관이 있는 방위나 자연현상을 지칭할 뿐이었다. 그 후 사물과 현상의 대립되는 두 성질로 이해되고 나아가 만물 생성의 두 요소로 그 의미가 확대되었다. '오행'의 개념 역시 초기에는 일용의 필수 사물로 이해되었을 뿐이며, 우주생성의 기본요소로 의미가 추상화 된 것은 전국시대 이후의 일이다. 이렇게 다른 의미를 가지고 있었던 '음양'과 '오행'은 전국시대 이전까지는 연관성 없이 독립적으로 사용되면서 각각의 의미를 확장시키는데 주력하였던 것으로 보인다.

자연계에 보편적으로 존재하는 일용의 사물에 대한 논의에 불과하였던 '오행'은 동주(東周)의 백가쟁명(百家爭鳴)의 시대를 거치면서 사회생활은 물론 의식형태를 설명하는 데에도 적용되었다. '오행'에 관한 기록은 은(殷)주(周)교체기의 일이지만 그것을 기초로 하여 자연과 사회를 포괄하는 하나의 범주개념으로 발전된 개념으로 사용되게 하게 되었는데, 오행상승설(五行相勝說)과 상생설(相生說)이 그것이다. 오행상승설(五行相勝說, 五行相剋說)은 '오행'의 배열 순서를 정하고 선행하는 항과 그에 대립하는 후행하는 항 사이의 차이와 연관, 즉 본질적인 차이와 대립의 연관을 반영하여 해석하는 것으로 일종의 불변의 공식이며, 정치의 성패, 전쟁의 승패, 왕조의 교체 등 모든 사회현상을 예측할 수 있는 패러다임이었다. 이러한 보편적 연관의 구조는 자연계는 물론 인간 사회가 여러 가지 연관의 상호작용을 통해 하나의 통일체를 형성한다는 사고와도 상통한다. 다시 말하면 같은 종류의 사물은 공통적인 속성을 가지고 있기 때문에 서로 감응할 수 있는 것이다. 물론 이러한 범주적 연관은 신비적 요소를 다분히 지니고 있지만 '음양오행설'에서는 자연과 사회를 하나의 통일적 체계로 설명하려고 하였던 것으로 볼 수 있다.

『상서』「홍범」의 내용은 왕권의 신성을 선양하고, 상제(上帝)의 권위와 권력 그리고 복서(卜筮)의 기능 등을 언급하고 있다. 그러면서 '오행'으로 자연현상과 사회현상을 설명하는 것으로 확대 되었다. '오행'은 자연계에 보편적으로 존재하는 생활필수품으로 모두 농경과 밀접한 연관이 있는 다섯 가지의 물질이다. 그것은 농경의 과정에서 체험적으로 획득한 자연에 대한 인식의 산물이지 결코 상제(上帝)와 같은 관념의 산물이 아이었다. 이러한 '오행'은 자연현상과 사회현상은 물론 인간의 행동까지도 다섯 가지 범주로 분류하면서, 각 범주에 속하는 현상들을 다섯 가지 물질적 특성으로 표현하였다. 이와 같이 「홍범」은 상제의 존재를 인정하고 있지만 자연, 사회, 인간을 설명할 때는 물질적인 오행을 들고 있다. 물론 전국시대 이후의 오행은 특히 음양과 결합되면서 더 이상 물질이 아닌 만물의 생성과 변화를 구성하는 요소, 즉 원소적 개념으로 추상화의 과정을 밟게 되는데, 이점은 음양도 마찬가지이다.

'음양'과 '오행'이 결합되기 시작한 것은 대략 기원전 4세기 초인 전국시대부터로 보여 지며, 이때부터 자연, 인간, 사회의 여러 가지 현상들을 설명하는 틀로 사용하게 된다. 제나라 추연에 의해 체계적으로 결합되었다고 전해지지만 입증할 만한 자료는 남아있지 않다. 그러나 적어도 한대부터는 음양과 오행의 두 관점이 하나의 정합적 이론으로 통합된 것은 확실[35]하다. 이 때 음양과 오행의 관계를 어떻게 설명하는가의 문제에 대해, 자연계의 모든 사물과 현상은 음양의 성격에 따라 여러 가지 상호관계를 맺으면서 일어나는데, 그 변화의 양상을 다섯 가지 유형으로 표현한 것이 오행이라 할 수 있다. 다시 말하면 수(水)는 순음(純陰)의 상태를 말하고, 목(木)은 순음가운데에서 최초로 태어난 양(陽)을 말하며, 화(火)는 양이 다 자란 순양(純陽)의 상태를 말하고, 금(金)은 순양 가운데에서 최초로 태어난 음(陰)을 말한다. 즉, 새로 태어난 음(陰)은 차츰 자라서 순음(純陰)이 되고, 음(陰)이 극(極)에 달하면 그 안에서 양(陽)을 낳는다. 그리하여 그 양(陽)이 차츰 자라서 순양(純陽)이 되고 양(陽)이 극(極)에 달하면 그 안에서 음(陰)을 낳는다. 이것을 순서대로 표시하면 水 → 木 → 火 → 金 → (水)로 되풀이 되는 것이다. 더하여 순음(純陰) 중에서 양(陽)을, 순양(純陽) 중에서 음(陰)을 탄생시키기 직전에 음도 아니고 양도 아닌 순간을 토(土)라고 상정하였다. 이를 통해 살펴보면 오행은 음양과 다른 것이 아니고, 음양의 변화에 의한 생생불식을 여러 각도에서 설명한 것으로, '음양'은 '오행'을 통해 변화양상을 구체적으로 나타내고 있는 것이라고 할 수 있다. 전국시대 중엽까지는 음양설과 오행설이 각각 독립적으로 발전해 왔다. 전국시대 중엽에 이루어 진 것으로 보이는 『논어(論語)』, 『맹자(孟子)』에 음양이라고 병칭된 예가 발견되지 않는다. 전국 말기에 이루어진 『순자(荀子)』에서 비로소 음양(陰陽)이

---

35) 송갑준, 앞의 논문, 119쪽

병칭되고 그 의미도 천지와 동의어36)로 사용되고 있다. 진한대(秦·漢代)에 이르러서는 음양오행설이 하나의 보편적 사상으로 성행하였다. 진한사상(秦·漢思想)은 음양오행을 통해 구축된 체계론적 우주관을 특색으로 한다. 음양오행설이 진·한대의 사상적 토대였다고 할 만큼 자연, 종교, 정치, 학술, 역사, 의학 등 모든 분야에서 이 도식이 사용되었다. 예컨대 『여씨춘추』에서는 천문, 율력, 풍습, 정치적 이상 등이 음양오행과 조직적 체계적으로 논의되고, 『예기(禮記)』의 「월령(月令)」에서는 사계절의 변화를 오행의 상생 및 음양 이기(二氣)의 소장(消長)으로 설명하고 있다.

전국시대의 음양오행설을 나타내고 있는 주요한 저술 가운데 『예기』속에 편입된 「월령」이 있다. 「월령」은 동주(東周) 이래 천문학적 지식과 계절의 변화와 농경에 관한 체계적 경험을 총괄하고 있으며, 이 과정에서 계절의 변화와 농업 생산에 관한 이론을 전개하고 있다. 「월령」은 음양오행설에 의거하여 사계절의 변화를 설명하고 농경에 관한 지식을 총결하면서 그 이론체계를 더욱 발전시킨 것37)으로 평가되고 있다. 「월령」에서는 사시와 방위를 봄 ⇒ 동, 여름 ⇒ 남, 가을 ⇒ 서, 겨울 ⇒ 북으로 배합하고, 그 사시의 변화를 오행의 성쇠(盛衰)로 설명한다. 즉, 다섯 가지 물질의 속성과 그 상호작용에 따라 사계절의 변화를 설명하는 것이다. '오행'은 각각의 속성에 따라 성쇠의 시기가 있기 마련이다. 그것들은 서로 유전하면서 자연계에서 주도적인 위치를 차지한다. 사시(四時)의 변화는 자연계에 드러난 오행의 유전의 표현 형태로 이해하였으며, 이러한 관점에 따라 『회남자』에서는 각 방위와 행성을 연결하면서, 동 ⇒ 세성, 남 ⇒ 형혹, 중앙 ⇒ 진성, 서 ⇒ 태백, 북 ⇒ 진성으로 배합하여 태양계의 다섯 행성으로 계절과 방위를 설명하고 있다. 이러한 설명은 고대의 천문이나 역법에서 다섯 행성에 대한 관측이 중요한 비중을 차지했음을 말해준다. 또한 사시(四時)의 변화를 이기(二氣) 음양의 소장(消長)으로도 설명하는데, 하지(夏至)는 일 년 중 낮이 가장 긴 날인데 이것은 양기(陽氣)가 가장 왕성하기 때문이다. 이날이 지나면 낮은 점점 짧아지고 밤이 조금씩 길어지기 시작한다. 이는 극(極)에 달하였던 양기가 쇠퇴하기 시작하고 반면에 음기(陰氣)가 생장(生長)하기 시작하기 때문이다. 따라서 하지는 음의 생장(生長)을 알리는 시초이기도 하다. 똑 같은 원리로 동지(冬至)는 일 년 중 밤이 가장 긴 날인데, 이것은 음기(陰氣)가 가장 왕성하기 때문이다. 이날을 기점으로 하여 밤은 점점 짧아지고 낮이 조금씩 길어지기 시작한다. 이는 극(極)에 달하였던 음기가 쇠퇴하기 시작하고 대

---

36) 『荀子』 「天論」 天地之變 陰陽之化, 天地合而萬物生 陰陽接而變化起,
37) 풍우란, 『陰陽五行說의 研究』, 신지서원, 1993, 380쪽

신 양기가 생장(生長)하기 때문이다. 따라서 동지는 양의 생장(生長)을 알리는 시초이기도 하다. 동지를 복양지일(覆陽之日)이라고 하는 까닭도 여기에 있다.

「월령」은 또 음양이 이기(二氣)의 상호소통에 따라 계절의 변화가 이루어지는 것으로 파악한다. 즉, 하늘의 기운이 아래로 내려오고 땅의 기운이 위로 올라가서 하늘과 땅이 서로 소통되면 초목이 싹을 틔우는 봄이 되고, 반대로 하늘의 기운이 위로 올라가고 땅의 기운은 아래로 내려오면 하늘과 땅이 불통하므로 초목이 죽는 겨울이 된다는 것이다. 하늘의 기운과 땅의 기운은 음양 이기의 다른 표현일 뿐이다. 이러한 방식의 계절의 변화에 대한 설명은 『관자』에서도 보이는데, '봄에는 양기가 위로 올라가기 시작하므로 만물이 태어난다. 여름에는 양기가 끝까지 올라갔으므로 만물이 자라난다. 가을에는 양기가 아래로 내려오기 시작하므로 만물을 거두어들인다. 겨울에는 양기가 끝까지 내려왔으므로 만물을 저장(貯藏)한다. 그러므로 봄에 태어나고 여름에 자라나며 가을에 거두어들이고 겨울에 저장하는 것이 사시(四時)의 절도(節度)이다.'[38]고 하였다.

이러한 관점은 사계절의 변화와 생물의 생장(生長)·조락(凋落)의 과정이 음양 이기(二氣)의 성쇠의 결과로 해석한 것으로 자연계의 두 가지 대립적 물질의 특성과 작용으로 사시의 운행과 만물의 생장 변화의 과정을 설명하는 것이다. 이처럼 음양오행설을 통하여 계절현상과 월령관념을 연결하려 했던 배경은 주나라의 붕괴로 수 천 년 동안 사람들의 삶을 지배해왔던 종교적 천관(天觀)이 붕괴하고 새롭게 등장한 자연 천(天) 관념을 어떻게 효과적으로 설명할 수 있을까하는 고대인들의 문제의식에서부터 출발한다. 주나라의 절대왕권의 지지기반이었던 주재(主宰) 천 관념이 붕괴하면서 천(天)은 이제 인간세계를 임의로 주재할 수 있는 존재가 아니다. 그 천(天)은 음양의 소식(消息)의 원리에 따라 일정한 질서를 반복하는 법칙적인 천(天)에 불과한 것이고, 하늘의 규칙적인 질서와 법칙에 의해 각 시대는 변화가 일어난다고 보았다. 왕조의 교체는 더 이상 하늘의 주재자(主宰者)에 의해 임의로 결정되는 것이 아니다. 단지 일정한 법칙에 따라 순환하는 것일 뿐이다. 이처럼 새로운 자연 천(自然天)에 대한 의식이 확산되면서 천과 인간의 사이에는 종래의 천관(天觀)과는 다른 설명 방식이 필요하였고, 당시 자연의 규칙적인 질서를 가장 적절하게 설명할 수 있는 '음양오행'의 이러한 설명적 기능을 필요로 하게 된 것으로 보여 진다. 능하음양가(稷下陰陽家)들은 음양오행설이 자신들의 자연 천(自然 天) 관념을 설명하는데 가장 적절한 이론이라는 것을 파악하고 그것을 주의 월령관념과 결합하여 독특한 정치적 이념이 탄생되었으며, 이러한 관념은

---

38) 『管子』 「形勢解」 春者陽氣始上 故萬物生 夏者陽氣畢上 故萬物長 秋者陰氣始下 故萬物收 冬者陰氣畢下 故萬物藏 故春夏生長 秋冬收藏 四時之節也

한대(漢代) 동중서(董仲舒)에 의해 유학의 정치적, 도덕적 이념에 적극적으로 수용되었다. 동중서가 仁·義·禮·智·信 오상(五常)을 천도(天道)에 근거를 두고 그것을 음양오행과 연결한 이유가 바로 여기에 있는 것이다. 이처럼 음양오행설이 한대(漢代) 유학 뿐 아니라 도가(道家), 의학(醫學), 천문학(天文學) 그리고 술수(術數)에 이르기까지 다투어 도입된 것은 다름 아닌 자연의 항구적 질서를 효과적으로 설명한 음양오행의 이러한 뛰어난 설명적 기능이 있었기 때문이며, 자연에 대한 이러한 설명적 기능을 지니고 있다는 점은 한대(漢代)와 그 이후에도 여전히 음양오행설이 살아남아 후대에까지 지속적인 영향력을 행사하게 된 결정적 요인이 된다.

이러한 음양오행사상이 완전한 형태로 발전되어 커다란 영향을 끼치게 된 것은 한대(漢代) 동중서의 『춘추번로』에 의해서이다. 음양오행사상의 발전에 대한 동중서의 역할은 그가 '처음으로 음양을 탐구하여 유자(儒者)의 조종(朝宗)이 되었다.'39)라는 평가에서 잘 드러나고 있다. 음양과 오행은 동중서에 의해서 더욱 명료하고도 밀접하게 결합되었다. 동중서는 '천지(天地)의 기(氣)는 합해져서 하나가 되고, 나뉘어서 음양(陰陽)이 되며, 쪼개져서 사시(四時)로 되고, 나열되어 오행(五行)이 된다.'고 하여 天地 陰陽 四時 오행의 생성구조(生成構造)를 제시하고 있다. 또 사시(四時)의 오행의 배합 관계를 '水는 겨울이 되고, 金은 가을이 되고, 土는 늦여름이 되고, 火는 여름이 되고, 木은 봄이 된다.'40) 고 하였다. 이는 동중서가 음양오행을 천지(天地) 기(氣)의 분화로 사시(四時)를 오행의 운행의 결과로 이해하고 있는 것이다.

동중서는 이러한 음양오행설을 바탕으로 천(天, 自然)과 인간의 관계를 보다 구체화하여 천인(天人)의 감응을 강조하였다. 즉, 그는 '天地의 징험과 陰陽의 부본은 항상 인간의 몸에 갖추어 있다. 인간의 몸은 하늘과 같다. 하늘은 종세를 수로써 인간의 몸을 이루었다. 그러므로 인간의 작은 뼈마디 366개는 일 년의 일수를 본 뜬 것이요, 큰 뼈마디 12개는 달수를 본 뜬 것이다. 몸 안에는 五臟이 있으니 五行의 數를 본 뜬 것이요, 몸 밖에는 四肢가 있으니 四時의 數를 본뜬 것이다.'41)고 하였다. 이것은 인간의 신체를 하나의 소우주로 묘사(描寫)하고 있는 것이다.

이렇게 하늘과 인간은 서로 부응하기 때문에 희노(喜怒)의 과(過)와 애락(愛樂)의 의(義)

---

39) 『漢書』 券 27上 「五行志」 始推陰陽 爲儒者宗

40) 『春秋蕃露』 「五行對」 水爲冬 金爲秋 土爲季夏 火爲夏 木爲春

41) 『春秋蕃露』 「人副天數」 天地之符 陰陽之副 常設於身 身猶天也 天以終歲之數 成人之身 故小節三百六十六 副日數也 大節十二分 副月數也 內有五臟 副五行數也 外有四肢 副四時數也.

는 인간에게만 있는 것이 아니라 하늘에도 있으며 봄·여름의 양(陽)과 가을·겨울의 음(陰)은 하늘에만 있는 것이 아니고 인간에게도 있다는 것이다. 따라서 하늘과 인간 사이에는 일종의 자연적인 감통의 작용이 일어난다. 동중서는 '天人의 感應을 하늘에도 陰陽이 있고, 사람에게도 陰陽이 있다. 天地의 陰氣가 일어나면 사람의 陰氣도 그에 應하여 일어난다. 사람의 陰氣가 일어나면 天地의 陰氣도 그에 應하여 일어난다. 그 이치는 하나이다.'라고 묘사하고 있다. 음양오행설은 원래 우주 자연이 인간에게 부여해준 영향에 대하여 설명한 것이었으나, 동중서에 이르러서는 반대로 인간이 질서 있는 생활을 하는가의 여부에 따라 자연의 운행에 영향을 준다는 설로 발전하게 된다. 그리하여 '천인감응설(天人感應說)'이 완성되고 천인(天人)의 감응(感應)에 따른 재이(災異)에 대한 예언을 하며 정치도덕 뿐만 아니라 점성술 등에도 커다란 영향을 주었다. 또한 동중서의 음양오행설은 인륜관계 설명하는데도 적용된다. 그는 모든 사물에는 짝이 있고 짝에는 각각 음양이 있음을 전제로 군신(君臣), 부부(夫婦), 부자(父子)의 의리(義理)는 모두 음양의 도(道)에서 취한다고 하였다. 나아가 임금이 양(陽)이라면 신하는 음(陰)이 되고, 아버지가 양(陽)이라면 자식은 음(陰)이 되며, 남편이 양(陽)이라면 아내는 음(陰)이 된다. 고 하여 인륜 관계를 음양의 관계로 보았다. 이는 인간관계를 음양에 투영하여 음양을 인간화시키고 다시 인간화된 음양을 인륜관계의 근거로 삼고 있는 것이다. 동중서는 이로부터 귀양이천음(貴陽而賤陰)을 말하면서도, 왕도의 삼강은 하늘에서 구할 수 있는 것이라고 하였다.

　이상의 견해들은 두 가지 혹은 다섯 가지의 상이하거나 대립하는 물질의 특성과 작용을 통해서 모든 현상의 변화와 그 원인을 설명하고 있다. 그것은 유물론적 요소를 지닌 음양과 오행으로 자연, 인간, 사회의 생성 변화를 설명하는 틀로 삼고 있다. 이러한 설명체계는 중국 고대인들이 농경생활의 과정에서 획득한 자연에 대한 경험을 총결하여 인식화한 것으로 결국 그것은 하나의 세계관일 뿐이다.

　이상에서 음양론과 오행론에 대한 초기 형성과정과 사상적 발전에 대해 논의 하였다. 이러한 논의에 주목하는 것은 각기 다른 관념인 음양론과 오행론이 통합되어 발전되어지면서 형성된 세계관인 음양오행론의 완성은 단기간 내에 완성되어진 것이 아니라 오랜 기간 삶의 경험과 변화를 수용하면서 고대의 사상과 과학, 미신 등이 결합되어 발전되는 과정을 겪게 됨으로써 천문학, 의학, 화학의 발전에도 일정한 영향을 끼쳤음을 알 수 있었다. 고대의 과학자 중에는 '음양'과 '오행'을 서로 다른 성질을 가진 물질적 원소로 간주하여 그것의 물질적 구성을 설명하려고 시도한 자도 있었고, 음양오행의 상호작용을 이용하여 물질현상들 사이의 상호연관을 설명하려고 시도한 학자도 있었다. 또한 음양오행설은 인체의 조직과 생리

작용을 설명하는 도식으로도 사용 되었으며, 뿐만 아니라 인간과 자연의 밀접한 관계를 전제로 사계절의 변화가 인간의 생리적 변화에 영향을 끼친다고 보았으며, 이러한 이론들은 모두 '음양오행설'에서 도출된 것이다. 이것은 물질적 현상 속에서 인간의 화복(禍福)의 근거를 발견하려는 것으로, 신의 징벌이나 귀신의 작용으로 인간의 화복을 설명하려는 사고와는 다른 것이다.

4) 음양오행론의 상징 이해

동중서에 의해 음양의 논리체계가 유교에 습합되면서 그 영역은 인간윤리의 질서 확립에까지 확대하여 적용시키게 된다. 인간의 관계에 있어서 가장 중요한 역할을 담당하는 남편과 아내, 아버지와 아들, 임금과 신하, 지도자와 피지도자 등의 관계를 높은 지위에 있는 사람과 낮은 지위에 있는 사람으로 구분하고 음양론에 의거하여 상하와 내외의 질서를 바로잡고자 하였다. 이 때 양의 기운은 능동적이고, 음의 기운은 수동적이기 때문에 음은 양의 움직임에 따라 순응하고 협력하려는 속성을 지녀야 한다고 생각하였다. 이에 음은 스스로 주장을 강하게 내세우지 말고 양을 믿고 따르는 윤리를 강조하기에 이르게 된다. 그 결과 만물의 성질과 상태를 나누는 두 범주의 개념으로써 '음'은 여성적인 것, 수동성, 추위, 어둠, 습기, 부드러움을 뜻하고, '양'은 남성적인 것, 능동성, 더위, 밝음, 건조, 굳음을 뜻하게 된다.42) 이외에 다른 성질들을 더하여 표로 나타내면 다음과 같다.

〈표 1〉 陰陽 比較表43)

구분	天地	强弱	高低	乾濕	色	숫자	方位	季節
陽	天	强	高	乾	赤色	홀수	東, 南	봄, 여름
陰	地	弱	低	濕	青色	짝수	西, 北	가을,겨울

<표 1>을 살펴보면, 음양의 개념이 마치 단절과 대립의 관계에 있는 것으로 이해된다. 그러나 전국시대이후 음양의 개념이 변화하는 과정을 포함하는 상호보완관계에 있는 철학적 개념으로 확대되었고, 본체론에 관심을 가진 송대유학(宋代儒學)에 이르러서는 음양관념을 한 사물이 가지고 있는 대대성(對待性)을 나타내는 개념으로 본격적으로 수용44)하였다. 이

---

42) 이철영, 「한민족의 전통적 생사관에 관한 연구」, 동국대 불교대학원 2007, 13쪽
43) 이철영, 위의 논문, 152쪽
44) 임원철, 『주역(周易)』의 음양대대적(陰陽對待的) 관념에 관한 연구」, 제주대학교 철학과 석사학위논

때부터 음양의 관념은 성리학의 주요개념이 된 것으로 보인다.

송대 성리학에서 중요하게 논의 되었던 음양의 대대성에 대한 논의는 음양의 구성이 완전한 정반대로 되어 있으면서, 동시에 서로 짝을 이루고 있다는 것이다. 예를 든다면 천(天)과 지(地)는 음양이 서로 정반대이지만, 천(天)이 없다면 지(地)는 성립하지 못하며 지(地) 없는 천(天)도 존재할 수 없다.[45] 이러한 음양관계를 분석하여 '음양대대적(陰陽對待的) 논리'로 개념화하여 정리한 바에 의하면 첫째 대대(對待)는 상반(相反)적인 타자(他者)를 적대적(敵對的) 관계로 보는 것이 아니라 자신의 존재성을 확보하기 위한 필수적 전제로서 요구한다. 둘째 음양(陰陽)은 서로가 상대방을 머금는 관계로 나타난다. 양(陽)속에 이미 음(陰)이 있고 음(陰)속에 이미 양(陽)이 내포되어 있기 때문에 이것을 매개로 상호작용이 가능하다. 셋째 음양(陰陽)의 상반적(相反的) 혹은 모순적(矛盾的) 관계를 배척적(排斥的) 관계로 보는 것이 아니라 상호감응(相互感應)과 성취(成就)의 관계 나아가 추동(력推動力)의 근거로 보는 상반상성(相反相成)의 논리를 갖는다.[46] 서로 반대인 동시에 서로에 의존하는 상반상성(相反相成)하는 '대대관계(對待關係)'는 반대이지만 모순 충돌관계가 아니라 서로를 완성시켜주는 관계란 점에서 서양의 이분법이나 실체론적 사유에서 찾아볼 수 없는 동양적 관계논리를 대표하는 중요한 개념이라고 할 수 있다.

'오행(五行)'의 개념은 오늘날 '사물을 이루는 다섯 가지 기본요소'의 의미로 사용 되고 있으나, '오행론' 성립초기의 '오행'은 광범위하게 응용되는 다섯 가지의 필수 불가결한 생활재료를 가리키며, 그것은 일반적인 생활재료와는 구별되어 특별한 중요성[47]을 가진 것이었다. 금·목·수·화·토는 오재(五材)라는 명칭으로 기존의 다섯 가지 재료의 의미만을 나타내었는데, 「홍범(洪範)」에 나타난 오행은 '수(水)는 물건을 적시고 낮은 곳으로 내려가는 성질을 가졌으며, 화(火)는 물건을 태우고 위로 올라가는 성질을 가졌으며, 목(木)은 굽기도 하고 곧기고 하는 성질을 가졌으며, 금(金)은 변화하는 성질을 가졌으며, 토(土)는 식물을 심으면 자라게 하고 열매를 맺게 하는 성질을 가졌다.'[48] 고 하였다. 「홍범」에서 논의한 오행의 개념에는 성질과 특성만 나타나 있어 오재의 의미가 강하고 순서나 과정의 의미는 나

문, 2013. 18쪽

45) 임채우, 「주역 음양 관계론의 정합성 문제」, 『동서철학연구 제72호』 2014, 50쪽

46) 최영진, 「易學思想의 哲學的 探究 : 『周易』의 陰陽對待的 構造와 中正思想을 中心으로」, 성균관대학교 동양철학과 박사학위논문, 1989. 20~38쪽

47) 이철영, 앞의 논문, 14쪽

48) 『尙書』「洪範」水曰潤下, 火曰炎上, 木曰曲直, 金曰從革, 土爰稼穡, 潤下作鹹, 炎上作苦, 曲直作酸, 從革作辛, 稼穡作甘.

타나 있지 않다.

그러나 금·목·수·화·토라는 기본물질의 의미나 성질이 아닌 '순서'와 '차례'의 의미가 중시되면서 전국시대 말기와 한대(漢代)에 오행은 '영원히 순환운동을 하는 5개의 기본적인 힘'으로 파악되기 시작하였다. 오재라는 명칭으로 '순서'와 '차례'의 의미를 설명하기에는 한계가 있었기 때문에 '행(行)'49)의 의미를 포함한 '오행(五行)'이라는 용어가 사용되기 시작하였다. 오행의 개념에 순서와 차례를 부여하고 순환운동을 하는 5개의 기본적인 힘으로 이해한 것은 당시 사람들이 살고 있던 세계의 모습을 좀 더 구체적으로 파악하고자 했던 것으로 해석할 수 있다.

이상의 논의를 통해 살펴본 바와 같이 음양과 오행의 개념에 대한 이해는 동일한 존재원리에서 출발한 다른 표상체계이지만, 실제 운용에 있어서는 음양을 논할 때 오행을 이해해야 하며, 오행을 논할 때는 음양과의 관계를 이해50)해야 하는 상호보완적 관계의 논리체계라 할 수 있다. 이러한 음양오행의 이해와 관련하여 한대의 동중서(董仲舒)는 '천지(天地)의 기(氣)는 합해져서 하나가 되고, 나뉘어서 음양(陰陽)이 되고, 쪼개져서 사시(四時)로 되고, 나열되어 오행(五行)이 된다.'51)고 하여 음양과 오행의 논리가 자연에 대한 이해에서 비롯되었으며, 또 '수(水)는 겨울이 되고, 금(金)은 가을이 되고, 토(土)는 늦여름이 되고, 화(火)는 여름이 되고, 목(木)은 봄이 된다.'52)고 하여 오행을 사계절의 운행에 배속하여 설명하고 있다. 즉, 음양의 변화를 통해 시간적으로 사시(四時)로 변화되고, 공간적으로 나열되어 오행으로 확장되어지는 것으로 이해하고 있음을 알 수 있다. 이는 음양과 오행의 논리가 분석적이고 단절된 것이 아니라 통합적으로 이해되어 상호 연결되어지고 있음을 의미한다. 이를 통해 당시 사람들은 자신들이 살고 있던 세계의 모습을 좀 더 구체적으로 파악하고자 했던 것으로 해석할 수 있다. 오행의 논리는 음양의 논리를 보완하거나 확장하는 개념으로 쓰이게 되면서 계절의 변화되는 과정, 시간관념의 기준을 이해하였던 간지(干支), 방위관념인 사방의 방위, 색의 개념 등도 오행으로 이해하였다. 이를 종합하여 나타내면 다음과 같다.

----

49) 여기서 '행'의 의미는 통행되어 막힘이 없다는 뜻으로 해석하였다.
50) 김영목, 「陰陽五行思想의 存在論的 考察」, 충남대학교 대학원. 2001, 36쪽
51) 『春秋蕃露』 「五行對」 天地之氣, 合而爲一, 分爲陰陽, 判爲四時, 列爲五行.
52) 『春秋蕃露』 「五行對」 水爲冬 金爲秋 土爲季夏 火爲夏 木爲春

<〈도표 2〉 오행 比較表[53]>

〈도표 2〉 오행 比較表[53]

구 분	목(木)	화(火)	토(土)	금(金)	수(水)
육신(六神)	청룡(靑龍)	주작(朱雀)	구동등사 (句陳螣蛇)	백호(白虎)	현무(玄武)
오물(五物)	초목(草 木)	열광(熱 光)	산전(山田)	금석(金 石)	강해(江 海)
방위(方位)	동(東)	남(南)	중앙(中央)	서(西)	북(北)
계절(季節)	춘(春)	하(夏)	사계(四季)	추(秋)	동(冬)
색소(色素)	청벽(靑 碧)	적자(赤 紫)	황강(黃 降)	백율(白 栗)	흑록(黑 綠)
오격(五格)	곡직(曲直)	염상(炎上)	가색(稼穡)	종혁(從革)	윤하(潤下)
천간(天干)	甲, 乙	丙, 丁	戊, 己	庚, 申	壬, 癸
지지(地支)	寅, 卯	巳, 午	辰, 戌, 丑, 未	申, 酉	戌, 亥

이러한 음양오행론의 유교의 윤리규범으로의 확대는 송대(宋代)에 이르러 성리학이 발달하면서 더욱 강조되게 되는데, 주자(朱子)는 성리학의 정점에 있는 대학자로서 그의 예서인 『주자가례』에 이러한 논의가 포함된 것은 당연한 결과 일 것이다.

이상으로 음양오행론의 성립과 상징체계에 대한 논의를 살펴본 결과 도출된 이론 가운데에는 견강부회(牽强附會)가 많아 모든 현상을 도식적으로 혹은 관념적 신비적으로 이해할 우려도 내포하고 있으나, '음양오행설'은 중국 고대인의 자연, 인간, 사회에 대한 체계적이고 전면적인 설명을 시도한 하나의 세계관이다. 그 체계에서 보면 자연과 인간은 질서를 가지고 있는 유기체이며 만물의 모든 생성과 변화는 음양오행의 성질과 작용의 영향을 받아 진행되는 것으로 모든 현상과 변화는 상호 제약하면서 상호 영향을 미치는 것으로 보았다. 만약 어떤 현상과 변화가 음양오행이 규정한 질서를 따르지 않으면 자연은 물론 인간과 사회의 부조화를 초래하게 되는 것이다. 이러한 사고는 결국 세계의 생성과 변화가 신(神) 혹은 상제(上帝)와 같은 초자연적인 존재의 의지에 의해서가 아니라 자연계의 내재적인 힘과 작용에 의해서 이루어진다는 것으로 이해했다는 의미가 되는 것으로 주목된다. 이처럼 음양오행설이 제시한 세계관은 자연과 인간의 각 부분을 전체적 연관으로 결합시키고 연관된 전체로서의 자연과 인간의 일반적 모습을 총체적으로 설명하는 것이었다. 이것은 하나의 웅대한 체계를 통해서 자연계와 인간사회를 통일적으로 관찰하고 해석하고자 한 노력의 산물이다.

---

53) 채병윤, 『인간과 오행』, 집문당. 1997, 413~415쪽

음양오행론에 대한 논의에 대하여 서구적 근대과학의 관점에서의 견해로 인하여 미신적 신비요소를 지닌 비과학적인식으로 평가되어지고 있고, 또한 그러한 관점과 평가에 길들여진 현재의 교육이론의 틀 속에서 음양오행에 대한 총제적 이해와 해석이라는 문제는 어려운 과제가 아닐 수 없다. 그러나 이러한 음양오행론적 세계관에 의한 자연과 인간에 대한 이해와 적용은 필수적인 요소가 된다. 앞서 논의 된 바와 같이 긴 역사의 틀 속에서 음양오행론은 변화와 발전을 거듭하면서 동양사회를 구성하는 우주적 자연관을 형성하였다. 이러한 틀 속에서 각 종 제도와 사상 그리고 본고에서 논의 하고자 하는 생사관과 의례의 관념까지도 그 근본에는 음양오행의 상승과 상생의 변화가 담겨져 있다고 할 것이다.

근대과학이라는 인식의 틀로 의례를 이해하고자 한 기존의 학자들의 연구가 어떠한 결과를 얻었는가에 주목하지 않을 수 없다. 당시의 세계관과 문화적 현상들을 이해하고 전통문화의 닫혀 진 문을 여는 열쇠로서 음양오행론에 대한 이해는 필수적이라고 할 수 있다. 더욱이 음양오행의 연구를 통해 사유체계를 같이하면서 학문적 발전을 이룬 천문·의학·역학(易學)·지리·음악 등의 각 분야를 이해하는 데 큰 도움을 줄 것이다. 결국 이러한 음양오행론에 대한 논의는 본고에서 주장하고자하는 의례의 상징성이나 생사관의 관점에서의 당시 사람들의 사고를 이해하는 근본적 해결을 제시할 뿐 아니라 동양사회에 대한 올바른 이해를 위해서도 반드시 연구되고 해석되어져야 할 것이다.

4. 유교의 생사관

이상에서의 음양오행론과 고천문에 대한 연구를 통해서 고대인들이 생각한 음양오행론이나 고천문등의 관점이 단순한 미신의 문제로 치부 될 것이 아니라, 당시의 문화변동과 학문적 연구 성과에 의한 자연철학적 논리체계임을 알 수 있었다. 이러한 자연철학적 사고는 한대(漢代) 동중서(董仲舒)의 『춘추번로(春秋繁露)』에 의해 당시 학문의 주류를 형성한 유학에 접목되어지게 되고 발전하게 된다. 아울러 음양오행의 논리는 당시 가장 선진화된 논리체계로 도교(道教), 유교(儒教), 불교(佛教)의 교리에 깊숙이 자리 잡게 되면서 동양철학과 사회 전반에 많은 영향을 미치게 된다. 발생 초기 천문학을 바탕으로 한 음양오행론의 사고의 체계는 지리, 역법, 기상, 의술, 음율, 문자, 제도, 역사에 이르기 까지 다양한 분야에서 활용되어지며 고대인들이 자연과 인간사회의 모습을 통일적으로 설명하는 척도가 된 것임을 알 수 있다. 이러한 과정에서 삶과 죽음에 대한 이해가 자연철학적 논리체계인 음양오행론을 통해 해석이 가능하게 되는 것이다. 본 장에서는 유교의 생사관에 대해 음양오행론의 관점을 통해 살펴보고자 한다.

유교는 공자에 의해 은대(殷代)의 종교문화, 주대(周代)의 예악문화 등 삼대(三代)의 문화전통과 요(堯)·순(舜)·우(禹)·탕(湯)·문(文)·무(武)·주공(周公)등 성현들의 가르침을 계승하여 이를 집대성하고 체계화시켜 창시된 것으로 그 후 역사적 요청과 지역의 특성에 따라 그 내용이 보완되면서 변화 발전하여왔다. 이러한 유교의 가르침은 인간을 결합하는 친애(親愛)·자효(慈孝)의 심정에 주목하여 충서(忠恕)를 수반하는 인간다움의 덕을 '인(仁)'의 내용으로 하여 이 '인'의 덕에 기본을 두는 '수기치인(修己治人)'을 근본으로 하는 것이 유학의 원천54)이 된다. 즉, '인'의 덕은 자기 수양을 통해 자타의 인격을 완성으로 인도하는 '수기치인'에 힘씀으로써 윤리적으로 훌륭한 사회의 건설을 목표로 하는 덕치주의를 이루는 것이다. 이러한 사상적 기반을 중심으로 발전한 중국의 유학이 우리나라에 들어온 과정은 시대별로 4단계로 구분되어 지는데 삼국시대에는 한대(漢代)의 오경사상(五經思想)이고, 통일신라 및 고려시대전기에는 수당시대(隨唐時代)의 문학적 유학사상이 전래되었으며, 고려말기와 조선초기에는 송대(宋代) 성리학(性理學)을 대표하는 주자사상(朱子思想)이 전래되어 한국학술·문화·사상에 획기적인 영향을 주게 된다. 이후인 조선후기에는 청대(淸代)의 실학사상(實學思想)이 전래되어 한국사회에 영향을 끼쳤다55)는 견해가 일반적이다. 즉, 유교의 발전은 시대적 요청에 따라 사상적 발전을 이루게 되며, 우리나라는 중국과의 문화적 교류를 통해 전래 발전되어지고 있음을 알 수 있다. 그러나 본 연구에서 유교의 사상이나 유교의 전래에 관한 부분은 논의의 범위를 벗어남으로 제한하고자 한다. 단지 유교의 전래와 사상적 발전이 우리의 민속과 문화에 지대한 영향을 끼친 것을 부인할 수 없는 문제가 아닐 수 없다. 본 장에서는 유교의 논리에 있어서의 음양오행론과 생사관의 관점에 대해 어떠한 입장을 취하고 있었는가에 대해 공자의 사상을 중심으로 살펴보고자 한다.

공자는 중국 고대의 천(天) 신앙을 어느 정도 물려받으면서도 인간이라는 존재에 대해서 독립적으로 생각할 수 있는 발판을 만든 사상가로 평가된다. 공자가 말한 '나는 옛것을 전하기만 한 것이고, 창작지는 않았으며, 다만 이를 믿고 좋아하였다.'56)고 한 것은 공자 이전의 사상이 공자에게 끼친 영향이 지대하였음을 말하고 있다. 옛것이라는 것이 주(周)나라의 예악문물(禮樂文物)57)이었으므로 유학사상의 연원은 공자 이전에 그 실체를 형성하였던

---

54) 천인석, 「渤海의 儒學思想과 統一新羅의 儒學思想 比較」東洋思想研究 第 17輯,, 1997, 109쪽
55) 천인석, 「高句麗의 儒學思想 研究」東洋思想研究 第 8輯, 1987, 141쪽
56) 『論語』 「述而」, '述而不作 信而好古'

주나라의 전장제도였음을 알 수 있다. 일반적인 관점에서 공자의 사상에 있어서 인간문제나 생사문제를 파악하는데 있어 가장 중요하고 먼저 알아 두어야 할 것은, 공자의 유교가 '살아있는 사람'에게 관심을 가졌다는 점으로 생(生)과 사(死)를 구분하고 사(死)는 부차적인 문제로 다루었으며, 생(生)의 문제에만 집중했다는 점이다. 생사의 관념에 대한 이해에 앞서 공자의 음양오행에 대한 이해를 살펴보면 가장 중요한 문제가 경전으로 받들어지는 『역경(易經)』의 문제가 될 것이다. 역(易)의 의미에 있어서 유가에서는 일반적으로 일자이음삼의(一字二陰三義)설이 지배적이다. 역(易)이란 글자를 어떻게 읽고 해석을 할 것인지를 살펴보면, 「십익(十翼)」을 포함한 설명에서 음과 양의 논리를 배제할 수 없다. 이러한 관점에서 일반적으로 『주역(周易)』의 도(道)를 말할 때는 '(밤낮이 교차하는 것처럼) 한번은 陰이 되고 그 다음 한번은 陽이 되는 것을 道라고 한다.(一陰一陽之謂道)'는 말에 이러한 의미가 포함되어 있다. 즉, 변화하는 자연 현상으로서의 변역(變易)과 그 속에 지속하는 불변의 법칙인 불역(不易)이라는 의미를 함께 설명하는 것이다. 아울러 그런 음양의 지속과 변화는 따라서 행하기에 아주 간단하고 쉽다는 간이(簡易)의 의미도 함께 말하는 것으로 해석되어지고 있다. 그렇다면 「십익(十翼)」을 지은 저자가 누구일까 하는 질문에 대해 「십익」 모두가 공자의 저작이라고 말하기는 어려울 것이다. 그러나 일반적으로 받아들여지고 있는 역갱삼성설(易更三聖說)58)의 관점에서 「십익」이 공자나 또는 그의 제자일 가능성이 높다는 전제에서 논하고자 한다.

음양이라는 개념이 이미 『시경(詩經)』에서 시어(詩語)로 사용된 것은 앞서 음양오행론의 성립과 이해에서 살펴본 바와 같다. 물론 그 사용의 개념이 음지와 양지를 의미하는 것이지만 공자는 그의 제한을 받지 않고 사용개념을 확대한 것59)으로 보여 진다. 이러한 관점은 공자와 거의 동시대 사람으로 약간 나이가 많았던 노자도 이미 음양의 개념을 사용한 『도덕경(道德經)』의 예에서 보여 지는데, '만물은 음을 지고 양을 감싸 안고 있다.60)'는 문구뿐이지만, 『시경』에서 말하는 음양의 의미와는 다른 의미로 사용되어 지고 있음을 알 수 있다.

공자의 음양사상에 대하여 공자가 「십익」의 일부 또는 전부를 지었다면 공자가 이미

---

57) 위의 經文, 朱註, '孔子刪詩書 定禮樂 贊周易 修春秋 皆傳先王之舊'
58) 易更三聖說은 8卦를 그린사람이 伏羲氏이고, 64卦로 확대한 사람이 文王이며, 그것을 傳述한 사람이 孔子라는 학설이다. 아울러 卦辭는 文王이 짓고, 爻辭는 그의 아들 周公이었다는 설을 말한다.
59) 남상호, 「周易과 孔子仁學」, 汎韓哲學 28輯, 2003, pp.68~69
60) 『道德經 42』 萬物負陰而抱陽

음양의 개념으로 상반된 성질을 가진 개념으로 이해한 것으로 보아야 할 것이며, 『주역』을 음과 양의 구조 속에서 새롭게 설명한 것은 음양의 논리가 『시경』의 단순한 개념과는 전혀 다른 차원에서 해석한 것으로 주목된다. 공자의 음양의 변화구조는 음양의 지속과 변화 속에서 만물의 생명을 보았고, 또 만물의 화생 변화 속에서 인을 본 것이다. 즉 음과 양의 관계 속에서 자기희생적 사랑의 원리인 인을 발견한 것으로 음양의 변통하는 원리로써 공자의 인학(仁學)을 해석하여야 할 것으로 보여 진다. 이러한 관점에서 공자가 『주역』에서 음양론을 인(仁)과 연결하지 못했다면, 『주역』은 단지 자연학이나 감성학이 되고 말았을 것이다. 그런 것을 방지하기 위해 「십익」에서는 '한번은 음(陰)이 되고 그 다음 한번은 양(陽)이 되는 것을 도(道)라고 한다. 그것을 계승하는 것을 선(善)이라 하고, 그것을 이루는 것을 성(性)이라 한다.[61]'고 한 것으로 천지음양(天地陰陽)의 작용을 인간이 따를 모범이라고 보는 것뿐만이 아니라 이를 계승하고 그렇게 되도록 하는 것이 착한 인간의 본성이라고 주장하고 있다.

이러한 논의를 바탕으로 공자와 동시대의 사상가들이 음양의 논리에 있어서 『시경』의 단순한 개념에서 벗어나서 인간의 본성과 자연의 섭리를 결합하여 천명에 따르고자 하였다. 이러한 논의에서 생사관의 논의와 관련하여 삶의 관점만을 중요시 하였다는 것은 재론의 여지가 있는 것으로 보여 진다. 더욱이 공자의 후대 유가인 맹자와 순자, 그리고 유가를 공격했던 묵자학파와 장자의 선배 사상가인 노자조차도 생(生)과 사(死)를 구분하고 있으며 산 사람의 문제에 주목하였던 점과 비교하여 본다면 논의의 여지가 충분하다고 본다. 그러나 학자들의 해석은 삶의 관점만을 중요시 한 것으로 보는 견해가 일반적이다. 이에 대하여 음양오행적 관점에서 공자의 생사관을 살펴보면, 『논어』「선진」편에

안연이 죽자 공자가 말했다. 아! 하늘이 나를 망하게 하였구나! 하늘이 나를 망하게 하였구나!'[62]

라고 하였는데, 이를 두고 주희는 도(道)가 전해지지 못하여 하늘이 자신을 망하게 한 것으로 보아 공자가 이처럼 슬퍼한 것으로 설명한다. 즉, 죽음은 삶의 끝이고, 삶에 비해 죽음 자체는 의미가 없는 것으로 해석하였으며, 이러한 일반적인 견해에 더하여 삶에 대해 강조한 것으로 보여 지는 「선진」의 다른 문장을 살펴보면

---

61) 『周易』 「繫辭上」 一陰一陽之謂道, 繼之者善也, 成之者性也
62) 『論語』 「先進」 顔淵死 子曰噫 天喪予 天喪予

계로가 귀신을 섬기는 것에 대해 묻자, 공자는 '사람을 잘 섬기지 못한다면 어떻게 귀신을 섬기겠는가?'라고 하였고,
그러면 감히 죽음을 묻겠습니다.'고 하자, 공자는 '삶을 모른다면 어찌 죽음을 알겠는가?'라고 말하였다.[63]

이처럼 공자는 생사를 어찌할 수 없는 운명으로 돌려 죽음에 대해서는 관심을 두지 않는다는 견해를 가진다. 그러나 이러한 논리의 해석에 있어서 반대로 사람을 잘 섬기게 된다면, 귀신을 섬기는 것을 알 것이고, 삶에 충실하고 삶을 안다면 죽음을 알 수 있다는 것으로의 해석이 가능할 것이다. 이러한 논리적 해석에 대해

생사는 명에 있고, 부귀는 하늘에 있다.'[64]
예로부터 사람은 누구나 다 죽음이 있다.'[65]

이러한 관점은 공자가 죽음을 피할 수 없는 운명으로 보고 생(生)과 사(死)를 구분하고 있으며 사(死)를 생(生)에서 떼어내어 생인(生人)의 문제에만 관심을 집중하였던 것으로 공자 역시 죽음은 사람이 면할 수 없는 필연의 운명이라고 인식한 것으로 해석된다. 즉, 앞서 살펴본 공자의 음양오행론에 대한 견해에서 음양의 지속과 변화 속에서 만물의 생명이 화생하는 변화를 인식하여 그 속에서 인을 해석한 것으로 폭넓은 음양오행의 이해 속에서 삶과 죽음의 문제를 해석함에 있어서 삶의 부분만을 정의하고 중요시 한 것으로 보기에는 논란의 여지가 있다. 이러한 논의의 관점에서 유가가 생(生)의 문제에 가치를 둔 까닭은 유가의 논리가 백성을 위주로 하는 민본정치를 표방하기 때문으로 위정자와 피지배자 모두가 생인이어야만 민본정치를 행할 수 있기 때문[66]이라는 견해는 공자 또는 유가의 생사관의 해석에 있어서 음양오행론적 관점과 관련하여 더욱 논의되어져야 할 것으로 보여 진다.

공자는 공한 것이나 폭력, 난동, 귀신에 대해서는 이야기 하지 않았다.'[67]
지에 대해 묻자, '사람이 지켜나갈 도의에 힘쓰고 귀신을 멀리하는 것이 지자의 길이다.'[68]

---

63) 『論語』「先進」 季路問事鬼神 子曰 未能事人 焉能事鬼 敢問死 曰未知生 焉知死
64) 『論語』「顔淵」 生死有命, 富貴在天
65) 『論語』「顔淵」 自古皆有死
66) 원용준, 「『莊子』의 生死觀 研究」, 성균관대학교, 1996, p25~27
67) 『論語』「述而」 子不語怪力亂神

그러나 공자의 사상에 대하여 대부분의 학자들의 견해는 위의 견해를 수용하여 공자는 사후(死後)의 일을 언급하지 않았으며 공자뿐만 아니라 다른 제자백가들도 생사의 문제를 자신의 중요한 부분으로 취급하지는 않았다는 견해를 취하고 있다. 그러나 자공(子貢)과의 문답에서 보여 지는 다음의 대화를 보면

> 子貢이 孔子에게 묻기를 '사람이 죽은 후 영혼이 존재합니까?'하니 孔子가 대답하기를 '사람이 죽은 후 영혼이 있다고 말하려니 효자·효손이 부모 살아계실 때 효도하지 않을까 두렵고, 사람이 죽은 후 영혼이 없다고 말하려니 불효자가 장례와 제사를 지내지 않을 까 두렵다. 네가 진정 사람이 죽은 후 영혼이 있는지를 알고 싶다면 네가 죽은 후 스스로 알게 되어도 늦지 않을 것이다.' [69]

이러한 내용은 삶과 죽음의 문제에 대한 폭넓은 이해 속에서 죽음이후의 문제에 집착하지 말 것을 설명한 것으로 기존의 견해와는 달리 생사의 양면성에 대한 충분한 이해가 있었던 것으로 해석되어져야 할 것으로 보여 진다. 이러한 관점에서 정자(程子) 역시 죽음과 삶을 서로 떠날 수 없는 양면의 관계로 파악하여 생사의 문제에 있어서 생(生)과 사(死)가 본래 그 구분이 없음을 다음과 같이 설명하고 있다.

> 삶의 의미를 알면 곧 죽음의 의미를 아니, 죽음과 삶, 사람과 귀신은 하나이면서 둘이고, 둘이면서 하나이다.' [70]

이러한 논의를 바탕으로 공자가 만물의 생명이 화생하는 변화를 인식하여 음양의 지속과 변화 속에서 인을 발견하고 해석한 것으로 생사의 문제에 있어서도 음양의 도(道)를 알고 사(死)의 세계보다는 생(生)의 세계인 현세에 논의를 집중한 것으로 해석이 가능할 것이며 이러한 공자의 사상을 기저로한 유가사상에 있어서의 생사문제에 관하여 그 기저에 음양오행론적 이해가 있었다는 점을 부인할 수 없을 것이다.

이상의 논의를 통해 유가의 생사관과 당시 자연철학적 논의인 음양오행론에 대해 살펴보았다. 유교의 근본적 논리기반이라고 할 수 있는 생사관과 음양오행론에 대한 이해는 이후

---

68) 『論語』 「爲政」 務民之義 敬鬼神而遠之 可謂知矣

69) 『說苑』 「辨物」 子貢問孔子, 死人有知無知也. 孔子曰 吾欲言死者有知也, 恐孝子順孝孫妨, 生以送死也, 欲言無知, 恐不孝子棄不葬祀也, 賜欲知死人有知無知, 死徐自知之, 未爲晚也.

70) 『論語』 「先秦」 知生之道 則知死之道 … 鬼生人鬼 一而二 二而一者也.

상례의 이해를 위해 선행되어야 할 조건이라고 할 수 있다. 이를 통해 지금까지 우리가 알고 있었던 유교상례는 다른 모습으로 이해될 것이기 때문이다.

현대 한국사회의 죽음의례를 이해하는 과정에서 반드시 등장하는 것이 전통의례에 대한 논의이다. 그런데 우리가 이야기하는 전통의례의 기준은 무엇인가에 대한 질문을 하지 않을 수 없다. 우리가 인식하고 있는 전통문화가 올바른 전통인가에 대해 의문을 가지면서 유교상례에 대한 논의를 진행하고자 한다. 상례의 시대변화에 대한 논의는 유교상례에 대한 논의와 근대이후 유교식 상례의 변화양상에 대한 논의로 구분하여 진행하며 본 서(書)에서는 유교상례에 대한 논의를 진행하고자 한다.

참고로 한국사회 상례의 변화양상을 살펴보기 위해 시대를 구분하면 전근대기 유교상례, 근대기의 근대상례, 현대기의 현대장례로 구분할 수 있다. 상례변화의 가장 중요한 부분을 차지하는 전근대기는 『주자가례』에 의해 상례가 지속하였던 일제강점기 이전까지의 상례를 유교상례로 제한하고, 근대기는 일제강점기 이후부터 1990년대까지로 이 시기에 이루어졌던 상례를 근대상례라 명명한다. 근대기를 이와 같이 구분하는 까닭은 상례가 국가권력에 의해 통제되었다는 가설을 바탕으로, 국가권력이 상례를 통제했던 일제강점기부터 통제력이 쇠퇴하기 시작한 <건전가정의례준칙>의 도입 전까지가 해당되기 때문이다. 현대기는 2000년대 이후 의례자본에 의한 상업화가 본격적으로 이루어지는 시기로, 상례를 장례로 변화하여 인식하기 시작하면서 상례의 의례명칭이 사라진 시기로 현대장례기로 명칭한다. 이후의 논의과정에서 유교상례와 유교식 상례를 구분하고자 한다. 이는 전통에 대한 명확한 기준이 제시되지 않은 상황에서 의례의 구분이 필요하기 때문이다. 즉 전근대기의 유교상례와 구별하는 개념으로 현대인들이 전통적인 유교상례라고 생각하는 상례를 통칭하여 유교식 상례로 구분하고자 한다. 유교상례와 유교식 상례를 구분하는 이유는 전근대기 『예서』를 기반으로 하는 상례와 전근대기 이후에 전통적인 상례라고 인식한 상례가 서로 다르기 때문에 이를 구별하여 논의를 명확히 구분하기 위해서이다. 다음 장에서는 전근대의례의 기준이라고 할 수 있는 『주자가례』와 『상례비요』, 그리고 『사례편람』을 중심으로 유교상례에 대해 논의를 진행하고자 한다.

제2장 喪禮節次의 理解

1. 초종(初終)

1) 개요

- 죽음에 임박한 사람이 목숨이 다하여 죽음을 맞이하는 단계로서 상례의 첫 번째 절차 이다. 임종(臨終), 운명(殞命) 또는 종신(終身)이라고도 한다.

- 초종(初終)의 자형을 분석하여 보면,

  - 初는 『說文解字注』에 "始也。从刀从衣。裁衣之始也"라 하여 처음이라는 뜻으로 刀자와 衣자를 따른다고 하였다. '衣'와 '刀'의 합자로 옷을 만드는 일이 재단을 하는 것에서 시작한다는 의미에서 처음이라는 의미이다.

  - 終은 『說文解字注』에 "極也。窮也。竟也。从糸冬聲。"이라 하여 다하다는 뜻이 고, 마치다는 의미라고 하였다. 뜻을 나타내는 '糸'와 소리를 나타내는 '冬(동→종)'이 합하여 이루어진 글자이다. '冬(동→종)'을 써서 바느질을 다 하고 나서 실에 매듭짓는다는 뜻이 합하여 ' 마치다 '를 의미로 쓰였다. '冬'은 네 계절의 끝이므로 '糸'를 덧붙여 감긴 실의 끝이 되고 널리 끝의 뜻으로 쓰였다.

- 상례의 절차와 관련하여 『효경(孝經)』에 이르기를 "예를 행함에 용모를 갖추지 않으며, [주에 절을 할 때 땅에 머리를 부딪쳐 용모를 꾸미지 않음이다.] 말을 할 때는 꾸미지 않으며, [주에 문식(文飾)하지 않음이다.] 좋은 옷을 입어도 편안하지 않으며, 음악을 들어도 즐겁지 않으며, 맛난 음식을 먹어도 달지 않으니, 이는 부모의 죽음을 슬퍼하는 충정(衷情)이다. 사흘 만에 먹음은 백성에게 죽은 사람 때문에 산 사람을 상하지 않게 함이며, 애훼(哀毀)해도 성명(性命)을 없애지 않도록 가르침이니, 이는 성인의 정사(政事)이다. [주에 사흘 동안 먹지 않으면 성명(性命)이 사라져 죽기 때문에, 예를 만들고 가르침을 시행하여 죽음에 이르지 않도록 했다.] 상기(喪期)가 3년을 넘지 않음은 백성에게 끝이 있음을 보임이다. [주에 효자는 종신토록 근심함이 있으나, 성인이 3년으로 제한하여 사람에게 애경(愛敬)의 한도가 있음을 알게 했다.] 관곽(棺槨)과 의금(衣衾)을 만들어 시신을 들어 넣으며(擧), [주에 거(擧)는 시신을 들어 관에 넣음이다.] 보궤(簠簋)를 진설하여 슬퍼하며, 가슴을 치고 발을 구르면서 곡읍(哭泣)을 하고, 슬퍼

하며 시신을 보낸다. [주에 남자는 발을 구르고 여자는 가슴을 치면서 조재(祖載)를 하여 보낸다.] 묏자리(宅兆)를 잡아서 안장하며(安厝), 조(厝)는 칠(七)과 고(故)의 반절이다. [주에 택(宅)은 묘혈(墓穴)이요, 조(兆)는 영역(塋域)이다.] 종묘를 만들어 귀신으로 제향한다. [주에 사당을 세워 조부에게 신위를 붙인 뒤에 귀신을 섬기는 예로 제향한다.] 살아계실 때는 애경(愛敬)으로써 섬기고, 돌아가신 뒤에는 슬픔으로써 섬기면, 생민의 근본이 극진하고 사생(死生)의 의리가 갖추어지며, 효자가 어버이 섬기는 일이 끝난다."71)고 하였다.

- 상례의 절차와 진행에 대한 논의에서 주자는 "상례는 잘 치러내기보다 차라리 슬퍼함이 낫다고 했는데, 이는 다만 그 큰 절차만은 보존하고, 나의 애통해하는 정성스런 마음을 잃지 않게 함이 다급해서이다."72)고 하였다.

- 자유(子游)가 말하기를, "들창(牖) 아래에서 반함(飯含)하며, 지게문(戶) 안에서 소렴(小斂)하며, 조계(阼階)에서 대렴(大斂)하며, 객위(客位)에 빈소를 만들며, 뜰에서 조전(祖奠)하며, 묘소에 장사 지내는 것은 먼 데로 나아가는 것이다. 그러므로 상사(喪事)에는 나감은 있고 물러남은 없다"고 했다. 진씨(陳氏)가 말했다. "반(飯)은 시신을 목욕시킨 뒤 쌀과 돈을 시신의 입 속에 채움이니, 이때 시신은 실 남유(南牖 창문) 아래에 있다. 염(斂)은 싸서 거두어 감춤이다. 소렴은 지게문(戶) 안에서 하고, 대렴은 나가서 동계에서 하니, 아직 차마 주인의 자리에서 떠나보내지 못함이다. 주인이 시신을 받들어 관에 넣으면 서계에 있게 된다. 사(肂 구덩이)에 관을 안치하고 흙을 발라 밀폐함을 빈(殯)이라 한다. 빈을 열어 장사 지내려 할 때는 조묘(祖廟)의 중정(中庭)에 조전(祖奠)을 베푼 뒤에 나간다. 남유에서부터 지게문 안, 조(阼), 객위(客位), 뜰(庭), 묘소에 이르기까지 모두 한 단계 한 단계마다 멀어지니, 이를 일러 나아감은 있고 물러남은 없다는 것이다."73)고 하였다.

----

71) 孔氏曰 : " 「間傳」 ……禮無容, 註 : 觸地無容。 言不文, 註 : 不爲文飾。 服美不安, 聞樂不樂, 食旨不甘, 此哀戚之情也。 三日而食, 敎民無以死傷生, 毁不滅性, 此聖人之政也。 註 : 不食三日, 滅性而死, 故制禮施敎, 不令殞滅。 喪不過三年, 示民有終也。 註 : 孝子, 有終身之憂, 聖人, 以三年爲制, 使人知有愛敬之限也。 爲之棺槨衣衾而擧之, 註 : 擧, 擧屍內於棺也。 陳其簠簋而哀戚之, 擗踊哭泣, 哀以送之。 註 : 男踊女擗, 祖載送之。卜其宅兆而安厝 七故反。 之, 註 : 宅, 墓穴也, 兆, 塋域也。 爲之宗廟, 以鬼享之。 註 : 立廟祔祖之後, 以鬼禮享之。 生事愛敬, 死事哀戚, 生民之本盡矣, 死生之義備矣, 孝子之事親終矣。 "

72) 朱子曰 : "喪, 與其易也, 寧戚, 但存其大節, 使不失吾哀痛之誠心爲急也。"

73) 子游曰 : "飯於牖下, 小斂於戶內, 大斂於阼, 殯於客位, 祖於庭, 葬於墓, 所以即遠也。 故喪事, 有進而無退。" 陳氏曰 : "飯者, 尸沐浴後, 以米及貝, 實尸口中也。 時尸在室南牖下。 斂者, 包裹斂藏之也。 小斂, 在戶內, 大斂, 出在東階, 未忍離其爲主之位也。 主人奉尸, 斂于棺, 則在西階矣。 置棺于肂中而塗之,

- 상례제도의 시행과 관련하여 상례의 절목에 대하여 묻자, 대답하기를 "아마 『의례』는 실행하기 어려울 듯하니, 이를테면 조석전(朝夕奠)이나 장사 때의 일은 그래도 괜찮겠지만, 빈(殯)을 차리기 전에 어떻게 일일이 자세하게 할 수 있겠는가? 반함 같은 한 절차만 하더라도 사람들에게 어디서 어디까지 일일이 안배하여 각기 정한 곳이 있도록 시켜야 하는데, 모름지기 사람이 있어서 도와야만 된다. 공자가 말하기를, '하나라의 책력을 행하며, 은나라의 수레를 탈 것이다'고 했으니, 이는 이미 주나라 문식의 번거로움을 싫어한 것이다. 나는 성인이 나오더라도 지금의 풍속을 따라서 하나의 제한된 제도를 세우되, 모름지기 융통성 있고 간략함을 따를 것으로 여긴다. 이제 예를 자세히 고찰하여 일일이 고례처럼 하는 것이 진실로 좋겠지만, 만약 상고할 수 없다면 다만 시속을 따라 이치에 막히지 않도록 행함이 옳겠다."74)고 하여 시대의 변화를 반영한 의례의 진행을 주문하되 그 이치를 잊지 않도록 하였다.

- 「단궁」에 이르기를 자유가 상구(喪具)에 대해 묻자, 공자가 말하기를 "집 안의 재물이 있고 없음에 따라 알맞게 한다"고 했다. 자유가 "있고 없음이 어찌 일정하겠습니까"라고 하자, 공자가 "있더라도 예에 지나치게 해서는 안 되며, 진정 없다면 수족과 형체를 염하여 곧장(還) 장사 지내되, 관을 달아 내려놓고 매장한들 어찌 비난하는 사람이 있겠는가"라고 했다. [소에 집 안의 재물이 있고 없음에 따라 알맞게 함은 각각 그 가계(家計)의 풍성함과 빈곤함을 따름을 말한다.] 예에는 절도와 한계가 있으니, 설령 집이 부유하더라도 예에 지나치게 할 수는 없다. 진정 재물이 없다면 다만 의금(衣衾)으로 머리와 발과 형체를 염하여 시신이 드러나지 않게 할 따름이다. 선(還)은 변(便)이란 말이니, 염을 마치고 곧장 장사 지내어 3개월을 기다리지 않음을 말한다. 귀한 사람은 비(碑)와 율(綷)을 쓰는데, 만약 가난하여 즉시 장사 지내는 사람은 다만 손으로 관을 달아 하관하여 서인(庶人)과 같이 한다.75)고 하였다.

謂之殯。 及啓而將葬, 則設祖奠於祖廟之中庭而後行。 自牖下而戶內而阼而客位而庭而墓, 皆一節, 遠於一節, 此謂有進往而無退還也。"

74) 問喪禮制度節目, 曰 : "恐怕 『儀禮』 也難行, 如朝夕奠與葬時事, 尙可, 未殯以前, 如何得一一恁地子細? 只如飯含一節, 敎人從那裏轉那裏, 安頓一一, 各有定所, 須是有人相方得。 孔子曰, '行夏之時, 乘殷之輅。' 已是厭周文之煩了。 某怕聖人出來, 也只隨今風俗, 立一箇限制, 須從寬簡。 而今考得禮, 子細一一如古, 固是好, 如考不得, 也只得隨俗不礙理底行去。"

75) 「檀弓」 : 子游問喪具, 子曰, "稱家之有無。" 子游曰, "有無, 惡乎齊?" 夫子曰 ; "有, 無過禮, 苟亡矣, 斂首足形, 還葬, 縣棺而封, 人豈有非之者哉?" 疏 : 稱家有無, 言各隨其家計豊薄也。 禮有節限, 設若家富, 不得過禮。 苟無財, 但使衣衾, 斂於首足形體, 不令露見而已。 還之言便也, 言已斂卽葬, 不待三月。 貴者, 用碑綷, 若貧而卽葬者, 但手縣棺而下之, 同於庶人。

- 자로가 말하기를, "슬프구나, 가난이여! 살아서는 어버이를 봉양할 수 없고, 죽어서는 예를 행할 수 없구나"라고 하자, 공자가 말하기를, "콩을 씹고 물을 마시더라도 어버이가 기뻐하도록 극진히 함을 효라 이르고, 머리와 발과 형체를 염하여 곧장 장사를 지내되 덧널이 없이 가진 재산에 걸맞게 함을 예라 이른다"76)고 했다.

- 자사(子思)가 말하기를, "내 듣건대, 그런 예가 있어도 그럴 재물이 없으면 군자가 행하지 않으며, 예도 있고 재물도 있더라도 제때가 아니면 군자는 행하지 않는다"77)고 하였다.

- 『논어』에 이르기를 안연이 죽자, 문인들이 후장(厚葬)하려 하자, 공자가 "불가하다"고 했다. 주자가 말하였다. "상례에 필요한 기구는 집 안 형편에 맞춰야지, 가난하면서 후장하는 것은 순리가 아니다. 그러므로 공자가 금지하였다."78)고 하였다.

- 「왕제」에 예순이면 한 해가 걸릴 것을 만들어 두고(歲制), 일흔이면 한 계절이 걸릴 것을 만들어 두고(時制), 여든이면 한 달이 걸릴 것을 만들어 두고(月制), 아흔이면 날마다 수선한다(日修). 오직 효(絞)와 금(紟)과 금(衾)과 모(冒)는 사후에 만든다. [주에 늙어가며 미리 장사를 지내는 도구를 만듦을 밝힌 것이다.] 세제(歲制)는 관(棺)을 이름이다. 시제(時制)는 한 계절에 장만할 수 있는 것으로, 옷과 기물 중 얻기 어려운 것이니, 나이가 더욱 늙을수록 갖추어야할 것이 더욱 절실함이다. 월제(月制)는 한 달 만에 마련할 수 있는 것으로, 옷과 기물 중 얻기 쉬운 것이니, 늙어갈수록 더욱 절실한 것이다. 일수(日修)는 관과 옷의 준비가 끝나 다만 날마다 수리하는 것이다.79)고 하였다.

---

76) 子路曰:"傷哉, 貧也! 生無以爲養, 死無以爲禮。" 孔子曰:"啜菽飮水, 盡其歡, 斯之謂孝, 斂首足形, 還葬而無椁, 稱其財, 斯之謂禮。"
77) 子思曰:"吾聞之, 有其禮, 無其財, 君子不行也, 有其禮, 有其財, 無其時, 君子不行也。"
78) 『論語』:顔淵死, 門人, 欲厚葬之, 子曰,"不可。" 朱子曰:"喪具, 稱家有無, 貧而厚葬, 不循理也。故夫子止之。"
79) 「王制」:六十歲制, 七十時制, 八十月制, 九十日修。惟絞紟衾冒, 死而后制。疏:明老而豫爲送終之具也。歲制, 謂棺也。時制者, 謂一時可辦, 是衣物之難得也, 年轉老, 所須辦轉切也。月制者, 謂一月可辦, 衣物易得者也, 漸老彌切也。日修者, 棺衣皆畢, 但日日修理之。

2) 초종(初終)의 예(禮)에 관하여 살펴보면,

구 분	『朱子家禮』	『喪禮備要』	『四禮便覽』
절 차	•初終 •疾病遷居正寢 •旣絶乃哭 •復 　－ 楔齒綴足 　－ 奠 •立喪主 •主婦 •護喪 •司書, 司貨 •乃易服不食 •治棺 •訃告於親戚僚友	•初終 •疾病遷居正寢 •旣絶乃哭 •復 　－ 楔齒綴足士喪禮 •立喪主 •主婦 •護喪 •司書, 司貨 •乃易服不食 •治棺 •訃告于親戚僚友	•初終 •疾病遷居正寢 •旣絶乃哭 •復 •執事者設幃及牀遷尸 　－ 楔齒綴足 •立喪主 •主婦 •護喪 •司書, 司貨 •乃易服不食 •奠士喪禮 •治棺 •訃告於親戚僚友
비 고	• 『朱子家禮』의 '楔齒綴足'과 '始死奠'은 '襲 乃說奠'의 註에 보인다. • 『喪禮備要』의 '楔齒綴足'은 士喪禮에 근거하여 포함하였다. • 『四禮便覽』에 陶庵은 古禮에 의거하여 '奠士喪禮'의 절차를 포함하였다.		

3) 의례절차의 이해

(1) 초종(初終)

┌─── 【주자가례 원문 1-1】 ───────────────────────────┐

  • 초종(初終)
   ⇒ 처음 운명하다.

└──┘

- 죽음에 대한 표현으로는 '사(死), 종(終), 상(喪)' 등이다. 의미를 살펴보면 사람의 죽음을 다루는 의례인 만큼 마땅히 이를 사례(死禮)라 하여야 하지만 '상(喪)'을 써서 상례(喪禮)라 한 것은 『예기(禮記)』「단궁(檀弓)」에 이르기를 "군자의 죽음을 '종(終)'이라하고 소인의 죽음을 '사(死)'라 한다."사(死)란 육신이 죽어 썩는 것을 말하고, 종(終)은 사람 노릇을 끝냄을 의미한다. 사(死)와 종(終)의 중간을 택하여 '없어진다'는 의미인 '상(喪)'자를 써서 상례라 쓴 것이다.[80)고 하였다.

(2) 질병 천거정침(疾病 遷居正寢)

```
┌─── 【주자가례 원문 1-2】 ──────────────────────┐
│                                                      │
│  ● 疾病 遷居正寢                                     │
│     ⇒ 병이 위독해지면 정침(正寢)으로 옮긴다.        │
│                                                      │
│  ● 凡疾病 遷居正寢 內外安靜 以俟氣絶                 │
│     ⇒ 무릇 병이 심해지면 정침으로 옮겨서 안팎을 안정시키고 숨이 끊어지기를 기 │
│       다린다.                                        │
│                                                      │
│  ● 男子不絶於婦人之手 婦人不絶於男子之手            │
│     ⇒ 남자는 여자의 손에서 운명하지 않고 여자는 남자의 손에서 운명하지 않는다. │
│                                                      │
└──────────────────────────────────────────────┘
```

- 사람이 위독하거나 죽음이 예견되어 도저히 회복이 불가능한 상태가 되면 임종을 맞을 준비를 위해 평소에 자신이 쓰던 방에 모신다. 『예서』에서는 이를 천거정침(遷居正寢)이라 하며 남자는 정침(正寢)인 사랑방에, 여자는 내침(內寢)인 안방에 옮겨 임종하도록 하는 것을 말한다.

- 「사상례」에 이르기를 남녀는 옷을 바꾸어 [주에 빈객으로 와서 문병하는 사람 역시 조복(朝服)을 입고, 서인은 심의를 입는다.] 입는다.[81]

- 오사(五祀)에 기도를 한다. [주에 효자의 정을 다함이니, 오사는 넓게 말한 것이다.] 사(士)는 두 곳에 제사하니, 문(門)과 행(行)에 제사 지낸다.[82]

- 『집설(集說)』에 묻기를, "귀신에게 비는 것이 마땅한가"라고 하니, 말했다. "『논어』의 주에 '병이 위독하면 오사에 기도한다'고 했는데, 이는 효자의 절박한 심정에서 그냥 있을 수 없어서이다. 옛날에 주공이 무왕을 대신하여 죽고자 하면서도 종묘에만 고했고, 유검루(庾黔婁)는 아버지를 대신하여 죽고자 하되 매일 밤 북극성을 향해 이마를 조아렸으니, 후세의 소를 잡고 희생을 죽여 제 귀신이 아닌데 아첨하여 제사하여 무익한 것과 같지 않다. 만약 기도를 하고자 한다면 두 분을 본받아야 한다."[83]

---

80) 『禮記』「檀弓」, 云 '君子曰終, 小人曰死', 終者, 死也, 盡也.
81) 「士喪」記：男女改服, 註：爲賓客來問病, 亦朝服, 庶人深衣。
82) 『常變通攷』 行禱于五祀。註：盡孝子之情, 五祀, 博言之。士, 二祀, 曰門曰行。
83) 『集說』：問, "宜禱鬼神否？" 曰：" 『論語』註, '疾病, 行禱五祀.' 蓋孝子迫切之至情, 有不能自已者。昔周公, 欲代武王死, 但告于宗廟, 庾黔婁, 欲代父死, 每夜, 稽顙北辰, 非若後世宰牛殺牲, 諂祭非鬼而無益也。若欲行禱, 當師二公。

- 「소기(小記)」에 병자를 돌보는 사람은 상복을 입지 않는다. [주에 살리기를 구하는 데는 길(吉)함을 위주로 하여, 그 흉함을 싫어해서이다.]84)

- 또한, '男子不絶於婦人之手, 婦人不絶於男子之手'라 한 것과 관련하여 『가례회성(家禮會成)』85)에 '군자(君子)는 살아 있을 때는 내외(內外)의 구별이 있게 하고, 죽어서는 처음부터 끝까지 무례하지 않도록 하고자 하니 남녀의 구별이 분명해지고, 부부의 조화가 일어나게 되는 것이다. 이것이 남자가 부인의 손에서 죽지 않으며 부인이 남자의 손에서 죽지 않는 까닭이다.'고 하였다.

- 「사상례」에 사(士)는 적침(適寢)에 거처하며, [소에 적실(適室)은 적침과 같다.] 질병이 없으면 연침(燕寢)에 있고, 질병이 있어야 적실에서 침석을 펴고 눕는다. 그러므로 실(室)을 침(寢)으로 바꾸었다. 질병이 있는 사람은 재계한다. [주에 성정을 바르게 함이다.] 적침이란 곳은 재계하지 않으면 그 실에 거처하지 않는다.86)

- 『보주(補註)』에 이른 바 정침으로 옮겨서 거처한다는 것은 오직 집주인만이 그렇게 한다. 나머지 사람들은 각각 그가 거처하는 실 가운데로 옮긴다.87)

- 『예기(禮記)』「상대기(喪大記)」에 "병(病)이 위독해지면 안과 밖을 모두 청소하고 침실(寢室)에서 머리를 동쪽으로 하고 북쪽 창문 아래에 눕힌다. 침상(寢牀)을 치우고 더러운 옷을 벗겨 새 옷을 입힌다. 수족(手足)을 각각 한사람이 붙들고 남녀가 옷을 갈아입힌다."고 하였다.

- 환자의 머리를 동쪽으로 가도록 하여 눕히고 새 옷으로 갈아입히는 것은 동쪽의 방향이 음양오행(陰陽五行)으로는 양(陽)의 방향이요, 만물이 소생하는 봄의 기운을 가진 방위이고, 태양이 떠오르는 방위가 되기 때문에 환자가 해가 떠오르고 만물이 소생하는 양(陽)의 기운(氣運)을 받아 소생(蘇生)하기를 기원하는 의미에서이다.
  또한 기본적으로 죽음의례인 상례의 본바탕에는 죽음을 인정하기보다 죽음을 거부하고 소생하기를 바라는 마음이 자리하고 있기 때문에 이후 치러지는 의례에 있어서 양(陽)의 방향(方向)과 색깔, 수리(數理) 등의 영향을 받고 있음을 알 수 있다.

---

84) 「小記」：養有疾者, 不喪服。 註：求生主吉, 惡其凶也。
85) 『가례회성(家禮會成)』은 명대의 위당이 『주자가례』에 주를 단 것이다.
86) 「士喪」記：士處適寢, 疏：適室, 與適寢一也。不疾, 在燕寢, 有疾, 乃寢臥于適室。故變室爲寢也。 有疾者齊。 註：正情性也。適寢者, 不齊, 不居其室。
87) 『補註』：所謂遷居正寢者, 惟家主爲然。餘人則各遷於其所居之室中。

- 「사상례」에 북쪽 벽 아래에서 머리를 동쪽으로 하여 눕힌다. [소에 머리를 동쪽으로 함은 생기(生氣)의 장소로 향함이다.] 용(墉)은 장(牆 벽)을 말한다. 반드시 북쪽 벽 아래에 둠은 일양(一陽)이 북쪽에서 생기기에 생기의 시작임을 취한 것이다.88)

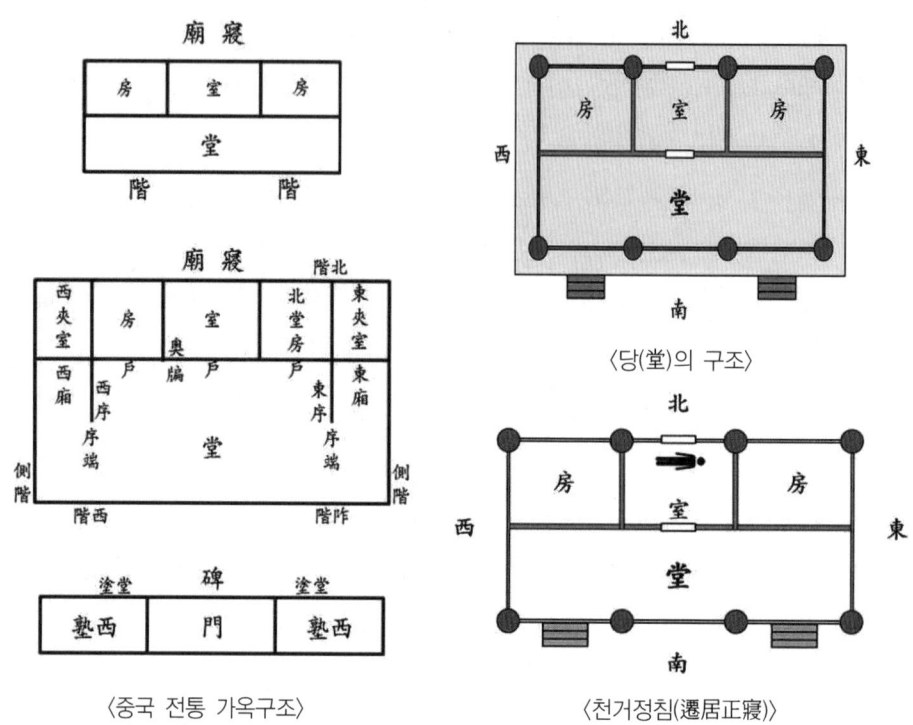

〈당(堂)의 구조〉

〈중국 전통 가옥구조〉

〈천거정침(遷居正寢)〉

- 「상대기(喪大記)」에 '북유하(北牖下)' [주에 유(牖)는 혹 용(墉)이라 한다.] [소에 『논어』에 "머리를 동쪽으로 하고 조복(朝服)을 몸에 올린다"고 하였다.] 만약 군주가 보지 않을 때면 항상 머리를 동쪽으로 두지는 않고 병자의 편의에 따른다. 비록 항상 북쪽 벽 아래에 있더라도 만약 군주가 와서 보면 잠시 남쪽 벽 아래로 옮겨 머리를 동쪽으로 하여 군주가 남면하여 볼 수 있도록 한다.89)

- "머리를 동쪽으로 함은 질병이 들었을 때만 그렇게 하는 것이 아닌 듯하다"고 물으니, 주자가 말했다. "평상시에 머리를 동쪽으로 하는 경우가 많고, 또한 뜻에 따라 눕는 때

----

88) 「士喪」記：寢東首于北墉下。疏：東首, 向生氣之所。墉謂之牆, 必在北墉下, 取一陽生於北, 生氣之始也。

89) 「喪大記」'北牖下'註：牖或爲墉。疏：『論語』, "東首, 加朝服。" 若君不視之時, 則不恒東首, 隨病者所宜。雖恒在北牖下, 若君來視, 暫時移向南牖下東首, 令君得南面視之。

도 있다. 예컨대 『기(記)』에 이르기를, '앉을 자리를 펼 때는 어느 쪽으로 향하게 할 지를 물어 보고, 누울 자리를 펼 때는 발을 어느 쪽으로 두게 할지를 물어본다'고 했으니, 여기에서 뜻에 따라 향하는 때가 있음을 볼 수 있다. 그러나 머리를 동쪽으로 하는 때가 많다. 그러므로 「옥조(玉藻)」에 이르기를, '거처할 때는 항상 지게문(戶)을 마주하고, 누울 때는 항상 머리를 동쪽으로 한다. 항상 북쪽 벽 아래에 누우며, 군주가 문병하면 사(士)는 남쪽 벽 아래로 옮긴다'고 했다."90)

- 『기』에 남자는 부인의 손에서 죽지 않으며, 부인은 남자의 손에서 죽지 않는다. [소에 희공(僖公)은 소침(小寢)에서 사망하였다.] 복건(服虔)이 이르기를, "소침은 부인의 침실이다. 예에 '남자는 부인의 손에서 죽지 않는다'고 했는데, 이제 희공이 소침에서 사망하였다고 했으니, 그가 여실(女室)을 가까이함을 기롱한 것이다"고 했다.91)

- 「상대기」 주에 군자는 죽음을 신중히 하니, 함부로 할까 해서이다. 병이 들었을 때 어자(御者)에게 사지를 잡게 하고 그들의 손에서 죽으며, 부인은 내어자(內御者)에게 사지를 잡게 하고 또한 그들의 손에서 죽는다.92)

- 마씨(馬氏)가 말하기를. "군자는 살아 있을 때 내외의 분별을 두려 하고, 죽을 때는 시종 함부로 하지 않고자 하므로, 남녀의 분별이 분명해지고, 부부의 교화가 일어난다. 옛날에 증자가 병으로 누워있을 때, 악정자춘(樂正子春)은 침상 아래에 앉았고, 증원(曾元)과 증신(曾申)은 발끝에 앉았으며, 동자(童子)는 모퉁이에 앉아 촛불을 잡았다. 『논어』에 또한 이르기를, '문하의 제자를 불러 말하기를 '나의 발을 열고 나의 손을 열라'고 했으니, 증자가 죽을 때 오직 제자와 아들만이 곁에서 모셨을 뿐이다."93)

- 또한, 『예기(禮記)』「상대기(喪大記)」에 '군자가 죽는 것을 중하게 생각하는 것은 서로 업신여기게 될 것을 걱정하기 때문이다.'고 하였고, '그 어머니의 상(喪)에는 여자 시중드는 사람이 이불로 가리고 목욕(沐浴)을 시킨다.'고 하였다. 이러한 예(例)가 남자

---

90) 『常變通攷』 問：“東首, 恐不獨於疾時爲然.” 朱子曰：“常時多東首, 亦有隨意臥時節. 如『記』云, ‘請席何向, 請衽何趾.’ 這見得有隨意向時節. 然多時東首. 故「玉藻」云, ‘居常當戶, 寢常東首也. 常寢於北牖下, 君問疾則士移南牖下.’”

91) 『記』：男子, 不絶於婦人之手, 婦人, 不絶於男子之手. 疏：僖公, 薨于小寢. 服虔云, “小寢, 婦人寢也. 禮, ‘男子不絶於婦人之手.’ 今僖公, 薨于小寢, 譏其近女室.”

92) 「喪大記」 註：君子重終, 爲其相褻. 疾時, 使御者持體, 並死于其手, 若婦人則內御者持體, 還死於其手.

93) 『常變通攷』 馬氏曰：“君子於其生也, 欲內外之有別, 於死也, 欲始終之不褻, 則男女之分, 明矣, 夫婦之化, 興. 昔者, 曾子寢疾, 樂正子春, 坐於牀下, 曾元・曾申, 坐於足, 童子, 隅坐而執燭. 『論語』亦云, ‘召門弟子曰, ‘啓予足, 啓予手.’ 則曾子之死, 惟弟子與子, 侍側而已.”

는 부인의 손에서 죽지 않는다는 것이다.

(3) 기절내곡(旣絶乃哭)

【주자가례 원문 1-3】

- 旣絶 乃器*
  ⇒ 이미 숨이 끊어지면 이에 곡(哭)을 한다.

- 司馬溫公曰 疾病 謂疾甚時也 近世孫宣公臨薨 遷于外寢 蓋君子謹終不得不爾也
  ⇒ 사마온공이 말하기를, "질병(疾病)은 병이 위독한 때를 이른다. 근세에 손선공(孫宣公宋代 한림학사)이 임종할 때 외침(外寢)으로 옮겼으니, 대개 군자는 죽음을 삼가므로 그렇게 아니 할 수 없다."고 하였다.

- 高氏曰 廢牀寢於地註 人始生在地 故廢牀寢於地 庶其生氣之復也 本出儀禮及禮記喪大記
  ⇒ 고씨(高氏)가 말하기를, "'침상을 치우고 바닥에 뉜다.'고 한 구절의 주에 '사람이 처음에 땅에서 태어났기 때문에 침상을 치우고 땅에다 뉘는 것이며, 그 생기가 돌아오기를 바라는 것이다'고 하였으니, 본래 『의례』와 『예기』의 「상대기」에서 나온 것이다."고 하였다.

- 곡은 복(復)에 앞서 행하고, 복을 행한 뒤에 죽은 자에 대한 일을 행한다. [소에 복을 함에는 아직 살기를 바라지만, 복을 해도 살아나지 않으면 죽은 자에 대한 일을 행할 수 있다.]94)고 하였다.

- 「상대기」에 침상을 없애고 손과 발(體)을 한 사람씩 잡는다. [주에 사람이 처음에 땅에서 태어났으니, 침상을 치우는 것은 생기가 돌아오기를 바라는 것이다.] 체(體)는 수족(手足)이다. 네 사람이 붙잡는 것은 스스로 굴신(屈伸)할 수 없기 때문이다.95)고 하였다.

(3-1) 유명(遺命)

- 『구의』에 병든 자에게 무슨 말할 것이 있는지를 묻고, 있으면 종이에 쓴다.96)

---

94) 『常變通攷』 惟哭, 先復, 復而後, 行死事。疏：復而猶望生, 復而不生, 得行死事。
95) 「喪大記」：廢牀, 體一人。註：人始生在地, 廢去牀, 庶其生氣反。體, 手足也。四人持之, 爲其不能自屈伸也。

- 『가례집람(家禮輯覽)』의 주(註)에 '問病者有何言 有則書'라 하여 '환자에게 무슨 할 말이 있는 가를 물어 보아서, 할 말이 있으면 받아 적어 둔다.'고 하였다.

- 병자(病者)가 위독한 상황에 이르면 가족들은 침착하게 자손에게 남기고 싶은 말, 당부하고 싶은 말 등을 대답하기 쉽게 묻고 기록해 둔다.

- 유언은 망자(亡者)가 마지막으로 남기고 싶은 소중한 말이므로 자손이나 친지들은 마땅히 그에 따라야 할 것이다.

(3-2) 야반에 죽은 사람은 내일을 따름(夜半死者從來日)

- "주나라는 야반(夜半)을 삭(朔)으로 했고, 상나라는 계명(雞鳴)을 삭(朔)으로 했고, 음양가는 모두 자시(子時)를 다음 날로 했다. 그렇다면 닭이 울기 전 자시에 죽은 사람은 어느 날을 죽은 날로 보아야 하는가"라고 물으니, 우암이 말했다. "일자의 구분은 반드시 해시(亥時)에서 마치고 자시(子時)에서 시작하니, 초이틀의 자시는 절로 초하루에 간여되지 않는다."97)

(4) 속광(屬纊)

【주자가례 원문 1-4】

- 劉氏璋曰 凡人病危篤 氣微難節 乃屬纊以俟氣絶 纊乃今之新綿 易爲搖動 置口鼻之上 以爲候也
  ⇒ 유장이 말하기를, "대체로 사람이 생명이 위독하여 기운이 희미해지고 조절하기 어려워지면 솜(纊)을 대고 숨이 끊어지기를 기다린다. 솜(纊)은 지금의 새 솜(목화솜)으로 쉽게 움직이기 때문에 입과 코 위에 놓고 살핀다."고 하였다.

- 숨이 끊어지기를 기다린다. [주에 숨이 가늘어져 조절이 어렵기 때문이다.] [소에 「상대기」 주에 "광(纊)은 지금의 새솜(新綿)이니, 쉽게 흔들려 움직이므로 입과 코 위에 놓고 살핀다."]고 했으니, 두 주석을 겸해야 갖추어진다.98)

---

96) 『丘儀』 : 問病者有何言, 有則書于紙。

97) 『常變通攷』 問 : "周, 夜半爲朔, 商, 雞鳴爲朔, 陰陽家, 皆以子時爲明日。 然則雞鳴前子時死者, 當從何日?" 尤庵曰 : "日分, 必終於亥而始於子, 初二日之子, 自不干於初一日也。"

98) 『常變通攷』 纊, 以俟氣絶。 註 : 爲其氣微難節也。 疏 : 「喪大記」 註云, "纊, 今之新綿, 易動撓, 置口鼻之上, 以爲候。" 二註相兼, 乃具。

- 전통사회에서는 임종자(臨終者)의 호흡여부에 따라 사망여부를 가름하였다. 코나 입으로 진행되는 호흡을 판단하기 위해 환자의 코에 솜을 올려놓아 사망여부를 확인하였던 것이다. 즉, 전통적으로 사망여부의 판단기준이 심폐사(心肺死)였다는 사실을 반증하는 절차라고 할 수 있다. 사망여부와 시점을 확인하기 위해 입술위에 새 솜을 올려놓고 호흡여부를 확인하게 되는데 이를 속굉(屬紘)이라 한다.

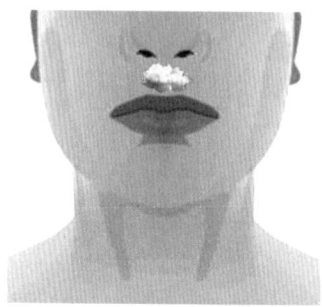

〈屬紘〉

- 이 밖에도 동공이 풀어졌는지 손발이 굳어오는지 살피거나 누워 있는 사람의 허리 밑에 손을 넣어 허리가 땅바닥에 밀착이 되어 손이 들어가지 않으면 운명한 것으로 간주하였다.

- 자녀(子女)들이 곡(哭)을 하는 동안 다른 가족이 망자의 눈을 감기고 햇솜으로 입과 코, 귀 등을 막은 후 홑이불로 몸을 덮는다.

(5) 복復·초혼招魂

┌───┐
【주자가례 원문 1-5】

● 復*
　⇒ 돌아오시오 한다.

● 侍者一人 以死者之上服嘗經衣者 左執領右執要 自前榮升屋中霤 北面招以衣 三呼曰某人復
　⇒ 시자 한 사람이 일찍이 죽은 사람이 이전에 입었던 웃옷을 가지고 왼손으로 옷깃을 잡고 오른손으로 허리춤을 잡고, 앞쪽 처마로부터 지붕의 중류(中霤)에 올라가 북면하여 옷을 들고 초혼한다. '아무개 돌아오라'고 세 번 부른다.
└───┘

- 畢 卷衣降 覆尸上 男女哭擗無數
  ⇒ 마치면 옷을 말아 가지고 내려와서 죽은 시신의 위에 덮는다. 남녀가 곡을 하면서 가슴을 수없이 두드린다.

- 上服 謂有官則公服 無官則襴衫皂衫深衣 婦人 大袖背子 呼某人者 從生時之號
  ⇒ 웃옷은 관직이 있으면 공복(公服)으로 하고, 관직이 없으면 난삼(襴衫) 조삼(皂衫) 심의(深衣)로 한다. 여자는 대수(大袖, 큰 소매 옷)·배자(背子)로 한다. 아무개라고 부르는 것은 생시에 부르던 호칭을 따른다.

- 司馬溫公曰 士喪禮 復者一人 千自前東榮 中屋北面 招以衣曰皐某復 三 註 皐 長聲也
  ⇒ 사마온공이 말하기를, "『의례』의 「사상례」에 '복(復)이라는 것은 한 사람이 앞의 동쪽 처마의 지붕 가운데로 올라가 북면하고 옷을 흔들며 아무개 돌아오라고 세 번 부르는 것이다.'는 구절의 주에 고(皐)는 길게 부르는 소리이다.

- 今升屋而號 慮其驚衆 但就寢庭之南 男子稱名 婦人稱字 或稱官封 或依常時所稱
  ⇒ 지금은 지붕에 올라가서 부르면 사람들을 놀라게 할 것을 염려하여 다만 침(寢)의 남쪽 뜰에 가서 남자의 이름을 부르고 여자는 자(字)를 부른다. 혹은 남자는 관직이나 봉호를 부르고, 부인은 봉호(封號)를 부르거나, 혹은 평소에 부르던 택호를 부른다."고 하였다.

- 高氏曰 今淮南風俗 民有暴死 則使數人 升其居屋 及於路傍 遍呼之 亦有蘇活者 豈復之餘意歟
  ⇒ 고씨(高氏)가 말하기를, "지금 회남(淮南)의 풍속에 백성 중에 갑자기 죽은 사람이 있으면 여러 사람들에게 그 지붕에 올라가거나 거리에 나가 돌아다니며 두루 부르게 하니 또한 살아나는 자가 있다고 하는데 어찌 복의 남은 뜻이겠는가?"라고 하였다.

- 劉氏璋曰 喪大記曰 凡復 男子稱名 女人稱字 復聲必三者 禮成於三也
  ⇒ 유장이 말하기를, "「상대기」에 말하기를 '대체로 복을 할 때 남자는 이름을 부르고 여자는 자(字)를 부른다.'고 하였다. 복을 세 번하는 것은 예가 세 번으로 이루어지기 때문이다."라고 하였다.

- 『의례(儀禮)』 「사상례(士喪禮)」편의 주(註)에 '복(復)은 혼(魂)을 불러 백(魄)으로 돌아오도록 하는 것이다.'고 하였고, 그 소(疏)에 '출입(出入)하는 기운을 혼(魂)이라고 하고 눈과 귀로 보고 듣는 것을 백(魄)이라 한다. 죽은 사람은 혼신(魂神)이 백(魄)을 떠났으니 지금 불러서 돌아오기를 바라는 것이다.'고 하였다.[99] 북망산천(北邙山川)으로 가는 혼(魂)을 부르는 절차로 이를 초혼(招魂)이라고도 한다.

- 이는 사람의 삶을 혼백(魂魄)이 합(合)하여 생(生)하다가 죽음에 이르는 과정을 혼백(魂魄)이 분리되어 혼(魂)은 하늘로 백(魄)은 땅으로 간다는 믿음에 의해 망자(亡者)의 혼(魂)을 다시 불러 살아나기를 간절히 기원하는 과정의 의례(儀禮)이다.

- 초혼(招魂)이란 몸을 떠난 영혼(靈魂)을 불러서 망자(亡者)가 혹시나 다시 살아날까 하여 하는 의식으로 고복(皐復)이라고도 한다. 속굉(屬纊)으로 죽음은 확인 했지만 다시 죽음을 되돌려보려는 노력이 초혼(招魂)이고,100) 초혼(招魂)으로 죽음을 되돌리지 못하는 한 죽음을 기정사실로 받아들여야 하는 안타까움이 깃들어 있는 것이다.

- 죽음이 확인되면 시신(屍身)을 보지 않은 친척(親戚)이, 망자(亡者)가 평소 입던 웃옷을 들고 동쪽으로 해서 지붕으로 올라가 북쪽을 향하여 옷을 흔들며 망자(亡者)의 평소 성명(姓名)이나 관직명(官職名)을 부르며 "복(復), 복(復), 복(復)"하고 세 번 부르는 절차인데 남상(男喪)일 경우에는 남자가 망자(亡者)의 공복, 난삼, 조삼, 심의를 가지고 하고, 여상(女喪)일 경우에는 여자가 망자(亡者)가 입던 대수나 배자를 들고 초혼(招魂)을 행하게 된다.

- 초혼(招魂)을 할 때는 소란스러우면 혹시 영혼(靈魂)이 당황하여 못 돌아올까 하여 곡(哭)을 멈추고 조용히 있다가 초혼(招魂)이 끝나면 다시 곡(哭)을 한다. 여기에서 곡소리는 청각적(聽覺的)으로, 지붕 위에 던져둔 옷은 시각적(視覺的)으로 이웃에게 초상(初喪)이 났다는 것을 알리는 역할을 하기도 하였다.101) 자연히 초혼(招魂) 뒤부터는 죽은 자의 죽음을 전제로 한 의례가 이어진다.

이처럼 초혼(招魂)의 의례에 있어서 초혼에 사용한 옷의 활용에 대한 일반적인 견해는 시신 위에 덮어 두거나 지붕 위에 던져 놓거나, 나중에 입관(入棺)을 할 때 관 속에 넣거나, 혼백(魂帛)을 만들 때 쓰기도 하는 것으로 알려져 있다. 이러한 이유에 대하여 일부학자들의 의견은 이러한 절차를 통해 상(喪)이 발생되었음을 알리는 발상(發喪)의 역할을 강조하여 설명하고 있다.

---

99) 「士喪禮」 註 : 復, 招魂, 復魄也。 疏 : 出入之氣, 謂之魂, 耳目聰明, 謂之魄。 死者, 魂神, 去離於魄, 今欲招取魂來, 復歸于魄。

100) 초혼과 같은 소생을 희구하는 의식으로 반함이 있는데 이를테면, 곡물이나 조개가 지닌 생명력의 상징인 생식력이나 구슬이 지니는 불변불괴의 상징인 활력을 더해서 입에 물리는 것은 소생하기를 거듭 시도하는 것이고, 그 외에 다른 일면으로는 주검에서 오는 사악한 정령을 주력의 힘으로 털어내려는 벽사의 뜻이 있기도 하다.

101) 임재해, 前揭書, 21쪽

그러나 『주자가례』, 『상례비요』, 『사례편람』에는 모두 '畢. 卷衣. 降. 覆尸上.'이라하여, '마치면, 옷을 말아서 내려와 시신의 위에 덮는다.'고 하였다. 또한 『예기(禮記)』 「상대기(喪大記)」에 '復衣 不以衣尸, 不以斂'이라 하여, '복의(復衣)는 시체에 입히지 않고, 염하지도 않는다.'고 하였다. 그 주註에 '復者, 庶其生也, 若以其衣襲斂, 是用生施死, 於義相反.'이라하여 '복(復)은 살아나기를 바라는 것이다. 그 옷으로 염습(斂襲)을 하면, 이는 삶으로 죽은 이에게 베푸는 것이니 의리(義理)에 있어서 상반(相反)된 것이다.'고 하였고, 『사례편람』 길제편의 체천조의 준비물을 살펴보면 유의(遺衣)에 대한 설명에서 '신주를 싸서 묻는데 쓰니, 복의(復衣: 복(復), 초혼(招魂)할 때 쓰던 옷)이 있으면 함께 쓴다.'고 하여 복의(復衣)의 쓰임을 분명히 하고 있다. 결론적으로 의례의 시행에 있어서 본질적 의미를 되새기지 못하고 단지 의례의 시행만을 주장하였던 결과이다. 이후 논의될 의례절차에서 이렇게 현대적 해석과 상반된 견해였다.

- 공자(孔子)께서도 『예기(禮記)』에서 초혼(招魂)을 부르는 것은 신(神)에게 다시 살아나기를 비는 것이라고 하였다. 혼백(魂魄)을 불러 유명(幽冥)에서 돌아오기를 바라는 것은 귀신에게서 구하는 길로, 자식 된 도리를 다하는 것이다. 그리고 복(復)을 반드시 세 번 부르는 까닭은 예(禮)가 삼(三)에서 오기 때문이다. 한번은 위를 향해 불러서 혼백(魂魄)이 하늘에서 내려올 것을 축원(祝願)하고, 한번은 아래를 향해 불러서 혼이 땅에서 돌아오기를 빌고, 한번은 북쪽을 향해서 불러서 혼이 천지사방(天地四方)에서 올 것을 빌기 위한 것이다.[102]고 하였다.

- 『예기(禮記)』 「단궁(檀弓) 하(下)」편에 '복(復)을 하는 것은 사랑을 극진히 하는 도리니, 기도(祈禱)하고 비는 마음이 있는 것이다. 죽음의 세계에서 돌아오기를 바라는 것

---

102) 『상장례 삶과 죽음의 방정식』, 국사편찬위원회, 2005, p77

은 귀신에게 구하는 도리이다. [주에 귀신은 그윽하고 어두운 곳에 있으니, 북쪽은 어둡고 음(陰)의 방향이므로 귀신을 어두운 곳에서 구하는 자는 반드시 북쪽을 향한다.] 북쪽을 바라보는 것은 죽음의 세계에 구하는 뜻이다.'고 하였고, 103)고 하였다.

- 주자가 말하였다. "사람이 죽으면 비록 혼백은 각자 날아 흩어지더라도 요컨대 백은 또 조금 안정되어 있으니, 반드시 혼을 불러 이 백으로 돌아오게 하여, 그와 합해지도록 해야 한다. 복은 그를 살리려고 함일 뿐만 아니라, 또한 그 혼백을 모아서 흩어지지 않도록 하는 것이다. 성인이 자손에게 항상 제사 지내도록 가르친 것은 그것을 모으려고 함이다."104)

- 『예기(禮記)』 「상대기(喪大記)」편의 주(註)에 '죽은 자는 다시 살아오지 못한다는 것은 만물의 자연스러운 이치이다. 죽으면 반드시 복(復)하는 것은 이미 죽으면 끝내 돌아올 수 없는 것인데, 성인(聖人)이 이러한 예(禮)를 만든 것은, 인정(仁情)일 따름이다. 효자의 마음에 진실로 살아날 수 있다면 죽어서 육골(肉骨)에게라도 하지 않을 수가 없는 것이다. 하물며 만에 하나라도 다시 살아날 수만 있다면 어찌 꺼려서 이러한 예(禮)를 베풀지 않겠는가?'105)라고 하였다.

- 『의례(儀禮)』 「사상례(士喪禮)」편의 소(疏)에 '반드시 좌측 옷깃을 잡는 것은 초혼(招魂)이 살아오기를 구하는 것이기 때문이다. 좌측(左側)은 양(陽)이고, 양(陽)은 삶을 주장하므로 좌측(左側)을 사용하는 것이다.'106)고 하였다.

- 복(復)을 한 후 옷을 시신(屍身) 위에 덮는다고 하였는데, 이에 대하여 『의례(儀禮)』 「사상례(士喪禮)」편의 주(註)에 옷을 앞으로 내려주면, 강의(降衣)는 아래로 내려주는 것이다. 받아서 비(篚 대광주리)에 담아, 조계로 올라가 시신의 위에 덮으며, [주에 '받음(受)'은 뜰에서 받는 것이다.] 한 사람이 초혼하면 옷을 받는 사람도 한 사람이다. 시

---

103) 「檀弓」 : 復, 盡愛之道也, 有禱祀之心焉. 望返諸幽, 求諸鬼神之道也, 北面, 求諸幽之義也. 陳氏曰 : "行禱五祀, 而不能回其生, 又爲之復. 是, 盡其親之道, 而禱祀之心, 猶未忘於復之時也. 望返諸幽, 望其自幽而返也. 鬼神, 處幽暗, 北乃幽陰之方. 故求諸鬼神之幽者, 必向北也."

104) 『常變通攷』 朱子曰 : "人死, 雖是魂魄, 各自飛散. 要之, 魄又較定, 須是招魂來復, 這魄要他相合. 復, 不獨是要他活, 又要聚他魂魄, 不敎便散. 聖人, 敎人子孫, 常常祭祀也, 是要去聚得他."

105) 『常變通攷』 馬氏曰 : "死者, 不可以復生, 萬物自然之理也. 於死而必爲復, 旣死而卒不能復. 聖人制此豈虛禮歟? 人情而已矣. 孝子之情, 苟可以生死而肉骨者, 無不爲已, 況於萬一有復生之道, 何憚而不設此禮哉?"

106) 「士喪禮」 記 : 左執領, 右執要, 招而左. 疏 : 招而左者, 以左手執領, 還以左手, 以領招之. 招魂, 所以求生, 左陽, 陽主生, 故用左.

신에 옷을 덮는 것은 혼이 돌아온 듯이 함이다. [소에 재명(再命)으로부터 그 이상은 옷을 받는 사람도 각각 명(命)을 받은 횟수에 의한다.] 복의(復衣)는 목욕시킬 때 제거하고, 습염(襲斂)에 사용하지 않는다. 여기에서 '덮는다(覆之)'고 한 것은 단지 혼백이 돌아왔음을 취한 것이다.107)고 하였다.

- 복을 한 사람은 뒤편 서쪽 처마로 내려온다. [주에 앞으로 내려오지 않는 것은 헛되이 돌아오지 않아서이다.] 내려올 때 서북쪽 후미진 곳을 철거하는 것은 마치 이 집은 흉하여 살 수가 없다는 듯이 함이다. [소에 무릇 복을 한 사람은 효자의 마음을 따라서 혼기가 돌아오기를 바라지만, 복을 해도 소생하지 않으면 이는 헛되이 돌아옴(虛反)이다.] 이제 뒤로 내려오는 것은 헛되이 돌아오려 아니함이다.108)고 하였다.

- 「상대기」에 복의는 시신에 입히지 않으며, 염(斂)에도 쓰지 않는다. [주에 시신에 입히지 않는다는 것은 습에 쓰지 않음이다.] 복은 소생시키려는 것이니, 만약 습렴에 쓴다면 이는 소생시키는데 쓰는 것을 죽음에 베푸는 것이니 뜻이 상반된다. 109)고 하였다.

- 『문해(問解)』에 "복의를 지금 사람들은 혼백상자(魂帛箱) 속에 넣어두는데 어디에 근거하는가?"라고 물으니, 대답하기를, "복의는 영좌(靈座)에 두어도 무방할 듯하다. 만약 혼백과 함께 묻어버린다면 옳지 않다"고 했다. 110)고 하였다.

- 선사가 말하기를, "복의는 빈소를 차린 뒤에는 영좌에 두는데, 지금 사람들은 혼백상자에 두는 이가 많다. 그러나 옛날에 상의(上衣)로 복을 했으니 이를 상자 속에 두어서는 안 된다"고 했다. 111)고 하였다.

---

107) 「士喪禮」 : 降衣于前, 註 : 降衣, 下之也。 受用篚, 升自阼階, 以衣尸, 註 : 受者, 受之於庭也。其一人招, 則受衣亦一人。衣尸者覆之, 若得魂反之。疏 : 自再命以上, 受者, 亦各依命數。復衣, 浴而去之, 不用襲斂。此云'覆之', 直取魂魄反而已。

108) 『常變通攷』 復者, 降自後西榮。註 : 不由前降, 不以虛反也。降因徹西北厞, 若云此室凶不可居然也。疏 : 凡復者, 緣孝子之心, 望得魂氣, 復而不蘇, 是虛反。今降自後, 不欲虛反也。

109) 「喪大記」 : 復衣, 不以衣尸, 不以斂。註 : 不以衣尸, 不以襲也。復者, 庶其生也, 若以襲斂, 是用生施死, 於義相反。

110) 『問解』 : 問, "復衣, 今人, 納之魂帛箱中, 何據？"答, "復衣, 置靈座, 恐無妨。若並魂帛, 埋之, 則不可。"

111) 『常變通攷』 先師曰 : "復衣, 殯後, 置之靈座, 今人, 多置魂帛箱。然古者, 復以上衣, 不可置諸箱中也。" '虞'章'祝埋魂帛'條互攷。

(6) 천시(遷屍)·설치철족(楔齒綴足)·수시(收屍)·전(奠), 시사전

【주자가례 원문 2-8】

- 乃設奠*
  ⇒ 이에 전(奠)을 차린다.

- 執事者以卓子置脯醢 升自阼階 祝盥手洗盞斟酒 奠于尸東 當肩巾之
  ⇒ 집사자가 탁자에 포와 육장을 놓고 동쪽 계단으로 올라간다. 축(祝)은 손을 씻은 다음 잔을 씻고 술을 부어 시신의 동쪽 어깨쯤에 놓고 수건으로 덮는다.

- 祝以親戚爲之
  ⇒ 축은 친척이 한다.

- 劉氏璋曰 士喪禮 復者降楔齒綴足 卽奠脯醢與酒于尸東 鄭註 鬼神無象 設奠以憑依之
  ⇒ 유장이 말하기를, 「사상례」에 復人이 내려오면 설치(楔齒이를 고이고)와 철족(綴足발을 가지런히 묶고)을 하고 포와 육장과 술을 시신의 동쪽에 올린다.'고 한 구절에 대한 정현의 주에서 '귀신은 형상이 없으니 전을 차려 의지하게 한다.'고 하였다.

- 開元禮 五品以上 如士喪禮 六品以下 襲而後奠 今不以官品高下 沐浴正尸然後 設奠於事 爲宜 奠謂斟酒奉至卓上而不酹 主人虞祭 然後親奠酹 巾者 以辟塵蠅也
  ⇒ 개원례(開元禮, 당대의 예서)』에서는 5품 이상은 「사상례」와 같이 하고, 6품 이하는 습한 후에 전한다고 하였다. 지금은 관품의 높고 낮음에 따라 하지 않고 목욕하고 시신을 바르게 한 후에 전을 차리니 일에 마땅하다. 전은 술을 따라 받들어서 탁자 위에 높고 땅에 술을 붓지 안는 것이다. 주인은 우제(虞祭)를 지낸 후에 직접 전을 하고 땅에 술을 붓는다. 보로 덮는 것은 먼지와 파리를 피하는 것이다.

(6-1) 천시(遷屍)·설치철족(楔齒綴足)·수시(收屍)

- 복(復)이 끝나면 시신을 옮겨 시상(尸牀)에 눕힌다. 예서(禮書)에서는 이를 '설치철족(楔齒綴足)'이라고 하고 있으나, 일반적으로 '수시(收屍)'라고 한다. 죽은 자의 회생을 포기한 상태에서 죽은 자의 몸을 주검으로 다루는 첫 절차이다.

- 『주자가례』에는 '襲 乃說奠'의 주(註)에 '유씨가 말하기를 「사상례(士喪禮)」에, 복(復)한 자(者)가 내려오면 설치(楔齒)와 철족(綴足)을 하고 포와 육장과 술을 시신(屍身)의 동쪽에 올린다.'고 하였다.

- 연궤를 사용하여 발을 묶되, 연궤의 다리(校)를 남쪽으로 두며, 어자가 앉아서 잡는다. 교(校)는 고문에 지(枝)로 되어 있다. [주에 교(校)는 다리(脛)이다.] 시신은 머리를 남쪽으로 두니, 궤(几)의 다리를 남쪽에 두고 발을 묶으면 비틀리지 않는다. [소에 궤의 양 머리에 각각 두 발을 놓고 끼워서 세워 쓴다.] 시신은 머리를 남쪽으로 발을 북쪽으로 향하기 때문에 궤의 다리를 남향하여 발을 양쪽으로 끼운다. 궤가 기울어질까 염려되기 때문에 어자 한 사람이 앉아서 잡고 끼운다.112)고 하였다.

- 『서의』 「예운(禮運)」편에 "사자(死者)는 머리를 북쪽으로 둔다"고 했으니, 이는 장사 지낼 때를 말함이다. 목욕으로부터 빈에 이르기까지 또한 남쪽으로 머리를 둔다. 오직 조묘(朝廟)할 때는 머리를 북쪽으로 한다.113)고 하였다.

- 목침이나 짚 뭉치를 백지에 싸서 양쪽에 놓고 그 위에 칠성판을 올린 다음 주검을 그 위에 눕히는데 머리는 남쪽을 향한다.

- 낙명(落命)할 때 마지막 힘에 의해 몸이 흐트러지는데, 바른 자세로 저승에 가도록 하기 위해 실시하는 것이다.

- 머리는 옷을 접어서 괴고 죽은 자의 몸이 차가워지기 전에 팔다리를 주물러 경직(硬直)되는 것을 막는다.

- 남자인 경우에는 왼손이 위로, 여자인 경우에는 오른 손이 위로 가도록 두 팔을 배 위에 올려놓은 후 한지나 헝겊 끈으로 허리 밑으로 돌려 묶는다. 어깨와 팔, 허벅지, 무릎, 발목도 차례로 묶는다.114)

- 발바닥을 벽에 붙이거나 목침을 대어 반듯하게 하여 홑이불을 얼굴까지 덮은 후 그 앞에 병풍을 치고 향상(香床을 차리고 향을 피우며 촛대를 좌우에 세우고 촛불을 켠다.

- 『예기(禮記)』 「문상(問喪)」편의 주(註)에 '임천 오씨가 말하기를 동시(動尸)라는 것은 처음 죽어서 염(殮)할 때까지를 말한 것이고, 거구(擧柩)는 계빈(啓殯)하여 장례를 치를 때까지를 말한다.'고 하였다.

---

112) 『常變通攷』 綴足用燕几, 校 古文枝. 在南, 御者, 坐持之. 註：校, 脛也. 尸南首, 几脛在南以拘足, 則不得辟戾矣. 疏：几兩頭, 各施兩足, 夾以竪用之. 尸南首, 足向北, 故以几脚向南以夾足. 恐几敧側, 故御者一人, 坐持夾之.

113) 『書儀』：「禮運」曰, "死者, 北首." 謂葬時也. 自沐浴至殯, 亦南首. 惟朝廟, 北首.

114) 『상장례 삶과 죽음의 방정식』, 국사편찬위원회, 2005, p77

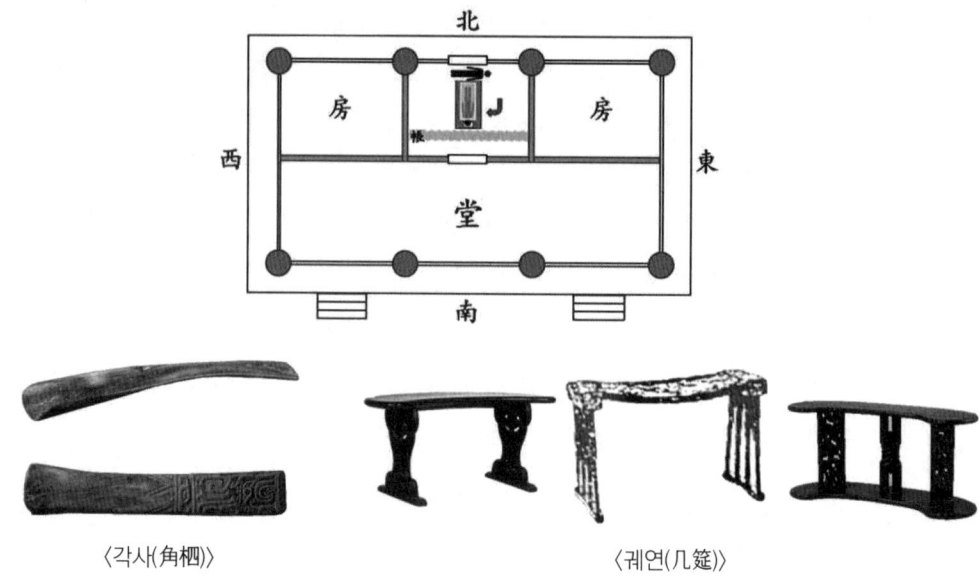

〈각사(角柶)〉　　　　　　　　　　　〈궤연(几筵)〉

(6-2) 전(奠), 시사전

- 「사상례」에 포와 육장과 단술과 술을 올리는데, 조계로 올라가 시신의 동쪽에 올린다. [주에 귀신은 형상이 없어 전을 진설하여 의지하게 한다.] [소에 소렴에 일두(一豆) 일변(一邊)이요, 대렴에 양두(兩豆) 양변(兩邊)이니, 이는 돌아가신 처음에도 일두일변에 지나지 않음이다.] 단술과 술을 비록 함께 말했으나, 그중 하나를 쓰고 함께 쓰지 않는다. 소렴에는 단술과 술을 함께 갖추나, 여기에서는 다 갖추지 못하니, 이것이 그 차이이다.115)고 하였다.

- 망자(亡者)의 혼(魂)이 의지할 수 있도록 전(奠)을 차려 혼을 위한 간단한 음식을 차려놓는 것을 말하는데, 고인이 살아계실 때처럼 섬긴다는 의미에서 음식을 바치는 것으로 돌아가셨다고 차마 생시(生時)와 다른 사자(死者)의 예로 바꿔 올릴 수 없기 때문이다.

- 「단궁」에 돌아가신 처음의 전은 아마 찬장(庋閣)에 남겨둔 것이리라. [주에 각(閣)은 음식을 보관하는 찬장이다.] [소에 살아있을 때 찬장에 남아있던 포와 육장을 전으로 한다는 것이다.] 방씨(方氏)가 말하기를, "사람이 처음 죽었을 때, 예로써 보면 새 것을 따를 겨를이 없고, 정으로써 보면 차마 옛 것을 바꿀 수 없는 까닭에 찬장에 남아있던

---

115) 「士喪禮」 : 奠脯醢醴酒, 升自阼階, 奠于尸東. 註 : 鬼神無象, 設奠以憑依之. 疏 : 小斂一豆一籩, 大斂兩豆兩籩, 此始死, 亦無過一豆一籩而已. 醴酒雖俱言, 用其一, 不並用. 以其小斂酒醴俱有, 此則未具, 是其差.

포와 육장을 전으로 한다는 것이다"고 했다.116)고 하였다.

- 『사례편람』의 주(註)에 '살피건대, 고례(古禮)에는 처음 작고했을 때 전(奠)을 한다 했으나, 『주자가례』에는 습(襲)의 전(奠)만 있고, 『상례비요』에도 따랐으니, 대저 습(襲)이 당일에 있기 때문이다. 지금 혹 습(襲)이 기한을 지나 혹 여러 날이 되기도 하는데, 그 사이 신령(神靈)에게 전혀 의지할 절차가 없다면, 어찌 미안함이 심한 것이 아니겠는가? 여기에는 고례에 의해서 여기에다 옮겼다.'고 하여 시사전(始死奠)의 근거를 삼고 있다.

- 순서는 『사례편람』의 순서를 따랐다. 『상례비요』에는 시사전(始死奠)에 대한 언급이 보이진 않는다. 그러나 『상례비요』의 관점은 습(襲)의 절차가 당일에 마치는 것으로 되어 있어서 습전(襲奠)의 역할이 시사전(始死奠)과 습전(襲奠)의 역할을 모두 담당하는 것으로 보아야 할 것이다. 단지, 앞서 살펴본 바와 같이 주자(朱子)의 견해만은 『주자가례』에서 보이는 바와 같이 시사전(始死奠)과 습전(襲奠)에 대해 모두 언급하여 차이를 보이지만, 사계(沙溪)의 견해가 잘못된 것은 아니다.

- 전(奠)은 고인을 생시와 똑같이 섬긴다는 의미에서 영상에 아침·저녁으로 음식을 올리는 것으로 운명 직후에서 안장 때까지 시동(尸童)없이 땅에 차려 놓고 지내는 것을 이른다.117)고 하였는데, 차리는 위치는 시신의 동쪽이며 이를 시사전(始死奠)이라고도 한다.

- 집사가 포, 식혜와 과일을 올리면 축관(祝官)이 손을 씻고, 술을 따라 올린다. 술잔을 가득 부어 시신의 오른쪽 어깨 근처에 놓는다.

- 성복이전의 전(奠)은 습과 염(襲殮)의 절차가 마무리 될 때까지 의례를 진행하는 절차마다 한 번씩 행하고, 집사와 축관(祝官)이 올리는데 주상이 애통하고 슬퍼 제대로 일을 볼 수 없기 때문이며 이때 절은 하지 않는다.

(6-3) 사자상(使者床) 차리기

- 육신(肉身)으로부터 분리된 영혼(靈魂)을 저 세상으로 데려간다는 저승사자를 대접한다는 뜻에서 차리는 상(牀)을 말한다. 죽음은 이승에서 상주와 주검을 구체적으로 만들어 내고 저승에서는 영혼(靈魂)과 저승사자를 관념적으로 그려내게 된다.118)

----

116) 「檀弓」 : 始死之奠, 其餘閣也歟. 註 : 閣, 庋藏食物. 疏 : 以生時庋閣所餘脯醢, 爲奠也. 方氏曰 : "人之始死, 以禮則未暇從其新, 以情則未忍易其舊, 故以閣上所餘脯醢, 以爲奠也."
117) 『상장례 삶과 죽음의 방정식』, 국사편찬위원회, 2005, p82

- 현실적으로 죽음은 숨을 거두는 것으로 확인되지만 관념적으로는 영혼(靈魂)이 몸을 떠나는 것으로 알게 되는 것이다. 영혼(靈魂)은 자의적(自意的)으로 육신을 떠난 것이 아니고 저승사자가 와서 강제로 데려간다고 믿기 때문에 속굉(屬纊)이나 고복(皐復)이라는 의식(儀式)을 행하는 이유도 바로 이러한 죽음에 대한 인식 때문일 것이다.

- 이러한 저승사자에 대한 인식은 상여(喪輿) 나갈 때 부르는 상여소리에 잘 나타나 있다. 그러므로 저승사자들을 잘 대접하면 죽은 자의 저승길이 편할 수도 있고, 뜻밖에 영혼을 데려가지 않을 수도 있겠다는 생각에 저승사자를 위한 상(牀)을 차리고, 저승에서의 저승사자의 행위가 관심의 대상이 되는 것이다.

- 인간에게는 삼혼(三魂)[119]이 있고 그래서 혼(魂)을 데리고 가는 저승사자 역시 세 명일 것이라는 믿음에서 사자상도 밥, 신, 돈 등을 모두 셋씩 차리며 반찬으로는 간장이나 된장만 차린다. 밥과 반찬은 요기로, 신은 먼 길에 갈아 신으라고 준비하며, 돈은 영혼(靈魂)을 부탁하는 의미로 저승사자에게 주는 뇌물이고, 반찬을 짠 것으로 준비한 것은 목이 말라 자주 쉬거나 물을 마시러 되돌아올 것을 기대하는 마음에서이다.

- 『예서(禮書)』에도 사자상에 관한 기록은 없으나 관습으로 이렇게 전승되는 것은 사후에 영혼(靈魂)과 육신으로 분리되고, 죽음을 통제하고 관장하는 어떤 초월적인 존재가 저승에 있다는 이원적인 내세관(來世觀)에 대한 전통적인 관념을 반영하고 있는 것이다. 또 성복을 하면 사자밥 등은 엎어놓는데 이것은 저승사자가 영혼(靈魂)을 거두어 갔다는 의미이기도 하다.

- 저승사자에 대한 이해에 대하여 몸은 땅에 묻히지만 영혼(靈魂)은 염라대왕의 명을 받고 온 저승사자에 이끌려 저승으로 가 심판을 받는 것으로 믿었는데, 저승사자가 셋이라는 것은 일직사자, 월직사자, 성직사자를 이야기 하는 것으로 일월성신(日月星辰)에 대한 민간신앙에서 비롯된 것으로 보인다. 만가의 한 구절에

"이제 가면 언제 오나, 북망산천이 멀다고는 해도,
 대문 밖이 저승이네, 염라대왕 부름을 받고,
 이제 가면 언제 오나, 팔뚝 같은 쇠사슬로,
 결박해서 잡아끌어내니, 천하장사가 무슨 소용 있나."

---

118) 임재해, 上揭書, 23쪽
119) 태광업혼(胎光業魂), 유정전혼(幽情轉魂), 상령현혼(相靈現魂)을 말한다.

- 그런데 민속에서 행하였던 이런 습속이 가지는 의미를 분석하여 보면, 저승에 대한 관념에 있어서 그 성격이 타계적이었음을 나타낸다. 관념적으로 사자밥에 차린 밥, 신, 돈 등은 이승과 평행선상에 존재하고 식사를 할 수 있으며, 이승과 같이 돈을 사용하는 세계로 관념화되었음을 나타내고 있다. 아울러 음식의 짜고 매운 감각을 가지고 있으며, 목말라할 것이라는 의식이 존재한 것은 이승과 저승의 관념에서 단지 옷만 바꾸어 입는다는 관념이 표현되어진 것으로 만가에서도 대문 밖이 저승이라는 표현 역시 같은 의미로 파악된다.

- 또한 이러한 사잣밥은 지역에 따라서는 입관(入棺)을 마치면 엎어놓기도 하여 문상객이 이를 보고 염을 했는지 안 했는지를 알 수 있기도 하였다.

(7) 입상주(立喪主)

【주자가례 원문 1-6】

- 立喪主*
  ⇒ 상주(喪主)를 세운다

- 凡主人 謂長子 無則長孫用重 以奉饋奠 其與賓客爲禮 則同居之親且尊者 主之
  ⇒ 무릇 주인은 장자(長子)를 말한다. 장자가 없으면 장손(長孫)이 승중(承重=父先亡,祖卒時대를 이음) 하여 궤전을 받들어 모신다. 빈객과 함께 예를 모신다면 함께 사는 친척 중에서 항렬이 높은 사람이 주관한다.

- 司馬溫公曰 奔喪曰 凡喪 父在 父爲主 註 與賓客爲禮 宜使尊者
  ⇒ 사마온공이 말하기를, "『예기』의 「분상」에 '모든 상에는 아버지가 살아 있으면 아버지가 상주가 된다.'는 구절의 주에 '빈객과 예를 하는 것은 마땅히 높은 사람이 하도록 한다.'고 하였다.

- 父沒 兄弟同居 各主其喪 註 各爲妻子之喪爲主也
  ⇒ '아버지가 돌아가셨는데, 형제가 같이 살면 각각 그 상을 주관한다.'는 구절의 주에 '각각 처자의 상에 상주가 된다.'고하였다.

- 親同 長者主之 註 昆弟之喪 宗子主之
  ⇒ '어버이가 같으면 장자가 주관한다.'는 구절의 주에 '형제의 상은 종자가 주관한다.'고 하였다.

- 不同 親者主之 註 從父昆弟之喪也
  ⇒ '어버이가 같지 않으면 친척이 주관한다.'는 구절의 주에 '종부와 형제의 상을 따른다.'고 하였다.

- 雜記曰 姑姊妹其夫死而夫黨 無兄弟 使夫之族人主喪 妻之黨 雖親不主 夫若無族矣 則
  前後家東西家 無有則里尹主之
  ⇒ 『예기』의 「잡기」에 "고모, 누나, 누이동생의 남편이 죽었는데, 그 남편의 집안
  에 형제가 없으면 남편의 족인(族人)이 주관하게 한다. 처의 집안은 비록 친척일
  지라도 주관하지 않는다."고 하였다. 남편이 만약 족인이 없으면 앞뒷집이나 동서
  쪽 집에서 하낟. 없으면 이장(里長)이 주관한다.'고 하였다.

- 喪大記曰 喪有無後 無無主 若子孫有喪而祖父主之 子孫執喪 祖父拜賓
  ⇒ 「상대기」에 이르기를 '후사가 없는 상은 있어도 상주가 없는 상은 없다. 만약 자
  손이 상을 당했는데 조부가 주상을 하면 자손은 상을 주관하고 조부는 배빈(拜
  賓)한다.'고 하였다.

- 입상주(立喪主)는 상주를 세우는 절차를 의미한다. 보통은 장남이 자연스럽게 상주가
  되지만, 경우에 따라서는 부득이한 사정으로 인해 손자가 상주가 되는 경우가(承重)120)
  있으므로 상주를 세우는 절차를 설정하였다. 그러나 세부적으로는 상주를 정하기보다는
  상례를 치르는 동안 책임을 지고 수행해야 할 역할을 분담하는 절차가 된다.

- 「상대기」에 상에 후사가 없는 경우는 있어도, 상주가 없는 경우는 없다. 121)고 하였다.

- 「소기」에 남자 상주는 반드시 동성(同姓)으로 시키고, 여자 상주는 반드시 이성(異姓)
  으로 시킨다. [소에 남자 상주는 남자 빈객을 접대하고, 여자 상주는 여자 빈객을 접대
  한다.] 적자가 없으면 적부를 정주(正主)로 삼되, 다른 사람으로 섭주(攝主)하게 한다.
  만약 남자 상주를 임시로 대신 주관하게 하려면, 반드시 상가(喪家)의 동성의 남자로
  하고, 여자 상주를 임시로 대신 주관하게 하려면, 반드시 상가의 이성의 여자로 해야
  한다. 이성은 동종(同宗)의 며느리이다.122)고 하였다.

- 「소기」의 소에 이르기를 죽은 자에게 아내가 있어도 아내는 상을 주관할 수 없다.123)
  고 하였다.

---

120) 승중(承重)은 장자가 없을 때 장손이 아버지를 대신하여 상주가 되는 것을 말한다.
121) 「喪大記」 : 喪有無後, 無無主。
122) 「小記」 : 男主, 必使同姓, 婦主, 必使異姓。 疏：男主, 以接男賓, 女主, 以接女賓。 無適子, 適婦爲
   正主, 以他人攝主。 若攝男主, 必使喪家同姓之男, 若攝婦主, 必使喪家異姓之女。 異姓, 同宗之婦。
123) 「小記」 疏："死者有妻, 妻不可爲主。" 詳'小祥'章'攝主行練'條。

(8) 주부(主婦)

> **【주자가례 원문 1-7】**
>
> * 主婦*
>   ⇒ 주부(主婦)를 세운다.
>
> * 謂亡者之妻 無則主喪者之妻
>   ⇒ 죽은 사람의 처를 말한다. 없으면 상례를 주관하는 사람의 처가 된다.
>
> * 編譯者 善光 註 沙溪曰 初喪則 亡者之妻當爲主婦, 虞祔以後 主喪者之妻當爲主婦
>   ⇒ 죽은 사람의 妻가 있으면 妻가 여자상주가 되어 亞獻을 하고 虞祭後(宗孫이 아니면 祔祭후) 장남의 부인이 여자 상주가 된다.

- 「단궁」에 공영달(孔穎達)은 소에서 주인은 망자의 아들이요, 주부는 망자의 처이다.124)고 하였다.

- 『서의』에 만약 망자에게 처가 없거나 어머니의 상(喪)이면, 주인의 처를 주부로 한다.125)고 하였다.

- "아들이 주인이 되고 어머니가 주부가 되면 옳지 않을 듯하다"고 물으니, 우복이 말하기를, "과연 미안할 듯하다. 그러나 『가례』에 이른 바 '망자의 처'는 주인의 어머니가 아닌가? 습렴과 반함과 곡하는 자리를 조금 나아가고 물러나게 하여, 바로 상대하지 않게 하면 아마 보기에 해괴하지는 않을 것이다"126)고 하였다.

(9) 호상(護喪)

> **【주자가례 원문 1-8】**
>
> * 護喪*
>   ⇒ 호상(護喪)을 세운다.
>
> * 以子弟知禮能幹者爲之 凡喪事皆稟之
>   ⇒ 자제 중에서 예를 알고 일을 잘 처리할 수 있는 사람으로 한다. 모든 상사(喪事)는 다 그에게 물어본다.

---

124) 「檀弓」 孔疏 : 主人, 亡者之子, 主婦, 亡者之妻。

125) 『書儀』 : 若亡者無妻, 及母之喪, 則以主人之妻爲主婦。

126) 『常變通攷』 問 : "子爲主人, 母爲主婦, 似不可。" 愚伏曰 : "果似未安。然 『家禮』 所謂'亡者之妻', 獨非主人之母乎 ? 襲含哭位, 稍爲進退, 令不正相對, 恐不至駭見。" '虞章'主婦'條互攷。

- 호상(護喪), 사서(司書), 사화(司貨)에 대한 절차이다. 상주(喪主)가 갑자기 부모를 잃은 슬픔과 경황 중에 직접 상례(喪禮)의 일을 관리할 수 없으므로 대신해서 상(喪)을 치러 주는 것이다. 예(禮)에 밝고 경험이 많은 어른을 호상(護喪)으로 정하고 부고발송(訃告 發送), 조객안내(弔客案內), 축문작성(祝文作成), 상가재물관리(喪家財物管理) 등을 맡아 상사(喪事)를 주관하게 한다.

- 『예기(禮記)』「단궁(檀弓)」편 상에 '두교의 어머니 상(喪)에 집안에 상례(相禮)를 세우지 않았는데, 소홀하게 한 것이라 여겼다.'는 구절의 소(疏)에, '효성스러운 자식이 아버이의 상(喪)을 당하면 슬프고 혼미하여 다시 스스로 깨닫지 못하여 예절(禮節)과 일의 의식을 모두 모름지기 다른 사람이 도와서 인도해야 한다. 그러나 두교의 집에서 어머니가 죽었는데도 집안에 상례(相禮)를 세우지 않았다. 그러므로 당시의 사람들이 그 예(禮)에 있어서 대충하고 생략한 것이라고 하였다.'고 하였다.

- 또한, 『구의』편에 '살펴보니 상사(喪事)에는 반드시 상례(相禮)가 있는 것이 오래되었는데, 하물며 예(禮)가 없어져서야 되겠는가? 사람의 집 자제(子弟)들이 반드시 모두 예(禮)를 알지 못하여 마땅히 친구에게 의논하고 혹은 마을의 예(禮)를 잘 아는 자 한 사람을 상례(相禮)로 삼으면 대체로 상사(喪事)가 모두 일을 처분할 수 있으니 그가 호상(護喪)으로 돕는다.'고 하였다.

- 또한 『주자어류(朱子語類)』에 '만약 상(喪)이 시작되는 일단을 다 행하고자 한다면 반드시 애척(哀戚)과 곡읍(哭泣)의 정이 없을 것이니 누가 바야흐로 슬퍼하고 고통하며 황망하고 혼미한 지경에 무슨 심정으로 일일이 고례(古禮)의 번잡한 것들과 세밀한 것들을 모두 극진히 할 수 있겠는가? 옛날에 호상(護喪)이 있었던 것은 효자가 하는 것을 인도(引導)하기 위한 것이니 만약 효자가 일일이 고례(古禮)에 의거하고자 하여 반드시 몸소 하고 반드시 친히 해야 한다면 슬픔의 정(情)이 없게 될 것이다. 하물며 다만 지금의 시속(時俗)의 예(禮)에 의거한다 하여도 잃어버리지 않는 것이니 다만 슬픈 정을 다하는 것일 뿐이다.'고 하였다.

- 그러나 현대(現代)에 이르러 잘못된 관행(慣行)으로 굳어지는 것이 호상(護喪)의 문제이다. 흔히 상(喪)을 당하여 조문(弔問)하는 과정에서 망자(亡者)가 장수(長壽)하였다면, 흔히 "호상(好喪)"이라 하여 상주(喪主)나 유족을 위로하는 경우를 종종 볼 수 있다. 그런데, 어느 누가 자식 된 입장에서 좋은 상(喪), 호상(好喪)이 있을 수 있겠는가? 부모의 세수(歲數)가 천세(千歲)가 되었던 만세(萬歲)가 되었던 상(喪)을 당한 자식의 입장

에서는 그 슬픔을 이겨낼 수 없는 것이며, 이러한 과정을 전통의 예절이라고 할 수는 없는 것으로 마땅히 없어져야 할 것이다. 이런 잘못은 '호상(護喪)'을 '호상(好喪)' 으로 잘못 이해하여 생겨난 것으로 보여 지는데, 앞서 살펴본 바와 같이 호상(護喪)의 예(禮)는 황망한 가운데에서도 예(禮)를 다하기 위하여 호상(護喪)을 정하고 상사(喪事)를 맡아서 처리하였던 것으로 모든 상(喪)에 호상(護喪)을 정하였다고 보기는 어려울 것이다. 대부분 천수(天壽)를 누리시고 큰 질병이 없으셨으며, 자연사한 경우가 대부분이었을 것인데, 이러한 과정에서 예(禮)에 의해 정하게 되는 '호상'의 의례(儀禮)를 이해하지 못하고 '호상'의 소리만을 이해함으로써 마치 앞서의 조건을 갖추는 경우를 소리만이 같은 '호상(好喪)'으로 이해하여 발생된 것으로 보인다.

(10) 사서·사화

```
──── 【주자가례 원문 1-9】 ────

● 司書司貨*
  ⇒ 사서(司書), 사화(司貨)를 세운다.

● 以子弟或吏僕爲之
  ⇒ 자제나 혹은 하인으로 한다.
```

- 『구의』에 두 개의 일지(日誌)를 두는데, 하나에는 모든 상례에 꼭 소용되는 물건과 재화의 출입을 기재하고, 다른 하나에는 친척이나 빈객들의 부수(賻襚)와 제전(祭奠)의 수를 기재한다.[127]고 하였다.

- 예전에는 호상소(護喪所)에 호상(護喪) 외에 사서(司書), 사화(司貨), 집례, 집사, 안내, 잡역 등을 두었으나 최근에는 호상(護喪) 이외에는 다른 직책을 두지 않는다. 조문객(弔問客)의 출입을 기록하는 책의 이름을, 부상(父喪)일 때는 조객록(弔客錄)이라고 하고, 모상(母喪)일 때는 조위록(弔慰錄)이라 한다. 부의금을 기록하는 책은 부의록(賻儀錄)이라 한다.

---

127) 『丘儀』 : 置二曆, 其一, 書凡喪禮當用之物, 及財貨出入, 其一, 書親賓賻襚祭奠之數。

(11) 역복불식(易服不食)

- 옷을 바꾸어 입고 음식을 먹지 않는다는 의미로 이때부터 상주는 3일 동안 금식한다.
기년(期年)과 9월복의 복인은 세끼를 먹지 않는다. 5개월 복과 3개월 복을 입는 사람
은 두 끼를 먹지 않는다. 친척이나 이웃에서 죽을 쑤어 권하면 조금 먹어도 무방하다.

- 망자(亡者)의 아내와 자식과 며느리는 관(冠)과 웃옷을 벗고 머리를 푸는 절차로 남자
는 웃옷을 섶에 끼우고 맨발을 하며, 나머지 복인(服人)은 화려한 옷과 장식을 풀고 검
소한 차림을 한다.

- 「문상(問喪)」편에 어버이가 처음 돌아가시면 가엾게 여겨 슬퍼하는 마음과 애통하는
뜻으로 신장(腎臟)이 상(傷)하고 간(肝)이 마르며, 폐(肺)가 타서 물 한 먹음도 입에 넣
지 못하고, 사흘 동안 불을 피우지 않는다. 때문에 이웃과 마을 사람들이 그를 위하여
미음(糜)과 죽(粥)을 쑤어 먹인다. 애통하는 마음이 있으므로 입은 단맛을 모른다.'고
하였고, 그 주에 '미음(糜)은 된 것이고, 죽(粥)은 묽을 것이니, 묽은 것은 마시고, 된
것은 먹는다.'128)고 하였다.

---

128) 「問喪」 : 親始死, 惻怛之心, 痛疾之意, 傷腎乾肝焦肺。 水漿, 不入口, 三日, 不擧火, 故隣里爲之糜

- 『집람』에 살펴보건대, 『구의』에 역복(易服)한 조목을 아직 상주와 호상을 세우기 이전으로 옮겨 놓은 것은 어버이가 갑자기 돌아가심에 잠시라도 화려하게 꾸밀 수 없다고 여겼기 때문이다. 그러나 애통하여 소리치고 가슴을 치고 발을 구르며, 다급하고 분망한 즈음에 어떻게 이런 절차까지 미칠 수 있겠는가? 이는 『가례』에서 '반드시 먼저 예를 아는 사람 중에 호상을 세운다.'고 한 뒤에 역복의 절차를 언급한 이유이다.[129]고 하였다.

(12) 치관(治棺)

┌── 【주자가례 원문 1-10】 ──

• 治棺
  ⇒ 관(棺)을 만든다.

• 護喪命匠 擇木爲棺 油杉爲上 柏次之 土杉爲下 其制方直 頭大足小 僅取容身 勿令高大 及爲虛簷高足
  ⇒ 호상은 장인(匠人)에게 명하여 나무를 골라 관을 만들도록 한다. 유삼(油杉 : 잣나무)이 상품이고, 잣나무가 다음이며, 토삼(土杉이제자른 잡목)이 하품이다. 그 모양은 바르고 곧으며 머리 부분은 크고 발쪽은 작게 하여 겨우 몸을 넣을 수 있게 한다. 높고 크게 하거나 허첨과 고족을 하지 않는다.

• 內外皆用灰漆 內仍用瀝青溶瀉 厚半寸以上 以煉熟秫米灰 鋪其底 厚四寸許 加七星板 底四隅 各釘大鐵環 動則以大索 貫而擧之
  ⇒ 안과 밖은 모두 회칠을 하고, 안에는 역청을 녹여 부어 두께가 반치 이상 되게 한다. 불에 볶은 조와 쌀가루를 그 바닥에 깔아 4치쯤 되게하고 칠성판(七星板)을 놓는다. 바닥 네 모퉁이에는 각각 큰 쇠고리를 박아 이동할 때 큰 새끼로 꿰어서 들게 한다.

• 司馬溫公曰 棺欲厚 然太厚則重而難以致遠 又不必高大 占地 使壙中寬 易致摧毀 宜深戒之
  ⇒ 사마온공이 말하기를, "관은 두껍게 하고자 하나 너무 두꺼우면 무거워서 멀리 운반하기 어렵다. 그리고 불필요하게 높고 크게 자리를 차지하면 광중(壙中:무덤 안의 관을 넣는 곳)이 너무 넓어서 부러지고 훼손되기 쉬우니 마땅히 깊이 경계하여야 한다.

粥, 以飮食之.

129) 『輯覽』 : 按 『丘儀』 易服一條, 移於未立喪主護喪之前者, 蓋以爲親死一刻, 未可以華飾故也. 然號痛擗踊, 急遽奔遑之際, 何可及此節目乎? 此 『家禮』 所以'必先立護喪之知禮者'而後, 次及易服之節也.

- 雖聖人所制 自古用之 然板木歲久 終歸腐爛 徒使壙中寬大 不能牢固 不若不用之爲愈也 孔子葬鯉 有棺而無 又許貧者還葬而無 今不欲用 非爲貧也 乃欲保安亡者爾
  ⇒ 곽(槨 :곽 안에 관과 유품을 넣는 덧널)은 비록 성인이 만든 제도로 예전부터 쓰여 왔으나, 판목은 오래되면 마침내 부패하고 헛되이 광중만 넓게 하여 견고하지 못하니 쓰지 않는 것이 낫다. 공자가 아들 리(鯉: 공자의 아들)를 장사지낼 때 관은 있으나 곽은 없었다. 또 가난한 사람에게는 빨리 장사지내는 것을 허락하여 곽이 없었다. 지금 곽을 쓰지 않으려 하는 것은 가난하기 때문이 아니라 죽은 사람을 보호하고 편안하게 하기 때문이다.

- 程子曰 雜書有松脂入地 千年爲茯苓 萬年爲琥珀之說 蓋物莫久於此 故以塗棺 古人已有用之者
  ⇒ 정자가 말하기를, "잡서에 송진이 땅에 들어가서 천년이 되면 복령(伏苓)이 되고 만년이 되면 호박(琥珀 :보석의 일종)이 된다는 설이 있다. 대개 물건이 이것보다 오래가는 것이 없기 때문에 관에 바르고 옛사람에 이미 쓴 자가 있다."고 하였다.

- 高氏曰 伊川先生謂棺之合縫 以松脂塗之 則縫固而木堅 註云 松脂與木性相入而又利水 蓋今人所謂瀝靑者是也 須以少蚌粉黃蠟淸油 合煎之 乃可用 不然則裂矣 其棺 之間 亦宜以此灌之
  ⇒ 고씨가 말하기를, "이천선생이 '관을 합봉하는데 송진을 바르면 봉한 곳이 단단하고 나무가 견고하다.'고 한 구절의 주에 '송진과 나무는 성질이 서로 스며들고 또 물을 잘 흘러내리게 한다.'고 하였는데, 지금 사람들이 역청이라고 하는 것이 바로 그것이다. 모름지기 약간의 조개가루와 밀랍과 맑은 기름을 섞어서 끓여야 쓸 수 있지 그렇지 않으면 갈라진다. 그 관과 곽 사이에도 마땅히 이것을 붓는다."고 하였다.

- 胡氏泳曰 松脂塗縫之說未然 先生葬時 蔡氏兄弟主用松脂 嘗問用黃蠟麻油否 答云 用油蠟則松脂不得全其性矣 此言有理
  ⇒ 호영(胡泳:주희의 문인)이 말하기를, "송진을 발라서 봉한다는 설은 그렇지 않다. 선생(주희)의 장례에 채씨 형제가 송진을 주로 쓰면서 일찍이 묻기를, 황랍과 마유(麻油 : 삼의 씨로 짜서 만든 기름)는 쓰지 않느냐고 물은 적이 있다. 이에 주자가 답하기를 '기름과 황랍을 쓰면 송진이 그 기능을 다하지 못한다.'고 답하였는데, 이 말은 일리가 있다.

- 但彭止堂 作訓蒙云 灌以松脂 宜於北方 江南用之 適爲蟻房 彭必有考 更詳之
  ⇒ 다만 팽지당(彭龜年주자의제자)이 훈몽(訓蒙)을 지어 말하기를, '송진을 바르는 것은 북방에서는 마땅하나 강남에서 쓰면 개미집이 되고 만다.'고 하였다. 팽지당은 반드시 상고한 것이 있을 것이니 다시 자세히 살펴야 한다."라고 하였다.

- 劉氏璋曰 凡送死之道 唯棺與 爲親身之物 孝子所宜盡之 初喪之日 擇木爲棺 恐倉卒未得其木 灰漆亦未能堅完 或值暑月 尸難久留

⇒ 유장이 말하기를, "대체로 죽은 이를 장사 지내는 도리는 오직 관과 곽이 몸에 닿는 것이므로 효자는 마땅히 예를 다해야 하는 것이다. 처음 상을 당한 날 나무를 택하여 관을 만든다면 아마도 창졸간에 알맞은 나무를 얻지 못할 것이고, 회칠도 견고하고 완전하지 못할 것이다. 혹 더운 여름이면 시신을 오래 두기도 어렵다.

- 古者 國君卽位而爲椑[備力切] 歲一漆之 今人亦有生時 自爲壽器者 此乃猶行其道 非豫凶事也 其木油杉及柏爲上 毋事高大以圖美觀 惟棺周於身 周於棺足矣 棺內外 皆用布褁漆 務令堅實
  ⇒ 때문에 옛날에 국군(國君)은 즉위를 하면 벽(椑)관를 만들어 해마다 한 번씩 칠을 하였다. 지금 사람 중에도 생존시에 스스로 수기(壽器)를 만드는 사람이 있는데, 이는 곧 그 도를 행하는 것이지 흉사(凶事)를 대비하는 것은 아니다. 그 나무는 소나무와 잣나무가 좋으며 높고 큰 것으로 미관을 꾀하지 말 것이다. 오로지 관이 몸에 맞고 곽이 관에 맞으면 족하다. 관의 안과 밖은 모두 베로 싸서 칠하여 견실해지도록 한다.

- 余嘗見前人葬墓 掩壙之後 卽以松脂溶化 灌於棺外 其厚尺餘 後爲人侵掘 松脂歲久 凝結愈堅 斧斤不能加 得免大患 今有葬者用之 可謂宜矣
  ⇒ 내가 일찍이 옛날 사람들의 장례한 묘를 본 적이 있는데, 관 뚜껑을 덮은 뒤에 송진을 녹여 관밖에 한자 넘게 부었다. 뒤에 사람이 파가려 해도 세월이 오래되어 송진이 굳어서 도끼도 들어가지 않아 대환(大患)을 면할 수 있었다. 지금 장사 지내는 자가 이렇게 한다면 마땅하다고 이를 만하다.

- 시신(屍身)을 모실 관(棺)을 준비하는 절차이다. 호상(護喪)이 사람을 시켜 관(棺)을 준비하게 한다. 옻칠을 하기 때문에 시간적 여유를 두고 준비한다.

- 과거에는 부모가 회갑(回甲)이 지나면 이미 관재(棺材)와 습의(襲衣)를 준비하였고, 관재(棺材)에는 옻칠을 하여 소중히 보관했다가 사용하는 예가 많았다.

- 묻기를, "칠성판을 북두(北斗)의 모양으로 뚫어서 쓰는 것은 무슨 뜻인가"라고 하니, 퇴계가 말하기를, "남두(南斗)는 삶을 맡고 북두는 죽음을 맡기 때문이다"고 했다. 130) 고 하였다.

---

130) 『常變通攷』 問："七星板, 穿用北斗形, 何義歟？"退溪曰："南斗司生, 北斗司死故也。"

〈관과 칠성판〉

(13) 가유상당고(家有喪當告)

- 집에 초상(初喪)이 났으면 고(告)하는 것이다. 『사례편람』의 주에 ‘『비요』에 일이 있
  으면 고(告)한다는 조항에, 집에 초상(初喪)이 났으면 고(告)한다고 했으니, 반드시 고
  (告)해야 함을 알 것이다. 다만, 사당(祠堂)에 고(告)한다는 글이 없기 때문에 세속에서
  행하는 이가 적다. 그러나 자식을 낳았을 때 고(告)했다면, 죽음에 어찌 고(告)함이 없겠
  는가? 『가례』에도 보이지 않으니, 마음대로 보충할 수 없지만, 생·사보다 중한 일이
  없으니 행하고자 한다면, 부고(訃告)하기 전에 그 항목이 있어야 하겠다.’고 하였다.

(14) 부고어친척료우(訃告於親戚僚友)

【주자가례 원문 1-11】

● 訃告于親戚僚友*
  ⇒ 친척과 동료 친구에게 부고(訃告)한다.

● 護喪司書爲之發書 若無則主人自訃親戚 不訃僚友
  ⇒ 호상과 사서(司書)가 편지를 글을 써서 보낸다. 만약 호상과 사서가 없으면 주인
    이 스스로 친척에게 부고하고, 동료나 친구에게는 부고하지 않는다.

● 自餘書問 悉停 以書來弔者 並須卒哭後答之
  ⇒ 자신의 다른 편지는 그치고 편지로 조문한 사람은 반드시 졸곡(卒哭) 후에 답한다.

- 부고(訃告)는 사람이 죽음을 알려 고(告)한다는 뜻이다. 『예기』「단궁」편의 소에 ‘살
  았을 때 남들에게 은혜를 입었거나 앎이 있다면 지금 죽었으므로, 그 집에 마땅히 사
  람을 시켜 부고(訃告)를 한다.’고 하였고, 「사상례」편에는 ‘효자(孝子)는 스스로 부고
  (訃告)할 사람을 명한다.’고 하였다.

- 사람이 죽은 후에는 남녀의 칭호가 각각 다르며 조부는 왕대인, 조모는 왕대부인, 부는 대인, 모는 대부인, 처는 망실로 기재한다.

- 『구의(丘儀)』에 『가례』에는 사서가 있다. 대개 효자가 처음 상을 당하면 슬프고 혼미하여 스스로 글을 쓸 수가 없으니 유사가 대신하여 글을 짓고, 애자(哀子)라고 이름을 칭하는 것이 옳다.'131)고 하였다.

- 사람들이 부고(訃告)를 받게 되면 불길한 통지라 하여 대문 안으로 들이지 않고 화장실 벽이나 대문 틈에 끼워 놓는데, 이는 죽은 자의 혼이 부고(訃告)에 붙어 산 자를 헤친다는 풍속(風俗) 때문이며 지금도 시골에는 이러한 풍속이 남아 있는 곳이 있다.

(15) 발상(發喪)

- 발상(發喪)이란 위와 같은 차림새와 머리를 풀고 곡(哭)을 하면서 초상난 것을 밖에 알리는 것이다.

- 상가에 들어가는 입구에 '상가(喪家), 기중(忌中), 상중(喪中)'이라는 표시를 붙이거나 조등을 걸어 조문객들이 쉽게 찾을 수 있도록 하는 것이 발상의 의미에서이다.

- 또한 의도적으로 곡(哭)을 그치지 않고 '대곡(代哭)'을 쓰는 이유도 모두 발상의 의미가 포함되어 있기 때문이기도 하다.

〈조등(弔燈)〉 　　　　　　　〈상가표지〉

---

131) 『丘儀』 : 孝子初喪, 悲迷不得自書, 有司代爲書, 而稱哀子名, 可也。

2. 습(襲)

1) 개요

- 습(襲)의 절차는 고인을 목욕시키고, 새로운 옷으로 갈아입힌 뒤 입에 쌀을 물리는 반함의 순서로 진행되는 의례이다.

- 습(襲)의 자형을 분석하여 보면,
  - 襲[염습할 습]은 『說文解字注』에 "左衽袍。小斂大斂之前衣死者謂之襲。"이라 하여 "좌측으로 여미는 도포이다. 소렴과 대렴의 전에 죽은 자에게 입히는 옷을 이르러 습이라 한다."고 하였다. 뜻을 나타내는 '衣'와 음을 나타내는 '龍(룡→습)'으로 이루어진 글자로 용(龍)이라는 상서로운 동물은 춘분(春分)에 등천(登天)하고 추분(秋分)에 잠연(潛淵)하는 습성처럼, 살아서도 입고 죽어서 땅속에서도 입는 옷이라는 의미이다.

- 근대상례 이후 3일장으로 정착되면서 습(襲)과 렴(斂)의 절차를 통합된 것으로 이해하거나 순서를 바꾸어 염습 등으로 인식하고 있으나 유교상례의 절차는 습(襲) → 소렴(小殮) → 대렴(大斂)의 절차로 각기 다른 의례이다. 이중 렴(斂)은 시신에 대해 꺼리는 마음을 막고, 행상(行喪)의 과정에서 시신을 안전하게 모시기 위해 소렴금(小斂衾)과 대렴금, 그리고 옷으로 시신(屍身)을 싸서 속포로 묶는 절차를 말한다.

2) 습(襲)의 예(禮)에 관하여 살펴보면

구분	『朱子家禮』	『喪禮備要』	『四禮便覽』
절차	[沐浴 襲 奠 爲位 飯含] •執事者設幃及牀.遷尸.堀坎. •陳襲衣 •沐浴飯含之具 •乃沐浴 •設冰 •襲 •徙尸牀置堂中間. •乃設奠	•執事者設幃及牀.遷尸.堀坎. •陳襲衣. •沐浴飯含之具. •乃沐浴. •襲. •徙尸牀.置堂中間. •乃設奠. •主人以下爲位而哭. •乃飯含	•堀坎 •陳襲衣 •沐浴飯含之具 •乃沐浴 •設冰 •襲 •徙尸牀置堂中間 •乃設奠 •主人以下爲位而哭 •乃飯含

• 主人以下爲位而哭 • 乃飯含 • 侍者卒襲覆以衾 [靈座 魂帛 銘旌] • 置靈座設魂帛 • 立銘旌 • 不作佛事 • 執友親厚之人.至是入哭可也	• 侍者卒襲.覆以衾. • 置靈座設魂帛 • 立銘旌. • 不作佛事.執友親厚之人. 至是入哭可也.	• 侍者卒襲覆以衾 • 置靈座設魂帛 • 立銘旌 • 不作佛事 • 執友親厚之人至是入哭可也

3) 의례절차의 이해

(1) 執事者設幃及牀.遷尸. 堀坎.

【주자가례 원문 2-1】

• 執事者設幃及牀 遷尸 掘坎*
⇒ 집사자가 휘장과 상을 설치하고 시선을 옮기고 구덩이를 판다.

• 執事者以幃障臥內 侍者設牀於尸牀前 縱置之 施簀去薦 設席枕 遷尸其上 南首 覆以衾 掘坎于屛處潔地
⇒ 집사자가 휘장으로 시신이 누워있는 안을 가린다. 시자는 시상(尸牀)앞에 상을 놓되 가로로 놓는다. 대자리를 펴고 보통자리는 걷으며 베개를 놓는다. 시신을 그 위에 옮기는데 머리를 남쪽으로 하고 이불로 덮는다. 정결한 곳에 구덩이를 판다.

- 『가례집람』에는 '執事 設幃及牀'이라 하였고, 『주자가례』에는 '執事者設幃 及牀遷尸 掘坎'이라 하였다. 이는 습의 절차가 집사자(執事者)에 의해 진행되었음을 나타낸다.

- 『주자가례』의 순서에는

① 집사자가 휘장으로 시신이 누워 있는 안을 가린다.

② 시자(侍者)는 시상 앞에 상을 놓되 가로로 놓는다.

③ 대자리를 펴고 보통자리는 걷으며, 베개를 놓는다.

④ 시신을 그 위에 옮기는데, 머리를 남쪽으로 하고 이불로 덮는다.

⑤ 정결한 곳에 구덩이를 판다. 라고 하였다.

- 『구씨의절』에 '시상(尸牀)은 나무로 만드는데, 그 다리를 없앤 것이다.'고 하였다. 또한 '처음 죽었을 때 침상(寢牀)을 치우고 시신(屍身)을 땅에 눕히고 복(復)을 한 후에도 살아나지 않으면 시신(屍身)을 다시 침상(寢牀) 위로 올린다.'고 하였다.

- 아울러 '휘장을 친다(設幃)'는 것은 『의례』「사상례」에 '염(殮)을 마치면 휘장을 걷는다.'라는 구절이 있고, 『예기』「잡기」에 '아침·저녁으로 곡을 할 때 휘장을 치지 않는다.'고 하였는데, 『예기』「단궁 상」에 '시신(屍身)을 아직 꾸미지 않았기 때문에 당(堂)에 휘장을 치며, 소렴(小殮)을 하고는 휘장을 치운다.'고 하였는데, 사계(沙溪)는 '소렴(小殮)을 한 후에 휘장을 치우는 것은 시신(屍身)을 이미 꾸며서 장차 받들어 당(堂)으로 모셔올 때 일을 하는데 거리끼게 되기 때문이다'고 하였다. 또한 '시(尸)는 시신(屍身)이 상(牀) 위에 있을 때는 시(尸)라고 하고, 관(棺) 속에 있을 때는 구(柩)라고 한 것으로 시상(尸牀)은 나무로 만드는데 다리가 없는 것이다.'고 하였는데, 시(尸)는 염(殮)으로 치장하기 전의 상태를 말하는 것이다.

- 굴감(掘坎)은 목욕후(沐浴後) 남은 물과 수건, 빗 등을 묻기 위한 것으로 『의례』「기석례」에 '북쪽을 위로 하여 남쪽으로 파내려가되 넓이는 1자, 길이는 2자, 깊이는 3자가 되도록 하고 파낸 흙은 남쪽에 둔다.'132)고 하였다.

- 『가례집람』의 주에, 『예기』「단궁」에 '남쪽으로 머리를 두는 것은 남쪽이 밝은 곳이기 때문이다. 사람이 태어날 때 어두운 곳으로부터 밝은 곳으로 나오기 때문에 목욕(沐浴)을 시키는 것으로부터 빈(殯)을 할 때까지는 머리를 남쪽으로 두니 부모를 아직까지 차마 귀신으로 대할 수 없기 때문이다.'고 하였다.

---

132) 『記』 : 掘坎, 南順, 廣尺, 輪二尺, 深三尺, 南其壤。 註 : 南順, 統於堂。 輪, 從也。

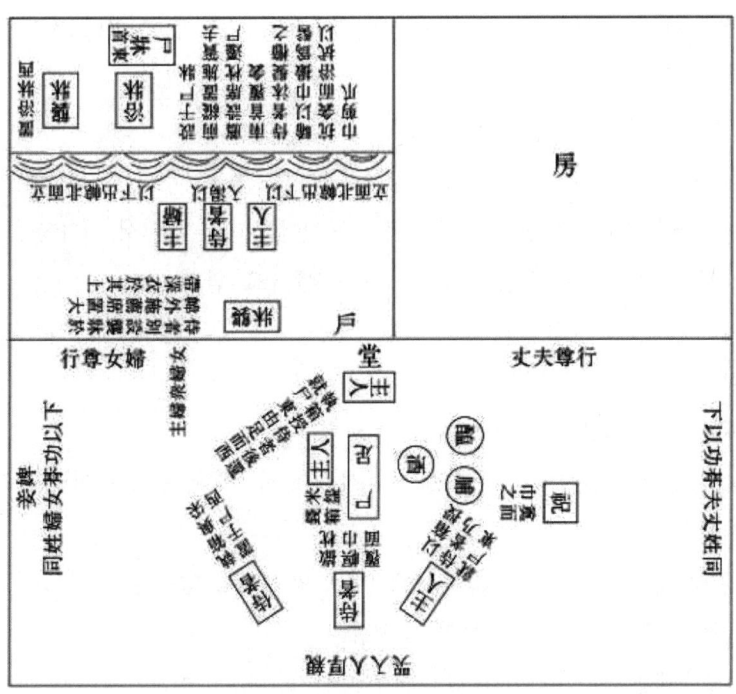

〈遷尸沐浴襲奠爲位飯含圖〉

① 襲牀 置浴牀西 : 습상(襲牀)을 욕상(浴牀)의 서쪽에 놓는다.

② 浴牀 設于尸牀 前縱置施簀去 薦設汐枕遷尸 南首覆衾 侍者沐髮櫛之 晞以巾撮爲髻 抗衾而浴拭以巾剪爪 : 욕상을 시상(尸牀)의 앞쪽에 설치하되, 세로로 놓아두며, 깔았던 거적[薦]을 걷고 대자리[簀]를 펴며, 자리[席]와 베개를 놓는다. 시신을 옮길 때에는 머리를 남쪽으로 하여 눕힌 다음, 금(衾)으로 덮는다. 시자(侍者)가 머리를 감기고 빗질을 한다. 수건으로 말리고 머리카락을 모아서 묶는다. 이불을 들어 몸을 씻기고 수건으로 닦으며, 손톱과 발톱을 깎는다.

③ 主婦 以下出幃北面立 : 주부(主婦) 이하가 모두 휘장 밖으로 나가서 북쪽을 바라보고 서 있는다.

④ 侍者 入湯以 : 시자가 데운 물을 가지고 들어간다.

⑤ 主人 以下出幃北面立 : 주인(主人) 이하가 모두 휘장 밖으로 나가서 북쪽을 바라보고 서 있는다.

⑥ 襲牀 侍者別設襲牀於 幃外施薦席 置大帶深衣於其上 : 시자가 별도로 휘장 밖에 습상을 진설하는데, 거적을 간 다음 대대(大帶)와 심의(深衣)를 그 위에 놓는다.

⑦ 妾婢 同姓婦女碁功以下 : 첩(妾)과 비(婢), 동성(同姓)의 부녀(婦女)로서 기공(碁功)이하가 이곳에 있는다.

⑧ 行尊婦女 : 부녀가 받들어 행한다.

⑨ 侍者 執箱與采 置于尸西 : 시자가 상자와 폐백을 집어서 시신의 서쪽에 놓는다.

⑩ 主人 執箱授侍者後還 就尸東由足而西 : 주인이 상자를 집어서 시자에게 준 뒤에 도로 시신의 동쪽으로 가는데, 발치를 지나 서쪽으로 간다.

⑪ 侍者 撤枕 帨巾 覆面 : 시자가 베개를 치운 다음 멱건(帨巾)으로 시신의 얼굴을 덮는다.

⑫ 親厚人入哭 : 가까운 친족이 들어가서 곡한다.

⑬ 主人 以箱授 侍者乃 就尸東 : 주인이 상자를 시자에게 주고 이어 시신의 동쪽으로 나아간다.

⑭ 祝 奠而巾之 : 축(祝)이 전을 올리고서 시신의 얼굴을 덮는다.

⑮ 丈夫尊行 : 장부(丈夫)가 받들어 행한다.

⑯ 同姓丈夫碁功以下 : 동성(同姓)의 장부로서 기공(碁功) 이하가 이곳에 있다.

- 또한, 『주자대전(朱子大全)』에 '반드시 머리를 남쪽으로 두어야 한다.'는 것은 경전(經典)에서 고찰할 수 없다고 하였고, 다만 『예기』 「상대기」에 '대렴(大斂)에 옷을 진열함에 군주(君主)는 옷깃을 북쪽으로 하고, 대부(大夫)는 옷깃을 서쪽으로 한다.'고 하였고, 『의례』 「사상례」에는 '사(士)는 옷깃을 남쪽으로 한다.'고 하였다.

(2) 陳襲衣

┌─── 【주자가례 원문 2-2】 ────────────────────────

● 陳襲衣*
⇒ 진습의(陳襲依) 습의를 진설한다.

● 以卓子陳于堂前東壁下 西領南上 幅巾一 充耳二 用白纊 如棗核大 所以塞耳者也
⇒ 탁자를 당 앞의 동쪽 벽 아래에 진설한다. 옷깃을 서쪽으로 하고 남쪽을 위로 한다. 복건은 하나이고, 충이(充耳)는 두 개인데 대추씨만한 흰 솜을 써서 귀를 막는다.

● 瞑目 帛方尺二寸 所以覆面者也
⇒ 멱목(冪目 얼굴 덮는것)은 비단으로 만든 것인데, 사방 한 자 두 치로 얼굴을 덮

는 것이다.

● 握手 用帛長尺二寸 廣五寸 所以裹手者也 深衣一 大帶一 履二 袍襖汗衫袴襪勒帛裹肚
之類 隨所用之多少
⇒ 악수(握手)는 비단으로 길이 한 자 두 치, 넓이 다섯 치로 만들어 손을 싸는 것이
다. 심의(深依) 한 벌, 대대(大帶) 하나, 신발 둘, 포와 오(襖:거죽에 입은 옷으로
긴 것을 포라 하고 짧은 것을 오라 함), 한삼(汗衫):여름옷의 한 가지), 고(袴:바
지), 말(襪)버선, 늑백(勒帛:행전), 과두(裹肚):바지 아래에 끼어서 묶는 것),=배
가리개) 따위는 쓰임의 다소에 따른다.

● 楊氏復曰 儀禮士喪 襲三稱[衣單複具曰稱] 三稱者 爵弁服皮弁服褖衣 設冒韜之 註云
冒 韜尸者
⇒ 양복이 말하기를, "『의례』의 「사상례」에 '습의는 세 벌인데 세 벌은 작변복(爵
弁服 :갓선을 두른 변복), 피변복(皮弁服:백색 변복), 단의(褖衣검은색 갓선옷)이
다. 모(冒: 자루 모양으로 아래 위 두 개의 덮개)를 만들어 (시신을)싼다.'는 구절
의 주석에서 모는 시신을 싸는 것이다. 그 모양이 자루 같아서 위는 질(質)이라
하고, 아래는 쇄(殺)라 한다.

● 制如直囊 上曰質 下曰殺 其用之 先以殺 韜足而上 後以質 韜首而下 齊手
⇒ 그 쓰는 방법은 먼저 쇄로 발을 싸서 위로 올리고, 뒤에 질로 머리를 싸서내려 손
까지 오게 한다.

● 君錦冒黼殺 綴旁七 大夫玄冒黼殺 綴旁五 士緇冒䞓殺 綴旁三 凡冒 質長與手齊 殺
三尺
⇒ 군(君)은 금모와 도끼 모양을 수를 놓은 쇄를 쓰며 옆을 일곱 번 꿰맨다. 대부(大
夫)는 현모와 도끼 모양을 수놓은 쇄를 쓰며 옆을 다섯 번 꿰맨다. 사 (士)는 치
모와 붉은 쇄를 쓰며 옆은 세 번 꿰맨다. 대체로 모의 질은 길게 하여 손이 덮이
게 하고, 쇄는 세 자가 되게 한다."라고 하였다.

● 劉氏璋曰 古者 人死不冠 但以帛裹首 謂之掩 士喪禮 掩 練帛 廣 終幅 五尺 柝其末
註 掩 裹首也 柝其末 爲將結於頤下 又還結於項中
⇒ 유장이 말하기를, "예전에는 사람이 죽으면 관을 쓰지 않았다. 다만 비단으로 머리
를 싸는 것을 엄(掩 복두와 같은 것)이라고 하였다. 「사상례」에 '엄은 표백한 비
단으로 너비는 폭대로 하고 길이는 다섯 자로 하여 그 끝을 자른다.'고 한 구절의
주에 '엄은 머리를 싸는 것이다. 그 끝을 가르는 것은 끈을 만들어서 턱 아래에 매
고 또 돌려서 목덜미 가운데에서 매는 것이다.'고 하였다.

● 蓋以襲斂 主於保庇肥體 貴於柔軟緊實 冠則磊嵬難安 況今幞頭 以鐵爲脚 長三四尺
⇒ 대개 습하고 염하는 것은 신체를 보호함을 주로 하고, 부드럽고 견실함을 귀하게
여긴다. 관은 높고 크면 안정되기 어렵거늘 지금의 복두는 쇠로 다리를 만들고 길

이는 3-4 자이다.

- 帽用漆紗爲之 上有虛簷 置於棺中 何由安帖 莫若襲以常服 上加幅巾 深衣大帶及履 旣
合於古 又便於事
⇒ 모(帽)는 검은색 집으로 만드는데 위에는 허첨(虛簷)이 있으니 관 속에 둔다면 어
찌 편안하겠는가? 평상복으로 습하고 위에 복건과 심의와 대대와 신발을 추가하는
것만 같지 못하니 이것은 이미 옛날에 부합하고 일에도 편리하다.

- 幅巾 臣以當掩也 其制如今之暖帽 深衣帶履 自有制度 若無深衣帶履 止用衫勒帛鞋 亦
可 其幞頭腰帶靴笏 俟葬時 安於棺上 可也
⇒ 복건은 머리를 싸기 위한 것이니, 그 모양은 지금의 난모(暖帽)와 같다. 심의 · 대
· 신발은 제도가 있다. 만약 심의와 대와 신발이 없으면 다만 삼과 늑백과 혜를
써도 된다. 그 복두와 허리띠와 신발과 홀(笏)은 장사 지낼 때를 기다렸다가 관
위에 안치해도 된다."하였다.

- 瞑目 用緇 方尺二寸 充之以絮四角有繫 於後結之
⇒ 멱목은 검은 베를 쓰는데 사방 한 자 두 치이다. 솜으로 채우고, 네 귀에는 끈이
있어 뒤에서 묶는다.

- 握手 用玄纁 長尺二寸 廣五寸 令裹親膚 據從手內 置之長尺二寸中 掩之 手纁相對也
⇒ 악수는 검붉은 천을 쓰는데, 길이가 한 자 두 치, 넓이가 다섯 치이며 싸서 피부에
닿게 한다. 손바닥에서부터 놓아서 길이 한 자 두 치에서 가운데를 덮으면 손이
겨우 서로 닿는다.

- 兩端 各有繫 先以一端 繞擊一匝 還從上自貫 又以一端向上鉤中指 反與繞擊者 結於掌
後節也
⇒ 양끝에는 각각 끈이 있는데 먼저 한쪽 끝으로 손등을 한 바퀴 두르고 다시 위에서
당긴다. 또 한쪽 끝으로 위를 향하여 가운데 손가락에 걸어서 도로 손등을 두른
것과 손바닥 뒷마디에 묶는다.

- 습의(襲衣)를 입히기 위해 옷을 준비하여 진설(陳設)하는 절차이다. 먼저 잘 보이지 않
는 깨끗한 곳에 습구(襲具)를 버릴 구덩이를 파고, 당(堂)의 앞 동쪽 벽 아래에 탁자를
준비하고 습의를 진설한다.

- 진습의(陳襲衣)에 관하여 살펴보면,

구 분	『朱子家禮』	『國朝五禮儀』	『喪禮備要』	『四禮便覽』
품 목	•탁자堂앞 동쪽벽 •옷깃을 서쪽, 남쪽을 위로 진설 •幞巾133)1 •充耳134)2 •幎目135) •握手136) •深衣 한 벌 •大帶 •履 신 •袍137) •襖138) •汗衫139) •바지 •버선 •勒帛140) •裹肚141)	•요 •자리 •베개 •大帶142) •黑圓領143) •褡袍144) •帖裏 •裹肚 •汗衫 •바지 •버선 •網巾145) •幅巾146) •幎目147) •握手148) •履149)	•탁자마루앞 동쪽벽 •옷깃을 서쪽, 남쪽을 위로 진설 •幅巾 •充耳 •網巾 •幎目 •握手 •深衣 •大帶 •汗衫 •裹肚 •袍 •襖 •袴 •勒帛 •襪 •履 •冒	•탁자마루앞 동쪽벽 •옷깃을 서쪽, 남쪽을 위로 진설 •幅巾 •充耳 •幎目 •握手 •深衣 •大帶 •汗衫 •裹肚 •袍 •襖 •袴 •勒帛 •襪 •履

---

133) 복건(幞巾)은 머리를 뒤로 싸서 덮는 비단두건을 말한다.

134) 충이(充耳)는 염할 때 귀를 메우는 솜을 말한다.

135) 멱목(幎目)은 죽은 사람의 얼굴을 덮는 물건으로 검은색을 쓴다.

136) 악수(握手)는 손을 싸는 검은 천인데, 속은 붉은 색이다.

137) 포(袍)는 겉에 입히는 옷으로 솜이 있는 긴 것을 말한다.

138) 오(襖)는 겉에 입히는 솜이 있는 짧은 옷을 말한다.

139) 한삼(汗衫)은 본래 곤면의 중단인데, 땀이 여기까지 스며들자 한삼이라 한 것이다.

140) 늑백(勒帛)은 죽은 사람의 발을 싸는 것을 말한다.

141) 과두(裹肚)는 시신의 배와 허리를 싸는 비단 베를 말한다.

142) 대대(大帶)는 겉과 속은 흰 명주로 만들고, 가장자리는 붉은색과 초록색의 단을 한다. 겨자면 겉과 속을 푸른색 명주로 한다.

143) 흑원령(黑圓領)은 만약 여자의 상이면 장삼과 치마, 저고리 한산과 같은 것이다.

144) 답포(褡袍)는 원·명대의 겉옷의 한 가지로 반팔 옷이다.

145) 망건(網巾)은 검은 모시로 된 것을 사용한다.

146) 폭건(幅巾)은 명주로 된 것을 사용한다.

147) 멱목(幎目)은 검은 비단을 사용한다.

148) 악수(握手)는 검은 비단을 사용한다.

- 민속에서는 습의를 저승 옷, 또는 수의(壽衣) 염의(斂衣)라고도 하였다. 집안에 연로하신 노인이 계시면 수의를 미리 준비하는데, 환갑이 지나면 관과 함께 준비하였고, 윤년이나 윤달을 택하여 준비해 두면 장수한다고 믿어 지금도 윤달에 수의(壽衣)를 준비하는 풍습이 남아있다. 그러나 이러한 예는 습의와 수의에 대한 잘못된 이해에서 비롯된 것이며 근대상례에서 의례의 통합과 변화로 비롯된 오해라고 할 수 있다. 습의와 염의는 구분되어야 하며 수의(壽衣)는 본래 수의(襚衣)에서 변화된 것으로 염(殮)에 쓰이는 옷의 의미이다.

- 진습의(陳襲衣)에 대하여 『의례』「사상례」에 '습(襲)할 옷을 방안에 늘어놓되 옷깃을 서쪽으로 향하게 하고, 남쪽을 위가 되게 한다.'150)고 하였고 주에 '옷은 진열하는 방법은 방문 안에 문 동쪽으로 옷깃을 서쪽으로 하고 남쪽을 위로하는데 문의 동쪽에 진열하는 것은 집기에 편하기 때문이라는 것을 알 수 있다. 살펴보니 아래에 소렴과 대렴에서 먼저 진열한 것은 먼저 사용하고, 나중에 진열한 것은 나중에 사용하니 차례대로 진열하는 것이지만, 습사(襲事)는 처음 죽었을 때 하는 것이기 때문에 먼저 만든 것은 먼저 진열하고 나중에 만든 것은 나중에 진열하는 것이다. 상사(喪事)는 갑자기 준비하는 것이기 때문에 순서대로 할 수 없는 것이다.'고 하였다.

- 묻기를, "습의(襲衣)는 옷깃을 서쪽으로 하되 남쪽을 상석으로 하고, 염의(斂衣)는 옷깃을 남쪽으로 하되 서쪽을 상석으로 하며, 관례에 옷을 진설할 때는 옷깃을 동쪽으로 하되 북쪽을 상석으로 한다. 길의(吉衣)는 반드시 옷깃을 동쪽으로 하되 북쪽을 상석으로 하고, 흉의(凶衣)는 반드시 옷깃을 서쪽으로 하거나 더러 남쪽으로도 하는 것은 무슨 뜻인가"라고 하니, 명재가 말했다. "관례에 옷을 진설할 때는 방 안의 서쪽 벽 아래에 두니, 옷깃을 동쪽으로 하되 북쪽을 상석으로 하는 것은 가져다가 사용하기에 편하기 때문이다. 습렴에는 당(堂)의 동쪽 벽 아래에 옷을 진설하는데, 옷깃을 서쪽으로 하되 남쪽을 상석으로 하는 것은 역시 취하기에 편해서이다. 옷깃을 서쪽으로 하거나 옷깃을 남쪽으로 하여 다른 것은 곧 「사상례」의 조문이고, 『가례』에서는 습렴에 달리 하지 않으니, 다시 상고함이 마땅하다."151)고 하였다.

---

149) 리(履)는 흰 명주로 된 것을 사용한다. 만약 여자의 상이면 파란신발을 사용한다.

150) 「士喪禮」 : 以卓子陳于堂前東壁下, 西領南上。

151) 『常變通攷』 問 : "襲衣, 西領南上, 斂衣, 南領西上, 冠禮陳服, 東領北上。吉衣之必東領北上, 凶衣之必西領或南領者, 何義?" 明齋曰 : "冠禮陳服, 在房中西墉下, 東領北上, 便於取用也。襲斂陳服, 在堂之東壁下, 西領南上, 亦取便也。西領南領之異, 乃「士喪禮」文, 『家禮』則襲斂不異, 當更考。"

- 『가례회성(家禮會成)』에 '습(襲)은 다시 입힌다는 것이다. 앞에서 그 옷을 벗었는데 지금 다시 입으니 습(襲)이라고 하는 것이다.'고 하였다.

- 『의례』「사상례」에 '대체로 습(襲)할 때의 복장은 존비(尊卑)를 불문하고 모두 먼저 살아있을 때 입던 옷 중에서 가장 높은 복장으로 하니 살아있을 때 사(士)가 항상 입고 제사(祭祀)를 돕던 옷이다.'고 하여 작변복을 설명하였는데, 「사관례(士冠禮)」에 '습(襲)에는 세 가지의 옷을 늘어놓는데, 현단, 피변복, 작변복이다.' 라고 하였다.

- 습에 쓰이는 세 벌의 옷(三稱服)과 관련하여 「사상례」에 작변복의 순의(純衣), [주에 작변(爵弁)에 착용하는 복장이다.] 순의에는 훈상(纁裳 분홍빛 치마)을 입는다. 옛날에는 관에 따라 옷의 이름을 지었으나, 죽은 사람은 관을 쓰지 않는다. 피변복(皮弁服)은 [주에 피변(皮弁)에 착용하는 복장이다] 백포의 의(衣)에 소상(素裳)을 입는다. 단의(褖衣)는 [주에 검은 색의 의상인데, 겉에 입는 포(袍)로 사용하는 것이다.] [소에 「사관례(士冠禮)」의 세 가지 복장은 현단(玄端)과 피변과 작변인데, 여기에는 세 가지 복장 중에서 현단이 없고 단의가 있으니 단의가 곧 현단이다. 현단에는 세 등급의 치마가 있는데, 상례는 질박하게 생략하여 같이 현상(玄裳)만 사용한다.] 이 현단은 위아래 의상이 연결되어, 부인의 단의(褖衣)와 같기 때문에 이름을 바꾸어 단의라 했다. 옷의 위아래를 연결한 것은 겉에 입는 포로 사용하기 위해서인데, 포는 위아래가 연결되어 있기 때문이다. 152)고 하였다.

〈작변복〉 　　　　〈피변복〉 　　　　〈현단복〉

---

152) 「士喪禮」 ：爵弁服，純衣。註：爵弁衣之服也所。純衣者，纁裳。古者，以冠名服，死者不冠。皮弁服，註：皮弁所衣之服，白布衣素裳。褖衣。註：黑衣裳，所以表袍者也。疏：「士冠禮」三服，玄端皮弁爵弁，此三服，無玄端，有褖衣，褖衣則玄端也。玄端有三等裳，喪禮質略，同玄裳而已。此玄端連衣裳，與婦人褖衣同，故變名褖衣也。連衣裳者。以其用之以表袍，袍連衣裳故也。

- 민속에서는 수의(壽衣)를 지을 때는 가시는 길에 막힘이 없으시라는 의미로 실의 매듭을 짓지 않으며, 빈손으로 간다는 뜻에서 수의(壽衣)에는 주머니가 없다고 하나 근대상례에 만들어진 전통이다. 수의(壽衣)는 수의(襚衣)이며, 습의(襲衣)가 아니다. 습의에 쓰인 복식은 한복으로, 한복에는 주머니가 없다.

- 복건(幅巾)과 관련하여 『서의』에 '옛날에 죽은 사람에게는 관을 씌우지 않았다. 다만 비단으로 그 머리를 싸서 엄(掩)이라 했다. 대개 습렴(襲斂)은 신체를 보호하는 것을 위주로 하여 부드럽고 견실하게 함이 중요하다. 관이 크고 높으면 안정되기 어렵다.'153)고 하였다.

- 엄(掩)과 관련하여 「사상례」에 '엄은 마전한 비단(練帛)으로 너비는 온 폭이고 길이는 5자이며, 그 끝을 가른다. [주에 엄은 머리를 싸는 것이다. 그 끝을 가른다는 것은 장차 턱 아래에서 매고, 또 돌려서 목덜미 가운데에서 매기 위해서이다. [소에 엄은 지금의 복두(幞頭)와 같다. 다만 뒤의 두 끈을 턱 아래에서 묶는 것이 다르다.'154)고 하였다.

- 망건(網巾)과 관련하여 『오례의』에 '망건은 검은 모시(皂紵)로 대체하여 사용한다. 퇴계가 말하기를, "망건은 명나라에서 나온 제도로, 본디 『가례』에서는 말하지 않았다. 지금은 이미 생시에 평소 사용하는 것이고, 또 『오례의』에서 검은 모시로 대체하여 사용함을 허용하였으니, 지금 사용해도 괜찮다"고 했다.'고 하였고, 『비요』에 '망건은 검은 비단(黑繒)으로 만든다.'고 하였다. 또 『문해』에 '옛날 사람들은 생시에도 또한 머리를 싸는(掠頭) 제도를 시행하였으니, 습할 때 머리카락을 거두지 않으면 미안하다.'155)고 하였다.

- 충이(充耳)와 관련하여 「사상례」에 '흰 솜(纊)을 쓴다. [주에 진은 귀를 막는 것이고, 광(纊)은 새 솜이다.] [소에 충(充)은 막는 것이다.] 생시에 군주는 옥을 사용하고 신하는 상아를 사용하여 참소를 듣지 않음을 나타낸다. 이제 죽은 자에게는 곧장 솜을

---

153) 『書儀』 : 古者, 死人不冠. 但以帛裹其首, 謂之掩. 蓋以襲斂, 主於保庇肌體, 貴於柔軟緊實. 冠則磊嵬難安.

154) 「士喪禮」 : 掩, 練帛廣終幅, 長五尺, 析其末. 註 : 掩, 裹首也. 析其末, 爲將結於頤下, 又還結於項中. 疏 : 掩, 若今幞頭. 但後二脚, 頤下結之, 爲異.

155) 『五禮儀』 : 網巾代用皂紵. 退溪曰:"網巾之制, 出於大明, 固 『家禮』所不言. 今旣生時所常用, 又 『五禮儀』, 許代以皂紵制用, 今用之可也." 『備要』 : 網巾, 黑繒爲之. 『問解』 : 古人生時, 亦有施掠頭之制, 襲不斂髮, 未安.

써서 귀를 막을 뿐이니, 산 자와 다르다.'156)고 하였다.

- 멱목(幎目)과 관련하여 「사상례」에 '검은 비단을 쓰고 사방 1자 2치이며, 속감은 붉은 것(經)으로 하고, 솜으로 채우며(著), 끈으로 묶는다(組繫). [주에 멱목은 얼굴을 덮는 것이다.] 정(經)은 붉은 것이다. 착(著)은 솜으로 채우는 것이다. 조계(組繫)는 맬 수 있도록 함이다.'157)고 하였다.

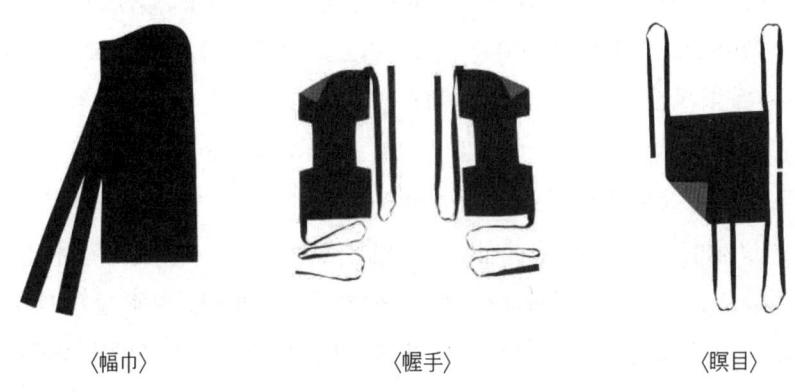

〈幅巾〉　　　　　　　〈幄手〉　　　　　　　〈瞑目〉

- 악수(握手)와 관련하여 「사상례」에 '악수는 검은 것(玄)을 쓰는데 속은 분홍빛(纁)으로 하고, 길이는 1자 2치, 너비는 5치이며, 누중(牢中)의 곁이 1치이고 솜으로 채우고 끈으로 묶는다. [주에 누(牢)는 루(樓)라 읽으며, 누는 악수 가운데를 깎아 줄여 손을 두게 한 것이다.] [소에 손에 두기 때문에 악수라고 한 것이다.] 너비가 5치인데, 누중의 곁이 1치이니 중앙의 너비는 3치이고, 중앙은 또 네 손가락을 용납할 뿐이니, 네 손가락이 각기 1치이면 4치이며, 4치 외에 다시 있는 8치는 모두 너비가 5치이다.'158) 라고 하였다.

- 신(屨)과 관련하여 「사상례」에여름에는 칡신(葛屨), 겨울에는 흰 신(白屨)이다. 『비요』에검은 명주(黑紬)에 종이를 발라 만드는데, 두 개의 흰 띠를 사용하거나 2자 남짓 되는 끈을 사용하여, 신의 뒤쪽 발꿈치에 가로로 꿰매고, 또 신 머리에 끈(條)으로 신

---

156) 「士喪禮」 : 瑱, 他見反。用白纊。註 : 瑱, 充耳, 纊, 新綿。疏 : 充, 塞也。生時, 人君用玉, 臣用象, 示不聽讒。今死者, 直用纊塞耳而已, 異於生也。

157) 「士喪禮」 : 幎 音榮。又音綿。　目, 用緇, 方尺二寸, 經裏, 著, 組繫。註 : 幎目, 用覆面者。經, 赤也。著, 充之以絮也。組繫, 爲可結也。

158) 「士喪禮」 : 握手, 用玄, 纁裏, 長尺二寸, 廣五寸, 牢中旁寸, 著, 組繫。註 : 牢讀爲樓, 樓, 爲削約握之中央 以安手也。疏 : 以其在手, 故言握手。廣五寸, 牢中旁寸, 則中央廣三寸, 中央又容四指而已。四指, 指一寸, 則四寸, 四寸之外, 更有八寸, 皆廣五寸也。

코 장식(絢)을 하여 매는 끈을 받아 꿰뚫을 수 있도록 한다.159)고 하였다.

- 모(冒)와 관련하여 「사상례」에 모(冒)의 검은 바탕(緇質)은 길이는 손과 가지런할 정
  도로 하고, 붉은 쇄(䞓殺)로는 쇄(殺)는 소(所)와 계(界)의 반절이다. 발을 덮는다. [주
  에 시신을 싸는 것인데, 그 제도는 곧은 자루와 같다.] 위는 질(質)이라 하고 아래는
  쇄(殺)라 한다. 질(質)은 바름(正)이다. 그것을 사용함에는 먼저 쇄로 발을 싸서 올리고,
  뒤에 질로 머리를 싸서 내린다. 위는 검은색(玄), 아래는 분홍색(纁)으로 함은 하늘과
  땅을 본뜸이다. 「상대기」에 대부는 검은 모(玄冒)에 불무늬 쇄(黻殺)로 곁을 다섯 번
  맨다. 사는 검은 모와 붉은 쇄에 곁을 세 번 맨다. 모든 모는 질(質)의 길이가 손과 나
  란하고 쇄(殺)의 길이가 3자이다. [소에 모는 습을 한 뒤 소렴에 앞서 시신을 싸는 것
  이다.] 모에는 질과 쇄가 있으니 두 개의 주머니를 만들어 한쪽 머리를 봉합하며, 또
  한쪽 가장자리를 봉합하여 연결시키고, 나머지 한쪽 가장자리는 봉합하지 않는데, 두
  주머니가 모두 그러하다. 봉합하지 않은 가장자리는 위아래로 띠를 달아 매듭을 지어
  묶는다. 대부의 곁 매듭은 다섯이고, 사의 곁 매듭이 셋인 것은 존비의 차이이다. 160)
  고 하였다.

「잡기」에 모는 시신의 모습을 가리는 것이다. 습에서부터 소렴에 이르기까지, 모를
설치하지 않으면 시신의 모습이 드러난다. 이 때문에 습을 한 뒤에는 즉시 모를 설치한
다. [소에 비록 이미 옷을 입혔으나 만약 모를 설치하지 않으면 시신의 모습이 드러나
사람들에게 혐오감을 준다.] 습을 하고 나면 모를 설치하였다가, 소렴에 이르러 옷을
모아 모 위에 덮는다. 황씨(皇氏)가 말하기를, '대렴에 모를 벗긴다는 것은 들어 보지
못했다'고 했다. 161)고 하였다.

- 부인의 습의와 관련하여 『오례의』에 대대(大帶)는 여자의 경우에 겉과 속을 푸른 명
  주로 하고, 장삼(長衫)은 곧 대수(大袖)이고 몽두리는 곧 배자(背子)이며, 치마(裳)는 곧

---

159) 「士喪禮」 :夏葛屨, 冬白屨。 詳'三稱服'條。 『備要』 :用黑紬糊紙爲之, 用二白帶, 或組, 長二尺餘,
橫綴於屨後跟, 又於屨頭, 以絛爲絇, 所以受繫穿貫者也。

160) 「士喪禮」 :冒, 緇質, 長與手齊, 䞓殺, 所界反。 掩足。 註:韜尸者, 制如直囊。 上曰質, 下曰殺。
質, 正也。 其用之, 先以殺韜足而上, 後以質韜首而下。 上玄下纁, 象天地也。 「喪大記」 :大夫玄冒黻
殺, 綴旁五。 士緇冒赬殺, 綴旁三。 凡冒, 質長與手齊, 殺三尺。 疏 :冒, 襲後小斂前所以韜尸也。 冒有
質殺, 作兩囊, 縫合一頭, 又縫連一邊, 餘一邊不縫, 兩囊皆然。 不縫之邊, 上下安帶, 綴以結之。 大夫
綴旁五, 士綴旁三, 尊卑之差也。

161) 「雜記」 :冒者, 所以掩形也。 自襲以至小斂, 不設冒則形, 是以襲而設冒也。 疏 :雖已著衣, 若不設冒,
則尸象形見, 爲人所惡。 襲則設冒, 至小斂, 以衣總覆冒上。 皇氏云, '大斂脫冒, 未聞。'

장군(長裙)이라 하였고 『비요』에 여자의 상에는 원삼(圓衫)이나 몽두리(蒙頭衣) 혹은 장오자(長襖子 긴 저고리), 치마, 채색 신을 사용한다.162)고 하였다.

(3) 沐浴飯含之具

┌─── 【주자가례 원문 2-3】 ─────────────────────────────

• 沐浴飯含之具*
  ⇒ 목욕과 반함(飯含)할 도구

• 以卓子陳于堂前西壁下 南上 錢三 實于小箱 米二升 以新水淅令精 實于盌
  ⇒ 탁자를 당(堂) 앞 서쪽 벽 아래에 진설하는데 남쪽이 위이다. 동전 세 개를 작은
    상자에 담고 쌀 두 되를 새 물로 씻어서 깨끗하게 하여 주발에 담는다.

• 櫛一沐巾一 浴巾二 上下體各用其一也
  ⇒ 그리고 빗 하나, 머리 수건 하나, 몸 닦을 수건 둘은 상체와 하체에 각각 하나씩
    사용한다.

└──

- 『상변통고』에 탁자를 당 앞 서쪽 벽 아래에 진설하는데 남쪽을 상석으로 한다. 동전
  3개를 작은 상자에 넣는다. 쌀 2되를 새 물로 일어 깨끗하게 해서 주발에 담는다. 빗
  하나, 머리 말리는 수건 하나, 몸 닦는 수건 둘을 준비하는데, 몸 닦는 수건 둘은 상체
  와 하체에 각각 하나씩 사용한다.163)고 하였다.

- 「사상례」에 모두 서서(西序) 아래에 차리는데 남쪽을 상석으로 한다. [주에 동쪽과 서
  쪽 벽을 서(序)라 한다.] 가운데의 남쪽을 당(堂)이라 한다. [소에 서의 반에서 북쪽으
  로 진설한다.]164)고 하였다.

- 습의(襲衣)의 진설이 끝나면 시신을 목욕(沐浴)시키는데, 시신을 깨끗이 정화한다는 의
  미의 의례이다. 시신의 오염방지와 냄새를 없애기 위해 실시하는 것으로 향탕을 사용
  하나, 향탕이 없는 경우 쑥물을 사용한다.

---

162) 『五禮儀』 : 大帶, 女則表裏靑紬。 長衫, 卽大袖, 蒙頭衣, 卽背子, 裳卽長裙。 婦人帶, 當考。 『備要』 :
    女喪, 圓衫, 或蒙頭衣, 或長襖子 裳, 彩鞋。

163) 『常變通攷』 以卓子陳于堂前西壁下, 南上。 錢三實于小箱。 米二升以新水淅令精, 實于盌。 櫛一, 沐巾
    一, 浴巾二, 上下體各用其一。

164) 『常變通攷』 皆饌于西序下, 南上。 註 : 東西牆謂之序, 中以南謂之堂。 疏 : 從序半以北陳之。

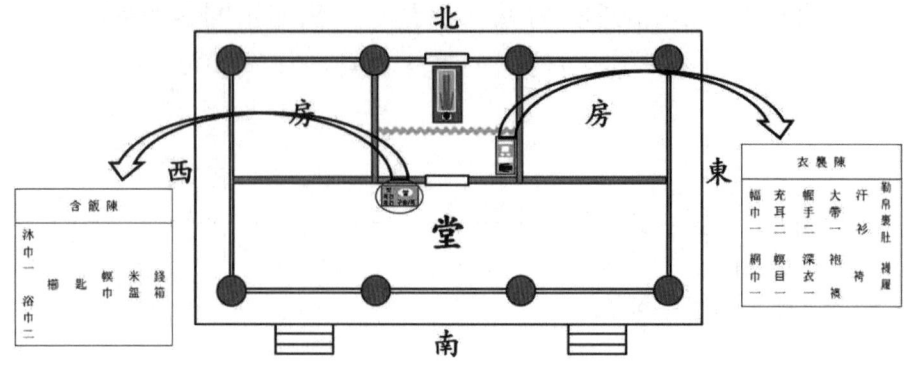

〈진습의와 진반함〉

① 陳飯含 沐巾一 浴巾二 櫛 匙 幎巾 米盌 錢箱 : 반함(飯含)에 필요한 물품을 진설하는데, 구슬[珠] 3개나 혹은 금(金), 옥(玉), 전(錢), 패(貝)를 작은 상자에 담은 다음 다시 주발[盌]에 담는다. 이 외에도 쌀[米] 2되, 빗[櫛] 1개, 욕건(浴巾) 2장, 목건(沐巾) 1장을 놓아둔다.

② 陳襲衣 幅巾一 網巾一 充耳二, 幎目一, 握手二, 深衣一, 大帶一, 袍, 襖, 汗衫, 袴, 勒帛, 襪, 屨 : 습의(襲衣)에 필요한 물품을 진설하는데, 복건(幅巾) 1개, 충이(充耳) 2개, 멱목(幎目) 1개, 악수(握手) 2개, 대대(大帶) 1개, 신[屨] 2켤레, 심의(深衣) 1벌, 바지[袴], 한삼(汗衫), 도포[袍], 오[襖], 늑백(勒帛), 버선[襪] 하나씩을 놓아둔다.

- 「상대기」에 어자(御者)는 당 위에서 쌀뜨물(潘)로 머리를 감기는데, 대부는 피(稷), 사는 기장(粱)으로 머리를 감긴다. 전인이 역(垼)을 서쪽 담 아래에 만들고, 도인(陶人)은 중력을 내온다. 관인이 머리를 감길 물을 받아서 데운다. 전인은 거두어 온 사당 서북쪽 후미진 곳의 나무를 가져다가 불을 땐다. [주에 차(潘)는 쌀을 이는 것이니, 밥할 쌀을 일고 그 쌀뜨물을 가져다가 머리를 감길 물로 삼는다.] 「사상례」에서는 벼(稻)로 머리를 감긴다고 했는데, 여기에서는 기장으로 머리를 감긴다고 했으니 천자의 사이다. [소에 제후의 사는 벼를 사용하는 데, 기장은 귀하고 벼는 천하다.] 정침 서북쪽 후미진 곳의 나무를 거두어 머리를 감길 물을 데운다. 정침을 사당(廟)이라 함은 신으로 여김이다.165)고 하였다.

----

165) 「喪大記」 : 御者差沐于堂上, 大夫沐稷, 士沐粱. 甸人爲垼于西牆下, 陶人出重鬲. 管人受沐, 乃煮之. 甸人取所徹廟之西北厞薪, 用爨之. 註 : 差, 淅也. 淅飯米, 取其潘以爲沐也. 「士喪禮」 沐稻, 此云士沐粱, 蓋天子之士也. 疏 : 諸侯之士用稻, 粱貴而稻賤. 徹正寢西北厞, 以煮沐汁. 謂正寢爲廟, 神之也.

- 「단궁」에 반함에 쌀과 조개를 사용하는 것은 차마 입을 비게 할 수 없기 때문이다. 음식을 먹이는 도리로 하는 게 아니라 아름다운 것을 쓸 따름이다. [소에 쌀과 조개는 천성이 절로 아름답다.166)고 하였다.

- 『서의』에 옛날에는 반함할 때 조개를 사용했는데, 지금은 엽전을 사용하니, 옛날에 조개를 사용하던 예와 같다. 엽전이 많아도 이미 귀할 것이 못되고, 입에 다 넣지도 못한다. 주옥(珠玉)은 또한 도적을 불러들이기 때문에, 단지 엽전 셋만 사용하고 만다. 반함에는 평소에 먹던 쌀을 사용하면 된다. 옛날에는 4되를 사용했는데, 지금은 되(升)가 크기 때문에 2되를 사용한다.167)고 하였다.

- 『비요』에 동이(盆) 2개는 쌀뜨물과 물을 담는 것이니, 머리카락을 감길 때는 쌀뜨물을, 몸을 씻길 때는 물을 사용한다. 『오례의』에서 군(君)의 상에 향탕수(香湯水)를 사용한다고 했는데, 요즘 사와 서인의 집에서 사용함은 참람하다. 구슬은 국속(國俗)에서 사와 서인이 통용하는데, 『의절』과 『오례의』에서는 또한 금과 옥과 엽전과 조개를 허용했으니, 모두 가하다.168)고 하였다.

(4) 乃沐浴

┌─── 【주자가례 원문 2-4】 ───────────────

● 乃沐浴*
  ⇒ 이에 목욕을 시킨다.

● 侍者以湯入 主人以下 皆出帷外 北面 侍者沐髮櫛之 晞以巾 撮爲髻
  ⇒ 시자가 데운 물을 가지고 들어가면 주인 이하는 모두 휘장 밖으로 나가 북면을 한다. 시자가 머리를 감기고 빗질하여 수건으로 말리고 모아서 묶는다.

● 抗衾而浴 拭以巾 剪爪 其沐浴餘水 並巾櫛 棄于坎而埋之
  ⇒ 이불을 들고 몸을 씻기고 수건으로 닦는다. 손톱과 발톱을 깎는다. 목욕하고 남은 물과 수건과 빗은 구덩이에 묻는다.

└─────────────────────────────

----

166) 「檀弓」 : 飯用米貝, 不忍虛也。不以食道, 用美焉爾。疏 : 米貝, 天性自然爲美。

167) 『書儀』 : 古者, 飯用貝, 今用錢, 猶古用貝也。錢多旣不足貴, 又口所不容。珠玉, 更爲盜賊之招, 故但用三錢而已。飯用平日所食之米, 可也。古用四升, 今升大, 故用二升也。

168) 『備要』 : 盆二, 所以盛潘及水者, 沐髮以潘, 浴以水。『五禮儀』, 君喪, 用香湯, 今士庶家用之, 僭也。珠, 國俗, 士庶人通用, 『儀節』及 『五禮儀』, 亦許用金玉錢貝, 俱可。

- 목욕의 순서

　① 시자(侍者)가 데운 물을 가지고 들어가면 주인 이하는 모두 휘장 밖으로 나가 북면한다.

　② 시자가 머리를 감기고, 빗질하여 수건으로 말리고, 모아서 묶는다.

　③ 이불을 들어 몸을 씻기고, 수건으로 닦는다.

　④ 손톱과 발톱을 깎는다.

　⑤ 목욕(沐浴)하고 남은 물과 수건과 빗은 구덩이에 묻는다.

- 『국조오례의(國朝五禮儀)』에 '대부(大夫)와 사(士), 서인(庶人)의 상(喪)에는 시자(侍者)가 뜨물과 끓인 물을 동이에 담아서 들어가면 주인 이하는 모두 휘장 밖으로 나와서 북쪽을 향하여 곡(哭)을 한다. 시자(侍者)는 뜨물로 머리를 감기고 빗으로 빗고, 수건으로 머리를 말리고 머리를 묶는다.'고 하였다. 붉은 명주 끈으로 묶는다고 하였고, 여성일 경우에는 검은 명주헝겊으로 머리를 묶는다.

- 죽은 자를 씻기고 준비된 습의를 입히는 것을 말하며, 씻기는 물은 향나무나 쑥 삶은 물을 솜에 적셔 닦아준다.

- 머리를 빗길 때 빠진 머리카락과 깍은 손톱과 발톱, 생시에 빠진 이빨은 미리 준비해 놓은 작은 주머니에 따로 넣고 겉에 표시를 하는데, 이를 현재에는 오발낭이라 한다.

- 주인이하개출유(主人以下皆出帷)의 절차는 『의례』「사상례」에 '평생 목욕하던 것을 본떠서 자손은 옆에 있지 않는다. 주인이 나가면 자리를 바꾼다.'고 하였고, '抗衾而浴'이라 하여 이불을 들고 목욕을 시킨다고 하였는데 『예기』「상대기」에 '어머니의 상에는 내어자가 이불을 들고 목욕을 시킨다.'고 하여 시신(屍身)을 목욕시킬 때 옷을 모두 벗었기 때문에 이불을 들어서 시신을 가리는 것이라 하였다.

- 「사상례」에 주인 이하는 모두 나가 지게문(戶) 밖에서 북쪽으로 향한다. [주에 평소 살아있을 때 목욕하기 위해 옷을 다 벗으면 자손들은 그 곁에 있지 않음을 본뜬 것이다.] 이에 머리를 감기고 빗질하고 수건으로 말린다(挋). 진(挋)은 고문에 진(振)으로 되어 있다. [주에 진은 말림(晞)이요 깨끗하게 함이다.] [소에 진은 식(拭)과 같다.] 빗질을 마치고 수건으로 머리카락을 닦아 깨끗하게 하여 쌀뜨물이 없게 하되, 그대로 두고 아직 상투를 만들지는 않는다. 손발톱을 깎는 것이 끝나기를 기다렸다가 이에 끈을 사용하여 머리카락을 묶는 것은 그다음의 절차이다. 「상대기」에 목욕을 끝내고서 손발톱을 깎고 또 수염을 정돈함은 평상시를 본뜸이다. 169)고 하였다.

- 『기』에 '어자 4인이 이불을 들고 시신을 씻긴다. [주에 이불을 들고 씻김은 옷을 다 벗은 것을 가리기 위함이다.] 어머니의 상에는 내어자(內御者)가 목욕시키는데, 주에 내어는 여어(女御)이다.'170)고 하였다.

- 「사상례」에 목욕하고 남은 쌀뜨물, 수건, 빗, 욕의는 이미 시신을 목욕시키는 데 사용했던 것이니, 사람들이 더럽게 여기기 때문에 구덩이에 버리는 것이다.171)고 하였다.

(5) 設冰

┌─── 【주자가례 원문 2-5】 ───
│
│ ● 設冰*
│ ⇒ 얼음을 진설한다.
│
└─────────────────────────────

- 「상대기」에 군주는 대반을 설치하고 얼음을 안에 넣고, 대부는 이반을 설치하고 얼음을 안에 넣으며, 사는 와반을 2개 쓰는데 얼음은 쓰지 않는다. 예에 중춘이후에는 시신에 습을 마쳤거나 소렴을 마쳤으면 먼저 얼음을 반 안에 넣고 그 위에 평상을 설치하고 나서 거기에 시신을 옮겼다. 가을에 서늘해지면 그친다.172)고 하였다.

- 사(士)는 얼음을 사용하지 않고 기와로 반을 만들어 두 개 모두 물을 담아둘 뿐이다. [소에 와반은 작기 때문에 두 개의 반을 사용하는 것이다.]173)고 하였다.

- 「사상례」에 사에게 얼음이 있으면 이반(夷槃)을 사용해도 된다. [주에 여름철에 군주가 얼음을 하사해줄 경우를 말한다.] 이반은 시신을 받드는 반이다.174)고 하였다.

----

169) 「士喪禮」 :外御受沐入。 註:外御, 小臣侍從者。 沐, 管人所煮潘也。 主人皆出, 戶外北面。 註:象平生沐浴裸裎, 子孫不在旁。 乃沐, 櫛, 挋 古文作振。 用巾。 註:挋, 晞也, 清也。 疏:挋謂拭也。 櫛訖, 以巾拭髮, 使清淨無潘糒, 仍未作紒。 待蚤揃訖, 乃鬠用組, 是其次。 「喪大記」 疏:沐竟, 翦爪, 又治鬚, 象平生也。

170) 『常變通攷』 記:御者四人抗衾而浴, 註:抗衾, 爲其裸裎蔽之。 其母之喪, 則內御者浴, 註:內御, 女御也。

171) 「士喪禮」 沐浴餘潘巾櫛浴衣, 已經尸用, 恐人褻之, 故棄于坎。

172) 「喪大記」 :大夫設夷槃, 造冰焉。 士幷瓦槃, 無冰。 設床, 襢笫。 有枕。 註:造猶內也。 禮, 自仲春, 尸旣襲, 旣小斂, 內冰槃中, 設床於其上, 不施席而遷尸焉。 秋凉而止。

173) 『常變通攷』 士不用冰, 以瓦爲槃, 幷以盛水耳。 疏:瓦槃小, 故幷槃。 置水於下, 設牀於上, 去席襢, 露笫簀。 浴時無席, 爲漏水。 設冰無席, 爲通寒氣也。 旣襲, 謂大夫也。 旣小斂, 謂士也。 皆是死之明日。

174) 「士喪禮」 :士有冰, 用夷槃, 可也。 註:謂夏月而君加賜冰也。 夷槃, 承尸之槃。

- 『상변통고』에 대부는 사망한 다음 날에 습을 하며, 사는 사망한 날에 습을 하고, 다음 날에 소렴을 하기 때문에 모두 사망한 다음 날이라 했다. 여기에서 비록 그렇게 말했지만, 「사상례」에 얼음을 설치하는 일이 습구(襲具)에 있기 때문에 여기에 붙인다. 또 살펴보건대, 여기에서 비록 상을 설치한다고 했지만, 이미 습을 했다면 습을 마친 상에 대자리를 깔고, 이미 소렴을 했다면 시신을 옮긴 상에 대자리를 깐다. 별도로 얼음을 설치하는 상이 있는 것은 아니다.175)고 하였다.

(6) 襲

┌─── 【주자가례 원문 2-6】 ───────────────────────

● 襲*
  ⇒ 습(襲)을 한다.

● 侍者 別設襲牀於幃外 施薦席褥枕 先置大帶深衣袍襖汗衫袴襪勒帛裹肚之類於其上
  ⇒ 시자는 따로 습할 상을 휘장 밖에 진설한다. 자리와 요와 베개를 놓고, 먼저 대대와 심의와 도포와 오와 한삼과 바지와 버선과 늑백과 과두 따위를 그 위에 놓는다.

● 遂擧以入 置浴牀之西 遷尸於其上 悉去病時衣及復衣 易以新衣 但未著幅巾深衣履
  ⇒ 그 상을 들고 들어가서 목욕상의 서쪽에 놓고 시신을 그 위에 옮긴다. 병이 났을 때 입었던 옷과 초혼 한 옷을 모두 벗기고 새 옷으로 갈아입힌다. 다만 복건과 심의 및 신발은 아직 입히지 않는다.

└───

- 습(襲)은 습의(襲衣)를 입히는 절차이다. 습의(襲衣)는 시신에게 입히는 옷으로 현대의 례에는 삼베옷으로 준비하는 것이 일반적이지만, 본래는 본인의 옷 중에서 가장 좋은 옷으로 하였다. 진설의 과정에서는 고인에게 입히는 순서를 고려하여 겉옷 위에 속옷을 겹쳐서 준비한다. 아울러 습의는 시신의 아래로부터 위로 입힌다.

- 습(襲)의 순서는 『사례편람』의 순서이다.
  ① 모시는 이는 손을 씻고, 염습의 상을 장막 밖에 따로 설치한다.
  ② 요와 베개를 펴놓고, 먼저 큰 띠, 심의, 저고리, 한삼, 바지, 허리띠, 버선 등을 그

---

175) 『常變通攷』 大夫, 死之明日而襲, 士, 死日襲。明日小斂, 故云皆死之明日。此雖云然 「士喪禮」 設冰在襲具, 故附于此。又案, 此雖云設牀, 而旣襲, 則因襲牀而袒第, 旣小斂, 則因遷尸牀而袒第。非別有設冰之牀也。

위에 먼저 놓아두고,

③ 들고 들어가 목욕했던 장소의 서쪽에 놓고, 시신을 그 위로 옮긴다.

④ 입히는 옷은 모두 오른 쪽으로 여민다.

⑤ 다만 복건과 심의를 입히지 않고, 신을 신기지 않고, 홑이불로 덮어놓는다.

⑥ 목욕했던 상을 철회하기를 기다린다.

- 『주자가례』의 侍者卒襲覆以衾의 절차에서 '사마온공(司馬溫公)이 말하기를, 옛날에는 죽은 다음날 소렴(小斂)을 하고 또 다음날 대렴(大斂)을 하였다. 거꾸로 된 의상을 바르게 하고 효금(絞紟)으로 묶고 금모(衾冒)로 싸서 가리는 것은 모두 그 몸을 보호하기 위한 것이었다. 옛날에는 사(士)는 습의(襲衣)가 3벌이고, 대부(大夫)는 5벌이며, 제후(諸侯)는 7벌이고 공(公)은 9벌이었다. 소렴(小斂)에는 존비(尊卑)가 모두 19벌을 썼으며, 대렴(大斂)에는 사(士)는 30벌이고, 대부(大夫)는 50벌이며, 군(君)은 100벌이었다. 이것은 가난한 사람이 갖출 수 있는 것은 아니다. 지금은 간편하고 쉬운 것을 따라 습(襲)에는 옷 1벌을 쓰고, 대렴(大斂)과 소렴(小斂)에는 죽은 사람이 가지고 있던 옷과 친구들이 보내준 옷(及親友所襚之衣)에 의거해서 마땅한 바에 따라 사용한다. 만약 옷이 많으면 다 쓸 필요는 없다.'고 하였다.

  ※ 습의(襲衣)를 현대의례에서는 수의(壽衣)라는 명칭으로 쓰이는데, 소렴과 대렴시 친구들이 보내준 옷(及親友所襚之衣)으로 한다고 했는데, 여기에서 언급한 수지의(襚之衣)에서 근대의례 이후 명칭이 변하여 수의(襚衣)에서 수의(壽衣)로 이해되었다.

- 『주자가례』에, '병이 났을 때 입었던 옷과 복의(復衣)를 모두 벗기고 새 옷으로 갈아입힌다.'고 하였는데, 『가례집람』에서 사계(沙溪)는 '목욕 후이니 새 옷으로 갈아입힌다는 글의 순서가 뒤바뀌고 중첩되어 의심스럽다고 하였다.

- 「사상례」에 상축(商祝)은 제복(祭服)과 단의(褖衣)를 차례로 겹쳐 껴놓는다. [주에 상위에 의복을 껴서 펼쳐놓는다.] 제복은 작변복과 피변복이니 모두 군주를 따라 제사를 돕는 옷이다. 상에 의복을 껴서 놓는데, 상은 함상(含牀)의 동쪽에 있다. [소에 여기서 비록 옷을 펼쳐놓지만 아직 껴입히지는 않고, 반함이 끝나기를 기다려서 껴입힌다.] 습상이 함상의 동쪽에 있는 것은, 죽을 때는 북쪽 벽 아래에 있다가 시신을 남유(南牖) 옮겨 목욕시키고 반함하기 때문이다. 상사(喪事)는 멀리 나아가는 것이기 때문에 습상이 함상의 동쪽에 있음을 알 수가 있다. 여기서 습상과 함상이 아울러 남유(南牖) 아래에 있어 크게 다를 것이 없기 때문에 상(牀)을 설치하는 것을 말하지 않았다.176)고 하였다.

- 『문해』에 묻기를, "더러 습에서부터 옷자락을 왼쪽으로 여미는 경우가 있던데, 어디에 근거를 두고 그러는가"라고 하니, 대답하기를, "「사상례」의 '습삼칭(襲三稱)' 주에 '죽은 사람에게 입히는 모든 옷은 옷자락을 왼쪽으로 여민다'고 했지만, 『가례』에서는 소렴에 이르러 비로소 옷자락을 왼쪽으로 여미고, 「상대기」에서도 소렴과 대렴에 이르러 비로소 옷자락을 왼쪽으로 여미니, 「상대기」와 『가례』의 설을 따르는 것이 마땅하다"[177]고 하였다.

- 현대의례의 입관절차에서 일반적으로 수의를 왼쪽으로 여민다고 하고, 이는 죽으면 살았을 때와 반대이기 때문이라고 한다. 처음에 발에 버선을 신기고, 악수(幄手)로 손을 싸준 다음 하의를 입힌다. 다음에 상의를 입히고 신을 신기며, 얼굴에 멱목(幎目)을 씌운다. 이는 전통의례와는 달리 현대의례가 소렴, 대렴의 구분 없이 한 날에 진행하기 때문이다. 아울러 매장 시 탈관을 할 경우는 맷베를 준비하여 21매듭을 머리서부터 발끝까지 꽁꽁 묶는데 이러한 모든 절차가 근대상례이후 만들어진 전통이라고 할 수 있다.

- 옷의 여밈에 있어서 『가례집람』과 『사례편람』의 견해는 '옷을 입히되 모두 오른쪽으로 여며지도록 한다.'고 하여 모두 오른쪽으로 여며지도록 하였는데, 현재는 죽으면 살았을 때와 반대라는 개념으로 왼쪽으로 한 것은 일본의례의 영향이라고 할 수 있다.

이러한 견해와 관련하여, 『예기』「상대기」의 '소렴(小斂)에 좌임결교불뉴(左衽結絞不紐)'를 인용하여, 정현(鄭玄)은 『가례집설』「상대기」의 주(註)에서 '임(衽)이란 옷깃을 말하는 것으로 살아서 오른쪽을 향하는 것은 왼손으로 잡아서 풀기 쉽기 때문이다. 죽으면 옷깃이 왼쪽을 향한다. 그것은 다시 풀지 않는 것을 보여 주는 것이다. 결교불뉴(結絞不紐)는 생시에 매듭을 묶을 때 고를 만들어 잡아서 풀기 쉽게 하는데, 죽어서는 다시 푼다는 뜻이 없어서 교(絞)로써 묶고 고를 만들지 않는 것이다.'고 하였다. 즉, 「상대기」에서 좌임(左衽)과 불뉴(不紐)를 말한 것은 소렴(小斂)과 대렴(大斂)의 일이지만, 정현(鄭玄)은 습(襲)에 인용함으로써 습(襲)에서도 좌임불뉴(左衽不紐)라 하였다. 그러나 『주자가례』를 비롯한 대부분의 성리학자(性理學者)들은 습(襲)에서는 좌임(左

---

176) 「士喪禮」 : 商祝襲祭服褖衣次. 註 : 襲布衣牀上. 祭服, 爵弁服皮弁服, 皆從君助祭之服. 襲衣於牀, 牀次含牀之東. 疏 : 此雖布衣未襲, 待飯含訖, 乃襲. 襲牀次含牀之東者, 以其死于北墉下, 遷尸于南牖, 沐浴而飯含. 喪事所以卽遠, 故知襲牀次含牀之東. 此襲牀與含牀, 並在南牖下, 無大異, 故不言設牀也.

177) 『問解』 : 問, "或有自襲左衽者, 何所據而然歟?" 答, "「士喪禮」 '襲三稱'註, 凡衣死者, 左衽, 而 『家禮』, 至小斂, 始左衽, 「喪大記」, 亦至小大斂, 始爲左衽, 則當從 「喪大記」・『家禮』之說."

袵)을 하지 않았다. 이러한 견해에 대해 고례(古禮)에 습의(襲衣)는 사자(死者)의 평상시 옷을 쓴다고 하였는데, 습(襲)에서는 아직 생시와 구분하는 예를 행하지 않는다. 따라서 사계(沙溪)를 비롯한 조선의 성리학자들은 습(襲)에서는 우임(右袵)을 분명히 하고 있다.

습의 의례(儀禮)는 죽은 다음날 소렴(小殮)하니『주자가례』, 『가례집람』, 『사례편람』 습은 현재와는 달리 죽은 날 실시하였다. 아직 살아 있는 사람의 예로서 행하였던 것이다.

또한, 내설전(乃設奠, 襲奠)에 '전우시동(奠于尸東)'이라 하여 시(尸)의 동쪽에 진설(陳設)한다고 하였고, 『가례집람』의 주에 '『예기』「단궁」편에, 만물은 동쪽에서 생겨나고, 북쪽에서 죽는다. 소렴(小殮)의 전(奠)을 동쪽에서 드리는 것은 효자가 그 부모가 돌아가신 것을 차마 받아들일 수 없다는 뜻이다.'고 하였다.

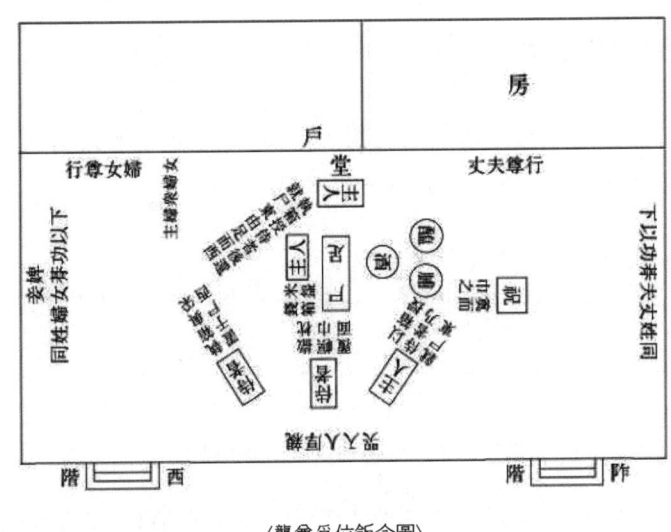

〈襲奠爲位飯含圖〉

① 妾婢 同姓婦女朞功以下 : 첩(妾)과 비(婢), 동성(同姓)의 부녀(婦女)로서 기공(朞功) 이하가 이곳에 있다.

② 行尊婦女 : 부녀가 받들어 행한다.

③ 侍者 執箱與采 置于尸西 : 시자가 상자와 폐백을 집어서 시신의 서쪽에 놓는다.

④ 主人 執箱授侍者後還 就尸東由足而西 : 주인이 상자를 집어서 시자에게 준 뒤에

도로 시신의 동쪽으로 가는데, 발치를 지나 서쪽으로 간다.

⑤ 侍者 撤枕 幠巾 覆面 : 시자가 베개를 치운 다음 멱건(幠巾)으로 시신의 얼굴을 덮는다.

⑥ 親厚人入哭 : 가까운 친족이 들어가서 곡한다.

⑦ 主人 以箱授 侍者乃 就尸東 : 주인이 상자를 시자에게 주고 이어 시신의 동쪽으로 나아간다.

⑧ 祝 奠而巾之 : 축(祝)이 전을 올리고서 시신의 얼굴을 덮는다.

⑨ 丈夫尊行 : 장부(丈夫)가 받들어 행한다.

⑩ 同姓丈夫朞功以下 : 동성(同姓)의 장부로서 기공(朞功) 이하가 이곳에 있다.

(7) 徙尸牀置堂中間

┌─ 【주자가례 원문 2-7】 ─────────────────────────

● 徙尸牀 置堂中間*
  ⇒ 시상(尸牀)을 당의 중간에 옮겨 놓는다. (상에 있으면 시체요, 관안에 들어있으면 구라함 在牀曰 尸, 在棺曰 柩 ==禮記 曲禮)

● 卑幼則各於室中間 餘言在堂者 放此
  ⇒ 항렬이 낮거나 어린 사람이 각각 실(室)의 중간에 놓는다. 나머지는 당에 놓는다고 말한 것도 이와 같다.

───

- 시신의 침상(寢牀)을 당(堂)의 중간에 옮겨 놓는 것이다.

- 『서의』에 「대기」 주에 '시신을 바라지 아래로 옮기되 머리를 남쪽으로 한다'고 했다. 요즘의 실과 당은 이미 옛날과 다르기 때문에 당 중간에 두어, 남녀가 상을 끼고 곡할 정도의 자리를 용납하도록 취한다. 주자가 말하기를, "처(妻)의 상에는 조금 서쪽으로 하여 정중앙을 피한다"[178)]고 하였다.

- 남수(南首)에 관하여, 『예기』 「단궁」편의 주에 '남쪽으로 머리를 두는 것은 남쪽이 밝은 곳이기 때문이다. 사람이 태어날 때 어두운 곳으로부터 밝은 곳으로 나오기 때문

---

178) 『書儀』 : 「大記」 註, '遷尸于牖下, 南首.' 今室堂, 旣異於古, 故置堂中間, 取其容男女夾牀哭位也. 朱子曰 : "妻喪, 則少西, 以避正中."

에 목욕(沐浴)을 시키는 것으로부터 빈(殯)을 할 때까지는 머리를 남쪽으로 두니 부모를 아직 차마 귀신으로 대할 수 없기 때문이다.'고 하였다.

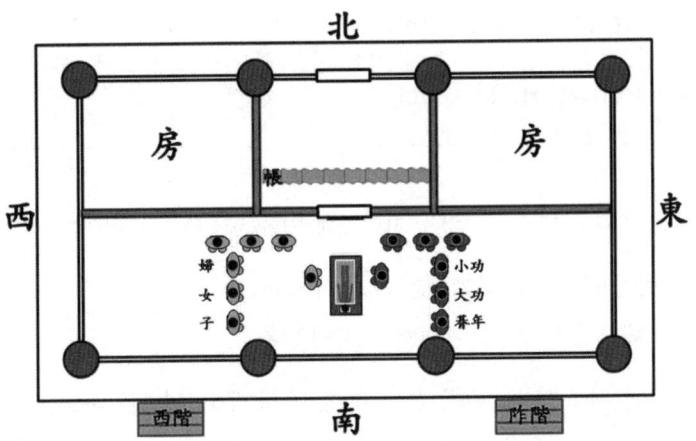

(8) 乃設奠

• 乃設奠*
  ⇒ 이에 전(奠)을 차린다.

• 執事者以卓子置脯醢 升自阼階 祝盥手洗盞斟酒 奠于尸東 當肩巾之
  ⇒ 집사자가 탁자에 포와 육장을 놓고 동쪽 계단으로 올라간다. 축(祝)은 손을 씻은 다음 잔을 씻고 술을 부어 시신의 동쪽 어깨쯤에 놓고 수건으로 덮는다.

• 祝以親戚爲之
  ⇒ 축은 친척이 한다.

• 劉氏璋曰 士喪禮 復者降揳齒綴足 卽奠脯醢與酒于尸東 鄭註 鬼神無象 設奠以憑依之
  ⇒ 유장이 말하기를, 「사상례」에 復人이 내려오면 설치(揳齒이를 고이고)와 철족(綴足발을 가지런히 묶고)을 하고 포와 육장과 술을 시신의 동쪽에 올린다.'고 한 구절에 대한 정현의 주에서 '귀신은 형상이 없으니 전을 차려 의지하게 한다.' 고 하였다.

• 開元禮 五品以上 如士喪禮 六品以下 襲而後奠 今不以官品高下 沐浴正尸然後 設奠於 事 爲宜 奠謂斟酒奉至卓上而不酹
  ⇒ 『개원례(開元禮당대의 예서)』에서는 5품 이상은 「사상례」와 같이 하고, 6품

이하는 습한 후에 전한다고 하였다. 지금은 관품의 높고 낮음에 따라 하지 않고 목욕하고 시신을 바르게 한 후에 전을 차리니 일에 마땅하다. 전은 술을 따라 받들어서 탁자 위에 높고 땅에 술을 붓지 안는 것이다.

- 主人虞祭 然後親奠酹 巾者 以辟塵蠅也
  ⇒ 주인은 우제(虞祭)를 지낸 후에 직접 전을 하고 땅에 술을 붓는다. 보로 덮는 것은 먼지와 파리를 피하는 것이다.

- 습의(襲衣)를 입히고 나면 전(奠)을 차리는데 이를 습전(襲奠)이라 한다.

- 주(註)에 축이친척위지(祝以親戚魏志)라 하여 축(祝)은 친척(親戚)으로써 한다고 하였다. 『사례편람』에는 호상 조(護喪 條)에 포함하였다.

- 『예기』「잡기」편에 '상례(喪禮)의 전(奠)은 오직 포와 해만을 사용할 따름이다. 대개 죽은 자는 곡식을 먹지 않으므로 견(遣)과 전(奠)에 단지 희생만을 쓰고, 서(黍)와 직(稷)을 쓰지 않는다. 희생(犧牲)과 포와 해는 뜻이 같으니, 모두 고기를 사용하는 것이다.'고 하였다.

- 『의례』「사상례」편을 살펴보면 '설치(楔齒)와 철족(綴足)을 한 후에 드리는 전(奠)에는 포와 해와 예주(醴酒)로 한다.'고 하였다. '소렴(小殮)에는 일두(一豆) 일변(一籩)으로 하고 대렴(大殮)에는 양두(兩豆) 양변(兩籩)으로 한다.'고 하였으니 이는 처음 죽었을 때 모두 일변(一籩) 일두(一豆)를 넘지 않는다는 것을 말한 것이다.

- 또한, 『가례집람』에서 '전(奠)에서 술을 한 잔 올리고, 우제(虞祭)에 이르러서야 삼헌(三獻)의 예를 갖추게 되는데 『국조오례의』에 습(襲)과 염(殮)의 전(奠)에 모두 석 잔을 올리니 무엇에 근거한 것인지 모르겠다.'고 하여 본래 전(奠)의 의례에는 단헌(單獻)이 옳으나 삼헌(三獻)로 바뀐 것이 잘못되었다고 하였는데, 이는 앞서 살펴본 바와 같이 다시 살아나기를 바라는 효자의 마음으로 생(生)을 의미하는 양(陽)의 수리(數理)인 1을 쓴 것으로 보인다.

※ 시사전(始死奠)과, 습전(襲奠), 소렴전(小斂奠)의 차이를 살펴보건대,

구 분		『朱子家禮』	『喪禮備要』	『四禮便覽』
1일	始死奠	•襲의 乃設奠의 註에서 楔齒綴足과 奠을 언급	•설명이 없음.	• 「土喪禮」의 기준
	襲 奠	•襲의 乃設奠에서 설명	•襲의 乃設奠에서 설명	•襲의 乃設奠에서 설명, 始死奠이 있거나 小斂날 小斂奠이 있으면 차리지 않음
2일	小斂奠	•다음날 小斂時 設奠	•다음날 小斂時 設奠	•다음날 小斂時 設奠

- 이상에서 보는 바와 같이 『주자가례』에는 시사전은 주에서 설치철족(楔齒綴足)과 전 (奠)을 언급하여 설명하였고, 습전(襲奠)은 습(襲)의 절차의 내설전(乃設奠)에서 설명하 였고, 소렴전(小斂奠)은 소렴(小斂)에서 설전(設奠)으로 설명하였으나, 사계(沙溪)는 『상례비요』에서 습전(襲奠)의 절차와 관련하여 '만약 날이 어두울 경우 먼저 촛불을 켜서 제물을 비추고 상보를 씌운 뒤에 다시 촛불을 끈다.'고 하여 당일에 치루는 것으 로 설명하였다. 이러한 시사전(始死奠)과, 습전(襲奠), 소렴전(小斂奠)에 대해서는 『사 례편람』의 견해가 올바른 것으로 보인다.

- 『가례집람』에서 '전우시동(奠于尸東)'이라 하여 시(尸)의 동쪽에 전(奠)한다고 하였는 데, 『예기』「단궁」편에 '만물은 동쪽에서 생겨나고 북쪽에서 죽는다. 소렴(小斂)의 전(奠)을 동쪽에서 드리는 것은 효자가 그 부모가 돌아가신 것을 차마 받아들일 수 없 다는 뜻이다.'고 하였는데, 이는 앞서 살펴본 바와 같다.

- 『개원례』에 금화응씨가 말하기를, "남자는 동쪽, 여자는 서쪽에 자리하는 것은 음양의 큰 구분이다. 갑자기 상을 당해 슬픔이 닥쳐오고 사람들은 번잡하고 일은 모여 드는데, 먼저 남녀의 분별을 삼가하여 각기 유(類)로써 따르게 하면 어지러움과 혼란한 것이 질 서가 있을 것이다. 주인은 동쪽, 빈은 서쪽에 자리하는 것은 내외의 큰 계통이다. 남자 주인은 동쪽의 위에 거처하고, 안의 가장(家長)은 비록 어머니일지라도 그 서쪽에 있으 니, 한 나라와 한집안에 주인이 있음을 보여서, 내외 족성(族姓)의 존비가 모두 통섭됨 이 있을 것이다"[179) 고 했다.

---

179) 『開元禮』 : 金華應氏曰"男東女西, 陰陽之大分也. 喪遽哀迫, 人雜事叢, 先謹男女之辨, 而各以類從, 則紛糾錯亂者, 有倫矣. 主東賓西, 內外之大統也. 男主居東之上, 而內之家長, 雖若母, 亦在其西, 則 示一國一家之有主, 而內外族姓之尊卑, 咸有所統攝矣."

(9) 主人以下爲位而哭

┌─── 【주자가례 원문 2-9】 ───────────────────────────────

• 主人以下 爲位而哭*
  ⇒ 주인 이하는 자리하여 곡(哭)을 한다.

• 主人坐於牀東奠北 衆男應服三年者 坐其下 皆藉以藁 同姓期功以下 各以服次 坐于其
  後 皆西向南上
  ⇒ 주인은 시상의 동쪽 전의 북쪽에 앉고 삼년복을 입는 여러 남자는 그 아래에 앉
  는데 모두 짚을 깐다. 동성으로 기년복과 대공복, 소공복 이하를 입는 사람은 각
  각 입는 복의 순서대로 그 뒤에 앉는데 모두 서향하는데 남쪽이 위이다.

• 尊行以長幼坐于牀東北壁下 南向西上 藉以席薦 主婦及衆婦女 坐于牀西 藉以藁
  ⇒ 손위 항렬은 장유의 순서대로 상 동쪽의 북쪽 벽 아래 남향하는데 서쪽을 위로하
  여 자리를 깔고 앉는다. 주부와 여러 부녀자는 상의 서쪽에 짚을 깔고 앉는다.

• 同姓婦女 以服爲次 坐于其後 皆東向南上 尊行以長幼坐于牀西北壁下 南向東上 藉以
  席薦 妾婢立於婦女之後 別設幃以障內外
  ⇒ 동성의 부녀자는 복(服)의 순서대로 그 뒤에 앉아서 모두 동향하는데 남쪽이 위
  이다. 손위 항렬은 장유의 순서대로 상의 서쪽의 북쪽 벽 아래에 앉아서 남향하
  는데 동쪽을 위로 하여 자리를 깔고 앉는다. 첩과 계집종은 부녀자의 뒤에 선다.
  따로 휘장을 펴서 안과 밖을 가린다.

• 異姓之親丈夫 坐於幃外之東 北向西上 婦人坐於帷外之西 北向東上 皆藉以席 以服爲
  行 無服在後
  ⇒ 이성(異姓)의 친척 중에서 남자는 휘장의 동쪽에 앉아 북향을 하여 서쪽을 위로
  하고, 부인은 휘장의 서쪽에 앉아 북향하는데 동쪽을 위로 하여 모두 자리를 깐
  다. 복(服)으로 줄을 만들고 복이 없는 사람은 뒤에 앉는다.

• 若內喪 則同姓丈夫 尊卑坐于幃外之東 北向西上 異姓丈夫 坐于幃外之西 北向東上
  ⇒ 만약 내상(內喪: 부녀자의 초상)이면 동성의 남자의 존비는 휘장 밖의 동쪽에서
  북향을 하여 서쪽을 위로 하여 앉는다. 이성의 남자는 휘장 밖의 서쪽에서 북향
  하여 앉는데 동을 상으로 한다.

• 三年之喪 夜則寢於尸旁 藉藁枕塊 羸病者 藉以草薦 可也 期以下 寢於側近 男女異室
  外親歸家 可也
  ⇒ 삼년상을 지내는 자는 밤에는 시신 옆에서 자며 짚을 깔고 흙덩이를 벤다. 병이
  났거나 쇠약한 사람은 돗자리를 깔아도 된다. 기년복 이하는 가까운 곳에서 자고,
  남자와 여자는 방을 달리 한다. 외가 친척은 집에 돌아가도 된다.

└──

- 주인이하가 자리에 위치하여 곡(哭)하는 절차이다.

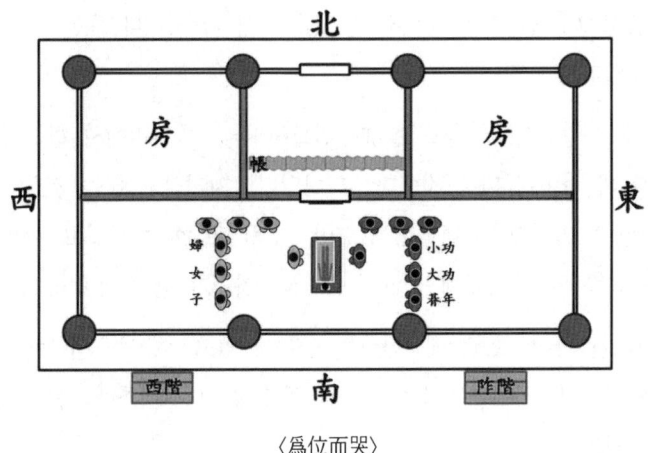

〈爲位而哭〉

- 주인은 상(牀)의 동쪽, 전(奠)의 북쪽에 앉고, 모든 남자들 중에 3년 복을 입을 자들은 그 아래에 앉는데, 모두 짚을 깐다.

- 동성(同姓)으로 기년복과 대공복, 소공복 이하를 입는 사람은 각각 복의 차례대로 그 뒤에 앉아서 모두 서향하는데, 남쪽이 위이다.

- 손위 항렬은 장유(長幼)의 순서대로 상 동쪽의 북쪽 벽 아래에 앉아서 남향하는데, 서쪽을 위로 하여 자리를 깔고 앉는다.

- 주부와 여러 부녀자는 상의 서쪽에 앉는데, 짚을 깐다. 동성(同姓)의 부녀자는 복의 차례대로 그 뒤에 앉아서 모두 동향하는데, 남쪽이 위이다.

- 손위항렬은 장유(長幼)의 순서대로 상의 서쪽의 북쪽 벽 아래에 앉아서 남향하는데, 동쪽을 위로하여 자리를 깔고 앉는다.

- 이성의 친척 가운데 남자는 휘장 밖의 동쪽에 앉아서 북향하는데, 서쪽을 위로하고, 부인은 휘장 밖의 서쪽에 앉아 북향하는데, 동쪽을 위로하여 모두 자리를 깐다.

- 복으로 줄을 만들며, 복이 없는 사람은 뒤에 앉는다.

- 만일 내상(內喪), 같은 가문내의 상에는 동성의 남자일 경우에는 포장의 바깥 동쪽에 앉아 북향하는데, 서쪽을 위로 한다. 이성의 남자는 휘장 밖의 서쪽에 앉아서 북향하는데 동쪽을 위로 한다.

- 『주자가례』와 『가례집람』과 『사례편람』의 '내반함(乃飯含)'에 '주인곡진애(主人哭盡哀)'라 하여, 주인이하 슬픔을 다하여 곡(哭)하는 것으로 설명하고 있다. 이러한 설명에 비추어 습의(襲衣)를 착용시킨 후 망자(亡者)의 죽음을 다시 한 번 확인하고 슬퍼하는 것으로 보인다.

- 『예기』 「단궁」편에 '대저 곡을 할 때 반드시 곡하는 자리에서 하는 것은 친소(親疎)와 은정(恩情)의 차이에 따른 것이다.'고 하였다. '자리라고 하는 것은 곡하고 우는 자리이다. 친척에는 가깝고 먼 다름이 있으며, 상복(喪服)에는 무겁고 가벼운 것이 있어서 구별하지 않을 수 없다. 때문에 곡할 때에 각각 자리가 있는 것이다.'고 하였다.

- 『예기』 「상대기」편의 소(疏)에 '남자는 동쪽에 있고, 여자는 서쪽에 있는 것은 음양(陰陽)의 큰 구분이다. 주인은 동쪽에 자리하고 손님은 서쪽에 자리하는 것은 내외를 구별하는 큰 줄기이다.

  남자주인은 동쪽의 위쪽에 있고, 집안의 가장은 비록 어머니라도 서쪽에 있게 하는 것은 한 나라와 한 가정에 주인이 있고, 내외의 족성(族姓)의 높고 낮은 사람들이 모두 통섭된다는 것을 보여 주는 것이다.

(10) 乃飯含

┌─── 【주자가례 원문 2-10】 ────────────────────

● 乃飯含*
⇒ 이에 반함을 한다

● 主人哭盡哀 左袒 自前扱於腰之右 盥手執箱以入 侍者一人挿匙于盌 執以從 置于尸西 徹枕以瞑巾入覆面
⇒ 주인은 곡을 하여 슬픔을 다하고 좌단=(웃옷의 왼쪽소매를 벗는 것)하여 앞으로 하여 허리오른쪽에 끼운다. 손을 씻고 동전을 넣은 상자를 들고 들어간다. 시자 한 사람이 숟가락을 꽂은 쌀 주발을 들고 따라가 시신의 서쪽에 놓는다. 먹건을 들고 가서 베개를 치우고 얼굴을 덮는다.

● 主人就尸東 由足而西 牀上坐東面 舉巾 以匕抄米 實于尸口之右 並實一錢 又於左於中 亦如之 主人襲所袒衣 復位
⇒ 주인이 시신의 동쪽으로 나아가 발쪽으로 돌아 서쪽으로 가서 상위에 동향하여 앉는다. 먹건을 들고 숟가락으로 쌀을 조금 떠서 시신의 입 오른쪽을 채우고 동전 하나를 넣는다. 또 왼쪽과 가운데도 역시 그와 같이 한다. 주인이 벗었던 왼쪽소매를 다시 입고 자리로 돌아간다.

└──────────────────────────────────

- 습전(襲奠)이 끝나면 반함(飯含)을 한다. 시신(屍身)의 입에 쌀과 엽전 혹은 구슬을 물려 입안을 채우는 의례이다. 반함(飯含)을 하는 이유는 차마 입이 비어 있게 하지 못하기 때문에 맛있고, 깨끗한 물건을 채우는 것이다.

- 『예기』에 의하면 '대부(大夫)는 구슬을 사용하고, 서인(庶人)은 돈을 쓴다.'고 하였다. 쌀과 조개는 복과 생명력을 상징하고, 옥(玉)은 불변불멸(不變不滅)의 활력을 상징한다. 부활을 상징하는 반함(飯含)의 유물로 중국에는 매미모양의 옥함과 옥개가 있는데, 매미모양의 옥함은 시체가 옥처럼 썩지 못하게 하는 의미도 있지만, 매미와 같이 허물을 벗고 부활하기를 기원하는 의미도 있다.

- 반함(飯含)의 순서를 살펴보면,
  ① 먼저 주인이 곡(哭)하여 슬픔을 다하고,
  ② 왼쪽소매를 빼어 앞에서부터 허리 오른쪽에 끼우고
  ③ 손을 씻고, 동전을 넣은 상자를 들고 들어가고,
  ④ 다른 사람이 버드나무로 만든 수저와 쌀그릇을 들고 따라 들어가 시신의 서쪽에 놓는다.
  ⑤ 그리고 멱건을 들고 가서 베개를 치우고 얼굴을 덮는다.
  ⑥ 주인은 시신의 동쪽으로 나아가 발쪽으로 돌아 서쪽으로 가서 상위에 동향하여 앉는다.
  ⑦ 멱건을 들고, 숟가락으로 쌀을 조금 떠서 시신의 입 오른쪽에 넣고 동전 한 닢을 넣는다.
  ⑧ 왼쪽과 중앙도 이와 같이 한다.
  ⑨ 반함이 끝나면 주인은 벗었던 소매를 다시 꿰고 원래의 자리로 돌아온다.

- 『사상례』의 순서를 살펴보면, 주인은 나가서 남향하고 왼쪽 소매를 벗어 앞(面)의 오른쪽에 끼운다. [소에 면(面)은 앞이니, 웃통의 왼쪽 소매를 오른쪽 겨드랑이 아래 띠 안쪽에 끼움을 말하는데 편함을 취함이다.]
  동이 위에서 손을 씻고 패(貝)를 씻어 잡고서 들어간다. 재(宰)는 각사(角柶)를 씻어 쌀에 세워 잡고서 따른다. [주에 함께 지게문으로 들어가 서향한다.] [소에 씻기를 마치면 상자 안에 돌려놓고, 각사(柶) 또한 폐대(廢敦) 안에 세운다.]
  상축(商祝)이 수건을 잡고 따라 들어가 바라지에서 북향하여, 베개를 치우고 수건을 진설하고 쐐기를 치우고 패를 받아 시신 서쪽에 올린다. [주에 바라지에서 북향하면 시신

남쪽이다.] 수건을 진설하여 얼굴을 덮는 것은 반함할 때 쌀이 떨어질까 해서이다. [소에 쌀이 떨어져서 얼굴 위에 놓일까 염려되기 때문에 덮는다.]

주인은 시신의 발치를 거쳐 서쪽으로 가서 상 위쪽에 앉아 동향한다. [주에 감히 머리 앞으로 가지 못해서이다.] 축이 패와 쌀을 받아 올리는데, 입을 채우는 물건은 발치를 경유하지 않는다. [소에 입을 채우는 물건이 발치를 경유하지 않음은 더러워질까 염려해서이다.]

축이 또 쌀을 받아 패 북쪽에 올린다. 재(宰)는 따라가 상 서쪽에 서는데, 주인의 오른쪽에 있다. [주에 쌀이 패 북쪽에 있음은 뜨는 자에게 편하게 함이다.] 재가 상 서쪽에 서니 주인의 오른쪽에 있는데, 반함하는 일을 돕는다.

주인은 왼손으로 쌀을 떠서 시신의 입 오른쪽을 세 번 채우고, 패 하나를 채운다. 왼쪽과 가운데도 역시 같이 한다. 또 쌀을 채우되 가득하게 한다. [주에 가득하게 함은 충만함을 취하고 마는 것이다.] [소에 오른쪽은 입의 동쪽 가장자리를 말한다.] 좌우와 중앙에 각각 세 번 쌀을 뜨는데, 다시 쌀을 가득하게 채운다고 말했으니, 아홉 번 떠 넣고는 충만하지 않을까 하여, 이 때문에 거듭 가득하게 한다고 했다. 묻기를, "반드시 왼손을 사용하는 것은 소매의 왼쪽을 벗었기 때문인가"라고 하니, 명재가 말하기를, "왼손을 사용함은 편리하기 때문이다"고 했다. 시신의 머리가 남쪽에 있는데 주인이 상 서쪽에 앉아 동향한다면 왼손을 사용하는 것이 턱 아래로부터 쌀을 채우는 데 편리하여서인데, 대개 감히 면전에서 하지 못하기 때문이다. 180) 고 했다.

- 『문해』에 묻기를, "반함할 때 주인이 피발(被髮)하고 행하는 것은 신종(愼終)의 뜻이 아닌 듯하다"고 하자, 대답하기를, "머리카락을 묶는 것은 소렴 뒤에 있어야 마땅하고, 반함할 때는 차림새를 바꾸는 절차가 없다"181)고 하였다.

----

180) 「士喪禮」：主人出，南面，左袒，扱諸面之右。疏：面，前也，謂袒左袖，扱於右腋之下帶之內，取便也。盥于盆上，洗貝，執以入。宰洗柶，建于米，執以從。註：俱入戶，西向也。疏：洗訖，還於笲內，柶亦於廢敦之內建之。商祝執巾從入，當牖北面，徹枕，設巾，徹楔，受貝，奠於尸西。註：當牖北面，值尸南也。設巾覆面，爲飯之遺落米也。疏：恐有遺落米在面上，故覆之也。　主人由足西，牀上坐，東面。註：不敢從首前也。祝受貝米奠之，口實不由足也。疏：口實，不可由足，恐褻之故也。　祝又受米，奠于貝北。宰從立于牀西，在右。註：米在貝北，便扱者也。宰立牀西，在主人之右，當佐飯事。主人左扱米，實于右，三，實一貝。左中亦如之。又實米，惟盈。註：惟盈，取滿而已。疏：右謂口東邊也。左右及中各三扱米，更云實米惟盈，則九扱恐不滿，是以重云惟盈也。　問："必用左手者，袒左故耶？" 明齋曰："用左，便也。" 尸南首而主人坐牀西東面，則用左手者，爲從頤下實米爲便，蓋不敢從面前也。

181) 『問解』：問，"飯含，主人被髮而行之，似非愼終之意。" 答，"斂髮，當在小斂之後，飯含時，則無變易之節矣。"

- 주인은 소매를 껴입고 자리로 돌아감(主人襲復位)에 대하여 상변통고에서는 주인은 소매를 벗었던(袒) 옷을 껴입고 자리로 돌아간다고 하였다.

「사상례」에 주인은 옷을 껴입고 자리로 돌아간다. [소에 단(袒)은 몸을 드러냄이니] 다시 옷을 입고 시신의 동쪽에서 서향하는 자리로 돌아간다.[182]고 하였다.

「단궁」에 소매를 벗는 일이 있고, 다시 껴입는 일이 있음은 슬픔을 절제함이다. [소에 이치상 소매를 항상 벗어야 마땅한데, 어찌하여 소매를 벗는 일이 있고 다시 껴입는 일이 있는가?] 슬픔의 한도를 절제함을 나타냄이니, 슬픔이 심하면 소매를 벗고 슬픔이 가벼우면 껴입는다.고 하였다.[183]고 하였다.

묻기를, "소매를 벗는 일은 유독 반함할 때만 분명하게 말하고, 습이나 대렴할 때는 말하지 않은 것은 어째서인가"라고 하자, 명재가 말하기를, "반함할 때 소매를 벗는 것은 일을 행하는 데 편하기 때문이다. 습을 할 경우에는 고례에도 소매를 벗는 일이 없었는데, 아마 습은 시자가 하기 때문에 주인이 소매를 벗지 않았을 것이다"고 했다. 반함은 곧 습의 절차이니, 반함할 때 소매를 벗는 것은 바로 습단(襲袒)이다. 이제 습을 할 때 소매를 드러냄이 없다고 하는 것은 아마 그렇지 않은 듯하다.[184]고 하였다.

(11) 侍者卒襲覆以衾

【주자가례 원문 2-11】

• 侍者卒襲 覆以衾*
  ⇒ 사자는 습을 마치면 이불로 덮는다.

• 加幅巾 充耳設瞑目納履 乃襲深衣 結大帶設握手 乃覆以衾
  ⇒ 복건을 씌우고 충이로 귀를 막고, 멱목을 덮고 신을 신긴다. 이에 심의를 입히고 대대를 하고 악수를 하고 이불을 덮는다.

• 司馬溫公曰 古者死之明日小斂 又明日大斂 顛倒衣裳 使之正方 束以絞紟 韜以衾冒 皆所以保其肥體也 今世俗有襲而無大小斂 所闕多矣

---

182) 『常變通攷』主人襲所袒衣, 復位。「士喪禮」：主人襲反位。疏：袒則露形, 復著衣, 還尸東西面位也。

183) 「檀弓」：有所袒, 有所襲, 哀之節也。疏：理應常袒, 何以有所袒有所襲？表明哀之限節, 哀甚則袒　哀輕則襲。

184) 「檀弓」：問："袒, 獨於飯含時明言, 而於襲大斂不言者, 何歟？" 明齋曰："袒於飯含, 所以便事也。襲則古禮亦無袒, 豈以侍者爲之, 故主人不袒耶。" 飯含, 卽襲之節也, 則飯時袒, 卽襲袒也。今言襲無袒, 恐未然。

⇒ 사마온공이 말하기를, "옛날에는 죽은 다음날 소렴을 하고, 또 다음날 대렴을 하였다. 거꾸로 된 의상을 바르게 하고 효금(絞紟)으로 묶고, 금모로 싸서 가리는 것은 모두 그 몸을 보호하기 위한 것이었다. 지금의 세속에 습은 있으나 대렴과 소렴이 없으니 빠진 것이 많다.

● 然古者 士襲衣三稱 大夫五稱 諸侯七稱 公九稱 小斂 尊卑通用十九稱 大斂 士三十稱 大夫五十稱 君百稱 此非貧者所辦也
⇒ 그러나 옛날에는 사(士)는 습의가 3벌이고, 대부는 5벌이며, 제후는 7벌이고, 공(公)은 9벌이었다. 소렴에는 존비 모두가 19벌을 썼으며, 대렴에는 士는 30벌이고, 大夫는 50벌이며 君은 100벌이었다. 이것은 가난한 사람이 갖출 수 있는 것이 아니다.

● 今從簡易 襲用衣一稱 小大斂 則據死者所有之衣 及親友所襚之衣 隨宜用之 若衣多 不必盡用也
⇒ 지금은 간편하고 쉬운 것을 따라 습에는 한 벌을 쓰고, 대렴과 소렴에는 죽은 사람이 가지고 있던 옷과 친구들이 보내어준 옷에 의거해서 마땅한 바를 따라 사용한다. 만약 옷이 많으면 다 쓸 필요는 없다."고 하였다.

● 高氏曰 禮士襲衣三稱 而子羔之襲也 衣三稱 孔子之喪 公西赤掌殯葬焉 襲衣十一 稱 加朝服一
⇒ 고씨가 말하기를, "『예기』에 士는 습의가 3벌이라 하였는데, 자고(子羔: 공자의 제자)의 습에는 옷이 3 벌이었고, 孔子의 喪에는 공서적 (公西赤 :공자의제자)이 빈장(殯葬)을 하였는데, 습의 열한 벌에 조복(朝服) 한 벌을 더하였다.

● 雜記曰 士襲九稱 蓋襲數之不同如此 大抵衣衾 惟欲其厚耳 衣衾之所以厚者 豈徒以設飾哉
⇒ 『잡기』에는 士는 습의가 아홉 벌이라고 하였으니 대개 습의의 수가 다른 것이 이와 같다. 대저 옷과 이불은 오직 두텁게 하고자 할 뿐이니 옷과 이불을 두텁게 하고자 하는 것이 어찌 다만 꾸미기 위한 것이겠는가?

● 蓋人死 斯惡之矣 聖人不忍言也 但制爲典禮 使厚其衣衾而已
⇒ 대체로 사람이 죽으면 싫어하게 되는 것이다. 성인(聖人)이 차마 말하지 못하고 다만 전례(典禮)를 제정하여 그 옷과 이불을 두텁게 하려고 하였을 뿐이다.

● 今世之襲者 不知此意 或止用單袷一稱 雖富貴之家 衣衾畢備 皆不以襲斂 又不能謹藏
[古人遺衣裳 必置於靈座 旣而 藏於廟中]
⇒ 지금 세상에서 습하는 사람들은 이러한 뜻을 모르고 혹은 단 겹 한 벌만을 쓴다. 비록 부귀한 집에서 옷과 이불을 다 갖추어졌어도 모두 습하고 염하지 않고 또 삼가 보관하지도 못한다. 옛날 사람들은 남긴 의상을 반드시 영좌에 두었다가 상이 끝나면 사당에 간수하였다.

- 乃或相與分之 甚至輒計直貿易 以充喪費 徒加功於無用 擯財於無謂 而所以附其身者
  曾不之慮
  ⇒ 그런데 지금 사람들은 혹 서로 나누기도 하고 심지어는 함부로 값을 계산을 하여
  교환하고 장례비용에 충당하기도 한다. 헛되이 쓸데없는 데에 공을 들이고, 말할
  것도 못되는 곳에 재물을 없애버리니 그 몸에 붙어 있던 것임은 헤아리지도 않는
  것이다.

- 嗚呼 又孰若用以襲斂 而使亡者 獲厚芘於九泉之下哉
  ⇒ 아! 그것으로 습하고 염하여 죽은 사람으로 하여금 九泉의 아래에서 두터이 가려
  지도록 함만 같겠는가."라고 하였다.

- 楊氏復曰 按高氏 一用禮經 而襲斂 用衣之多 故襲有冒 小斂有布絞 大斂有布絞布衿
  所以保其肥體者 固矣
  ⇒ 양복이 말하기를, "살펴보건대 고씨는 한결같이 예경(禮經)을 준용하여 습과 렴에
  옷을 쓰는 것이 많다. 때문에 습에는 모(冒)가 있고, 소렴에는 포효(布絞)가 있고
  대렴에는 포효와 포금(布紟)이 있어서 그 몸을 보호하는 것이 단단하다.

- 司馬公欲從簡易 而襲斂 用衣之少 故小斂雖有布絞 而襲則無冒 大斂則無絞衿 此爲疏
  略
  ⇒ 사마공은 간편하고 쉬운 것을 따라서 습과 염에 옷을 적게 썼기 때문에 소렴에
  는 비록 포효가 있었으나 습에는 모가 없고, 대렴에는 효금이 없으니 이것은 소
  략하다.

- 先生初述家禮 皆取司馬公書儀 後與學者論禮 以高氏喪禮爲最善 遺命治喪 俾用儀禮
  此可以見其去取折衷之意矣 況夫古者 襲斂用衣之多
  ⇒ 선생이 처음에 『가례』를 지을 때는 모두 사마공의 『서의』를 취했는데, 후에
  배우는 자와 더불어 예를 논함에 고씨의 상례를 가장 훌륭하게 생각하여 치상하
  는 데 유명(遺命)하기를 『의례』를 쓰도록 하였다. 여기에서 그 버리고 취하며
  절충한 뜻을 볼 수 있다. 하물며 옛날에는 습하고 렴하는데 옷을 많이 썼겠는가?

- 故古有襚禮[衣服曰襚] 士喪禮 親者襚 庶兄弟襚 朋友襚 又君使人襚
  ⇒ 그러므로 옛날에는 수례(襚禮: 상에 렴에 쓰일 옷을 보내는 것)가 있었다. 「사상
  례」에 '친척이 옷을 보내고, 서형제(庶兄弟)가 옷을 보내며, 친구가 옷을 보내고,
  또 임금이 사람을 시켜 옷을 보낸다.'고 하였다.

- 今世俗有襲而無大小斂 故襚禮亦從而廢 惜哉 然欲悉從高氏之說 則誠非貧者所能辦 有
  如司馬公之所慮者
  ⇒ 지금 세속에는 습은 있으나 대렴과 소렴은 없어졌기 때문에 수례도 따라서 없어
  졌으니 애석한 일이다. 그러나 고씨의 설을 모두 따르고자 하면 가난한 사람은
  갖출 수가 없으니 사마공이 걱정한 것과 같은 것이 있다.

- 但當量其力之所及 可也 愚故於襲小斂大斂之下 悉述儀禮並高氏之說 以備
  ⇒ 다만 그 힘이 미칠 바를 헤아려서 하면 된다. 그런 까닭에 내가 습과 소렴, 대렴의 아래에 『의례』의 설을 모두 적고, 더불어 고씨의 설을 적어서 참고하도록 하였다. 고 하였다.

- 반함(飯含)을 마치고 나면,
  ⑩ 복건을 씌우고
  ⑪ 충이(充耳)로 귀를 감싸며,
  ⑫ 신발을 신기고,
  ⑬ 우임(右袵)으로 심의를 입히고 큰대로 묶는다.
  ⑭ 악수로 양손을 묶고,
  ⑮ 시신에 홑이불을 덮어놓는다.

- 이로써 습(襲)의 단계를 마치게 된다. 근대상례이후 현대의례에서는 습(襲), 반함(飯含)의 절차(節次)에 더하여 소렴(小斂)과 대렴(大斂), 입관(入棺)까지를 한꺼번에 실시함으로 절차를 구분하기 어렵다.

- 『예기』「예운」편에 '생쌀로 반함을 한다.'고 한 구절의 주(註)에 '생쌀로 반함을 하는 것은 상고시대(上古時代)에 불로 익히는 법이 없었을 때 생쌀로 반함을 하였다.'고 하였고,

- 『예기』「단궁」편의 주에는 '반(飯)은 입에 넣는다는 것이다. 쌀을 사용하였기 때문에 반함(飯含)이라 이른다.'고 하였다.

- 『예기』「단궁」편에 '차마 그 입을 비게 하지 못하기 때문에 아름답고 깨끗한 것을 사용하여 채우는 것이다.'고 하였다.

- 내반함주주인좌단(乃飯含註主人左袒)에서 『예기』「단궁」편에 '웃옷의 어깨를 드러내고 괄발을 하는 것은 꾸밈을 버리는 것 중에 심한 것이다. 어깨를 드러낼 때도 있고, 옷을 입을 때도 있는 것은 슬픔의 절도이다.'라고 한 구절의 소(疏)에 '꾸밈을 버리는 것에 여러 가지가 있으나 어깨를 드러내고 괄발을 하는 것이 꾸밈을 버리는 것 중에 가장 심한 것이다. 이치상으로 마땅히 항상 어깨를 드러내야 할 것 같은데 어찌하여 어깨를 드러낼 때도 있고, 옷을 입을 때도 있는가? 대개 슬픔이 심하면 어깨를 드러내는 것이고, 슬픔이 가벼우면 옷을 입는 것이니 슬픔을 표시하는 한도와 절도이다'고 하였다.

- 수의를 보내는 예인 襚禮에 대하여 살펴보면, 「사상례」에 군주가 사람을 시켜 수의(襚)를 보내면 휘장을 거두고 주인은 처음과 같이 한다. [소에 처음과 같이 함은 또한 조문할 때 침문(寢門) 밖에서 맞이하여 중정(中庭)에 나아가 곡하고, 머리를 조아려 절하고 발을 구름이다.] 수의를 가진 자는 왼손으로 목 부분을 잡고 오른손으로 허리 부분을 잡고 들어간 후에 올라가서 치명(致命)한다. [주에 치명하며 말하기를, "군주께서 아무개를 시켜 수의를 전하도록 했습니다"고 한다. 주인은 처음과 같이 절한다.

수의를 가진 자가 들어가 지게문에 옷을 두고 나온다. 주인은 처음과 같이 절하고 전송한다. 주인은 오직 군주의 명에 의해 나가는데 서쪽 계단으로 오르내리고, 그대로 빈에게 절한다. 대부가 있으면 특별히 절하는데, 서쪽 계단 아래의 자리에 나아가 동향하되 발을 구르지(踊) 않으며, 대부가 비록 인사하지 않더라도 들어간다. [주에 인사하지 않음에도 주인이 올라가 들어감은 본디 빈을 위해 나가지 않았기에 예를 이루지 않음을 밝힘이다.][185]고 하였다.

(12) 置靈座設魂帛

【주자가례 원문 2-12】

- 置靈座 設魂帛*
  ⇒ 영좌를 설치하고 혼백을 모신다.

- 設椸於尸南 覆以帕 置倚卓其前 結白絹爲魂帛 置倚上 設香爐合盞注酒果於卓子上 侍者朝夕 設櫛頮奉養之具 皆如平生
  ⇒ 시신의 남쪽에 횃대를 세우고 수건으로 덮는다. 탁자를 그 앞에 놓고 흰 명주로 묶어 혼백을 만들어 의자 위에 모신다. 향로와 향합과 술잔과 술과 주전자와 과일을 탁자 위에 진설한다. 시자는 아침 저녁으로 빗과 세숫물, 봉양하는 도구 진설하기를 평상시와 같이 한다.

- 司馬溫公曰 古者鑿木爲重 以主其神 今令式亦有之 然士民之家未嘗識也 故用束帛依神 謂之魂帛 亦古禮之遺意也
  ⇒ 사마온공이 말하기를, "예전에는 나무를 깎아 중(重 영혼이 의지하도록 목조 임시 신주)을 만들어 신주로 섬겼다. 지금도 격식이 있으나 사민의 집에서는 이것을

---

185) 「士喪禮」 : 君使人襚, 徹帷, 主人如初。 疏 : 如初者, 亦如甲時迎於寢門外, 進中庭, 哭拜稽顙成踊。 襚者左執領, 右執要, 入, 升, 致命。 註 : 致命曰, "君使某襚。" 主人拜如初。 襚者入, 衣尸, 出。 主人拜送如初。 惟君命, 出, 升降自西階, 遂拜賓。 有大夫則特拜之。 卽位于西階下, 東面, 不踊。 大夫雖不辭, 入也。 註 : 不辭而主人升入, 明本不爲賓出, 不成禮也。

알지 못한다. 때문에 비단을 묶어서 신을 의탁하여 혼백이라고 하니 고례의 남은
뜻이다.

- 世俗皆畵影 置於魂帛之後 男子生時有畵像 用之猶無所謂
 ⇒ 세속에서 모두 초상화를 그려 혼백 뒤에 놓는데, 남자는 살아있을 때의 화상이
 있으면 이것을 써도 말할 바가 없다.

- 至於婦人 生時深居閨門 出則乘輜軿 擁蔽其面 旣死豈可使畵工直入深室 揚掩面之帛
 執筆訾相 畵其容貌
 ⇒ 부인의 경우는 살아있을 때 깊이 규문에 거처하고 외출을 할 때에는 덮개 가마를
 타거나 얼굴을 가렸으니 죽었다고 어찌 화공이 직접 안방에 들어가서 얼굴을 가
 린 명주를 들고서 붓을 들고 얼굴을 살피며 그 용모를 그리게 하겠는가?
- 此殊爲非禮 又世俗或用冠帽衣履 裝飾如人狀 此尤鄙俚不可從也
 ⇒ 이러한 것은 특히 예가 아니다. 또 세속에서도 더러 관모와 의복과 신발을 사용
 하여 사람의 모습처럼 꾸미기도 하는데 이것은 더욱 천박하고 상스러워 따를 수
 없다.'고 하였다.

- 問重 朱子曰 三禮圖有畵像 可考 然且如司馬公之說 亦自合時之宜 不必過泥於古也
 ⇒ 重에 대해서 물으니, 주자가 답하기를, "삼례도(三禮圖)에 重을 그린그림이 있어
 서 상고할 만하다. 그러나 다시 사마공의 설과 같이 당시의 마땅함에 맞으면 반
 드시 옛 것에 구애되지 않아도 된다."고 하였다.

- 楊氏復曰 禮大夫無主者 束帛依神 司馬公用魂帛 蓋取束帛依神之意
 ⇒ 양복이 말하기를, " 禮에 대부로서 신주가 없는 사람은 비단을 묶어 신을 의탁한
 다고 하였는데, 사마공이 혼백을 사용한 것은 대개 비단을 묶어 신을 의탁한 뜻
 을 취한 것이다."라고 하였다.

- 高氏曰 古人遺衣裳 必置於靈座 旣而藏於廟中 恐當從此說 以遺衣裳置於靈座 而加魂
 帛於其上 可也
 ⇒ 고씨가 말하기를, "옛사람은 죽은 사람이 남긴 의상은 반드시 영좌에 두었다가 상
 기가 끝나면 사당에 보관한다고 하였는데, 아마도 이 말에 따라서 남긴 의상을
 영좌에 두고 그 위에 혼백을 놓아도 될 것이다."라고 하였다.

- 시신의 남쪽 휘장 밖에 의자를 설치하고 흰색 명주로 만든 혼백(魂帛)을 그 위에 올려놓
 는다. 그 앞에 탁자를 놓고 향로, 향합, 술잔, 주전자, 술, 과일을 탁자 위에 진설한다.

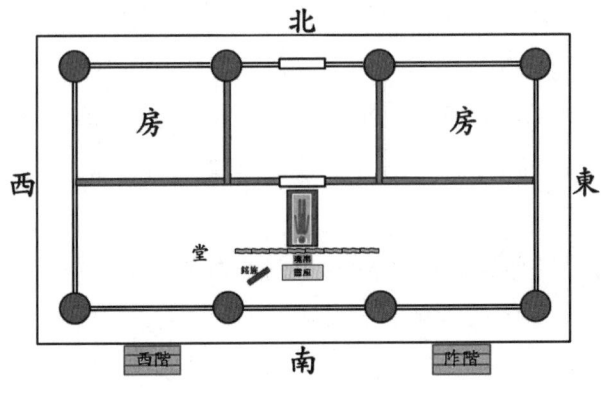

〈魂帛/靈座設置圖〉

- 시자는 평상시에 하던 것처럼 아침·저녁으로 빗과 세숫물, 봉양하는 도구를 진설한다.

- 『주자가례』의 주에 "고씨가 말하기를 '옛사람들은 죽은 사람이 남긴 의상은 반드시 영좌(靈座)에 두었다가 상기(喪期)가 끝나면 사당 안에 간수한다.'고 하였는데, 아마도 이 말을 따라서 남긴 의상을 영좌(靈座)에 두고 그 위에 혼백(魂帛)을 놓아도 될 것이다." 고 하였다.

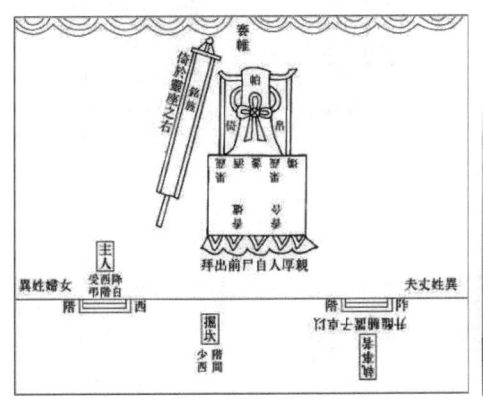

〈魂帛/靈座設置圖〉 　　　　　　〈魂帛/靈座設置圖〉

① 侍者 執盌以從 : 시자(侍者)가 주발을 들고서 따라간다.
② 主人 盥手執箱以入 : 주인(主人)이 손을 씻은 다음 상자를 들고서 들어간다.
③ 銘旌 倚於靈座之右 : 명정(銘旌)을 영좌(靈座)의 오른쪽에 기대어 놓는다.

④ 異性婦女 : 이성(異姓)의 부녀자들이 이곳에 서 있는다.

⑤ 主人 降自西階受弔 : 주인이 서계(西階)를 통하여 내려와서 조문을 받는다.

⑥ 親厚入自尸前出拜 : 가까운 친족들이 시신의 앞으로 나와서 절한다.

⑦ 以盆新水淅米于堂南面 : 동이[盆]에 새 물을 길어서 당(堂)의 남쪽에서 쌀을 씻는다.

⑧ 異性丈夫 : 이성(異姓)의 장부들이 이곳에 서 있는다.

⑨ 掘坎 階間少西 : 계단 사이의 중앙에서 약간 서쪽으로 치우친 곳에 구덩이를 판다.

⑩ 執事者 以卓子置脯醢升 : 집사자(執事者)가 포(脯)와 해(醢)를 놓은 탁자를 들고서 조계(阼階)로 올라간다.

- 영좌(靈座)는 혼백(魂帛)을 안치하는 장소로서 그 앞에 전(奠)을 차리는 것은 혼백(魂帛)이 의지할 장소를 의미하기 때문이다. 혼백(魂帛)은 흰 명주로 사람의 형상을 만들어 왼쪽에 죽은 사람의 생년·월·일·시를 쓰고, 오른쪽에 졸년·월·일·시를 써놓은 물건이다.

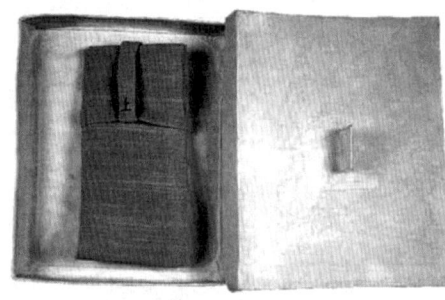

〈혼백 상자〉

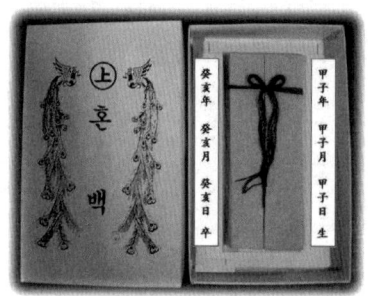

〈혼백의 작성〉

- 『가례집설』에 '명주의 길고 짧음은 때에 따라서 마땅하게 한다.'고 하였고, 『구씨의절』에 '혼백(魂帛)은 흰 명주로 만들되 세속의 소위 동심결과 같이 두 끈이 아래로 늘어뜨리도록 한다.'고 하였다. 『가례집람』에 '근세에 예를 행하는 집에서 비단을 접어서 긴 끈을 만들어 서로 교차시켜 묶은 것이 있다. 세속의 소위 동심결(同心結)이라고 하는 것은 그 머리를 위로 나오게 하고, 옆으로 두 고리가 나오게 하고, 아래로 그 나머지를 늘어뜨려 두 발이 되게 하여 사람의 형상을 닮게 하여 이것으로 신(神)이 의지하도록 하니 또한 취할 만하다.'고 하였다.

- 혼백(魂帛)은 육체(魄)를 떠난 혼이 의지하라고 비단이나 명주, 베를 묶어서 만든 것으

로, 두꺼운 종이상자로 만든 혼백(魂帛)상자에 넣어 교위에 모시는 것으로 몸을 떠난 혼의 빙의처로 고인의 영혼(靈魂)이 깃든 곳이다.

- 혼백(魂帛)은 평소에는 혼백(魂帛)상자의 뚜껑을 덮어놓지만, 혼백(魂帛)을 뵈올 때만 열어 놓는다.

- 신위(神位)를 만들지 않을 경우에는 삼년상(三年喪)을 마칠 때까지 혼백(魂帛)을 상청에 봉안하는 것이다. 이렇게 신주(神主)나 혼백(魂帛)을 상청에 봉안해 놓고 산 사람을 대접하듯 아침·저녁으로 술을 따라 올리고 빗과 세수하는 제구를 받들어 생전과 같이 효성을 다한다. 이렇기 때문에 상식(上食)이 있고 빈소(殯所)가 있는 것이다.

- 북송 때 사마온공(司馬溫公)의 기록에는 '중(重)이란 나무인형을 만들어 신주(神主)로 삼았다는 기록이 있는데 이를 잘못 알고 비단을 묶어서 혼백(魂帛)을 만들었다고 하였다. 세속에는 모두 영정을 혼백(魂帛) 뒤에 설치하였다'고 하였다. 이처럼 혼백(魂帛)과 망자의 영정을 놓는 것은 오래된 습속이라 할 수 있다.

(13) 立銘旌

```
┌─ 【주자가례 원문 2-13】 ─────────────────────────────

● 立銘旌*
  ⇒ 명정을 세운다.

● 以絳帛爲銘旌 廣終幅 三品以上九尺 五品以上八尺 六品以下七尺 書曰 某官某公之柩
  無官 卽隨其生時所稱
  ⇒ 붉은색 비단으로 명정을 만든다. 넓이는 온 폭으로 하고 벼슬이 3품 이상이면 9
    자, 5품 이상이면 8 자, 6품 이하면 7 자로 한다. 쓰기를 모관모공지구(某官某公
    之柩)라고 하는데, 관직이 없으면 살아있을 때 부르던 대로 한다.

● 以竹爲杠 如其長 倚於靈座之右
  ⇒ 대나무로 깃대를 만드는데 그 길이와 같게 하고 영좌의 오른쪽에 기대여 놓는다.

● 司馬溫公曰 銘旌 設跗立於殯東 註 跗 杠足也 其制如傘架
  ⇒ 사마온공이 말하기를, "'명정에 받침대를 하여 빈소의 동쪽에 세워 놓는다.'고 한
    구절의 주에 '부(跗)는 깃대의 발이니 그 제도는 우산의 받침대와 같다'고 하였다.
```

- 명정(銘旌)을 만들어 세우는 절차이다. 『예기』 「단궁」편 하에 '명(銘)은 기(旗)에 밝히는 것이다. 죽은 사람을 구별할 수 없으므로 그 기(旗)로 표시하는 것이다. 사랑하기 때문에 기록하는 것이고, 공경하기 때문에 그 도리를 다하는 것이다.'186)고 하였다.

〈명 정〉

- 명정(銘旌)은 망자(亡者)의 시신(屍身)을 관(棺)에 모신 후 누구를 모셨는가를 나타내는 기능을 하는 깃발이다. 붉은색 비단에 먹물로 썼으나 현대에 이르러 회분이나 은분 또는 금분으로 쓰기도 한다. 붉은색 비단을 쓴 것은 나쁜 귀신을 쫓기 위한 벽사(辟邪)의 의미가 있다고 하는데, 망자(亡者)의 혼(魂) 역시 다른 의미로는 귀신이 되는 것으로 벽사(辟邪)의 의미로 해석하기에는 다소 무리한 해석이 아닐 수 없다. 명정의 상징적 의미를 살펴보면, 붉은 색은 밝음을 뜻하는 것으로 양(陽)을 상징하고, 이름이라는 것은 양물(陽物)로 살아가면서 불려지는 것이고, 소리는 음(陰)에 해당하는 것이 된다. 이러한 이해를 바탕으로 한다면 망자(亡者)가 살아서 불리운 이름을 상징하여 깃발로 알리는 것이다.

  男子: 學生 ○○ 金公之柩,

- 벼슬이 있는 경우 학생대신 벼슬 기재

  女子: 孺人 ○○ 金氏之柩,

- 벼슬 있는 자의 아내이면 유인을 부인으로 기재.

- 이와 관련하여 『예기』 「잡기」편 상에 '모든 부인은 그 남편의 작위를 따른다.'고 하였고, 주에 '부인의 상사를 치를 때는 모두 남편의 작위의 높고 낮음으로 높이고 낮추는 것이고 다른 예는 없다.'187)고 하였다.

- 『예기』 「곡례」편에 '시상(尸牀)에 있으면 시(尸)라 하고, 관(棺)에 있으면 구(柩)라 한다.'고 하였다. 그 주(註)에 '구(柩)는 오랫동안(久)이라는 뜻이다. 죽은 사람에게 흙이 직접 피부에 닿지 않도록 하려는 것이기 때문에 관(棺)에 넣어서 오랫동안 보존하려는 것이다.'고 하였다.

---

186) 「檀弓」 : 銘, 明旌也。 以死者爲不可別, 故以其旗識之。 愛之, 斯錄之矣, 敬之, 斯盡其道焉耳。

187) 『儀禮』 「雜記」 凡婦人從其夫之爵位 註 治婦人喪事 皆以夫爵位 尊卑爲等降 無異禮也.

- 명정(銘旌)의 위치는 입관(入棺) 후에는 관의 동쪽에 세우고, 상여가 나갈 때는 그 앞에 가며. 매장(埋葬)할 때는 관이나 시신 위에 덮는다.

- 『가례회성』에 '상례의 도구는 모두 흰색을 사용하는데 오직 여기에서만 붉은 색을 사용하는 것은 글씨를 써서 죽은 자에게 주는 것이기 때문이다'고 하였다.

- 『가례』에서 '명정을 영좌의 오른편에 기대어놓는다'고 한 것은 또한 고례의 '서쪽 계단에 임시로 둔다'는 뜻이다. 「사상례」에서는 명정을 만드는 것이 목욕 앞에 있는데, 『가례』에서는 『서의』를 따라 습 뒤로 옮겼다.[188]고 하였다.

- 또한 『의례』「사상례」에 '그 명정(銘旌)으로 관(棺)을 표시하는 것이고, 시신(屍身)을 표시하는 것이 아니다. 때문에 관(棺)을 들어서 말한 것이다.'고 하였다.

(14) 不作佛事

┌─── 【주자가례 원문 2-14】 ───

● 不作佛事*
⇒ 불사(佛事)를 하지 않는다.

● 司馬溫公曰 世俗信浮屠誑誘 於始死及七七日百日期年再期除喪 飯僧設道場
⇒ 사마온공이 말하기를, "세속에서는 불교의 속이고, 유혹하는 것을 믿어 죽었을 때와 49일, 100일, 기년, 재기, 탈상에 공양을 하고 도량을 연다.

● 或作水陸大會 寫經造像 修建塔廟 云爲死者 滅彌天罪惡 必生天堂 受種種快樂 不爲者 必入地獄 剉燒舂磨 受無邊波吒之苦
⇒ 혹은 수륙대회(불교에서 한무제때 수륙대회,제사)를 열고, 사경을 하며 불상을 만들고, 탑묘를 세우면서 말하기를 '죽은 자를 위하여 하늘까지 가득한 죄악을 없애면 반드시 천당에 태어나서 많은 쾌락을 받지만 이러한 행사를 하지 않는 자는 반드시 지옥에 들어가서 육체를 저미고 태우며 찧고 갈리고 끝없는 추위에 떠는 고통을 받는다.'고 한다.

● 殊不知人生含氣血 知痛癢 或剪爪剃髮 從而燒斫之 已不知苦
⇒ 특수하게 이것은 알지는 못하나 사람은 기혈을 가지고 있어 아프거나 가려운 것을 지각하는데, 혹 손톱을 자르고 머리카락을 잘라 태우고 끊어도 이미 고통을 모른다.

----

188) 『家禮』, '銘旌倚於靈座之右.' 亦古禮'權置西階'之義。 「士喪禮」, 爲銘, 在沐浴前, 『家禮』, 因 『書儀』, 移襲後。

- 況於死者 刑神相離 刑則入於黃壤 朽腐消滅 與木石等 神則飄若風火 不知何之 借使剉
  燒春磨 豈復知之
  ⇒ 하물며 죽은 자는 몸과 정신이 서로 떨어져 몸은 땅속으로 들어가 썩어 소멸하니
  목석과 같고 정신은 표연히 풍화와 같아서 어디로 갔는지 알지 못하는데, 가령
  저미고 태우고 찧고 간다고 하여도 어찌 다시 알겠는가?

- 且浮屠所謂天堂地獄者 計亦以勸善而懲惡也 苟不以至公行之 雖鬼 可得而治乎
  ⇒ 또 불교에서 말하는 천당과 지옥이라는 것도 생각컨데 역시 선을 권장하고 악을
  징계하려는 것이다. 진실로 지극히 공정하게 행하지 않으면 비록 귀신이라 하더
  라도 다스릴 수 있지 않겠는가?

- 是以唐廬州刺史李舟 與妹書曰 天堂無則已 有則君子登 地獄無則已 有則小人入 世人
  親死而禱浮屠 是不以其親爲君子 而爲積惡有罪之小人也 何待其親之不厚哉 就使其
  親 實積惡有罪 豈略浮屠所能免乎 此則中智所共 知 而擧世滔滔信奉之 何其易惑而
  難曉也
  ⇒ 그러므로 唐의 여주자사(廬州刺史) 이주(李舟)가 누이에게 보낸 편지에서, '천당
  이 없으면 그만이지만 있다면 군자가 올라가고, 지옥이 없으면 그만이지만 있으
  면 소인이 들어갈 것이다.'라고 하였다. 세상 사람들이 어버이가 죽으면 부처에게
  비는데, 이것은 그 어버이를 군자로 여기지 않고 쌓아서 죄가 있는 소인으로 여
  기는 것이다. 어찌 어버이 대접하기를 두텁게 하지 않는가? 나아가서 가령 그 어
  버이가 악을 쌓아 죄가 있다 하더라도 부처에게 뇌물을 주어 면할 수가 있겠는
  가? 이것은 보통의 지혜로도 모두 알 수 있는 것인데, 온 세상이 도도히 그것을
  신봉하고 있으니 어찌하여 미혹되기는 쉽고 깨우치는 것은 어려운가?

- 甚者 至有傾家破産 然後已 與其如此 曷若早賣田營墓而葬之乎 彼天堂地獄 若果有之
  當與天地俱生 自佛法未入中國之前 人死而復生者 亦有之矣
  ⇒ 심한 자는 집안이 기울고 파산하기에 이른 뒤에야 그만 둔다. 이와 같이 하는 것
  보다는 일찍이 밭을 팔아 묘지를 만들어서 장사를 지내는 것이 낫지 않겠는가?
  저 천당과 지옥이 과연 있다면 마땅히 천지와 같이 생겨나야 하고 불법이 중국에
  들어오기 전부터 죽어서 다시 태어난 사람도 있어야 할 것이다.

- 何故無一人誤入地獄 見閻羅等十王耶 不學者 固不足與言 讀書知古者 亦可以少悟矣
  ⇒ 그런데 무슨 까닭으로 한 사람도 염라대왕과 十王을 만난 사람이 없겠는가? 배우
  지 않은 자는 진실로 더불어 말할 것이 없지만 글을 읽고 옛 것을 아는 자는 조
  금이라도 깨달을 수 있을 것이다."고 하였다.

- 불사(佛事)를 행하지 않는다는 의미이다.

- 사마온공의 말을 인용하여 49재[189], 100일제[190], 1년, 2년, 탈상에 공양을 하고 도량

을 연다고 하였다.

- 십왕(十王)191)에 대해 『가례집람』에 '석씨가 말하는 십왕은 첫째는 진광왕, 둘째는 소강왕, 셋째는 송제왕, 넷째는 오관왕, 다섯째는 염라왕, 여섯째는 변성왕, 일곱째는 태산왕, 여덟째는 평등왕, 아홉째는 도시왕, 열 번째는 전륜왕이다'고 하였다.

(15) 執友親厚之人, 至是入哭可也

```
┌─── 【주자가례 원문 2-15】 ───────────────────────

• 執友親厚之人 至是入哭 可也*
  ⇒ 친구와 친분이 두터웠던 사람은 이에 이르면 들어가 곡해도 된다.

• 主人未成服而來哭者 當服深衣 臨尸哭盡哀 出拜靈座
  ⇒ 주인이 아직 성복을 하지 않았어도 와서 곡 하는 자는 마땅히 심의를 입어야 한
    다. 시신에 다가가서 곡을 하여 슬픔을 다하고, 나와서 영좌에 절한다.

• 上香再拜 遂弔主人 相向哭盡哀 主人以哭對 無辭
  ⇒ 향을 올리고 두 번 절하고 드디어 주인에게 조문하며 서로 향하여 곡으로 슬픔을
    다한다. 주인은 곡으로 답하고 말하지 않는다.
```

- 친구와 친분이 두터웠던 사람은 이에 이르면 들어가 곡(哭)해도 된다.

- 주인이 아직 성복(成服)을 하지 않았어도 와서 곡(哭)을 하는 자는 마땅히 심의를 입어야 한다.

- 시신에 다가가서 곡을 하여 슬픔을 다하고 나와서 영좌에 절한다.

- 향을 올리며 재배하고, 주인에게 조문(弔問)하며 서로 향하여 곡(哭)으로 슬픔을 다한다.

- 주인은 곡(哭)으로 답하고 말하지 않는다.

----

189) 49제는 대부의 7우는 7일마다 하였는데, 춘추시대말기 이후 이를 참용하여 부모가 돌아가시면, 7일마다 부처님께 공양하고 승려들을 먹이던 데서 유래하였다. 『주자가례』, 임민혁 역, 2003, p235

190) 100일제는 卒哭을 말한다. 『주자가례』, 임민혁 역, 2003, p235

191) 十王은 지옥에서 죄의 경중을 정하는 십위의 왕을 말한다. 사람이 죽으면 그날부터 49일까지 7일마다, 그 뒤에는 백일, 소상, 대상 때 차례로 각 왕에게 생전에 지은 선악업의 심판을 받는다고 한다. 『주자가례朱子家禮』, 임민혁 역, 2003, p235

3. 소렴(小斂)

1) 개요

- 운명한 후 이튿째에 하는 절차이다. 시신의 모습을 가려 치장하기 위하여 19벌의 수의 (襚衣)와 효금으로 싸서 묶는 절차이다.

- 소렴(小斂)의 자형을 분석하여 보면,

  - 小는 『說文解字注』에 "物之微也。从八, 丨見而分之。"라 하여 "물체가 작다는 뜻이다. 八은 의미부분이고, 丨은 보아서 나눈다는 뜻이다."고 하였다. 자형을 분석하면, '丨' [뚫을 곤]의 의미는 큰 것 혹은 큰 물건을 뚫어서 나눈다는 뜻이고, '八'은 양쪽으로 가르다는 의미로 쓰여서 합하여 '小'가 된 것으로 '小'는 어떤 물건을 뚫고 양편으로 갈라서 나누어 작아지게 하다는 의미이다.

  - 斂 [거둘 렴]은 『說文解字注』에 "收也。从攴僉聲。"이라 하여 '잡아 거둔다'는 뜻이라고 하였다. 자형은 뜻을 나타내는 '攵'과 음을 나타내는 '僉'을 합하여 쓴 것이다. 攴은 『설문해자(說文解字)』는 "小擊也。从又卜聲。"라 하여 "가볍게 두드린다는 뜻이라고 하였고, 僉은 『설문해자(說文解字)』에 "皆也。从亼从吅从从。"라 하여 "모두라는 뜻이다."고 하였다. 이를 합하여 "모아서 묶다"는 의미로 소렴은 작게 모아서 묶는다는 뜻으로 대렴에 비해 작다는 뜻이 된다.

- 『예기』 「단궁 상」에 '시신(屍身)을 아직 꾸미지 않았기 때문에 당(堂)에 휘장을 치며, 소렴(小斂)을 하고는 휘장을 치운다.'고 하였는데, 사계(沙溪)는 '소렴(小斂)을 한 후에 휘장을 치우는 것은 시신(屍身)을 이미 꾸미며 장차 받들어 당(堂)으로 모셔올 때 일을 하는데 거리끼게 되기 때문이다'고 하였다.

- 『주자가례』의 侍者卒襲覆以衾의 절차에서 '사마온공(司馬溫公)이 말하기를, 옛날에는 죽은 다음날 소렴(小斂)을 하고 또 다음날 대렴(大斂)을 하였다. 거꾸로 된 의상을 바르게 하고 효금(絞紟)으로 묶고 금모(衾冒)로 싸서 가리는 것은 모두 그 몸을 보호하기 위한 것이었다. 옛날에는 사(士)는 습의(襲衣)가 3벌이고, 대부(大夫)는 5벌이며, 제후(諸侯)는 7벌이고 공(公)은 9벌이었다. 소렴(小斂)에는 존비(尊卑)가 모두 19벌을 썼으며, 대렴(大斂)에는 사(士)는 30벌이고, 대부(大夫)는 50벌이며, 군(君)은 100벌이었다. 이것은 가난한 사람이 갖출 수 있는 것은 아니다. 지금은 간편하고 쉬운 것을 따라 습

(襲)에는 옷 1벌을 쓰고, 대렴(大斂)과 소렴(小斂)에는 죽은 사람이 가지고 있던 옷과 친구들이 보내준 옷(及親友所襚之衣)에 의거해서 마땅한 바에 따라 사용한다. 만약 옷이 많으면 다 쓸 필요는 없다.'고 하였다.

- 또 「잡기」에 모는 시신의 모습을 가리는 것이다. 습에서부터 소렴에 이르기까지, 모를 설치하지 않으면 시신의 모습이 드러난다. 이 때문에 습을 한 뒤에는 즉시 모를 설치한다. [소에 비록 이미 옷을 입혔으나 만약 모를 설치하지 않으면 시신의 모습이 드러나 사람들에게 혐오감을 준다.] 습을 하고 나면 모를 설치하였다가, 소렴에 이르러 옷을 모아 모 위에 덮는다. 황씨(皇氏)가 말하기를, '대렴에 모를 벗긴다는 것은 들어보지 못했다'고 했다. 192)고 하였다.

- 『의례』「사상례」편의 소(疏)에 '의복(衣服)이 많더라도 19벌을 넘지 않게 한다.'고 하였고, 또한, 반재시하(半在尸下)라 하여, 『예기』「상대기」에 '소렴(小斂)에 19벌을 모두 몸에 입히는 것은 아니고 다만 방정하게 하는 것을 취하기 때문에 아래에 두는 것이 있는 것이다.'고 하였다.

- 『주자가례』의 주에 '소렴(小斂)에는 모두 효금(絞衾)을 먼저 한다. 소렴에는 좋은 것이 속에 있기 때문에 산의(散衣)를 펴고 나중에 제복(祭服)을 편다. 대렴(大斂)에는 좋은 것이 밖에 있기 때문에 제복(祭服)을 펴고 나중에 산의(散衣)를 편다.'고 하였다.
  ① 丈夫尊行 : 장부(丈夫)가 받들어 행한다. 높은 항렬의 장부(丈夫)가 이곳에 있다.
  ② 行尊婦女 : 부녀가 받들어 행한다. 높은 항렬의 부녀(婦女)가 이곳에 있다.
  ③ 男女共扶助之 遷于小斂牀上 : 남자와 여자가 함께 거들어서 소렴상(小斂牀) 위로 시신을 옮긴다.
  ④ 未掩其面 : 시신의 얼굴을 덮지 않는다.
  ⑤ 未結以絞 : 효(絞)로 묶지 않는다.
  ⑥ 裏之以衾 : 금(衾)으로 싼다.
  ⑦ 左衽不紐 : 왼쪽으로 옷섶을 여미되 매듭을 지어 묶지는 않는다.
  ⑧ 主婦 髽尸擗憑哭 : 주부(主婦)는 좌(髽)를 하고 시신에 기대어 곡을 하며 가슴을 친다.
  ⑨ 主人 括髮憑尸哭擗 : 주인은 괄발(括髮)을 하고 시신에 기대어 곡을 하며 가슴을

---

192) 「雜記」 : 冒者, 所以掩形也。自襲以至小斂, 不設冒則形, 是以襲而設冒也。疏 : 雖已著衣, 若不設冒, 則尸象形見, 爲人所惡。襲則設冒, 至小斂, 以衣總覆冒上。皇氏云, '大斂脫冒, 未聞。'

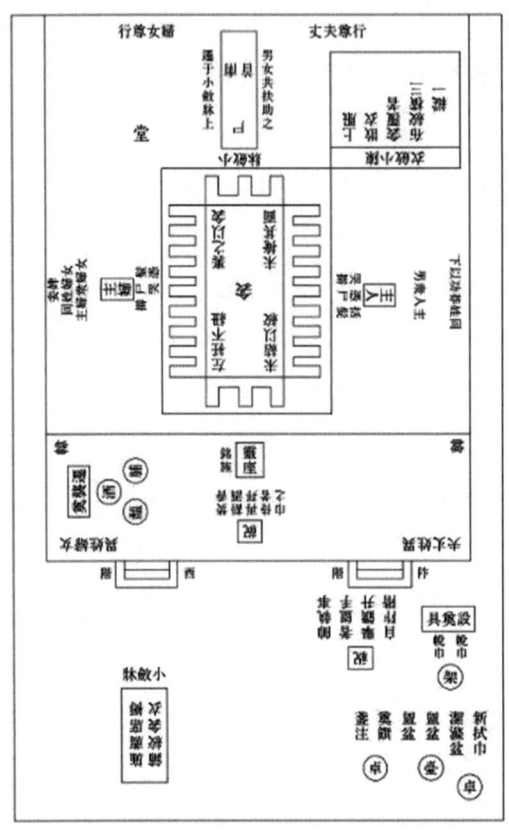

〈小斂圖〉

친다.

⑩ 主婦 衆婦女 同姓婦女 妾婢 : 주부, 중부녀(衆婦女), 동성(同姓)의 부녀, 첩(妾), 비(婢)가 이곳에 있는다.

⑪ 主人衆男 童城緦功以下 : 주인(主人), 중남(衆男), 동성의 기공(緦功) 이하의 친족이 이곳에 있는다.

⑫ 祝 焚香斟酒 再拜 侍者巾之 : 축(祝)이 분향을 하고 술을 따른다. 항렬이 낮은 사람이 모두 재배(再拜)한다. 시자(侍者)가 보로 덮는다.

⑬ 異性丈夫 : 이성(異姓)의 장부들이 이곳에 서 있는다.

⑭ 異性婦女 : 이성(異姓)의 부녀자

들이 이곳에 서 있는다.

⑮ 祝 帥執事者 盥手擧饌升自阼階 : 축이 집사자(執事者)를 거느리고서 손을 씻고 음식을 들고는 조계(阼階)로 올라간다.

⑯ 小斂牀 施薦席褥鋪絞衾衣 : 거적, 돗자리, 요, 효금(絞衾), 옷을 펴놓는다.

⑰ 設奠具 帨巾 帨巾 架

⑱ 卓 : 新拭巾 潔絛盆 臺 : 盥盆 盥盆 卓 : 奠饌 盞注

2) 소렴(小斂)의 예(禮)에 관하여 살펴보면

구분	『朱子家禮』	『喪禮備要』	『四禮便覽』
절차	•厥明 　執事者陳小斂衣衾 •設奠 •具括髮麻.免布髺麻 •設小斂牀.布絞衾衣. •乃遷襲奠 •遂小斂 •主人主婦.憑尸哭擗. •袒括髮免髺于別室. •還遷尸牀于堂中 •乃奠 •主人以下哭盡哀.乃代哭不絶聲	•厥明 •執事者.陳小斂衣衾. •設奠具. •括髮麻.免布.髺麻 •設小斂牀.布絞衾衣. •乃遷襲奠 •遂小斂 •主人主婦.憑尸哭擗. •袒括髮免髺于別室. •還遷尸牀于堂中 •乃奠 •主人以下哭盡哀.乃代哭不絶聲	•厥明 •執事者陳小斂衣衾 •設奠 •具括髮麻免布髺麻 •還遷尸牀于堂中 •乃奠 •主人以下哭盡哀乃代哭不絶聲

3) 의례절차의 이해

(1) 厥明, 執事者陳小斂衣衾

───── 【주자가례 원문 3-1】 ─────────────

● 厥明* 謂死之明日 執事者陳小斂衣衾*
⇒ 다음날, 죽은 다음날을 이른다. 집사자가 소렴할 옷과 이불을 진설한다.

● 以卓子陳于堂東壁下 據死者所有之衣 隨宜用之 若多則不必盡用也 衾用複者
⇒ 탁자를 당의 동쪽 벽 아래에 진설한다. 죽은 사람이 가지고 있던 옷에 따라 적당히 쓰되, 많으면 다 쓸 필요는 없다. 이불은 겹이불을 쓴다.

● 絞橫者三 縱者一 皆以細布或綵 一幅而析其兩端爲三 橫者 取足以周身相結 縱者 取足以掩首至足而結於身中
⇒ 효포(絞布:묶는 끈)는 가로가 셋이고 세로가 하나인데 모두 가는 베나 비단을 쓰되, 한 폭으로 양쪽 끝을 갈라서 셋으로 한다. 가로 끈은 족히 몸을 둘러서 서로 묶을 수 있을 만큼 취하고, 세로띠는 족히 머리를 덮고 발에 이르게 하여 몸 가운데에서 묶을 수 있을 만큼 취한다.

● 高氏曰 襲衣 所以衣尸 斂衣則包之而已 此襲斂之辨也
⇒ 고씨가 말하기를, "습의(襲衣)는 시신에 옷을 입히는 것이고, 염의(斂衣)는 시신

을 싸는 것이다. 이것이 습과 염의 차이다.

- 小斂 衣尙少 但用全幅細布 柝其末而用之 凡斂欲方 半在尸下 半在尸上 故散衣有倒者
  惟祭服不倒
  ⇒ 소렴의 옷은 적은 것이니 다만 온폭의 가는 베를 그 끝을 갈라서 쓴다. 염은 방
  정하게 하고자 하는 것이니 반은 시신 아래에 두고 반은 시신 위에 둔다. 때문에
  산의(散衣)는 거꾸로 놓는 것이 있으나, 제복(祭服)은 거꾸로 놓지 않는다.

- 凡布斂衣 皆以絞紟爲先 小斂美者在內 故次布散衣 後布祭服 大斂美者在外 故次布祭
  服 後布散衣也
  ⇒ 대체로 염의를 펴는 데는 모두 효금을 먼저 한다. 소렴에는 좋은 것이 속에 있기
  때문에 산의를 펴고 다음에 제복을 편다. 대렴에는 좋은 것이 밖에 있기 때문에
  제복을 펴고 다음에 산의를 펴는 것이다.

- 斂以衣爲主 小斂之衣 必以十九稱 大斂之衣 多至五十稱 夫旣襲之後 而斂衣若此之多
  故非絞以束之 則不能以堅實矣
  ⇒ 염은 옷으로 주로 하는데 소렴의 옷은 반드시 19벌이고, 대렴의 옷은 많으면 50
  벌까지 이른다. 이미 습을 한 후인데도 염의가 이렇게 많기 때문에 끈으로 묶지
  않으면 견실할 수가 없다.

- 凡物束斂繁急 則細小而堅實 夫然 故衣衾足以朽肉而形體深秘 可以使人之勿惡也
  ⇒ 모든 물건을 묶어 염하는 것을 단단히 하면 가늘고 작으면서도 견실하다. 그러한
  까닭에 옷과 이불은 육신이 썩어도 그 형체를 깊이 감출 수 있어 사람들이 혐오하
  지 않게 할 수 있는 것이다.

- 今之喪者 衣斂旣薄 絞冒不施 懼夫形體之露也 遽納之於棺 乃以入棺爲小斂 蓋棺爲大
  斂
  ⇒ 지금 장사에는 염의가 얇은데도 끈과 모를 쓰지 않으니 형체가 드러날까 걱정스
  럽다. 급히 관에 넣어 곧 입관하는 것으로 소렴을 삼고, 관에 뚜껑을 덮는 것으로
  대렴을 삼기도 한다.

- 入棺旣在始襲之時 蓋棺又在成服之日 則是小斂大斂之禮 皆廢矣
  ⇒ 입관은 이미 처음 습을 할 때하고, 관 뚜껑을 덮는 것은 성복하는 날에 하니 소
  렴과 대렴의 예는 모두 폐패진 것이다.”고 하였다.

- 楊氏復曰 按儀禮 士喪小斂 衣十九稱 絞橫三縮一 廣終幅 柝其末 註云 絞所以收束衣
  服爲堅急也 以布爲之 縮 縱也 橫者三幅 縱者一幅 柝其末 令可結也
  ⇒ 양복이 말하기를, “살펴보니 『의례』의 「사상례」에 ‘소렴의 옷은 19벌이고, 효
  는 가로가 셋, 세로가 하나로 넓이는 폭대로 하며 그 끝을 가른다.’고 한 구절의
  주에 ‘효는 옷을 걸어 묶어서 단단히 하는 것이다. 베로 만드는데 가로는 세 폭이
  고, 세로는 한 폭이니 그 끝을 갈라서 묶을 수 있게 한다.”고 하였다.

- 궐명(厥明) 위사지명일(謂死之明日)은 다음날 아침으로 죽은 다음날을 일컫는다.

- 집사자(執事者)는 집사가 소렴에 소용되는 기구와 이불을 당(堂)의 동쪽 벽 아래에 탁자에 놓는다.

  • 「사상례(士喪禮)」에 그다음 날 옷을 방에 펴되, 옷깃(領)을 남쪽으로 향하게 하되 서쪽을 상석으로 하여 돌려가며(綪) 편다. [주에 청(綪)은 굽힘(屈)이다.] [소에 옷을 펼 때는 모두 상자(篋)를 사용한다.]고 하였고, 남계(南溪)가 이르기를 "염(斂)에는 의상(衣裳)이 많으므로 돌아가며 편다."193)고 하였다.

  • 「상대기(喪大記)」에 옷을 펼 때는 상자에 넣고, 옷을 받을(取) 때도 상자로 한다. 오르고 내리는 것은 서계로 한다. [주에 취(取)는 받음(受)이다.]고 하였고, 『서의(書儀)』에 하후씨(夏后氏)는 저물 무렵에 염을 했고, 상(商)나라 사람은 대낮에 염을 했고, 주(周)나라 사람은 해 뜰 무렵에 염을 했다. 지금은 일이 준비되면 염을 하여, 어떤 시간이든 구애받지 않는다.194)고 하였다.

- 이불은 겹이불을 쓴다.

  • 「사상례」에 '검은색 이불(緇衾)에 붉은색 안(赬裏)을 하고 이불깃(紞)은 없다. [주에 이불깃은 덮는 표시이다.] 염하는 옷은 혹 뒤집어 덮기도하여 앞과 뒤의 구별이 없다. 무릇 이불은 모두 다섯 폭이다.'195)고 하였다.

  • 「상대기」에 겹옷(複衣)과 겹이불을 사용한다. 진씨(陳氏 진호(陳澔))가 말했다. "겹옷과 겹이불은 솜을 넣은 옷이다."196)고 하였다.

  • 소렴에 대부는 호금(縞衾 흰 이불), 사(士)는 치금(緇衾 검은 이불)인데, 모두 하나이다.197)고 하였다.

----

193) 「士喪禮」 : 厥明, 陳衣于房, 南領西上, 綪。 註 : 綪, 屈也。 疏 : 陳衣皆用篋。 南溪曰 : "斂以衣裳多而綪。"
194) 「喪大記」 : 凡陳衣者, 實之篋, 取衣者, 亦以篋。 升降自西階。 註 : 取猶受也。 『書儀』 : 夏后氏斂用昏, 商人斂用日中, 周人斂用日出。 今事辦則斂, 不拘何時。
195) 「士喪禮」 : 緇衾, 赬裏, 無紞。 註 : 紞, 被識也。 斂衣, 或倒被, 無別於前後也。 凡衾皆五幅。
196) 「喪大記」 : 用複衣複衾。 陳氏曰 : "複衣複衾, 衣之有綿纊者。"
197) 『常變通攷』 小斂, 大夫縞衾, 士緇衾, 皆一。

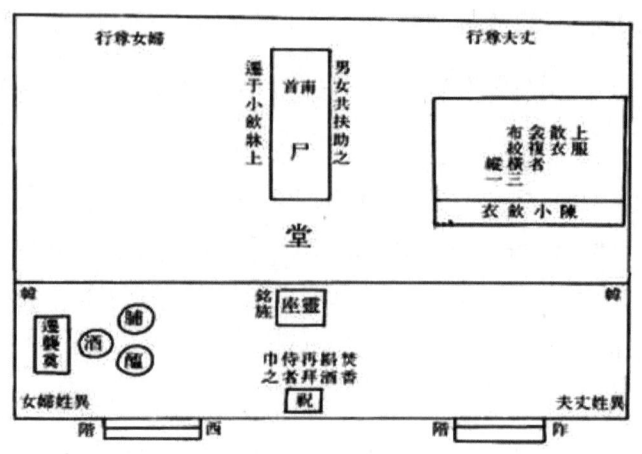

〈陳小斂衣衾〉

① 丈夫尊行 : 장부(丈夫)가 받들어 행한다. 높은 항렬의 장부(丈夫)가 이곳에 있는다.

② 行尊婦女 : 부녀가 받들어 행한다. 높은 항렬의 부녀(婦女)가 이곳에 있는다.

③ 男女共扶助之 遷于小斂牀上 : 남자와 여자가 함께 거들어서 소렴상(小斂牀) 위로 시신을 옮긴다.

④ 陳小斂衣 上服 匣衣 衾覆者 布絞橫三 縱一 : 소렴에 쓰일 옷을 진설한다.

⑤ 祝 焚香斟酒 再拜 侍者巾之 : 축(祝)이 분향을 하고 술을 따른다. 항렬이 낮은 사람이 모두 재배(再拜)한다. 시자(侍者)가 보로 덮는다.

⑥ 遷襲奠 酒 脯 醢 : 습전을 옮긴다.

⑦ 異性丈夫 : 이성(異姓)의 장부들이 이곳에 서 있는다.

⑧ 異性婦女 : 이성(異姓)의 부녀자들이 이곳에 서 있는다.

- 죽은 사람이 가지고 있던 옷에 의거하여 마땅함에 따라 쓰되 많으면 다 쓸 필요는 없다.

  • 「사상례」에 제복(祭服)을 다음에 편다. [주에 작변복(爵弁服)과 피변복(皮弁服)이다.] [소에 먼저 효(絞)와 금(紟)을 펴고, 다음에 제복을 편다.] 산의(散衣)를 다음에 펴니, [주에 단의(褖衣) 이하의 포(袍)와 견(繭) 따위이다.] [소에 포(袍)와 견(繭)은 솜을 넣은 것이 있는 의복의 다른 이름이다.] 옷을 펴서 이어 놓되, [주에 여러 가지 수의(襚)이다.] 반드시 다 쓸 필요는 없다.[주에 맞출 따름이지 많기를 힘쓰지 않는다.]198)고 하였다.

- 효금(絞衾)199)은 가로매가 셋이고 세로매가 하나인데, 모두 가는 베 혹은 비단 한 폭으로 양끝을 잘라서 셋으로 만든다.

  • 「상대기」에 옷 19벌을 방 가운데 펴는데, 옷깃을 서쪽으로 향하여 북쪽을 상석으로 하되, 효(絞)와 금(衿)은 그 줄에 두지 않는다. [주에 「사상례」에 '소렴에 옷을 방 가운데 펴는데, 옷깃을 남쪽으로 하여 서쪽을 상석으로 한다'고 했으니, 대부와는 다름에도 이제 여기서 같다고 한 것은 대개 천자의 사(士)이기 때문이다. 효와 금을 그 줄에 두지 않는다는 것은 한 벌이 되지 않기 때문이다.] 소렴에는 금(衿)이 없으므로 효(絞)로 드러낸다. [소에 군(君)·대부(大夫)·사(士)는 동일하게 19벌을 사용한다.]200)고 하였다.

  • 「상대기」에 소렴 이후부터 이금을 사용한다. 이금과 질쇄(質殺)의 제도는 모(冒)와 같다. [소에 소렴 앞에는 모(冒)를 사용하므로 이금을 사용하지 않는다.] 소렴 뒤부터는 옷이 많기 때문에 모(冒)를 사용할 수 없다. 그러므로 이금을 사용하여 덮는다. 채색과 제도가 모(冒)와 같은데, 단지 주머니와 곁으로 이어붙이는 것은 하지 않는다. 죽은 처음에 염할 때의 금(衾)을 사용하여 덮는데, 이것은 대렴의 금(衾)이다. 소렴 이전부터 시신을 덮었다가, 소렴 때가 되면 대부는 흰 이불(縞衾), 사(士)는 검은 이불(緇衾)을 소렴에 사용하고, 염을 마치면 따로 이금을 만들어 덮는다.201)고 하였다.

- 가로 끈은 몸을 둘러서 서로 묶을 수 있을 만큼 취하고, 세로 끈은 머리를 덮어서 발에 이르되 몸 가운데에서 묶을 수 있을 만큼 취한다.

----

198) 「士喪禮」 : 祭服次, 註 : 爵弁服皮弁服。 疏 : 先陳絞紟, 次陳祭服。　　散衣次, 註 : 褖衣以下, 袍繭之屬。 疏 : 袍繭有著之異名。　陳衣繼之, 註 : 庶襚。 不必盡用。 註 : 取稱而已, 不務多。

199) 효금(絞衾)은 「사상례」에 시신(屍身)을 싸서 묶는 束帶의 일종이다. 『주자가례』, 임민혁 역, 2003, p238

200) 「喪大記」 : 衣十有九稱, 陳于房中, 西領北上, 絞紟不在列。 註 : 「士喪禮」, '小斂陳衣於房中, 南領西上, ' 與大夫異, 今此同, 蓋天子之士也。 絞紟不在列, 以其不成稱。 小斂無紟, 因絞見之也。 疏 : 君大夫士, 同用十九稱。

201) 「喪大記」 : 自小斂以往用夷衾。 夷衾質殺之裁, 猶冒也。 疏 : 小斂前有冒, 故不用夷衾。 自小斂後衣多, 不可用冒。 故用夷衾覆之。 繒色及制如冒, 但不爲囊及旁聯也。 始死憮用斂衾, 是大斂之衾。 自小斂以前覆尸, 至小斂時, 大夫縞衾, 士緇衾, 用之小斂, 斂訖, 別制夷衾覆之。

(2) 設奠

━━━ 【주자가례 원문 3-2】 ━━━

● 設奠*
⇒ 전(奠)을 차린다.

● 設卓子于阼階東南 置奠饌及盞注于其上 巾之 設盥盆帨巾各二于饌東 其東有臺者 祝所
盥也 其西無臺者 執事者所盥也
⇒ 탁자를 동쪽 계단의 동남쪽에 갖추어놓고 올릴 음식과 술잔과 주전자를 그 위에
차리고 보로 덮는다. 손 씻을 대야와 수건을 각각 두 개씩 음식의 동쪽에 놓는다.
그 동쪽에 받침대가 있는 것은 축이 손 씻을 곳이며, 그 서쪽에 받침대가 없는
것은 집사자가 손 씻을 곳이다.

● 別以卓子設潔滌盆新拭巾於其東 所以洗盞拭盞也 此一節 至遣並同
⇒ 별도로 탁자에 깨끗이 씻은 대야와 새로운 수건을 동쪽에 놓는 것은 잔을 씻고
닦으려는 것이다. 이 한 절목은 출상할 때 행하는 견전에 이르기까지 모두 같다.

- 습(襲)을 할 때 차려놓았던 영좌(靈座)의 음식인 습전(襲奠)을 서남쪽에 옮겨 놓았다가
새로운 전(奠)을 마련하기를 기다려 치우니, 뒤에 전(奠)은 모두 이와 같이 한다.

- 탁자를 동쪽계단에 마련하고, 전을 올릴 찬과 잔과 주전자를 그 위에 놓고, 보로 덮는
다. 손숫물 대야, 손숫물 수건을 찬 동쪽에 놓는다. 따로 탁자에 설거지 대야와 새 행
주를 그 동쪽에 놓는다. 이러한 절차는 견전(遣奠)에 이르기까지 모두 같다.

〈豆〉

〈籩〉

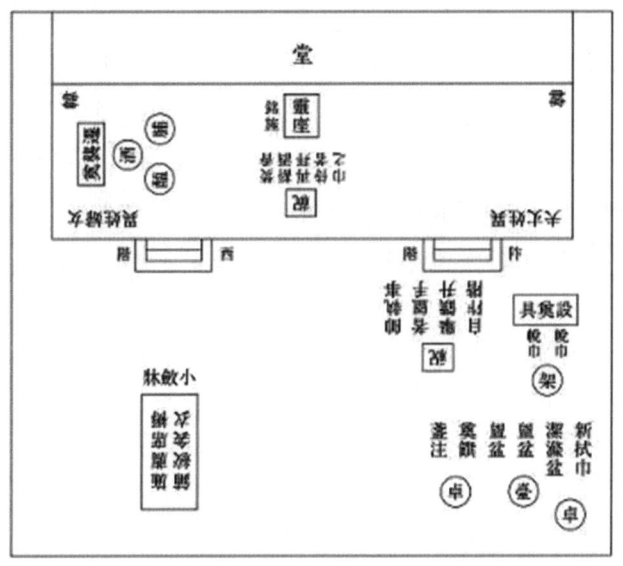

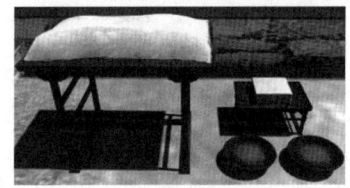

〈設奠(小斂奠)圖〉

① 祝 焚香斟酒 再拜 侍者巾之 : 축(祝)이 분향을 하고 술을 따른다. 항렬이 낮은 사람이 모두 재배(再拜)한다. 시자(侍者)가 보로 덮는다.

② 遷襲奠 酒脯醢 :

③ 異性丈夫 : 이성(異姓)의 장부들이 이곳에 서 있는다.

④ 異性婦女 : 이성(異姓)의 부녀자들이 이곳에 서 있는다.

⑤ 祝 帥執事者 盥手擧饌升自阼階 : 축이 집사자(執事者)를 거느리고서 손을 씻고 음식을 들고는 조계(阼階)로 올라간다.

⑥ 小斂牀 施薦席褥鋪絞衾衣 : 거적, 돗자리, 요, 효금(絞衾), 옷을 펴놓는다.

⑦ 設奠具 帨巾 帨巾 架

⑧ 卓 : 新拭巾 潔滌盆 臺 : 盥盆 盥盆 卓 : 奠饌 盞注

- 『개원례』에 '음식은 동쪽 당 아래에 차린다. 질그릇 술 단지 2개에 예와 주를 재우고 잔을 2개, 뿔 수저 1개, 소뢰와 석 3개조와 변두 각 8개씩 놓는다. 변(籩)에는 혜, 포와 대추, 밤과 같은 것을 담고, 두(豆)에는 혜, 장, 채소무침, 채소 저림 같은 것을 담는다. 4, 5품은 변두(籩豆)를 각각 6개로 하고, 6품 이하는 변두(籩豆)를 각각 2개를 하여 담는 것은 마찬가지로 한다.'고 하였다.

- 『의례』「사상례」편에 '음식을 치우는데 먼저 예(醴)와 주(酒)를 들고 북쪽을 향하여 선다. 그 나머지는 먼저 진설한 것을 먼저 들어 시신의 다리 쪽으로부터 나가서 서쪽 계단으로 내려간다. 부인은 이것을 바라보며 발을 구른다. 이 음식들은 뜰에서 서(序)의 서남쪽에 진설하고, 서영(西榮)이 북쪽이 되도록 하여 당(堂)에 진설한 것처럼 한다.'고 하였다. 그 주에 '뜰에서 귀신을 구하는 것은 효자가 차마 그 부모가 잠시라도 의지할 바가 없게 할 수 없기 때문이다.'고 하였다.

(3) 具括髮麻.免布髽麻

┌─── 【주자가례 원문 3-3】 ─────────────────────────────

- 具括髮麻免布髽麻*
  ⇒ 괄발할 삼(麻)과 문할 베(布)와 복머리할 삼(麻)을 갖춘다.

- 括髮 謂麻繩撮髻 又以布爲頭㡇也 免 謂裂布或縫絹廣寸 自項向前 交於額上 卻遶髻如著掠頭也
  ⇒ 괄발은 삼끈으로 머리를 묶고 또 베로 두수를 만드는 것을 말한다. 문은 찢은 베나 기운 비단을 말하는데 너미는 1치이다. 목으로부터 앞을 향하여 이마 위에 교차시키고 다시 상투를 두르니 머리에 망건 쓰듯이 여미는 것이다.

- 髽 亦用麻繩撮髻 竹木爲簪也 設之 皆于別室
  ⇒ 좌(髽) 역시 삼끈을 써서 상투를 묶고 대나무나 나무로 비녀를 만든다. 차리기를 모두 별실에서 한다.

└──

- 풀었던 머리를 묶는 괄발(括髮)할 삼, 그리고 대나무 혹은 나무로 만든 비녀를 준비하여 별실(別室)에 차려 놓는다.

- 문(免)은 베를 찢거나 견(絹)을 기워 너비 한 치로 하는 것을 말하는데, 옛날에는 견(絹)으로 문(免)을 만든 것이 없다. 이는 대개 『서의』가 시속을 따랐고, 『가례』는 그것을 따랐기 때문일 것이다.

뒷덜미에서 앞으로 향하여 이마 위에서 교차시키고, 다시 상투에 둘러 약두(掠頭)를 착용하듯이 한다. 복머리(髽)도 역시 삼끈으로 상투에 묶고, 대나무로 비녀를 한다. 『비요(備要)』에 대나무 비녀(竹簪)는 고례(古禮)에 성복(成服) 때 사용한 것으로, 『가례』와 같지 않다.

『서의』에 남자와 부인은 모두 머리카락을 거두어 상투를 묶는데, 먼저 삼끈(麻繩)을 사용하여 상투를 묶고, 또 베로 두수(頭㡤)를 만든다. 참최(斬衰)에는 삼을 꼬아서 끈 (繩)을 만들고, 부인은 복머리를 할 때 역시 삼을 꼬아서 끈을 만든다. 자최(齊衰) 이하 는 포(布)나 견(絹)을 사용하여 문(免)을 만드는데, 모두 조두(髽頭)의 제도와 같다.[202] 고 하였다.

- 필요한 물건이 모두 준비되면 소렴(小斂)을 진행한다.

(4) 設小斂牀. 布絞衾衣.

┌─── 【주자가례 원문 3-4】 ─────────────────────────────────

● 設小斂牀 布絞衾衣*
⇒ 소렴상을 차리고 효(絞)와 이불과 옷을 편다.

● 設小斂牀 施薦席褥于西階之西 鋪絞衾衣 擧之 升自西階 置于尸南 先布絞之橫者三於
  下 以備周身相結 乃布縱者一於上 以備掩首及足也
⇒ 소렴상을 차리고 자리와 요를 서쪽 계단의 서쪽에 깐다. 효금과 이불과 옷을 들
  고 서쪽 계단으로부터 올라가 시신의 남쪽에 놓는데, 먼저 효의 가로 끈 셋을 아
  래에 펴서 몸을 둘러 서로 묶을 준비를 하고, 세로 끈 하나를 위에 펴서 머리를
  덮어 발에 이를 수 있도록 준비한다.

● 衣或顚或倒 但取正方 唯上衣不倒
⇒ 옷은 뒤집기도 하고 거꾸로 하기도 하지만 다만 사방을 바르게 하고 오직 웃옷은
  거꾸로 하지 않는다.

└──

- 앞서 습의(襲衣)는 시신에 옷을 입히는 것이고, 염의(斂衣)는 시신을 싸는 것이라고 하였다. 염(斂)은 옷을 위주로 하는데 소렴(小斂)의 옷은 반드시 열아홉 벌이고, 대렴(大斂)에는 신분에 따라 옷의 벌수가 차이가 있는데 많으면 백 벌까지 이른다.

- 소렴(小斂)의 옷에 대하여 '존비통용십구칭(尊卑通用十九稱)'이라 하여 존비(尊卑)가 통용하는 열아홉 벌을 준비한다고 하였는데, 『의례』「사상례」에 '모두 19벌이다.'는 구절의 소(疏)에 '사(士)의 상복은 오직 작변복, 피변복, 단의만 있을 따름인데 19벌이라

---

202) 『常變通攷』免謂裂布, 或縫絹, 廣寸, 古無用絹爲免者. 此蓋 『書儀』 從俗, 而 『家禮』 因之也. 自項 向前, 交於額上, 却遶髻, 如著掠頭也. 髻亦用麻繩撮髻, 竹木爲簪也. 『備要』 : 竹簪, 古禮成服用 之, 與 『家禮』 不同. 『書儀』 : 男子婦人, 皆收髮爲紒, 先用麻繩撮髻, 又以布爲頭㡤. 斬衰者, 紐麻 爲繩, 婦人髻亦紐麻爲繩. 齊衰以下, 用布絹爲免, 皆如髽頭之制.

고 한 것은 거듭 마련하여 19벌을 채우는 것이다.'고 하였고, 『예기』「상대기」에 '옷을 19벌을 준비하는 것은 천지(天地)의 종수를 본받는 것이니, 천자(天子)이하 모두 옷을 19벌 준비한다. 천지(天地)의 처음 수(數)는 천(天)은 일(一)이고 지(地)는 이(二)이고, 종수(終數)는 천(天)이 구(九)이고 지(地)는 십(十)이다. 사람이 천지(天地)사이에서 살다가 죽기 때문에 종수(終數)를 염의(斂衣)의 벌수로 하는 것이고, 높고 낮은 사람이 모두 같은 절도로 하는 것이다.'[203]하였다.

- 설소렴상(設小斂牀). 포교금의(布絞衾衣)의 절차는

① 소렴상(小斂牀)을 준비하고 자리와 요를 서쪽계단의 서쪽에 깔아 놓는다.

② 효금(絞衾)과 옷을 시신의 남쪽에 놓는다.

③ 소렴상(小斂牀)위에 가로매 셋을 아래에 나란히 펴서 두고, 그 위에 세로 매를 가지런히 펼쳐 놓는데, 가로 매는 펴서 몸을 둘러 묶을 준비를 하고, 세로 매는 머리를 덮어 발에 닿을 수 있도록 준비한다.

④ 옷은 뒤집거나, 거꾸로 하되 다만 사방을 바르게 하고, 윗옷을 거꾸로 하지 않는다.

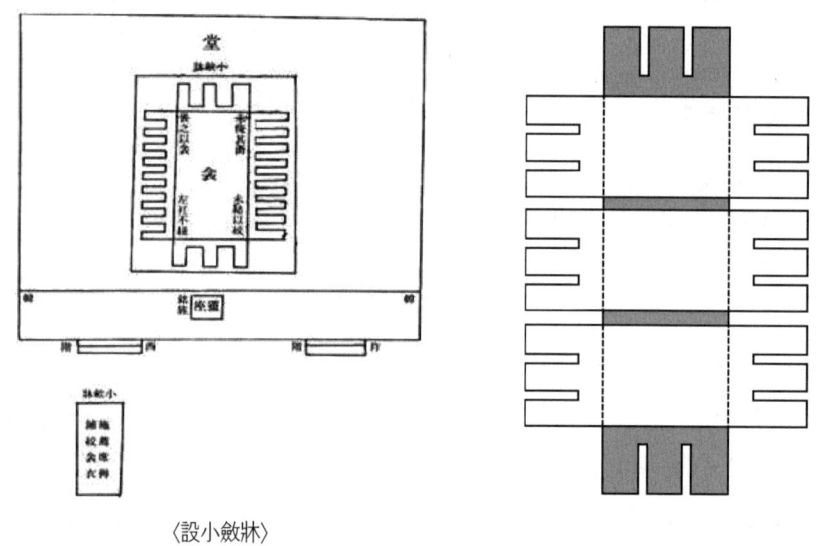

〈設小斂牀〉

① 小斂牀 未掩其面 : 시신의 얼굴을 덮지 않는다.

② 未結以絞 : 효(絞)로 묶지 않는다.

---

203) 「士喪禮」 : 凡十有九稱. 疏 : 士之服, 惟有爵弁皮弁褖衣而已, 云十九稱, 重之使充十九. 必十九者, 法天地之終數也. 天地之初數, 天一地二, 終數天九地十. 人在天地之間而終, 故取終數. 尊卑共爲一節.

③ 裏之以衾 : 금(衾)으로 싼다.

④ 左衽不紐 : 왼쪽으로 옷섶을 여미되 매듭을 지어 묶지는 않는다.

⑤ 小斂牀 施薦席梜鋪絞衾衣 : 거적, 돗자리, 요, 효금(絞衾), 옷을 펴놓는다.

- 위의 소렴상 그림에서 '좌임불뉴(左衽不紐)'라고 하여 소렴과 대렴에 쓰이는 수의(襚衣)를 정리하는 과정을 설명하고 있다. 앞서 습의(襲衣)를 입히는 과정에서 좌임불뉴라고 한 것을 잘못된 것이다.

- 앞서 논의한 좌임불뉴(左衽不紐)를 살펴보면, 『의례』 「사상례」편에 '시신을 습상(襲牀)위에 옮겨 놓고 옷을 입힌다. 대체로 죽은 자에게 옷을 입히는 데는 옷깃을 좌측으로 가게하고 매듭을 짓지 않는다. 『개원례』에도 이와 같으며, 『가례(家禮)』에는 소렴(小斂)에 이르러서야 비로소 있으니, 이것도 차마 갑자기 그 부모가 죽었다고 생각하여 소렴(小斂)으로 옮기지 못하기 때문이다.'고 하였다.

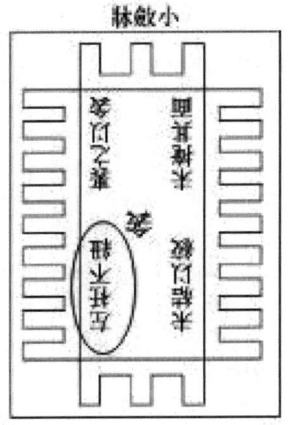

① 小斂牀 未掩其面 : 시신의 얼굴을 덮지 않는다.

② 未結以絞 : 효(絞)로 묶지 않는다.

③ 裏之以衾 : 금(衾)으로 싼다.

④ 左衽不紐 : 왼쪽으로 옷섶을 여미되 매듭을 지어 묶지는 않는다.

- 『예기』 「상대기」편에 '대렴, 소렴에 모두 옷깃을 왼쪽으로 가도록 하고 , 묶기는 하나 매듭을 짓지 않는다.'고 하였다. 그 구절의 소(疏)에 임(衽)은 옷깃이다. 살아 있을 때는 옷깃을 오른쪽으로 향하게

하는 것은 왼손으로 띠를 풀기 편하기 때문이다. 죽으면 옷깃을 왼쪽으로 향하게 하는 것은 다시 풀지 않는다는 보여 주는 것이다. 살았을 때는 띠와 함께 굽힌 고를 만들어 쉽게 뽑아 풀 수 있게 하지만, 죽으면 다시 풀 의미가 없으므로, 묶어서 매듭을 짓고, 고를 만들지 않는다.204)고 하였다.

'결효불뉴(結絞不紐)로 묶되 매듭하지 않는다는 것은 살아 있을 때는 띠와 같이 나비형

---

204) 「喪大記」 : 小斂大斂, 皆左衽, 結絞不紐。註 : 左衽, 衽嚮左, 反生時也。疏 : 衽, 衣襟也。生嚮右, 左手解抽帶便也。死則襟向左, 際不復解也。生時, 帶並爲屈紐, 使易抽解, 若死則無復解義, 故絞束畢結之, 不爲紐也。

으로 묶는 것은 풀기가 쉽도록 하기 위한 것이다. 죽으면 다시 풀지 않는다는 뜻이기 때문에 완전히 묶고 매듭짓지 않는 것이다.'고 하였다. 이러한 견해에 대해 사계(沙溪)는 '『예기』「상대기」에서 대렴(大斂)과 소렴(小斂)에서 옷깃을 좌측으로 한다고 말한 것은 의복을 가리켜서 말한 것이고, 매듭을 짓지 않는다는 것은 결효(結絞)를 가리켜서 말한 것이다.' '『가례』에서 소렴(小斂)에 옷깃을 좌측으로 하고 매듭을 짓지 않는다고 말한 것은 남은 옷으로 덮는 것을 가리켜서 말한 것이다. 이것은 아직 효(絞)로 묶기 전에 있는 것이다.'고 하였다.

(5) 乃遷襲奠

【주자가례 원문 3-5】

● 乃遷襲奠*
⇒ 이에 습전(襲奠)을 옮긴다.

● 執事者遷置靈座西南 俟設新奠 乃去之 後凡奠皆放此
⇒ 집사자가 습전을 올리는 탁자를 옮겨 영좌의 서남쪽에 놓는다. 새 전을 차리기를 기다렸다가 곧 치운다. 이후의 모든 전은 이와 같이 한다.

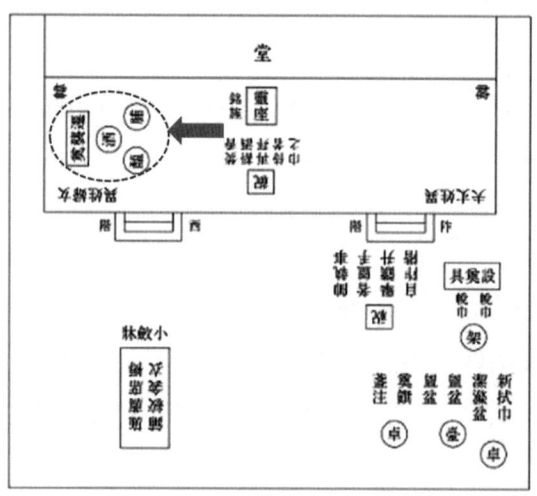

〈乃遷襲奠〉

① 祝 焚香斟酒 再拜 侍者巾之 : 축(祝)이 분향을 하고 술을 따른다. 항렬이 낮은 사람이 모두 재배(再拜)한다. 시자(侍者)가 보로 덮는다.

② 遷襲奠 酒 脯 醢 : 습전을 옮긴다.

③ 異性丈夫 : 이성(異姓)의 장부들이 이곳에 서 있는다.

④ 異性婦女 : 이성(異姓)의 부녀자들이 이곳에 서 있는다.

⑤ 祝 帥執事者 盥手擧饌升自阼階 : 축이 집사자(執事者)를 거느리고서 손을 씻고 음식을 들고는 조계(阼階)로 올라간다.

⑥ 小斂牀 施薦席褥鋪絞衾衣 : 거적, 돗자리, 요, 효금(絞衾), 옷을 펴놓는다.

⑦ 設奠具 帨巾 帨巾 架

⑧ 卓 : 新拭巾 潔絛盆 臺 : 盥盆 盥盆 卓 : 奠饌 盞注

- 「사상례」의 주에 소렴을 하려고 하면 습전(襲奠)은 옮긴다. [소에 습전은 곧 죽은 처음에 차렸던 전(奠)으로, 염하는 일에 방해가 될까봐 습을 할 때에 이미 옮겼다.] 이제 소렴을 하려고 하니 역시 실(室) 서남쪽 모퉁이에 옮긴다. 마찬가지로 대렴을 하려고 하면 소렴전을 서(序) 서남쪽으로 옮긴다. 실(室) 밖에 둔 전(奠)은 하룻밤을 지내면 모두 서(序) 서남쪽으로 옮기는데, 대렴전과 조전(祖奠)이 이것이다[205]고 하였다.

(6) 遂小斂

【주자가례 원문 3-6】

• 遂小斂*
⇒ 드디어 소렴을 한다.

• 侍者盥手擧尸 男女共扶助之 遷于小斂牀上 先去枕 而舒絹疊衣以藉其首 仍卷兩端以補兩肩空處 又卷衣夾其兩脛 取其正方 然後以餘衣掩尸 左衽不紐
⇒ 사자는 손을 씻고 시신을 드는데 남여는 함께 붙잡고 돕는다. 소렴상 위로 옮겨 먼저 베개를 치우고 비단 겹옷을 펴서 머리를 괸다. 이어 양쪽 끝을 말아서 두 어깨의 빈 곳을 채우고, 또 옷을 말아서 두 다리에 끼워서 사방을 바르게 한다. 그러한 후에 나머지 옷으로 시신을 덮는다. 옷깃을 왼쪽으로 여미되 옷고름을 매지 않는다.

• 裹之以衾 而未結以絞 未掩其面 蓋孝子猶俟其復生 欲時見其面故也 斂畢 別覆以衾
⇒ 이불로 싸는데 아직은 효로 묶지 않고 그 얼굴을 덮지도 않는다. 효자는 오히려 그가 다시 살아나기를 기다려 때로 그 얼굴을 보고자 하기 때문이다. 염이 끝나면 별도로 이불로 덮는다.

---

205) 「士喪禮」 註 : 將小斂, 則辟襲奠. 疏 : 襲奠, 卽始死之奠, 以恐妨斂事, 故襲時已辟之. 今將小斂, 亦辟之, 當於室西南隅, 如將大斂, 辟小斂奠於序西南也. 奠在室外者, 經宿皆辟之於序西南, 大斂奠與祖奠, 是也.

- 소렴(小斂)의 절차를 살펴보면,

    ① 습전(襲奠)을 옮겨 영좌(靈座)의 서남쪽에 놓는다. 새 전(奠)을 차리기를 기다렸다가 금방 치운다.

    ② 시자(侍者)가 손을 씻고 시신(屍身)을 들어 소렴상(小斂牀)위에 놓는다.

    ③ 먼저 베개를 치우고 비단 겹옷을 말아 머리에 괸다.

    ④ 양끝을 올려 두 어깨의 빈곳에 채운다.

    ⑤ 옷을 말아서 두 다리의 빈곳을 채우고 남은 옷으로 시신을 덮는다.

    ⑥ 옷섶은 좌임(左衽)으로 하되 매지 않는다. (左衽不紐)

    ⑦ 빈곳을 모두 채워 시신이 전체적으로 직사각형이 되게 하여 이불로 싸는데 아직은 효로 묶지 않는다.

    ⑧ 홑이불을 덮어놓는다.

- 「사상례」에 사(士)는 시신을 들어 옮기고 자리로 돌아온다. [소에 시신을 습상(襲床)에서 호(戶) 안의 의복 위로 옮김이다.]고 하였고, 『서의』에 이불로 싸고 얼굴을 덮지 않다가, 대렴할 때가 되면 머리와 함께 싸고, 효(絞)로 묶어 바르고 반듯하게 하여 관에 꼭 맞게 한다[206]고 하였다.

- 『구의』에 『의례』를 살펴보면, 염을 마치고 휘장을 철거하되, '효(絞)로 묶지 않고 얼굴을 덮지 않고 아직도 살기를 기다린다'는 설이 없다. 『가례』의 이 설은 대개 『서의』에 근본을 두었다. 날씨가 더운데 죽은 자의 기운이 이미 끊어져 육신이 이미 차다면 결코 살 수 있는 이치가 없으니, 마땅히 『의례』에 따라 염을 마치는 것이 옳다[207]고 하였다.

- 『상변통고』에 이르기를 '옛날에 대렴과 소렴은 시신을 묶어 견실하게 하는 것이었는데, 후세에는 이 예를 알지 못하고, 왕왕 '차마 죽은 자를 묶을 수 없다'고 하여 염을 하려고 하지 않는 자가 있으니, 이는 어리석은 소견이라 하였다. 이암(頤庵)이 말하기를 "염이란 단지 시체를 덮어 견고하게 보호하려는 방법일 따름이다. 요즘 세속에는 오직 팽팽하게 묶는 것을 능사로 여겨 힘센 자를 가려 힘을 다해 묶으니, 잘못이다. 예에는 소렴에도 아직 효(絞)를 묶지 않는데, 어찌 유독 효자가 때때로 그 얼굴을 보고자

---

206) 「士喪禮」 ：士舉遷尸, 反位。 疏：尸從襲牀, 遷於戶內服上。

207) 『書儀』 ：裹以衾, 未掩面, 及將大斂, 則並首裹之, 束之以絞, 使其正方, 適足滿棺。 『丘儀』 ：按『儀禮』, 卒斂徹帷, 無未結絞, 未掩面, 猶俟其生之說。 『家禮』 此說, 蓋本 『書儀』 也。 若天氣暄熱, 死者氣已絶, 肉已冷, 決無可生之理, 宜依 『儀禮』, 卒斂爲是。

하는 이유에서만이겠는가? 대개 사람이 죽었다가 하루이틀 만에 다시 살아나는 자가 있는데, 이렇게 팽팽하게 묶으면 이는 소생할 길을 거듭 끊는 것이다. 이 어찌 예에서 말한 '이튿날 소렴을 하고, 그 이튿날 대렴을 한다'는 본뜻이겠는가?"208)고 하였다.

- 「사상례」에 염을 마치면 휘장을 거둔다. [주에 시신을 이미 꾸몄음이다.]고 하였고, 「상대기」의 소에 휘장을 거두는 것은 죽은 처음에는 사람들이 싫어할까 염려해서 휘장을 쳤다가, 소렴에 이르면 시신에게 옷을 입혀 다 꾸몄으므로 휘장을 거두는 것이다. 이는 사례(士禮)이고, 제후와 대부는 빈(賓)이 나가야 휘장을 걷는다. 209)고 하였다.

- 「단궁」에 증자(曾子)가 말하기를 "시신을 꾸미지 않았기 때문에 당(堂)에 휘장을 쳤다가, 소렴을 하고는 휘장을 거둔다."고 하였고, 중량자(仲梁子)가 말하기를 "부부가 곡하는 자리가 아직 정해지지 않았기(方亂) 때문에 당(堂)에 휘장을 쳤다가, 소렴을 하고는 휘장을 거둔다."[주에 염하는 자가 시신을 흔들므로, 당(堂)에 휘장을 치는 것은 사람들에게 함부로 보일까 해서인데, '방란(方亂)'이라고 말한 것은 잘못이다.]210)고 하였다.

(7) 主人主婦. 憑尸哭擗

───【주자가례 원문 3-7】───

● 主人主婦 憑尸哭擗
⇒ 주인과 주부가 시신에 기대어 곡을 하고 가슴을 친다.

● 主人西向 憑尸哭擗 主婦東向 亦如之 凡子於父母憑之 父母於子夫於妻 執之
⇒ 주인은 서향하여 시신에 기대어 곡하며 가슴을 치고 주부는 동향하여 역시 이와 같이 한다. 모든 자식은 부모에게 기대어 곡하고, 부모가 자식에 대해서와 지아비가 처에 대해서는 붙잡는다.

● 婦於舅姑 奉之 舅於婦 撫之 於昆弟 執之 凡憑尸 父母先妻子後
⇒ 며느리가 시부모에 대해서는 받들고, 시부모는 며느리를 어루만지며 형제 사이는 붙잡는다. 시신에 기대는 것은 부모가 먼저하고 처와 자식은 나중에 한다.

---

208) 『常變通攷』　古之大小斂, 所以束其尸, 而使之堅實, 後世不知此禮, 往往有謂'不忍將死者束縛', 而不肯斂者, 此愚下之見也. 頤庵曰 : "斂者, 只要掩蓋尸體, 爲固護之道耳. 今俗惟以束縛堅緊爲能事, 擇壯者, 極力結絞, 誤矣. 禮, 於小斂猶未結絞, 豈獨孝子欲時見其面乎? 蓋人死, 一二日或有復生者矣, 而緊絞若此, 是重絶生道也. 豈禮以明日小斂, 又明日大斂之本意哉?"

209) 「士喪禮」 : 卒斂, 徹帷. 註 : 尸已飾. 「喪大記」 疏 : 徹帷者, 初死恐人惡之, 故有帷, 至小斂, 衣尸畢有飾, 故除帷也. 此士禮, 諸侯及大夫, 賓出乃徹帷.

210) 「檀弓」 : 曾子曰 ; "尸未設飾, 故帷堂, 小斂而徹帷." 仲梁子 ; "夫婦方亂, 故帷堂, 小斂而徹帷." 註 : 斂者, 動搖尸, 帷堂, 爲人褻之, 言'方亂', 非也.

- 홑이불을 덮으면 상주(喪主)들이 곡(哭)을 한다.

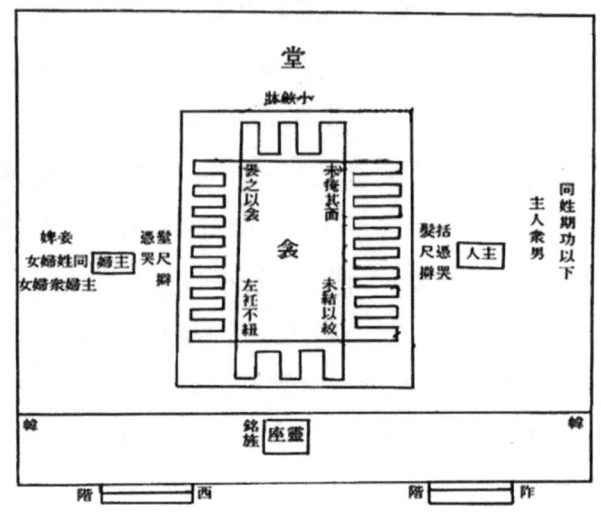

① 小斂牀 : 소렴상이다.

② 未掩其面 : 시신의 얼굴을 덮지 않는다.

③ 未結以絞 : 효(絞)로 묶지 않는다.

④ 裹之以衾 : 금(衾)으로 싼다.

⑤ 主人衆男 童城碁功以下 : 주인(主人), 중남(衆男), 동성의 기공(碁功) 이하의 친족이 이곳에 있다.

⑥ 主人 括髮憑尸哭擗 : 주인은 괄발(括髮)을 하고 시신에 기대어 곡을 하며 가슴을 친다.

⑦ 左衽不紐 : 왼쪽으로 옷섶을 여미되 매듭을 지어 묶지는 않는다.

⑧ 主婦 髽尸擗憑哭 : 주부(主婦)는 좌(髽)를 하고 시신에 기대어 곡을 하며 가슴을 친다.

⑨ 主婦 衆婦女 同姓婦女 妾婢 : 주부, 중부녀(衆婦女), 동성(同姓)의 부녀, 첩(妾), 비(婢)가 이곳에 있다.

⑩ 靈座 銘旌

- 주인(主人)은 서향(西向), 주부(主婦)는 동향(東向)하여 시신(屍身)에 기대어 가슴을 두드리며 곡을 한다.

- 시신(屍身)에 기대어 곡(哭)을 할 때는 부모가 먼저 하고 처와 자식은 나중에 한다.

- 모든 자식은 부모에 기대어 곡하고, 부모가 자식에 대해서와 지아비가 처에 대해서는 붙잡는다. 며느리가 시부모에 대해서는 받들고, 시부모는 며느리를 어루만지며, 형제 사이는 붙잡는다.

- 「사상례」에 주인은 서면하여 시신에 기대고(馮尸)발을 구르는데(踊), 일정한 횟수는 없다. 주부는 동면하여 기대고 역시 그렇게 한다. [주에 빙(馮)은 가슴에 지님(服膺)이다.] 「상대기」에 효금(絞紟)을 펴면 발을 구르고, 금(衾)을 펴면 발을 구르며, 의(衣)를 펴면 발을 구르며, 시신을 옮기면 발을 구르며, 의(衣)를 염하면 발을 구르며, 금(衾)을 염하면 발을 구르며, 효금을 염하면 발을 구른다. [주에 효자가 발을 구르는 절도를 가리킨다.]211)고 하였다.

(8) 袒括髮免髽于別室.

┌── 【주자가례 원문 3-8】

● 袒括髮免髽于別室*
⇒ 별실에서 단하고 괄발하고 문하고 좌한다. 다른 방에서 단=소매벗음 하고 괄발= 남자머리묶음하며 좌= 女머리 묶음한다.

● 男子斬衰者 袒括髮 齊衰以下至同五世祖者 皆袒免于別室 婦人髽于別室
⇒ 남자로서 참최복을 입는 사람은 소매를 빼고 머리를 묶는다. 자최복 이하를 입는 사람과 오세조를 같이 하는 사람까지 모두 별실에서 단하고 문한다. 부인은 별실에서 좌한다.

● 司馬溫公曰 古禮 袒者皆當肉袒 免者皆當露髮 今袒者止袒上衣 免者惟主人不冠 齊衰以下 去帽著頭巾加免於其上 亦可也 婦人髽也 當去冠梳
⇒ 사마온공이 말하기를, "고례에 단은 모두 육단(소매를 벗어 육체를 드러냄)이며 문은 모두 머리카락을 드러내는 것이었다. 지금의 단은 다만 웃옷만 벗고, 문은 오직 주인만 관을 쓰지 않는다. 자최복 이하는 모자를 벗고 두건을 쓰며 그 위에 문을 하는 것도 옳다. 부인의 복머리는 마땅히 관소를 제거해야 한다."라고 하였다.

● 楊氏復曰 小斂變服 斬衰者袒括髮 今人無袒括髮一節 何也 緣世俗以襲爲小斂 故失此變服一節
⇒ 양복이 말하기를, "소렴에 변복을 하는데 참최복을 입는 자는 단하고 괄발을 한다. 지금 사람은 단하고 괄발하는 절목이 없으니 왜 그런가, 세속에서 습을 소렴

---

211) 「士喪禮」：主人西面, 馮 音憑。 尸, 踊, 無筭。主婦東面馮, 亦如之。註：馮服膺。 「喪大記」：鋪絞紟踊, 鋪衾踊, 鋪衣踊, 遷尸踊, 斂衣踊, 斂衾踊, 斂絞紟踊。註：目孝子踊節。

으로 삼기 때문에 이 변복하는 절차를 뺀 것이다.

- 在禮 聞喪奔喪 入門詣柩前 再拜哭盡哀 乃就東方 去冠及上服 被髮徒跣 如始喪之儀 詣殯 東面坐哭盡哀 乃就東方 袒括髮
  ⇒ 『예기』에 「문상」과 「분상」에 '문에 들어가서 영구 앞에 나아가 두 번 절하고 곡을 하여 슬픔을 다한다. 이에 동쪽으로 가서 관과 윗도리를 벗고 머리 풀고 맨발하니 처음 상을 당했을 때의 의례처럼 한다. 빈소에 나아가 동쪽을 보고 앉아 곡하여 슬픔을 다하고 곧 동쪽으로 나아가 단하고 괄발한다.

- 又哭盡哀 如小斂之儀 明日後日朝夕哭 猶袒括髮 至家四日 乃成服
  ⇒ 또 곡으로 슬픔을 다하니 소렴의 의례처럼 한다. 이튿날 이후로 날마다 아침저녁으로 곡하는데 오히려 단하고 괄발을 한다. 집에 이른지 나흘째 되는 날 성복을 한다.'고 하였다.

- 夫奔喪禮 禮之變也 猶謹其序 而況處禮之常 可欠小斂一節 又無袒括髮乎 此則孝子知禮者 所當謹而不可忽也
  ⇒ 대체로 분상은 예가 변한 것인데도 오히려 그 순서를 삼가는 데 하물며 예의 떳떳함에 처해서 소렴 한 절차를 없애고 또 단과 괄발을 하지 않을 수 있겠는가? 이는 예를 아는 효자라면 마땅히 삼가하여 소홀히 할 수가 없는 것이다."고 하였다.

- 곡(哭)이 끝나면 별실에서 소렴변복을 한다.

- 소렴변복(小殮變服)이란 소렴에 맞추어 옷을 갈아입는다는 뜻이다.

- 참최복을 입을 남자는 윗옷의 소매를 빼어 한쪽 어깨를 드러내고(袒), 초종에서 풀었던 머리를 삼끈으로 묶는다(括髮), 부상(父喪)이면 오른쪽 어깨를 드러내고, 모상(母喪)이면 왼쪽 어깨를 드러낸다.

- 자최복 이하와 5세를 같이 하는 사람 10촌까지는 한쪽 어깨를 드러내지만(袒) 괄발(括髮)이 아니라 문(免 : 문이라 읽는다.)을 한다.

- 여자 상주들은 북머리(髽)를 한다.

- 「단궁」에 단(袒)과 괄발(括髮)은 장식물을 제거함이 심함이다. [주에 괄발은 소렴 뒤, 시신을 들어 당(堂) 앞에 내놓기 전에 있어야 마땅하다.] 주인이 시신을 들려고 하기 때문에 단(袒)하고 괄발한다. [소에 옷을 걷고 괄발함은 효자가 모습을 바꾼 것이다. 장식을 제거하는 데 방법이 비록 많지만, 단(袒)하고, 괄발하는 것은 장식을 제거하는 중에 가장 큰 것이다.] 212)고 하였다.

- 「사상례」의 소에 단(袒)은 형체를 드러내는 것이다. 『상변통고』에 단(袒)에는 세 가지가 있으니, 반함(飯含)하려 할 때 '단'하였다가 반함을 마치면 껴입어, 시신의 습을 마치기를 기다리지 아니함이 하나이고, 소렴을 이미 마치고 나서는 '단'하여 시신을 들고 당(堂)으로 옮기고는 껴입는 것이 둘이요, 대렴을 시작하려고 할 때 '단'하고, 시신을 받들고 염하고 입관하고 흙 바르는 일(塗)을 마치고 나서 껴입는 것이 셋이다. 『가례』에서는 반함을 하면서 '단'하였다가 반함을 마치고 껴입으나, 소렴을 마치고 '단'하면서도 다시 껴입는다는 말이 없으니, 이는 조문이 빠진 듯하다. 다시 상세히 살펴야 할 것이다.213)고 하였다.

(9) 還遷尸牀于堂中

┌─── 【주자가례 원문 3-9】 ───

● 還 遷尸牀于堂中*
⇒ 돌아와 시상을 당 안으로 옮긴다.

● 執事者徹襲牀 遷尸其處 哭者復位 尊長坐 卑幼立
⇒ 집사자는 습상( )을 치우고 시신을 그곳에 옮긴다. 곡하는 사람은 자리로 돌아가며 항렬이 높거나 나이가 많은 사람은 앉고, 항렬이 낮거나 어린 사람은 선다.

└────────────────────────

- 소렴을 마치기 위한 의례이다. 돌아와 시상을 당 안으로 옮기는 절차이다.
- 집사자(執事者)는 습상을 치우고 시신을 그곳에 옮긴다.
- 곡하는 사람은 자리로 돌아가며 항렬이 높거나 나이가 많은 사람은 앉고, 항렬이 낮거나 어린 사람은 선다.

---

212) 「檀弓」 : 袒括髮, 去飾之甚也。註 : 括髮, 當在小斂之後, 奉尸出堂之前。主人爲將奉尸, 故袒而括髮。疏 : 袒衣括髮者, 孝子形貌之變也。去飾雖多塗, 袒括髮者, 就去飾中最者也。

213) 「士喪禮」 疏 : 袒則露形。『常變通攷』袒有三, 將含而袒, 旣含而襲, 不待尸卒襲, 一也, 小斂旣卒而袒, 奉尸夷堂而襲, 二也, 大斂將始而袒, 以至奉尸斂棺卒塗而襲, 三也, 『家禮』, 含而袒, 旣含而襲, 旣小斂而袒, 而更無襲之之文, 恐是闕文。更詳之。

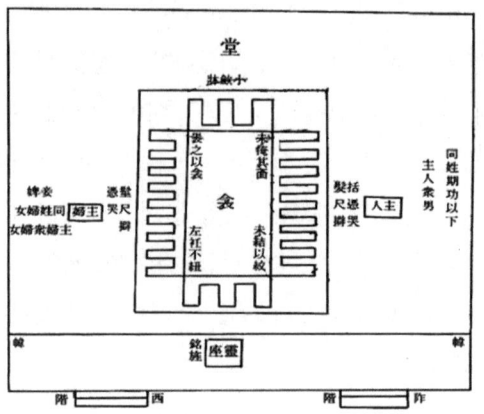

① 小斂牀 : 소렴상이다.

② 未掩其面 : 시신의 얼굴을 덮지 않는다.

③ 未結以絞 : 효(絞)로 묶지 않는다.

④ 裏之以衾 : 금(衾)으로 싼다.

⑤ 左衽不紐 : 왼쪽으로 옷섶을 여미되 매듭을 지어 묶지는 않는다.

⑥ 主人衆男 童城緦功以下 : 주인(主人), 중남(衆男), 동성의 기공(緦功) 이하의 친족이 이곳에 있는다.

⑦ 主人 括髮憑尸哭擗 : 주인은 괄발(括髮)을 하고 시신에 기대어 곡을 하며 가슴을 친다.

⑧ 主婦 髽尸擗憑哭 : 주부(主婦)는 좌(髽)를 하고 시신에 기대어 곡을 하며 가슴을 친다.

⑨ 主婦 衆婦女 同姓婦女 妾婢 : 주부, 중부녀(衆婦女), 동성(同姓)의 부녀, 첩(妾), 비(婢)가 이곳에 있는다.

⑩ 靈座 銘旌

(10) 乃奠

┌─── 【주자가례 원문 3-10】 ───

● 乃奠*
⇒ 이에 전을 올린다.

● 祝帥執事者 盥手擧饌 升自阼階 至靈座前
⇒ 축이 집사자를 거느리고 손을 씻고 음식을 들어 동쪽 계단으로 올라가서 영좌 앞에 이른다.

- 祝焚香洗盞斟酒奠之 卑幼者皆再拜 侍者巾之
  ⇒ 축이 분향하고 잔을 씻어 술을 부어 올린다. 항렬이 낮고 어린 사람은 모두 두 번 절한다. 시자가 보로 덮는다.

- 이어서 전(奠)을 올린다. 『주자가례』의 보주(補註)에 '앞의 습전(襲奠)은 시신(屍身)의 옆에 드리는 것이고, 여기 소렴(小斂)의 전(奠)은 영좌(靈座)의 앞에 드리는 것이다.'고 하였다.

- 동쪽계단 아래에 준비해 두었던 음식을 영좌 앞에 차린다.

- 축이 분향하고 술을 올린다. 항렬이 낮거나 어린 사람은 모두 재배(再拜)한다.

- 이때 상주(喪主)는 재배(再拜)하지 않는다.

- 헌작재배(獻爵再拜)가 끝나면 곡(哭)을 한다.

- 물었다. "초상에 주인 형제는 어찌하여 배례(拜禮)한다는 글이 없는가?" 주자가 말했다. "효자가 어버이를 섬김에 반드시 부모가 의복을 갖추어 일어나 앉기를 기다린 뒤에 배례를 행한다. 그러므로 초상에는 배례가 없다."고 하였다. 『고증』에 예를 살펴보니, 전(奠)은 축(祝)과 집사가 하되, 절을 하고 전을 올린다는 글이 없으니, 『가례』가 혹 시속을 따라 그렇게 말한 듯하다. 구씨(丘氏)는 '항렬이 낮거나 어린 사람은 모두 절하는데, 효자는 절하지 않는다'고 했다. 그렇다면 중자(衆子) 역시 절하지 않는 것이 마땅하다. 선사(先師 이상정(李象靖))이 말하기를 "『가례』에서 '항렬이 낮거나 어림'은 말했지만 주인은 말하지 않았고, 그 아래에 '주인 이하는 슬픔을 다해 곡한다'고 했고, 조전(朝奠)에 이르러서 바야흐로 '주인 이하는 모두 재배한다'고 했으니, 대개 효자는 이때에 질(絰)과 대(帶)를 대략 갖추어 절을 할 수 있으나, 정신이 어지럽고 부르짖느라 배궤(拜跪)의 절차를 할 겨를이 없어서 단지 항렬이 낮거나 어린 사람에게 전(奠)을 올리는 예를 하게하고, 성복에 이른 뒤에야 절을 하는 것이다.[214]고 하였다.

---

214) 『常變通攷』 問:"初喪, 主人兄弟, 何以無拜禮之文?" 朱子曰:"孝子之事親也, 必待父母衣服起坐, 然後方行拜禮. 故初喪無拜禮."『考證』:按禮, 奠祝與執事爲之, 無拜奠之文, 『家禮』恐或因俗. 丘氏謂卑幼皆拜, 而孝子不拜.' 然衆子亦當不拜也. 先師曰:"『家禮』, 言卑幼而不言主人, 其下則言'主人以下哭盡哀', 至朝奠, 方言'主人以下皆再拜', 蓋孝子是時, 経帯略具, 可以拜矣 而荒迷號絶, 未遑拜跪之節。只使卑幼, 申奠獻之禮, 而至成服然後, 方爲之拜歟?"

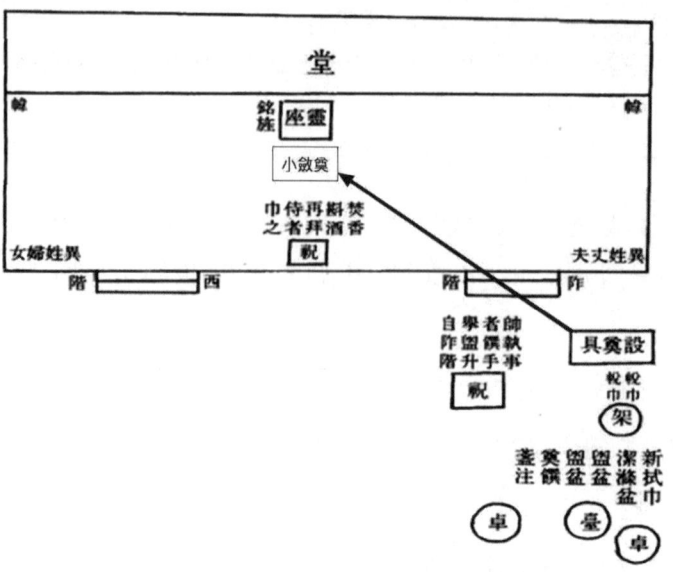

① 靈座 銘旌

② 小斂奠

③ 祝 焚香斟酒 再拜 侍者巾之 : 축(祝)이 분향을 하고 술을 따른다. 항렬이 낮은
　사람이 모두 재배(再拜)한다. 시자(侍者)가 보로 덮는다.

④ 遷襲奠 酒 脯 醢 :

⑤ 異性丈夫 : 이성(異姓)의 장부들이 이곳에 서 있다.

⑥ 異性婦女 : 이성(異姓)의 부녀자들이 이곳에 서 있다.

⑦ 祝 帥執事者 盥手擧饌升自阼階 : 축이 집사자(執事者)를 거느리고서 손을 씻고
　음식을 들고는 조계(阼階)로 올라간다.

⑧ 設奠具 帨巾 帨巾　架

⑨ 卓 : 新拭巾　潔滌盆　臺 : 盥盆 盥盆　卓 : 奠饌 盞注

(11) 主人以下哭盡哀. 乃代哭不絶聲

┌─── 【주자가례 원문 3-11】 ───
│
│ ● 主人以下 哭盡哀 乃代哭不絶聲*
│ ⇒ 주인 이하는 곡을 하여 슬픔을 다한다. 이에 대곡(代哭)하여 곡소리가 끊이지 않
│ 　아야 한다.
│

- 주인이하는 곡(哭)하여 슬픔을 다하는데, 바꾸어 곡하여(代哭) 소리가 끊어지지 않게 한다.

- 『의례』「사상례」의 주에 '대(代)는 바꾸는 것이다. 효자가 처음 부모의 상(喪)이 있으면 슬픔으로 초췌해진다. 예(禮)는 죽은 사람으로 인(因)하여 산사람이 상(傷)하는 것을 막기 위하여 곡(哭)하는 것을 바꾸어 소리가 끊어지지 않도록 할 뿐이다. 인군(人君)은 관직(官職)이 높고 낮은 사람으로 하여금 하도록 하고, 사(士)나 천한 사람은 친소(親疏)에 따라서 하도록 한다.'215)고 하였다.

- 자리하여 곡하는 위위곡(爲位哭)의 배치는 다음과 같다.

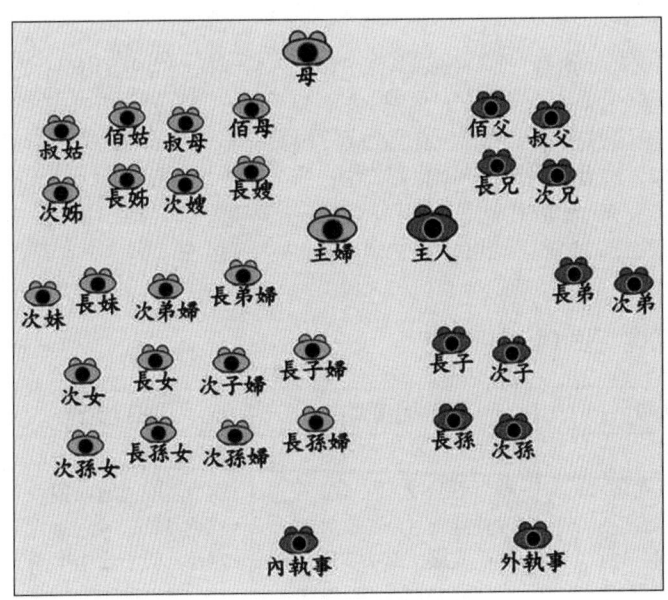

---

215) 「士喪禮」 : 乃代哭, 不以官. 註 : 代更也. 孝子悲哀憔悴, 禮防其以死傷生, 使之更哭, 不絶聲而已. 人君以官尊卑, 士賤以親疏爲之.

4. 대렴(大斂)

1) 개요

- 소렴(小斂)을 마친 다음날의 절차이다. 신분에 따라 옷가지 수를 달리하고, 대렴금으로 묶어 관에 모시는 절차이다. 이후 고인을 빈(殯)에 모시게 된다.

- 대렴(大斂)의 자형을 분석하여 보면,

  - 大는 『설문해자(說文解字)』에서 "天大, 地大, 人亦大。故大象人形。"라 하여 "크다는 의미로, 하늘이 크고, 땅이 크며, 사람도 역시 크다. 그래서 사람의 모습을 그린 것이다."고 하였다.

  - 斂 [거둘 렴]은 『說文解字注』에 "收也。从攴僉聲。"이라 하여 '잡아 거둔다'는 뜻이라고 하였다. 자형은 뜻을 나타내는 '攴'과 음을 나타내는 '僉'을 합하여 쓴 것이다. 攴은 『설문해자(說文解字)』는 "小擊也。从又卜聲。"라 하여 "가볍게 두드린다는 뜻이라고 하였고, 僉은 『설문해자(說文解字)』에 "皆也。从스从吅从从。"라 하여 "모두라는 뜻이다."고 하였다. 이를 합하여 "모아서 묶다"는 의미로 대렴은 크게 모아서 묶는다는 뜻으로 소렴과 대비하여 크게 묶는다는 뜻이다.

2) 대렴(大斂)의 예(禮)에 관하여 살펴보면

구분	『朱子家禮』	『喪禮備要』	『四禮便覽』
절차	•厥明 　執事者陳大斂衣衾. •設奠具 •擧棺入置于堂中少西 　－ 設大斂牀.布絞衾衣. 　－ 乃遷小斂奠 •乃大斂 •設靈牀于柩東 •乃設奠 •主人以下各歸喪次 •止代哭者 •殯	•厥明 •執事者.陳大斂衣衾. •設奠具. •擧棺入置于堂中少西 　－ 設大斂牀.布絞衾衣. 　－ 乃遷小斂奠 •乃大斂. •設靈牀于柩東 •乃設奠. •主人以下各歸喪次. •止代哭者 •殯	•厥明 •執事者陳大斂衣衾 •設奠具 •擧棺入置于堂中少西 　－ 設大斂牀.布絞衾衣. 　－ 乃遷小斂奠 •乃大斂 •設靈牀于柩東 •乃設奠 •主人以下各歸喪次 •止代哭者 •殯
비고	※ 設大斂牀. 布絞衾衣에서 설대렴상은 『大斂之圖』에서 小斂牀이 보이므로 포함하였다. ※ 乃遷小斂奠은 『朱子家禮』 小斂條의 '乃遷襲奠'에서 모든 奠祭는 이와 같다고 하여 포함하였다. ※ 殯은 『朱子家禮』의 主人以下各歸喪次의 註에 '大功以下異居者, 旣殯而歸居'에서 포함하였다.		

3) 의례절차의 이해

(1) 厥明

【주자가례 원문 4-1】

- 厥明* 小斂之明日 死之第三日也
  ⇒ 다음날 아침, 소렴 이튿날이니 죽은 지 사흘째 되는 날이다.

- 司馬溫公曰 禮曰 三日而斂者 俟其復生也 三日而不生則亦不生矣 故以三日爲之禮也
  ⇒ 사마온공이 말하기를, "『예기』에 이르기를 '사흘 만에 염을 하는 것은 다시 살아나기를 기다리는 것이다.'고 하였으니 사흘이 되어도 살아나지 않으면 역시 살아나지 못하는 것이다. 그러므로 삼일로 예를 행하는 것이다.

- 今貧者喪具或未辦 或漆棺未乾 雖過三日 亦無傷也 世俗以陰陽拘忌 擇日而斂 盛暑之際 至有汁出蟲流 豈不悖哉
  ⇒ 지금 가난한 사람이 상구(喪具)를 혹시 장만하지 못했거나 혹은 관의 칠이 아직 마르지 않았다면 비록 사흘이 지나도 상심할 것이 없다. 세속에서 음양구기(음양을 따져 길흉화복을 택일함)로써 좋은 날을 택해 염을 한다. 더위가 심할 때는 썩은 액체가 흐르고 벌레가 나오기에 이르기도 하니 어찌 도리에 어그러지는 일이 아니겠는가?"라고 하였다.

- 소렴(小斂)의 다음날이니 죽은 지 사흘째 되는 날이다. 『예기』에 3일째 대렴(大斂)을 하는 것은 혹시 살아나기를 기다리는 효성 때문이라고 하였다.

- 「문상」에 이르기를 혹자가 물었다. "죽은 지 사흘 이후에 염하는 것은 무슨 까닭인가?" 말했다. "효자는 어버이가 죽으면 슬프고 애통하고 마음이 답답하다. 그러므로 엎드려 기면서 곡을 하며 다시 살아날 것만 같이 여기니, 어찌 그 심정을 무시하고 염을할 수 있겠는가? 그러므로 사흘이 지난 뒤에 염하는 것은 살아나기를 기다림이다. 사흘이 되어도 살아나지 않으면 살아나지 못함이다. 효자의 마음 역시 더욱 쇠해진다. 집안에서 비용을 마련하고 의복을 구비하는 것도 이때 이루어질 수 있으며, 친척 중 멀리 있는 자도 도착할 수 있다. 이런 까닭에 성인이 이를 위해 결단하여 사흘을 예의 제도로 삼았다."216)고 하였다.

---

216) 「問喪」 : 或問曰 : "死三日而后斂者, 何也？" 曰 : "孝子親死, 悲哀志懣。 故匍匐而哭之, 若將復生然, 安可得奪而斂之也？故曰三日而後斂者, 以俟其生也。 三日而不生, 亦不生矣。 孝子之心, 亦益衰矣。 家室之計, 衣服之具, 亦可以成矣, 親戚之遠者, 亦可以至矣。 是故, 聖人爲之斷決, 以三日爲之禮制也。"

(2) 執事者陳大斂衣衾.

- 대렴(大斂)을 하는 날 아침이 되면 대렴에 필요한 옷과 솜이 있는 이불을 준비하여 놓
  는다. 탁자를 당의 동쪽 벽 아래 놓는다. 옷은 정해진 수가 없고, 이불은 솜이 있는 것
  을 쓴다.

- 「상대기」에 대부는 옷을 서(序) 동쪽에 50벌을 펴는데, 옷깃을 서쪽으로 향하게 하되 남
  쪽에서부터 차례로 놓고, 사(士)는 옷을 서(序) 동쪽에 30벌을 펴는데, 옷깃을 서쪽으로
  향하게 하되 남쪽에서부터 차례로 놓는다. [주에 「사상례」에, '대렴에는 옷을 방에 펴
  는데 옷깃을 남쪽으로 하고 서쪽에서부터 편다'고 했으니, 대부와 다르다.] 지금 여기서
  는 사(士)가 옷을 펴는 것이 대부와 같으니, 아마 천자의 사(士)일 것이다. 217)고 하였다.

---

217)「喪大記」 : 大夫, 陳衣于序東, 五十稱, 西領南上, 士, 陳衣于序東, 三十稱, 西領南上。 註 : 「士喪

- 「상대기」에 대렴의 포효(布絞)는 세로 세 가닥, 가로 다섯 가닥이다. 베 홑이불(布紟)
과 이불(衾) 둘이다. 군(君)과 대부와 사(士)가 한 가지이다. 효(絞)와 금(紟)은 조복(朝
服)과 같다. 효(絞)는 한 폭을 셋으로 나누되, 끝까지 찢지는 않는다(不辟). 금(紟)은 다
섯 폭으로 하되, 깃(紞)은 없다. [소에 세로 세 가닥은 베 한 폭을 찢어서 세 조각으로
만들어 그대로 사용하는 데, 세 조각은 공히 한 폭으로, 양끝을 찢고 가운데는 통하지
않게 한다.] 또 베 두 폭을 찢어 여섯 조각으로 만들어 다섯 조각을 사용하는 데, 세로
로 놓은 효 아래에 가로로 놓는다. 베 홑이불(布紟)은 황씨(皇氏)는 이르기를 '금(紟)은
홑이불이다. 효로 묶은 아래에다 두어서 시신을 드는 데 사용하려는 것이다'고 했다.
경(經)을 살펴보면, '금(紟)'은 '효(絞)' 뒤에 있으니, 금은 혹 효 위에 두고 효로써 묶는
것이 합당하다. '이불(衾) 둘'이라 한 것은, 하나는 죽은 처음에 시신을 덮는 것이고,
하나는 대렴할 때 다시 만든다. 효(絞)와 금(紟) 둘은 베의 정밀하고 거친 정도가 모두
조복(朝服)과 같이 15승이다. '불벽(不辟)'은 그 끝을 찢지 않음이다. 218)고 하였다.

 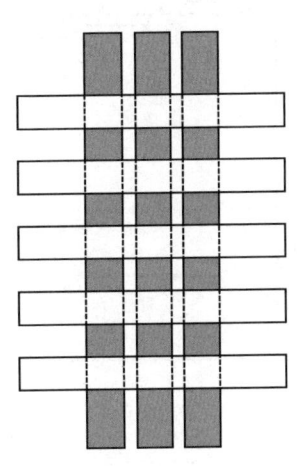

① 縱絞一, 縱絞二, 縱絞三,
② 橫絞一, 橫絞二, 橫絞三, 橫絞四, 橫絞五

禮」, '大斂陳衣於房, 南領西上。' 與大夫異。今此士陳衣, 與大夫同, 蓋天子之士。

218) 「喪大記」 : 大斂, 布絞, 縮者三, 橫者五。布紟二衾。君大夫士一也。絞紟如朝服。絞一幅爲三, 不
辟。紟五幅, 無紞。疏 : 縮者三, 謂取布一幅, 分裂之作三片, 直用之, 三片, 共一幅, 兩頭裂, 中央
不通。又取布二幅, 分裂作六片, 而用五片, 橫之於縮下也。布紟者, 皇氏云, '紟, 單被也。置絞束之
下, 擬用以擧尸也。' 按經, 紟在絞後, 紟或當在絞上, 以絞束之。二衾者, 一是始死覆尸者, 一是大斂
時復制。絞紟二者, 布精麤, 皆如朝服十五升也。不辟, 不擘裂其末。

(3) 設奠具

- 대렴전(大斂奠)을 차릴 준비를 하는데 소렴전(小斂奠)과 같이 한다.

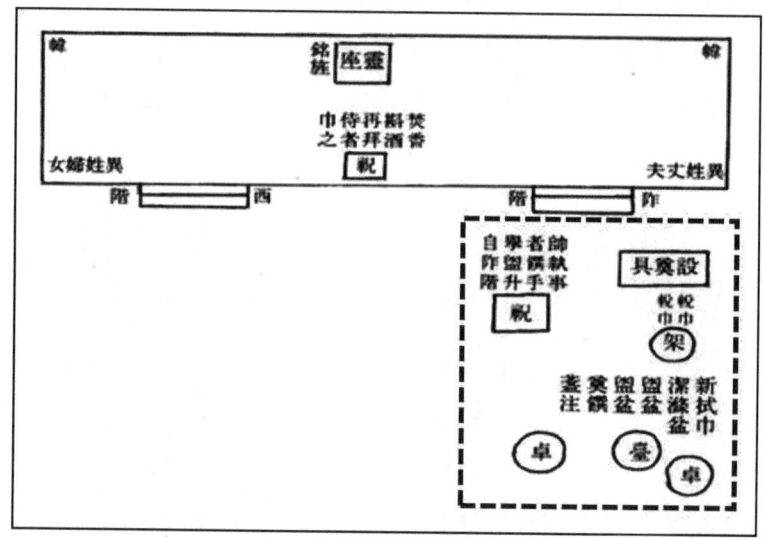

〈大斂奠 設奠圖〉

① 設奠具 帨巾 帨巾 架 : 전구를 진설한다.

② (13) 祝 帥執事者 盥手擧饌升自阼階 : 축이 집사자(執事者)를 거느리고서 손을 씻고 음식을 들고는 조계(阼階)로 올라간다.

③ 卓 : 新拭巾 潔滌盆 臺 : 盥盆 盥盆 卓 : 奠饌 盞注

- 집사자는 먼저 영좌(靈座)와 소렴전을 옆으로 옮긴다.219)고 하였다.

- 「사상례」에 축(祝)은 음식을 치우는데, 먼저 예주(醴酒)를 잡고 북면한다. [주에 북면

---

219) 『常變通攷』 執事者先遷靈座及小斂奠於旁側。

하고 서서 모두 내려가기를 기다린다.]220)고 하였다.

- 그 나머지는 먼저 진설한 것을 취하여 발쪽으로 나와서 서계로 내려간다. 서(序)의 서남쪽에서 서쪽 처마(西榮)에 해당하는 곳에 진설하되, 당(堂)에 진설하듯이 한다. [주에 뜰에서 신(神)을 구하기 위해서이다.] 효자는 차마 그 어버이가 잠시라도 의지할 데가 없게 할 수 없다. [소에 장차 뒤의 전(奠)을 차리려고 하면, 앞의 전을 서쪽 서(序)의 남쪽에 치웠다가, 뒤의 전을 차리는 일이 마치기를 기다려서 앞의 전을 치운다.] 보로 덮지 않는 것은 오래 차려두지 않을 것이기 때문이다.221)고 하였다.

(4) 擧棺入置于堂中少西

【주자가례 원문 4-4】

- 擧棺入 置于堂中少西*
⇒ 관을 들고 들어가 당 중앙 조금 서쪽에 놓는다.

- 執事者先遷靈座及小斂奠於傍側 役者擧棺以入 置于牀西 承以兩凳 蓋卑幼 則於別室 役者出 侍者先置衾于棺中 垂其裔於四外
⇒ 집사는 먼저 영좌와 소렴전을 옆으로 옮기면, 역자(役者)가 관을 들고 상(牀)의 서쪽에 들여 놓고 두 개의 괴목으로 받친다. 만약 죽은 사람이 항렬이 낮거나 나이가 어리다면 별실에서 한다. 역자가 나가거든 시자는 먼저 이불을 관 가운데에 놓고 그 가장자리를 사방에 밖에 드리운다.

- 司馬溫公曰 周人殯于西階之上 今堂室異制 或狹小 故但於堂中少西而已 今世俗多殯於僧舍 無人守視 往往以年月未利 踰數十年不葬 或爲盜賊所發 或爲僧所棄 不孝之罪 孰大於此
⇒ 사마온공이 말하기를, "주나라 사람은 서쪽 계단 위에 빈을 차렸다. 이제는 당실의 제도가 다르거나 혹은 협소한 까닭에 다만 당 가운데의 조금 서쪽에서 할 따름이다. 지금 세속에서는 절에 빈소를 차리는 경우가 많은데 사람이 지켜보지도 않으며 왕왕 해와 달이 이롭지 않다고 하여 수십 년이 넘도록 장사를 지내지 아니하여 혹은 도적이 파헤치고 혹은 승려가 버리기도 하니 불효한 죄가 이것보다 큰 것이 있겠는가?"하였다.

---

220) 「士喪禮」 :祝徹饌, 先取醴酒, 北面。 註:北面立, 相待俱降。

221) 『常變通攷』 其餘取先設者, 出于足, 降自西階。 設于序西南, 當西榮, 如設于堂。 註:爲求神於庭。 孝子不忍使其親須與無所憑依也。 疏:將設後奠, 則徹先奠於西序南, 待後奠事畢, 則去之。 不巾, 以不久設故也。 乃適饌。 註:東方之新饌。 帷堂。

- 소렴 때 차려 놓았던 소렴전과 영좌를 잠시 치운다.

- 관을 들여와 방 중앙의 조금 서쪽에 놓고 받침목을 받쳐 놓는다.

- 시자는 먼저 이불을 관 가운데 놓고, 그 가장자리를 사방 밖에 드리운다.

- 『개원례』에 관 안에 넣을 도구인 재(灰), 숯(炭), 침석(枕席) 따위는 모두 먼저 관 안에 넣어 둔다.222)고 하였다.

- 사마온공이 말했다. "주(周)나라 사람은 서계 위에 빈소를 했다. 요즘은 당실의 제도가 다르거나 혹은 협소하다. 그러므로 다만 당 가운데서 조금 서쪽으로 할 따름이다."223)고 하였다.

- 『비요』에 관 안에 찰기장 재(秫灰)를 아주 고르게 깐 다음, 두꺼운 백지를 펴고, 다음으로 칠성판(七星板)을 내리며, 다음으로 요와 돗자리를 깐다.224)고 하였다.

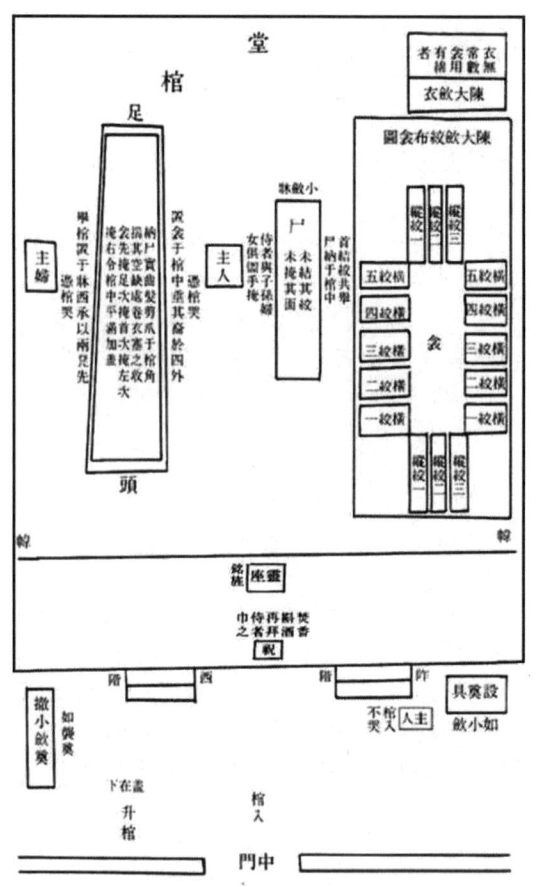

---

222) 『開元禮』 : 棺中之具灰炭枕席之類, 皆先設於棺內.

223) 『常變通攷』 溫公曰 : "周人殯于西階之上. 今堂室異制, 或狹少. 故但於堂中少西而已."

224) 『備要』 : 鋪秫灰於棺中, 使極均平, 次鋪厚白紙, 次下七星板, 次鋪褥席.

① 陳大斂衣 衣無常數衾用有綿者 : 대렴(大斂)에 필요한 옷을 진설하는데, 옷에는 일정한 숫자가 없으며, 금(衾)은 솜이 있는 것을 쓴다.

② 小斂牀 未結其絞 未掩其面 : 그 효(絞)를 묶지 않으며, 시신의 얼굴을 가리지 않는다.

③ 侍者與子孫 婦女俱盥手掩 首結絞共擧尸納于棺中 : 시자(侍者)와 자손 및 부녀자들이 모두 손을 씻은 다음, 시신의 얼굴을 가리고 효를 묶는다. 그러고는 모두 함께 시신을 들어서 관(棺) 안에 넣는다.

④ 納尸實齒髮剪爪于棺角 揣其空缺處卷衣塞之 收衾先掩足次掩 首次掩左次掩 右令棺中平滿加蓋 : 시신을 관 안에 넣고, 이와 머리카락 및 잘라 낸 손톱과 발톱을 관의 네 귀퉁이에 넣는다. 관 안의 비어 있는 곳에 옷가지를 말아서 채운 다음, 금(衾)으로 덮되, 먼저 발을 덮고, 다음에 머리를 덮고, 그다음에 왼쪽을 덮고, 마지막으로 오른쪽을 덮어서 시신이 관 안에 평평하면서도 가득 차게 한다. 관 뚜껑을 덮는다.

⑤ 擧棺置于牀西 承以兩凳 先置衾于棺中 垂其喬於四外 : 관을 들어서 상(牀)의 서쪽에 놓되, 두 개의 고임목으로 받친다. 먼저 금(衾)을 관 가운데에 놓고서 금의 가장자리를 사방으로 드리운다.

⑥ 設奠具 : 전(奠)을 올리는 데 필요한 도구를 진설하는데, 소렴(小斂) 때와 같다.

⑦ 主人 棺入不哭 : 주인은 관이 들어가면 곡하지 않는다.

⑧ 徹小斂奠 如襲奠 : 소렴전(小斂奠)을 철거하는데, 습전(襲奠)을 철거할 때와 같다.

(5) 乃大斂

┌─── 【주자가례 원문 4-5】 ─────────────

● 乃大斂
⇒ 이에 대렴을 한다.

● 侍者與子孫婦女 俱盥手 掩首結絞 共擧尸納于棺中 實生時所落齒髮及所剪爪于棺角 又揣其空缺處 卷衣塞之 務令充實 不可搖動 謹勿以金玉珍玩置棺中 啓盜賊心
⇒ 시자는 자손과 부녀와 함께 손을 씻고 머리를 가리고 끈을 매어서 함께 시신을 들어 관 속에 넣는다. 살아 있을 때에 빠진 이빨과 머리카락과 잘라 낸 손톱 발톱을 관의 모서리에 채운다. 또한 빈 곳을 헤아려 옷을 말아 채우는데 충실하게 채워서 흔들리거나 움직이지 않도록 한다. 삼가 금옥과 보배를 관 속에 넣어 도적질할 마음이 생기게 하지 않는다.

└──────────────────────────────

- 收衾 先掩足次掩首次掩左次掩右 令棺中平滿 主人主婦 憑哭盡哀 婦人退入幕中 乃召匠加蓋下釘 徹牀覆柩以衣 祝取銘旌 設跗于棺東 復設靈座於故處 留婦人兩人守之
  ⇒ 이불을 거두어 먼저 발을 덮고 그 다음에는 머리를 덮으며 다음에는 왼편을 덮고 다음에 오른편을 덮어 관의 가운데가 평평하고 가득하게 한다. 주인과 주부는 기대어 곡하여 슬픔을 다한다. 부인은 물러나와 장막 안으로 들어간다. 곧 장인을 불러 덮개를 덮고 못을 박는다. 상을 치우고 구의(관 덮개천)로 관을 덮는다. 축이 명정(죽은 사람의 품계 관직 성씨를 기록한 깃발)을 가져다 널의 동쪽에 있는 받침대에 세우고 다시 영좌를 옛 장소에 설치한다. 부인 두 사람을 머물게 하여 지킨다.

- 司馬溫公曰 凡動尸擧棺 哭擗無筭 然殯斂之際 亦當輟哭臨視 務令安固 不可但哭而已
  ⇒ 사마온공이 말하기를, "무릇 시신을 움직이고 관을 들 때는 곡을 하고 가슴을 두드리기를 수없이 하지만 염을 하고 빈을 할 때는 마땅히 울음을 그치고서 가서 지켜보기를 침착하고 안정되게 하기를 힘써야지 다만 곡만 해서는 안된다.

- 按古者 大斂而殯 旣大斂則累墼塗之 今或漆棺未乾 又南方土多螻蟻 不可塗殯 故從其便
  ⇒ 살펴보니 옛날에는 대렴을 하고 빈을 하였으며, 이미 대렴을 하였으면 벽돌을 쌓고 진흙을 발랐다. 지금은 혹 관에 칠한 것이 마르지 않았거나 또는 남방의 흙은 개미가 많아서 빈소에 진흙을 바를 수가 없기 때문에 그 편리함을 좇게 되었다. "고 하였다.

- 『사례편람』에서는, 시자(侍者)는 자손과 부녀와 함께 손을 씻고, 이불을 걷고, 먼저 발을 싸고, 다음에 머리를 싸고, 다음에 왼쪽을 싸고, 다음에 오른쪽을 싼다. 먼저 세로 효를 묶고, 다음에 가로 효를 묶는다.

- 함께 시신을 들어 관 속에 넣는다.

- 생시에 빠진 머리카락과 이빨, 목욕을 할 때 깎은 손·발톱을 넣은 조발낭을 관의 구석에 넣는다.

- 『주자가례』에는, '시자(侍者)는 자손과 부녀와 모두 손을 씻고, 함께 시신을 들어 관에 넣는다.'고 한 뒤에 이불을 거두어 발, 머리, 왼쪽, 오른쪽을 덮어 관의 가운데가 평평하고 가득하게 한다고 하였다. 이러한 예가 세속에 '관속에서 대렴을 한다.'는 것으로 전달되어진 듯하다. 도암(陶庵)의 설이 올바른 것으로 보인다.

  - 현대에는 관(棺)의 빈곳이 있으면 모두 채우는데, 이를 보공(補空)이라고 한다. 보공은 시신이 관 안에서 흔들리지 않도록 하기 위함이다.

- 수의(襚衣)로 채우기를 마치면 이불을 덮는데, 먼저 발을 덮고 다음에는 머리를, 그리고

왼쪽을 덮고, 그 다음에 오른쪽을 덮어 전체적으로 위쪽이 평평하고 가득 차게 한다.

- 대렴을 마치면 주인과 주부가 들어와서 관에 의지하여 곡을 한다.

- 주인과 주부가 물러나면 곧바로 관 뚜껑을 덮는다.

- 상을 치우고 관보(柩衣)로 관을 덮는다.

- 퇴계가 이르기를 "『가례』에는 대렴에 효(絞)가 없다. 그러므로 관 안에서 염을 한다. 이제 고씨(高氏)·양씨(楊氏)·구씨(丘氏)의 설에 따라 대렴에 효를 사용한다면, 대렴하고 관에 넣는 것이 마땅하다. 다만 관 안쪽과 서로 잘 맞지 않을 염려가 있으니, 모름지기 십분 헤아려 이런 걱정이 없게 해야 옳다. 혹자는 '비록 효를 사용하더라도 관에서 염을 한다'고 하는데, 역시 이치에 큰 해로움이 없다."[225]고 하였다.

- 『가어(家語)』에 계평자(季平子)가 죽자, 장차 군주의 여번(璵璠)으로 염하려고 구슬과 옥을 보내려 했다. 공자가 막 중도재(中都宰)가 되어 듣고서는 급히 계단을 올라가 말리며 말하기를, "죽은 이를 보내면서 보배와 옥을 사용하는 것은 시신을 들판 가운데 내버리는 것과 마찬가지입니다. 백성들에게 간사한 이익의 단서를 보여 죽은 자를 해칠 수 있을 것이니, 어찌 사용하십니까? 또한 효자는 정 때문에 어버이를 위태롭게 하지 않고, 충신은 간사한 조짐으로 군주를 위험에 빠뜨리지 않습니다"라고 하자, 이에 중지하였다.[226]고 하였다.

- 『집람』에 관 바깥쪽 사면의 틈이 벌어진 곳에는 옻칠을 한 베를 바르거나 콩기름을 먹인 기름종이(菽末油紙)를 바르기도 한다. 그러고 나서 유둔(油芚)으로 싼 다음 '상(上)' 자를 위쪽 머리 부분에 쓰고 끈으로 묶는데, 거친 베나 삼끈으로 관의 아랫부분부터 위쪽으로 대여섯 곳을 견고하게 묶어서 관을 들 때 잡게 한다. 묶고 싸기 전에 관의 길이·너비·높이를 벽에 써서, 관 바깥의 곽(槨)을 만들 때에 참고한다.[227]고 하였다.

----

225) 『常變通攷』 退溪曰 : "『家禮』, 大斂無絞。故就棺中而斂。今依高氏·楊氏·丘氏說, 大斂用絞, 則大斂而納于棺, 當矣。但恐與棺中不相稱穩, 須十分商度, 令無此患, 可也。或曰 : '雖用絞, 就棺而斂。' 亦無大害於理也。"

226) 『家語』 : 季平子卒, 將以君之璵璠斂, 贈以珠玉。孔子初爲中都宰聞之, 歷級而救焉曰 : "送而以寶玉, 是猶暴尸於中原也。其示民以姦利之端, 而有害於死者, 安用之?且孝子不順情以危親, 忠臣不兆姦以陷君。" 乃止。

227) 『輯覽』 : 棺外四面隙處, 以漆布塗之, 或以菽末油紙塗之。裹以油芚, 書上字于上頭, 以索結之, 以麤布, 或麻條, 從棺底近, 上五六處, 緊結之, 以爲擧棺之資。未結裹前, 棺之長短廣狹高下, 書諸壁上, 以憑外槨之造。

(5-1) 빈殯

- 빈(殯)은 『주자가례』의 주인이하각귀상차(主人以下各歸喪次)의 주에 '대공이하이거자(大功以下異居者) 기빈이귀거(旣殯而歸居)'에 보이며, 『가례집람』에 '『의례』 「기석례」편에, 형제들은 처음 죽었을 때 모두 와서 상(喪)에 임하여야 한다. 빈(殯)을 마치면 각각 집으로 돌아가고, 아침·저녁 곡(哭)할 때 빈소(殯所)에 오며, 장례일이 되어 개빈(開殯)을 하면 장례(葬禮)를 치르는 곳으로 오고, 반곡(返哭)을 하면 각각 집으로 돌아간다.'고 한 주(註)에 보인다.

- 또한, 『주자가례』의 주에 '사마온공(司馬溫公)이 말하기를, 시신(屍身)을 움직이고 관(棺)을 들 때는 곡을 하고 가슴을 두드리기를 수없이 하지만 습염(襲斂)하고 빈(殯)할 때는 마땅히 곡을 그치고 가서 지켜보기를 침착하고 안정되게 하도록 힘써야지 곡만 해서는 안 된다.228)'고 하였다.

- 또한, '옛날에는 대렴(大斂)을 하고 빈(殯)을 하였으며, 이미 대렴(大斂)을 하였으면 벽돌을 쌓고 진흙을 발랐다. 지금은 혹 관을 칠한 것이 마르지 않았거나 남방의 흙에 개미가 많아서 빈소(殯所)에 진흙을 바를 수 없기 때문에 그 편리함에 좇게 되었다.'229)고 하였다.

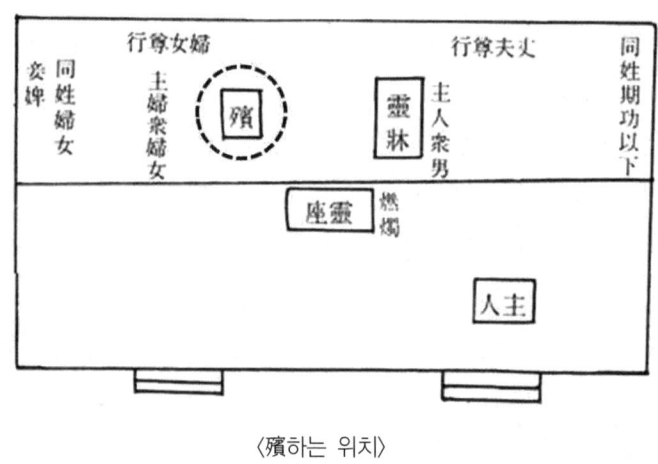

〈殯하는 위치〉

---

228) 『국역 주자가례朱子家禮』, 유교학술원, 2005, p176
229) 『常變通攷』古者, 大斂而殯, 旣大斂則累塹塗之. 今或漆棺未乾, 又南方土多螻蟻, 不可塗殯. 故從其便.

① 妾婢 同姓婦女 : 동성(同姓)의 부녀와 첩(妾), 비(婢)가 이곳에 있는다.

② 主婦衆婦女 : 주부(主婦)와 중부녀(衆婦女)가 이곳에 있는다.

③ 婦女尊行 : 높은 항렬의 부녀(婦女)가 이곳에 있는다.

④ 丈夫尊行 : 높은 항렬의 장부(丈夫)가 이곳에 있는다.

⑤ 靈牀 主人衆男 : 주인과 중남(衆男)이 이곳에 있는다.

⑥ 同姓朞功以下 : 동성의 기공(朞功) 이하 친족이 이곳에 있는다.

⑦ 殯, 靈座 燃燭, 主人

- 빈의 설치와 순서에 대하여

• 「사상례」에 구덩이(肂)를 파되 임(衽)이 보이도록(見) 한다. [주에 이(肂)는 관을 묻는 구덩이인데, 서계 위에 판다. 임(衽)은 소요(小要)이다.] 관이 들어오면 주인은 곡하지 않는다. 관을 올림에 있어서 축(軸)을 사용하는 데 덮개(蓋)는 아래에 있다. [주에 축(軸)은 공축(輁軸)인데, 그 바퀴를 축으로 삼아 끌고 가는 것이다.] [소에 축(軸)의 모양은 굴리는 바퀴(轉轔)와 같은데, 양쪽 끝을 새겨 굴대머리(軹)를 만든다. 공(輁)의 모양은 긴 평상(長牀)과 같은데, 횡대(桯)의 앞뒤를 뚫어 쇠를 붙이고 축(軸)을 끼운다.] 대부 이상은 사방으로 테두리가 있는데, 그것을 순(輴)이라 하며, 천자는 거기에 용을 그린다. 「기석례」의 소에 인(轔)은 바퀴다. '양쪽 끝을 새겨 굴대머리를 만든다'는 것은 축(軸)을 깎아 양끝을 가늘게 하여 공(輁)의 양쪽 넓적다리에 끼워 넣음이다. 앞뒤 두 곳에 모두 그렇게 한다. '공(輁)의 모양은 긴 평상과 같은데 횡대의 앞뒤를 뚫어 쇠를 붙이고 축(軸)을 끼운다'는 것은 공(輁)은 평상과 같이 기니, 앞뒤 양쪽 가장자리의 나무 형상이 평상과 같고, 넓적다리를 두껍고 크게 하여, 양쪽 가장자리에 구멍을 만들어 쇠로 만든 팔찌를 그 가운데 붙이되, 앞뒤 양쪽 부분 모두 그렇게 한다. 그런 뒤에 그 가운데에 축(軸)을 끼운다. 횡대(桯)는 그 두께와 크기가 축(軸)을 용납할 만하기 때문에 이 나무를 정(桯)이라 이름 하였다. 『주례』의 「고공기(考工記)」 주에 정(桯)은 강(杠)이다. [소에 영(楹)으로 읽으니, 음은 영(盈)이다.] 『운서(韻書)』에 지(軹)는 차축(車軸)인데, 머리는 팔찌(釧)이고, 팔뚝(臂)은 고리(環)이다. 볶은(熬) 오(熬)는 오(五)와 도(刀)의 반절이다. 서직(黍稷) 각각 두 광주리에, 생선포(魚腊)를 둔다. [주에 볶은 것(熬)은 개미나 하루살이를 유혹하게 함으로써, 관 주변에 오지 못하게 하려는 것이다.]230)고 하였다.

----

230) 「士喪禮」 : 掘肂 以二反 °見 賢遍反 °衽 °註 : 肂, 埋棺之坎, 掘於西階上 °衽小要也 °棺入, 主人不

- 주인은 시신을 받들어 관에 염(斂)하고, 처음과 같이 발을 구르고, 이에 덮는다. [주에 관을 구덩이 속에 두고 시신을 거두어 넣는 것이 이른 바 빈소이다.] 「단궁」에 '객의 자리에서 빈을 한다'고 했다. [소에 조계에서 염을 하고, 위로 시신을 옮겨 서계를 향하여 관 안에서 염을 하고, 관 위에 뚜껑을 덮는다.] 먼저 관을 구덩이 안에 넣고, 이에 시신을 받들어 관에 넣는다. 이름을 염(斂)이라도 하고 빈소라고도 한다.231)고 하였다.

- 주인은 내려와서 대부로서 뒤에 온 자에게 절하고, 주인은 북면하여 구덩이를 본다. [주에 서계의 동쪽에서 북면한다.] [소에 소렴 뒤에 주인은 조계로 내려온다.] 이제 빈소를 한 뒤 차마 조계로 내려오지 못하여 대부에게 절함으로써, 서계 동쪽으로 나아가 북면하여 구덩이를 보면서 곡한다.232)고 하였다.

- 중주인은 자리에 돌아온다. 부인은 동쪽으로 자리에 돌아온다. [주에 조계 위와 아래의 자리이다.]233)고 하였다.

- 볶은 것을 관 곁에 한 광주리를 차리고 이에 흙을 바르며, 일정한 수 없이 발을 구른다. [주에 나무로 관 위를 덮고 흙을 바르는 것은 화재에 대비하기 위함이다.] 흙 바르기를 마치면 주인은 자리로 돌아와 발을 구르고 옷을 껴입는다. 234)고 하였다.

- 『기』에 이미 빈(殯)을 했으면, 주인은 모(髦)를 벗는다(說). 탈(說)은 토(土)와 활(活)의 반절이다. [주에 아이가 태어나면 석 달 만에 머리카락을 잘라 황새머리(鬌)를 만드는데, 자라서도 여전히 장식으로 남겨두어 '모(髦)'라고 한다.] 이에 이르러 시신이 놓인 널이 보이지 않으면 제거할 수 있다. 「상대기」의 소에 모(髦)는 어린

哭 °升棺用軸, 蓋在下 °註：軸, 輁軸也, 軸其輪, 輓而行 °疏：軸狀如轉轔, 刻兩頭為軹 °輁狀如長牀, 穿桯前後著金, 而關軸焉 °大夫以上有四周, 謂之輴, 天子畫之以龍 °既夕 °疏：轔, 輪也 °'刻兩頭為軹'者, 刻軸使兩頭細, 穿入輁之兩椑 °前後二者, 皆然 °云'輁狀如長牀, 穿桯前後著金, 而關軸焉'者, 輁長如牀, 則有先後兩畔之木狀如牀, 髀厚大為之, 兩畔為孔, 著金釧於中, 前後兩畔皆然 °然後關軸於其中 °言桯者, 以其厚大, 可以容軸, 故名此木為桯也 °「考工記」註：桯, 杠也 °疏：讀為楹, 音盈 °『韻書』：軹, 車軸, 頭釧臂環 °熬 五刀反 °黍稷各二筐, 有魚腊, 註：熬所以惑蚍蜉, 令不至棺旁也 °

231)『常變通攷』主人奉尸斂于棺, 踊如初, 乃蓋。註：棺在肂中, 斂尸焉, 所謂殯也。「檀弓」曰, '殯於客位。'疏：從阼階斂, 上遷尸鄉西階, 斂於棺中, 乃加蓋於棺上也。先以棺入肂中, 乃奉尸入棺中。名斂, 亦名殯也。

232)『常變通攷』主人降, 拜大夫之後至者, 主人北面視肂。註：北面於西階東。疏：小斂後, 主人阼階下。今殯後, 不忍卽阼階下, 因拜大夫, 卽於西階東, 北面, 視肂而哭也。

233)『常變通攷』衆主人復位 °婦人東復位 °註：阼階上下之位 °

234)『常變通攷』設熬, 旁一筐, 乃塗, 踊無筭 °註：以木覆棺上, 而塗之, 為火備 °卒塗, 主人復位, 踊, 襲

시절에 머리카락을 잘라 만든 것인데, 어른이 되면 양쪽으로 늘어뜨리니, 자식으로 어버이를 섬김에 항상 어린아이 때의 뜻이 있음을 밝힘이다. 만약 아버지가 죽으면 왼쪽 모(髦)를 제거하고, 어머니가 죽으면 오른쪽 모(髦)를 제거한다. 부모가 모두 죽으면 모두 제거하니, '어버이가 돌아가시면 모(髦)를 하지 않는다'는 것이 이것이다.[235]고 하였다.

- 「상대기」에 대부는 휘장(幬)으로 빈을 하여 서쪽 서(序)에 가매장(欑)을 하여 두고, 흙을 바르되 관에 닿지 않게 하며, 사(土)는 빈에 임(衽)이 보이도록 흙으로 바른 뒤에 휘장을 덮는다. 진씨(陳氏)가 말했다. "찬(欑)은 모음(菆)이다. 군(君)은 관받침(輴)의 네 면에서 관 위에까지 나무를 모아둔다. 대부의 빈에는 관받침을 사용하지 않고, 그 관의 한 면을 서쪽 서(序)의 벽에 붙여 그 세 면을 가매장하며, 위를 지붕 형태로 만들지 않고, 다만 관의(棺衣)로 덮는다. 도(幬)는 덮는 것이다. 그러므로 '대부는 휘장으로 빈을 하여 서쪽 서에 가매장을 해둔다'고 했다. '흙을 바르되 관에 닿지 않게 한다'는 것은 천자와 제후의 가매장한 나무는 넓어서 관과의 거리가 멀지만, 대부의 가매장은 좁아서 관과의 거리가 가까우니, 흙을 바르는 자는 겨우 관에 닿지 않을 정도로 하고 만다는 것이다. 사(土)의 빈은 구덩이(窆)를 파서 관을 넣을 수 있게 함이니, 이(窆)는 구덩이다. 관이 구덩이 속에 있되 덮개의 임(衽)을 봉합한 곳을 함몰시키지 않아 오히려 밖에 있기 때문에 그 임(衽)을 볼 수 있다. 그 위로는 나무를 사용하여 덮고 흙을 바른다. 귀하거나 천하거나 모두 휘장이 있으므로, 오직 조석곡에 그 휘장만 걷어 올릴 뿐이다. 휘장을 덮는 것은 귀신은 어두움을 숭상하기 때문이다."[236]고 하였다.

- 빈전(殯殿)에 관한 조선의 기록은 『세종실록』권111 세종 28년 3월 갑오에 보이는데, '관 뚜껑을 덮고 옻칠을 하고서 나무로 만든 나비모양의 살대를 관 양쪽에 세 개씩 끼워 고정시킨다. 관 뚜껑과 관 사이는 청초를 발라 메우고 관의를 덮은 다음 빈전에 옮겨 장삿날까지 모셨다'고 하였다.

---

235) 『常變通攷』 記 : 旣殯, 主人說 土活反. 髦. 註 : 兒生三月, 翦髮爲鬌, 長大猶爲飾存之, 謂之髦. 至此, 尸柩不見, 可以去之. 「喪大記」 疏 : 髦, 幼時剪髮爲之, 至年長, 則垂著兩邊, 明人子事親, 恒有孺子之義也. 若父死, 說左髦, 母死說右髦, 二親並死, 則並脫之. '親沒不髦', 是也.

236) 「喪大記」 : 大夫殯以幬, 欑置于西序, 塗不曁于棺, 士殯見衽, 塗上帷之. 陳氏曰 : "欑猶菆也. 君菆木于輴之四面, 至于棺上. 大夫之殯不用輴, 其棺一面, 貼西序之壁而欑其三面, 上不爲屋形, 但以棺衣覆之. 幬, 覆也. 故言'大夫殯以幬, 欑置于西序'也. '塗不曁于棺'者, 天子諸侯之欑木, 廣而去棺遠, 大夫欑, 狹而去棺近, 所塗者, 僅不及于棺而已. 士殯, 掘窆以容棺, 窆, 卽坎也. 棺在窆中, 不沒其蓋縫用衽處, 猶在外而可見其衽. 以上, 亦用木覆而塗之. 貴賤皆有帷, 故惟朝夕之哭, 乃搴擧其帷耳. 所以帷者, 鬼神尙幽暗故也.

- 조선시대의 왕과 왕비는 5개월 만에 국장을 치렀다. 이 기간 동안 시신을 모시는 곳을 빈전 혹은 찬궁이라 하였다. 이러한 빈전은 장사 때까지 5개월 정도 왕의 시신을 안전하게 보존해야 하기 때문에 위치선정에서부터 설치, 관리에 이르기까지 중요하게 다루어졌다. 『세종실록』에 기록된 빈전(殯殿)의 설치와 재궁(齋宮)의 안치 방법을 살펴보면,

- '빈소(殯所)는 벽돌과 불로 구워 만든 돌과 박석으로 가실의 바닥을 정선 중간에 쌓고, 석회를 가지고 빈틈을 바른다. 자리를 깔고 그 위에 평상을 놓고 대자리와 요를 깐 후 장막과 요와 병풍을 정전 중간 북쪽 공처에 설치하여 임시로 혼백(魂帛)과 책보를 둘 자리를 마련한다. 그리고 평상 위에 관을 안치한다. 이때 머리는 남쪽으로 향하도록 하고, 관의(棺衣)를 덮고 다시 기름종이로 싼 다음 하얀 무명으로 묶는다. 그런 다음 볶은 기장·피·벼·양을 담은 광주리를 각각 두개씩 만들어 수족이 있는 데에 하나씩 놓고 나머지 네 광주리는 양쪽에 좌우로 나누어 놓는다. 머리를 남쪽으로 두는 것은 아직 살아 있는 것으로 간주하기 때문이다. 가실은 관을 안치하는 평상의 길이와 폭에 따라 먼저 사면에 방틀 나무를 설치하고, 그 위에 기둥 네 개를 세우고 대들보와 서까래를 걸고, 벽면을 대로 엮어 만들고 두꺼운 종이를 발라 주작·현무·청룡·백호를 사면에 그려 붙인다. 그리고 둥근 쇠고리를 방틀 네 귀에 박고 밧줄로 고리를 꿰어 결박하고, 북쪽의 벽과 방틀을 떼어 내고 가실을 남쪽에서 북쪽방향으로 밀어 관을 덮고, 다시 북벽을 막고 진흙으로 밖과 위를 바른 후 마포로 덮고서 두꺼운 종이로 바르고 장막을 치고 천장을 덮는다. 영좌는 찬궁 앞에 설치하고, 명정을 영좌 오른편에 세운다. 그리고 매일 아침·저녁으로 전과 상식을 올릴 때 임금은 궤연 곁에 모시고 있다가, 제사(祭祀)를 마친 뒤 여차로 돌아오는 것을 규례로 하고, 빈전은 발인한 뒤에 폐지한다.237) 고 하였다.

- 『서의』에 일꾼은 벽돌(墼)을 여러 겹 쌓고, 빈에 흙을 바른다고 하였고, 『어류(語類)』에 주자가 그 장자(長子)의 빈을 함에, 깊이 두 자, 너비 서너 자로 땅을 파고, 안에 구운 벽돌을 깔고, 석회를 사용하여 겹겹이 두루 바르고는, 관목(棺木) 및 그 바깥에는 흙벽돌을 벽 사이에 끼워 넣었다.238)고 하였다.

---

237) 『상장례 삶과 죽음의 방정식』, 국사편찬위원회, 2005, p127
238) 『書儀』 : 役者累墼, 塗殯。 『語類』 : 朱子殯其長子, 掘地深二尺, 闊三四尺, 內以火塼鋪砌, 用石灰, 重重徧塗之, 棺木外, 用土塼夾砌。

- 『오례의』에 관의(棺衣)로 널을 덮고, 나무로 관을 덮고, 위에 흙을 바르며, 장막(帟)을 널 위에 설치하여 먼지를 막는다.[239]고 하였다.

- 『문해』에 예에 군(君)·대부·사(士)의 빈에 모두 흙을 사용하는 것은 화재를 대비함 이다. 지금 만약 화재를 염려한다면, 흙을 바르거나 모래를 발라서 적당하게 하면 된 다.[240]고 하였다.

- 「단궁」의 소에 빈을 할 때 머리를 그대로 남쪽으로 두는 것은 효자가 아직도 산 것처 럼 여겨, 차마 신으로 대하지 못함이다.[241]고 하였다.

- 『사례편람』에는 '만약 도빈(塗殯)을 하는 경우에는 익랑(翼廊), 대문 곁의 행랑 혹은 사랑(斜廊, 舍廊) 즉 남자 주인이 거처하는 곳에 편리한 대로 만든다. 땅을 팔 때 깊이 는 두 자쯤, 너비는 서너 자, 길이는 일곱 자 내지 여덟 자, 안은 구운 벽돌로 깔고, 사 방도 역시 벽돌을 쌓아 흙으로 메꾸고, 석회로 그 틈을 바르고, 짚자리를 깔고 두 개의 받침을 놓는다. 관(棺)을 내리려 할 때 전(奠)을 드리고 내린 뒤에 구의(柩衣)를 덮고, 또 구덩이 밖 아래·위에 동자목(童子木)을 세운다. 긴 장대를 그 위에 들보같이 놓고, 작은 나무를 그 위에 많이 놓아 마치 서까래 같이 하고, 새끼로 짚자리를 얽어 두껍게 덮고, 그 위에 흙을 바르거나 혹은 모래를 모아 둔다. 빈소(殯所)앞에 흰 장막을 치고 장막 안에 병풍을 친다.'[242]고 하였다.

- 『가례회성』에 '예에 시신(屍身)을 관에 넣기 전에는 시신에게 제사를 하고, 시신(屍身) 을 관에 넣었으면 혼(魂)이 비단(帛)에 의지하기 때문에 혼백(魂帛)에 제사하고, 이미 장례를 치렀으면 신(神)이 신주(神主)에 의지하기 때문에 신주(神主)에 제사를 지낸다.' 고 하였다.

- 빈(殯)의 위치와 관련하여 중국과 조선의 가옥구조가 다르기 때문에 조선에서는 외빈 (外殯)하였던 것으로 보인다. 다음은 『가례』에 나타난 빈의 설치위치와 관련된 그림 이다.

- 조선에서는 외빈(外殯)하였는데, 외빈(外殯)은 장일까지 오랜 시간이 소요됨으로써 집안 에 영구를 오래 둘 수 없고, 중국과 가옥구조가 달라 설치하였던 것이다. 도빈, 내빈,

---

239) 『五禮儀』 : 覆柩以衣, 以木覆棺, 上乃塗之, 設帟柩上, 承塵。

240) 『問解』 : 禮, 君大夫士殯, 皆用塗, 所以備火也。今若以火爲慮, 則或塗或沙 隨宜爲之。

241) 「檀弓」疏 : 殯時, 仍南首者, 孝子猶若其生, 不忍以神待之。

242) 『朝鮮時代 冠婚喪祭 II, 喪禮篇 I』, 한국정신문화연구원, 1999, p48

토룡, 사룡, 토감 등 지역과 가문에 따라 다양한 명칭으로 불리었다. 세부적으로 살펴보면 다음과 같다.

- 위치는 사랑채 밖이나 곁채 밖, 혹은 헛간에 깊이 2자, 폭 3~4자, 길이 7~8자로 파고 바닥과 네 벽을 벽돌로 깔고 쌓는다.

- 틈새를 석회로 발라 흙이 들어오지 않게 하고 자리와 굄목을 놓고 관을 안치한다.

- 이때 전(奠)을 올린다.

- 관 위에 홑이불을 덮고 기둥을 세워 움막의 지붕처럼 만들어 이엉을 덮은 다음 모래나 흙을 덮는데, 이곳을 빈소(殯所)라고도 한다.

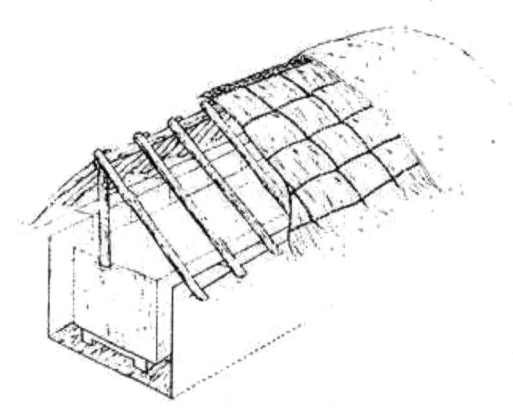

〈『四禮便覽』의 外殯圖〉

(5-2) 명정은 널 동쪽에 설치함(銘旌設柩東)

- 「사상례」에 흙을 바르기를 마치면 축은 명정을 가져다가 구덩이(肂)에 둔다. [주에 명정을 걸기 위해 받침대 나무를 구덩이의 동쪽에 설치한다.] [소에 죽은 처음에 명정을 만들고, 만들기를 끝내면 중(重)에 둔다.] 이제 빈을 마치면 가져다가 구덩이 위에 두는데, 명정은 널(柩)을 표시하기 위함이기 때문이다. '구덩이의 동쪽'이란 동쪽에서 구덩이를 마주하고 있게 하지 않음이 옳다.243)고 하였다.

----

243) 「士喪禮」 : 卒塗, 祝取銘, 置于肂。註 : 爲銘, 設跗樹之肂東。疏 : 始死則作銘, 訖置于重。今殯訖, 取置于肂上, 銘所以表柩故也。云'肂東'者, 不使當肂於東, 可也。

(5-3) 영좌를 예전 장소에 설치함(設靈座於故處)

- 『문해』에 묻기를 "대렴 뒤에 영좌를 예전 장소에 설치한다는데, 이른 바 '예전 장소'란 어느 곳을 가리키는가?" 답했다. "대렴을 하려고 하면 먼저 영좌를 옆으로 옮기고, 대렴이 끝나면 다시 영좌를 예전 장소에 설치한다. 이른 바 '예전 장소'란 당(堂) 가운데를 가리켜 말하는 것이지, 관(棺) 앞을 말하는 것이 아니다. 관은 당 가운데에서 조금 서편에 두고, 영좌는 당 가운데에 설치하는 것이 예다. 『회성(會成)』의 '복영좌(復靈座)' 주에서 '관 앞에 설치한다'고 했고, 『의절』에서 '관 앞에 둔다'고 한 것은 모두 예의 본뜻을 잃었다. 이미 관을 당의 서쪽에 두고, 영좌를 관 앞에 설치한다면 과연 영좌가 있던 예전 장소이겠는가?"[244]고 하였다.

- 목욕한 뒤에 시상(尸牀)을 옮겨 당 중간에 두고, 습(襲)을 마치면 영좌를 시신 남쪽에 설치하니, 당 가운데는 곧 시신을 두는 장소이고, 시신 남쪽은 곧 영좌의 장소이다. 이미 대렴을 했으면 관은 당 가운데에서 조금 서쪽에 두고, 영상(靈牀)은 널의 동쪽에 설치하니, 당 가운데에서 조금 동쪽이 되는데, 영좌는 예전 장소에 설치하니, 곧 전날 시신 남쪽의 장소이면서, 오늘 영상과 시구(尸柩)를 마주하여 설치한 앞이다. 다만 '관의 앞'이라 하는 것은 꼭 그렇지는 않은데, '당 가운데'라고 지적하여 말하는 것은 더욱 미안하다.[245]고 하였다.

(6) 設靈牀于柩東

```
┌─ 【주자가례 원문 4-6】 ─────────
│
│ ● 設靈牀於柩東*
│   ⇒ 영상을 널의 동쪽에 설치하라.
│
│ ● 牀帳薦席屛枕衣被之屬 皆如平生時
│   ⇒ 상, 휘장, 자리, 병풍, 베개, 옷과 이불과 같은 것은 모두 살아 있을 때와 같이 한다.
```

----

244) 『問解』：問："大斂後, 設靈座於故處, 所謂故處, 指何所也？"　答："將大斂, 先遷靈座於旁側, 大斂訖, 復設靈座于故處。所謂故處 指堂中而言也, 非謂棺前也。置棺于堂中少西, 設靈座于堂中 乃禮也。『會成』'復靈座'註云, '設于棺前。'『儀節』, '置於棺前。'皆失禮意。旣置棺於堂之西, 而設靈座於棺前, 則是果靈座之故處乎？"

245) 『常變通攷』沐浴後, 徙尸牀, 置堂中間, 卒襲, 設靈座於尸南, 則堂中乃尸之處也, 尸南乃靈座之處也。旣大斂, 棺在堂中少西, 設靈牀于柩東, 則爲堂中少東, 而靈座設于故處, 則乃前日尸南之地　而今日靈牀尸柩對設之前也。直以爲棺前者, 固未然, 而謂指堂中, 則尤未安。

- 축관(祝官)이 명정을 가져와 관의 동쪽에 세우고, 영좌를 원래의 장소에 설치한다.

- 영좌를 설치하고 관의 동쪽에 영상(靈牀)을 설치하고 살아 있을 때처럼 상, 휘장, 자리, 병풍, 베개, 옷, 이불 등을 차려 둔다.

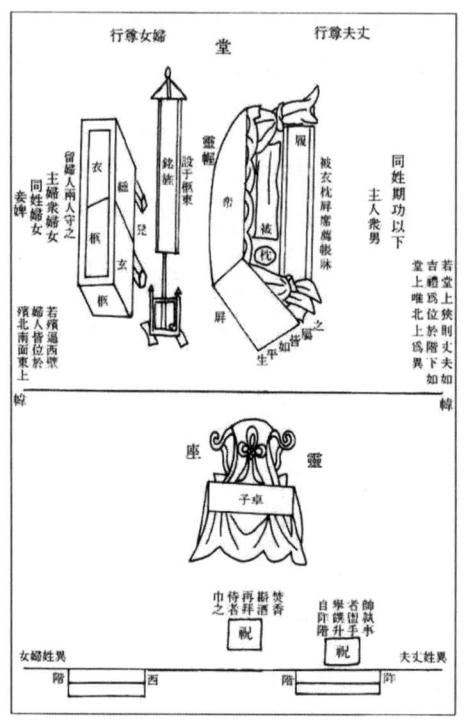

① 높은 항렬의 장부(丈夫)가 이곳에 있는다.

② 높은 항렬의 부녀(婦女)가 이곳에 있는다.

③ 주인(主人), 중남(衆男), 동성(同姓)의 기공(期功) 이하의 친족이 이곳에 있는다.

④ 상, 휘장[帳], 거적[薦], 자리, 병풍, 베개, 옷, 이불[被] 등은 모두 살아 있을 때와 같이 한다.

⑤ 명정을 구(柩)의 동쪽에 설치한다.

⑥ 부인 두 사람이 머물러 있으면서 지킨다.

⑦ 주부(主婦), 중부녀(衆婦女), 동성의 부녀, 첩(妾), 비(婢)가 이곳에 있는다.

⑧ 만약 당(堂) 위가 비좁을 경우에는 장부들은 고례(古禮)와 같이 계단 아래에 자리를 만드는데, 당 위에서 하는 것처럼 하되, 북쪽을 위로 하는 것만은 다르게 한다.

⑨ 만약 빈(殯)을 서쪽 벽에 바짝 붙여서 할 경우에는 부인들은 모두 빈을 한 곳의 북쪽에 자리하되, 남쪽을 바라보며, 동쪽을 윗자리로 한다.

⑩ 축이 집사(執事)를 거느리고서 손을 씻고 음식을 들고는 조계(阼階)로 올라간다.

⑪ 축(祝)이 분향하고 술을 따른다. 항렬이 낮은 사람이 모두 재배한다. 시자(侍者)가 보로 덮는다.

⑫ 이성(異姓)의 장부들이 이곳에 있는다.

⑬ 이성의 부녀들이 이곳에 있는다.

(7) 乃設奠

【주자가례 원문 4-7】

● 乃設奠*
⇒ 이에 전을 진설한다.

● 如小斂之儀
⇒ 소렴할 때의 의례와 같다.

- 전(奠)을 올린다. 소렴의 의례와 같이 한다.

- 전(奠)의 순서는 분향(焚香), 헌작(獻爵), 재배(再拜)의 순서이다.

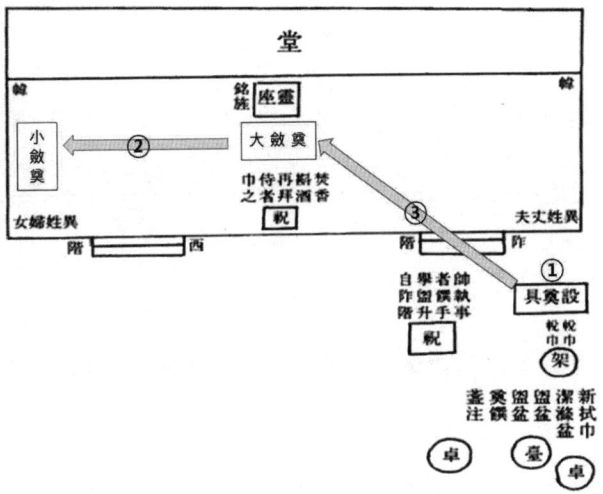

〈設大斂奠圖〉

① 靈座 銘旌

② 設奠具 帨巾 帨巾　架

③ 卓 : 新拭巾　潔絛盆　臺 : 盥盆 盥盆　卓 : 奠饌 盞注

④ 異性丈夫 : 이성(異姓)의 장부들이 이곳에 서 있는다.

⑤ 異性婦女 : 이성(異姓)의 부녀자들이 이곳에 서 있는다.

⑥ 祝 帥執事者 盥手擧饌升自阼階 : 축이 집사자(執事者)를 거느리고서 손을 씻고 음식
을 들고는 조계(阼階)로 올라간다.

⑦ 大斂奠

⑧ 祝 焚香斟酒 再拜 侍者巾之 : 축(祝)이 분향을 하고 술을 따른다. 항렬이 낮은 사람
이 모두 재배(再拜)한다. 시자(侍者)가 보로 덮는다.

⑨ 遷小斂奠 酒 脯 醢 : 소렴전을 옮긴다.

- 축은 처음과 같이 단술을 들고, 술과 두(豆)·변(籩)·조(俎)를 딸려 조계로 오른다. 장
부는 발을 구른다. 전(奠)은 영(楹) 안쪽을 거쳐서 실(室)에 들어와, 두(豆)를 진설하되
저(菹 절임)는 오른쪽에, 저(菹)의 남쪽에 밤, 밤의 동쪽에 포를 진설하며, 돈(豚)은 두
(豆)에 담아서 진설하고, 생선은 다음에 두고, 석(腊)은 별도로 조(俎) 북쪽에 둔다. 단
술과 술은 변(籩) 남쪽에 두고, 건은 처음과 같이 둔다. [주에 저(菹)를 오른쪽에 두는
데, 저(菹)는 육장(醢) 남쪽에 있다. 단술은 밤 남쪽에 해당하고, 술은 포 남쪽에 해당한
다.] 축이 호(戶 지게문)를 닫고 서계로 내려가면, 부인이 발을 구른다. 전을 올리는 자
가 중(重)의 남쪽을 거쳐 동편으로 간다. 장부가 발을 구른다. 빈이 나가면 주인은 문밖
에서 절하여 전송한다. 246)고 하였다.

(8) 主人以下各歸喪次

┌─── 【주자가례 원문 4-8】 ──────────────────────┐

• 主人以下各歸喪次*
⇒ 주인 이하는 각각 상차(喪次)에 돌아간다.

• 中門之外 擇朴陋之室 爲丈夫喪次 斬衰 寢苫枕塊 不脫絰帶 不與人坐焉 非時見乎母也

└────────────────────────────────────┘

----

246) 『常變通攷』　祝執醴如初, 酒豆籩俎從。 升自阼階。 丈夫踊。 奠由楹內入于室, 設豆, 右菹, 菹南栗, 栗
東脯, 豚當豆, 魚次, 腊特于俎北。 醴酒在籩南, 巾如初。 註 : 右菹, 菹在醢南也。 醴當栗南, 酒當脯
南。 祝闔戶, 降自西階, 婦人踊。 奠者由重南, 東。 丈夫踊。 賓出, 主人拜送于門外。

不及中門 齊衰寢席 大功以下異居者 旣殯而歸 居宿於外 三月而復寢 婦人次于中門之
內別室 或居殯側 去帷帳衾褥之華麗者 不得輒至男子喪次

⇒ 중문 밖에 질박하고 비루한 방을 택하여 남자의 상차로 삼는다. 참최복을 입은
사람은 거적을 깔고 자고, 흙덩이를 벤다. 수질과 요대는 벗지 않으며 사람들과도
더불어 앉아 있지 않는다. 때로 어머니를 뵈어서도 안 되고 중문에 이르러서도
안 된다. 대공이하 따로 사는 사람은 사는 집으로 돌아가 바깥채에서 잠을 자고
3개월 만에 침실로 들어가잔다. 부인들은 중문안의 별실을 상차로 하거나 혹은
빈소 옆에서 거처한다, 이불이나 요같은 것은 화려한 것은 피한다. 함부로 남자의
상차에 가서도 안 된다,

- 주인 이하는 모두 상차(喪次)로 돌아간다.

- 상차(喪次)는 참최복을 입는 여막(盧幕)과 자최복을 입는 악실(堊室)로 벽에 진흙만 바른 방을 이른다. 참최복을 입는 사람은 거적을 깔고 자고 흙덩이를 벤다. 수질(首絰)과 요대(腰帶)는 벗지 않으며 사람들과도 더불어 앉지 않는다.

- 때로 어머니를 뵈어서도 안 되고 중문에 이르러서도 안 된다.

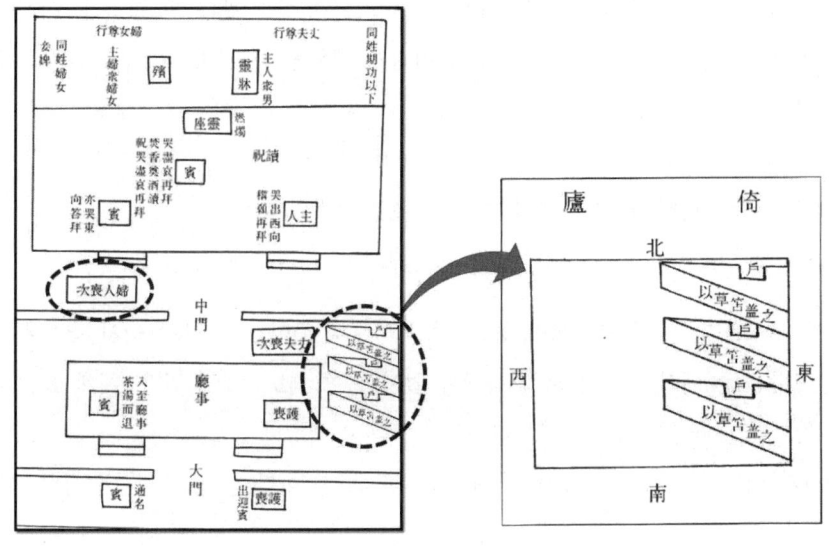

〈丈夫와 婦人 喪次〉

① 婦人喪次 : 부인의 상차이다.

② 丈夫喪次 : 장부들의 상차이다.

③ 倚盧 以草苫盖之 : 풀을 엮어 만든 거적으로 덮는다.

- 『기』에 이르기를 여막에 거처하며 [주에 나무를 기대어 여막을 만드는데, 중문 밖의 동쪽에 있고, 북쪽으로 지게문을 낸다.] [소에 곡하는 자리는 조계 아래에서 빈소를 향하니, 여막 또한 동쪽에서 빈소를 향한다.] 동쪽 벽에 의지하여 여막을 만드는데, 한쪽 끝이 땅에 이른다. 지게문을 북쪽으로 내는 것은 음(陰)의 방향으로 향함이니, 우제(虞祭)에 이른 뒤에 서쪽을 향해 연다. 거적자리(苫)에 흙덩이(塊)를 베고 자고, 질(絰)과 대(帶)는 벗지 않는다. [주에 점(苫)은 짚을 엮은 것이다. 괴(塊)는 흙덩이이다.] [소에 거적자리에 자는 것은 어버이가 풀 속에 있음을 슬퍼함이며, 흙덩이를 베는 것은 어버이가 흙 속에 있음을 슬퍼함이다.]247)고 하였다.

- 자최복을 입는 사람은 이미 빈소가 설치되었으면 사는 곳으로 돌아가 바깥채에서 잠을 자고 3개월 만에 침실로 돌아간다.

- 부인들은 중문 안에 별실을 상차로 삼거나 혹은 빈소 옆에 거처한다. 휘장이나 이불 요 가운데 화려한 것은 치운다. 함부로 남자의 상차에 이르러서는 안 된다.

- '거적을 깔고 자고 흙덩이를 벤다.'에 대하여 『주자가례』의 치장 조(治葬 條)의 주에 '공자(孔子)가 말하기를 『가기(家記)』에 아직 장사지내지 않았으면 옷을 갈아입지 말며, 죽을 먹고, 움막에 살면서 짚자리에서 자고, 흙덩이를 벤다.'고 하였다. 대개 어버이가 아직 돌아갈 곳이 없음을 민망하게 여기기 때문에 자고 먹는 것을 편하게 하지 않는 것이다.'고 하였다.

(8-1) 부인 두 사람을 머물게 하여 지킴(留兩婦人守之)

- 명재가 이르기를 "부인은 여어(女御)를 가리킴이 마땅하다."248)고 하였다.

- 남계가 이르기를 "남자가 이미 중문 밖 여막으로 돌아갔고, 부인 역시 별실에 거처하면, 빈청(殯廳)에서 머물며 모실 사람이 없어서 이 제도를 만들었다. 대개 요즘 사람들이 돌아가면서 숙직하는 규칙과 비슷하다."249)고 하였다.

- 선사가 이르기를 "선유(先儒)들 중에 이 뜻을 말한 이가 없다. 지금 내 생각으로 헤아

---

247) 『常變通攷』記：居倚廬，註：倚木爲廬，在中門外東方，北戶。疏：哭位在阼階下鄕殯，廬亦東方鄕殯。倚東壁爲廬，一頭至地。北戶鄕陰，至虞後，乃西向開之。寢苫，枕塊，不脫絰帶。註：苫，編藁。塊，堛也。疏：寢苫者，哀親之在草，枕塊者，哀親之在土。

248) 『常變通攷』 明齋曰："婦人當指女御。"

249) 『常變通攷』南溪曰："男子旣歸於中門外廬次，婦人亦居別室，則殯廳無人留侍，所以爲此制，蓋似今人輪回直宿之規耳。"

려보면, 대개 이때 시신의 몸을 묶어서 나무 관에 옮겨 넣었으므로, 죽은 자의 신혼(神魂) 역시 어둡고 캄캄한 속에서 놀라 흩어져 의지할 곳이 없는데, 부인은 유음(幽陰)의 부류로서 편안하고 고요하게 하는 사람이다. 그러므로 효자가 기대어 곡하는 마음이 끝이 없어서 잠시도 중지함을 면치 못하기에, 두 사람으로 하여금 지키게 하여 그 향할 데가 없는 혼을 접할 수 있게 함이다. 대개 그 혼을 불러 위안하는 도리이니, 그 뜻이 정밀하다고 하겠다.”250)고 하였다.

(9) 止代哭者

┌─ 【주자가례 원문 4-9】 ─────────────────
│
│ ● 止代哭者*
│ ⇒ 바꾸어 곡하는 사람을 그치게 한다.
│
└──────────────────────────────────────

- 바꾸어 곡하는 사람을 그치게 한다.

- 「사상례」의 주에 이미 빈을 한 뒤에는 조석곡이나 슬픔이 북받치면 곡을 하고, 대곡하지는 않는다. [소에 빈을 한 뒤에는 조계 아래에서 조석곡을 하며, 여막에서 생각이 나면 곡을 한다.]251)고 하였다.

(9-1) 대공 이하 따로 사는 자는 빈을 한 뒤 돌아감(大功以下異居者)

- 「사상례」에 형제가 나가면 주인이 문밖에서 절을 하며 전송한다. [주에 소공 이하는 이에 이르러 돌아가도 되며, 집을 달리하는 대공도 역시 그러하다.] [소에 빈이 끝나고 비록 돌아가더라도, 조석전이나 삭전(朔奠)이 되면, 가까운 자는 역시 들어가서 곡을 한다.]252)고 하였다.

---

250) 『常變通攷』先師曰:“先儒無有說此意者。今以意揣之, 蓋是時, 束縛尸體, 遷動就木, 死者神魂, 亦且驚駭飄散於冥冥之中, 無所依泊, 而婦人者, 幽陰之類, 而安靜之物。故孝子憑哭之情, 無有窮已, 而不免暫時止輟, 使二人者守之, 有以際接其無所底向之魂。蓋其招來慰安之道, 其義可謂精矣。”

251) 『常變通攷』「士喪禮」註:既殯之後, 朝夕及哀至, 乃哭, 不代哭。疏:殯後, 阼階下朝夕哭, 廬中思憶則哭。

252) 『常變通攷』「士喪禮」:兄弟出, 主人拜送于門外。註:小功以下, 至此, 可以歸, 異門大功亦存焉。疏:既殯雖歸, 至朝夕朔奠, 近者亦入哭。

5. 성복(成服)

1) 개요

- 대렴(大斂)의 다음날, 즉 죽은 지 나흘째에 행하는 것으로 초상(初喪)에 상복(喪服)을 입는 의식(儀式)이다. 망자와의 친등관계에 따라 오복(五服)의 제도에 맞추어 근친들이 복을 입는 것을 말한다.

- 성복(成服)의 자형을 분석하여 보면,

  • 成은 『설문해자(說文解字)』에 "就也。从戊丁聲。戌，古文成从午。"라 하여 "이루다는 뜻이다. '戊'는 의미부분이고, '丁'은 발음부부이다. '戌'는 '成'의 고문으로 '丁'대신 '午'를 썼다."고 하였다.

  • 服 [옷 복] 은 『설문해자(說文解字)』에 "用也。一曰車右騑，所以舟旋。"라 하여 쓰이다는 뜻으로 일설에는 수레의 우측에서 따라가는 곁마의 뜻으로 배가 돌아갈 때 쓰이기 위함이라 하였다. 뒤에 의미가 변하여 옷의 의미로 쓰였다. 합하여 옷을 갖추다는 뜻으로 각자의 복장을 갖추어 입는다는 의미이다.

- 입관(入棺)이 끝나면 상복(喪服)으로 갈아입으며, 복인(服人)들도 각자 자기에게 해당되는 복을 입는다.

- 남자의 성복은 기본적인 바지, 저고리, 도포 외에 관굴건, 효건, 행전, 수질, 요질, 교대, 지팡이이며, 여자는 치마, 원삼 외에 관소족두리, 수질, 요질, 교대 등이다.

- 현재에는 성복(成服)를 마치고 올리는 전을 성복전(成服奠)이라 하는데, 이는 예(禮)가 아니다. 『사례편람』에 '옛날에 성복(成服)은 반드시 조곡(朝哭)이 때에 있었고, 조곡(朝哭)에는 절이 없었다. 지금 풍속에는 대부분 조전(朝奠)을 올릴 때에 곡과 절을 겸하여 행한 다음 성복(成服)하기 때문에 절을 하기는 하나 예가 아니다.'고 하였는데, 이러한 의례가 변하여 성복 후(成服 後)에 성복전(成服奠) 또는 성복제(成服祭)라고 변하여 진 것으로 의례의 변화보다는 근대의례의 만들어진 전통이라고 할 수 있다.

- 상복의 제도와 관련하여 『상복사제(喪服四制)』에 '상(喪)에는 사제(四制)가 있으니, 변통하여 적절함을 따르는 것은 사시(四時)에서 취했다. 은혜(恩)가 있고, 의리(理)가 있으며, 절도(節)가 있고, 권도(權)가 있으니, 인정(人情)에서 취했다. 은(恩)은 인(仁)이요, 이(理)는 의(義)요, 절(節)은 예(禮)요, 권(權)은 지(智)이니, 인의예지에 인도(人道)

가 갖추어져 있다. 은혜가 두터운 사람에게는 복(服)이 무거우므로 아버지를 위해 참최 3년복을 입으니, 은(恩)으로써 만든 것이다. 문 안의 다스림은 은(恩)이 의(義)를 가리며, 문밖의 다스림은 의(義)가 은(恩)을 끊는다. 아버지를 섬기는 도를 바탕으로 군주를 섬기므로 또한 참최 3년복을 입으니, 의(義)로써 만든 것이다. 사흘 만에 먹으며, 석 달 만에 목욕하며, 기년(期年)에 연복(練服)을 입으며, 애훼(哀毁)하되 성명(性命)을 없애지 않음은 죽은 사람 때문에 산 사람을 상하게 하지 않기 위함이다. 상기가 3년을 넘지 않으며, 저최(苴衰)를 깁지 않으며, 무덤에 흙을 더하지 않으며, 대상(大祥)을 지내는 날에 소금(素琴)을 연주함은 백성에게 끝이 있음을 고함이니, 절(節)로써 만든 것이다. 백관이 갖추어지고 백물이 구비되어 말하지 않아도 일이 행해지는 사람은 부축을 받고 일어나며, 말한 뒤에야 일이 행해지는 사람은 상장을 짚고 일어나며, 자신이 스스로 일을 맡아본 뒤에야 행해지는 사람은 얼굴에 때가 끼어도 그냥 둔다. 대머리인 사람은 복머리를 하지 않으며, 등이 굽은 사람은 어깨를 드러내지 않으며, 절름발이는 발을 구르지 않으며, 늙고 병든 사람은 술과 고기를 그치지 않으니, 이는 권(權)으로 만든 것이다.'253)고 하였다.

- 「경해(經解)」에 '상례와 제례는 신자(臣子)의 은혜를 밝힌 것이다. 상례와 제례가 없어지면, 신자의 은혜가 각박해져 죽은 자는 배반당하고 배(倍)의 음은 패(佩)이다. 산 자도 망각하는 사람이 많을 것이다.'고 하였다. 「단궁」에 이르기를 '자로(子路)가 말했다. "내가 선생님에게 들으니, '상례는 슬픔이 부족하고 예가 남음이 있기보다 예는 부족할지언정 슬픔이 남는 것이 낫고, 제례는 공경함이 부족하고 예가 남음이 있기보다 예는 부족할지언정 공경함이 남는 것이 낫다'254)고 하였다.

- 『주자가례』의 주에 '사흘째에 대렴(大斂)하고 성복(成服)할 수 있는데, 반드시 나흘 이후에 성복(成服)하는 것은 무엇 때문인가? 대렴(大斂)을 마쳤더라도 차마 그 어버이가 죽었다고 여기지 못하기 때문에 차마 서둘러서 성복(成服)하지 못하고 반드시 나흘 이

---

253) 〈喪服四制〉：喪有四制, 變而從宜, 取之四時也。有恩有理有節有權, 取之人情也。恩者, 仁也, 理者, 義也, 節者, 禮也, 權者, 智也。仁義禮智, 人道具矣。其恩厚者, 其服重, 故爲父斬衰三年, 以恩制者也。門內之治, 恩掩義, 門外之治, 義斷恩。資於事父, 以事君, 亦斬衰三年, 以義制者也。三日而食, 三月而沐, 期而練, 毁不滅性, 不以死傷生也。喪不過三年, 苴衰不補, 墳墓不培, 祥之日, 鼓素琴, 告民有終也, 以節制者也。百官備, 百物具, 不言而事行者, 扶而起, 言而後事行者, 杖而起, 身自執事而後行者, 面垢而已。禿者不髽, 傴者不袒, 跛者不踊, 老病, 不止酒肉, 此以權制者也。

254) 〈經解〉：喪祭之禮, 所以明臣子之恩也。喪祭之禮, 廢則臣子之恩薄, 而倍 音佩。死忘生者, 衆矣。〈檀弓〉：子路曰, "吾聞諸夫子, '喪禮, 與其哀不足而禮有餘也, 不若禮不足而哀有餘也, 祭禮, 與其敬不足而禮有餘也, 不若禮不足而敬有餘也。'"

후에 성복하는 것이다.'255)고 하였다.

- 성복(成服)할 준비가 되면 오복(五服)을 입을 사람들이 각기 해당되는 복(服)을 들고 영
좌(靈座)에 나아가 아침 곡(哭)을 한다.

- 조전(朝奠)을 올린다. 현재에는 곡(哭)과 전(奠)의 의례(儀禮)를 구분하지 않으며, 전
(奠)을 올리는 절차(節次)에 대한 이해의 잘못으로 성복전(成服奠) 또는 성복제(成服
祭)라고 한다. 그러나 성복전(成服奠) 또는 성복제(成服祭)가 별도로 있는 것이 아니고
성복(成服)하는 날부터 조석곡(朝夕哭)과 조석전(朝夕奠), 식사 때 상식(食時上食)이 있
는 것이다.

- 『개원례』에 오복(五服)에 해당하는 사람들이 각각 그 옷을 입고 들어가 자리에 맞추어
선 후 아침 곡을 하고 서로 조상(弔喪)한다. 빈소(殯所)의 동쪽에서 서향(西向)하여 곡
하니 남쪽이 윗자리가 된다.

- 성복(成服)이 끝나고부터 정식으로 조문(弔問)을 받는다. 이는 성복(成服)을 마치지 않
으면 아직 상주(喪主)로서의 자격을 획득하지 못했기 때문이다.

- 성복지일(成服之日) 주인급형제시식죽(主人及兄弟始食粥)이라 하여 초종(初終)이후 역복
불식(易服不食)으로 아무것도 먹지 않다가 성복(成服)을 마치면 비로소 죽(粥)을 먹을 수
있다. 이는 성복(成服)을 함으로써 비로소 상주(喪主)의 지위를 가지게 되기 때문이다.

• 상복(喪服)의 구분과 구성

- 참최는 아주 거친 생포를 사용하고, 자최는 다음 등급의 거친 생포를 사용하고, 자최장
기(齊衰杖朞)는 또 다음 등급의 생포를 사용하고, 자최부장기(齊衰不杖朞)는 또 다음 등
급의 생포를 사용하고, 자최 5월(齊衰五月)과 자최 3월(齊衰三月)은 위와 같고, 대공은
조금 거친 숙포(熟布)를 사용하고, 소공은 조금 익힌 세포(細布)를 사용하고, 『비요(備
要)』에 조금 가는 숙포이다. 시마는 아주 가는 숙포를 사용한다. 256)고 하였다.

- 머리 : 효건에 굴관을 쓰고, 수질을 쓴다.

- 수질 : 두 가닥의 짚을 참최는 왼쪽으로 꼬아서 줄을 만들며 삼을 입혀 가운데를 꺾어
두 가닥으로 꼬아 굵은 동아줄로 만드는 것이다.

----

255) 『국역 주자가례』, 유교학술원, 2005, p177
256) 『常變通攷』　斬衰，用極麤生布，齊衰，用次等麤生布，杖朞，又用次等生布，不杖朞，又用次等生布，
　　　五月・三月，同，大功，用稍粗熟布，小功，用稍熟細布，『備要』：稍細熟布。緦麻，用極細熟布。

- 복식 : 최의를 입고, 치마인 최상을 입으며, 허리에는 요질과 효대를 맨다. 최리라는 짚
  신을 신는다.

- 요질 : 질(絰)은 상복을 입을 때 머리에 쓰는 수질(首絰)과 허리에 두루는 요질(腰絰)이
  있다. 질(絰)은 깁다. 꿰메다. 들이다. 넣다. 밧줄의 의미를 가진다. 머리는 질(絰)이고,
  허리는 대(帶)이다. 요질(腰絰)은 허리에 두루는 효대(絞帶) 위에 메는 끈이다. 허리에
  매는 대로 심이 없는 삼을 사용한다.

- 효대 : 요질(腰絰) 밑의 허리를 매는 삼끈으로 요질(腰絰)보다 조금 작다. 요질(腰絰)이
  헐렁하게 드리우기 때문에 허리를 단단하게 할 띠로 삼는다.

- 부판(負版) : 슬픔을 등에 짊어지고 있다는 뜻이다.

- 최(衰) : 최는 '꺾인다'는 말이니, 효자에게 슬픔으로 꺾인 뜻이 있음이다.

- 여자 : 치마에 수질, 요질, 지팡이를 짚는다.

- 관 : 윗옷이나 치마보다 가는 베를 사용한다. 관에는 효건 굴건을 달고, 무를 달며, 그
  위에 수질을 단다. 수질은 심이 있는 삼을 사용하고 밑동이 왼쪽으로 가게 한다.

- 윗옷, 치마 : 굵은 생포를 사용한다. 옆과 아랫단을 꿰매지 않고 솔기는 바깥으로 가게
  한다.

※ 모든 치마(裳)의 앞은 세 폭이고 뒤는 네 폭이라고 한 것은 앞은 양(陽)이 되고, 뒤는
   음(陰)이 되기 때문에 앞은 셋이고 뒤는 넷으로 각각 음양(陰陽)을 상징하는 것이다.

- 부판 : 윗옷의 등에 짐을 지고 있는 것처럼 슬픔을 지니고 있다는 의미로 다는 것이다.

- 최 : 윗옷의 앞쪽에 다는 것으로 효자에게 애절한 뜻이 있다는 의미로 다는 것으로 일
       반적으로 눈물받이라고도 한다.

- 벽령 : 양어깨에 다는 어깨받이 이다. 잘라낸 깃의 섶이란 뜻이다.

- 장(杖) : 참최의 저장(苴杖)은 대나무를 사용하며, 높이는 심장과 나란히 하고 밑동을
           아래로 한다. 자최의 상장(喪杖)은 오동나무로 만드는데 위는 둥글고 아래는 네모
           나다.257)고 하였다.

   ∘ 『문상』에 우제에는 상장을 짚고 실(室)에 들어가지 않으며, 부제(祔祭)에는 상장

---

257) 『常變通攷』 斬衰苴杖, 用竹, 高齊心, 本在下 。齊衰杖, 以桐爲之, 上圓下方 。

을 짚고 당에 오르지 않는다고 하였고, 「소기」에 이상은 상장을 짚는 범절이라고 하였다258)고 하였다.

- 『회성(會成)』에 상장을 잡을 때는 오른손을 쓰고, 절을 할 때는 양손을 나누어 땅에 대고 꿇어앉아 머리가 땅에 이르도록 한다. 절이 끝나면 오른손으로 상장을 버티고 일어난다. 이제 양손으로 함께 상장을 들고 마치 돈수(頓首)하듯 절을 하는 것은 잘못이라259)고 하였다.

- 『집설(集說)』에 오동나무(桐)가 없으면 버드나무(柳)로 대체한다. 오동나무는 아버지와 같음(同)이오, 버드나무는 아버지와 닮음(類)이라260)고 하였다.

- 참최지팡이
  - 검은색의 대나무로 한다.
  - 지팡이의 높이도 마음으로 결정되므로 가슴높이로 해야 한다.
  - 지팡이의 밑둥은 근본을 나타내는 것이고,
  - 둥근 대나무를 쓰는 것은 아버지는 하늘과 같은 존재이기 때문에 대나무를 쓰고, 마디는 슬픔의 애절함이 마디지어 있다는 의미이다.
  - 뿌리 쪽이 아래쪽으로 가게 한다.

- 자최지팡이
  - 오동나무를 쓰는데, 이를 삭장이라고 한다.
  - 오동나무를 쓰는 것은 마음 속에 비통함이 아버지와 같기 때문이다.
  - 밖에 마디가 없는 것은 집안에 두 어른이 없기 때문이다.
  - 아래를 사각으로 깎아 쓰는 것은 어머니를 땅으로 형상하기 때문이다.
  - 뿌리 쪽이 아래쪽으로 가게 한다.

- 『의례』의 주에 "앞에 최가 있고 뒤에 부판이 있으며 좌우에 벽령이 있는 것은 효자의 슬픈 마음이 있지 않은 곳이 없음이다"고 했고, 소에는 "최는 효자에게 슬픔으로 꺾이는 뜻이 있고, 부는 그 슬픔을 등에 졌다는 것이며, 적은 부모에게 향하여 가는 마음 때문에 다른 일을 생각하지 않음이다"고 했다.261)고 하였다.

----

258) 「問喪」 虞, 杖, 不入於室, 祔, 杖, 不升於堂。「小記」已上, 杖之容節。

259) 『會成』：持杖, 用右手, 拜則兩手分, 據地而跪, 首至於地。既畢, 右手, 拄杖而起。今有兩手並擧杖, 而拜如頓首者, 非也。

260) 『集說』：無桐, 以柳代。桐者, 同於父也, 柳者, 類於父也。

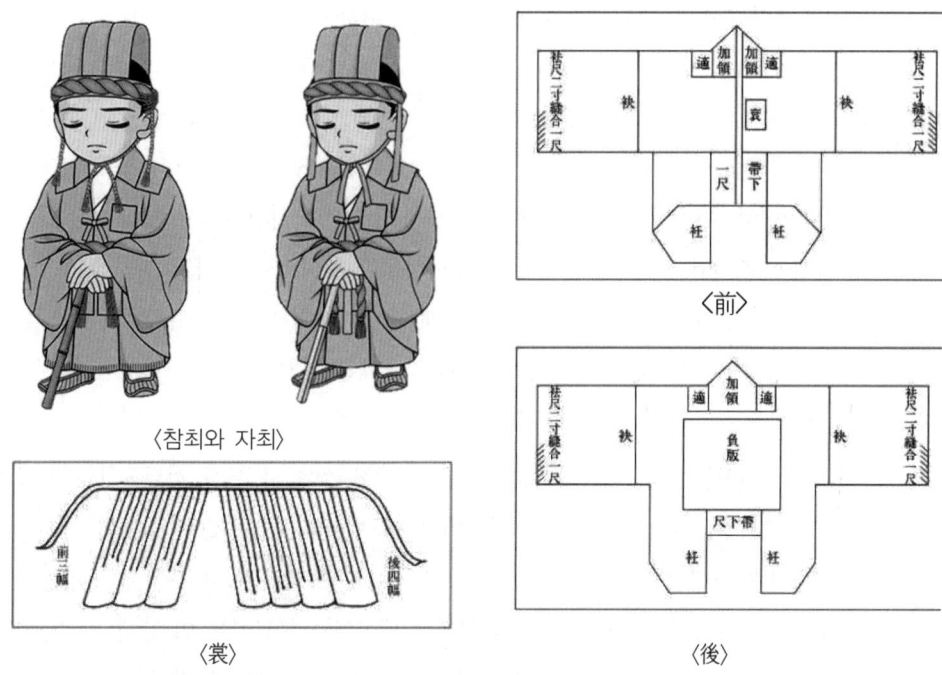

〈참최와 자최〉

〈前〉

〈裳〉

〈後〉

• 복제(服制)

-『의례』「상복(喪服)」 소(疏)에 황제 이전에는 심상(心喪)을 하여 종신토록 변하지 않았고, 당우(唐虞) 시대에는 심상 3년이었으나, 또한 아직 복제가 없어 길흉의 복식이 같아서 오직 백포의(白布衣)·백포관(白布冠)만 있었을 뿐이다. 후세에 성인(聖人)이 바꾸어 이를 그대로 상복으로 삼았으니, 하우(夏禹) 이하 삼왕(三王)의 시대에는 당우의 백포관·백포의를 상복으로 사용하였다. 사자(死者)가 이미 죽음에 산 사람이 상복을 지어 입는 것은 외모로 마음을 나타내고 상복으로 외모를 나타냄이다. 그래서 참최(斬衰)는 외모가 삼(苴)과 같고, 자최(齊衰)는 외모가 모시풀(枲)과 같으며, 대공(大功)은 외모가 꾸미지 않은 듯(止) 하고, 소공(小功)·시마(緦麻)는 외모를 꾸며도 괜찮다. 슬픔에 얕고 깊음이 있기 때문에 외모에 이처럼 같지 않음이 있으며, 베 또한 정밀하고 거칢이 있다. 262)고 하였다.

----

261) 『儀禮』 註云, "前有衰, 後有負版, 左右有辟領, 孝子哀戚之心, 無所不在." 疏云, "衰者, 孝子有哀摧之志, 負者, 負其悲哀, 適者, 指適緣於父母, 不念餘事."

262) 「喪服」 疏: 黃帝以前, 心喪終身不變, 唐虞之日, 心喪三年, 亦未有服制, 吉凶同服, 惟有白布衣·白布冠而已。後世, 聖人易之, 因以爲喪服, 則夏禹以下三王之世, 用唐虞白布冠·白布衣, 爲喪服矣。死者旣喪, 生人制服, 服之者, 貌以表心, 服以表貌。斬衰, 貌若苴, 齊衰, 貌若枲, 大功, 貌若止, 小功

- 『예기』「삼년문」에 위로는 하늘에서 형상을 취하고 아래로는 땅에서 법을 취하고 가운데로 사람에게서 법칙을 취했다. [소에 위로 하늘에서 형상을 취하고 아래로 땅에서 법을 취함은, 천지의 기는 3년에 한 번 윤달이 들고, 1년이 지나면 만물이 종료되고, 9개월은 세 계절이 지나면 만물이 익음을 본떴고, 5개월은 오행(五行)을 본떴고, 3개월은 한 계절이 지나면 날씨가 변함을 본떴다. 가운데로 사람에게서 법칙을 취했다는 것은 자식이 태어난 지 3년이 지난 뒤에야 부모의 품에서 벗어나기 때문에 3년복을 입고, 사람이 1년이 되면 뜻이 바뀌기 때문에 1년복을 입으며, 9개월과 5개월과 3개월의 등속도 인정에 따라 줄여나갔으니, 이것이 가운데로 사람에게서 법칙을 취함이다.263)고 하였다.

- 『예기』「삼년문」편 주(註)에 임천오가 말하기를 '어질지 못한 사람은 박정하기 때문에 그 부모가 아침에 죽어도 저녁이면 이미 잊어버린다. 만약 그런 심정을 따라 예로써 그 미치지 못함에 힘쓰지 않는다면 부모가 죽어도 슬퍼하지 않으니 새나 짐승이 죽음에 대하는 것보다 못할 것이다. 이와 같다면 살아있는 부모에게 어찌 새나 짐승의 문란(紊亂)함과 같이 되지 않는다고 보장하겠는가? 어진 사람은 인정이 두터워 25개월의 긴 기간을 보기를 말이 틈 사이를 지나가듯이 빠르게 생각한다. 만약 그런 심정을 따라 예로서 그 지나침을 물리치지 않는다면 아마도 부모를 애도하는 정이 그치는 때가 무궁할 것이다. 그러므로 선왕이 이를 위하여 알맞은 도를 세워 미치지 못함도 없고 또 지나침도 없게 하여 상복을 입는 연월을 제한하였다. 만약 다시 이런 절차를 지나치면 불초한 사람은 이기지 못하는 바가 있을 것이고 다시 이 절차에 미치지 않게 한다면 어진 이는 불만이 있게 될 것이다.'고 하였다.

- 그렇다면 무엇 때문에 기년(期年)으로 정하는가? '지친(至親)은 기년으로 마친다. 천지(天地)가 바뀌었고, 사시(四時)도 이미 변하였으니 천지(天地)사이에 있는 자(者)는 다시 시작하지 않는 것이 없다. 이로써 그것을 상징한 것이다.'

- 그러면 무엇 때문에 삼년으로 하는가? '융후(隆厚)함을 더했을 뿐이다. 거기에 배를 더하기 때문에 재기(再期)하는 것이다.'

· 緦麻, 容貌可也。哀有淺深, 故貌有此不同, 而布亦有精麤也。

263)「三年問」 : 上取象於天, 下取法於地, 中取則於人。疏 : 上取象於天, 下取法於地, 天地之氣, 三年一閏, 一朞而物終, 九月以象三時而物成, 五月以象五行, 三月象一時而氣變。中取則於人者, 子生三年然後, 免於父母之懷, 故服三年, 人之一歲, 情意變改, 故服一朞, 九月五月三月之屬, 亦逐人情而減殺, 是中則於人。

이미 이렇게 기년으로 끊었으면 어찌하여 삼년으로 하는가? '효자는 부모에게 융후(隆厚)함을 더하기 때문에 이와 같다.'

- 구월 이하는 무엇 때문인가? 그것은 은혜가 미치지 못하기 때문이므로 3년은 융후(隆厚)를 더했고 시마와 소공은 감쇄(減殺)한 것이라 하며, 기년(期年)과 구월은 중간이라고 한다. 위로는 하늘에서 상(象)을 취하고 아래로는 땅에서 법(法)을 취하고 중간으로는 사람에게서 법칙(法則)을 취한 것이다.

- 또한, 공자(孔子)가 말하기를 '자식이 태어나면 3년이 지난 뒤에야 부모의 품에서 떠나는 것이니 대체로 3년 상은 천하에 공통되는 상이다.' 주(註)에 '미치지 못한다는 것은 은혜가 감쇄(減殺)하는 것이니, 3월은 5월에 미치지 못하고, 5월은 9월에 미치지 못하며, 9월은 기년에 미치지 못한다는 것이니 기년과 대공은 융후(隆厚)함과 감쇄(減殺)함의 중간이다.'고 하였다.

또한, '천지(天地)의 상(象)에서 취했다고 하는 것은 3년은 윤년(閏年)을 상징하는 것이고, 기년은 1년을 상징하며, 9월은 사물이 세 계절 만에 완성됨을 상징하고, 5월은 오행(五行)을 상징하며, 3월은 한 계절을 상징한 것이다.'고 하였다. 또한, '사람에게서 법칙(法則)을 취했다고 하는 것은 처음 낳아 3개월 만에 머리털을 자르고, 3년이 되어서 부모의 품에서 벗어나게 되는 것이다.'고 하였다. 또한, 엄릉방씨가 말하기를 '혹은 3월로, 혹은 5월로, 혹은 9월로, 혹은 기년, 혹은 3년이라 하니 상(喪)은 흉례(凶禮)인데 양(陽)의 수(數)인 기수(奇數)로써 한 것은 무엇 때문인가?' 하니 '대개 음(陰)은 죽는 것이고 양(陽)은 사는 것인데, 죽었는데 살았다고 하는 것은 효자가 차마 그 부모가 죽었다고 하지 못하는 뜻이다.'고 하였다.

- 「대전(大傳)」에 상복을 입는 방법에는 여섯 가지가 있으니, 첫째는 친친(親親)이며, 둘째는 존존(尊尊)이며, 셋째는 명분(名)이며, 넷째는 출입(出入)이며, 다섯째는 장유(長幼)며, 여섯째는 종복(從服)이다. [소에 친친은 부모가 으뜸이고, 다음으로 처자(妻子)와 백숙(伯叔)이다. 존존은 군주가 으뜸이고, 다음으로 공과 경과 대부이다. 명분은 백모·숙모 및 자부(子婦)·제부(弟婦)·형수 등속이다.] 출입은 여자가 시집가지 않았을 때는 입(入)이고, 다른 사람에게 시집갔을 때는 출(出)이며, 남의 후사가 된 자도 출이다. 장유는 장(長)은 성인이고 유(幼)는 어려서 죽은 자이다. 264)고 하였다.

---

264) 「大傳」 : 服術有六, 一曰親親, 二曰尊尊, 三曰名, 四曰出入, 五曰長幼, 六曰從服。 疏 : 親親者, 父母爲首, 次妻子伯叔。 尊尊者, 君爲首, 次公卿大夫。 名者, 若伯叔母及子婦弟婦兄嫂之屬。 出入者,

- 부인의 상복제도(婦人喪服制度)와 관련하여 참최에 부인은 매우 거친 생포(生布)를 사용하여 대수(大袖)와 장군(長裙)과 개두(蓋頭)를 만드는데 모두 깁지 않는다. 『구의』에 개두는 조금 가는 삼베를 사용하여 만드는데, 무릇 3폭으로 길이는 몸과 가지런하다. 포두수(布頭繻)와 죽차(竹釵), 삼신(麻屨)을 착용한다. 무릇 부인은 모두 상장을 짚지 않는다. 양씨가 말하기를, "부인이 상장을 짚지 않는다는 것은 「상대기」와 「상복소기」의 내용과 같지 않으니, 질정할 수 없는 것이 한스럽다"고 했다. [265] 고 하였다.
- 동자의 상복(童子喪服)과 관련하여 「상복」의 소에 「잡기」에 '동자는 상장을 짚지 않고 짚신을 신지 않는다'고 했으니, 최와 상과 질과 대만 있을 뿐이다. [266]고 하였다.
- 시자의 상복(侍者喪服)명재가 말하기를, "노비는 그 주인을 위하여 3년복을 입는 것이 마땅하다"고 했다.[267]고 하였다.
- 상복은 수선하지 않고 고치지 않음(喪服不補不改)과 관련하여 「상복사제(喪服四制)」에 저최(苴衰)는 수선하지 않는다. [주에 비록 파손되었더라도 보완하지 않는다.][268]고 하였다.

2) 성복(成服)의 예(禮)에 관하여 살펴보면

구 분	『朱子家禮』	『喪禮備要』	『四禮便覽』
절 차	•厥明 五服之人.各服其服.入就位.然後朝哭. 相弔如儀 •成服之日.主人及兄弟始食粥.	•厥明 •五服之人各服其服. •入就位然後朝哭, •相弔如儀 •成服之日.主人及兄弟始食粥.	•厥明 •五服之人各服其服, 入就位然後朝哭, 相弔如儀 •成服之日.主人及兄弟始食粥.

女在室爲入, 適人爲出, 及爲人後者。長幼者, 長謂成人, 幼謂諸殤。

265) 斬衰, 婦人, 用極麤生布, 爲大袖長裙 蓋頭, 皆不緝。『丘儀』 : 蓋頭, 用稍細麻布爲之, 凡三幅, 長與身齊。 布頭繻竹釵麻屨。凡婦人, 皆不杖。楊氏曰 : "婦人不杖, 與「喪大記」·「喪服小記」不同, 恨未得質正。" 齊衰服, 同斬衰。但布用次等爲異。後皆倣此。

266) 「喪服」疏 : 「雜記」云, '童子, 不杖不菲', 則直有縗裳絰帶而已。

267) 『常變通攷』 明齋曰 : "奴婢, 爲其主, 當爲三年。"

268) 「喪服四制」 : 苴衰, 不補 °註 : 雖破不補完

五服制	•其服之制. 一曰斬衰三年 •二曰齊衰三年 •杖朞 •不杖朞 •五月 •三月 •三曰大功九月 •四曰小功五月 •五曰緦麻三月 •凡爲殤服以次降一等 •凡男爲人後.女適人者.爲其私親皆降一等.私親之爲之也亦然.	•其服之制. 一曰斬衰三年 •二曰齊衰三年 •齊衰杖朞 •齊衰不杖朞 •齊衰五月 •齊衰三月 •三曰大功九月 •四曰小功五月 •五曰緦麻三月 •凡爲殤服以次降一等 •凡男爲人後.女適人者.爲其私親皆降一等.私親之爲之也亦然.	•其服之制, 一曰斬衰三年 •二曰齊衰三年 •杖朞 •不杖朞 •五月 •三月 •三曰大功九月 •四曰小功五月 •五曰緦麻三月 •凡爲殤服以次降一等

3) 의례절차의 이해

(1) 厥明 五服之人.各服其服.入就位.然後朝哭. 相弔如儀

【주자가례 원문 5-1】

● 厥明*
⇒ 다음날 새벽

● 大斂之明日 死之第四日也
⇒ 대렴의 다음날이니 죽은 지 나흘째이다.

● 五服之人 各服其服 入就位 然後朝哭 相弔如儀
⇒ 五服(참최 3년, 자최 3년, 대공 9개월, 소공 5개월, 시마 3개월)을 입는 사람들은 각각 그 복을 입고 들어가 자리에 나아간 후 아침 곡을 하고 서로 조상하기를 의례대로 한다.

● 楊氏復曰 三日大斂 可以成服矣 必四日而後成服 何也 大斂雖畢 人子不忍死其親 故不忍遽成服 必四日而後成服也 禮生與來日 死與往日 取此義也
⇒ 양복이 말하기를 "사흘일째 대렴하고 성복할 수 있는데, 반드시 나흘 이후에 성복함은 무엇 때문인가? 대렴을 마쳤더라도 자식은 차마 그 부모가 돌아가셨다고 여기지 못하기 때문에 차마 서둘러 성복하지 못하고 반드시 나흘 이후에 성복하는 것이다. 『예기』에 산사람은 오는 날을 헤아리고, 죽은 사람은 지난날을 헤아린다."고 하였으니 이 뜻을 취한 것이다.

- 『개원례』에 여러 자손들은 조부와 제부(諸父) 앞에 나아가 무릎 꿇고 곡하는데, 모두 슬픔을 다해 어루만지며 곡을 하고, 조모 앞에 나아가서도 그렇게 한다. 딸자식은 조모와 제모(諸母)를 마주하여 곡하고, 그대로 조부 앞에 나아가 곡하는데, 남자의 거동과 같이 한다. 오직 제부는 관을 어루만지지 않고, 곡을 마치면 각기 자리로 돌아간다. 백숙모 이하는 주부에게 나아가 곡하는데, 또한 그렇게 한다. 여러 존자는 내려와 나가 머무는 곳으로 돌아간다. 주인 이하는 내려가 동쪽 계단 아래에 서고, 외인(外姻)은 남쪽에서 조금 물러나 함께 서향하되 북쪽을 상석으로 하여, 슬픔을 다해 곡을 하고 각자 머무는 곳으로 돌아간다.[269]고 하였다.

(2) 其服之制. 一日斬衰三年

───【주자가례 원문 5-3】────────────────

• 其服之制 一日斬衰三年*
  ⇒ 그 복의 제도는 첫째가 참최 3년이다. (부, 장남, 승중조부,승중증조부, 남편)

• 斬不緝也 衣裳皆用極 生布 旁及下際 皆不緝也 衣縫向外 裳前三幅 後四幅 縫內向 前後不連 每幅作三 謂屈其兩邊 相著而空其中也
  ⇒ 참(斬)은 끝단을 꿰매지 않는다는 것이다. 윗옷과 치마는 모두 굵은 생포를 사용한다. 옆과 아랫단은 모두 꿰매지 않는다. 웃옷은 혼솔을 모두 밖으로 향하게 한다. 치마는 앞이 3폭이고 뒤가 4폭인데, 혼솔이 안으로 향하고 앞뒤는 잇지 않는다. 폭마다 3개의 첩(輒)을 만든다. 첩은 양 가장자리를 접어서 서로 붙이고 그 가운데를 비워 놓은 것을 이른다. 웃옷의 길이가 허리를 지나치나 윗선을 덮을 정도이어야 하며 혼솔이 밖으로 향한다. 등에는 부판(負版;등받이 슬픔을 짊어지는 뜻)이 있는데 방형의 삼베 1자 8치를 써서 깃 아래에 달아 드리운다.

• 衣長過腰衰 用布長六寸 廣四寸 綴於左衿之前 左右有辟領 各用布方八寸 屈其兩頭 相著爲廣四寸 綴於領下 在負版兩旁 各攙負版一寸 兩腋之下有袵 各用布三尺五寸 上下各留一尺 正方一尺之外 上於左旁 裁入六寸 下於右旁 裁入六寸 便於盡處 相望斜裁 却以兩旁 左右相沓 綴於衣兩旁 垂之向下 狀如燕尾 以掩裳旁際也
  ⇒ 앞의 가슴에 최(衰)가 있는데, 길이는 6치이고 폭이 4치의 베를 써서 왼쪽 옷깃의 앞에 단다. 왼쪽과 오른 쪽에는 벽령이 있는데 각각 방형의 베 8치를 써서 그 양 머리 부분을 접어서 서로 붙이면 너비가 4치가 된다. 깃 아래에 달아 부판 양 옆으로 각각 부판 속으로 1치씩 집어넣는다. 양 겨드랑이의 아래에는 임이 있는

----

269) 『開元禮』 :諸子孫, 就祖父及諸父前, 跪哭, 皆撫哭盡哀, 就祖母前, 亦如之。女子子, 對祖母及諸母哭, 遂就祖父前哭, 如男子之儀。惟諸父, 不撫之, 訖, 各復位。伯叔母以下, 就主婦哭, 亦如之。諸尊者, 降出還次, 主人以下, 降立於阼階下, 外姻, 在南少退, 俱西向北上, 哭盡哀, 各還次。

데 각각 베 3자 5치씩 써서 위아래에 1자씩을 남겨놓고 정방형의 1자 밖에 위로는 왼쪽 옆에 6치를 마름질하여 넣고 아래로는 오른쪽 옆에 6치를 마름질하여 넣고는 끝나는 곳에서 서로 마주하여 비스듬히 마름질하고 양방향으로 좌우가 서로 포개지게 하여 웃옷의 양 옆에 달아 아래를 향하여 드리우니 형상이 제비꼬리와 같아서 치마의 옆선을 덮는다.

- 冠比衣裳 用布稍細 紙糊爲材 廣三寸 長足跨頂前後 裹以布爲三@ 皆向右 縱縫之 用麻繩一條 從額上約之 至頂後交過前各 纓 結於頤下
⇒ 관은 웃옷과 치마에 비해서 조금 가는 삼베를 쓴다. 풀을 먹인 종이를 재료로 너비가 3치이고 길이는 정수리의 앞뒤에 걸치게 하여 베로 싸서 3개의 첩을 만드는데 모두 오른쪽으로 향하게 하여 세로로 재봉한다. 삼베 끈 한 가닥으로 이마 위를 따라 매어 정수리 뒤쪽에 이른 후 엇갈려 앞을 지나서 각각 귀에 이르면 묶어서 무끈 매듭을 만든다. 관의 양쪽 머리 부분을 접어서 무의 안으로 넣고 밖을 향해 반대로 접어서 무에 재봉을 한다. 무의 나머지 끈은 아래로 늘어뜨려 갓끈을 삼아 턱 아래에서 맨다.

- 首經以有子麻爲之 其圍九寸 麻本在左 從額前向右圍之 從頂過後 以其末加於本上 又以繩爲纓以固之 如冠之制
⇒ 수질은 씨가 있는 삼으로 만드는데 둘레가 9치이다. 삼의 밑동은 왼쪽에 있게 한다. 이마 앞에서부터 오른쪽으로 향하여 둘러서 정수리로부터 뒤로 지나가 그 끝을 밑동의 위에 포갠다. 그리고 끈을 갓끈을 만들어 고정시키니 관의 제도와 같다.

- 腰經大七寸有餘 兩股相交 兩頭結之 各存麻本 散垂三尺 其交結處兩旁 各綴細繩繫之 絞帶 用有子麻繩一條 太半腰経 中屈之爲兩股 各一尺餘 乃合之 其大如經 圍腰 從左過後至前 乃以其右端 穿兩股間 而反揷於右 在経之下
⇒ 요질은 크기가 7치 남짓하니 양 갈래를 서로 꼬아서 양 머리를 묶는다. 각각 삼 밑동을 두어 3자를 흩어 늘어 뜨린다. 꼬아 묶은 곳의 양 옆에는 각각 가는 끈을 매단다. 효대는 씨가 있는 삼끈 한 가닥을 쓰는데 크기는 요질의 반이다. 가운데를 접어서 양 갈래를 각각 1자정도로 해서 이에 합하는데 크기는 요질과 같다. 왼쪽을 따라 허리를 둘러서 뒤를 지나 앞에 이르면 곧 우측 끝으로써 양 갈래의 사이에 끼우고 반대로 오른쪽에 집어넣어 요질의 아래에 있게 한다.

- 苴杖用竹 高齊心本在下 屨亦粗麻爲之 婦人則用極粗生布 爲大袖長裙蓋頭 皆不緝 布頭帬竹釵麻屨 衆妾則以背子代大袖 凡婦人皆不杖
⇒ 검은 지팡이(苴杖:남자의 상에 씀)는 대나무를 쓰는데 높이는 가슴과 가지런하게 하고 밑동이 아래에 있다. 신발도 굵은 삼으로 삼는다. 부인은 굵은 생포를 써서 대수(大袖)와 장군(長裙)과 개두(蓋頭)를 만드는데 모두 꿰매지 않는다. 베두수(頭帬)와 죽차(竹釵)와 마구(麻屨)를 하고 여러 첩(妾)들은 배자로 대수를 대신한다. 대체로 부인은 지팡이를 짚지 않는다.

- 其正服則子爲父也 其加服太嫡孫父卒 爲祖若曾高祖承重者也 父爲嫡子當爲後者也 其義服則婦爲舅也 夫承重則從服也 爲人後者爲所後父也 爲所後祖承重也 夫爲人後則妻從服也 妻爲夫也 妾爲君也

⇒ 정복(正服)은 아들이 아버지를 위한 것이다. 가복(加服)은 적손 가운데 아버지가 죽어서 할아버지 또는 증조 고조를 승중(承重)한자를 위한 것이다. 아버지가 당연히 적자가 되는 것인데 마땅히 후사가 되었기 때문이다. 의복(義服)은 며느리가 시아버지를 위한 것인데, 남편이 승중 하였으면 따르는 복이다. 남의 후사가 된 자가 후사한 아버지를 위한 것이고 후사한 할아버지를 승중한 자를 위한 것이다. 남편이 남의 후사가 되었으면 처가 따르는 복이다. 처가 남편을 위한 것이고 첩이 군을 위한 것이다.

- 問周制 有大宗之禮 立嫡以爲後 故父爲長子三年 今大宗之禮廢 無立嫡之法 而子各得以爲後 則長子少子不異 庶子不得爲長子三年 不必然也 父爲長子三年 亦不可以嫡庶論也

⇒ 묻기를 "주나라 제도에 大宗의 禮법이 있어 적자를 세워 후사를 삼았기 때문에 아버지가 장자를 위해 3년상을 하였다. 지금은 대종의 예법이 폐하여져서 적자를 세우는 법이 없으니 아들이 저마다 각각 후사가 되면 장자와 소자(少子)가 다르지 않아 서자(庶子)가 장자 때문에 3년상을 할 수가 없는 경우가 있는데 꼭 그렇지만은 않다. 아버지가 장자를 위하여 3년상을 지내는 것도 적서를 논할 이유가 없다."하였다.

- 朱子曰 宗法雖未能立 然服制 自當從古 是亦愛禮存羊之意 不可妄有改易也 如漢時 宗子法已廢 然其詔令 猶云賜民當爲父後者爵一級 是此禮猶在也 豈可謂宗法廢而庶子皆得爲父後者乎

⇒ 주자가 말하기를 "종법은 비록 세워지지 않았으나 복제는 마땅히 옛것을 쫓아야 한다. '이것이 예의를 아껴 존재케 하는 뜻이니' 망령되게 고치거나 함부로 바꿔서는 안 된다. 한(漢)나라 때 종자법이 이미 폐하여졌으나 오히려 그 조령에서는 '백성 중 아버지의 후사가 된 자에게 응당 벼슬 한 등급을 승급한다'고 하였다. 이 예가 여전히 존재 하는데 어찌 종법이 폐하여졌다고 서자가 아버지의 후사가 될 수 있겠는가.

- 楊氏復曰 喪服制度 惟辟領一節 沿襲差誤 自通典始 按喪服記云 衣有二尺二寸 蓋指衣身自領至腰之長而言之也 用布八尺八寸 中斷以分左右 爲四尺四寸者二 又取四尺四寸者二 中摺以分前後 爲二尺二寸者四 此卽尋常度衣身之常法也 合二尺二寸者四 疊爲四重 從一角當領處四寸下 取方裁入四寸 乃記所謂適博四寸 註疏所謂辟領四寸是也

⇒ 양복이 말하기를 "상복제도에 오직 벽령 한 마디가 그릇된 것을 따라 이어온 것은 『통전』에서부터 시작되었다. 살펴보니 「상복」의 기에 이르기를 '웃옷이 두 자 두치 라고 하였으니 대개 웃옷이 몸판이 깃부터 허리에 이르기까지의 길이임을 가리켜 말한 것이다. 배 8자 8치를 쓰는데 가운데를 잘라서 좌우로 나누니 4자 4치가 된 것이 둘이다. 또 4자 4치의 인 것 둘을 취하여 가운데를 접어서 앞

뒤로 나누니 2자 2치가된 것이 넷이다. 이것이 보통 웃옷의 몸판을 재는 상법(常法)이다. 2자 2치인 것 넷을 합하여 포개서 네 겹을 만들어 한 모서리의 깃에 닿는 곳의 4치 아래를 따라 방형으로 재단하여 4치를 넣으니 곧 상복의 기에서 적은 너비가 4치라는 구절의 주소에 '벽령이 4치라고 한 것이 이것이다.'고 하였다.

• 按鄭註云 適辟領也 則兩物則一 物也 今記曰 適註疏又曰 辟領 何爲而異其名也 辟 猶開也 從一角當領處 取方裁開入四寸 故曰辟領 以此辟領四寸 反摺向外 加兩肩上 以爲左右適 故曰適 乃疏所謂兩相向外各四寸是也 辟領四寸 旣反摺向外 加兩肩上以爲左右適 故後之左右 各有四寸虛處 當脊而相並 謂之闊中 前之左右 各有四寸虛處 當肩而相對 亦謂之闊中 乃疏所謂中八寸是也 此則衣身所用布之處與裁之之法也

⇒ 살펴보니 정주에 이르기를 '적(適)은 벽령(辟領)이라 하였으니 둘은 곧 한 가지이다. 지금 상복의 기에는 적이라 하고 주소(註疏)에서는 또 벽령이라 하였으니 어찌하여 그 명칭이 다른가. 벽은 벌린다는 것과 같다. 한 모서리의 깃에 닿는 곳을 따라 방형으로 재단하여 4치를 벌려 넣기 때문에 벽령이라 하였다. 이 벽령 4치를 도로 접어 밖을 행하여 양 어깨 위에 올려서 좌우의 적을 삼았기 때문에 적이라 하였다. 곧 소에서 이른바 둘이 서로 밖을 향한 것이 각각 4치라 한 것이 이것이다. 벽령 4치를 이미 도로 접어서 밖을 향해 양 어깨위에 올려서 좌우의 적을 삼았기 때문에 뒤의 좌우에는 각각 4치의 빈 곳이 등골을 향해 서로 나란하므로 활중이라 한다. 앞의 좌우에도 각각 4치의 빈 곳이 어깨를 당해서 서로 마주하므로 또한 활중이라 한다. 이에 소에서 활중은 8치라 한 것이 이것이다. 이것이 곧 웃옷의 몸판에 사용하는 베의 수와 재단하는 법이다.

• 註又云 加辟領八寸而又倍之者 謂別用布一尺六寸 以塞前後之闊中也 布一條 縱長一尺六寸 橫闊八寸 又縱摺而中分之 其下一半 裁斷左右兩端各四寸 除去不用 只留中間八寸 以加後之闊中 元裁辟領各四寸處 而塞其缺 當脊之相並處 此所謂加辟領八寸是也 其上一半 全一尺六寸不裁 以布之中間從項上 分左右對摺 向前垂下 以加於前之闊中 與元裁斷處當肩相對處相接 以爲左右領也 夫下一半加於後之闊中者 用布八寸 而上一半 從項而下 以加前之闊中者 又倍之而爲一尺六寸焉 此所謂而又倍之者是也 此則衣領所用之布與裁之之法也

⇒ 주에서 또 이르기를 '벽령 8치를 더하고 또 그 갑절로 한다는 것은 별도로 베 1자 6치를 써서 앞뒤의 활중을 막는 것을 말한다.'고 하였다. 베 한 가닥은 세로길이가 1자 6치이고 가로는 너비 8치를 세로로 접어서 가운데를 나누고 그 아래의 반은 좌우 양 끝을 각각 4치씩 재단하여 버리고 쓰지 않는다. 다만 중간의 8치만 남겨 두어 뒤의 활중에서 처음 벽령을 각각 4치씩 마름질한 곳에 더하고 그 빈 곳을 막아 등골이 서로 나란한 곳에 있게 하니 벽령 8치를 더한다는 것이 이것이다. 그 위의 반은 1자 6치를 온전히 하여 마르지 않고 배의 중간을 정수리 위에 따라 좌우로 나뉘어 마주 접은 다음 앞을 향해서 아래로 드리워 앞의 활중과 처음 재단한 곳에 더하여 어깨가 서로 마주한 곳으로 서로 달게하여 좌우의 깃을 삼는다. 아래의 반은 뒤의 활중에 더한 것을 베 8치를 쓰고 위의 반은 정수리를 따라 내려서 앞의 활중에 더한 것이 또 그 갑절로 1자 6치가 된다. 또 그 갑절로 한다

는 것이 바로 이것이다. 이는 곧 옷깃에 쓰이는 베와 그것을 마름질하는 법이다.

- 古者 衣服吉凶異制 故衰服領與吉服領不同 而其制如此也 註又云 凡用布一丈四寸者
衣身八尺八寸 衣領一尺六寸 合爲一丈四寸也 此是用布正數 又當少寬其布 以爲針縫
之用 然此卽衣身與衣領之數 若負衰帶下及兩衽 又在此數之外矣 但領必有袷 此布何
從出乎 曰 衣領用布 闊八寸而長一尺六寸 古者布幅闊二尺二寸 除衣領用布闊八寸之
外 更餘闊一尺四寸而長一尺六寸 可以分作三條 施於袷而適足無餘欠也

⇒ 옛날에 의복은 길흉에 따라 제도가 달랐다. 그러므로 최복의 깃이 길복의 깃과
같지 않아서 그 제도가 이와 같은 것이다. 주에 또 이르기를 '베 10자 4치를 쓴
다고 한 것은 웃옷의 8자 8치와 옷깃 1자 6치를 합하여 10자 4치가 되는 것이
다. 이것이 베의 정수이지만 그 베를 조금 넉넉하게 하여 바늘로 봉할 때 써야
한다. 그러나 이것은 곧 웃옷의 몸판과 옷깃의 수이며 부판, 최, 대하, 양임 같은
것은 이 숫자에 들어있지 않다. 다만 깃은 반드시 겹(袷)이 있으니 이 베는 어디
에서 나오는가. 말 하건데 '옷깃에 쓰는 베는 너비가 8치이고 길이가 1자 6치이
다. 옛날에는 베의 너비가 2자 2치였다. 옷깃에 쓰는 베의 너비 8치를 제외하면
다시 남은 것이 너비 1자 4치이고 길이가 1자 6치이니 나누어 세 가닥으로 만들
어 겹에 써도 적은 남은 흠결이 없을 것이다.'하였다.

- 通典以辟領爲適 本用註疏 又自謂喪服記文難曉 而用臆說以參之 旣別用布以爲辟領 又
不言制領所用何布 又不計衣身衣領用布之數 失之矣 但知衣身八尺八寸之外 又別用布
一尺六寸以爲領 凡用布共一丈四寸 則文義不待辨而自明矣

⇒ 『통전』에서 벽령을 '적'으로 삼은 것은 본래 주와 소를 인용하여 쓴 것이지만 또
스스로 「상복」의 기의 글을 깨닫기 어렵다 하고 억설을 써서 참용하였다. 이미
별도로 삼베를 써서 벽령을 만들고 옷깃을 만드는데 무슨 베를 사용하는 지 말하
지 않고 또 웃옷 몸판과 옷깃에 베를 사용하는 수를 헤아리지 않았으니 잘못이
다. 다만 웃옷의 몸판 8자 8치 별도로 베 1자 6치를 써서 깃을 만든다는 것을 알
면 베는 모두 10자 4치를 쓰니 곧 글의 뜻이 변정을 기다리지 않아도 저절로 밝
혀지게 된다.

- 又按喪服記及註云 袂二尺二寸 緣衣身二尺二寸 故左右兩袂 亦二尺二寸 欲使縱橫皆正
方也 喪服記又云 袪尺二寸 袪者 袖口也 袂二尺二寸 縫合其下一尺 留上一尺二寸 以
爲袖口也

⇒ 또 살펴보니 「상복」의 기와 주에 이르기를 "소매는 2자 2치라 하니 웃옷의 몸
판 2자 2치에 연유할 것이다. 그러므로 좌우의 두 소매도 역시 2자 2치이니 가로
와 세로 모두 정방하게 하고자 한 것이다. 「상복」의 기에도 거(袪 소맷부리)는
1자 2치라하니 거는 소맷부리이다. 소매 2자 2치는 그 아래에 1자를 재봉하여
합하고 위의 1자 2치를 남겨두어 소맷부리로 삼는다."하였다.

- 又按喪服記云 衣帶下尺 緣古者上衣下裳 分別上下 不相侵越 衣身二尺二寸 僅至腰而
止 無以掩裳上際 故於衣帶之下 用縱布一尺上屬於衣 橫繞於腰 則以腰之闊狹爲準 所

以掩裳上際而後 綴兩衽於其旁也

⇒ 또 상복에 이르기를 "웃옷의 띠 아래로 1자이다."하였으니, 옛날에 웃옷과 아래 치마라하여 상하를 분별하고 서로 침범하여 넘나들지 않았다. 웃옷의 몸판 2자 2치는 겨우 허리에 이르러 그치고 치마위 가장자리를 넘지 않았다. 그러므로 의대의 아래에서 세로로 베 1자를 위로 웃옷에 붙이고 가로는 허리에 두르니 곧 허리의 넓고 좁음으로 기준을 삼아 치마의 위 가장자리를 덮게 한 뒤에 두 개의 임(衽)을 그 옆에 달았다.

- 度用指尺 中指中節爲寸 首経腰絰圍九寸七寸之類 亦同
⇒ 자는 지척을 사용하니 가운데 손가락의 가운데 마디로 1치를 삼는다. 수질과 요질 둘레는 9치, 7치라고 하는 따위도 같은 것이다.

- 菅屨 儀禮註 菅屨 菲屨也 家禮云 屨以粗麻爲之 恐當從儀禮爲正
⇒ 관구(菅屨)는 『의례』의 주에 '관구는 비구(菲屨)'라 하였고 『가례』에서는 '구를 굵은 삼으로 만든다.'고 하였는데 『의례』를 따르는 것이 옳을 듯하다.

- 儀禮 妻爲夫 妾爲君 女子子在室爲父 布總箭笄髽衰 三年 以家禮參考之 儀禮小斂 婦人髽于室 以麻爲髽 家禮小斂 婦人用麻繩撮髻爲髽 其制同 儀禮婦人成服 布總六寸 謂出紒後所垂者六寸 箭笄 長尺 家禮婦人成服 布頭䰂竹釵 所謂布頭䰂 卽儀禮之布總也 所謂竹釵 卽儀禮之箭笄也 凡喪服 上曰衰 下曰裳 儀禮婦人 但言衰 不言裳者 婦人不殊裳 衰 如男子衰 下如深衣 無帶下尺 無衽 夫衰如男子衰 未知備負版辟 領之制 與否 下如深衣 未知裳用十二幅與否 此雖無文可明 但衣身必二尺二寸 袂必屬幅 裳必上屬於衣 裳旁兩幅 必相連屬 此所以衣不用帶下尺 裳旁不用衽也 今攷家禮 則不用此制 婦人用大袖長裙蓋頭 男子衰服 純用古制 而婦人不用古制 此則未詳 儀禮 婦人有絰帶 絰首絰也 帶腰帶也 圍之大小 無明文 大約與男子同 卒哭 丈夫去麻帶服葛帶 而首絰不變
⇒ 『의례』에 "처는 남편을 위하고 첩은 군을 위하여, 출가하지 않은 여식은 아버지를 위하여 포총(布總)과 전계(箭笄)를 하고 좌(髽)를 하며 최 삼년을 한다."하였는데 『가례』에서 이것을 참고하였다. 『의례』에 "소렴에는 부인이 실(室)에서 좌를 하는데 삼으로 좌를 한다."하였다. 『가례』에서는 "소렴에 부인은 삼 껍질로 꼰 노끈으로 머리를 위로 끌어올려 묶어 좌를 한다." 하였으니 그 제도가 같다. 『의례』에 "부인의 성복에 포총이 6치이니 결발한 뒤로 내어 드리운 것이 6치임을 말한다. 전계의 길이가 1자이다."하였는데, 『가례』에는 "부인의 성복에 포두수와 죽차를 한다."하였으니 이른바 포두수는 『의례』의 포총이고 이른바 죽차는 『의례』의 전계이다. 상복은 웃옷을 최(衰)라 하고 치마를 상(裳)이라 한다. 『의례』에서 부인의 경우 다만 최만 말하고 상은 말하지 않는 것은 부인이 치마를 달리하지 않기 때문이다. 최는 남자의 최와 같이 부판과 벽령의 제도를 갖추는지 모르겠고, 아래는 심의처럼 12폭을 쓰는지 알지 못하겠다. 이것은 비록 글로 밝힐 만한 것이 없으나 다만 웃옷의 몸판은 반드시 2자 2치이며 소매는 반드시 폭에 붙이고 치마는 반드시 위로 웃옷에 붙이며 치마의 옆 두 폭은 반

드시 서로 이어 붙인다. 이것은 웃옷에 대하척을 쓰지 않고 치마 옆에 임을 쓰지 않기 때문이다. 지금 『가례』를 상고해보니 이 제도를 쓰지 않아 부인은 대수와 장군과 개두를 사용한다. 남자의 최복은 순전히 옛날의 제도를 쓰지만, 부인은 옛날의 제도를 쓰지 않는데 이것이 자세하지 않다. 『의례』에 "부인은 질과 대가 있다."하였으니 질은 수질이고 대는 요대이다. 둘레의 대소를 밝힌 글은 없으나 대략 남자와 같다. 졸곡에 장부는 마대(麻帶)를 벗고 갈대(葛帶)를 두르지만 수질은 바꾸지 않는다.

- 婦人以葛爲首絰 而麻帶不變 旣練 男子除絰 婦人除帶 其謹於絰帶變除之節若此 家禮 婦人幷無絰帶之文 當以禮經爲正
  ⇒ 부인은 칡으로 수질을 만들고 마대는 변하지 않는다. 이미 연제를 지냈으면 남자는 질을 벗고 부인은 대를 벗는다. 그 질과 대를 바꾸고 없애는 절목을 삼가는 것이 이와 같다. 『가례』에는 부인이 모두 질과 대를 한다는 글이 없으니 마땅히 예경으로 올바름을 삼아야 한다.

- 喪服斬衰傳曰 童子何以不杖 不能病也 婦人何以不杖 不能病也 疏曰 童子不杖 此庶童子也 問喪云 童子當室 則免而杖矣 謂適子也 婦人不杖 亦謂童子婦人 若成人婦人正柸杖 喪大記云 三曰子夫人杖 五曰大夫世婦杖 諸經皆有婦人杖 又如姑在爲夫杖 母爲長子杖
  ⇒ 「상복」의 참최 전(傳)에 "동자(童子)는 어찌하여 지팡이를 짚지 않는가? 병들지 않았기 때문이다. 부인은 어찌하여 지팡이를 짚지 않는가? 병들지 않기 때문이다."고 하고 소에 "동자가 지팡이를 짚지 않는다고 하였는데 이 동자는 서동자(庶童子)이다."고 하였다. 「문상(問喪)」에 이르기를 "동자가 실(室)에 이르면 문(免)하고 지팡이를 짚는다."하였으니 이는 적자를 말하고 부인이 지팡이를 짚지 않는다는 것도 동자의 부인을 이른다. 성인의 부인이라면 바로 지팡이를 짚는다. 『예기』의 「상대기」에 "사흘째에 아들의 부인이 지팡이를 짚고 닷새째에 대부의 세부(대부의 아내)가 지팡이를 짚는다."고 하였다. 그리고 여러 예경에도 모두 부인들이 지팡이를 짚는다고 되어 있다. 또 '만일 시어머니가 살아 계셔도 남편을 위하여 지팡이를 짚으며 어머니는 장자를 위하여 지팡이를 짚는다.'고 하였다.

- 按喪服小記云 女子子在室爲父母 其主喪者不杖 則子一人杖 鄭云 女子子在室 亦童子也 無男昆弟 使同姓爲攝主 不杖則子一人杖 謂長女也 許嫁及二十而笄爲成人 成人正杖也 是其童女爲喪主 則亦杖矣 愚按家禮 用書儀服制 婦人皆不杖 與問喪喪大記喪服小記不同 恨未得質正
  ⇒ 살펴보니 「상복소기」에 이르기를 "시집가지 않고 집에 있는 딸자식으로 부모를 위하여 그 상을 주관하는 자가 지팡이를 짚지 않는다면 자식 한 사람이 지팡이를 짚는다."고 하였다. 정씨가 이르기를 "딸자식이 시집가지 않아 집에 있는 것도 동자(童子)이다. 남자 형제가 없으면 동성이 대신 주관하게 하는데 지팡이를 짚지 않으면 자식 한 사람이 짚어야 하니 장녀를 말한다. 시집가는 것을 허락 받고 20세가 되면 계례를 하니 계례는 성인이 되는 것이고 성인은 반드시 지팡이를 짚는

다. 동녀(童女)라도 상주가 되면 또한 지팡이를 짚는다."고 하였다. 내가 살펴보니 『가례』는 『서의』의 복제를 사용하여 '부인은 모두 지팡이를 짚지 않는다.'고 하였다. 「문상」과 「상대기」와 「상복소기」가 같지 않는데 질정하지 못한 것이 한스럽다.

- 劉氏璋曰 衰服之制 前言已載 惟裳制則未之詳 按司馬溫公曰 古者 五服皆用布 以升數 爲別 共以八十縷爲一升 又衰裳記曰 凡衰 外削幅 裳內削幅 幅三袧 疏曰 衰外削幅者 謂縫之邊幅向外 裳內削幅者 謂縫之邊幅向內 有幅三袧者 據裳而言 用布七幅 幅二尺 二寸 兩畔各去一寸爲削幅 則二七十四 丈四尺 若不辟積其腰中 則束身不得就 故一幅 布 凡三處屈之 又禮 惟斬衰不緝 餘衰皆緝之 緝必外向 所以別其吉服也
⇒ 유장이 말하기를 "최복의 제도는 앞서 말한 것이 이미 실려 있지만 오직 치마 제도는 아직 자세하지 못하다. 살펴보니 사마온공이 '옛날에 오복은 모두 베를 쓰는데 승수(升數)로 분별하였으니 80가닥을 1승으로 삼았다.'고 하였다. 또 「최상 (衰裳)」의 기에 '최는 바깥으로 폭을 떼어 내고 치마는 안으로 폭을 떼어 내며 폭에 세 주름을 한다.'고 하고 그 소에 '최를 밖으로 떼어 낸다.'는 것은 혼솔기가 안으로 향하는 것을 말한다. 폭에 세 주름을 한다는 것은 치마에 의거하여 말한 것이다. 베 7폭을 쓰는데 폭이 2자 2치이니 두 가장자리에 각각 1치씩 제거하여 삭폭을 하면 2가 7이면 14이므로 14자이다. 만일 그 허리의 가운데를 주름잡지 않으면 몸을 묶어 나아가지 못하기 때문에 한 폭의 베를 대체로 세 곳에 붙인다.'고 하였다. 또 『예기』에 '오직 참최만 꿰매지 않고 나머지 최는 모두 꿰맨다. 꿰매는 것은 반드시 밖으로 향하니 길복(吉服)과 분별하기 위해서 이다."하였다.

- 又杖屨一節 按三家禮云 斬衰苴杖 竹也 爲父 所以杖用竹者 父是子之天 竹圓 亦象天 內外有節 象子爲父 亦有內外之痛 又貫四時而不變 子之爲父 亦經寒溫而不改 故用之 也 菅屨 謂以菅草爲屨 毛傳云 野菅也 已漚爲菅 又云 菅菲外納 則周公時 謂之屨 子 夏時 謂菲 外納者 外其節 向外編之也
⇒ 또 지팡이와 짚신 한 절목에 대하여 살펴보니 『삼가례』에 "참최 때의 저장은 대나무이다. 아버지를 위하여 대나무를 쓰는 것은 아버지가 자식의 하늘이기 때문이다. 대나무가 둥근 것은 하늘을 형상한 것이고 안팎으로 마디가 있는 것은 자식이 아버지를 위하여 또한 안팎으로 슬픔이 있음을 형상하는 것이다. 그리고 사철을 통해 늘 변치 않는 것은 자식이 아버지를 위함이 또한 추위와 더위를 지나서도 바뀌지 않는 것과 통하므로 사용하는 것이다."고 하였다. 간구는 사초로 신을 만드는 것을 말한다. 『모전』에 이르기를 "들에서 나는 사초이다. 앞서 물에 담가야 사초가 된다."고 하였다.또 "간과 비는 외납 하였는데 주공 때는 구라 하고 자하 때는 비라 하였다."고 하였다. '외납'이라는 것은 꾸기를 밖을 향해 엮은 것이다.

- 黃氏瑞節曰 先生長塾卒 以繼體服斬衰 禮謂之加服 俗謂之報服也
⇒ 황서절이 말하기를 "선생은 장자 숙이 죽자 자기가 체를 계승하여 참최를 입으셨다. 예문에는 가복이라 하고 세속에서는 보복이라 하였다."고 하였다.

(3) 二日齊衰三年

• 二日齊衰三年*
⇒ 둘째는 자최(齊衰) 삼년이다. (가는삼베, 요질, 수질, 삭장 , 모친, 승중조모)

• 齊 緝也 其衣裳冠制 幷如斬衰 但用次等 生布 緝其旁及下際 冠以布爲武及纓 首絰 以
無子麻爲之 大七寸餘 本在右 末繫本下 布纓 腰絰 大五寸餘 絞帶以布爲之 而屈其右
端尺餘 杖以桐爲之 上圓下方 婦人服 同斬衰 但布用次等爲異 後皆倣此
⇒ 자는 꿰매는 것이다. 그 웃옷과 치마와 관의 제도는 모두 참최와 같다. 다만 차등
의 굵은 생포를 쓰고 그 옆과 아랫단을 꿰맨다. 관은 베로 무와 갓끈을 만든다.
수질은 씨가 없는 삼으로 만드는데 크기는 7치 정도이며 밑동은 오른쪽에 있고
끝을 밑동 아래에서 매고 베로 갓끈을 만든다. 요질은 크기가 5치쯤이고 효대는
베로 만들며 오른쪽 끝을 1자쯤 접는다. 지팡이는 오동나무로 만드는데 위는 둥
글며 아래는 네모지게 한다. 부인의 상복은 참최와 같다. 다만 베를 차등을 사용
하는 것이 다르다. 이후는 모두 이와 같다.

• 其正服則子爲母也 士之庶子 爲其母同 而爲父後則降也 其加服則嫡孫父卒 爲祖母若曾
高祖母承重者也 母爲適子當爲後者也 其義服則婦爲姑也 夫承重則從服也 爲繼母也
爲慈母 謂庶子無母 而父命他妾之無子者慈己也 繼母爲長子也 妾爲君之長子也
⇒ 그 정복은 아들이 어머니를 위하여 입는 것이다. 사(士)의 서자도 어머니를 위해
서는 정복을 입지만 아버지의 후사가 되면 내려 입는다. 그 가복(加服)은 적손으
로서 아버지가 죽어서 할머니를 위한 것이거나 만약 증고조모를 승중한 자를 위
한 것이다. 어머니가 적자를 위한 것은 마땅히 후사가 된 자이다. 그 의복은 며느
리가 시어머니를 위해서 입는 것이니 남편이 승중하였으면 따르는 복이다. 계모
를 위한 것이고 자모를 위한 것이니 서자가 어머니가 없는데 아버지가 자식이 없
는 다른 첩에게 명하여 자기를 길러 준 이를 말한다. 계모가 장자를 위한 것이고
첩이 군의 장자를 위한 것이다.

• 楊氏復曰 按儀禮補服條 當增祖父卒而後 爲祖母後者也 爲所後者之妻 若子也
⇒ 양복이 말하기를 "살펴보니 『의례경전』 의 「보복조」 에 마땅히 증보할 것은 조
부가 죽은 후에 조모의 후사가 된 자가 계후한 자의 처를 위하여 자식 같이 하는
것이다."고 하였다.

• 劉氏璋曰 齊衰削杖 桐也 爲母 按三家禮云 桐者 言同也 取內心悲痛同於父也 以外無
節 象家無二尊 外屈於父 削之使方者 取母象於地也 疏 屨者 粗屨也 疏 讀如不熟之
疏 草也 斬衰 重而言菅 以見草體 舉其惡貌 齊衰 輕而言疏 舉草之總稱也 不杖章 言
麻屨 齊衰三月與大功 同繩屨 小功緦麻 輕 又沒其屨號 麻屨註云 不用草
⇒ 유장이 말하기를 "자최의 삭장은 오동나무이니 어머니를 위한 것이다. 살펴보니
『삼가례』 에 이르기를 '오동나무는 같음을 말하니 마음속의 비통함이 아버지와

같음을 취한 것이다. 이밖에 마디가 없는 것은 집안에 두 어른이 없고 밖으로 하늘에 굴종하는 것을 형상한 것이다. 깍아서 아래를 네모나게 한 것은 어머니를 땅으로 형상함을 취한 것이다. 소구는 조악한 신이다. 소는 익히지 않은 풀의 '소'와 같이 읽으니 풀이다. 참최는 중히 여겨 간이라 말하였으니 풀의 본체를 나타냄으로써 그 조악한 모습을 든 것이고 자최는 가벼이 여겨 소라 하였으니 풀의 총칭을 든 것이다. 「부장장(不杖章)」에는 삼신을 말하고 자최 3월은 대공과 같이 승구라 하였으며 소공과 시마는 가벼워 구라는 이름이 없다. 삼신은 주에서 '풀을 쓰지 않는다.'고 하였다."고 하였다.

- 凡言杖者 皆下本 順其性也 高下各齊其心 其大小如腰経
⇒ 대체로 지팡이라는 것은 모두 밑동을 아래로 하니 그 본성을 따른 것이다. 높이는 각자 그 가슴에 나란하게 하고 그 대소는 요질과 같게 한다.

(4) 杖朞

【주자가례 원문 5-5】

- 杖期*
⇒ 장기 (자최복, 삭장, 1년상, 처, 부재모상)

- 服制同上 但又用次等生布 其正服則嫡孫父卒祖在 爲祖母也 其降服則爲嫁母出母也 其義服則父卒繼母嫁而已 從之者也 夫爲妻也 子爲父後 則爲出母嫁母無服 繼母出則無服也
⇒ 복식 제도는 위와 같다. 다만 차등의 생포를 사용한다. 정복은 아버지가 돌아가시고 할아버지가 살아 계실 경우 적손이 할머니를 위해 입는 것이다. 강복은 다시 시집간 어머니 와 쫓겨 난 어머니를 위한 것이다. 의복은 아버지가 돌아가셔서 시집간 계모를 따라 간 자를 위한 것이다. 남편이 처를 위한 것이다. 아들이 아버지의 후사가 되었으면 출모와 가모를 위해서는 복이 없다. 계모가 출가 하였으면 복이 없다.

- 楊氏復曰 按齊衰杖期 恐當添爲所後者之妻 若子也 祖父在 嫡孫爲祖母也 據先生儀禮經傳補服條 修首一條 已具齊衰三年下
⇒ 양복이 말하기를 "살펴보면 자최의 장기에 마땅히 첨입해야 할 것은 후사의 처를 위하여 자식같이 하며 할아버지가 살아계시는데 적손이 할머니를 위한다는 것이다. 선생의 『의례경전』 「보복」 조에 정리해 놓은 것에 의거해 보면 처음의 한 조목은 이미 자최삼년 아래에 갖춰 놓았다."고 하였다.
---

(5) 不杖朞

【주자가례 원문 5-6】

● 不杖期*
@ 부장기 (자최복 지팡이 없이 1년상, 중자, 장자부, 장손자, 숙부, 형제 , 조카)

● 服制同上 但不杖 又用次等生布 其正服則爲祖父母 女雖適人 不降也 庶子之子 爲父之
  母 而爲祖後則不服也 爲伯叔父也 爲兄弟也 爲衆子男女也 爲兄弟之子也 爲姑姊妹女
  在室 及適人而無夫與子者也 婦人無夫與子者 爲其兄弟姊抹及兄弟之子也 妾爲其子也
  其加服則爲適孫若曾玄孫當爲後者也 女適人者 爲兄弟之爲父後者也
 ⇒ 복식 제도는 위와 같다. 다만 지팡이를 짚지 않으며 또한 차등의 생포를 사용한
   다. 그 정복은 조부모를 위한 것이다. 여자가 비록 시집을 갔더라도 내려 입지 않
   는다. 서자의 아들이 아버지의 어머니를 위한 것인데 할아버지의 후사가 되었으
   면 복을 입지 않는다. 또한 백숙부를 위한 것이고 형제를 위한 것이며, 중자(衆
   子) 남녀를 위한 것이고, 형제의 아들을 위한 것이며, 고모와 자매 및 시집을 가
   지 않았거나 시집은 갔는데 남편과 자식이 없는 여자를 위한 것이다. 남편과 자
   식이 없는 부인은 그 형제와 자매와 형제의 아들을 위한 것이고 첩이 그 아들을
   위한 것이다. 그 가복은 적손 또는 증원손으로써 마땅히 후사가 된 자를 위한 것
   이고, 시집 간 여자가 형제 가운데 아버지의 후사가 된 자를 위한 것이다.

● 其降服則嫁母出母 爲其子 子雖爲父後 猶服也 妾爲其父母也 其義服則繼母嫁母爲前夫
  之子從己者也 爲伯叔母也 爲夫兄弟之子也 繼父同居 父子皆無大功之親者也 妾爲女
  君也 妾爲君之衆子也 舅姑爲適婦也
 ⇒ 그 강복은 시집간 어머니와 출모가 아들을 위한 것이니 아들이 비록 그 아버지의
   후사가 되었더라도 복은 같으며 첩이 그 부모를 위한 것이다. 그 의복은 계모와
   시집간 어머니가 전 남편의 아들로서 자기를 따라온 자를 위한 것이고, 백숙부모
   를 위한 것이며, 남편의 형제 아들을 위한 것이다. 계부가 함께 살지만 부자가 모
   두 대공의 친함이 없는 자를 위한 것이고, 첩이 여군을 위한 것이며, 첩이 군의
   중자를 위한 것이고, 시부모가 며느리를 위한 것이다.

● 楊氏復曰 按不杖期註 正服 當添一條 姊妹旣嫁 相爲服也 其義服 當添一條 父母在則
  爲妻不杖也
 ⇒ 양복이 말하기를 "살펴보니, 부장기의 주에 '정복에 마땅히 조목 하나를 첨입해야
   할 것이니 자매가 이미 시집을 갔으면 서로 복을 입는 것이다.'고 하였다."고 하
   였다. 그 의복에 마땅히 조목 하나를 첨입해야 할 것이니 부모가 살아 계시면 처
   를 위하여 지팡이를 짚지 않는다는 것이다.

● 按爲人後者 爲其父母 報女子子適人者 爲其父母 此是不杖期大節目 何以不書也 蓋此
  條在後凡男爲人後者 與女適人者 爲其私親皆降一等中 故不見於此
 ⇒ 살펴보니 남의 후사가 된 자가 그의 부모를 위해 보복하고 시집간 딸자식이 그

부모를 위하여 복을 입는 것이니 이것은 부장기의 큰 절목인데 어찌하여 쓰지 않았을까 대개 이 조목은 뒤에 남의 후사가 된 남자와 시집 간 여자는 그의 사친을 위하여 모두 한 등급을 내려 입기 때문에 여기에 나타내지 않는 것이다.

(6) 五月

┌─── 【주자가례 원문 5-7】 ───

● 五月*
⇒ 자최 오월 (자최복, 무집장, 증손자)

● 服制同上 其正服則爲曾祖父母 女適人者 不降也
⇒ 복식의 제도는 위와 같다. 그 정복은 증조부모를 위한 것이고 시집 간 여자는 내려 입지 않는다.
└─────────────────────

(7) 三月

┌─── 【주자가례 원문 5-8】 ───

● 三月*
⇒ 삼월 (자최복, 무집장, 고손자)

● 服制同上 其正服則爲高祖父母 女適人者不降也 其義服則繼父不同居 謂先同今異 或雖同居而繼父有子 己有大功以上親者也 其元不同居者 則不服
⇒ 복식 제도는 위와 같다. 그 정복은 고조부모를 위한 것이고 시집간 여자는 내려 입지 않는다. 그 의복은 계부와 함께 살지 않는 자이니 처음은 같이 살다가 지금은 따로 사는 것을 이른다. 혹은 비록 함께 살더라도 계부가 아들이 있으면 이미 대공 이상의 친한 자가 있는 것이다. 원래 함께 살지 않은 사람이면 복을 입지 않는다.

● 楊氏復曰 按儀禮補服條 當增爲所後者之祖父母 若子也
⇒ 양복이 말하기를 " 『의례』의 「경전」 '보복'조에 '마땅히 증보해야 할 것은 후사 된 자의 조부모를 위하여 아들 같이 하는 것이다.'하였다."고 하였다.
└─────────────────────

(8) 三日大功九月

● 三日大功九月*
⇒ 셋째는 대공 구월이다. (가는삼베복, 4촌 , 중자부, 출가고모, 자매, 질녀)

● 服制同上 但用稍粗熟布 無負版衰辟領 首経五寸餘 腰経四寸餘 其正服則爲從父兄弟姊妹 謂伯叔父之子也 爲衆孫男女也 其義服則爲衆子婦也 爲兄弟子之婦也 爲夫之祖父母伯叔父母兄弟之婦也 夫爲人後者 其妻爲本生舅姑也
⇒ 복식제도는 위와 같으며, 다만 조금 굵은 삶은 베를 사용하고, 부판과 최와 벽령은 없다. 수질은 5치 남짓이고 요질은 4치 정도이다. 그 정복은 백숙부의 형제와 자매를 위한 것이며 백숙부의 자식을 이르니 중손 남녀를 위한 것이다. 그 의복은 중자의 부인을 위한 것이고 남편의 조부모와 백숙부모와 형제와 아들의 부인을 위한 것이다. 남편이 남의 후사가 된 경우 그 처가 본래 낳아준 시부모를 위한 것이다.

● 楊氏復曰 儀禮註云 前有衰 後有負版 左右有辟領 孝子哀戚之心 無所不在 疏云 衰者 孝子有哀摧之志 負者 負其悲哀 適者 指適緣於父母不念餘事
⇒ 양복이 말하기를 "『의례』의 주에 '앞에 최가 있고 뒤에 부판이 있으며 좌우에 벽령이 있는 것은 효자의 슬픈 마음이 없는 곳이 없다.'는 것이다. 그 소에 '최라는 것은 효자가 애절한 뜻을 두는 것이고 부는 그 슬픔을 등에 졌다는 것이며, 적이란 것은 지적함이니 부모로 인하여 다른 일을 생각하지 않는다는 것이다.'고 하였다."고 하였다.

● 又按註疏 釋衰負版領三者之義 惟子爲父母用之 旁親則不用也 家禮 至大功 乃無衰負版辟領者 蓋家禮 乃初年本也 後先生之家所行之禮 旁親皆無衰負版辟領 若此之類 皆從後來議論之定者爲正
⇒ 또 살펴보니 "주소에 '최와 부판과 벽령 세 가지의 뜻을 새겼으니 오직 자식이 부모를 위하여 쓰고 방친에게는 쓰지 않는다.'고 하였다. 『가례』에서 대공에 이르러 최와 부판과 벽령이 없는 것은 대개 『가례』가 첫 해의 본이기 때문일 것이다. 후에 선생의 집에서 행하시던 예에도 방친이 모두 최와 부판과 벽령이 없었다. 이 같은 따위는 모두 이후에 의논이 정해진 것을 따라 바르게 해야 한다."고 하였다.

● 大功九月 恐當添爲同母異父之昆弟也 或曰 爲外祖母也 據先生儀禮經傳補服條 修同母異父之昆弟 本子游答公叔木之問 以同父同母則服期 今但同母 而是親者血屬 故降一等 蓋恩繼於母 不繼於父 若子夏答狄儀 以爲齊衰則過矣 故註疏家以大功爲是 外祖母只據魯莊公爲齊王姬服大功 檀弓 或曰外祖母也 今家禮 以外祖父母爲小功正服 則當以家禮以正
⇒ 대공 구월에는 마땅히 '동모 이부의 형제를 위하며 혹은 외조모를 위한다.'는 것

을 첨입해야 할 듯하다. 선생의 『의례경전』 「보복」 조에 정리한 것에 의거하여 보면 '동모 이부의 형제라는 것은 자유가 공숙목의 물음에 답한 것에 근거하였으니 아버지가 같고 어머니가 같으면 기년복을 입는다. 지금은 다만 어머니만 같으니 이는 부모의 혈속이므로 한 등급을 내려 입는다.'고 하였다. 대개 은혜가 어머니에게만 이어지고 아버지에게는 이어지지 않는 것이다. 자하가 적의에게 '자최복을 입는다면 지나치다.'고 한 까닭은 주소가 들은 대공이 옳다고 하였다. 외조모는 다만 노나라 장공이 제나라 왕회를 위하여 대공복을 입는 것에 의거한 것이다. 「단궁」에서는 혹자가 외조모라 하였다. 지금 『가례』에서는 외조부모로 소공 정복을 삼았으니 마땅히 『가례』로 바르게 해야 할 것이다.

- 劉氏垓孫曰 沈存中說喪服中曾祖齊衰服 曾祖以上 皆謂之曾祖 恐是如此 如此則皆合有齊衰三月服 看來 高祖死 豈有不爲服之禮 須合行齊衰三月也 伊川頃言 祖父母喪 須是不赴擧 後來不曾行
⇒ 유해손이 말하기를 "심존중의 말에 상복 중 증조는 자최복이라 하였는데, 증조이상은 모두 증조라 말한 것이니 아마도 이것은 같은 뜻일 것이다. 그렇다면 모두 마땅히 자최 3월복을 입어야 합당할 것이다. 그렇게 본다면 고조가 죽었는데 어찌 복을 입지 않는 예가 있겠는가. 모름지기 자최 삼월을 행하는 것이 맞다. 이천이 지난번에 '조부모상에는 모름지기 부거하지 말라'고 하였으니 이후로는 일찍이 행하지 않았다.

- 今法令 雖無明文 看來爲士者爲祖父母期服內 不當赴擧 今人齊衰 用布太細 又大功小功 皆用苧布 恐皆非禮 大功須用市中所賣火麻布稍細者 或熟麻布亦可 小功須用虔布之屬 古者布帛精粗 皆用升數 所以說布帛精粗不中數 不鬻於市 今更無此制 聽民之所爲 所以倉卒 難得中度者 只得買來 自以意擇製之耳
⇒ 지금 법령에는 비록 분명한 글은 없으나 선비 된 자가 조부모를 위하여 기년복을 입는데 복 입는 동안은 마땅히 부거하지 않아야 한다. 지금 사람들은 자최에 쓰는 베가 너무 가늘고 또 대공과 소공에 모두 저포를 쓰니 아마도 모두 예가 아닌 듯하다. 대공에는 모름지기 저자에서 파는 대마포 조금 가는 것을 쓰니 혹은 삶은 삼베도 괜찮다. 소공에는 모름지기 건포 등속을 쓴다. 옛날에는 포백의 정교하고 조잡함은 모두 승수를 썼다. 포백의 정교하고 조잡함이 수에 맞지 않으면 저자에서 팔지 못한다는 말이 있었다. 지금은 이 제도가 없어서 백성이 하는 바를 따라야 한다. 창졸간에 제도에 맞는 것을 얻기가 어려운 까닭에 다만 사 가지고 와서 스스로 가려 만들 따름이다."고 하였다.

(9) 四曰小功五月

● 四曰小功五月*
⇒ 넷째는 소공 오월이다.

● 服制同上 但用稍熟細布 冠左縫 首絰四寸餘 腰絰三寸餘 其正服則爲從祖祖父從祖祖姑 謂祖之兄弟姉妹也 爲兄弟之孫 爲從祖父從祖姑 謂從祖祖父之子 父之從父兄弟姉妹也 爲從父兄弟之子也 爲從祖兄弟姉妹 謂從父祖父之子 所謂再從兄弟姉妹者也 爲外祖父母 謂母之父母也 爲舅 謂母之兄弟也 爲甥也 謂姉妹之子也 爲從母 謂母之姉妹也 爲同母異父之兄弟姉妹也

⇒ 복식 제도는 위와 같으며 다만 조금 삶은 가는 베를 사용한다. 관은 왼쪽으로 재봉하고 수질은 4치 정도이며 요질은 3치 정도이다. 정복은 종조 조부와 종조 조고를 위한 것이니 할아버지의 형제와 자매를 이른다. 형제의 손자를 위한 것이고, 종조부와 종조고를 위한 것이니 종조조부의 아들이고 아버지의 종형제 자매를 이른다. 종부형제의 아들을 이르니 이른바 재종형제 자매이다. 외조부모를 위한 것이니 어머니의 부모를 이른다. 외삼촌을 위한 것이니 어머니의 형제를 이른다. 생질을 위한 것이니 어머니 자매의 아들을 이르고 동모이부의 형제자매를 위한 것이다.

● 其義服則爲從祖祖母也 爲夫兄弟之孫也 爲從祖母也 爲夫從兄弟之子也 爲夫之姑姉妹 適人者 不降也 女爲兄弟姪之妻 已適人 亦不降也 爲娣姒婦 謂兄弟之妻 相名 長婦謂次婦曰娣婦 娣婦謂長婦曰姒婦也 庶子爲適母之父母兄弟姉妹 適母死 則不服 母出則爲繼母之父母兄弟姉妹也 爲庶母慈己者 謂庶母之乳養己者也 爲適孫若曾玄孫之當爲後者之婦 其姑在則否也 爲兄弟之妻也 爲夫之兄弟也

⇒ 그 의복은 종조 조모를 위한 것이고 남편의 종형제의 아들을 위한 것이며 남편의 고모과 자매를 위한 것이고, 시집간 자는 복을 내려 입지 않는다. 여자가 형제와 조카의 처를 위한 것이며, 이미 시집 갔어도 내려 입지 않는다. 제부 사부를 위한 것이니 형제의 처가 서로 부르는 이름을 말하며 장부는 차부를 제부라하고 제부는 장부를 사부라 한다. 서자가 적모의 부모와 형제와 자매를 위한 것이고 적모가 죽었으면 복을 입지 않는다. 어머니가 쫓겨났으면 계모의 부모와 형제와 자매를 위한 것이고, 서모로 자기를 길러 준 사람을 위한 것이니 서모가 자기를 젖을 먹여 기른 사람을 이른다. 적손을 위하고 만약 증 현손이 마땅히 후사가 된 자의 아내를 위한 것이다. 그 시어머니가 살아 있으면 입지 않는다. 형제의 처를 위한 것이고 남편의 형제를 위한 것이다.

● 楊氏復曰 按儀禮補服條 當增爲所後者妻之父母若子也 姑爲適婦不爲舅後者也 諸侯爲適孫之婦也

⇒ 양복이 말하기를 "살펴보니 『의례경전』의 「보복」 조에 마땅히 증보해야 할 것은 '후사를 이은 자의 처의 부모를 위하여 아들같이 하고 시어머니가 적부의 시아버지의 후사가 되지 않는 자를 위한 것이며, 제후가 적손의 처를 위한 것이다."고 하였다.

(10) 五日緦麻三月

• 五日緦麻三月*
  ⇒ 다섯째는 시마 삼월이다.(사위, 8촌:당내간, 내 외종 ,유모, 개장시)

• 服制同上 但用極細熟布 首経三寸 腰経二寸 並用熟麻 纓亦如之 其正服則爲族曾祖父 族曾祖姑 謂曾祖之兄弟姊妹也 爲兄弟之曾孫也 爲族祖父族祖姑 謂族曾祖父之子也 爲從父兄弟之孫也 爲族父族姑 謂族祖父之子 也 爲從祖兄弟之子也 爲族兄弟姊妹 謂族父之子 所謂三從兄弟姊妹也 爲曾孫玄孫也 爲外孫也 爲從母兄弟姊妹 謂從母之子也 爲外兄弟 謂姑之子也 爲內兄弟 謂舅之子也 其降服則庶子爲父後者 爲其母 而爲其母之父母兄弟姊妹則無服也
  ⇒ 복식제도는 위와 같으며 다만 아주 가는 삶은 베를 사용한다. 수질은 3치이고 요질은 2치인데 모두 삶은 삼베를 사용하고 갓끈도 또한 같다. 그 정복은 족증조부와 족증조고를 위한 것이니 증조의 형제자매를 이른다. 형제의 증손을 위한 것이고 족조부와 족조고를 위한 것이니 족증조부의 아들을 이른다. 종조형제의 아들을 위한 것이고 족형제 자매를 위한 것이니 족부의 자식을 이르며 이른바 삼종형제 자매이다. 증손 현손을 위한 것이고 외손을 위한 것이며 종모형제 자매를 위한 것이니 종모의 아들을 이른다. 외형제를 위한 것이니 고모의 아들을 이른다. 내형제를 위한 것이니 외삼촌의 아들을 말한다. 그 강복은 서자로서 아버지의 후사가 된 자가 그 어머니를 위한 것이고 어머니의 부모 형제자매를 위해서는 복이 없다.

• 其義服則爲族曾祖母也 爲夫兄弟之曾孫也 爲族祖母也 爲夫從兄弟之孫也 爲族母也 爲夫從祖兄弟之子也 爲庶孫之婦也 士爲庶母 謂父妾之有子者也 爲乳母也 爲也 爲妻之父母 妻亡而別娶亦同 卽妻之親也 雖嫁出 猶服也 爲夫之曾祖高祖也 爲夫之從祖父母也 爲兄弟孫之婦也 爲夫兄弟孫之婦也 爲夫之從祖父母也 爲從父兄弟子之婦也 爲夫從兄弟子之婦也 爲夫從父兄弟之妻也 爲夫之從父姊妹 適人者不降也 爲夫之外祖父母也 爲夫之從母及舅也 爲外孫婦也 女爲姊妹之子婦也 爲甥婦也
  ⇒ 그 의복은 족증조모를 위한 것이고 남편의 형제의 증손을 위한 것이며, 족조모를 위한 것이고, 남편의 종형제의 손자를 위한 것이다. 족모를 위한 것이고 남편의 종조형제의 아들을 위한 것이며, 서손의 아내를 위한 것이다. 선비가 서모를 위한 것이니 아버지의 첩 중에 아들이 있는 사람을 이른다. 유모를 위한 것이고, 사위를 위한 것이며, 처의 부모를 위한 것인데 처가 죽어서 별도로 장가 들어서도 또한 같으니 곧 처의 친어머니가 비록 시집을 갔더라도 복은 같다. 남편의 증조와 고조를 위한 것이고 남편의 종조 조부모를 위한 것이며 형제의 손자의 처를 위한 것이고, 남편의 종조부모를 위한 것이다. 종부의 형제의 아들의 처를 위한 것이고, 남편의 종형제의 아들의 처를 위한 것이며, 남편의 종부형제의 처를 위한 것이다. 남편의 종부의 자매로 시집 간 사람은 내려 입지 않는다. 남편의 외조부모를 위한 것이고, 남편의 종모와 외삼촌을 위한 것이며, 외손자며느리를 위한 것이다. 여자

가 자매의 아들이나 며느리를 위한 것이고, 친정 조카며느리를 위한 것이다.

- 楊氏復曰 當增爲同爨也 爲朋友也 爲改葬也 大夫爲貴妾也 士爲妾有子也 按通典 漢戴
  德云 以朋友有同道之恩 故加麻三月 晉曹述初問 有仁人義士矜幼 携養積年 爲之制服
  當無疑耶 徐邈答曰 禮 緣情耳 同爨 緦 朋友 麻
 ⇒ 양복이 말하기를 "마땅히 증보할 것은 한 솥밥을 먹는 사람(同爨)을 위하고 붕우
   를 위하며, 개장(改葬)을 위한 복이다. 대부는 귀첩(貴妾손아래여동생)을 위하고
   선비는 자식이 있는 첩을 위하는 복이다. 『통례』를 살펴보니 한나라 대덕이 이
   르기를 '붕우는 도를 함께하는 은혜가 잇기 때문에 복을 더하여 시마 삼월'이라
   하였다. 진나라 조술초가 묻기를 '어진 사람과 의로운 선비가 어린 아이를 가엾게
   여겨 데려다 기른 지 여러 해가 되었으면 그를 위해 복을 입는 것이 마땅하여 의
   심할 것이 없지 않습니까.'하니 서막이 답하여 이르기를 '예는 정을 인연할 따름
   이니 동찬은 시이고 붕우는 마이다.'하였다.

- 又按儀禮補服條 同爨 謂以同居生 於禮可許 旣同爨而食 合有緦麻之親 改葬 謂墳墓以
  他 故崩壞 將亡失尸柩也 言改葬 明棺物毁敗 改設之 如葬時也 此臣爲君也 子爲父也
  妻爲夫也 餘無服 必服緦者 親見尸柩 不可以無服 緦三月而除之 謂葬時服之
 ⇒ 또 살펴보니. 『의례경전』의 「보복조」에 '동찬은 동거하여 사는 것을 말하니
   예에 허락할 만하다. 이미 함께 살면서 음식을 먹으니 시마를 입을 친함이 있다.
   그리고 개장은 분묘가 다른 연고로 붕괴하여 장차 시신과 관을 잃는 것을 이른
   다. 개장한다고 말하는 것은 관물이 훼손된 것을 밝혀 장례 때와 같이 고쳐 설치
   하는 것을 말한다. 이것은 신하가 임금을 위하고 자식이 아버지를 위하며 처가
   남편을 위하는 것이다. 나머지는 복이 없다. 반드시 시를 입는 자는 친히 시신과
   영구를 보아야 하니 복이 없어서는 안 된다. 시마 삼월만에 복을 벗는 것은 장례
   때 복을 입는 것을 말한다.

- 又按通典 戴德云 制緦麻 具而葬 葬而除 謂子爲父 妻妾爲夫 臣爲臣 孫爲祖後者也 其
  餘親 皆弔服 魏王肅云 非父母 無服 無服則弔服加麻 士妾有子則爲之緦 無子則已 謂
  士卑 妾無男女則不服 不別貴賤也 大夫貴妾 雖無子 猶服之 故大夫爲貴妾緦 是別貴
  賤也
 ⇒ 또 살펴보니 『통전』에 대덕이 이르기를 '시마의 제도를 갖추어 장사지내는데
   장사 지내고 나서 벗는다.'고 하였으니 자식이 아버지를 위하고 처첩이 남편을 위
   하며 신하가 임금을 위하고 손자가 할아버지의 후사가 된 자를 위하는 것을 말한
   다. 그 나머지 친척은 다 조복을 한다. 위나라 왕숙이 이르기를 '부모가 아니면
   복이 없다.'고 하였으니 복이 없으면 조복에 '마(麻)'를 더한다. 선비는 첩이 자식
   이 있으면 그를 위해 시(緦)한다. 자식이 없으면 그만두니 선비가 비천함을 이른
   다. 첩은 자녀가 없으면 복을 입지 않으니 귀천을 분멸하지 않는다. 대부는 귀첩
   이면 비록 자식이 없더라도 오히려 복을 입으니 그러므로 귀첩을 위해 시하는 것
   은 귀천을 분별하는 것이다."하였다.

- 劉氏垓孫曰 司馬公書儀斬衰 古制而功緦 又不古制 此却可疑 蓋古者 五服皆用麻 但布有差等 皆用冠絰 但功緦之絰 小耳 今人吉服不古 而凶服古 亦無意思 今俗喪服之制 下用橫布作襴 惟斬衰 用不得
  ⇒ 유장이 말하기를 "사마공의 『서의』에 '참최는 옛날의 제도인데 공과 시는 옛날의 제도가 아니니 이것은 도리어 의심할 만하다. 대개 옛날에는 오복에 모두 마를 썼지만 베는 차등이 있고 모두 관과 질을 사용하였으며 다만 공과 시의 질이 작았을 뿐이다. 지금 사람들은 길복은 옛날대로 하지 않으면서 흉복은 옛날대로 하니 생각이 없는 것이다. 지금 세속의 상복제도에서 치마는 가는 베를 써서 난삼을 만드는데 오직 참최에는 쓸 수 없다.'고 하였다.

(11) 凡爲殤服以次降一等

─── 【주자가례 원문 5-12】 ───────────

- 凡爲殤服 以次降一等*
  ⇒ 대체로 어려서 죽은 사람을 위한 복은 차례로 한 등급씩 내린다.

- 凡年十九至十六爲長殤 十五至十二爲中殤 十一至八歲爲下殤 應服期者 長殤降服 大功九月 中殤七月 下殤小功五月 應服大功以下 以次降等
  ⇒ 나이 16세부터 19세까지는 장상이라 하고, 12세부터 15세까지는 중상이라 하며, 8세부터 11세까지는 하상이라 한다. 기년복을 입어야 할 사람은 장상에는 대공구월로 강복하고, 중상에는 칠월로 강복하며, 하상에는 소공과 오월로 복을 내린다. 응당 대공 이하의 복을 입어야 할 사람도 차례로 등급을 내린다.

- 不滿八歲 爲無服之殤 哭之 以日易月 未三月則不哭也 男子已娶 女子許嫁 皆不爲殤
  ⇒ 8세가 되지 않았으면 복이 없는 상이 되니 곡하는 것은 날로써 달을 바꾼다. 태어난 지 3개월이 안됐으면 곡을 하지 않는다. 남자가 이미 장가 들었거나 여자가 정혼하였으면 모두 어려서 죽은 경우가 되지 않는다.(성인 대우한다)

(12) 凡男爲人後. 女適人者. 爲其私親皆降一等. 私親之爲之也亦然.

─── 【주자가례 원문 5-13】 ───────────

- 凡男爲人後 女適人者 爲其私親 皆降一等 私親之爲之也 亦然*
  ⇒ 남의 후사가(養子)되었거나 시집간 여자(女適人)는 그 사친을 위하여 모두 한 등급을 내린다. 사친(생부모)도 그를 위해 역시 그렇게 한다.
- 女適人者 降服未滿 被出則服其本服 已除則不復服也

⇒ 시집간 여자는 복을 내리어 기간이 차지 않았는데 쫓겨났으면 그 본래의 복을 입는다. 이미 복을 벗었으면 다시 입지 않는다.

- 凡婦服夫黨 當喪而出則除之
⇒ 부인의 복은 남편집안의 상을 당하였어도 쫓겨났으면 없어진다.

- 凡妾爲其私親則如衆人
⇒ 첩이 그 사친을 위해서는 뭇 사람들과 같이 입는다.

- 司馬溫公曰 喪服小記云 爲父母喪 未練而出則三年 旣練而出則已 未練而返則期 旣練而返則遂之
⇒ 사마온공이 말하기를 "『예기』의 「상복소기」에 이르기를 '부모의 상에 아직 연제를 지내지 않았는데 쫓겨났으면 3년복을 입고, 연제를 지내고 쫓겨났으면 그만 둔다. 아직 연제를 지내지 않았는데 돌아왔으면 1년복을 입고 이미 연제를 지냈는데 돌아왔으면 3년복을 모두 입는다.'고 하였다.

(13) 成服之日. 主人及兄弟始食粥

---【주자가례 원문 5-13】---

- 成服之日 主人及兄弟始食粥*
⇒ 성복하는 날 주인과 형제는 비로서 죽을 먹는다.

- 諸子食粥 妻妾及期九月 疏食水飮 不食菜果 五月三月者 飮酒食肉 不與宴樂 自是無故不出 若以喪事及不得已而出入 則乘樸馬布鞍素轎布簾
⇒ 모든 자식은 죽을 먹고 처첩 및 기년복과 대공구월복을 입는 사람은 거친 밥을 먹고 물을 마시지만 야채와 과일은 먹지 않는다. 오월과 삼월인 사람은 술을 마시고 고기를 먹지만 잔치에는 참석하지 않는다. 이때부터 연고 없이 외출하지 않는다. 만약 상사나 부득이한 일로 출입하려면 여윈 말을 타고 베 안장을 하거나 흰 가마를 타고 베 주렴을 한다.

- 凡重喪未除而遭輕喪 則制其服而哭之 月朔設位 服其服而哭之 旣畢 返重服 其除之也 亦服輕服 若除重服而輕服未除 則服輕服 以終其餘日
⇒ 대체로 무거운 상이 아직 끝나지 않았는데 가벼운 상을 만나면 본래의 무거운 복을 입고 곡한다. 매달 초하루에는 신위를 설치하고 그에 해당하는 복을 입고 곡한다. 이미 마쳤으면 무거운 복을 도로 입는다. 무거운 상복이 끝났으면 또한 가벼운 복을 입는다. 만약 무거운 상을 마쳤는데 가벼운 복을 입는 상이 끝나지 않았으면 가벼운 복을 입고 남은 날을 마친다.

- 問 從母之夫 舅之妻 皆無服 何也 朱子曰 先王制禮 父族四 故由父而上 爲從曾祖 服 緦麻 姑之子 姉妹之子 女子之子 皆有服 皆由父而推之故也 母族三 母之父母之母 母 之兄弟 恩止於舅 故從母之夫 舅之妻 皆不爲服 推不去故也
  ⇒ 묻기를 "종모의 남편과 외삼촌의 처가 다 복이 없으니 왜 그렇습니까?"하니 주자 가 대답하여 말하기를 "선왕이 예를 만드셨는데 아버지의 족속은 넷이니 아버지 로 말미암아서 위로 종중조를 위해 시마를 입고 고모의 자식과 자매의 자식과 딸 의 자식이 다 복이 있으니 모두 아버지로 말미암아서 추급한 까닭이다. 어머니의 족속은 셋이니 어머니의 아버지와 어머니의 어머니와 어머니의 형제로서 은정이 외삼촌까지 그친 까닭에 종모의 남편과 외삼촌의 처를 다 복을 입지 않는 것은 미루어 가지 못한 까닭이다.

- 妻族二 妻之父妻之母 乍看時 似乎雜亂無紀 子細看則皆有義存焉 又言 呂與叔集中 一 婦人墓誌 凡遇功緦之喪 皆蔬食終其月 此可爲法
  ⇒ 처의 족속이 둘이니 처의 부와 처의 모이다. 언뜻 볼 때 잡난하여 기강이 없는 듯하나 자세히 보면 다 의리가 있다. 또 여여숙의 문집 중 한 부인의 묘지에 무 릇 공과 시의 상을 만나면 모두 성긴 음식으로 그 달을 마친다고 하였으니 이것 은 법을 삼을만 하다고 하였다.

- 問 喪禮衣服之類 逐時換去 如葬後換葛衫 小祥後換練布之類 今之墨縗可便於出入 而 不合於禮經 如何 曰 若能不出 則不服之亦好 但要出外治事 則只得服之
  ⇒ 묻기를 "상례에서 의복 따위는 때마다 바꾸어 입거나 벗으니 장사 지낸 후 갈삼 으로 바꾸어 입고 소상 후 연포로 바꾸어 입는 것과 같은 것입니다. 지금의 묵최 (墨衰, 검은 상복)는 출입에 편하지만 예경에 맞지 않으니 어떠한 까닭입니까? 라고 묻자 "만일 외출하지 않을 수 있다면 입지 않는 것도 좋다. 다만 밖에 나가 서 일을 다스릴 필요가 있다면 입어야할 것이다. 고 하였다.

- 問 居喪 爲尊長强之以酒 當如何 曰 若不得辭則勉徇其意 亦無害 但不可至沾醉 食已 復初 可也 問 坐客有歌唱者 如之何 曰 當起避
  ⇒ 묻기를 "상중에 존장이 억지로 술을 권하면 어떻게 해야 합니까?"라고 하자 답하 기를 "만일 사양하지 못하면 그 뜻을 힘써 따르는 것도 또한 해로울 것이 없다. 다만 술에 흠뻑 취하는 데까지 이르러서는 안 되고 먹기를 그쳐 처음을 회복하는 것이 옳다."고 하였다. 묻기를 "좌객에 노래를 부르는 자가 있으면 어떻게 해야 합니까?"하자 "당연히 일어서서 피해야 한다."고 하였다.

- 楊氏復曰 心喪三年 按儀禮父在爲母期註 子於母 雖爲父屈而期 心喪猶三年 唐前上元 元年 武后上表 請父在爲母 終三年之喪
  ⇒ 양복이 말하기를 "심상은 삼 년이다. 『의례』에 '아버지가 살아있으면, 어머니 를 위해 기년복을 입는다.'고 한 구절의 주에 '자식이 어머니에 대해서는 비록 아 버지를 위해 굽혀서 기년복을 입으나 심상은 삼 년으로 같다.'고 하였다. 당나라 상원 원년 전에 무후가 표를 올려 '아버지가 살아 있지만 어머니를 위해 삼년상

을 마치게 해 달라'고 청하였다.

- 禮記 師心喪三年
  ⇒ 『예기』에 "스승은 심상을 삼 년 한다."고 하였다.

- 今服制令 庶子爲後者爲其母緦 亦解官 申心喪三年
  ⇒ 지금 복제의 법령에 '서자로서 아버지의 후사가 된 자는 그 어머니를 위해 시마복을 입어야 하며 또한 벼슬을 그만두고 삼년을 지내야 한다.'고 하였다.

- 母出及嫁 爲父後者 雖不服 申心喪三年
  ⇒ 어머니가 쫓겨났거나 시집갔으면 아버지의 후사된 자는 복을 입지 않더라도 심상 삼 년을 지낸다.

- 爲人後者 爲其父母不杖期 亦解官 申心喪三年
  ⇒ 남의 후사가 된 자는 그 부모를 위해 부장기를 입으며 또 벼슬을 그만두고 심상 삼년을 지낸다.

- 適孫祖在 爲祖母齊衰杖期 雖期除 仍心喪三年 先生曰 喪禮須從儀禮爲正 如父在爲母期 非是薄於母 只爲尊在其父 不可復尊在母 然亦須心喪三年 這般處皆是大項事 不是小節目 後來都失了 而今國家法 爲所生父母 皆心喪三年 此意甚好
  ⇒ 적손은 할아버지가 살아계시면 할머니를 위해 자최장기를 입고, 비록 기년복을 벗었더라도 심상 삼 년을 해야 한다. 선생이 말하기를 "상례는 모름지기 『의례』를 좇는 것이 옳다. 아버지가 살아있어서 어머니를 기년복을 입는 것은 어머니에게 박한 것이 아니라 다만 그 높음이 아버지에게 있으므로 다시 어머니에게 있을 수 없기 때문이다. 그러나 또한 역시 심상 삼 년은 해야 한다. 이러한 곳에서는 다 큰 항목의 일이고 작은 절목이 아닌데 후래에 모두 잃어버렸으나, 지금 국가의 법에 낳아준 부모를 위해 모두 심상 삼년이라 하였으니 이 뜻은 매우 좋다."고 하였다.

- 又按先生此書 雖自儀禮中出 其於國家之法 未嘗遺也 前章所論爲所生父母心喪 槩可見矣 五服年月之制 旣已備載 則式假一條 恐亦當補入 今喪葬假寧格 非在職遭喪 期 三十日 大功 二十日 小功 十五日 緦麻 七日 降而絶服 三日 無服之殤 期 五日 大功三日 小功 二日 緦麻 一日 葬 期 五日 大功 三日 小功 二日 緦麻 一日 除服 期 三日 大功 二日 小功 緦麻 一日
  ⇒ 또 살펴보면 선생의 이 글이 비록 『의례』 가운데서 나왔으나 그 국가의 법에서도 일찍이 빠뜨리지 않았던 것이니 앞 장에서 논의한 바 '낳아준 부모를 위해 심상한다는 것은 대략 볼 수 있다. 오복년월의 제도가 이미 실려 있다면 법식 한 조목도 마땅히 보충해 넣어야 할 듯 하다. 지금 '상장가령격식'에는 관직에 있지 않은데 상을 만나면 기년은 30일 대공은 20일 소공은 15일 시마는 7일로 내려서 복이 끝난 사람은 3일이다. 복이 없는 상에는 기년은 5일 대공은 3일 소공은 2일

시마는 1일이고 장례에는 기년5일 대공3일 소공2일 시마1일이다. 복상이 끝났으면 기년은 3일 대공 2일 소공과 시마 1일이다.

- 在職遭喪 期 七日 大功 五日 小功緦麻 二日 降而絶服之殤 一日 本宗及同居無服之親 之喪 一日 改葬 期以下親 一日 私忌 在職非在職 祖父母父母 並一日 逮事高曾同
  ⇒ 관직에 있으면서 상을 만나면 기년은 7일 대공은 5일 소공과 시마는 2일이고 내려서 상이 끝난 상에는 1일이다. 본종 및 동거하는 복이 없는 친족의 상은 1일이다. 개장에는 기년 이하의 친족은 1일이며 개인의 기일에는 관직이 있든 없든 조부모와 부모는 모두 1일이며 고조와 증조도 같다.

- 『대대례』에 참최복을 입고 죽을 마시는 자는 뜻을 음식에 두지 않는다.[270]고 하였다.

4) 오복제도(五服制度)의 이해

- 오복제도의 종류에는 참최 3년, 자최 3년, 대공, 소공, 시마가 있고, 각각 상복의 기간을 살펴보면, 3년, 1년, 9월, 5월, 3월이다.
- 오복을 경중에 따라 분류하면 정복(正服), 가복(加服), 의복(義服), 강복(降服)의 4종류의 복제로 구분 된다.
- 자최는 다시 지팡이의 유무에 따라 장기, 부장기로 구분한다.
- 이상의 논의를 도표[271]로 나타내면 다음과 같다.

구 분		복	지팡이	기간	대상	대상
참최복 3년		•거칠고 굵은 삼베 •단을 안 꿰맴	○ 竹杖	24 개 월	정복	•아들이 부친상
					가복	•장손이 조부, 증조부상에 승중하는 복 •아버지가 장자를 위한 복
					의복	•시아버지상의 며느리복
					종복	•남편이 조부,증조부상의 승중하는 처의 복 •시아버지상의 남편이 입양, 첩의 복 •남편상에 처의 복, 첩이 남편 아버지를 위한 복
자	3년	•거칠고 굵은 삼베 •단을 꿰맴	○ 桐杖 · 柳杖	24 개 월	정복	•아들, 서자가 그 어머니를 위한 복
					가복	•장손이 조모·증조모·고조모의 승중의 복 •어머니가 장자를 위한 복
					의복	•자부가 시어머니를 위한 복

---

270) 『常變通攷』 『大戴禮』 :斬衰, 歠粥者, 志不在於飲食。

271) 최청자, 「한국 상장례에 나타난 사별슬픔에 관한 연구」, 동국대 불교대학원 2007, p81

최복					종복	•아버지가 승중일 때의 복 •계모, 첩이 남편의 장자를 위한 복
	장기	•자최복	○	桐杖·柳杖	12개월	정복	•아버지가 살아 계실 때 어머니를 위한 복
						가복	•장손이 승중일 때 조모·증조모·고조모의 복
						강복	•아버지가 살아계실 때 어머니의 복 •출가한 어머니와 쫓겨난 어머니의 복
						의복	•며느리가 시아버지 생존시 시어머니의 복 •남편이 아내를 위한 복
	부장기	•자최복	×		12개월	정복	•조부모의 복 •서손이 조모복, 백숙부 형제, 중자 형제의 자, 고모자매를 위한 복, 출가하여 남편이 죽고 아들만 있는 분의 복, 부인이 없는 아들의 복, 형제자매 형제의 아들, 첩의 아들 복
						가복	•장손·중·현손·시집간 여자형제의 복
						강복	•출가모의 아들 복
						의복	•계모가 자기를 따라간 아들 복 •백숙모복, 남편의 형제의 아들복, 시부모가 큰며느리복, 첩이 사위복
	5월	•자최복	×		5개월	정복	•증조부모의 복
						의복	•계증조모의 복
	3월	•자최복	×		3개월	정복	•고조부모의 복
						의복	•계고조모의 복, 계부와 같이 살지 않는 자의 복 •종자와 종자의 처복
대공 9월		•보통의 삼베	×		9개월	정복	•종형제자매의 복, 중손자손녀의 복
						의복	•중자부형제의 자부, 남편의 조부모·백숙부모형제의 자부복, 양자간 아들 며느리가 생가부모의 복, 동모이부 형제자매의 복
소공 5월		•굵은삼베	×		5개월	정복	•종조조부의 형제자매, 아버지의 종형제자매, 재종형제자매, 외조부모, 외숙, 생질, 이모의 복
						의복	•종조부모, 남편의 형제의 손자, 남편의 종형제의 아들, 남편의 고자매, 여형제질의 처 •서자가 적모의 부모형제자매의 적손과 증현손부, 형제의 처, 남편형제의 복
시마 3월		•고운삼베	×		3개월	정복	•증조부형제자매의 증손, 증조부형제의 아들, 삼종형제자매의 증현손·외손, 종모형제자매의 아들, 삼종형제자매의 증현손·외손, 종모형제자매의 내외종형제의 복
						의복	•증조부형제의 부인, 남편 형제의 증손과 종형제의 손, 족 조모·족모 남편의 종형제의 자, •남편의 외조부모·외손부, 자매의 자부복

212   儒敎 喪禮의 理解

6. 조·석곡전(朝·夕哭奠) 상식(上食)

1) 개요

- 성복(成服)의 절차에 맞추어 살아계실 때와 같이 예(禮)를 다하는 것이다. 매일 아침과 저녁으로 주인 이하는 모두 그 복(服)을 입고 들어가 곡(哭)하고, 전과 상식을 올린다.

2) 조·석곡(朝·夕哭) 전(奠) 상식(上食)의 예(禮)에 관하여 살펴보면

구 분	『朱子家禮』	『喪禮備要』	『四禮便覽』
奠· 上食	•朝奠 •食時上食 •夕奠 •無時哭 •朔日則於朝奠設饌 •有新物則薦之	•朝哭 •朝奠 •食時上食 •夕奠 •夕哭 •哭無時 •朔日則於朝奠設饌 •有新物則薦之	•朝奠 •食時上食 •夕奠 •無時哭 •朔日則於朝奠設饌 •有新物則薦之

3) 의례절차의 이해

(1) 朝奠

【주자가례 원문 6-1】

• 朝奠*
  ⇒ 아침에 전을 드린다.

• 每日晨起 主人以下 皆服其服 入就位 尊長坐哭 卑幼立哭 侍者設盥櫛之具于靈牀側 奉魂帛 出就靈座 然後朝奠 執事者設蔬果脯醢 祝盥手焚香斟酒 主人以下再拜哭盡哀
  ⇒ 매일 새벽에 일어나 주인이하는 모두 그 복을 입고 들어가 자리에 나아가 존장은 앉아서 곡하고 항렬이 낮은 사람은 서서 곡한다.
  ⇒ 시종하는 사람은 손을 씻고 빗질할 도구를 영상 옆에 설치한다. 혼백을 받들어 영좌에 모셔 내놓은 후에 아침 전을 드린다. 집사자는 채소와 과일, 포, 육장을 진설한다. 축이 손을 씻고 분향하고 술을 따르고 주인 이하는 재배하고 곡으로 슬픔을 다한다.

- 劉氏璋曰 凡奠用脯醢者 蓋古人家常有之 如無 別具饌數器 亦可 夫朝夕奠者 謂陰陽交接之時 思其親也 朝奠將至 然後徹夕奠 夕奠將至 然後徹朝奠 各用罩子 若暑月 恐臭敗 則設饌如食頃 去之 止留茶酒果屬 仍罩之
  ⇒ 유장이 말하기를 "전에 포와 해를 쓰는 것은 대개 옛사람의 집에서 항상 그것이 있었다. 만일 없으면 별도로 여러 음식을 갖추어도 된다. 조석전이라는 것은 음양이 교접할 때에 그 부모를 생각하는 것을 이른다. 조전이 장차 이르게 된 후에 석전을 치우고 석전이 장차 이르게 된 후에 조전을 치운다. 각각 조자(대나무 제기)를 쓰는데 만약 날이 무더워 냄새나고 부패한 듯하면 음식 차리기를 한식경 동안에 하고 치운다. 다만 차와 술과 과일 등은 남겨두고 덮어 놓는다.

- 「사상례」에 조석곡을 한다. [주에 빈(殯)을 마친 뒤이다. 부인은 당(堂)의 자리로 나아가되 남쪽을 상석으로 하여 곡한다.] 장부는 문 밖의 자리로 나아가되, 서향하고 북쪽을 상석으로 한다. 외형제(外兄弟)는 [주에 이성(異姓)으로 복을 입는 자이다.] 장부의 남쪽에서 남쪽을 상석으로 한다. [소에 이는 바깥의 자리인데 모두 곡이 있다. 지금 '부인은 곡한다'고 했으니 장부도 역시 곡함이다.] 주인은 자리에 나아가 문을 연다(辟). 벽(辟)은 비(婢)와 역(亦)의 반절이다. [주에 벽은 여는 것이다.] 부인은 가슴을 치되 곡하지는 않는다. [주에 바야흐로 일이 있으면 시끄럽게 떠듦을 그친다.] [소에 일이 있음은 대렴의 전(奠)을 거두고 조전(朝奠)을 진설함을 이른다.] 주인은 오른쪽으로 돌아 문으로 들어가서 곡하고 부인은 발을 구른다. 주인은 아래에서 동서(東序)의 일직선에서 서향한다. 형제는 모두 자리에 나아가 바깥 자리에 있을 때처럼 한다.272)고 하였다.

- 묻기를, "효자가 시신이 있는 널 앞에서는 상례를 치르며 모두 절하지 않는 것은 어째서인가?"라고 하자, 주자가 말하기를, "부모가 살아 계실 때 자제들이 절하고자 하면 또한 부모가 일어나서 의복을 갖추기를 기다려야 한다. 이제 아마도 부모를 차마 귀신으로 받들지 못하기 때문에 또한 절하지 않는 것이리라"고 했다. 『문해』에 상을 당한 사람은 항상 궤연(几筵)을 모시기 때문에 조석으로 절하고 뵙는 예가 없다. 『가례』의 '조석으로 전(奠)을 올리고 재배한다'는 것은 조석곡을 위해서가 아니라 전을 진설하여서이다.273)고 하였다.

---

272) 「士喪禮」 : 朝夕哭. 註 : 旣殯之後. 婦人卽位于堂, 南上, 哭. 丈夫卽位于門外, 西面北上. 外兄弟 註 : 異姓有服者也. 在其南, 南上. 疏 : 此外位皆有哭. 今云婦人哭, 則丈夫亦哭矣. 主人卽位, 辟 婢亦反. 門. 註 : 辟, 開也. 婦人拊心, 不哭. 註 : 方有事, 止讙囂. 疏 : 有事, 謂徹大斂奠, 設朝奠. 主人右還, 入門, 哭, 婦人踊. 主人堂下, 直東序, 西面. 兄弟皆卽位, 如外位.

273) 『常變通攷』 問 : "孝子於尸柩之前, 在喪禮, 都不拜, 如何 ?" 朱子曰 : "父母生時, 子弟欲拜, 亦須俟父

- 『문해』에 묻기를, "우복은 '곡과 전은 한때의 일이고 두 가지 일이 아니다'고 했는데, 이 설이 어떠한가?"라고 하자, 대답하기를, "「사상례」를 살펴보건대, 조석곡과 전은 두 가지 일이라 했으니 정경세의 설은 옳지 않다"고 했다. 송익필이 말하기를, "『의례』를 살펴보건대, 먼저 조곡(朝哭)을 하고 다음으로 전을 거두고 다음으로 조전을 올린다"고 했다. 274)고 하였다.

- 조석곡(朝夕哭)과 전(奠)의 절차

  ① 매일 아침 일어나 주인 이하는 모두 그 복(服)을 입고 들어가 자리에 나아가 존장은 앉고, 항열이 낮은 사람은 서서 곡(哭)을 한다.

  ② 시종하는 사람은 손을 씻고 빗질할 도구를 영상 옆에 설치한다.

  ③ 혼백(魂帛)을 받들어 영좌에 모셔 내 놓은 후에 조전(朝奠)을 드린다.

  ④ 조전(朝奠)을 드리려고 할 때 석전(夕奠)을 치우고, 석전(夕奠)을 드리려고 할 때는 조전(朝奠)을 치운다. 각각 보자기로 덮어 놓는다. 여름에 음식(飮食)이 상해 냄새가 나거나 썩을까 걱정이 되면 한 끼 먹을 동안만 두었다가 치우고 술과 과일만 남겨 둔다.275)

  ⑤ 집사자(執事者)가 채소와 과일, 포, 육장을 진설하면,

  ⑥ 축관(祝官)이 분향(焚香)하고 술을 올린다.

  ⑦ 주인이하(主人以下)가 재배(再拜)하고 곡(哭)으로 슬픔을 다한다.

- 『주자가례』의 주에 '유씨가 말하기를, 전(奠)에 포와 육장을 쓰는 것은 대개 옛사람의 집에서 항상 있었다. 만일 없으면 특별히 여러 음식을 갖추어도 괜찮다. 조석전(朝夕奠)이라는 것은 음양(陰陽)이 교접할 때 그 부모를 생각하는 것을 말한다. 조전(朝奠)에 장차 이르게 된 뒤에 석전(夕奠)을 치우고, 석전(夕奠)에 장차 이르게 된 뒤에 조전(朝奠)을 치운다.'고 하였다.

- 『예기』「잡기」에 '아침·저녁으로 곡(哭)을 할 때는 휘장을 치지 않았으니 영구가 없으면 휘장을 치지 않는다.'고 하였고, 주에 '아침·저녁으로 효자는 빈소(殯所)를 보고

母起而衣服。今恐未忍以神事之故, 亦不拜。"『問解』 : 喪人常侍几筵, 故無朝夕拜謁之禮。『家禮』, '朝夕奠, 再拜。' 非爲朝夕哭也, 爲設奠也。

274) 『問解』 : 問, "愚伏曰, '哭奠, 是一時事, 非兩項事。' 此說, 如何?" 答, "考「士喪禮」, 朝夕哭及奠爲二項事, 鄭說, 非是。" 宋翼弼曰 : "按『儀禮』, 先朝哭, 次徹奠, 次朝奠。"

275) 『朝鮮時代 冠婚喪祭 Ⅱ, 喪禮篇 Ⅰ』, 한국정신문화연구원, 1999, p87

자 하므로 곡(哭)을 하면 휘장을 걷어 올리고 곡이 끝나면 내린다.'고 하였다.

이에 대하여 하서 김인후는 '이는 저녁에 자리를 펴드리고 아침에 안부 인사를 드리는 예(禮)이다.'고 하였다.

- 아침에 올리는 전(奠)을 조전(朝奠), 저녁에 올리는 전(奠)을 석전(夕奠)이라고 한다. 『의례』「기석례」에 '조전(朝奠)은 해뜰 때 올리고, 석전(夕奠)은 해가 아직 지기 전에 올리는 것으로 부모님의 신령이 양(陽)을 따라서 오시기를 바라기 때문이다.'고 하였다.

- 「사상례」에 이에 전을 올린다. [소에 조석곡을 그치고 이에 전을 올린다.] 단술, 술, 포, 육장을 올리면 장부는 발을 구른다. 들어가서 처음처럼 진설하되 보로 덮진 않는다. [주에 들어감은 실(室)에 들어감이다. 처음처럼 진설한다는 것은 먼저 두(豆), 다음으로 변(籩), 다음으로 술, 다음으로 단술을 진설함이다. 보로 덮지 않음은 절인 채소(菹)와 밤(栗)이 없음이다.] 절인 채소와 밤이 갖추어지면 조(俎)를 두는데, 조를 두어야 이에 보로 덮는다.276)고 하였다.

- 묻기를, "장사를 치르기 전에는 축을 시켜 전을 올리게 하는 것이 예이지만, 축을 맡은 사람이 없으면 상주가 손을 씻고 손수 전을 올리는가? 혹 형제 중 한 사람을 시켜 머리를 빗고 손을 씻고서 전을 올리게 하는가? 혹 행자나 노비를 시켜 전을 올리도록 한다면 이것이 과연 예에 합당한가?"라고 하자, 한강이 말하기를, "족속이 적은 집에는 예사로 이런 근심이 있다. 상주가 손을 씻고 손수 전을 올리는 것은 결코 불가하다. 형제 중 한 사람이 머리를 빗고 손을 씻는 것도 어렵다. 족인 중에 집사가 없으면 행자를 시켜 대신 전을 올리도록 하고, 내상(內喪)에는 비자(婢子)를 시켜 대신 전을 올리도록 하는 것이 좋다"고 했다.277)고 하였다.

---

276) 「士喪禮」 :乃奠。疏：朝夕哭止, 乃奠。醴酒脯醢升, 丈夫踊。入, 如初設, 不巾。註：入, 入於室。 如初設者, 豆先, 次籩, 次酒, 次醴也。不巾, 無菹, 無栗也。菹栗具則有俎, 有俎乃之之。

277) 『常變通攷』 問：“葬前, 使祝奠禮也, 而當祝之人不在, 則喪人洗手而親奠乎？或使兄弟中一人, 梳洗而 奠之乎？或使行者奴婢爲之, 是果合禮乎？” 寒岡曰：“族屬鮮少之家, 例有此患。喪主洗手親奠, 決不 可也。兄弟中一人, 亦難梳洗。無族人執事, 則令行者可以代奠, 內喪則令婢子可以代之。”

(2) 食時上食

┌─── 【주자가례 원문 6-2】 ───────────────────
│
│ ● 食時 上食*
│   ⇒ 식사 때 음식을 올린다.
│
│ ● 如朝奠儀
│   ⇒ 아침에 전하는 의식과 같다.
│
└─────────────────────────────

- 생시와 같이 밥상을 올린다는 의미에서 식사 때가 되면 조석전(朝夕奠)처럼 음식을 올리는 것으로 상식(上食)이라 한다.

- 『서의』에 평소 아침저녁의 식사와 같다.278)고 하였다.

- 성복(成服) 후부터는 매일 곡이 끊이지 않게 한다. 즉, 상식(上食)이나 전(奠)을 올리는 시간 이외에도 슬픈 마음이 있으면 곡을 하는 무시곡(無時哭), 조석전(朝夕奠)을 올리며 하는 조석곡(朝夕哭)을 하여 곡이 끊이지 않게 한다.

- 묻기를, "상식할 때 조석전을 거두는가?"라고 하자, 퇴계가 말하기를, "거두지 않는 것이 좋다"279)고 하였다.

- 술만 물리는 것이고, 전은 물리지 않는다. 상식음식과 숟가락과 젓가락을 놓을 접시를 마련하고, 술을 따르고, 젯메 뚜껑을 열고, 수저를 꽂고, 젓가락을 바로 놓고, 한 끼 먹을 동안이 지난 뒤에 국그릇을 물리고, 숭늉을 올리고 조금 뒤에 물린다.280)

- 『의례』 「사상례기」에 '연양, 궤, 수, 탕목을 진설한다.'고 하였는데, 연양은 일상적으로 올리는 음식을 말하고, 궤는 아침·저녁 식사이며, 수는 사계절의 진기한 음식이고, 탕목은 목욕시키는 도구이다.

- 『예기』 「내칙」 편에 '3일마다 머리감을 물을 준비하고, 5일마다 목욕할 물을 준비하는 것이니, 효자는 차마 하루라도 그 어버이 섬기는 예를 그만두지 못하여, 하실(下室)에 날마다 진설하여 생존 시처럼 한다. 드리고 거두는 시간은 그 식사 시간과 같이 한다.281)고 하였다.

----

278) 『書儀』 : 如平日朝晡之食。
279) 『常變通攷』 問：“上食時，徹朝夕奠否？” 退溪曰：“勿徹，可也。”
280) 『朝鮮時代 冠婚喪祭 Ⅱ, 喪禮篇 Ⅰ』, 한국정신문화연구원, 1999, p87

(3) 夕奠

┌─── 【주자가례 원문 6-3】 ───

● 夕奠
⇒ 저녁에 전을 드린다.

● 如朝奠儀 畢 主人以下 奉魂帛 入就靈座 哭盡哀
⇒ 아침에 전을 올리는 의식과 같으며, 마치면 주인 이하는 혼백을 받들어 영좌에
  들여놓고 곡으로 슬픔을 다한다.
└─────────────────────────────

- 아침에 전을 올리는 의식과 같으며 마치면, 주인 이하는 혼백(魂帛)을 받들어 영좌에
  들여 놓고 곡으로 슬픔을 다한다.

- 『구씨의절』에 '시자는 먼저 들어가서 영상에 이불을 펴고 베개를 놓은 후에 나와서 혼
  백(魂帛)을 받들어 영상 위에 모시며 삽혜(靸鞋)는 상 아래에 놓는다.'282)고 하였다.

  또한, 사계(沙溪)가 '의례(儀禮)에는 조·석곡(朝·夕哭)과 전(奠)은 절차가 다르나, 어떤
  사람은 곡(哭)과 전(奠)을 한 항목으로 잘못 인식했으니 옳지 않다.'고 하였다.

  또한, 우암이 '『예기』에는 석전(夕奠)은 해지기 전에 하고, 『가례(家禮)』에는 석전
  (夕奠)를 마친 뒤에 혼백(魂帛)을 모시고 영상(靈床)이 있는 곳으로 가서 곡하여 슬픔을
  다한다.'고 하였다.

  또한, 『문해』에 '혼백(魂帛)을 모셔다가 이불과 베개 사이에 놓는 것이 조금 외설스러
  운 것 같으나, 아침·저녁에 봉양하는 기구를 갖추기를 살아 계실 때와 같이 한다면 이
  렇게 하더라도 무방할 듯하다.'283)고 하였다.

- 상차(喪次)로 나간다.

  ※ 이러한 조·석곡(朝·夕哭), 전(奠), 상식(上食)에 관하여 『순종국장록(純宗國葬綠)』
    의 기록을 살펴보면,

  - 조곡(朝哭), 오전 육시 삼십분(午前 六時 三十分)

---

281) 「內則」 曰, ' 三日具沐, 五日具浴.' 孝子不忍一日廢其事親之禮, 於下室日設之, 如生存也。進徹之時
    如 其頃。

282) 『丘儀』 : 侍者, 入靈牀內, 布被安枕然後, 出奉魂帛, 安牀上。

283) 『問解』 : 問"丘氏於'朝奠題主遷柩虞祭, 皆以且哭且拜爲之.' 果合於禮耶"

- 조전(朝奠), 오전 팔시(午前 八時)

- 조상식(朝上食), 오전 구시(午前 九時)

- 주다례(晝茶禮), 정오 십이시(正午 十二時)

- 석상식(夕上食), 오후 사시(午後 四時)

- 석전(夕奠), 오후 오시(午後 五時)

- 석곡(夕哭), 오후 육시 삼십분(午後 六時 三十分)

- 두탕(豆湯), 오후 십일시(午後 十一時)

등과 같이 많은 의례를 진행해야 했으며, 더하여 삭망전(朔望奠)을 올렸다.

(4) 無時哭

─── 【주자가례 원문 6-4】 ───

- 哭無時
⇒ 때 없이 곡한다.

- 朝夕之間 哀至則哭於喪次
⇒ 아침과 저녁의 사이에 슬픔이 이르면 상차에서 곡한다.

- 아침과 저녁 사이에 슬픔이 복받치면 상차(喪次)에서 곡(哭)한다.

- 일정한 때가 없이 곡을 하는 것(無時哭)에 대하여 「사상례」에 곡은 밤낮으로 하여 일정한 때가 없다. [주에 슬픔이 지극하면 곡하니, 반드시 조석으로만 하는 것은 아니다.] [[소에 이는 빈(殯)을 한 뒤 여막 안에 있을 때로서 생각이 나면 곡하여 일정한 때가 없음을 말한다.] 고 하였고, 「단궁」에 남편 목백의 상에 처인 경강은 낮에 곡하였고, 아들 문백(文伯)의 상에 어머니인 경강은 밤낮으로 곡하였다. 공자가 말하기를, "예를 아는구나"라고 했다. 진씨가 말했다. "남편에 대해 곡할 때는 예에 따라 하고 아들에 대하여 곡할 때는 정으로 하여 절도에 맞았다. 그러므로 공자가 찬미하였다." 방씨가 말했다. "경문에 '과부는 밤에 곡하지 않는다'고 했으니, 대개 혐의를 멀리하는 도리에 있어서 그렇게 하지 않을 수 없다."284)고 하였다.

284) 「士喪記」：哭晝夜無時。註：哀至則哭，非必朝夕。疏：此謂殯後在廬中，思憶則哭，無時節。「檀弓」：

- 『의례』「상복」편에 '곡을 하는데, 때가 없이 곡하는 일이 세 번 있다. 처음 죽어 아직 빈(殯)하기 전까지는 곡하는 소리가 끊어지지 않아야 할 것이니 그것이 첫 번째로 곡을 하는데 때가 없는 것이다. 그리고 이미 빈(殯)을 한 후 졸곡제(卒哭祭)를 지내기 전까지는 조계(阼階) 아래에서 조석곡(朝夕哭)을 할 때, 여막(廬幕) 안에서 망자(亡者)가 생각나면 곡을 하니 그것이 두 번째로 곡을 하는데 때가 없는 것이다. 끝으로 이미 연제(練祭)를 한 후에는 조석곡(朝夕哭)이 없으나 오직 여막(廬幕) 안에서 혹 10일이나 혹 5일 만에 망자(亡者)가 생각나면 곡하니 그것이 세 번째로 곡을 하는데 때가 없는 것이다. 졸곡(卒哭) 이후 아직 연제(練祭)를 지내기 전까지는 오직 조석곡(朝夕哭)만 있으니 이것이 하나의 곡(哭)함에 때가 있는 것이다.

(5) 朔日則於朝奠設饌

┌─── 【주자가례 원문 6-5】 ─────────────────────────────┐

● 朔日則於朝奠 設饌*
　⇒ 초하루에는 조전 때에 음식을 차린다.

● 饌 用肉魚麪米食羹飯各一器 禮如朝奠之儀
　⇒ 음식은 고기, 생선, 면, 떡, 국, 밥이 각각 한 그릇이다. 예는 조전의 의식과 같다.

● 問 母喪朔祭 子爲主 朱子曰 凡喪父在 父爲主 則父在 子無主喪之禮也 又曰 父沒兄弟 同居 各主其喪註云 各爲妻子之喪爲主也 則是凡妻之喪 夫自爲主也 今以子爲喪主 似 未安
　⇒ 묻기를 "어머니 상의 초하루 제사는 아들이 주관합니까?"라고 묻자 주자가 답하여 말하기를 "상사에 아버지가 살아 계시면 아버지가 주관하며, 아버지가 살아계시면 아들이 상을 주관하는 예가 없다. 또 말하기를 아버지가 죽고 형제가 함께 살고 있으면 각각 그 상을 주관한다는 구절의 주에 각각 처자의 상을 위하여 주관 한다면 무릇 처의 상에는 남편 자신이 주인이 된다. 지금 아들로 상주를 삼으면 미안할 듯하다."고 하였다.

● 高氏曰 若遇朔望節序 則具盛饌 其品物比朝夕奠 差衆 禮疏曰 士則月望 不盛奠 唯朔 奠而已
　⇒ 고씨가 말했다. 만일 삭망과 절서를 만나면 곧 성찬을 갖춘다. 그 물품은 조석전과 비교하여 조금 많게 한다. 『예기』의 소에 '선비는 매월 보름에 잘 차린 전을 드리지 않고 오직 초하루에 전을 드릴 뿐이다.'고 하였다.

└──┘

- -

穆伯之喪, 敬姜晝哭, 文伯之喪, 晝夜哭。孔子曰, "知禮矣。" 　陳氏曰："哭夫以禮, 哭子以情, 中節矣。故孔子美之。" 方氏曰："經曰, '寡婦, 不夜哭。' 蓋其遠嫌之道, 不得不然爾。"

- 楊氏復曰 按初喪立喪主條 凡主人 謂長子 無則長孫承重 以奉饋奠 今乃謂父在 父爲主
  父在 子無主喪之禮 二說不同 何也 蓋長子主喪 以奉饋奠 以子爲母喪 恩重服重故也
  朔奠則父爲主者 朔 殷奠 以尊者爲主也
  ⇒ 양복이 말하기를 "살펴보니 초상에 상주를 세운다고 한 조목에 '주인은 장자를 이
    르며 없으면 장손이 승중하여 궤전을 받든다.'고 하였다. 지금 곧 이르기를 '아버
    지가 살아 계시면 아버지가 주인이 되니 아버지가 살아 계시는데 자식이 상을 주
    관하는 예는 없다.'고 하였다. 두 말이 같지 아니한 것은 왜 그런가? 대개 장자가
    상사를 주관하여 궤전을 받드니 자식이 모친상을 지내는 것은 은혜와 복이 무겁
    기 때문이다. 초하루의 전이 아버지가 주인이 되는 것은 초하루는 성대한 전이어
    서 어른으로 주인을 삼는 것이다.

- 喪服小記曰 婦之喪虞卒哭 其夫若子主之 虞卒哭皆是殷祭 故其夫主之 亦謂父在父爲主
  也 朔祭 父爲主 義與虞卒哭同
  ⇒ 「상복소기」에 '아내의 상에 우제와 졸곡은 그 남편 및 아들이 주관한다고 하였
    다. 우제와 졸곡은 모두 성한 제사이므로 남편이 주관하니 또한 아버지가 살아계
    시면 아버지가 주인이 되는 것을 말한다. 초하루 전에 아버지가 주인이 되는 것
    은 우제나 졸곡과 뜻이 같다.

- 달마다 초하루에는 조전(朝奠)의 음식을 차린다. 음식은 고기, 생선, 국수, 떡, 국, 메를
  각각 한 그릇씩 하여, 예를 조전(朝奠) 때의 의식과 같이 한다.

- 『의례』「사상례」편에 '보름에는 은전(殷奠)을 하지 않는다고 하였고, 대부(大夫) 이상
  이라야 보름날에도 전(奠)을 지낸다.'고 하였다.

- 『주자가례』의 주에 '고씨가 말하기를, 초하루, 보름, 사시(四時) 명절 때 성대한 음식
  을 차리는데 조전(朝奠)보다는 조금 많이 한다. 사(士)는 초하루 전(奠)만 할 뿐이다.'고
  하였다.

- 풍(馮)씨가 '생기지제(生忌之祭), 죽은 사람의 생일제사는 실로 예가 아닌 예이다.' 라고
  하여 선유(先儒)들이 이미 배척했으나, 삼년 안에는 상생지의(象生之義), 죽은 사람 섬
  기기를 산 사람을 섬기듯 하는 도리가 있으니, 아침 상식(上食) 뒤에 따로 몇 가지 음
  식을 차려 조석전(朝夕奠)과 같이 하는 것이 무방할 듯하다고 하였다.

- 「사상례」에 삭월(朔月)의 전에는 특돈(特豚), 생선, 포를 사용하여 3정(鼎)을 진설한다.
  [주에 삭월은 달(月)의 초하루이다.] 변(籩)은 없고 서직(黍稷)은 있다. [주에 이때 비로
  소 서직이 있다.] 죽은 자에게 삭월과 달 반(月半 보름)은 평상시의 아침저녁과 같다.
  대상(大祥) 뒤에는 사시(四時) 제(祭)를 지낸다.[285]고 하였다.

- 「사상례」에 달 반(月半)에는 은전을 올리지 않는다. [주에 은(殷)은 성대함이다. 사는 달 반에 다시 초하루와 같이 성대한 전을 올리지 않으니, 존자보다 낮춤이다.] [소에 대부 이상은 달 반에 올리는 전(月半奠)이 있다.]고 하였고, 퇴계가 말하기를 "사가 오직 삭전(朔奠)만 올리는 것은 대부에게 비해 줄임이 있는 것이 적합하기 때문이다. 그러나 요즘 사람들이 궁하여 갖출 수 없는 지경에 이르지 않았다면 아울러 망전(望奠)을 거행해도 참람하지는 않다." 286)고 하였다.

- 삭망에는 참신과 강신이 없음(朔望無參降)에 대하여 한강이 말하기를 "삭망에 참신 한 절차가 없는 것은 산 사람을 섬기듯이 생전에 평소 모시던 의리를 드러내는 것이다."287) 고 하였다.

(6) 有新物則薦之

```
─── 【주자가례 원문 6-6】 ────────────

• 有新物則薦之*
  ⇒ 새로 난 음식이 있으면 천신한다.


• 如上食儀
  ⇒ 상식을 올리는 의식과 같다.


• 劉氏璋曰 孝子之心 事死如事生 斯須不忘其親也 如遇五穀百果一應新熟之物也 必以薦
  之 如上奠儀 凡靈座之間 除金銀酒器之外 盡用素器 不用金銀錢飾 以主人有哀素之心
  故也
  ⇒ 유장이 말하기를 "효자의 마음은 죽은 사람 섬기기를 산 사람 섬기듯 하니 이는
    모름지기 그 어버이를 잊지 못하기 때문이다. 만약 오곡과 백과와 일체의 새로
    익은 물건을 보면 반드시 천신하되 전을 올리는 의식처럼 한다. 영좌의 사이에는
    금은으로 만든 술그릇을 제외하고는 모두 소박한 그릇을 사용하고 금은동전으로
    장식한 것을 쓰지 않는 것은 주인이 슬퍼하고 정성을 다하는 마음이 있기 때문이
    다."고 하였다.
```

---

285) 「士喪禮」 : 朔月, 奠用特豚魚腊, 陳三鼎。 註：朔月, 月朔日也。 無簜, 有黍稷。 註：於是始有黍稷。 死者之於朔月月半, 猶平常之朝夕。 大祥之後, 則四時祭焉。

286) 「士喪禮」 : 月半不殷奠。 註：殷, 盛也。 士月半不復如朔盛奠, 下尊者。 疏：大夫以上, 有月半奠。 退溪曰："士惟朔奠者, 視大夫有殺, 亦其宜也。 然今人非至於窮不能辦, 則並擧望奠, 亦未爲僭。"

287) 『常變通攷』 寒岡曰："朔望無參神一節, 所以如事生, 見生前常侍之義。"

- 새로운 물건이 들어오면 올리는데 천신(薦新)과 같이 한다.

- 『의례』 「사상례」편에 '천신(薦新)할 것이 있으면 삭전(朔奠)처럼 한다.'고 하였고, 주에 '오곡(五穀)을 천신(薦新)하는 것은 계절에 새로 나온 과일을 올린다.'고 하였고, 『서의』에는 보리, 메벼(禾), 기장(黍), 벼(稻)가 익으면 삭전과 같이 천신한다.288)고 하였다.

- 『예기』 「단궁」편에 '천신(薦新)하는 것은 새로 나온 산물을 중하게 여기기 때문이다. 사당(祠堂)에 천신(薦新)을 하는 것은 죽은 사람이 이미 오래 되면 마음이 엷어지기 때문이다. 빈소(殯所)에 천신(薦新)하는 것은 그 슬픔이 더욱 새롭게 하는 것이니 슬픈 마음이 반드시 무거워지기 때문이다. 삭제(朔祭)를 대전(大奠)이라 하는 것은 그 예를 대렴(大斂)처럼 하기 때문에 천신(薦新)하기를 또한 이와 같이 한다.'고 하였다.

- 『구씨의절』에 '대저 처음 산출되어 아직 맛을 보지 않은 것을 큰 쟁반에 담아서 영좌 앞 탁자 위에 진설한다.'289)고 하였다.

- 『예기』 「단궁」편에 '오직 제사의 예(禮)는 주인이 스스로 다할 뿐이니 어찌 신(神)이 흠향(歆饗)하는 것을 알겠는가? 역시 주인이 제경(齊敬)의 마음이 있기 때문이다.'고 하였고, '우제(虞祭) 이전에는 어버이의 상(喪)이 아직 오래 되지 않았기 때문에 전(奠)이라 하고 제(祭)라 하지 않는다. 그 전(奠)을 드리는 것이 어버이를 공경하지 않는 것은 아니고 슬픈 마음이 특히 심하기 때문에 예(禮)를 질박하게 하고 꾸미고자 하는 마음이 없는 것이다. 그러므로 소기(素器), 칠을 하거나 장식을 하지 않은 그릇을 사용한다. 우제(虞祭) 이후에는 어버이 상(喪)이 점차 오래 되어가므로 졸곡(卒哭)과 부제(祔祭), 연제(練祭), 대상(大祥)이 비록 상제(喪制)의 안에 있으나 이미 제사의 예(禮)로써 한다. 그 제사(祭祀)가 어버이를 슬퍼하지 않는 것이 아니지만 공경하는 마음을 두텁게 하여 초상(初喪) 때의 소기(素器)를 사용하는 것처럼 하지 않는다. 그러나 그 예를 다하여 어버이를 공경하는 마음을 다한다. 대개 상례(喪禮)는 슬픔을 주로 하고, 제례(祭禮)는 공경을 주로 하기 때문에 상례의 전(奠)은 소기(素器)의 질박함으로 하여 슬픔을 보이는 것이고 제사는 예의 문식을 다하여 공경을 드러내는 것이다.'고 하였다.

---

288) 「士喪禮」：有薦新, 如朔奠。 註：薦五穀若時果物新出者。　　『書儀』：遇麥禾黍稻熟, 薦如朔奠。
289) 『丘儀』：凡初出而未嘗者, 用大盤, 薦陳于靈座前卓子上。

7. 조상(弔喪)

1) 개요

- 조(弔)란 망자(亡者)에게 예를 다하고 상주(喪主)를 위로하는 절차이다. 조문에는 죽은 이를 애도하는 조상(弔喪)과 상제를 위로하는 경우를 조위(弔慰)라 하여 구별하였다. 일반적으로 두 가지의 행위를 모두 함께 하기 때문에 조문(弔問)이라고 한다.

- 조상(弔喪)의 자형을 분석하여 보면,

  • 弔 [조상할 조]는 『설문해자(說文解字)』에 "問終也。古之葬者, 厚衣之以薪。从人持弓, 會敺禽。 "이라 하여 "임종에 대해 묻는 것이다. 옛날의 매장에는 잡초 풀을 무성하게 하여 두텁게 하였다. 사람이 활을 지닌다는 것으로 사람들이 모여서 짐승을 몰아냈다."고 하였다. 옛날에 상(喪)에 조문할 때에는 짐승을 막기 위하여 사람이 활을 가지고 갔던 것에서 '조상한다'는 의미이다.

  • 喪 [잃을 상]은 『설문해자(說文解字)』에 "亾也。从哭从亾。會意。亾亦聲。"라 하여 "잃었다는 뜻이다. '哭'과 '亾'은 모두 의미부분이다. 회의자로 '亾'은 발음부분이다."고 하였다. 의미는 잃어버리고 죽어서 울다는 의미이다.

- 『예기』 「곡례」에 '산 사람을 알면 조문(弔問)하고 죽은 사람을 알면 곡(哭)한다. 산 사람을 알고 죽은 사람을 알지 못하면 조문할 뿐 곡하지 않으며 죽은 사람을 알고 산 사람을 알지 못하면 곡만 하고 조문하지 않는다.'고 하였다. 그 주에 '산 사람을 알지 못하는데 조문하면 그 조문이 아첨에 가까운 것이고, 죽은 사람을 알지 못하는데 곡하면 그 곡은 거짓에 가깝다.'290)고 하였다.

- 『광기』에 '대체로 조문(弔問)은 산 사람을 위로하는 것이고, 곡(哭)은 죽은 사람을 위로하여 곡하는 것이다. 산 사람과 죽은 사람을 모두 알면 조문(弔問)하고 또 곡한다.'고 하였다.

- 조문의례(弔問儀禮, 成服 前)

  • 주인이 아직 성복을 하지 않았을 때 조상하는 자가 오면 시신 앞에서 곡(哭)하고 영좌에 나아가 재배하고 주인과 인사하고 아무 말도 하지 않는다.

---

290) 「曲禮」: 知生者弔，知死者傷。知生而不知死，弔而不傷，知死而不知生，傷而不弔。

• 아주 친한 사람이 아니면 성복 후에 조상하는 것이 예의이다.

- 조문의례(弔問儀禮, 成服 後)

• 조상(弔喪)할 때의 복장은 흰옷을 입고 조상한다.

• 영전(靈前)에 드리는 것으로는 향, 차, 초, 주과 등을 사용한다.

• 서장(書狀)이나 음식이 들어오면 별도로 제문을 올리는데, 서장은 친구와 교분이 두터운 사람만이 한다.

2) 조상(弔喪)의 예(禮)에 관하여 살펴보면

구 분	『朱子家禮』	『喪禮備要』	『四禮便覽』
절 차	• 凡弔皆素服 • 奠用香茶燭酒果 • 賻用錢帛 • 具刺通名 • 入哭奠訖乃弔而退	• 凡弔皆素服. • 奠用香茶燭酒果. • 賻用錢帛. • 入哭奠訖.乃弔而退	• 凡弔皆素服 • 奠用香茶燭酒果 • 賻用錢帛 • 入哭奠訖乃弔而退

3) 의례절차의 이해

(1) 凡弔皆素服

┌─── 【주자가례 원문 7-1】 ───────────────

• 凡弔 皆素服*
⇒ 조상할 때는 모두 흰옷을 입는다.

• 幞頭衫帶 皆以白生絹爲之
⇒ 복두와 삼 대는 모두 흰 생견으로 만든다.

• 問 今弔人 用橫烏 此禮如何 朱子曰 此是玄冠以弔 正與孔子所謂羔裘玄冠不以弔者相反
⇒ 묻기를 "지금 조상하는 사람들이 횡오를 사용하는데 이 예는 어떠합니까."라고 묻자 주자가 말하기를 "이것은 현관을 쓰고 조상하는 것이니 바로 공자의 이른바 염소가죽 옷과 현관 차림으로 조상하지 않는다."는 것과 상반된다고 하였다.

- 『구씨의절』에 '각각 그 사람에 따라서 마땅한 옷을 입는데, 흰색 상복을 사용한다.'고 하였다.

- 『통전』에 위(魏)나라 두희(杜希)의 논의에 대해 "『논어』에 '염소가죽옷(羔裘)과 현관 (玄冠)을 입고 조문(弔問)하지 않는다'고 했기 때문에 주(周)나라 사람들은 현관을 버리 고 소변(素弁)으로 대신하였으며, 한(漢)나라는 현관을 버리고 포건(布巾)으로 대신하였 다. 『한의(漢儀)』에는 제후, 왕이 죽으면 천자가 사자(使者)를 보내 갈 적에 모두 소 복(素服)을 입고, 예에는 빈렴(殯斂)하는 일에 임하여 현관을 버리고 소변으로 했다. 군 자가 상에 임해서는 반드시 애소(哀素)하는 마음이 있으므로 이 때문에 현관을 버리고 흰 것으로 대신한다. 사자 또한 마땅히 관(冠)을 버리고 포건으로 대신하여 순길(純吉) 로 하지 않음을 보임이 적합하다." 조서를 내려 두희(杜希)의 논의를 따르도록 했 다.[291]고 하였다.

(2) 奠用香茶燭酒果

┌──── 【주자가례 원문 7-2】 ────
│
│ ● 奠用香茶燭酒果*
│   ⇒ 전에는 향, 차, 초, 술, 과일을 쓴다.
│
│ ● 有狀 或用食物 卽別爲文
│   ⇒ 서장이 있거나 혹은 음식물을 올리면 곧 별도로 제문을 쓴다.
│
└─────────────────────────────

- 사마온공(司馬溫公)이 말하기를 '전(奠)은 슬픈 정성을 귀하게 여기니, 술이나 음식을 풍성하게 차릴 필요는 없다.'[292]고 하였다.

- 이암 송인이 말하기를 '지금 풍속에 전(奠)을 드리는데 다투어 서로 사치스럽게 하여 이렇게 하지 않으면 예(禮)를 행하는데 부족하다 하고 혹은 쉽게 마련하지 못하면 마침 내 일을 행하지 못하는 수가 있으니, 미혹된 것이다.'[293]고 하였다.

---

291) 『通典』 : 魏杜希議, 以爲 " 『論語』 曰, '羔裘玄冠不以弔。' 故周人去玄冠, 代以素弁, 漢去玄冠, 代以 布巾。漢儀諸侯王薨, 天子遣使者往, 皆素服, 禮臨殯斂之事, 去玄冠以素弁。君子臨喪, 必有哀素之 心。是以, 去玄冠, 代之以素。使者亦宜去冠代以布巾, 示不純吉。" 詔從希議。

292) 『常變通攷』 溫公曰 : 然則奠貴哀誠, 酒食不必豐腆也。

293) 『常變通攷』 頤庵曰 : "今俗致奠, 爭相侈靡, 幷備豐美。以爲不若是, 不足以行禮, 或有謀諸婦, 而未易 辦, 則遂不行之, 惑矣。

(3) 賻用錢帛

- 전용주과(奠用酒果)에 대하여 『가례집람』에는 전(奠)을 올릴 때 술과 과일을 쓴다고
  하였다.

- 『주자가례』, 『증보 사례편람』에는 '전용향차촉주과(奠用香茶燭酒果) 부용전백(賻用錢
  帛)'이라 하여 전에 향, 차, 초, 술, 과일을 쓰고 부의(賻儀)에는 돈과 비단을 사용한다
  고 하였다.

- 『의례』「기석례」편의 주에 '부(賻)는 보태어 주고 도와주는 것이다.'고 하였다.

(3-1) 촉촉

- 『주례』「추관」편에 '사훤씨가 부수(夫遂), 불을 맡아보는 벼슬을 가지고 해의 빛에서
  불을 취하여 제사(祭祀)에 명촉(明燭)을 제공하는 일을 관장한다.'고 하였고, 그 주註에
  '부수(夫遂)는 양수(陽遂)이다. 해에서 불을 취하는 것은 해의 깨끗한 기운을 얻고자 하
  는 것이고, 촛불을 밝혀 음식을 진설하는 것을 비추는 것이다.'고 하였다.

- 조석전과 상식할 때의 차와 촛불(朝夕奠及上食時茶燭)에 대하여, 묻기를, "조전(弔奠)에

는 차와 촛불이 있는데 조석전과 상식할 때는 없으니 어째서인가?"라고 하자, 퇴계가 말하기를, "『가례』와 구씨의 예에는 모두 없고, 『의주(儀註)』에는 촛불은 있지만 차는 없다. 우리나라 사람들은 진실로 차를 사용하지 않으며, 탕을 올리는 게 바로 차를 대신하는 것이다"고 했다. 이암(頤庵)이 말했다. "『가례』에는 크고 작은 제사에 모두 촛불을 사용하는 절도가 없는데, 『의례』에는 '동이 틀 무렵에 촛불을 끈다'는 글이 있고 『예기』에는 '해가 부족하면 촛불로 잇는다'는 말이 있다. 이로써 살펴보면 촛불을 사용함은 다만 어둠을 밝히기 위함이지 귀신을 섬기는 도리와는 관계가 없다."[294]고 하였다.

- 『공양전(公羊傳)』에 거마(車馬)를 주는 것을 봉(賵), 재화를 주는 것을 부(賻), 옷과 이불을 주는 것을 수(襚)라고 한다고 하였고, 『곡량전(穀梁傳)』에 패옥(貝玉)을 주는 것을 함(含)이라 한다.[295]고 하였다.

(4) 具刺通名

【주자가례 원문 7-4】

• 具刺通名*
 ⇒ 명함을 갖추어 통성명한다.

• 賓主皆有官 則具門狀 否則名紙 題其陰面 先使人通之 與禮物俱入
 ⇒ 빈객과 주인이 모두 관직에 있으면 문장을 갖춘다. 그렇지 않으면 종이를 준비하는데 이름을 뒷면에 써서 먼저 사람을 시켜 통지하고 예물과 함께 들여보낸다.

- 빈객과 주인이 모두 관직에 있으면 문장(門狀)을 갖춘다. 그 뒷면에 써서 먼저 사람을 시켜 통지하고 예물과 함께 들여보낸다.[296]고 하였다.

---

294) 『常變通攷』 問："弔奠有茶燭, 而朝夕奠上食時無之, 何也？" 退溪曰："『家禮』丘氏禮皆無之, 儀註則有燭而無茶。東人固不用茶, 其進湯, 乃所以代茶。" 頤庵曰："『家禮』, 大小祭祀, 並無用燭之節, 而 『儀禮』有'質明滅燭'之文, 『禮記』有'日不足繼之以燭'之語。以此觀之, 燭之爲用, 只以破暗, 無預於事神之道也。"

295) 『公羊』：車馬曰賵, 貨財曰賻, 衣被曰襚。 『穀梁』：貝玉曰含。

296) 『常變通攷』 賓主皆有官, 則具門狀。 題其陰面, 先使人通之, 與禮物俱入。

(5) 入哭奠訖乃弔而退

【주자가례 원문 7-5】

- 入哭奠訖 乃弔而退
⇒ 들어가 곡하고 전을 마치면 곧 조상하고 물러난다.

- 旣通名 喪家炷火燃燭布席 皆哭以俟 護喪出迎賓 賓入至廳事 進揖曰 竊聞某人傾背 不勝驚怛 敢請入酹並伸慰禮 護喪引賓入 至靈座前 哭盡哀 再拜焚香 跪酹茶酒 俛伏興 護喪止哭者 祝跪讀祭文奠賻狀 於賓之右 畢 興 賓主皆哭盡哀 賓再拜 主人哭出 西向稽顙再拜
⇒ 이미 이름을 통지했으면 상가에서 불을 켜 초에 붙이고 자리를 펴서 모두 곡을 하며 기다린다. 호상이 나가 빈객을 맞이하고, 빈객이 들어가 청사에 이르면 나아가 읍고 말하기를 "제가 아무개가 돌아가셨다는 것을 듣고 놀라움과 측은함을 이기지 못하였습니다. 감히 들어가 술을 따르고 아울러 위로하는 뜻을 펴기를 청합니다."라고 말한다. 호상이 빈객을 인도하여 들어가 영좌 앞에 이르면 곡으로 슬픔을 다하고 재배하고 분향한다. 무릎을 꿇고 차나 술을 따라 올리며 부복하였다가 일어난다. 호상이 곡하는 사람을 그치게 하고 축은 무릎 꿇고 제문과 전부장을 빈객의 오른쪽에서 읽는다. 마치고 일어나면 빈객과 주인이 모두 곡으로 슬픔을 다한다. 빈객이 재배하고 주인은 곡을 하며 나가 서향하여 이마를 땅에 대고 재배한다.

- 賓亦哭東向答拜 進曰 不意凶變 某親某官 奄忽傾背 伏惟哀慕 何以堪處
⇒ 빈객도 곡을 하여 동향하여 답배하고 나아가 말하기를 "뜻하지 않은 흉변으로 모친 모관께서 갑자기 돌아가셨으니 삼가 슬픔과 사모함을 어떻게 감당하겠습니까? 라고 말한다.

- 主人對曰 某罪逆深重 禍延某親 伏蒙奠酹 並賜臨慰 不勝哀感 又再拜 賓答拜
⇒ 주인은 답하여 말하기를 "저의 죄가 너무 무거워 화가 모친에게 이어졌습니다. 삼가 전뢰를 입고 아울러 오셔서 위로해 주시니 슬픔을 이기지 못하겠습니다."라고 답하고 또 재배하면 빈객은 답배한다.

- 又相向哭盡哀賓 賓先止 寬譬主人曰 脩短有數 痛毒奈何 願抑孝思 俯從禮制 乃揖而出 主人哭而入 護喪送至廳事 茶湯而退 主人以下止哭
⇒ 그리고 서로를 향해 곡으로 슬픔을 다하고 빈객이 먼저 그치고 너그럽게 주인을 위로하여 말하기를 "명의 길고 짧음은 명수에 있으니 애통해 하신들 어찌하겠습니까? 원하옵건데 효성스런 생각을 억제하시고 엎드려 예의의 제도를 따르십시오." 라고 말한다. 이내 읍하고 나가면 주인은 곡하면서 들어간다. 호상이 전송하여 청사에 이르면 차와 탕을 대접하고 물러간다. 주인 이하는 곡을 그친다.

- 亡者 官尊 卽云薨 逝稍尊卽云 捐館 生者官尊 則云 奄棄榮養 存亡俱無官 卽云色養
  若尊長拜賓 禮亦同此 惟其辭各如啓狀之式 見卷末
  ⇒ 만약 죽은 사람이 관직이 높으면 '훙서'라 하고 조금 높으면 '연관'이라 한다. 살
  아있는 사람이 관직이 높으면 '엄기영양'이라 한다. 살아있는 사람이나 죽은 사람
  이 모두 관직이 없으면 '색양'이라 한다. 만약 존장이 빈객에게 절하는 예도 역시
  이와 같다. 오직 그 말이 각각 계장의 서식과 같으니 권말에 보인다.

- 司馬溫公曰 凡弔人者 必易去華盛之服 有哀戚之容 若賓與亡者爲執友 則入酹 凡弔及
  送喪者 問其所乏 分導營辦 貧者爲之 執紼負土之類 毋擾及其飲食財貨 可也
  ⇒ 사마온공이 말했다. "조상하는 사람은 반드시 화려하고 성대한 옷을 벗어버리고
  슬픈 얼굴을 해야 한다. 만약 빈객이 죽은 이와 친구라면 들어가 술을 따른다. 부
  인이 친척도 아니고 그 아들과 친구인데 일찍이 당에 올라가 모친에게 절한 자가
  아니면 들어가 술을 따르지 않는다. 조상하고 상여를 전송하는 자는 모자라는 것
  을 물어서 분담하여 대비한다. 가난한 자는 상여 줄을 잡거나 흙을 지는 따위를
  하고 그 음식과 재화를 축내지 말아야 한다."고 하였다.

- 高氏曰 旣謂之奠而乃燒香酹酒 則非奠矣 世俗承習久矣 非禮也 又曰 喪禮賓不答拜 凡
  非弔喪 無不答拜者 胡先生書儀曰 若弔人是平交則落一膝展手策之 以表半答 若孝子
  尊 弔人卑則側身避位 候孝子伏次 卑則卽跪還 須詳緩去就 無令跪伏 與孝子齊
  ⇒ 고씨가 말하기를 "이미 전이라 말하고 이에 향을 피우고 술을 따른다면 전이 아
  니다. 세속에서 이어온 관습이 오래되었다고는 하나 예가 아니다." 하였다. 또 말
  하기를 "상례에서 빈객은 답배하지 않는다고 하니 조상이 아니면 답배하지 못할
  것이 없다. 호선생의 『서의』에 '만일 조상하는 사람이 평교이면 한쪽 무릎은 내
  리고 손을 펴서 지팡이를 짚고 반답을 표한다. 만일 효자가 항렬이 높고 조상하
  는 사람이 낮으면 몸을 옆으로 하여 자리를 피해서 효자가 다음에 엎드리기를 기
  다린다. 낮은 자이면 곧 무릎을 꿇어 물러나되 거취를 조심스럽고 천천히 하여
  무릎을 꿇어 엎드린 것이 효자와 나란하게 해서는 안 된다."고 하였다.

- 楊氏復曰 按程子張子與朱先生後來之說 奠 謂安置也 奠酒則安置於神座前 旣獻則徹去
  奠而有酹者 初酌酒則傾少酒于茅 代神祭也 今人直以奠爲酹而盡傾之於地 非也
  ⇒ 양복이 말하기를 "살펴보니 정자와 장자와 주자선생 이후의 설에 '전은 안치하는
  것을 말한다. 술을 올리면 신좌의 앞에 안치하고 이미 드린 것은 철거한다. 전에
  뇌하는 것은 처음 술을 따르면 띠풀에 약간 술을 기울여 부어서 신령을 대신해
  제사 지내는 것이다. 지금 사람들은 바로 전에 뇌하여 땅에 전부 기울여 붓는 것
  은 잘못이다."고 하였다.

- 高氏之說 亦然 與此條所謂入酹跪酹似相牴牾 蓋家禮 乃初年本 當以後來已定之說爲正
  詳見祭禮降神條
  ⇒ 고씨의 말 또한 그러하니 이 조목의 이른바 '들어가 뇌한다' '무릎꿇고 뇌한다'는
  것과 서로 어긋나는 듯하다. 대개 『가례』는 초년이 본이니 마땅히 후래에 정한

설로 바로 잡아야 한다. 자세한 것은 제례의 강신조에 보인다."고 하였다.

- 又曰 按弔禮 主人拜賓 賓不答拜 此何義也 蓋弔賓來 有哭拜或奠禮 主人拜賓以謝之 此賓所以不答拜也 故高氏書有半答跪還之禮 凡禮必有儀 不可苟也 書儀家禮 從俗有 賓答拜之文 亦是主人拜賓 賓不敢當 乃答拜 今世俗弔賓來見几筵哭拜 主人亦拜 謂代 亡者答拜 非禮也 旣而賓弔主人 又相與交拜 亦非禮也
⇒ 또 말하기를 "살펴보니 조문하는 예절에 '주인은 빈객에게 절하고 빈객은 답배하지 않는다고'고 하였으니 이게 무슨 뜻인가? 조객이 와서 곡을 하고 절을 하거나 혹은 술을 드리는 예를 하여 주인이 빈객에게 절하고 사례하는 것이니 이것이 빈객이 답배하지 않아도 되는 이유이다. 그러므로 고씨의 글에 반답하고 무릎을 꿇어 물러나는 예가 있는 것이다. 예에는 반드시 도리가 있으니 구차해서는 안 된다. 『서의』와 『가례』에 세속을 좇아 '빈객이 답배한다'는 문장이 있는데 이것은 '주인이 빈객에게 절하면 빈객이 감당하지 못하여 이에 답배한다.'는 것이다. 지금 세속에는 '조객이 와서 궤연을 보고 곡하면서 절하면 주인도 또한 절하는 것이 망자를 대신해 답배하는 것을 말한다.'고 하나 예가 아니다. 이윽고 빈객이 주인을 조상할 때 서로 더불어 교배하는 것도 예가 아니다."고 하였다.

- 절차를 살펴보면,

  - 빈객(賓客)이 상가(喪家)에 도착하면 호상(護喪)이 조문객(弔問客)을 맞이한다.

  - 빈객(賓客)은 '아무개가 돌아가셨다는 것을 듣고 놀라움과 측은함을 이기지 못했습니다. 감히 들어가 술을 올리고 아울러 위로하는 뜻을 펴기를 청합니다.'라고 하면,

  - 호상(護喪)이 빈객(賓客)을 인도하여 영전(靈前)에 이르면, 곡(哭)을 하면서 재배 분향(焚香)하고, 무릎을 꿇고 술이나 차를 올리고 부복하는데, 제문(祭文)이 있으면 축관(祝官)이 제문(祭文)을 읽는다.

유년 세차 모간지 모월 간지 삭 지난 약간일 간지
첨친 모관 성 모등이 삼가 맑은 술과 여러 안주를 바쳐 올려
모친모관모공의 영구에 제사(祭祀)를 받들어 올리니 운운 상향

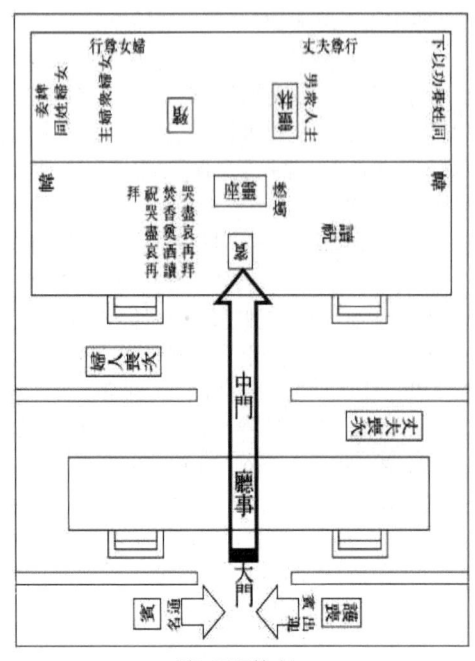
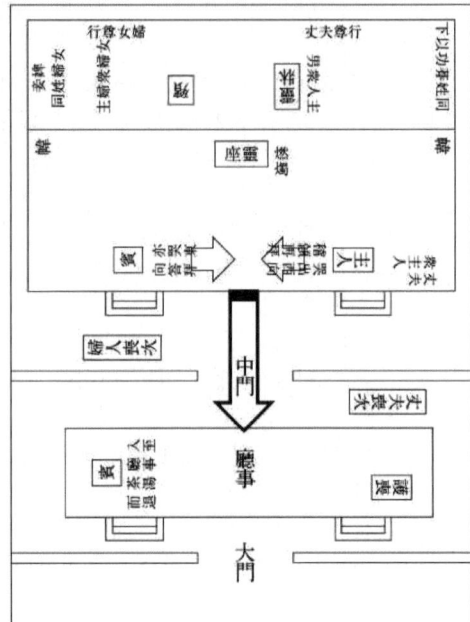

〈賓 弔問節次〉　　　　　　　　　〈賓 弔問後 進行〉

① 賓 通名 : 빈(賓)이 이름을 통지한다.

② 護喪 賓 出迎 : 호상(護喪)이 나가서 빈을 맞이한다.

③ 賓 哭盡哀再拜 焚香奠酒讀祝哭 盡哀再拜 : 빈이 곡하여 슬픔을 다 토로하고 재배한다. 향을 피우고 술을 따라 전을 올린다. 축문을 읽는다. 곡하여 슬픔을 다 토로하고 재배한다.

④ 主人 哭出西向 稽顙再拜 : 주인(主人)이 곡한 다음 나가서 서쪽을 향하여 서서 계상(稽顙)하고 재배한다.

⑤ 賓 亦哭東向 答拜 : 빈 역시 곡한 다음 동쪽을 향하여 답배(答拜)한다.

⑥ 賓 入至廳事 茶湯而退 : 빈이 청사(廳事)로 들어오면 호상이 차와 탕(湯)을 대접하고 물러간다.

• 끝나고 나면, 손님과 주인은 슬피 곡(哭)을 다한다. 손님이 재배(再拜)하고 제문을 불사르면,

• 주인이 곡(哭)을 하며 나와 서향(西向)하여 재배하면 빈객(賓客)이 이에 동향(東向)하여 답배한다.

- 빈객이 '뜻하지 않은 흉변으로 모친모관께서 갑자기 돌아가셨으니 엎드려 생각하건데, 슬픔과 사모함을 무엇으로 감당하겠습니까?'라 한다.

- 주인이 '아무개의 죄가 너무 무거워 화가 모친에게 이어졌습니다. 엎드려 전뢰를 입고 아울러 오셔서 위로해 주시니 슬픔을 이기지 못하겠습니다.'라고 답하고 또 재배하면 빈객이 답배한다.

- 서로 곡(哭)을 하다가 빈객이 먼저 그치고 '명의 길고 짧음이 있으니 애통해 하신들 어찌하겠습니까? 효성스런 생각을 억제하시고 엎드려 예의의 제도를 따르십시오.'라고 말하고는 읍하고 나간다.

- 호상(護喪)이 전송하여 청사에 이르러 차와 탕을 대접하고 물러간다.

- 전물이 있을 경우에는 따로 글과 함께 전한다.

- 묻기를 "증자가 말하기를 '벗의 묘소에 묵은 풀이 있으면 곡하지 않는다'고 하였다. 지금 사람들이 벗의 상에 혹 때에 맞춰 조상(弔喪)하여 곡하지 못하고 상제(祥祭)가 지난 뒤에 궤연에 가서 조상한다면 그래도 또한 곡하지 않는가?"라고 하자, 우복이 말하기를 "증자의 본문은 아마도 묘소에서 곡하지 않는 것일 따름이고, 궤연에 조상한다면 비록 연제 뒤일지라도 곡하지 않는 이치는 없을 듯하다"[297]고 하였다.

- 「단궁」에 벗의 묘소에 묵은 풀이 있으면 곡하지 않는다. 왕숙(王肅)이 말하기를 "1년이 지나면 다시 곡하지 않음을 말한다."고 하였고, 『문해』에서는 정이 두터운 사람이라면 곡을 한들 무슨 해가 있겠는가? 또한 인정상 그만둘 수 없는 바이다.[298]고 하였다.

- 「증자문」에 이르기를 묻기를 "3년상 중에도 남을 조문합니까?"라고 하자, 공자가 말하기를 "3년 상에는 연제를 지내고도 여러 사람과 함께 서거나 여러 사람과 함께 다니지 않는다. 군자는 예로써 정을 꾸미는데 3년의 상중에 있으면서 남을 조문하며 곡한다는 것은 또한 헛된 일이 아니겠는가?"라고 했다. [주에 저 사람을 위해 슬퍼한다면 어버이에게 오로지하지 않음이요, 어버이를 위해 슬퍼한다면 이는 망녕된 조상(弔喪)이다.] [소에 헛되다는 것은 조문과 곡함이 아울러 헛됨이다.][299]고 하였다.

---

297) 『常變通攷』 問："曾子曰, '朋友之墓, 宿草不哭.' 今人於朋友之喪, 或不得趁時弔哭, 過祥後, 往弔於几筵, 則猶且不哭歟？" 愚伏曰："曾子本文, 恐是不哭於墓耳. 弔於几筵, 則雖練後, 似無不哭之理."

298) 「檀弓」：朋友之墓, 有宿草, 不哭. 王肅曰："謂過周, 不復哭." 『問解』：情厚者則哭之, 何害？亦人情之所能已也.

299) 「曾子問」：曰, "三年之喪, 弔乎？" 孔子曰, "三年之喪, 練不羣立, 不旅行, 君子禮以飾情, 三年之喪

- 묻기를 "예(禮)에는 거상 중에는 조문하지 않는다고 하는데, 향속(鄕俗)에는 가서 조문하거나 죽은 자를 보낼 뿐만 아니라 모든 길흉사에 모두 물품을 보내니, 어떻게 조처하는 것이 마땅한가?"라고 하자, 주자가 말하기를 "길레(吉禮)에는 진실로 참여할 수 없다. 그러나 조송(弔送)의 예는 그만둘 수 없을 듯하니, 이른 바 '예는 마땅함을 따른다'고 하는 게 이런 경우이다"300)고 하였다.

- 선사가 말하기를 "비록 이웃이라도 가서 조문하지 않는다는 것은 예의 본뜻이기는 하지만, 또한 인정의 후박을 살필 것이니, 증자는 상중임에도 자장의 상에 조문하였다. 주자는 말하기를 '조송(弔送)의 예는 폐할 수 없을 듯하다'고 했으니, 이 몇 가지 설을 살핀다면 아마 고례를 고수해서는 안 될 듯하다."301)고 하였다.

- 유씨(游氏)가 말하기를 "옛날의 군자는 사람의 과실을 바로잡아 산 자에게는 부끄러워함이 있게 하고, 죽은 자에게는 서운함이 있게 하고자 했다. 살아서 부끄러운 바가 있음은 그 의관을 달리하는 경우이며 죽어서는 서운한 바가 있음은 죽음을 조문하지 않는 경우가 이것이다." 응씨(應氏)가 말하기를. "정이 두터운 자를 어찌 조문하지 않겠는가? 만약 나라를 위하여 전쟁터에서 죽었다면 또한 조문하지 않는 이치가 없다."302)고 하였다.

- 『논어』에 공자께서는 상사(喪事)가 있는 자의 곁에서 음식을 먹을 때 배부르게 먹은 적이 없었다. 주자가 말하기를 "상사에 임함에 슬퍼서 달게 먹을 수가 없어서이다." 「단궁」에 조문을 행한 날에는 술을 마시거나 고기를 먹지 않는다. [주에 슬픔을 온전히 하려는 것이다.]303)고 하였다.

- 묻기를 "조문한 날에 술을 마시거나 고기를 먹지 않는 것은 복이 있는 친척이나 정분이 두터운 자에게 시행할 수 있다. 만약 평범한 사람을 조문한다면 다만 조문을 행할 때에만 술을 마시거나 고기를 먹지 않을 것이요, 조문을 마치면 평상시로 돌아가되, 다만

而弔哭, 不亦虛乎?" 註：爲彼哀, 則不專於親, 爲親哀, 則是妄弔。疏：虛者, 弔與哭並虛也。

300) 『常變通攷』 問："禮, 居喪不弔, 鄕俗, 不特往弔送葬, 凡有吉凶, 皆有所遺, 不知處此當如何?" 朱子曰："吉禮, 固不可預。然弔送之禮, 却似不可廢, 所謂禮從宜'者此也。"

301) 『常變通攷』 先師曰："雖隣, 不往, 固是禮意, 然亦視情之厚薄, 曾子有喪, 而弔子張之死。朱子曰, '弔送之禮, 却似不可廢。'觀此數說, 則恐不可膠守古禮也。"

302) 『常變通攷』游氏曰："古之君子, 欲正人之過失, 使生者有所愧, 死者有所憾。生有所愧, 異其衣冠之類, 死有所憾, 死而不弔之類, 是也。"應氏曰, "情之厚者, 豈容不弔?若爲國而死於兵, 亦無不弔之理。"

303) 『論語』：子食於有喪者之側, 未嘗飽也。朱子曰："臨喪哀, 不能甘也。" 「檀弓」：行弔之日, 不飮酒食肉焉。註：以全哀也。

평상시와 조금만 바꾸어서 옛 뜻을 보존함이 옳을 것이다"고 하자, 말하기를 "복이 있으면 조문하는 날에만 술을 마시거나 고기를 먹지 않을 뿐만이 아니다. 그 나머지 사람들에 대해서는 정분이 두터움과 얇음을 살펴서 행하는 것이 옳을 것이다"304)고 하였다.

- 『논어』에 공자께서는 이 날에 곡하시면 노래를 부르지 않았다. 주자가 말하기를 "성인의 성정이 바른 것은 슬픔을 곧장 잊지 못하는 데서 보아야 마땅하다." 「곡례」에 상사에 임해서는 웃지 않으며, 곡하는 날에는 노래하지 않는다. 「단궁」에 남을 조문하고 그날에는 음악을 듣지 않는다. [주에 슬퍼함과 음악을 듣는 것은 같은 날에 하지 않는다.]305)고 하였다.

- 『구의』에 세속에서 이미 장사 지낸 뒤에 친척이나 벗이 와서 조문하고 부의를 보내는 사람이 있으면 반드시 최질(衰経)을 갖추어 입고 몸소 그 집에 나아가 절을 하는데 이를 사효(謝孝)라 하여, 행하지 않는 자가 있으면 괴이하게 여기고 책망이 몰려들어 예를 모른다(不知禮)고 하니, 거상 중인 사람으로 하여금 번거롭게 최복을 입고 도로에 분주히 다니다가 여관에서 묵게 하고, 심지어 열흘이 넘고 한 달을 넘기도록 집으로 돌아오지 못하는 사람도 왕왕 있다. 이런 예는 행해진 지가 이미 오래되어 세속에서는 예사로 여기는데, 고례를 살펴보면 없던 일이다. 지금 한 통의 편지를 써서 몸소 배사(拜謝)하지 못하는 연고를 갖추어 서술해서 자제에게 명하여 제사에 왔던 여러 친척이나 벗에게 두루 보내려 한다. 퇴계가 말하기를 "구씨(丘氏 구준)가 최질(衰経) 차림으로 분주하게 배사(拜謝)하는 것을 나무란 것은 그것이 진실로 예가 아니었기 때문이다. 그렇다고 해서 어찌 전연 감사의 답이 없을 수 있겠는가? 졸곡 전에는 자질들을 시켜 대신하게 하는 것이 거상(居喪)하는 도리에 매우 적합하다. 그러나 이는 존귀한 자들이 할 수 있는 것일 뿐이다. 만약 자신의 신분은 사(士)인데 그 고을 수령이 경대부의 존귀한 신분으로 부물(賻物)을 계속 전해 오면, 아마 모름지기 한 통의 소를 올려 '장례를 제때에 치르지 못하고 몸마저 병이 나서 여러 번 은혜를 받고도 직접 감사의 답을 하지 못한다.'는 뜻을 말해야 예에 맞을 듯하다."306)고 하였다.

----

304) 『常變通攷』 問: "弔喪之日, 不飮酒食肉, 可施於有服之親, 或情分之厚者. 若弔泛常之人, 只當於行弔時, 不飮酒食肉, 弔畢, 則復常, 但少變平日, 以存古意, 可也. " 曰: "有服則不但弔日不飮酒食肉矣. 其他則視情分之厚薄, 可也. "

305) 『論語』 : 子於是日, 哭則不歌. 朱子曰: "聖人情性之正, 當於哀, 未遽忘處看. " 「曲禮」 : 臨喪, 不笑, 哭日, 不歌. 「檀弓」 : 弔於人, 是日不樂. 註: 哀樂不同日.

306) 『丘儀』 : 世俗旣葬之後, 親戚僚友來弔賻葬者, 必具衰経, 躬造其門拜之, 謂之謝孝, 有不行者, 怪責叢焉, 謂之不知禮, 使居喪者, 縗然衰服, 奔走道途, 信宿旅次, 甚至浹旬經月不歸者, 往往有之. 此

8. 문상(聞喪)

1) 개요

- 부고(訃告)를 통해 상이 났음을 듣고 행해야 하는 절차에 대한 설명이다.

- 문상(聞喪)의 자형을 분석하여 보면,

  • 聞 [들을 문]은 『설문해자(說文解字)』에 "(聞)知聲也。往曰聽。來曰聞。大學曰。心不在焉。聽而不聞。"라 하여 "소리를 들어서 알다는 것이다. 가는 것을 聽이라고 하고, 오는 것을 聞이라 한다. 대학에 이르기를 마음이 있지 아니하면, 들어도 들이지 않는다."고 하였다. 자형은 뜻을 나타내는 '耳'와 음을 나타내는 '門'으로 이루어 졌다. 큰 소리는 당연히 들리는 것이고 작은 소리가 더 잘 들리고 관심을 가지게 되는 것에서 '들리다'는 의미로 쓰임.

  • 喪 [잃을 상]은 『설문해자(說文解字)』에 "亾也。从哭从亾。會意。亾亦聲。"라 하여 "잃었다는 뜻이다. '哭'과 '亾'은 모두 의미부분이다. 회의자로 '亾'은 발음부분이다."고 하였다. 의미는 잃어버리고 죽어서 울다는 의미이다.

2) 문상(聞喪)의 예(禮)에 관하여 살펴보면

구분	『朱子家禮』	『喪禮備要』	『四禮便覽』
절차	•始聞親喪哭 •易服. •遂行. •道中哀至則哭. •望其州境.其縣境.其城.其家.皆哭 •入門.詣柩前再拜.再變服.就位哭. •後四日成服 •若未得行.則爲位不奠	•始聞親喪.哭 •易服. •遂行. •道中哀至則哭. •望其州境.其縣境.其城.其家.皆哭 •入門.詣柩前.再拜.再變服.就位哭. •後四日成服 •若未得行.	•始聞親喪,哭 •易服 •遂行 •道中哀至則哭 •望其州境其縣境其城其家,皆哭 •入門,詣柩前再拜,再變服,就位哭 •後四日成服 •若未得行,則爲位不奠

禮行之已久，世俗習以爲常，考之古禮，無有也。今擬爲書一通，備述所以不躬拜謝之故，命子弟，遍奉諸親朋之來祭者。謝疏見書疏式。 退溪曰："丘氏所譏衰絰奔走，固爲非禮。然亦豈可全無謝答？卒哭前，令子弟代之，極合居喪之道。但恐此亦尊者事。若身爲士，而地主以卿大夫之尊，贈遺相續，恐須奉一疏，言所以葬未及時，身且疾病，受恩稠疊，不得躬謝之意，似爲得禮。"

•變服	•則爲位不奠	•變服
•在道至家.皆如上儀.	•變服	•在道,至家,皆如上儀
•若旣葬.則先之墓哭拜	•在道至家.皆如上儀.	•若旣葬,則先之墓哭拜
•齊衰以下聞喪爲位而哭.	•若旣葬.則先之墓哭拜	•齊衰以下聞喪爲位而哭
•若奔喪.則至家成服	•齊衰以下.聞喪爲位而哭.	•若奔喪,則至家成服
•若不奔喪.則四日成服	•若奔喪.則至家成服	•若不奔喪,則四日成服
	•若不奔喪.則四日成服	

3) 의례절차의 이해

(1) 始聞親喪 哭

┌─── 【주자가례 원문 8-1】 ───

• 始聞親喪 哭*
  ⇒ 처음 어버이의 상을 들었으면 곡한다.

• 親 謂父母也 以哭答使者 又哭盡哀 問故
  ⇒ 친은 부모를 이른다. 곡으로 사자에게 답하고 또 곡으로 슬픔을 다하며 까닭을 묻는다.

└───────────────────────────

- 부모님이 돌아가셨다는 소식을 들으면 바고 곡을 하고 부고를 전달하는 이에게 답한다.

- 「분상(奔喪)」에 어버이(親)의 상을 처음 들으면 곡을 하여 사자(使者)에게 답하고, 슬픔을 다한 다음 연고를 묻고, 또 슬픔을 다해 곡한다. [주에 어버이는 부모이다. 곡을 하여 사자에게 답하는 것은 놀라고 슬픈 나머지 말이 없음이다.] 연고를 물음은 어버이의 상이 어떻게 일어났는지 물음이다. 비록 부모가 아니라도 상을 듣고 곡하는 데는 그 예가 또한 그러하다고 하였다.307)고 하였다.

- 「단궁」에 증자(曾子)가 문 곁에 서 있는데, 그의 문인이 빠른 걸음으로 달려 나왔다. 증자가 말하기를 "너는 장차 어디로 가려 하는가?"라고 하자, 말하기를 "나의 아버지가 죽었으므로 장차 거리로 나가서 곡하려고 한다"고 했다. [주에 나가서 곡하려고 한 것은 남의 객관(客館)에서 흉한 일을 드러낼 수 없다고 여겨서이다.] 증자가 말하기를 "네가 머무는 곳(次)으로 돌아가서 곡하라"고 하고, [주에 차(次)는 관사(館舍)이다].

---

307) 「奔喪」 : 始聞親喪, 以哭答使者, 盡哀問故, 又哭盡哀。 註 : 親, 父母也。 以哭答使者, 驚怛之哀無辭也。 問故, 問親喪所由也。 雖非父母, 聞喪而哭, 其禮亦然也。

예(禮)에 관인(館人)이 전용하도록 하여 마치 본디 소유한 것처럼 하게 한다. 증자는 북면하여 조문하였다.308)고 하였다.

(2) 易服

【주자가례 원문 8-2】

● 易服*
⇒ 옷을 바꿔 입는다.

● 裂布爲四脚 白布衫繩帶麻屨
⇒ 베를 찢어서 사각을 만든다. 희 베적삼을 입고 새끼 띠를 하며 삼신을 신는다.

- 『구의』에 남자는 모두 관과 상복(上服)을 제거하고, 여자는 머리 장식과 모든 화려하고 성대한 옷을 제거한다. 머리를 풀고 맨발을 하고 먹지 않으며, 남녀가 무수하게 곡하고 가슴을 친다고 하였고, 『비요』에 머리를 푸는 한 절도는 『가례』에는 보이지 않는다. 대개 위 조문의 초종(初終)의 의식에서 연결된 것이다.309)고 하였다.

(2-1) 분상의 복색(奔喪服色)

- 바로 옷을 갈아입는데, 초종의 역복불식과 같다.

- 베를 찢어 사각건을 만들고, 흰 베적삼을 입고, 삼신을 신는다.

- 주자가 말하기를 "사각건의 제도는 네모난 베 한 폭을 쓰는데, 앞의 두 모서리에는 큰 띠 두 개를 꿰매고, 뒤의 두 모서리에는 작은 띠 두 개를 꿰맨다. 정수리를 덮어 사방으로 드리우고 인하여 앞 변은 이마에 대고서 큰 띠를 머리 뒤에서 매고, 다시 후각(後角)을 거두어서 작은 띠를 상투 앞에서 맨다."고 했다. 이는 대개 길할 때 착용하는 것이다. 여기서 '베를 찢어서 만든다.'고 했으니, 그 양쪽 끝을 바로 찢어 앞뒤로 매고, 앞뒤에 띠를 꿰매는 제도를 사용하지 않음은, 흉건(凶巾)이 길할 때와 다르기 때문이

---

308) 「檀弓」 : 曾子立於門側, 其徒趨而出。曾子曰, "爾將何之?"曰, "吾父死, 將出哭於巷。"註 : 出哭, 以爲不可發凶於人館。 曰, "反哭於爾次。"註 : 次, 舍也。禮, 館人使專之, 若其自有然。 曾子北面而弔焉。

309) 『丘儀』 : 男子皆去冠及上服, 女子去首飾凡華盛之服。被髮徒跣不食, 男女哭擗無數。 『備要』 : 被髮一節, 『家禮』不見, 蓋蒙上文初終之儀也。

다.310)고 하였다.

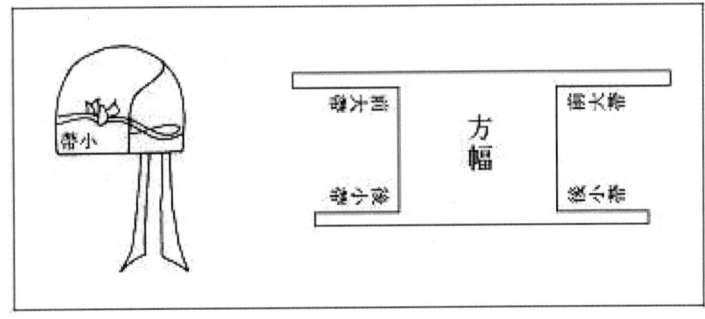

〈사각건〉

- 『의례문답』에 묻기를 "분상하는 자의 띠는 참최의 제도요, 삼신은 자최의 제도이다. 분상하는데 참최와 자최의 복색이 뒤섞여 있으니, 각각 그 옷을 입고 분상해야 마땅한가? 하니 답하기를 「증자문」에 '군주가 국경을 나갔다가 죽어서 시신이 돌아올 때, 아들은 마변질(麻弁絰)에 소최(疏衰)와 비장(菲杖)을 착용한다'고 했고, 주에 '밖에서 차마 성복하지 못함이다'고 했으며, 소에 '소최는 자최다'고 했다. 이에 근거하면 아직 성복하지 않아서는 진실로 참최와 자최를 구분하지 않는다. 만약 각각 그 복장대로 입는다면 이미 성복이 되는 것이다. 이것이 『가례』에서 참최와 자최를 구분하지 않는 이유이다.311)고 하였다.

(3) 遂行

┌── 【주자가례 원문 8-3】 ─────────────
│
│ ● 遂行*
│ ⇒ 드디어 간다.
│
└──────────────────────────

---

310) 『常變通攷』 朱子曰, "四脚之制, 用布一方幅, 前兩角, 綴兩大帶, 後兩角, 綴兩小帶. 覆頂四垂, 因以前邊抹額, 而繫大帶於腦後, 復收後角, 而繫小帶於髻前." 此蓋吉時所著也. 此云裂布爲之, 則直裂其兩端, 繫於前後. 不用後綴帶之制, 凶巾, 異於吉也. 白布衫, 繩帶, 麻屨.

311) 『疑禮問答』 :問, "奔喪者繩帶, 斬衰之制也, 麻屨, 齊衰之制也. 斬齊奔喪, 服色斑駁, 當各以其服奔之歟？且繩帶之制, 亦當具兩股歟？" 「曾子問」, '君出疆而薨, 其入也, 子麻弁絰, 疏衰菲杖.' 註, '未忍成服於外也.' 疏 '疏衰, 齊衰也.' 據此則其未成服也, 固不分斬與齊. 若各以其服, 則是爲已成服也. 此 『家禮』 所以不分斬·齊也.

> - 日行百里 不以夜行 雖哀戚 猶避害也
> ⇒ 하루에 100리를 가되 밤길을 가지 않는다. 비록 슬프더라도 몸을 해치는 일은 피해야 한다.

-「분상」에 그대로 간다. 하루에 백 리를 간다. 밤에는 가지 않는다. [주에 비록 슬픔이 있더라도 또한 해(害)를 피하자는 것이다.] 오직 부모상에만 새벽별을 보며 가고, 저녁별을 보고 묵는다. [주에 새벽길에도 저문 길에도 가서 걸음을 더욱 재촉함이다.] [소에 따로 '오직 부모상에만'이라 했으니, 이전의 말은 오복을 겸해서 말한 것임을 알 수 있다.]312)고 하였다.

(3-1) 분상에 대하여
- 준비가 되면 출발하는데, 밤길은 가지 않고, 몸을 해치는 일은 하지 않고, 번잡한 것을 피한다.
- 길을 가는 도중에 슬프면 곡(哭)을 하고 하루에 100리길을 간다.
- 『예기』「분상」편에 '옛날에 길(吉)할 일에는 하루에 50리를 갔는데, 지금은 흉변(凶變)이 갑자기 생겼으므로 그 배(倍)를 가는 것이다.' 고 하였다.

(3-2) 절차
• 시도의 경계나 집이 보이는 곳에서는 곡한다.
• 집에 도착하면 문 왼쪽으로 들어가 서쪽계단으로 오른다. 관 앞에서 재배(再拜)하고 다시 옷을 갈아입고 자리에 나아가 곡을 한다.
• 4일이 지나서 성복을 한다.
• 그 외는 성복 및 조상과 같이 한다.
• 만약 집이 멀어 갈 수 없을 경우에는 별도의 전을 차려 올리는데, 절은 하지 않는다. 그 이하는 집에 있을 때와 같이 한다.
• 만약 이미 상(喪)을 치렀을 경우에는 먼저 묘소에 가서 곡한다.
• 만약 분상(奔喪)을 한다면 반드시 집에 와서 성복(成服)을 한다. 그렇지 않은 경우에는 4일째 성복(成服)한다.

---

312)「奔喪」 :遂行。日行百里。不以夜行。註：雖有哀戚, 亦避害也。 惟父母之喪, 見星而行, 見星而舍。 註：侵晨冒昏, 彌益促也。疏：別云惟父母, 則知以前兼五服。

(4) 道中哀至則哭

┌─── 【주자가례 원문 8-4】 ───
│
│ ● 道中 哀至則哭*
│ ⇒ 도중에 슬픔을 느끼면 곡한다.
│
│ ● 哭避市邑喧繁之處
│ ⇒ 곡을 하되 시나 읍이나 시끄럽고 번화한 장소에서는 피한다.
│
│ ● 司馬溫公曰 今人奔喪 及從柩行者 遇城邑則哭 過則止 是飾詐之道也
│ ⇒ 사마온공이 말하기를 "지금 사람들은 분상을 하거나 운구를 따라가는 경우에 성
│   읍을 만나면 곡하고 지나가면 그치니 이는 꾸미고 속이는 것이다."고 하였다.
└────────────────

- 「분상」에 곡할 때는 사람이 북적대는 시장이나 조정은 피한다. [주에 여러 사람들을
  놀라게 하기 때문이다.]313)고 하였다.

(5) 望其州境. 其縣境. 其城. 其家. 皆哭

┌─── 【주자가례 원문 8-5】 ───
│
│ ● 望其州境其縣境其城其家 皆哭*
│ ⇒ 그 주의 경계, 그 현의 경계, 그 성, 그 집이 바라보이면 모두 곡한다.
│
│ ● 家不在城 望其鄕哭
│ ⇒ 집이 성안에 있지 않으면 그 시골이 바라보일 때 곡한다.
└────────────────

- 「분상」에 다른 나라를 지나다가 국경에 이르면 [소에 다른 나라의 국경에 이르다.] 슬
  픔을 다해 곡한 뒤에 멈추고, 자기 나라 국경이 바라보이면 곡한다. [소에 자최에는 마
  을이 바라보이면 곡하고, 대공에는 문이 바라보이면 곡하니, 참최에는 자기 나라 국경
  이 바라보이면 곡함을 알 수 있다.] 어머니의 자최에도 역시 그러하다.314)고 하였다.

---

313) 「奔喪」: 哭避市朝。註: 爲驚衆也。
314) 「奔喪」: 過國至境, 疏: 行至他國境上。　哭, 盡哀而止, 望其國境哭。疏: 齊衰, 望鄕而哭, 大功, 望
門而哭, 則知斬衰望其國境而哭。母之齊衰, 亦然。

(6) 入門. 詣柩前再拜. 再變服就位哭

──── 【주자가례 원문 8-6】 ────

● 入門詣柩前 再拜 再變服 就位哭*
⇒ 문에 들어가 관 앞에 이르면 재배하고 다시 옷을 갈아입고 자리에 나아가 곡한다.

● 初變服 如初喪 柩東 西向坐哭盡哀 又變服 如大小斂 亦如之
⇒ 처음에 옷을 갈아입는 것은 초상과 같다. 관의 동쪽에 서향하고 앉아 곡으로 슬픔을 다한다. 또 옷을 갈아입는 것은 대렴, 소렴 때도 그와 같이 한다.

- 『가례』의 초상에는 주인이 절하는 것이 없는데 여기에서는 '대문 안에 들어가서 두 번 절한다'고 했으니, 의심스럽다. 영구 동쪽에서 서향한다는 것도 「상대기」의 '밖에서 온 자는 서쪽에 있다.'는 것과 다르다. 아마 아직 소렴을 하지 않았는데 분상하여 함께 집에 있으면서 소렴한 뒤에는 서쪽에 있다가, 빈(殯)을 한 뒤에는 빈소의 동쪽에 있는데, 분상하는 자가 항상 늦기 때문에 「분상」의 경문(經文)에서는 모두 '기빈(既殯)'이라는 문구를 썼다. 이 경우에도 빈장을 한 뒤라서 영구의 동쪽에 있는 것이리라. 315)고 하였다.

- 「분상」에 집에 가서는 대문 왼쪽으로 들어가서 서쪽 계단으로 올라간 후, [소에 「곡례」에서 '위인후자(爲人後者)는 오르내릴 때 동쪽 계단을 경유하지 않는다.'고 했으니, 지금 부모가 새로 돌아가심에 차마 생시와 다르게 하지 못해서이다.] 빈소의 동쪽에서 서면하여 앉아 슬픔을 다해 곡하고, 괄발(括髮)하고 단(袒)한다. [주에 괄발하고 단을 하는 것은 장식을 제거함이다.] 성복하지 않은 자는 소위모(素委貌)와 심의(深衣)를 착용한다. 이미 성복한 자는 본디 각자 상복이다. [소에 「증자문」에 '친영하여 여자가 시집으로 오는 도중에 신랑의 부모상을 만나면, 개복(改服)하여 베로 만든 심의를 입고 호총(縞總)을 한다.'고 했으니, 여자의 호총은 남자의 소관(素冠)과 비슷하기 때문에 베로 만든 심의와 소관임을 알 수 있다.] 316)고 하였다.

----

315) 『常變通攷』 初變服, 如初喪, 柩東西向坐, 哭盡哀, 又變服, 如大小斂, 亦如之。 『家禮』 初喪, 主人無拜, 而此入門再拜, 可疑。 柩東西向, 又與 「大記」 由外來者在西方, 不同。 蓋未小斂而奔, 同在家, 既小斂, 在西方, 既殯, 在殯東, 而奔喪者恒晚, 故 「奔喪」 經, 皆以既殯爲文。 此亦以既殯而在柩東耶。

316) 「奔喪」 : 至於家, 入門左, 升自西階, 疏 : '爲人子者, 升降不由阼階。' 今父母新死, 未忍異於生。 殯東, 西面坐, 哭盡哀, 括髮 · 袒, 註 : 括髮 · 袒者, 去飾也。 未成服者, 素委貌 · 深衣。 已成服者, 固自

두 번째 곡할 적에 괄발하고 단(袒)하고 발을 구른다. 세 번째 곡할 적에도 역시 괄발하고 단하고 발을 구른다. [소에 이는 아버지의 상에 분상함을 말한다.]317)고 하였다.

- 어머니의 상에 분상하면, 서면하여 슬픔을 다해 곡하고, 괄발하고 단(袒)하고, 당(堂) 동쪽으로 내려와 제 위치로 나아가 서향하여 곡하고, 발을 구르고 서(序)의 동쪽에서 소매를 껴입고(襲) 문(免)하고 질(絰)을 갖춘다. 빈객에게 절하고 빈객을 전송하는 예는 모두 아버지 상에 분상하는 예와 같다. 두 번째 곡할 적에는 괄발하지 않는다. [주에 어머니의 상에 문(免)하는 것은 아버지보다 가볍기 때문이며, 그 나머지는 동일하다.] [소에 이는 적자(適子)의 경우를 말한 것이기 때문에 빈객에게 절하고 빈객을 전송하는 것을 말했다.]318)고 하였다.

- 「소기」에 아버지의 상에 분상하면 당(堂) 위에서 괄발하고, 단(袒)하고 내려와 발을 구르고, 동방에서 소매를 껴입고 질(絰)을 갖춘다. 어머니의 상에 분상하면 괄발하지 않고 당 위에서 단하고서 내려가 발을 구르고, 동방에서 소매를 껴입고 문(免)한다. 질을 갖추고 제 위치로 나아가서 발을 구르고, 문을 나가 곡을 그치니, 사흘 동안에 다섯 번 곡하고 세 번 단(袒)한다. [주에 무릇 분상이란 길이 멀어서 이미 빈소를 차린 뒤에 온 경우를 말한다.] 다섯 번 곡함은, 처음 와서 곡하여 저녁 상식을 마침이 한 번 곡함이요, 또 이튿날과 그 이튿날에 조석의 곡을 합하여 다섯 번 곡한다. 세 번 단(袒)함은, 처음 와서 단하고, 이튿날과 그 이튿날 아침에 단하는 것을 합하여 세 번이다. [소에 괄발할 적에 비녀와 머리싸개를 하지 않는 것은 분상이 초종(初終)과 다르기 때문이다.] 어머니의 상에 분상할 적에 괄발하지 않는 것은, 처음에는 괄발하고 두 번째 곡할 때에 이른 뒤에는 곡하지 않는 것이다. 아버지에게는 괄발하고 질(絰)을 더하고, 어머니에게는 괄발하지 않고 문(免)을 더하니, 이는 아버지와 다르게 함이다. 초종에 집에 있을 때는 무수하게 곡하고 발을 구르지만, 지금 상을 들은 지 이미 오래되었으므로 분상의 예를 감쇄한다. 그러므로 사흘 동안에 다섯 번 곡하여 집에 있던 자의 경우와 달리한다. 이는 이미 빈소를 마련한 뒤에 온 경우를 말한 것으로, 만약 빈소를 마련하기 전

喪服矣。疏：「曾子問」, '親迎, 女在途遭喪, 改服, 布深衣, 縞總。' 女子之縞總, 似男子之素冠, 故知布深衣・素冠。

317) 『常變通攷』 於又哭, 括髮・袒, 成踊。於三哭, 猶括髮・袒, 成踊。疏：此謂奔父之喪。

318) 『常變通攷』 奔母之喪, 西面哭盡哀, 括髮・袒, 降, 堂東卽位, 西向哭, 成踊, 襲・免・絰于序東。拜賓・送賓, 皆如奔父之禮。於又哭, 不括髮。註：爲母免, 輕於父也, 其他則同。疏：此謂適子, 故云拜賓・送賓。爲母所以異於父者, 壹括髮, 其餘免以終事。他如奔父之禮。

에 왔다면 당연히 집에 있던 자와 동일하게 하여 감쇄할 수 없다.319)고 하였다.

(7) 後四日成服

┌─ 【주자가례 원문 8-7】 ─────────────────────┐

● 後四日 成服*
⇒ 4일 후 성복한다.

● 與家人相弔 賓至 拜之如初
⇒ 집안사람들과 서로 조상한다. 빈객이 이르면 절하는 것은 처음과 같다.

└──────────────────────────────┘

- 「분상」에 사흘에 성복하고 빈객에게 절하고 빈객을 전송하는 절도는 모두 처음과 같
  이 한다. [주에 사흘은 세 번 곡한 다음 날이다.] 곡한 뒤에는 그 상복을 갖춰 입고 서
  (序)의 동쪽에서 상장(喪杖)을 짚는다.320)고 하였다.

(8) 若未得行, 則爲位不奠

┌─ 【주자가례 원문 8-8】 ─────────────────────┐

● 若未得行 則爲位 不奠
⇒ 만약 갈수 없다면 자리를 만들되 전을 올리지 않는다.

● 設倚子一枚 以代尸柩 左右前後設位哭如儀 但不設奠 若喪側 無子孫 則此中設奠如儀
⇒ 의자 하나를 설치하여 시신의 관을 대신하고 좌우 전후에 자리를 설치하여 곡하
  기를 의례대로 한다. 다만 전을 진설하지 않는다. 만약 상을 당한 측에 자손이 없
  으면 여기에 의례대로 전을 진설한다.

└──────────────────────────────┘

- 「분상(奔喪)」에 이르기를 분상을 하지 못할 경우에는 이에 자리를 설치한 다음(乃爲
  位) 괄발(括髮)하고, 단(袒)하고 발을 구르며, 수질(首絰)·요질(腰絰), 효대(絞帶)를 하

---

319) 「小記」 : 奔父之喪, 括髮於堂上, 袒, 降, 踊, 襲絰于東方。奔母之喪, 不括髮, 袒於堂上, 降, 踊,
襲免于東方。絰卽位, 成踊, 出門, 哭止, 三日而五哭三袒。註 : 凡奔喪, 謂道遠, 已殯乃來也。五哭,
始至, 哭訖夕, 一哭也, 與明日又明日之朝夕而五哭。三袒, 始至袒, 與明日又明日之朝而三也。疏 : 括
髮不笄纚者, 奔喪異於初死也。奔母不括髮者, 初時括髮, 至又哭以後, 不括髮。父則括髮而加絰, 母則
不括髮而加免, 此是異於父也。初死在家之時, 哭踊無節, 今聞喪已久, 奔喪禮殺。故三日五哭, 異於在
家。此謂已殯而來者, 若未殯而來, 當與在家同, 不得減殺也。

320) 「奔喪」 : 三日成服, 拜賓送賓, 皆如初。註 : 三日, 三哭之明日也。旣哭, 成其喪服, 杖於序東。

고 자리에 나아간다. [주에 상을 듣고도 분상하는 못함은 군명(君命)을 받들어 일이 있음을 말한다. 그렇지 않은 자는 자리를 만들 수 없다.] 자리는 집에서 조석으로 곡하는 자리와 같게 한다. 또 곡을 하면서 하지 않고 이에 질을 하는 것은 상이 이에 이르면 날짜와 절도를 넘겼으므로 이때 해도 가능해서이다. [소에 지금 상을 들은 날에 즉시 질대(絰帶)를 하는 것은 부고를 전하는 자가 도착한 것이 그 날짜와 절도를 넘겼기 때문에 상을 들은 날에 질대를 더해도 된다.] 산음 육씨(山陰陸氏)가 말하기를 "내위위(乃爲位)의 내(乃)라는 것은 어렵게 여기는 말이니 부득이함이다."고 하였다. 빈객에게 절하고 자리로 돌아와 발을 구른다. 빈객이 나가면 주인은 대문 밖에서 절하여 전송한 다음 자리로 돌아온다. 또 곡을 하고는 괄발하고 단(袒)하고 발을 구른다. 세 번째 곡을 할 적에도 괄발하고 단하고 발을 구른다. [주에 또 곡함은 다음 날 아침에 이름이다.] 세 번째 곡함은 또 다음 날 아침이다. 반드시 두 번째 곡하고 세 번째 곡은 소렴과 대렴 때를 본뜸이다. 「잡기」에 '사(士)는 세 번 발을 구른다'고 했으니, 석곡(夕哭)은 조곡을 따르되 괄발하지 않고 단(袒)하지 않고 발을 구르지 않으므로, 수에 포함시키지 않는다.321)고 하였다.

- 무릇 자리를 만들되 전을 올리지 않는다. [주에 그 정신이 여기에 있지 않기 때문이다.]322)고 하였다.

- 『구의』에 이날에 자리를 만들어 의자를 설치하고 앞에다 탁자를 설치하여 향로와 향합과 촛대를 둔다. 각각 자리에 나아가 짚자리를 깔고 곡소리가 끊어지지 않게 하며, 괄발하고 질대를 두르고 상복을 갖춘다. 다음 날에는 단하고 괄발하고 질대를 두르며, 탁자 위에 전을 차리되 상차(喪次) 곁에 자손이 있을 때는 차리지 않는다.323)고 하였다.

- 『의례문답』에 묻기를 "만약 유배지에서 상을 들어 돌아갈 수 없다면 자리를 설치하고 전을 차려 3년을 마쳐야 하는가?"라고 하자, 대답하기를 "외지에서 상을 들은 경우에

---

321) 「奔喪」 : 不得奔喪, 乃爲位, 括髮·袒, 成踊, 襲絰·絞帶, 卽位. 註 : 聞喪而不得奔, 謂以君命有事. 不然者, 不得爲位. 位如於家朝夕哭位. 不於又哭乃絰者, 喪至此踰日節, 於是可也. 疏 : 今於聞喪之日卽絰帶者, 以赴者至, 踰其日節, 故於聞喪之日, 可加絰帶也. 山陰陸氏曰 : "乃爲位乃者, 難辭不得已也." 拜賓, 反位, 成踊, 賓出, 主人拜送于門外, 反位. 於又哭, 括髮·袒, 成踊. 於三哭, 猶括髮·袒, 成踊. 註 : 又哭, 至明日朝也. 三哭, 又其明日朝也. 必又哭三哭者, 象小斂大斂時也. 「雜記」曰, '士三踊', 其夕哭從朝, 不括髮, 不袒, 不踊, 不以爲數.

322) 『常變通攷』 凡爲位不奠. 註 : 以其精神不存乎是.

323) 『丘儀』 : 是日爲位, 設椅子, 前設卓子, 置香爐香盒燭臺. 各就位, 藉以藁, 哭不絶聲, 具括髮絰帶衰服. 次日袒·括髮·絰帶, 設奠於卓子上, 有子孫在喪側者不設.

상차(喪次)에 다른 자손이 없다면 자리를 설치하고 전을 차리는 것이 예(禮)이니, 유배지에서의 경우에도 이를 본받아서 행함이 마땅할 듯하다. 만약 장자라면 자기가 있는 곳에서 궤연을 받들기를 평상시의 의식처럼 해야 하며, 만약 지자라면 다만 연제와 상제 때에만 허위(虛位)를 설치하여 제사를 지내고 변제(變除)해야 마땅하다"고 했다.324)고 하였다.

(9) 變服

┌─── 【주자가례 원문 8-9】 ──────────────────────
│
│ ● 變服*
│   ⇒ 옷을 갈아입는다.
│
│ ● 亦以聞後之第四日
│   ⇒ 역시 상을 들은 지 나흘째이다.
│
└──

-「분상」에 사흘 만에 성복(成服)하고, 다섯 번째 곡함에 빈객에게 절하고 빈객을 전송하기를 처음과 같이 한다. [소에 사흘 만에 성복하는데 상을 들은 날을 통틀어 계산하면 나흘이 된다.] 다섯 번째 곡함은 성복한 다음 날 곡함을 이른다. 이날 곡할 때에 빈객이 오면 절하여 맞이하고 떠나면 전송한다. 『비요』에 이르기를 살피건대, 변복(變服)은 반드시 나흘이 된 뒤를 기다리는 것이 아닌데, 또 이 아래에 성복 절차가 없는 것으로 보아 '변(變)' 자는 '성(成)' 자의 잘못인 듯하다.325)고 하였다.

(10) 在道至家. 皆如上儀

┌─── 【주자가례 원문 8-10】 ──────────────────────
│ ● 在道至家 皆如上儀*
│   ⇒ 도중에 있거나 집에 도착하였으면 모두 위의 의례대로 한다.
└──

----

324) 『疑禮問答』：問, "若在謫所聞喪, 不得歸, 則當設位饋奠, 以終三年歟？" 曰, "在外聞喪, 喪次無他子孫, 則設位設奠, 禮也. 此亦似當倣此而行之. 若是長子, 則當於所在處, 奉几筵如常儀, 若是支子, 則當只於練祥時, 設虛位以祭, 而變除矣."

325) 『奔喪』：三日成服, 於五哭, 拜賓‧送賓如初. 疏：三日成服, 通數聞喪爲四日. 五哭, 謂成服之明日哭也. 於此哭時有賓來, 卽拜而迎之, 去卽送之. 『備要』：按, 變服必不待四日之後, 而此下又無成服一節, 疑變字卽成字之誤.

- 若喪側 無子孫則在道 朝夕爲位設奠 至家但不變服 其相弔拜賓如儀
⇒ 만약 상을 당한 측에 자손이 없으면 길에 있을 때도 아침저녁으로 자리를 만들고 전을 진설해야 한다. 집에 도착하였으면 옷을 갈아입지 않고 서로 조상하여 빈객에게 절을 하는데 의례대로 한다.

(11) 若旣葬, 則先之墓哭拜

【주자가례 원문 8-11】

- 若旣葬 則先之墓 哭拜*
⇒ 만약 이미 장사를 지냈으면 먼저 묘소로 가서 곡을 하고 절한다.

- 之墓者 望墓哭 至墓哭拜 如在家之儀 未成服者 變服於墓 歸家詣靈座前哭拜 四日成服 如儀 已成服者亦然 但不變服
⇒ 묘소에 가는 사람은 묘가 바라보이면 곡을 한다. 묘소에 도착하면 곡을 하고 절하는데 집에서 하는 의례와 같이 한다. 아직 성복하지 못한 사람은 묘소에서 옷을 갈아입는다. 집에 돌아와서는 영좌 앞에 나아가 곡을 하며 절한다. 나흘째에 성복하기를 의례대로 한다. 이미 성복한 자 또한 그렇게 하되 다만 옷을 갈아입지 않는다.

- 이미 장사를 치른 뒤라면 먼저 묘소로 간다. 묘소로 가는 자는 묘소가 바라보이면 곡하고 묘소에 이르러 곡하고 절하되 집에 있을 적의 의식과 같게 한다. 아직 성복하지 않았을 경우에는 묘소 옆에서 복장을 바꾸고, 집에 돌아와서는 영좌 앞에 나아가서 곡하고 절한다. 나흘째 날의 성복은 의식대로 한다. 이미 성복한 경우에도 역시 그렇게 하는데, 다만 복장을 바꾸지만 않을 뿐이다. 326)고 하였다.

- 『구의』에 『가례』에, '만약 이미 장사를 지냈으면 먼저 묘소에 가서 곡하고 절한다.'고 했다. 살피건대, 예에 '골육이 이미 흙으로 돌아가면 신기(神氣)가 이르지 않는 곳이 없다'고 했으니, 무릇 예를 행할 때는 의당 집에 있는 영좌를 주로 삼을 것이요 다만 다음 날에 묘소에 가서 곡하고 절하는 것이 마땅하다. 327)고 하였다.

---

326) 『常變通攷』 旣葬先之墓, 之墓者, 望墓哭, 至墓哭, 拜如在家之儀。未成服者, 變服於墓, 歸家, 詣靈座前, 哭拜。四日成服如儀。已成服者, 亦然, 但不變服。

327) 『丘儀』: 『家禮』, '若旣葬, 則先之墓, 哭拜。' 按, 禮, '骨肉已歸于土, 而神氣無所不至', 則凡行禮時, 宜以家中靈座爲主, 但于次日之墓哭拜。

(12) 齊衰以下聞喪爲位而哭

【주자가례 원문 8-11】

● 齊衰以下 聞喪爲位而哭*
⇒ 자최 이하는 상을 듣지 않으면 자리를 만들고 곡한다.

● 尊長 於正堂 卑幼 於別室
⇒ 존장은 정당에서 항렬이 낮거나 어린 사람은 별실에서 한다.

● 司馬溫公曰 今人皆擇日擧哀 凡悲哀之至 在初聞喪 卽當哭之 何暇擇日 但法令有不得
 於州縣公廨擧哀之文 則在官者當哭於僧舍 其他皆哭於本家 可也
⇒ 사마온공이 말하기를 "지금 사람은 모두 날을 택해 상사를 거행한다. 슬픔이 이르
 는 것은 처음 상이 들었을 때이니 곧 곡을 해야 하는데 어느 겨를에 날을 택하겠
 는가? 다만 법령에 '주와 현의 관아에서 상사를 거행할 수 없다' 는 문구가 있으
 니 관직에 있는 자는 절에서 곡해야 한다. 기타는 모두 본가에서 곡을 해야 옳
 다." 하였다.

- 분상하지 않을 경우, 자최복을 입을 사람은 사흘 동안 조석으로 자리를 만들어 회곡
(會哭)을 하며, 나흘째 아침에 성복할 때도 역시 같게 한다. 대공복을 입을 사람 이하
는 처음 상을 들었을 때 자리를 만들어 회곡을 하며, 나흘째 성복할 때도 역시 같게 한
다. 모두 매달 초하루에 자리를 만들어 회곡을 하고 복을 벗는다. 『요결』에 스승과
제자 사이에는 비록 복은 없지만, 매달 초하루에 회곡하는 것은 또한 동일하다. 328)고
하였다.

- 「분상(奔喪)」에 무릇 자리를 마련함은 부모상이 아니더라도 자최 이하는 모두 자리에
나아간다. 슬픔을 다해 곡하고, 동쪽에서 문(免)·질(絰)을 하고 자리에 나아가 단(袒)하
고 발을 구른다. [주에 군사(君事)가 없고 또 사고가 없어 분상할 수 있는데 자기의 사
사로운 일 때문에 아직 분상하지 못한 경우를 이른다.] 오직 부모상에는 자리를 만들지
않고, 곡을 할 적에는 문상(聞喪)한 곳에서 떠나지 않는다. 자최 이하는 다시 자리를 만
들어 곡한다. 모두 갈 수 있으면 간다. 329)고 하였다.

---

328) 『常變通攷』 不奔喪者, 齊衰三日中朝夕爲位會哭, 四日之朝成服, 亦如之。 大功以下, 始聞喪, 爲位會
哭, 四日成服, 亦如之。 皆每月朔爲位會哭, 月數旣滿, 次月之朔, 乃爲位會哭而除之。 『要訣』 :師
友雖無服, 月朔會哭亦同。

329) 「奔喪」 :凡爲位, 非親喪, 齊衰以下皆卽位。 哭盡哀, 而東免·絰, 卽位, 袒, 成踊。 註 :謂無君事,

- 무릇 자리를 마련한 경우에는 한 번만 단(袒)한다. [소에 이는 자최 이하의 상일 경우에 처음 듣고서 자리를 만들고 한 번만 단(袒)할 뿐임을 말한다.] 부모상인 경우에는 두 번째 곡하고 세 번째 곡함에 모두 단(袒)한다. 아버지의 친족에게는 묘당(廟堂)에서 곡하고, 어머니와 처의 친족에게는 침(寢)에서 곡하고, 스승에게는 묘당 문 밖에서 곡하고, 붕우에게는 침문(寢門) 밖에서 곡하고, 아는 사람은 들의 유당(帷堂)에서 곡한다.330)고 하였다.

- 『요결』에 무릇 복이 있는 친척의 상에 만약 타지에서 부음을 듣게 되면 자리를 마련하여 곡한다. 만약 자최상이면 성복(成服) 전이라도 아침저녁으로 자리를 마련하여 곡한다. 스승과 벗의 의리가 무거운 자도 자리를 마련하여 곡한다. 만약 스승의 상에 3년 상이나 기년상을 하고 싶은 자가 분상할 수 없다면 또한 마땅히 자리를 마련하여 곡하고, 나흘째에 중지한다.331)고 하였다.

(13) 若奔喪. 則至家成服

【주자가례 원문 8-11】

- 若奔喪 則至家成服*
  ⇒ 만약 분상한다면 집에 도착해서 성복한다.

- 奔喪者 釋去華盛之服 裝辦卽行 旣至 齊衰 望鄕而哭 大功 望門而哭 小功以下 至門而 哭 入門詣柩前 哭再拜 成服就位哭弔如儀
  ⇒ 분상하는 자는 화려하고 성대한 옷을 벗고 채비를 갖추는 대로 출발한다. 이미 이르게 되자 자최복을 입는 자는 고향이 바라보이면 곡하고 대공은 문이 바라보이면 곡하며 소공이하는 문에 이르러 곡한다. 문에 들어가 관 앞에 이르면 곡하고 재배한다. 성복하고 자리에 나아가 곡하고 조상하는데 의례대로 한다.

又無故, 可得奔喪, 而以己私未奔者也。惟父母之喪, 則不爲位, 其哭之不離聞喪之處。齊衰以下, 更爲位而哭, 皆可行乃行。

330) 『常變通攷』凡爲位者壹袒。疏：此謂齊衰以下之喪, 初聞爲位壹袒而已。父母之喪, 則又哭三哭, 皆袒。 哭父之黨於廟, 母·妻之黨於寢, 師於廟門外, 朋友於寢門外, 所識於野張帷。

331) 『要訣』：凡有服親戚之喪, 若他處聞訃, 則設位而哭。若齊衰, 則未成服前, 朝夕爲位而哭。師友之義重者, 亦設位而哭。若師喪欲行三年朞年者, 不能奔喪, 則亦當設位而哭, 四日而止。

- 『문해』에 주인의 성복 날짜가 이미 지나갔으면 소공복 이하에도 나흘이 지난 뒤에 성복해야 마땅하다.332)고 하였다.

(14) 若不奔喪. 則四日成服

【주자가례 원문 8-11】

- 若不奔喪 則四日成服*
⇒ 분상하지 않는다면 나흘째에 성복한다.

- 不奔喪者 齊衰 三日中 朝夕爲位會哭 四日之朝 成服亦如之 大功以下 始聞喪 爲位會哭 四日成服亦如之 皆每月朔 爲位會哭 月數旣滿 次月之朔 乃爲位會哭而除之 其間哀至則哭 可也
⇒ 분상하지 않을 경우 자최는 사흘째에 아침 저녁으로 자리를 만들고 모여서 곡하며 나흘째 아침에는 성복하는데 역시 같다. 대공 이하는 처음 상을 들었을 때 자리를 만들고 모여서 곡을 하고 나흘째에 성복하니 역시 같다. 모두 매월 초하루에 자리를 만들고 모여서 곡을 하며 달수가 이미 찼으면 다음달 초하루에 자리를 만들고 모여서 곡을 하고 복을 벗는다. 그 사이에 슬픔이 이르면 곡을 해도 괜찮다.

- 주인이 분상하여 아직 도착하지 않았을 때의 빈장은 「상대기」에 후사가 될 자가 집에 있지 않을 경우, 그가 국경 안에 있으면 기다리고, 국경 밖에 있으면 빈장을 해도 괜찮다. [소에 후사가 될 자가 집에 있지 않다는 것은 주인이 출행하여 있지 않은데 집에 상이 난 경우를 말한다.] 주인이 출행하여 가까운 국경 안에 있으면 그가 돌아올 때까지 기다려서 이에 빈장한다. 만약 국외에 있어서 기다릴 수 없다고 생각되면 빈장을 하고, 빈장한 뒤에 또 기다릴 수 없다고 생각되면 장사 지내도 괜찮다.333)고 하였다.

- 집에 도착해서는 복장을 바꾸지 않고, 서로 조문하고 빈객에게 절하는 절차는 의식대로 한다. 「분상」은 만약 아직 길을 떠날 수 없다면 성복을 하고 뒤에 간다. 334)고 하였다.

---

332) 『問解』 : 主人成服已過, 則小功以下, 亦當四日成服。
333) 「喪大記」 : 爲後者不在, 在境內則俟之, 在境外則殯葬, 可也。疏 : 爲後者不在, 謂主出行不在, 而家有喪。主行近在國境之內, 則俟其還, 乃殯葬。在國外, 計不可待則殯, 殯後, 又不可待, 則葬, 可也。
334) 『常變通攷』 至家, 不變服, 其相弔拜賓如儀。 「奔喪」 : 若未得行, 則成服而後行。

9. 치장(治葬)

1) 개요

- 성복이후 발인 전까지 매장을 위해 장지를 정하고 명기(부장품)를 준비하는 절차이다.

- 「단궁(檀弓)」에 국자고(國子高)가 말했다. "장사(葬)는 감춤(藏)이다. 사람들이 보지 못하게 하려고 함이다. 이러한 까닭에 옷은 몸을 감싸기에 충분하고, 관(棺)은 옷을 두루 감싸고, 곽(槨)은 관을 두루 감싸고, 흙은 곽을 두루 감싼다." 335)고 하였다.

- 치장(治葬)의 자형을 분석하여 보면,

  • 治 [다스릴 치]의 자형은 뜻을 나타내는 '氵(=水)'와 음을 나타내는 '台(태·이→치)'를 합하여 썼다. '다스리다'는 것은 목숨(台)을 원활(氵)하게 하는 것이라는 의미로 쓰였다.

  • 葬 [장사지낼 장]은 『설문해자(說文解字)』에 "藏也。从死在茻中；一其中，所以薦之。" 라고 하여 "묻는다는 것이다. 풀이 우거진 가운데 죽은 사람(死)을 놓았다. 그 가운데 일이 있는 것은 주검 아래 까는 것이다."고 하여 고대에는 시체를 풀숲 속에 두어 장사를 지냈는데, 그런 의미에서 '茻(☞풀 숲)'과 '死(☞죽다)'를 합하여 쓴 것이다.

- 『중용(中庸)』에 아버지가 대부(大夫)이고 아들이 사(士)면 장사는 대부의 예로 하고, 제사는 사의 예로 한다. 아버지가 사(士)이고 아들이 대부면 장사는 사의 예로 하고, 제사는 대부의 예로 한다. 주자(朱子)가 말했다. "장사에는 죽은 자의 관작(官爵)을 사용하고, 제사에는 산 자의 녹봉(祿俸)을 사용한다."336)고 하였다.

- 『구씨의절』에 주자가 말하기를 '장(葬)이라 하는 말은 감춘다는 것이니 조상의 유체를 간수하는 것이다. 자손으로서 그 조상의 유체를 간수할 때는 반드시 삼가고 정성스럽고 공경하는 마음을 다해서 편안히 오래 모실 수 있게 계책을 세워야 한다.'고 하였다.

- 『가례집람』에서 사계는 '예에 대부(大夫)와 사(士)는 3일 만에 빈(殯)하고 3개월 만에 장사(葬事)를 지낸다.'고 하였으니 빈(殯)을 한 후에 장사지낼 일을 도모한다. 그 조상의

---

335) 「檀弓」 : 國子高曰，"葬者，藏也。欲人之不得見也。是故，衣足以飾身，棺周於衣，槨周於棺，土周於槨。"
336) 「中庸」 : 父爲大夫，子爲士，葬以大夫，祭以士。父爲士，子爲大夫，葬以士，祭以大夫。朱子曰："葬用死者之爵，祭用生者之祿。"

산소가 있으면 다음 자리에 부장을 하고 만약 협소하거나 장애가 있다면 따로 땅을 택하여도 좋다.'고 하였다. 또한, '내가 생각하기로는 사람이 죽으면 그 혼기(魂氣)는 비록 흩어지나 체백(體魄)은 오히려 남아 있기 때문에 심하게 부패하기 전에 땅에 장사 지내면 혼기(魂氣)가 다시 돌아와 영혼(靈魂)이 있게 할 수 있다.'고 하였다.

- 순차적 절차의 의미는 약하나 성복(成服)을 한 후 조상(弔喪)을 받게 될 정도로 장사(葬事)할 준비를 마쳤으므로 본격적으로 장사지낼 일을 준비를 한다.

- 사마온공(司馬溫公)이 말하기를 '상기(喪期)에 천자(天子)는 7월, 제후(諸侯)는 5월, 대부(大夫)는 3월, 사(士)는 1월을 넘겨 장사지냈다.'337)고 하였다.

- 『예기』 「왕제」 편에 '천자(天子)는 7일 만에 빈(殯)하고 7개월 만에 장사(葬事)지내며, 제후(諸侯)는 5일 만에 빈(殯)하고 5개월 만에 장사(葬事)지내며, 대부(大夫)·사(士)·서인(庶人)은 3일 만에 빈(殯)하고 3개월 만에 장사(葬事)지낸다.'고 하였다.

2) 치장(治葬)의 예(禮)에 관하여 살펴보면,

구 분	『朱子家禮』	『喪禮備要』	『四禮便覽』
절 차	•三月而葬.前期擇地之可葬者. •擇日.開塋域,祠后土 •遂穿壙. •作灰隔. •刻誌石 •造明器 •下帳 •苞 •筲 •甖 •大轝 •翣 •作主	•三月而葬.前期擇地之可葬者. •擇日開塋域祠土地 •遂穿壙. •作灰隔. •刻誌石 •造明器 •下帳 •苞 •筲 •甖 •大轝 •翣 •作主	•三月而葬,先期擇地之可葬者 •擇日,開塋域祠后土 •遂穿壙 •作灰隔 •刻誌石 •造大轝翣 •作主

---

337) 『常變通攷』 溫公曰：“古者, 天子七月, 諸侯五月, 大夫三月, 士踰月而葬。今 『五服年月勅』, 王公以下, 皆三月而葬。”

3) 의례절차의 이해

(1) 三月而葬, 前期擇地之可葬者

┌─── 【주자가례 원문 9-1】 ───

● 三月而葬 前期擇地之可葬者*
⇒ 석 달만에 장사를 치르되 기일 전에 장사 지낼 만한 땅을 고른다.

● 司馬溫公曰 古者 天子七月 諸侯五月 大夫三月 士踰月而葬 今五服年月 敕王公以下
皆三月而葬 然世俗信葬師之說 旣擇年月日時 又擇山水形勢 以爲子孫貧富貴賤賢愚壽
夭 盡繫於此 而其爲術 又多不同 爭論紛紜 無時可決 至有終身不葬 或累世不葬 或子
孫衰替 忘失處所 遂棄捐不葬者 正使殯葬 實能致人禍福 爲子孫者 亦豈忍使其親臭腐
暴露 而自求其利耶 悖禮傷義 無過於此 然孝子之心 慮患深遠 恐淺則爲人所扣[骨音]
深則濕潤速朽 故必求土厚水深之地而葬之 所以不可不擇也
⇒ 사마온공이 말하기를, "예전에는 천자는 7개월, 제후는 5개월, 대부는 3개월, 사
(士)는 한 달 만에 장사를 치렀다. 지금은 오복(五服)의 년월에 대한 칙령은 왕
공(王公) 이하 모두 석 달 만에 장사지내게 되어 있다. 그러나 세속에서는 장사
의 말을 믿어 (장사지낼) 해와 달과 날짜를 택하고, 또 산수의 형세를 고르면서
자손들의 빈부귀천과 어질고 어리석고 오래 살고 일찍 죽는 것이 모두 여기에 달
려 있다고 한다. 그 술법은 많고 또 달라서 논쟁이 분분하니 때로 결정을 할 수
없어 종신토록 장사지내지 못하거나 혹은 여러 세대에 걸쳐 장사지내지 못하기도
한다. 혹은 자손이 쇠하고 바뀌어 처소를 망실하니 버려져 장사지내지 못하기도
한다. 진실로 장사지내는 것이 사람에게 화복을 이르게 한다 하더라도 자손 된
자가 어찌 차마 그 어버이로 하여금 썩어 땅에 버려지게 하면서 스스로 이익을
구할 수 있겠는가? 예의를 어기고 의리를 해침이 이보다 지나친 것이 없다. 그러
나 효자의 마음은 근심거리를 생각함에 심원하여 얕게 묻으면 도굴을 하지나 않
을까, 깊게 묻으면 습하고 젖어서 빨리 썩지나 않을까 두려워한다. 그러므로 반드
시 흙이 두텁고 물이 깊은 땅을 찾아서 장사지내는 것이니 이 때문에 고르지 않
을 수 없는 것이다."라고 하였다.

● 或問 家貧鄕遠 不能歸葬 則如之何 公曰 子游問喪具 夫子曰 稱家之有無 子游曰 有無
惡[烏音]乎齊[子細切] 夫子曰 有毋過禮 苟無矣 斂手足形還葬 懸棺而窆[彼斂切] 人
豈有非之者哉 昔廉范千里負喪 郭平自賣營墓 豈待豐富 然後葬其親哉
⇒ 어떤 사람이 묻기를, "집이 가난하고 고향이 멀어서 귀장(歸葬)을 할 수 없으면
어떻게 합니까?"라고 하였다. 사마공이 답하기를, "자유(子游)가 상사(喪事)에 갖
추어야 할 도구를 묻자 공자는 '집안의 있고 없음에 맞추어야 한다.'하였다. 따라
알맞게 하면 된다.'고 하였다. 자유가 '있고 없음을 어떻게 해야 알맞습니까?'라고
물으니, 공자가 말하기를, '있어도 예에 지나치게 하지 말며, 진실로 없다면 손발
과 몸을 염하고는 바로 장사지내고 관을 줄로 매달아 하관한다 하더라도 사람들
이 어찌 그를 비난하겠는가?'라고 하였다. 예전에 염범( )은 천리를 짊어지고 가

서 장사지냈고, 곽평( )은 자신이 품을 팔아 무덤을 마련하였으니 어찌 풍부하기
를 기다린 후에 그 어버이를 장사지낼 수 있다고 하겠는가?

- 在禮未葬 不變服 食粥居廬 寢苫枕塊 蓋憫親之未有所歸 故寢食不安 奈何舍之出遊 食
稻衣錦 不知其何以爲心哉 世人又有遊宦 沒於遠方 子孫火焚其柩 收燼歸葬者 夫孝子
愛親之肥體 故斂而藏之 殘毀他人之尸 在律猶嚴 況子孫乃悖謬如此 其始蓋出於羌胡
之俗 浸染中華 行之旣久 習以爲常 見者恬然 曾莫之怪 豈不哀哉 延陵季子適齊 其子
死 葬於嬴博之間 孔子以爲合禮 必也不能歸葬 葬于其地 可也 豈不猶愈於焚之哉
  ⇒ 『예기』에 이르기를 '아직 장사지내기 전에는 옷을 갈아입지 말며, 죽을 먹고 움
  막에서 지내면서 짚자리에서 자고 흙덩이를 벤다.'고 하였다. 대개 어버이가 아직
  돌아갈 곳이 없음을 민망하게 여기기 때문에 자고 먹는 것을 편하게 하지 않는
  것이다. 어찌 그를 버리고 나가서 놀며 쌀밥을 먹고 비단 옷을 입을 수 있으리
  오? 그럴 수 있다면 그것은 무슨 마음으로 삼았는지 알지 못하겠다. 세상 사람이
  타향에 나가 벼슬을 살다가 죽으면 자손이 그 관을 화장을 하고 그 재만을 거두
  어 고향에 돌아와 장사지내는 자가 있다. 효자는 어버이의 육체를 사랑하기 때문
  에 염을 해 장사지내는 것이다. 다른 사람의 시신을 훼손하는 것도 법으로 엄히
  다스리는데 하물며 자손들이 이와 같이 도리를 거스를 수 있겠는가? 그 시작은
  대개 오랑캐의 습속에서 나왔으나 중국에도 점차 물이 들어 행해진지 이미 오래
  니 풍습이 상규(常規)가 되었다. 보는 사람도 태연히 괴이하게 여기지 않으니 어
  찌 슬프지 아니한가? 연릉의 계자가 제나라에 가다가 아들이 죽자 영과 박 땅의
  사이에 장사지내니 공자가 예에 합당하다고 하였다. 반드시 고향에 돌아가 장사
  지낼 수 없다면 그 땅에서 장사지내는 것이 옳다. 화장하는 것보다 낫지 않겠는
  가?"라고 하였다.

- 程子曰 卜其宅兆 卜其地之美惡也 非陰陽家所謂禍福者也 地之美則其神靈安 其子孫盛
  若培壅其根而枝葉茂 理固然矣 地之惡者則反是 然則曷謂地之美者 土色之光潤 草木
  之茂盛 乃其驗也
 ⇒ 정자가 말하기를, "묘의 자리를 점치는 것은 그 땅의 좋고 나쁨을 점치는 것이지,
  음양가들이 말하는 화복 때문이 아니다. 땅이 좋으면 그 신령이 편안하고 자손이
  번성하는 것은 나무뿌리를 복돋아 주면 가지와 잎이 무성해지는 것과 같으니 이
  치가 진실로 그러한 것이다. 땅이 나쁘면 그 반대가 된다. 그러면 어떤 곳을 땅이
  좋다고 이르는가? 흙빛이 윤기가 나고 초목이 무성한 것이 곧 그 증험이다.

- 父祖子孫同氣 彼安則此安 彼危則此危 亦其理也 而拘忌者惑以擇地之方位 決日之吉凶
  不亦泥乎 甚者 不以奉先爲計 而專以利後爲慮 尤非孝子安厝之用心也
 ⇒ 할아버지와 아버지와 아들과 손자는 기운이 같으니 저쪽이 편안하면 이쪽도 편안
  하고, 이쪽이 편안하면 저쪽도 편안한 것처럼 저쪽이 위태로우면 이쪽도 위태로
  운 것이 역시 그 이치이다. 기휘( )하는 일에 얽매인 자들은 땅의 방위를 택하여
  날짜의 길흉을 결정하는데 미혹되니 또한 잘못된 것이 아니겠는가? 심한 자는 선
  조를 받드는 일로 계획을 삼지 않고 오로지 후손을 이롭게 하는 것만 생각하니

편히 모시려는 효자의 마음 씀이 아니다.

- 惟五患者 不得不謹 須使他日不爲道路 不爲城郭 不爲溝池 不爲貴勢所奪 不爲耕犁所
 及也 一本云 所謂五患者 溝渠道路避村落遠井
 ⇒ 오직 다음의 다섯가지 근심은 삼가지 않으면 안 된다. 첫째 반드시 후일에 길이
 되지 않도록 하고, 둘째 성곽이 되지 않아야 하며, 셋째 도랑이나 연못이 되지 않
 아야 하고, 넷째 권세가들에게 빼앗기지 않아야 하며, 다섯째 경작지로 되지 않아
 야 한다. 어떤 책에서는 이른바 다섯가지 근심이란 것은 연못과 도랑, 도로, 마을을
 피하는 일, 우물과 웅덩이를 멀리 하는일이라고 하였다."고 하였다.

- 按古者 葬地葬日 皆決於卜筮 今人不曉古法 且從俗擇之 可也
 ⇒ 살펴보니 옛날에는 장지와 장일을 모두 점을 쳐서 정하였으나 지금 사람들은 점
 치는 법을 알지 못하니 습속에 따라 택하는 것이 옳겠다.

- 공자가 『춘추좌씨전(春秋左氏傳)』을 인용하여 '대부(大夫)는 3개월 만에 장사(葬事)지
 내고, 사(士)는 달을 넘겨 장사(葬事)지낸다고 한 것은 대부(大夫)는 죽은 달을 제하고 3
 개월 만에 장사(葬事)지내고, 사(士)는 죽은 달을 셈하여 3개월 만에 장사(葬事)지내는
 것이니 이는 한 달을 건너뛰는 것이기 때문에 유월(踰月)이라고 하였을 뿐이다.'고 하
 였다.

- 『의례』「사우례기」편에 '『예기』「곡례」에 이르기를 살아 있는 사람에 대한 것은
 죽은 다음날부터 세고, 죽은 사람에 대한 것은 죽은 날부터 센다고 한 것은 빈(殯)과
 염(斂)은 죽은 날부터 센다는 것이다. 대부(大夫)이상은 죽은 다음날부터 센다. 그러나
 사(士)를 3일 만에 빈(殯)하고 3개월 만에 장사(葬事)지낸다고 한 것은 모두 죽은 날부
 터 세어서 말하는 것이고, 대부(大夫)이상을 빈(殯)하고 장사(葬事)지내는 것은 모두 죽
 은 날 죽은 달을 제하고 세는 것이다. 때문에 사(士)의 졸곡(卒哭)은 장례기간(葬禮期
 間) 3개월 내에 하는 것이고, 대부(大夫)의 3개월 만에 장사지낸다는 것은 죽은 달을
 제하니 죽은 달까지 합하면 4개월이 되는 것이다. 대부(大夫)는 오우제(五虞祭)와 졸곡
 (卒哭)이 5개월 내에 있으니 제후(諸侯) 이상은 그 뜻을 가히 알 수 있다.'고 하였다.

- 『의례』「사상례」에 '조곡(朝哭)을 마치면 주인이 모두 묘역의 남쪽으로 가서 북면하
 고 질(絰)을 벗는다. 점을 명하는 자는 주인의 우측에 있고, 점을 치는 자는 남면해서
 명을 받는다. 명하기를 "애자 모가 그 아버지 모보를 위해서 장지를 점쳐서 유택을 도
 보하니 뒷날에 어려움이 없기를 바랍니다."라 한다. 질(絰)을 벗는 것은 길함을 구하는

것이기 때문에 감히 완전한 흉복을 하지 않는 것이다.'고 하였다.

- 대부분이 3개월 만에 장사를 지내기 때문에 이 기간에 장사지낼 땅을 잡아야 한다.

- 『좌전(左傳)』에 천자는 일곱 달 만에 장사를 지내니, 동궤(同軌)의 나라에서 모두 오고, 제후는 다섯 달 만에 장사를 지내니 동맹(同盟)한 나라에서 오고, 대부는 석 달 만에 장사 지내니 같은 지위의 사람들이 오고, 사는 달을 넘겨 장사 지내니 외족(外族)이나 인족(姻族)이 온다. 공씨(孔氏)가 말했다. "대부는 죽은 달을 포함시키지 않고 석 달이며, 사(士)는 죽은 달을 포함하여 석 달이다. 이는 한 달을 건너뛰어 넘김으로 유월(踰月)이라 한다."338)고 하였다.

- 순자(荀子)가 말했다. "석 달 동안 빈을 함은 [주에 장사 지내는 것을 말한다. 왜 그런가? 크게 여김이요, 중시함이요, 융숭함을 다하기 위함이요, 친함을 다하기 위함이다.] 장차 시신을 들고 옮겨서 궁실을 떠나 구릉으로 가려고 함에, 선왕(先王)은 거기에 문식(文飾)이 없음을 염려하였다. 이에 그 기일에 따라서(繇) 날짜를 채우게 했다. [주에 요(繇)는 따름(從)이다.] 그러므로 천자는 일곱 달, 제후는 다섯 달, 대부는 석 달 만에 장사를 지내니, 모두 그 기다리는(須) 기간에 일을 충분히 할 수 있게 하고, 일은 충분히 예가 이루어지도록 하고, 예가 이루어짐에는 문식을 충분히 꾸미게 하고, 문식에는 충분히 갖추어지도록 했다. 여러 가지 사정을 충분히 수용하고 물자들을 다 갖추는 것을 도리라고 한다." [주에 수(須)는 기다림(待)이다.]339)고 하였다.

- 주자가 말했다. "옛날에 사(士)는 달을 넘겨 장사를 지냈는데, 한 달이 차지 않으면 또한 장사 지내는 것이 합당하지 않다."340)고 하였다.

- 터가 정해지면 조전(朝奠)나 석전(夕奠)를 올릴 때 고유(告由)를 한다.

> 이제 모 장소에 땅을 얻어 장차 며칠날 모시겠기에 고합니다.

---

338) 『左傳』 : 天子七月, 同軌畢至, 諸侯五月, 同盟至, 大夫三月, 同位至, 士踰月, 外姻至。孔氏曰 : "大夫除死月爲三月, 士數死月爲三月。是踰越一月, 故言踰月耳。"

339) 『常變通攷』 荀曰 : "三月之殯, 註 : 謂葬也。 何也? 曰, 大之也, 重之也, 所致隆也, 所致親也, 將擧錯之, 遷徙之, 離宮室而歸丘陵也, 先王恐其不文也。是以繇其期, 足之日也。註 : 繇, 從也。故天子七月, 諸侯五月, 大夫三月, 皆使其須, 足以容事, 事足以容成, 成足以容文, 文足以容備。曲容備物之謂道矣。" 註 : 須, 待也。

340) 『常變通攷』 朱子曰 : "古者, 士踰月而葬, 未滿一月, 則又不當葬也。"

(2) 擇日. 開塋域, 祠后土

• 擇日 開塋域 祠后土*
  ⇒ 날을 택해 묘역을 만들고 후토신에게 제사를 지낸다.

• 主人旣朝哭 帥執事者 於所得地 掘穴四隅外 其壤掘中南 其壤各立一標 當南門立兩標
  擇遠親或賓客一 告后土氏 祝帥執事者 設位於中標之左 南向設盞注酒果脯醯於其前
  又設盥盆帨巾二於其東南 其東有臺架 告者所盥 其西無者 執事者所盥也 告者吉服入
  立於神位之前北向 執事者在其後 東上皆再拜 告者與執事者 皆盥帨 執事者一人 取酒
  注西向跪 一人取盞東向跪
  ⇒ 주인은 조곡(朝哭)을 하고 집사를 거느리고 마련된 땅에 가서 무덤을 판다. 네
  귀퉁이로 판 흙을 밖으로 내어놓고 가운데서 판 흙은 남쪽에 내어놓으며 각각 팻
  말을 하나씩 세우고 남문(南門)에 해당하는 곳에는 팻말 두 개를 세운다. 먼 친
  척이나 손님 한 사람을 택하여 후토씨에게 고한다. 축은 집사를 이끌고 중간 팻
  말의 왼쪽에 남향하여 신위를 설치하고 잔과 주전자, 술, 과일, 포, 육장을 차린
  다. 또 세숫대야와 수건을 두 개씩 그 동남쪽에 놓는다. 그 동쪽에 받침이 있는
  것은 고하는 사람이 손을 씻고 서쪽에 받침이 없는 것은 집사자가 손을 씻는다.
  고하는 사람이 길복을 입고 들어가서 신위의 앞에 서서 북향한다. 집사자는 그
  뒤에 동쪽을 위로 하여 서서 모두 재배한다. 고하는 사람과 집사자가 모두 손을
  씻고 닦는다. 집사자 한 사람은 술 주전자를 들고 서향을 하여 무릎을 꿇고, 또
  한 사람은 술잔을 들고 동향을 하여 무릎을 꿇는다.

• 告者斟酒反注取盞 酹于神位前 俛伏興少退立 祝執版立於告者之左 東向跪讀之曰 維某
  年歲月朔日 子某官姓名 敢告于后土氏之神 今爲某官姓名 營建宅兆 神其保佑 俾無後
  艱 謹以淸酌脯醯 祇薦于神 尙饗 訖復位 告者再拜 祝及執事者 皆再拜徹出 主人若歸
  則靈座前哭再拜 後放此
  ⇒ 고하는 사람은 술을 따르고 나서 주전자는 돌려주고, 잔을 들어 신위 앞에 강신
  을 한다. 꿇어 엎드려 있다가 일어나서 조금 물러나 선다. 축이 축판을 들고 고하
  는 사람의 왼쪽에 동향을 하고 무릎을 꿇고 축을 읽는다. "모년 세 ○○ 모월 삭
  ○○ 모일 ○○모관 아무개가 삼가 후토씨의 신에게 고합니다. 지금 모관 아무개
  를 위하여 묘역을 영건하오니 신께서는 보우하셔서 훗날 어려움이 없도록 하여
  주십시오. 삼가 맑은 술과 포와 육장을 공손히 신에게 올리니 흠향하시기 바랍니
  다."라고 한다. 마치면 자리로 돌아간다. 고하는 사람이 재배하면 축과 집사자도
  모두 재배한다. 음식을 물리고 주인은 집에 돌아가서 영좌의 앞에서 곡을 하고
  재배한다. 뒤에는 모두 이것을 따른다.

• 司馬溫公曰 苟卜或命筮者 擇遠親或賓客爲之 及祝執事者 皆吉冠素服 註云 非純吉 亦
  非純凶 素服者 但徹去華采珠金之飾而已
  ⇒ 사마온공이 말하기를, "점을 치러 가거나 점쟁이를 부르는 것은 먼 친척이나 빈객

을 택하여 하게 한다. 그리고 축과 집사는 모두 길관을 쓰고 소복을 하게 한다는 구절의 주에 이르기를 '순수한 길복은 아니더라도 순수한 흉관은 아니다. 소복이라는 것은 다만 화려한 금이나 구슬로 한 장식한 것을 벗어버리는 것일 뿐이다.'라고 하였다.

- 살피건대, 옛날에 장지(葬地)와 장사 지내는 날은 모두 점을 쳐서 결정하였다. 요즘 사람들은 점치는 법을 알지 못하니 풍속을 따라 택하는 것도 괜찮다. 「사상례」에 장지(宅)를 점치고 총인(冢人)이 경영한다(營). [주에 택(宅)은 장사를 치르는 곳이다.] 총인(冢人)은 유사(有司)로 묘지의 묘역을 관장하는 자이다. 영(營)은 헤아림(度)이다. 341)고 하였다.

- 『정씨외서(程氏外書)』에 선생의 형제를 묻은 곳은 소목으로 혈을 정하고, 묘사(墓師 지관(地官))를 쓰지 않았다. 오색의 비단을 열흘 동안 묻었다가 색의 명암을 보고 그 땅의 좋고 나쁨을 점쳤다. 342)고 하였다.

- 장자(張子)가 말했다. "장법(葬法)에는 풍수(風水)와 산강(山岡)이 있는데, 이는 전혀 의미와 이치가 없어서 취할 것이 못 된다. 남방에서는 『청오경(靑鳥經)』과 『금낭경(金囊經)』을 사용하기 때문에 그래도 혹 낫지만, 서방 사람들은 일행(一行)의 법을 사용하는 데 더욱 의미와 이치가 없다. 남방 사람들은 장지를 시험할 적에 오색 비단을 땅 아래에 묻고 1년이 지난 뒤에 가져다가 살펴본다. 땅이 좋으면 채색이 변하지 않고, 땅의 기운이 나쁘면 색이 변한다. 또 그릇에 물을 담아 작은 고기를 넣어 묻고는 1년이 지나 물고기의 생사 여부로 땅의 좋고 나쁨을 점치기도 한다. 초목이 무성하고 메마른 것으로도 땅의 좋고 나쁨을 점칠 수 있다."343)고 하였다.

- 주자가 말했다. "이천(伊川 정이(程頤)) 선생은 힘써 속설을 깨뜨렸음에도 역시 스스로 말하기를, '모름지기 바람이 순하고 땅이 두터운 곳이라야 된다.'고 했다. 그런즉 역시 조금 형세가 끌어당겨 읍하며 감싸 안아 허전한 곳이 없어야 쓸 수 있다. 다만 모산(某

---

341) 『常變通攷』 按, 古者, 葬地葬日, 皆決於卜筮. 今人不曉占法, 且從俗擇之可也. 「士喪禮」 : 筮宅, 冢人營之. 註 : 宅, 葬居也. 冢人, 有司, 掌墓地兆域者. 營猶度也. 記 : 冢人物土. 註 : 物猶相也. 相其地可葬者, 乃營之.

342) 『程氏外書』 : 先生兄弟所葬, 以昭穆定穴, 不用墓師. 以五色帛, 埋旬日, 視色明暗, 卜其地美惡.

343) 『常變通攷』 張子曰 : "葬法, 有風水山岡, 此全無義理, 不足取. 南方用 『靑』 · 『囊』 , 猶或得之, 西方人用一行, 尤無義理. 南人試葬地, 將五色帛, 埋於地下, 經年而取觀之. 地美, 彩色不變, 地氣惡則色變矣. 又以器貯水, 養小魚埋, 經年以死生, 卜地美惡. 草木榮枯, 亦可卜地之美惡. "

山) 모수(某水)의 설은 사용하지 않는다."344)고 하였다.

- 「곡례」에 무릇 날짜를 점치는 데는, 열흘 이상은 '먼 어느 날'이라 하고, 열흘 이내는 '가까운 어느 날'이라 한다. 상사(喪事)에는 먼 날을 먼저 점치고, 길사(吉事)에는 가까운 날을 먼저 점친다. [소에 상사는 장사(葬事)와 연제(練祭)·상제(祥祭)인데, 이는 슬픔을 빼앗는 의미가 있다. 효자가 하고자 하는 바가 아니지만, 다만 제도가 부득이함이다.] 그러므로 먼저 먼 날부터 점을 쳐서 다급하게 해서는 안 됨을 보이고, 효자의 마음을 조금 펼침이다. 345)고 하였다.

- 『서의(書儀)』에 장사치를 날짜를 골라 길일을 잡고 나면, 주인은 빈소 앞에서 북향하여 곡을 하고, 그대로 사람을 시켜 친척과 동료, 벗 등 장사치를 때 모일 이들에게 알린다.346)고 하였다.

- 묘 터와 장사일이 정해지면 그 터에 가서 땅을 파고 표시를 해둔다.

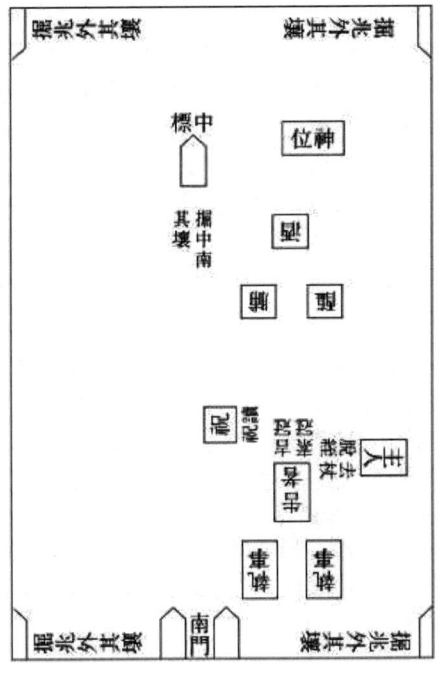

〈開塋域 祠后土〉

----

344) 『常變通攷』 朱子曰：“伊川先生力破俗說。然亦自言，'須是風順地厚之處，乃可。' 然則亦須稍有形勢控揖環抱，無空闕處，乃可用也。但不用某山某水之說耳。”

345) 「曲禮」：凡卜筮日，旬之外，曰遠某日，旬之內，曰近某日。喪事先遠日，吉事先近日。疏：喪事，葬與練祥。是奪哀之義也。非孝子之所欲，但制不獲已。故卜先從遠日，而起示不宜急，微伸孝心也。

346) 『書儀』：筮葬日，既得吉，主人殯前，北向哭，遂使人，告親戚僚友應會葬者。

① 堀兆外其壤 : 네 귀퉁이는 그 흙을 밖으로 퍼낸다.

② 堀中南其壤 : 가운데를 파되, 그 흙을 남쪽으로 퍼낸다.

③ 主人 去杖脫絰 : 주인은 상장(喪杖)을 제거하고 질(絰)을 벗는다.

④ 執事 告者 吉冠素服 : 집사(執事)와 고자(告者)는 길관(吉冠)에 소복(素服) 차림을 한다.

- 먼 친척이나 손님 중의 한 사람이 토지신(土地神, 后土神)에게 아뢰는 제사(祭祀)를 올린다.

  • 『예기』 「월령」 편에 '오행(五行)중에 토신(土神)만을 후(后)라고 칭하니 후(后)는 군(君)이다. 사행(四行)을 통솔하여 다스리기 때문에 군(君)이라 하는 것이다.'고 하였다.

  • 『운회』에 '땅을 후토(后土)라 한 것은 두텁게 싣는 것을 취한 것이니 옛 글자의 후(厚)자와 통한다.'고 하였다.

  • 『주자어류』에 후토씨(后土氏)에 대한 제사(祭祀)를 물으니 '옛사람의 중류(中霤)에 대한 제사(祭祀)이다. 지금 이른바 토지(土地)라는 것은 『예기』 「교특생」 편에 땅에서 재물을 취하고, 하늘에서는 법을 취하니 이 때문에 하늘은 높이고 땅은 가까이 하여 보답하는 것을 백성에게 가르치니 집에서는 중류(中霤)를 주(主)로 하고, 나라에서는 사(社)를 주(主)로 한다고 하였다. 이것으로 보면 하늘은 제사(祭祀)를 지낼 수 없으나 토신(土神)은 백성들도 제사(祭祀)를 지낼 수 있으며 비록 토신(土神)이라 하여도 단지 작은 것으로 말하는 것이며, 천자(天子)가 황천후토(皇天后土)의 큰 것에 제사(祭祀)지낸다고 하는 것과는 다른 것이다.'고 하였다.

  • 『구씨의절』에 '고례(古禮)에 비록 묘의 왼쪽에서 전(奠)을 올린다는 글은 있으나, 후토씨(后土氏)라 이른 것은 없다. 오직 당(唐)의 『개원례』에만 그것이 있으니 사마온공의 『서의』는 『개원례』를 근본으로 하였으며, 『가례』는 『서의』를 근본으로 하였으니, 그 상례(喪禮)에 묘역을 하는 것과 하관하는 것과 묘제의 조항에 모두 후토신(后土神)에게 제사(祭祀)를 지내는 것이다. 그러나 후토(后土)는 황천(皇天)을 상대하여 칭(稱)하는 것이니 사서(士庶)의 집안에서 사용하는 것은 참람한 것 같다. 문공의 『대전집』을 살펴보니 토지신(土地神)에게 제사(祭祀)하는 글이 있는데, 지금은 그것을 따라서 후토씨(后土氏)를 토지신(土地神)이라 고친다.' 고 하였다.

- 제사(祭祀)를 지내는 순서는 분향(焚香), 헌작(獻爵), 고축(告祝), 재배(再拜)의 순서로 일반적인 고유형식을 따른다. 이때 주인을 참가하지 않는다.

年號幾年 歲次干支 幾月干支朔 幾日干支 연 호 기 년 세 차 간 지 기 월 간 지 삭 기 일 간 지	
某官姓名 敢昭告于 土地之神 今爲某官姓名 모 관 성 명 감 소 고 우 토 지 지 신 금 위 모 관 성 명	
營建宅兆 神其保佑 俾無後艱 謹以 영 건 택 조 신 기 보 우 비 무 후 간 근 이	
淸酌脯醢 祗薦于神 尙　饗 청 작 포 혜 지 천 우 신 상　향	

언제00해 00달 00날 벼슬한 누구가 감히 밝게 고합니다.
토지신이여 어떤 벼슬한 누구의 광중을 세웁니다.
토지신께서 후환이 없도록 지켜주소서.
삼가 맑은 술과 포혜를 올리오니 흠향하소서.

- 주인이 돌아오면 빈소(殯所) 앞에서 북면(北面)하고 곡한다. 북면하고 곡(哭)하는 것에 대해 『의례』 「사상례」편 소에 '조석곡(朝夕哭)을 할 때는 마땅히 조계(阼階) 아래에서 서면(西面)을 하여야 하는데, 지금 점(占)을 치고 집에 돌아와 북면(北面)하고 곡하는 것은 자리가 바뀐 것이니 일상적인 일이 아니기 때문이다.'고 하였다.

- 『문해』에 물었다. "영역(塋域)을 열 때와 장사를 지낼 때 후토에게 제사 지내는 것은 단지 고사(告事)의 예로써 술·과일·포·육장만 진설하는가, 아니면 성대한 제찬을 차리는 것이 마땅한가?" 답했다. "내 집에서는 성찬(盛饌)을 사용하는 데, 과연 어떠할지 모르겠다."347)고 하였다.

- 물었다. "후토에 대한 제사를 『가례』에는 단지 술과 과일만 사용하여 단헌(單獻)을 한다고 했고, 『문해』에는 성찬을 사용한다고 했으니, 성찬을 쓰면 갱반(羹飯)과 삼헌 (三獻)의 예가 있는가? 평상시 묘제(墓祭)의 후토에 대한 제사에는 삼헌이 있는데, 경중으로 말한다면 장사 때가 무거운데 도리어 평상시에 미치지 못하니, 무슨 뜻인가?" 명재(明齋)가 말했다. "비록 성찬을 진설하더라도 어찌 반갱과 삼헌의 예가 있겠는가? 장사 때가 평상시와 같지 않은 것은 장사 때는 고사(告事)의 절차를 사용하므로 전례(奠禮)와 같고, 묘제에서 토지에 제사 지내는 것은 길례(吉禮)이므로 제례(祭禮)를 사용한다."348)고 하였다.

---

347) 『問解』：問, "開塋域時及葬時, 后土祀, 只用告事禮, 設酒果脯醢而已乎？抑當用盛祭否？" 答, "某家用盛饌, 未知果何如也。"

348) 『常變通攷』 問："后土祭, 『家禮』只用酒果單獻, 而 『問解』或用盛饌, 盛饌則有羹飯三獻之禮歟？常

(3) 遂穿壙

```
─── 【주자가례 원문 9-3】 ───────────────────
```

- 遂穿壙*
  ⇒ 마침내 광을 판다.

- 司馬溫公曰 今人葬有二法 有穿地直下爲壙 而懸棺以窆者 有鑿隧道 旁穿土室 而擡柩
  於其中者 按古者 惟天子得爲隧道 其他皆直下爲壙 而懸棺以窆 今當以此爲法 其穿地
  宜挾而深 狹則不崩損 深則盜難近也
  ⇒ 사마온공이 말하기를, "지금 사람들의 장사지내는 법에는 두 가지가 있다. 하나는
  땅을 파고 바로 내려가 광을 만들고 나서 관에 매달아 하관하는 것이고 둘째는
  수도(隧道)를 파고 옆에 토실(土室)을 파서 그 안에 관을 밀어 넣는 것이다. 살
  펴보니 옛날에는 오로지 천자만이 수도를 만들 수 있었고 그 밖에는 모두 바로
  파내려가 광을 만들고 관을 줄에 매달아 하관하였으니 지금은 마땅히 이것으로
  법을 삼아야 한다. 그 땅을 파는 데는 마땅히 좁고 깊어야 하니 좁으면 무너지지
  않고 깊으면 도굴군이 가까이 하기 어렵다."고 하였다.

- 問 合葬夫妻之位 朱子曰 某初葬亡室時 只存東畔一位 亦不曾考禮是如何 陳安卿云 地
  道以右爲尊 恐男當居右 曰 祭時以西爲上 則葬時亦當如此方是
  ⇒ 묻기를 "부부를 합장하는 위치는 어떻게 합니까?"하니 주자가 대답하기를 "내가
  이전에 죽은 아내를 장사 지낼 때에 다만 동쪽 지경의 한 자리를 남겨 놓고 또한
  일찍이 예법이 어떠한지는 상고하지 않았다. 진안경(陳安卿)이 이르기를, '지도
  (地道)는 오른쪽을 높이니 아마도 남자가 오른쪽에 있는 것이 옳은 듯합니다.'하
  여 나는 제사 때 서쪽을 윗자리로 삼으니 장사 지낼 때도 마땅이 이와 같이 하여
  야 옳은 듯하다.'고 하였다.

- 人家墓壙棺槨 切不可太大 當使壙僅能容槨 槨僅能容棺乃善 去年此間 陳家墳墓 遭發
  掘者 皆緣壙中太闊 其不能發者 皆是壙中狹少 無著脚手處 此不可不知也 此間墳墓
  山脚低卸 故盜易入
  ⇒ 사람들의 분묘와 광중과 관과 곽은 너무 크게 해서는 안 된다. 광중은 관이 겨우
  들어갈 정도면 되고, 곽은 관이 겨우 들어갈 정도면 좋다. 거년 이맘때 진씨 집안
  의 분묘가 도굴당한 것은 모두 광중이 너무 넓기 때문이다. 그 도굴할 수 없는
  것은 모두 광중이 좁아서 손발을 붙일 곳이 없기 때문이니 이것을 몰라서는 안
  된다. 여기의 분묘는 산줄기가 낮기 때문에 도적들이 들어가기가 쉽다.

- 問 墳與墓何別 曰 墓想是塋域 墳卽封土隆起者 光武紀云 爲墳但取其稍高 四邊能走水
  足矣 古人墳極高大 壙中容得人行也 沒意思 今法令一品以上墳得高一丈二尺 亦自儘

```
-------------------------------------------------------------
```

時墓祭后土祀, 有三獻, 以輕重言之, 則葬時爲重, 而反不及平時者, 何義歟？" 明齋曰："雖或設盛饌,
安有飯羹三獻之禮？葬時與平時不同者, 此用告事儀, 故如奠禮, 墓祭之祀土地, 吉禮, 故用祭禮。"

高矣 李守約云 墳墓所以遭發掘者 亦陰陽家之說有以啓之 蓋凡發掘者 皆以葬淺之 故若深一二丈 自無此患

⇒ 어떤 사람이 '분(墳)과 묘는 어떤 차이가 있습니까?'라고 물었다. 답하기를, '묘는 영역을 말하고, 분은 위를 덮어 솟아나게 한 봉토를 말한다.'라고 하였다. 『광무기』에 말하기를, "분을 만드는 데는 다만 조금 높음을 취하여 사방으로 물이 흘러가게만 하면 된다. 옛 사람들은 분을 아주 높고 크게 만들어 광중으로 사람이 다닐 수 있도록 하였는데 아무 생각이 없는 것이다. 지금의 법령에 일품 이상은 봉분을 높이 1장 1자의 높이로 하였는데 역시 좀 높다."고 하였다. 이수약이 말하기를, "분묘가 도굴당하는 까닭은 음양가의 계시하는 마에 있다. 대저 도굴당하는 것은 모두 낮게 장사지내기 때문이다. 만약 깊이를 1~2장으로 한다면 자연히 이러한 근심이 없을 것이다."고 하였다.

● 古禮葬亦許深 曰 不然 深葬有水 嘗見興化漳泉間 墳墓甚高 問之則曰 棺只浮在土上 深僅有一半入地半在地上 所以不得不高其封 後來見福州人擧移舊墓 稍深者無不有水 方知興化漳泉淺葬者 蓋防水爾 北方地土深厚 深葬不妨 豈可同也

⇒ "고례의 장사도 깊게 지내게 하였습니까?"하니 답하기를 "그렇지 않다. 깊이 장사 지내면 물이 있다. 일찍 홍화와 장천 지방에서 분묘를 본 적이 있는데 매우 높았다. 그 이유를 물으니, '관은 단지 땅 위에 떠있는 정도이고 깊어도 겨우 반 정도만 땅 속에 있고 반은 땅 위에 있으니 그 봉분이 높게 하지 않을 수 없다.'고 하였다. 뒤에 복주 사람이 옛 무덤을 이장하는 것을 보았는데 조금 깊어도 물이 없는 곳이 없었다. 그제야 홍화와 장천 지방에서 얕게 장사지내는 것이 대개 물을 막으려는 것임을 알게 되었다. 북방은 땅이 깊고 두터워 깊게 장사를 지내도 무방하니 어찌 같을 수 있겠는가."라고 하였다.

- 온공이 말했다. "요즘 사람들의 장사 지내는 법에는 두 가지가 있다. 땅을 파고 곧바로 내려가 광을 만들고 관을 매달아 하관하는 것과, 수도(隧道)를 곁으로 뚫어 토실(土室)을 파서 그 속에 널을 밀어 넣는 것이다. 살피건대, 옛날에는 오직 천자만 수도를 만들 수 있었고, 그 외는 모두 관을 매달아 하관하였으니, 지금은 이로써 법을 삼는 것이 마땅하다. 그 땅을 파는 데는 좁고 깊게 함이 마땅하니, 좁으면 무너지지 않고, 깊으면 도굴꾼이 가까이하기 어렵다."349)고 하였다.

- 묘터가 확정되면 묘터에서 널을 묻을 광중을 판다.

- 광중을 팔 때는 금정기를 사용하여 바르게 판다. 그 흙을 남쪽에 쌓는다고 하였는데,

---

349) 『常變通攷』 溫公曰 : "今人葬有二法. 有穿地直下爲壙, 而懸棺以窆者, 有鑿隧道旁穿土室, 而擡柩於其中者. 按, 古者, 惟天子得爲隧道, 其他皆懸棺而窆, 今當以此爲法. 其穿地, 宜狹而深, 狹則不崩損, 深則盜難近也。"

『의례』「사상례」에 '장례할 때 머리를 북쪽으로 하기 때문에 흙을 발이 있는 곳에 두는 것이다.'고 하였다.

- 금정기는 긴 나무토막 4개를 정(井)자 모양으로 놓고 관의 크기를 짐작하여 반듯하게 놓고서 그 모양대로 땅을 파는 일을 말한다.

- 『시경』에 이르기를 '살아서는 방을 달리 하지만 죽어서는 같은 광중에 묻힌다.'고 하였다.

- 『구의』에 살펴보니 '매장할 때의 위치는 마땅히 제사(祭祀) 지낼 때의 위치와 같아야 한다. 단시 세속에서 이미 오랫동안 매장할 때 모두 남좌여우(男左女右)의 위치로 답습한 것을 어기고 한 집안에서 홀연히 이와 같이 행한다면 여러 세대 후에 자손이 고위를 비위로 생각하는 잘못을 하지 않는다고 할 수 있겠는가?'라 하였고, 또한, 『어류』에 '지도는 오른쪽을 높이는 것이니 아마도 남자가 마땅히 우측에 자리해야 옳지 않습니까? 하여 답하기를 제사지낼 때에는 서쪽을 상위로 하니 장사 지낼 때에도 또한 이와 같이 하는 것이 옳다.'고 하였다.

- 『주자가례』에 '분(墳)과 묘(墓)는 어떻게 다릅니까?'하고 묻자 '묘는 영역(塋域)을 말하고 분(墳)은 위를 덮어 솟아나게 한 봉토(封土)를 말한다.'고 하였다.

- 사마온공이 말하기를 '지금 사람들의 장사지내는 법에는 두 가지가 있다. 첫째는 땅을 파고 바로 내려가 광(壙)을 만들고 나서 관(棺)을 매달아 하관(下棺)하는 것이고, 둘째는 수도(隧道), 관을 매장할 때 평지에서 경사지게 묘혈을 뚫어 놓은 길을 파고 옆에 토실을 파서 그 안에 관(棺)을 밀어 넣는 것이다. 살펴보니 옛날에는 오직 천자(天子)만이 수도(隧道)를 만들 수 있었고 그밖에는 모두 바로 파 내려가 광(壙)을 만들고 관(棺)을 매달아 하관(下棺)하였으니 지금은 마땅히 이것으로 법(法)을 삼아야 한다.'고 하였다.

(4) 作灰隔

【주자가례 원문 9-4】

- 作灰隔*
  ⇒ 화격을 만든다.

- 穿壙旣畢 先布炭末於壙底 築實厚二三寸 然後布石灰細沙黃土拌均者於其上 灰三分二者 各一可也 築實厚二三尺 別用薄板爲灰隔 如槨之狀 內以瀝靑塗之 厚三寸許 中取容棺 牆高於棺四寸許 置於灰上 乃於四旁旋下四物 亦以薄板隔之
  ⇒ 광을 파는 일이 이미 끝났으면 먼저 재(灰)를 광중의 밑바닥에 깔아 두께 2~3치를 쌓아 다진다. 그런 뒤에 석회와 가는 모래와 황토를 골고루 섞은 것을 그 위

에 펴는데 석회가 3푼에 나머지 두 기지는 각각 1푼씩이면 된다. 두께 2~3자 채워 다지고 특별히 얇은 판으로 회격을 만드는데 곽의 형상처럼 한다. 안은 역청으로 바르는데 두께는 세 치쯤으로 하고 가운데는 관이 들어갈 수 있게 한다. 담장은 관보다 네 치쯤 높게 하는데 석회 위에 놓고, 이에 사방에 네 가지 섞은 것(재, 석회, 가는 모래, 황토)을 둘러 넣고 역시 얇은 판으로 막는다.

- 炭末居外 三物居內 如底之厚 築之旣實 則旋抽其板近上 復下炭灰等而築之 及牆之平而止 蓋旣不用槨 則無以容瀝靑 故爲此制 又炭禦木根辟水蟻 石灰得沙而實 得土而黏 歲久結而爲全石 螻蟻盜賊皆不得進也
  ⇒ 재는 밖에 넣고 세 가지 물건은 안에 넣는데 밑바닥의 두께와 같게 한다. 쌓은 것이 이미 굳었으면 널판을 위에 가까이 빼고 다시 재와 회 등을 넣고 쌓아서 담장과 높이가 같아지면 그친다. 대체로 곽을 쓰지 않았다면 역청을 바를 데가 없으므로 이 제도를 쓰는 것이다. 또 재는 나무뿌리를 막과 물과 개미를 피하게 하며, 석회는 모래와 섞이면 굳어지고 황토와 섞이면 차져서 세월이 오래 되면 온전히 돌이되니 땅강아지와 개미와 도둑이 모두 들어올 수 없다.

- 程子曰 古人之葬欲比化者 不使土親膚 今奇玩之物 尙保藏固密 以防損汚 況親之遺骨 當如何哉 世俗淺識 惟欲不見而已 又有求速化之說者 是豈知必誠必信之義 且非欲求其不化也 未化之間 保藏當如是爾
  ⇒ 정자가 말하기를 "옛사람의 장사지내는 것은 죽은 이를 위하여 흙이 어버이 피부에 닿지 않도록 하려는 것이다. 지금 기이한 물건에 대하여서도 오히려 보호하고 감추는 것을 견고하고 주밀하게 하여 손상되거나 더러워지는 것을 막는데, 하물며 어버이의 유골을 마땅히 어떻게 해야겠는가? 세속의 식견이 얕은 사람은 오직 보이지 않도록 하고자할 따름이라 하거나 또는 속히 썩게 하는 것이라고 하는 경우도 있으니 이것이 어찌 반드시 진실되고 믿을 만한 의리를 아는 것이겠는가? 따라서 썩지 않게 하려는 것이 아니라 썩지 않는 사이에 보호하고 감추는 것을 이와 같이 하는 것이다."라고 하였다.

- 問 槨外可用灰雜沙土否 朱子曰 只純用炭末置之槨外 槨內實以和沙石灰 或曰可純用灰否 曰 純灰恐不實 須雜以篩過細沙 久之沙灰相乳入 其堅如石
  ⇒ 묻기를 "곽밖에 회에 모래와 흙을 섞는 것을 써야 합니까?"하니 주자가 말하기를 "다만 순수한 재만 사용하여 곽 밖에 넣고 곽 안은 모래와 회를 섞어 채워야 한다."하였다. 어떤 사람이 말하기를 "순수한 회만 써야 하지 않습니까?"하니 대답하여 말하기를 "순수한 석회만으로는 아마도 견실하지 못할 듯하니 체로 친 가는 모래를 오래된 석회와 버무려 넣으면 그 견고함이 돌과 같아진다.

- 槨外四圍上下 一切實以炭末 約厚七八寸許 旣辟濕氣免水患 又截樹根不入 樹根遇炭皆橫轉去 以此見炭灰之妙 蓋是死物無情 故樹根不入也 抱朴子曰 炭入地千年不變
  ⇒ 곽 밖의 사방 둘레와 상하의 일체 숯가루로 채우되 대략 두께는 7-8치쯤으로 한다. 이미 굳어지면 습기를 막고 물의 근심을 면하게 되며 또 나무의 뿌리가 들어

오지 못하게 막는다. 나무의 뿌리가 숯을 만나면 모두 살아나 더욱 뻗어가니 이
것으로 숯과 회의 오묘함을 보게 된다. 대개 숯은 죽은 물건이라 정이 없기 때문
에 나무의 뿌리가 들어오지 못하는 것이다. 포박자가 말하기를 '숯은 땅에 들어가
도 천년을 변치 않는다.'고 하였다.

- 問 范家用黃泥拌石灰實槨外如何 曰 不可 黃泥久之 亦能引樹根
  ⇒ 묻기를 "범씨 집안에서는 황토와 석회를 섞은 것을 곽 밖에 채웠는데 어떻습니
  까." 하니 대답하여 말하기를 "옳지 않다. 황토 진흙이 오래되면 나무의 뿌리를
  능히 끌어드린다."고 하였다.

- 又問 古人用瀝靑 恐地氣蒸熱 瀝靑溶化 棺有偏陷 却不便 曰 不曾親見用瀝靑利害 但
  書傳間多言用者 不知如何
  ⇒ 또 묻기를 "옛 사람은 역청을 썼는데 땅이 아마도 땅의 기운이 열을 증발시키면
  역청이 녹아 관이 기울어져서 무너지는 일이 있을 것이니 도리어 편하지 못할 듯
  합니다."하니 대답하여 말하기를 "일찍이 직접 역청을 써서 이로움과 해로움이 있
  었는지는 보지 못했다. 다만 『서전』에 '간혹 쓰는 자가 있다는 말이 많이 있지
  만 어떤지는 알지 못한다."고 하였다.

- 禮 壙中用牲體之屬 久之必潰爛 却引蟲蟻 非所以爲亡者慮久遠也 古人壙中置物甚多
  以某觀之 禮文之意大備 則防患之意反不足
  ⇒ 『예기』에 "무릇 광안에 생체(生體) 따위를 쓴다."고 하였으니 오래되면 반드시
  썩어서 문드러져 벌래와 개미를 끌어들이니 망자를 위해 깊이 생각한 바는 아니
  다. 옛날 사람들은 광 안에 넣어두는 물건을 매우 많았다. 살피건대 예문의 뜻이
  크게 갖추어 지면 근심을 막는 뜻은 오히려 부족할 것이다.

- 要之只當防慮久遠 毋使土親膚而已 其他禮文 皆可略也 又如古者 棺不釘不用添粘 而
  今灰添如此堅密 猶有蟻子入去 何況不使釘添 此皆不可行
  ⇒ 요컨대 마땅히 구원(久遠)할 방지를 염려하여 흙이 피부에 닿지 못하게 할 뿐이
  다. 기타의 예문은 모두 생략할 수 있다. 또 옛날같으면 관에 못을 박지 않고 칠
  하지도 않는데 지금은 회칠이 이같이 견밀(堅密)하여도 오히려 개미가 드나든다.
  어찌하여 못과 칠을 하지 못하게 하겠는가? 이것이 모두 다 행할 수 없는 일이
  다.

- 楊氏復曰 先生答廖子晦曰 所問葬法 後來講究 木槨瀝靑 似亦無益 但於穴底先鋪炭屑
  築之 厚一寸許 其上卽鋪沙灰
  ⇒ 양복이 말하였다. "선생이 요자회에게 답하여 말하기를 '물었던 장법(葬法)을 나
  중에 상고해 보니 목곽에 역청을 칠하는 것은 역시 이로움이 없을 듯하다. 다만
  무덤의 바닥에 먼저 탄가루를 1치 두께로 깔아 다지고, 그 위에 곧 모래와 석회
  를 깐다.

- 四傍 即用炭屑 側厚一寸許 下與先所鋪者相接 築之旣平 然後安石槨於其上 四傍又下 三物如前 槨底及棺四傍上面 復用沙灰實之 俟滿加蓋
  ⇒ 사방 옆에는 탄가루를 쓰는데 곁은 두께 1치쯤으로 하여 아래로 먼저 간 것과 서로 접하게 한다. 평평해지도록 쌓은 후에 석곽을 그 위에 안치한다. 사방 옆에도 세 가지 물건을 내려 붓는데 앞서와 같이 한다. 관의 바닥과 사방의 윗면은 다시 모래와 회로 채워 가득 차기를 기다렸다가 덮개를 씌운다.

- 復布沙灰而加炭屑於其上 然後以土築之 盈坎而止 蓋沙灰以隔螻蟻 愈厚愈佳 頃嘗見籍溪先生 說嘗見用灰葬者 後因遷葬 則見灰已化爲石矣
  ⇒ 다시 모래와 회를 깔고 탄가루를 그 위에 더하고 그런 후에 흙으로 쌓는데 무덤이 가득 차면 그친다. 대개 모래와 회는 땅강아지나 개미를 막으니 더욱 두텁고 더욱 보기 좋게 한다.' 지난번 일찍이 자계선생을 뵈었는데 '이전에 탄을 사용하여 장사지내는 것을 본 후에 천장(遷葬)으로 인하여 회가 이미 변하여 돌이 된 것을 보았다.'고 하였다.

- 炭屑則以隔木根之自外至者 亦里人改葬所親見 故須令常在沙灰之外 四面周密 都無縫罅 然後可以爲固
  ⇒ 탄가루는 나무의 뿌리가 밖으로부터 이르는 것을 막으니 마을 사람들이 개장할 때 친히 볼 것이기 때문이다. 그러므로 모름지기 항상 모래와 석회를 밖에 있게 해야 사면이 주밀해지고 틈이 없어지니 그런 후에야 견고해질 수 있다.

- 但法中不許用石槨 故此不敢用全石 只以數片合成 庶幾不戾法意耳
  ⇒ 다만 법령 중에 석곽의 사용을 불허하므로 감히 온전한 돌을 쓰지 못하고 단지 여러 조각의 돌을 합성하여 법의 뜻에 어긋나지 않기를 바랄 뿐이다."고 하였다.

- 광중을 파고나면 석회에 모래를 섞어 관이 들어갈 만큼 발라서 곽과 같이 만든다.

- 회격을 하게 되면 관에 물이 들어가지 않고, 나무뿌리나 곤충 도굴의 위험을 방지할 수 있다.

- 불허용석곽(不許用石槨) : 석곽을 쓰는 것을 허락하지 않았다. 『통전』에 '당(唐)의 제도에 모든 장사(葬事)에 돌로 곽(槨)과 석실(石室)을 만들 수 없다고 하였으니, 석곽(石槨)을 쓰는 것을 허용하지 않은 것은 당(唐)나라로부터 시작된 것이다.'

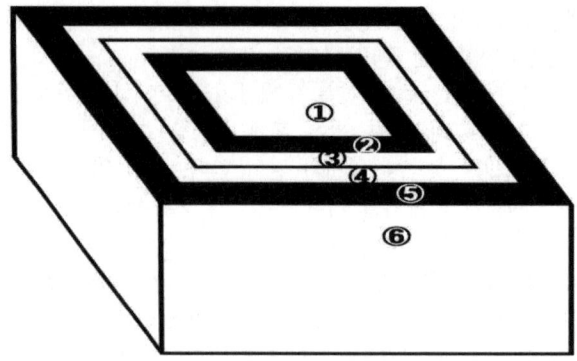

① 가운데는 관이 들어갈 수 있게 한다.

② 역청(瀝靑)을 바르되 두께는 3촌으로 한다.

③ 회격을 만드는데, 두께는 2촌으로 한다.

④ 삼물(三物)을 2, 3척가량 넣는다.

⑤ 숯가루를 3촌가량 넣는다.

⑥ 숯이 가장 바깥쪽에 있고, 삼물이 그 안쪽에 있고, 얇은 판이 그다음에 있고, 역청이 그다음에 있으며, 가운데에는 관이 들어갈 만한 공간이 있다.

- 관(棺)과 곽(槨) 사이에 석회를 사용하는 것은 『常變通攷』에서 이르기를 『가례』에 보인다. 그러나 내 생각에는 적게 사용하면 무익하고, 많이 사용하면 또 곽이 커져야 한다. 곽이 커지면 또 광(壙)도 커져야 하니, 모두 『가례』에서 꺼리는 바이므로 사용하지 않는 것이 마땅할 듯하다.350)고 하였다.

- 주자가 말하기를, "곽 밖에는 순전히 숯가루만 사용하고, 곽 안은 모래를 섞은 석회로 채워 넣어야 한다.'고 했다. 그러나 곽 안에 모래와 석회를 사용한다는 설은 도리어 의심이 있다. 관과 곽 사이는 아무리 넓어도 대부분 2~3치에 불과하다. 만약 모래와 석회가 세월이 오래되어 단단하게 응고되더라도 얇기가 두꺼운 종이 모양처럼 되어, 관과 곽이 이미 썩으면 석회만 홀로 있을 이치가 없다. 또 반드시 밖의 숯가루와 뒤섞여 한 덩어리가 될 것이니, 광 안이 더럽혀지고, 또 숯가루 역시 습기를 머금게 되어 이로울 게 없다. 내 젊은 시절에 인가에서 왕왕 숯가루를 사용하여 격리하는 것을 보았는데, 근자에는 거의 쓰지 않고, 국장(國葬)에만 사용한다. 그러나 옛사람이 숯가루를 사용한

---

350) 『常變通攷』   棺槨之間用石灰, 見 『家禮』 。然妄意少用則無益, 多用則又須槨大。槨大又須壙大, 皆 『家禮』 所忌, 恐不用爲宜也。

것은 숯이 죽은 물건으로 나무뿌리의 침투를 막고 물과 개미를 피할 수 있어서였다. 이로써 본다면 숯가루를 사용하는 뜻은 깊다. 다시 살펴야 한다."351)고 하였다.

- 곽(槨)에 대하여 사마온공이 말하기를 "곽(槨)은 비록 성인께서 만들어서 옛날부터 사용했지만, 그러나 판목은 세월이 오래되면 끝내 썩어 문드러져서 부질없이 광(壙) 속만 넓게 되어 견고하지 못하니, 차라리 사용하지 않는 것이 낫다. 공자(孔子)가 아들 리(鯉)를 장사 지낼 때, 관은 있었지만 곽은 없었다. 또 가난한 사람들이 급하게 장사를 지낼(還葬) 때는 곽이 없는 것을 허락하였다. 이제 사용하지 않으려는 것은 가난해서가 아니라 망자를 편안하게 보전하려고 함이다."352)고 하였다.

- 「상대기(喪大記)」에 군주는 소나무 곽(松槨)이고, 대부는 측백나무 곽(柏槨)이고 사(士)는 잡목 곽이다. [소에 대부는 측백나무로 곽을 만드는데, 황장(黃腸)을 쓰지 않음은 천자보다 낮아서이다.] 사(士) 또한 낮으므로 군주와 같은 것을 쓸 수 없으므로 잡목을 쓴다. 여헌(旅軒)이 말했다. "곽을 사용함은 고례(古禮)이니 폐할 수 없다." 물었다. "곽은 옛사람들이 두꺼운 것을 참으로 귀하게 여겼으나, 다만 끝내 썩고 문드러져서 광 속만 넓게 할 뿐이다. 이제 2치 정도의 두께로 사용하고자 하는데, 너무 얇을까?" 남계가 말했다. "우리 집 안에서도 이 제도를 따른다."353)고 하였다.

(5) 刻誌石

┌─── 【주자가례 원문 9-5】 ───

● 刻誌石*
⇒ 지석을 새긴다.

● 用石二片 計一爲蓋 刻云某官某公之墓 無官則書其字曰某君某甫
⇒ 돌 두 조각을 쓴다 그 하나는 덮개가 되는데 새기기를 '모관모공지묘(某官某公

───

351) 『常變通攷』   朱子謂'槨外純用炭末, 槨內實以和沙石灰'. 然槨內用沙灰之說却可疑. 棺槨間雖甚闊, 多不過二三寸. 假使沙灰歲久凝堅, 其薄如厚紙樣, 棺槨旣朽則灰無獨立之理. 且必與外面炭屑混雜爲一, 則汙穢壙內, 且炭亦能含濕, 未見爲利. 余少時猶見人家, 往往用炭隔, 近則幾於全廢, 惟國葬用之. 然古人用炭, 以爲炭乃死物, 能禦木根, 避水蟻. 以此觀之, 則其用炭之意深矣. 更詳之.

352) 『常變通攷』   溫公曰:"槨 雖聖人所制, 自古用之. 然板木歲久, 終歸腐爛, 徒使壙中寬大, 不能牢固, 不若不用之爲愈也. 孔子葬鯉, 有棺而無槨. 又許貧者還葬而無槨. 今不欲用, 非爲貧也, 乃欲保安亡者耳."

353) 「喪大記」 :君松槨, 大夫柏槨, 士雜木槨. 疏 :大夫以柏爲槨, 不用黃腸, 下天子也. 士又卑, 不得同君, 故用雜木. 旅軒曰 :"用槨古禮不可廢." 問 :"槨, 古人固貴其厚, 而但終歸腐爛, 徒使壙中寬大. 今欲用二寸餘之厚, 或是太薄耶 ?" 南溪曰 :"鄙家亦遵此制."

之墓)官))'라한다. 관직이 없는 사람은 그 자(字)를 써서 '모군모보(某君某甫)'라
한다.

- 其一爲底 刻云某官某公諱某字某某州某縣人 考諱某某官 母氏某封 某年月日生 叙歷官
  遷次 某年月日終 某年月日葬于某鄕某里某處 娶某氏某人之女 子男某某官 女適某官
  某人
  ⇒ 다른 하나는 밑이 되는데 새기기를 '모관모공휘모자모모주모현인(某官某公諱某字
  某某州某縣人) 고휘모모관(考諱某某官) 모씨모봉(母氏某封) 모년월일생(某年月日
  生) 서력관천차(叙歷官遷次) 모년월일종(某年月日終) 모년모월일장우모향모리모
  처(某年某月日葬于某鄕某里某處) 취모씨모인지여(娶某氏某人之女) 자남모모관(子
  男某某官) 여적모관모인(女適某官某人)'이라고 새긴다.

- 婦人夫在 則蓋云某官姓名某封某氏之墓 無封則云妻 夫無官則書夫之姓名 夫亡則云某
  官某公某封某氏 夫無官則云某君某甫妻某氏
  ⇒ 부인은 남편이 살아 있으면 덮개에 '모관성명모봉모씨지묘(某官姓名某封某氏之
  墓)'라 하는데 봉호가 없으면 처(妻)라고 한다. 남편이 관직이 없으면 남편의 성
  명을 쓴다. 남편이 죽었으면 '모관모공모봉모씨(某官某公某封某氏)'라 한다. 남편
  이 관직이 없으면 '모군모보처모씨(某君某甫妻某氏)'라 한다.

- 其底叙年若干 適某氏 因夫子致封號 無則否
  ⇒ 그 밑에는 '나이 얼마에 모씨에게 시집갔다.'고 쓰고 남편과 자식으로 인해 봉호
  를 받았으면 쓰고 없으면 쓰지 않는다.

- 葬之日 以二石字面相向 而以鐵束束之 埋之壙前近地面三四尺間 蓋慮異時 陵谷變遷
  或誤爲人所動 而石先見 則人有知其姓名者 庶能爲掩之也
  ⇒ 장사지내는 날 두 돌에 글자가 있는 것을 서로 향하게 하고 철사로 묶어서 광 앞
  가까운 지면 3-4자 사이에 묻는다. 대개 나중에 능곡이 변천하거나 남들이 잘못
  옮겼을 때 이 돌이 먼저 발견 되면 그 성명을 아는 자가 능히 묻어 줄 것이다.

- 『서의』에 지석을 새겨 묘소 속에 묻는 것은 이미 풍속을 벗어날 수 없다. 다만 향리
  (鄕里)·세가(世家)·관부(官簿)·시종(始終)만 서술하고 만다.354)고 하였다.
- 지석(誌石)은 망자(亡者)의 일생을 간략하게 기록한 표지물이다. 돌이나 도자기로 구워
  만들기도 하였다. 묘를 분실하였을 때 지석이 묘의 주인을 찾아내는 중요한 역할을 하
  여 지석이 중요시 되었다.
- 뚜껑에 쓰는 내용은 묘지의 주인을 밝히는 제목 정도이다.

---

354)『書儀』 : 銘誌, 埋之墓中, 旣不能免俗。但可直叙鄕里世家官簿始終而已。

- 아래 판에 쓰는 내용은 망자의 이력을 모두 기록하는데, 망자의 직위, 생년월일, 자식 관계, 처가관계, 살아 있을 때의 공적 등을 쓴다.

- 지석을 묻을 위치는 광중 앞 가까운 곳에 묻는다. 따라서 광중과 별도로 있기 때문에 묘가 도굴될 때 지석이 함께 도굴되지는 않는다.

- 지석은 돌조각 2개를 사용하는데, 하나는 덮개 역할을 한다. 접시를 사용할 경우에는 안쪽에 쓰고 마주하여 글이 훼손되지 않도록 한다.

〈誌石을 묻는 위치〉

〈誌石〉

〈墓誌石〉

① 墓在平地埋於壙內近南 : 묘소가 평지에 있으면 광(壙) 안에서 남쪽에 가까운 곳에 지석(誌石)을 묻는다.

(6) 造明器

┌─ 【주자가례 원문 9-6】 ─────────────────
│ • 造明器*
│ ⇒ 명기를 만든다.(순장품)
└────────────────────────────────────

> ● 刻木爲車馬 僕從侍女 各執奉養之物 象平生而小 準令五品六品三十事 七品八品二十事 非陞朝官十五事
> ⇒ 나무를 깎아 수레와 말 그리고 노복과 시녀가 각각 봉양하던 물건을 가지고 있는 모습을 만들어 평시의 생활을 형상하되 작게 한다. 법령에 5품과 6품은 30가지, 7품과 8품은 20가지 조관에 오르지 못한 자는 15가지라 하였다.

- 「단궁」에 이미 빈소를 마련하고 열흘이 지나면 명기를 편다.[355]고 하였다.

- 공자가 말했다. "명기를 만든 자는 상례의 도리를 알았으니, 물건을 갖추되 쓸 수가 없게 했다. 슬프다! 죽은 자로서 산 자의 그릇을 사용한다면, 아마 사람을 순장하는 것(殉)과 가깝지 않겠는가? [주에 사람을 죽여서 죽은 자를 보호하는 것을 '순(殉)'이라 한다.] 그런 그릇을 사용하는 자는 점차 사람을 사용하는 데 가까워진다. 그것을 '명기'라고 함은 신명으로 여김이다. 도거(塗車)와 추령(芻靈)은 옛날부터 있었으니, [주에 추령은 띠풀을 묶어 사람과 말을 만든 것이다.] 그것을 '영(靈)'이라 하는 것은 신(神)의 종류이기 때문이다. 명기의 도리이다. 추령을 만든 자는 선하나, 용(俑)을 만든 자는 불인(不仁)하니, 사람을 사용하는 데 가까워서가 아니겠는가?" [주에 용(俑)은 인형(偶人)이다.] 얼굴과 눈이 움직여 산 사람과 비슷하다. 공자는 옛날 제도를 좋다고 하고 주나라의 제도를 그르다고 했다.[356]고 하였다.

- 공자가 말했다. "죽음에 이르러 완전히 죽었다고 여김은 인(仁)이 아니니 해서는 안 되고, 죽음에 이르러 완전히 산 것으로 여김은 지(知)가 아니니 해서는 안 된다. [소에 죽었다고 여기는 것은 다시 지각이 없는 것으로 여김이니, 이는 어질지 못한 일이므로 해서는 안 된다.] 살았다고 여기는 것은 비록 죽었어도 여전히 산 것으로 여김이니, 이는 지혜롭지 못한 일이므로 해서는 안 된다. 이런 까닭에 대나무 그릇은 사용하지 못하고(竹不成用), 질그릇은 좋은 광택(沫)이 말(沫)의 음은 말(沫)이다. 없으며, 나무그릇에는 좋게(成) 조각한 무늬가 없다. [주에 성(成)은 좋음(善)이다.] [소에 대나무 그릇이 사용하기에 좋지 못하다는 것은 대나무 그릇의 가장자리에 가선을 댄 것이 없음을 말함이다.] 말(沫)은 말(沫)이다. 질그릇에 좋은 말(沫)이 없다는 것은 질그릇에 광택이 없음을

---

355) 「檀弓」 : 旣殯旬而布明器。

356) 『常變通攷』 孔子謂 : "爲明器者, 知喪道矣, 備物而不可用也。哀哉! 死者而用生者之器也, 不殆於用殉乎哉? 註 : 殺人以衛死者曰殉。用其器者, 漸幾於用人。 其曰明器, 神明之也。塗車芻靈, 自古有之, 註 : 芻靈, 束茅爲人馬。謂之靈者, 神之類。明器之道也。爲芻靈者善, 爲俑者不仁, 不殆於用人乎哉?"註 : 俑, 偶人也。有面目機發, 有似生人。孔子善古而非周。

말한다. 나무그릇에 좋게 조각한 무늬가 없다는 것은 조각하여 장식을 만들지 않았음이다. 금슬은 설치되어도 줄을 조율하지 않고, 생황은 갖추어 놓아도 조화(和)를 이루지 아니하며, 화(和)는 호(胡)와 와(臥)의 반절이다. [소에 금슬에 줄(絃)을 늘어놓았지만 고르게 조율되지 않고, 생황은 갖추어 있어도 궁상음(宮商音)의 조화가 없다. 종과 경쇠는 있어도 거는 틀(簴虡)이 없다. 순(簴)은 식(息)과 윤(允)의 반절이고, 거(虡)의 음은 거(巨)이다.] [주에 걸지 않음이다. 가로로 거는 것을 순(簴)이라 하고, 세로로 거는 것을 거(虡)라고 한다.] 그것을 '명기'라고 하니, 신명으로 여김이다." [주에 신명(神明)은 죽은 자를 말한다.] 신명이란 사람이 알 바 아니다. 그러므로 그 기구가 이러하다.357)고 하였다.

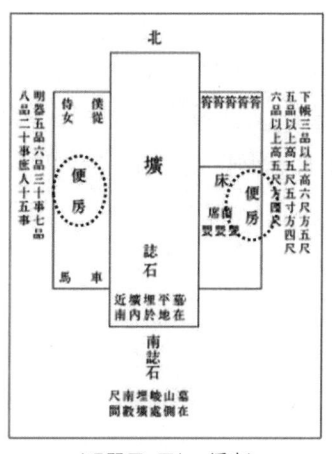

〈明器를 묻는 偏旁〉

〈明器〉

① 下帳三品以上 高六尺方五尺 五品以上 高五尺五寸方四尺 六品以上 高五尺方四尺 : 하장(下帳)은 3품 이상은 높이가 6척이고 사방이 5척이며, 5품 이상은 높이가 5척 5촌이고 사방이 4척이며, 6품 이상은 높이가 5척이고 사방이 4척이다.

② 明器五品六品三十事 七品八品二十 事庶人十五事 : 명기(明器)는 5품과 6품은 30사(事)이고, 7품과 8품은 20사이고, 서인(庶人)은 15사이다.

----

357) 『常變通攷』 孔子曰:"之死而致死之, 不仁而不可爲也。 之死而致生之, 不知而不可爲也。 疏:致死之者, 謂之無復有知, 是不仁之事, 而不可爲也。 致生之者, 謂雖死猶致生之, 是不知之事, 而不可爲也。 是故竹不成用, 瓦不成味, 音沬。 木不成斲, 註:成猶善也。 疏:竹不善用, 謂竹器邊無縢緣也。 味, 沬也。 瓦不善沬, 謂瓦器無光澤也。 木不善斲者, 斲雕飾也。 琴瑟張而不平, 竽笙備而不和, 胡臥反。 疏:琴瑟張絃而不調平, 竽笙備而無宮商調和也。 有鐘磬而無簴, 息允反。 虡 音巨。 註:不懸之也。 橫曰簴, 植曰虡。 其曰明器, 神明之也。" 註:言神明死者也。 神明者, 非人所知, 故其器如此。

③ 墓在山側峻處埋壙南數尺間 : 묘소가 산기슭 험준한 곳에 있으면 광의 남쪽에서 몇 자 떨어진 곳에 지석을 묻는다.

(7) 下帳

┌─── 【주자가례 원문 9-7】 ───────────────────────────────┐
│   │
│ ● 下帳*   │
│   ⇒ 하장을 만든다.   │
│   │
│ ● 謂牀帳茵席椅卓之類 亦象平生而小   │
│   ⇒ 상, 장막, 마차에 까는 깔개, 자리, 의자, 탁자 등속을 말한다. 역시 평상시의 생 │
│   활을 형상하되 작게 만든다.   │
│   │
└──┘

- 『개원례』에 하장은 널의 동쪽에 남향으로 펴고, 쌀과 술과 포는 하장 동북쪽에 진설하며, 밥상(食盤)은 하장 앞에 설치하고, 포생(苞牲)은 네 모퉁이에 두고, 초장(醯)과 육장(醢)은 밥상의 남쪽에 진설한다. 358)고 하였다.

(8) 苞

┌─── 【주자가례 원문 9-8】 ───────────────────────────────┐
│   │
│ ● 苞*   │
│   ⇒ 포를 만든다,   │
│   │
│ ● 竹掩一 所以盛遣奠餘脯   │
│   ⇒ 대나무 덮개 하나로 견전례를 하고 남은 포를 담는다.   │
│ ● 劉氏璋曰 既夕禮 苞二 所以裹奠羊豕之肉 註云 用便易者 謂茅長難用 裁取三尺一道編之 │
│   ⇒ 유장이 말하기를 "『의례』의 「기석례」에 '포가 둘이니 전의 양고기와 돼지고기 │
│   를 싸는 것'이라 한 구절의 주에 '편리하고 쉽게 쓴다고 한 것은 띠 풀이 길어서 │
│   쓰기가 어려우니 3자씩 잘라서 한 방법으로 엮는 것을 말한다.'하였다."고 하였다. │
│   │
└──┘

- -

358) 『開元禮』 : 下帳, 張於柩東南面, 米酒脯, 陳於下帳東北, 食盤, 設於下帳前, 苞牲, 置於四隅, 醯醢, 陳於食盤之南。

(9) 筲

- 筲*
  ⇒ 소를 만든다.

- 竹器五 以盛五穀
  ⇒ 대나무 그릇 5개로 5곡을 풍성하게 담는다.

- 司馬溫公曰 今但以小甕貯五穀 各五升 可也
  ⇒ 사마온공이 말하기를 "지금은 다만 작은 옹기로 오곡을 담는데 각각 5승이면 된다."고 하였다.

- 劉氏璋曰 旣夕禮 筲三 容與簋同 盛黍稷麥 其實皆瀹 註云 皆湛之以湯 神之所享 不用食道 所以爲敬
  ⇒ 유장이 말하기를 " 『의례』의 「기석례」에 '소는 3가지로 하는데 용량은 궤(簋)와 같은데 차기장과 메기장과 보리를 담고 그 열매는 모두 삶았다.'고 한 구절의 주에 '모두 물에 담가 끓인다. 신이 흠향하는 것은 식도를 쓰지 않으니 공경하기 때문이다.'고 하였다"고 하였다.

(10) 罌

- 罌*
  ⇒ 앵 罌(그릇) 을 만든다.

- 器三 以盛酒醯醢
  ⇒ 자기로 3개인데 술과 포와 육장을 담는다.

- 司馬溫公曰 自明器以下 俟實土及半 乃於其旁穿便房以貯之
  ⇒ 사마온공이 말하기를 "명기 이하는 흙이 반 정도 차기를 기다렸다가 곧 그 옆에 편방을 뚫어서 저장한다."고 하였다.
- 按此雖古人不忍死其親之意 然實非有用之物 且脯肉腐敗 生蟲聚蟻 尤爲非便 雖不用 可也
  ⇒ 살펴보니 이것은 비록 옛사람들이 차마 그 어버이가 죽었다고 여기지 못하는 뜻이라고는 하나 실제로 유용한 물건은 아니다. 그리고 포육은 부패하여 벌레가 생기고 개미가 모여들어 더욱 편치 못하니 비록 쓰지 않아도 된다.

(11) 大轝

【주자가례 원문 9-11】

● 大轝*
⇒ 큰 상여를 만든다.

● 古者 柳車制度甚詳 今不能然 但從俗爲之 取其牢固平穩而已 其法用兩長杠 杠上加伏
免 附杠處爲圓鑿 別作小方床以載柩 足高二寸 旁立兩柱 柱外施圓柄 令入鑿中 長出
其外 柄鑿之間 須極圓滑 以膏塗之
⇒ 옛날 유거는 제도가 매우 상세하였다. 지금은 그렇게 할 수 도 없고 다만 세속에
따라 만들되 견고하고 평온함을 취할 뿐이다. 만드는 방법은 두 개의 긴 장대를
써서 장대위에 복토(엎드린 토끼 모양)를 붙이고 장대를 부착할 곳은 둥글게 구
멍을 뚫는다. 별도로 작은 방형의 침상을 만들어 영구를 싣는다. 발의 높이는 2
치이다. 옆에 두 개의 기둥을 세우고 기둥 밖으로는 둥글게 장부를 만들어 구멍
속에 끼워 넣어 그 밖으로 길게 나오게 한다. 장부와 구멍 사이는 모름지기 아주
둥글고 매끄럽게 기름을 칠한다.

● 使其上下之際 柩常適平 兩柱近上 更爲方鑿 加橫肩 肩兩頭出柱外者 更加小肩 杠兩頭
施橫杠 橫杠上施短杠 短杠上或更加小杠 仍多作新麻大索 以備扎縛 此皆切要實用 不
可闕者
⇒ 위아래의 끝은 상여가 항상 알맞게 평평하도록 해야 한다. 양 기둥의 위쪽 가까
이에는 다시 모나게 구멍을 뚫고 빗장을 비껴 끼운다. 빗장의 양 머리가 기둥 밖
으로 나온 것은 다시 작은 빗장을 끼운다. 장대의 양 머리에도 가로 장대를 설치
하고 가로 장대 위에는 짧은 장대를 설치한다. 짧은 장대 위에는 간혹 다시 작은
장대를 더하기도 한다. 새 삼으로 큰 새끼를 많이 만들어 얽어 동일 일에 대비한
다. 이것은 모두 절실하고 긴요하여 실제의 사용에 빠뜨릴 수 없는 것이다.

● 但如此制 而以衣覆棺 亦足以少華 道路或更欲加飾 則以竹爲之格 以綵結之 上如撮蕉
亭施帷幔 四角垂流蘇而已
⇒ 다만 이 제도처럼 하되 옷으로 관을 덮어 도로를 조금 화려하게 할 수 있다. 혹
다시 더 꾸미고자 한다면 대나무로 격을 만들어 비단 끈으로 묶고 위는 촬초정처
럼 장막을 설치하고 네 귀퉁이는 유소를 드리운다.

● 然亦不可太高 恐多罣礙 不須太華徒爲觀美 若道路遠 決不可爲此虛飾 但多用油單裹柩
以防雨水而已
⇒ 그러나 또한 너무 높아서 괘애가 많을 듯하니 너무 화려해서도 안 되며 다만 보
기에 아름다워야 한다. 만약 길이 멀면 결코 이런 헛된 장식을 해서는 안 된다.
다만 유단을 많이 사용하여 상여를 싸서 빗물을 막을 뿐이다.

● 朱子曰 某舊爲先人飾棺 考制度作帷 延平先生以爲不切 而今禮文覺繁多 使人難行 後

聖有作 必是裁減了 方是行得
⇒ 주자가 말하기를 "내가 옛날에 선인을 위하여 관을 장식하고 제도를 상고하여 유황을 만들었는데, 연평선생이 적절하지 않다고 여겼다. 그러나 지금의 예문은 깨닫기가 번다하여 사람들이 행하기 어려우니 후에 성인이 나오는 일이 있으면 반드시 재단하고 덜어서 비로소 行할 수 있게 될 것이다."고 하였다.

- 상여는 관을 운반하는 가마의 일종으로 그 크기가 크다.

- 가난하면 대여를 만들지 않고 소여를 쓰며, 주로 마을의 공동상여를 소유하여 이를 사용하였고 일부에서는 별로도 상여를 만들기도 한다.

- 예전의 유거(柳車)는 그 제도가 매우 상세하지만, 지금은 그렇게 만들 수가 없다. 다만 시속에 따라 만들어서 견고하고 평온함을 취하면 그만이다. 만드는 방법은 긴 멜대(長杠) 두 개를 써서 멜대 위에 복토(伏兎 둔테)를 덧대어 멜대에 붙인 곳에 둥근 구멍을 판다. 별도로 영구(靈柩)를 올려놓을 작은 네모난 상(方牀)을 만드는데, 발의 높이는 두 치이고, 양옆에 기둥을 세우고 기둥 바깥쪽으로 둥근 자루를 만들어 꽂아 복토에 파놓은 둥근 구멍 속으로 들어가 길게 바깥쪽으로 나가도록 한다. 이 자루와 복토의 구멍 틈새가 극히 매끄럽게 기름을 쳐놓아야 상여가 오르락내리락할 적에 영구가 항상 수평을 이루게 된다. 두 기둥의 꼭대기 부분에 다시 네모난 구멍을 파서 가로빗장(橫扃)을 설치한 다음, 기둥을 꿰고 나간 가로빗장의 양 끝에 다시 작은 빗장멜대(扃杠)를 덧댄다. 양 머리에는 또 가로빗장을 설치하고, 이 가로빗장 위에 짧은 멜대(短杠)를 설치하는데, 더러는 짧은 멜대 위에 다시 작은 멜대(小杠)를 설치하기도 한다. 이어 새 삼(新麻)으로 큰 밧줄을 많이 꼬아놓아서 동여맬 것에 대비한다. 『구의』에 관 속에 넣은 물품은 한쪽으로 쏠리는 경우가 많으며, 싣는 즈음에 혹 높낮이가 서로 다르다. 이제 네모난 상(牀)의 사방 귀퉁이에 각각 쇠로 된 고리를 달고, 양쪽의 긴 멜대 위에도 그와 같이 한 다음, 아래쪽의 고리에 끈을 매달아서 위쪽 고리로 끼워 넣고서 높낮이에 맞추어서 조종한다. 이와 같이 하면 평평하고 고르게 될 것이다. 대나무로 격자(格子)를 만들어 채색 비단으로 묶어서 꼭대기를 마치 파초 잎을 모은 정자(撮蕉亭)처럼 하고, 휘장을 친 다음, 네 모서리에 유소(流蘇)를 드리워 둔다. 그러나 너무 높게 해서도 안 되니, 걸리거나 부딪치는 곳이 많기 때문이다. 너무 호화로워도 안 되니, 쓸데없이 미관만 취하기 때문이다. 도로가 멀 경우에는 결코 이러한 헛된 장식을 해서는 안 된다. 다만 유단(油單)을 많이 사용하여 영구를 싸서 빗물을 막으면 그만이다.359)고 하였다.

- 「단궁」에 공자의 상에 공서적(公西赤)이 지(志)를 만들었다. [주에 지(志)는 표시하여 나타냄(章識)이다.] 관을 장식하는데 장(牆)을 만들고, 삽(翣)을 두고, 피(披)를 설치한 것은 주(周)나라 제도이다. 숭(崇)을 만든 것은 은(殷)나라 제도이다. 주련(綢練)에 조(旐)를 만든 것은 하(夏)나라 제도이다. [주에 공자는 은(殷)나라 사람인데 삼왕(三王)의 예를 겸용하여 존중하였다.] [소에 공서적은 관을 장식하여 공자를 영화롭게 하려고 했으므로 예를 성대히 하여 삼왕의 법을 갖춤으로써 공자의 뜻과 식견을 뚜렷하게 나타내려고 했다.] 이에 흰 비단으로 저(褚)를 만들고, 저(褚) 밖에 장(牆)을 더하고, 수레 곁에 삽(翣)을 두고, 줄로 좌우를 유지했으니, 이는 모두 주나라 법이다. 정기(旌旗)는 비단을 잘라 숭아(崇牙)를 만들어 장식을 했으니, 이는 은나라 법이다. 또 정기(旌旗)의 장대를 흰 비단으로 감싸 덮고, 멜대 머리에 한 길 길이의 조(旐)를 설치하였으니, 이는 하나라의 예이다. 360)고 하였다.

(12) 翣

┌─── 【주자가례 원문 9-12】 ───
│
│ ● 翣*
│ @ 삽을 만든다.(雲翣, 黻翣)
│
│ ● 以木爲筐 如扇而方 兩角高 廣二尺高二尺四寸 衣以白布 柄長五尺 黼翣畫黼 黻翣畫黻
│   畫翣畫雲氣 其緣皆爲雲氣 皆畫以紫準格
│   ⇒ 나무로 테를 짜서 만들되 부채처럼 모나게 한다. 양 모서리는 높고 너비는 2자이
│   며 높이는 2자 4치이다. 옷은 흰 베를 쓰고 자루의 길이는 5자 이다. 보삽은 자
│   루 없는 도끼모양을 그리고 불삽은 아(亞)자 모양을 그리며 화삽은 구름을 그린
│   다. 그 가선은 모두 구름이 되는데 모두 자색으로 그리며 격식에 준한다.

- -

359) 『常變通攷』 古者, 柳車制度甚詳, 今不能然。但從俗爲之, 取其牢固平穩而已。其法, 用兩長杠, 杠上 加伏兎, 附杠處, 爲圓鑿, 別作小方牀, 以載柩, 足高二寸。旁立兩柱, 柱外施圓柄, 令入鑿中, 長出其 外, 柄鑿之間, 須極圓滑, 以膏塗之, 使其上下之際, 柩常適平。兩柱近上, 更爲方鑿, 加橫扃, 扃兩頭 出柱外者, 更加小局杠, 兩頭, 施橫杠, 橫杠上, 施短杠, 短杠上, 或更加小杠, 仍多作新麻大索, 以備 扎縛。『丘儀』：棺中斂物, 致多偏重, 臨載之際, 或偏有低仰。今擬方牀四隅, 各加鐵環, 兩長杠之 上, 亦如之, 繫繩於下環, 而貫之於上, 隨其低仰而操縱之。如此則適平矣。 以竹爲之格, 以綵結之, 上如撮蕉亭, 施帷幔, 四角垂流蘇而已。然亦不可太高, 恐多罣礙。不須太華, 徒爲觀美。若道路遠, 決 不可爲此虛飾。但多用油單裹柩, 以防雨水而已。

360) 「檀弓」：孔子之喪, 公西赤爲志焉。註：志爲章識。 飾棺牆, 置翣, 設披, 周也。設崇, 殷也。綢練設 旐, 夏也。註：夫子殷人, 兼用三王之禮尊之。疏：公西赤以飾棺榮夫子, 故爲盛禮, 備三王之法, 以章 明志識焉。於是以素爲褚, 褚外加牆, 車邊置翣, 以繩左右維持, 此皆周之法也。旌旗刻繪, 爲崇牙之 飾, 此則殷法。又韜盛旌旗之竿以素錦, 於杠首設長尋之旐, 此則夏禮也。

- 『설문』에 '관을 새의 날개처럼 장식한 것이다.'고 하였고, 『예기』 「상대기」에 '관을 꾸미는 이유는 도로와 광중을 아름답게 꾸며서 사람들이 그 어버이를 미워하지 않도록 하기 위한 것이다. 상여가 갈 때는 사람으로 하여금 가지고 따르게 하고, 이미 하관을 하였으면 광중에 세워 놓는다.'고 하였다.

- 삽은 행상 때 상여좌우에 들고 가는데 망자의 혼을 좋은 곳에 보내달라는 기원을 담고 있는 상여장식의 하나로 신분에 따라 개수를 달리 하였다. 하관할 때 관의 좌우에 묻는다.

- 「상대기」에 대부는 보삽 둘과 화삽 둘을 쓰며, 모두 머리에 오색의 날개 장식을 한다(戴緌). 사(士)는 화삽 둘을 쓰며 모두 머리에 오색의 날개 장식을 한다. [주에 한(漢)나라 예에는 삽(翣)을 나무로 테를 짜서, 너비는 3자, 높이는 2자 4치로 네모꼴이 되게 했으며, 양쪽 모서리는 높고, 흰 베로 옷을 입혔다.] 화삽에는 구름 모양을 그리고, 그 나머지는 모두 각기 그 형상대로 그렸으며, 자루의 길이는 5자이다. 수레가 갈 때 사람으로 하여금 그것을 잡고 따르게 했다. 하관을 하면 광 속에 꽂아 둔다. 「단궁」에 '주나라 사람은 장(牆)을 설치하고 삽(翣)을 꽂았다'는 것이 바로 이것이다. 유(緌)는 유(綏)라고 함이 마땅하다. [소에 오채(五采)의 깃을 사용하여 유(綏)를 만들어 삽(翣)의 양 모서리에 붙인다.]361)고 하였다.

- 『집례』에 당나라에서는 1품은 보삽·불삽·화삽 각각 둘, 2품과 3품은 보삽·화삽 각각 둘, 4품과 5품은 불삽·화삽 각각 둘, 6품 이하는 화삽 둘이다. 송나라에서는 4품 이상은 삽 여섯, 6품 이상은 삽 넷, 9품 이상은 삽 둘이다.362)고 하였다.

- 『문해속』에 물었다. "삽(翣)을 대부는 넷을 사용한다고 했는데, 지금 자급(資級)이 대부(大夫)인 자도 대부가 사용하는 수 그대로 사용해도 되는가?" 답했다. "사용하는 수의 많고 적음은 귀천에 따라 같지 않은데, 지금의 대부들 모두 넷을 사용할 수 있는데 예에 합당한지 모르겠다. 지위가 재상의 반열에 있어야 대부라고 할 수 있다."363)고 하였다.

---

361) 「喪大記」 : 大夫黼翣黻翣畫翣各二, 畫翣二, 皆戴緌。士畫翣二, 皆戴緌。註 : 漢禮, 翣以木爲匡, 廣三尺, 高二尺四寸, 方, 兩角高, 衣以白布。畫者畫雲氣。其餘各如其象, 柄長五尺。車行, 使人持之而從。旣窆, 樹於壙中。「檀弓」 曰'周人牆置翣', 是也。緌當作綏。疏 : 用五采羽, 作綏, 注翣兩角也。

362) 『集禮』 : 唐, 一品, 黼翣黻翣畫翣各二, 二品三品, 黼翣畫翣各二, 四品五品, 黻翣畫翣各二, 六品以下, 畫翣二。宋, 四品以上, 翣六, 六品以上, 翣四, 九品以上, 翣二。

363) 『問解續』 : 問, "翣大夫用四, 今之資大夫者, 亦可用大夫之數耶?" 答, "用數多寡, 貴賤不同, 而今之大夫, 皆得用四, 未知合於禮否也。位至宰列, 可謂大夫也。"

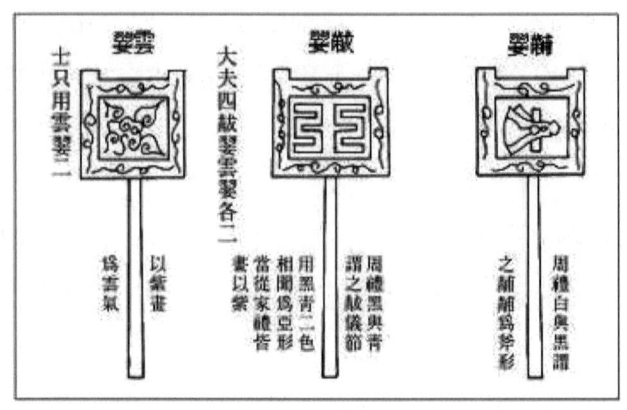

〈翣의 종류〉

① 大夫四黻翣雲翣各二 : 대부는 네 개의 삽(翣)을 쓰는데, 黻翣과 雲翣이 각각 2개씩
이다.

② 士只用雲翣二 : 사는 단지 운삽 2개를 쓴다.

③ 黼翣 周禮白與黑謂之黼 黼爲斧形 : 『주례』 동관(冬官) 고공기(考工記)에 "흰색과
검은색을 일러 보(黼)라고 한다." 하였다. 보는 도끼 모양의 문양을 그린다.

④ 黻翣 周禮黑與靑謂之黻 儀節用黑靑二色相聞爲亞形當從 家禮皆畫以紫 : 『주례』 동
관 고공기에 "검은색과 푸른색을 일러 불(黻)이라고 한다." 하였고, 《가례의절》에
"검은색과 푸른색 두 색을 써서 서로 대칭이 되게 아(亞) 자 모양을 그린다." 하였
다. 그러나 《가례》를 따라서 모두 자색(紫色)으로 그리는 것이 마땅하다.

⑤ 雲翣 以紫畫爲雲氣 : 운삽은 자색으로 구름 모양의 문양을 그린다.

- 삽의 종류는

• 보삽 : 반흑반백의 색깔로 자루 없는 도끼 모양의 무늬를 수놓은 것이다.

• 불삽 : 반흑반청의 색깔로 기자 2개를 서로 대칭되게 붙여 아자모양을 하고 있어 아
삽이라고도 하는데, 귀인의 보호 아래 망자의 넋이 무사하게 명부에 인도되기를 염
원한다는 의미를 담고 있다.

• 화삽 : 구름을 뜻하기 때문에 운삽이라고도 한다. 사람이 죽으면 혼은 하늘로 올라가
고 넋은 땅속으로 들어간다는 믿음에서 유래한 것으로 죽은 사람의 혼을 하늘로 잘

인도해 달라는 기원이 담겨 있다.

- 삽은 신분에 따라 종류와 수를 제한하고 있다.

  • 대부는 불삽 4, 운삽 각 2개

  • 선비는 운삽만 2개를 사용

(13) 作主

┌─── 【주자가례 원문 9-13】 ─────────────────────────┐

• 作主*
  ⇒ 신주를 만든다.

• 程子曰 作主用栗 趺方四寸 厚寸二分
  ⇒ 정자가 말하기를 "신주를 만드는데 밤나무를 쓴다. 받침대는 사방 4치이고 두께
    는 1치 2푼이다.

• 鑿之洞底 以受主身 身高尺二寸 博三寸 厚寸二分 剡上五分爲圓 首寸之下 勒前爲頷而
  判之 四分居前 八分居後
  ⇒ 바닥에 구멍을 뚫어서 신주의 몸을 끼운다. 몸의 높이가 1자 2치이고 너비가 3치
    이며, 두께는 1치 2푼이고 위로는 5푼을 깎아내어 머리를 둥글게 한다. 1치 아래
    는 앞을 깎아 턱을 만들고 그것을 쪼개어 4푼은 전식으로 하고 8푼은 후식으로
    한다.

• 頷下陷中 長六寸 廣一寸 深四分 合之植於趺下 齊竅其旁以通中
  ⇒ 턱 아래의 함중은 길이가 6치이고 너비가 1치이며 깊이는 4푼이다. 그것들을 합
    쳐서 받침대 아래에 꽂는다. 나란하게 그 옆에 구멍을 뚫어서 가운데를 통하게
    한다.

• 圓徑四分居三寸六分之下 下距趺面七寸二分 以粉塗其前面
  ⇒ 원은 지름이 4푼이고 3치 6푼 아래에 있다. 아래로 받침대의 면과 면과의 거리가
    7치 2푼이고 그 앞면에 분을 바른다."고 하였다.

• 司馬溫公曰 府君夫人 共爲一櫝
  ⇒ 사마온공이 말하기를 "부군과 부인은 독을 같이 한다."고 하였다.

• 按古者 虞主用桑 將練而後 易之以栗 今於此便作栗主 以從簡便
  ⇒ 살펴보니 옛날에 우제의 신주는 뽕나무를 사용하고, 장차 연제를 지내고 난 후에
    는 밤나무로 바꾸었다. 지금은 이에 밤나무 신주를 만들어 간편함을 좇고 있다.

└──┘

- 或無栗 止用木之堅者 櫝用黑添 且容一主 夫婦俱入祠堂 乃如司馬氏之制
  ⇒ 혹 밤나무가 없으면 나무 중 견고한 것을 사용한다. 독을 검은 칠을 하고 또한 신주 하나를 넣을 수 있어야 한다. 부부가 함께 사당에 들어가니 사마씨의 제도와 같이 한다.

- 程子曰 庶母亦當爲主 但不可入廟 子當祀於私室 主之制度則一 蓋有法象 不可益損 益損則不成矣
  ⇒ 정자가 말하기를 "서모도 마땅히 신주를 만든다. 다만 사당에는 들어갈 수 없으니 아들은 사실(私室)에서 제사지내야 한다. 신주의 제도는 한 가지이다. 대개 법도가 있어 모양을 더하거나 덜 수 없느니 더하거나 덜면 이루어지지 않는다."고 하였다.

- 朱子曰 伊川制士庶不用主 只用牌子
  ⇒ 주자가 말하기를 "이천의 제도에 사서인은 신주를 사용하지 않고 다만 패자를 쓴다고 하였다.

- 看來牌子 當如古制 只不消二片相合 及竅其旁以通中 且如今人未仕 只用牌子 到任後不中換了
  ⇒ 살펴보니 패자는 의당 옛날의 제도와 같다. 다만 두 조각을 서로 합치며 그 옆에 구멍을 뚫어 가운데를 통하게 하지 않는다. 지금 사람들은 벼슬하지 않으면 패자를 사용하다가 도임 후에도 중간에 바꾸지 않는다.

- 若是 士人只用主 亦無大利害 主式乃伊川先生所制 初非朝廷主法 固無官品之限 萬一繼世無官 亦難遽易 但繼此不當作耳 牌子亦無定制 竊意亦須似主之大小高下 但不爲判合陷中 可也
  ⇒ 만일 사인이라면 신주를 사용한다 해도 역시 큰 이로움이나 해로움은 없다. 신주 제도는 이천선생이 만든 것이지 애초에 조정에서 세운 법이 아니므로 관품의 한계가 없다. 만일 대를 잇는 이가 관직이 없더라도 서둘러 바꾸기 어려우니 다만 이것을 이어서 마땅히 만들어서는 안된다. 패자도 정해진 제도가 없지만 가만히 생각해 보면 신주의 대소와 고하가 같게 할 것이나 다만 쪼개서 합치거나 함중을 만들지 않는 것도 괜찮다.

- 凡此皆是後賢義起之制 今復以意斟酌 於古禮未有考也 今詳伊川主式書屬稱 本註屬謂 高曾祖考稱謂官或號行 如處士秀才幾郞幾公之類 如此則士庶可通用 周尺當省尺七寸五分弱 程集與書儀 誤註五寸五分弱
  ⇒ 이것은 모두 후현들이 의리로 일으킨 제도인데 지금 다시 뜻으로 짐작해 보면 고례에서 상고한 것이 있지 않았다. 지금 이천의 신주제도를 상고해 보면 '속칭을 쓴다.'고 한 구절의 본주에 '속은 고조 증조 조 고를 말한다. 칭은 벼슬 호나 항이니 처사와 수재, 몇 째 낭, 몇째 공 따위와 같은 것을 말한다.'고 하였다. 이와 같이하면 사서인이 통용할 수 있다. 주척은 성척 7치 5푼보다 조금 모자라는 것

에 해당하는데 정자의 문집과 『서의』에서 잘못 주석하여 5치 5푼보다 조금 모자란다고 하였다.

● 溫公圖以謂 三司布泉尺 卽省尺 程沙隨尺卽布帛尺 今以周尺校之布帛尺 正是七寸五分弱 然非有聲律高下之差 亦不必屑屑然也 得一書爲據 足矣

⇒ 온공의 그림에서는 삼사포백척 곧 성척이라고 하였다. 정사수의 척이 곧 포백척이니 지금의 주척으로 포백척에 맞춰보면 바로 7치 5푼보다 조금 모자란다. 그러나 성률 고하의 차이가 있지 않으니 또한 반드시 자질구레할 것이 아닐 것이다. 하나의 글을 얻어 근거로 삼았으니 족하다.”고 하였다.

- 나무를 구해 신주(神主)를 만드는 절차이다. 신주를 만드는 나무는 목질이 단단하고 잘 썩지 않으며 벌레가 먹지 않는 밤나무를 쓴다.

- 신주를 넣어두는 상자인 독에는 검은 칠을 한다.

- 정자가 말하기를 “신주(神主)를 만드는 데에는 밤나무를 쓴다. 받침(趺)은 사방 4치, 『이정전서(二程全書)』에 한 해의 네 계절을 본떴다. 두께는 1치 2푼이다. 『전서(全書)』에 하루의 12시간을 본떴다. 바닥을 구멍이 뚫리도록 파내어 신주의 몸체를 받아들인다. 몸체는 높이 1자 2치, 『전서』에열두 달을 본떴다. 너비 3치(30푼), 『전서』에 30푼은 한 달의 날수를 본떴다. 두께 1치 2푼이며, 『전서』에 몸체와 받침은 모두 1치 2푼이다. 위로 5푼을 깎아내어 머리를 둥글게 한다. 1치 내려와서 앞면을 깎아 내어 턱을 만들고 쪼개어서, 4푼은 앞에 있고, 8푼은 뒤에 있게 한다. 턱 밑은 한가운데 홈을 파내되(陷中) 길이 6치, 너비 1치, 깊이 4푼이다. 『전서』에 거기에 벼슬과 성명과 항렬을 쓰는데, ‘고(故) 모관 모공, 휘 모, 자 모, 제 몇째 신주’라고 한다. 합쳐서 받침대에 세워 『전서』에 몸체가 받침대 위로 나온 것이 1자 8푼이니, 합쳐서 높이 1자 2치이다. 밑을 가지런하게 한다. 그 곁에 구멍을 뚫어 가운데로 통하게 하되, 원(圓)의 지름은 4푼인데, 턱에서 3치 6푼 아래이고, 받침대 면에서 7치 2푼 위이다. 분(粉)을 그 앞면에 바른다.” 『전서』에 속칭(屬稱)을 쓴다. 속(屬)은 고(高)·증(曾)·조(祖)·고(考)를 말하고, 칭(稱)은 관직 혹은 호(號)나 항렬을 말하니, 처사(處士), 수재(秀才), 몇째 낭(郎), 몇째 공(公)과 같은 것이다. 곁에 제사를 주관하는 사람의 이름을 쓰는데(旁題), ‘효자 모 봉사(奉祀)’라 한다. 관직이 추가되거나 세대가 바뀌었으면 붓으로 씻어 고치고, 그 물을 사당 벽에 뿌린다. 밖은 고치지만 안은 고치지 않는다고 하였다. 주자가 이르기를 “이천(伊川)의 목주(木主) 제도에, 위를 깎는 것이나 구멍을 파는 곳에는

모두 음양의 수가 있으니, 진실로 그 예를 만들고 음악을 만드는 도구가 있었음이로다." 이천의 신주 형식에는 이렇게 속칭을 썼으니 사(士)와 서인이 통용할 수 있다.364)고 하였다.

- 『서의』에 고(考)에게는 자색(紫色) 주머니, 비(妣)에게는 비색(緋色 붉은 빛) 주머니로 씌운다. 각기 까는 요를 두고 칠갑(漆匣)에 저장해 둔다.365)고 하였다.

- 『집설(集說)』에 부부가 함께 하나의 갑(匣)을 쓴다면 도백(韜帛 덮는 비단) 역시 어찌 같은 색으로 함에 혐의가 있겠는가! 대개 전 시대에는 자색을 중하게 여기고 비색을 가볍게 여겼으므로 이러한 분별이 있었다. 그러나 나는 조종(祖宗)으로서 조고비(祖考妣)를 균등하게 여기니, 또 어찌 자잘한 말단의 일에 경중을 나누겠는가?366)라고 하였다.

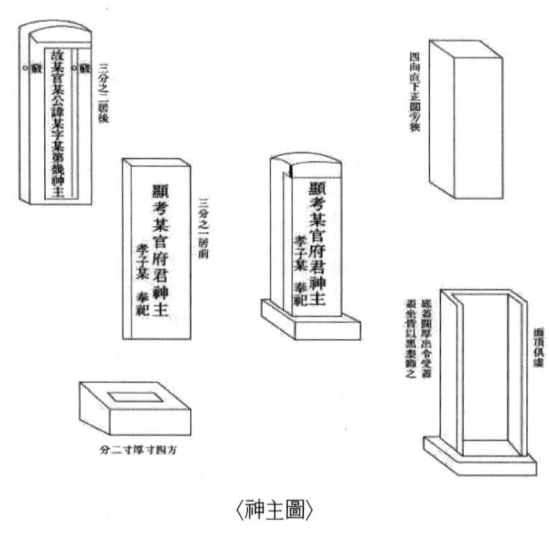

〈神主圖〉

----

364) 『常變通攷』 程子曰：“作主用栗。趺方四寸，『二程全書』：象歲之四時。 厚寸二分。『全書』：象日之辰。 鑿之洞底，以受主身。身高尺二寸，『全書』：象十二月。 博三寸，『全書』：三十分，象月之日。 厚寸二分，『全書』：身趺，皆一寸二分。 剡上五分，爲圓首。寸之下，勒前爲頷而判之，四分居前，八分居後。頷下陷中，長六寸，廣一寸，深四分。『全書』：以書爵姓名行，曰‘故某官某公，諱某字某，第幾神主’。 合之植於趺，『全書』：身出趺上，一尺八分，並高一尺二寸。 下齊。竅其旁，以通中，圓徑四分，居三寸六分之下，下距趺面七寸二分。以粉塗其前面。”『全書』：以書屬稱。屬謂高曾祖考，稱謂官或號行，如處士秀才幾郞幾公。旁題主祀之名，曰‘孝子某奉祀’。加贈易世，則筆滌而更之，水以灑廟牆。外改，中不改。 朱子曰：“伊川木主制度，其剡刻開竅處，皆有陰陽之數，信乎其有制禮作樂之具也。”伊川式，書屬稱如此，則士庶可通用。

365) 『書儀』：考以紫囊，妣以緋囊，盛之。各有藉褥，貯于漆匣。

366) 『集說』：夫婦共爲一匣，則韜帛亦何嫌於一色哉！蓋前代，重紫輕緋，故有此分別。然吾以祖宗，均祖考妣，又豈規規以分輕重於事爲之末哉？

- 『문해』에 자색을 숭상한 것은 고례가 아니라 당나라 풍속이다. 그런데 선유(先儒)들이 사용한 것은 짐짓 시속을 따라서일 따름이다. 367)고 하였다.

- 독(櫝)은 검은 옻칠을 하고, 또 신주 하나를 넣을 수 있게 한다. 부부가 모두 사당에 들어가면 그제서야 사마씨(司馬氏)의 제도와 같이 한다. 우암이 말했다. "사마씨의 제도는 부군(府君)과 부인(夫人)이 하나의 독을 함께함을 가리킨다." 『비요』에 좌식(坐式)은 사마공의 제도이고, 양창독(兩牕櫝)은 한 위공(韓魏公)의 제도이다. 가례도(家禮圖)에는 둘 다 있다. 요즘 사람들이 모두 사용하는 것은 옳지 않은 듯하다. 우암이 말했다. "좌식이란 개식(蓋式)에 상대하여 말함이다. 좌(坐)와 개(蓋)를 합한 것, 이것이 독(櫝)이다. 하나로 말할 수 있는 것이 아니나 좌식으로 이름하는 것은 옳지 않다. 아마도 우연히 잘못 살펴본 듯하다."368)고 하였다.

- 신주를 만드는 법은 시일월진을 본떠 만든 것으로 받침대는 사방 4치로 1년 4계절을 상징하고, 높이가 1자 2치인 것은 1년 12월을 의미하고, 두께가 1치 2푼인 것은 하루의 시간을 형상화한 것이다.

- 『오경이의』에 '신주(神主)는 신(神)을 상징하는 것이니, 효자가 이미 장사를 지냈으면 마음의 의지할 바가 없으므로 우제(虞祭)에 신주(神主)를 세워서 섬기는 것이다. 오직 천자 제후(諸侯)만이 신주(神主)가 있으며 경대부는 신주(神主)가 없으니 신분의 높고 낮음의 차이다.'고 하였고,

또한, '삼왕(三王)의 시대에는 소상(小祥) 이전에는 신주(神主)를 뽕나무로 만들었다.[桑은 喪과 같다] 소상(小祥, 練祭)의 신주(神主)는 하후씨 때는 소나무로 만들고, 은(殷)나라 사람은 잣나무로 만들었으며, 주(周)나라 사람은 밤나무로 만들었다. 그 이유에 대해서는 『백호통의(白虎通義)』에 '하후씨가 소나무로 한 까닭은 황송하다는 뜻이고, 은나라 사람이 잣나무로 한 까닭은 스스로 낮추어 조심하는 것이고, 주나라 사람이 밤나무로 한 까닭은 두려워하도록 한 것인데, 서로 계승하지 않았다.'고 하였다. 단지, '사당의 신주(神主)를 나무로 만드는 것은 나무에는 시작과 끝이 있어서 사람과 서로 같으니 거기에 글을 써 뒤 사람들로 하여금 알 수 있도록 하고자 하는 것이다.'고 하였다. 이에

---

367) 『問解』：尚紫非古，乃唐俗也。而先儒用之，姑從時俗耳。

368) 『常變通攷』櫝用黑漆，且容一主。夫婦俱入祠堂，乃如司馬氏之制。尤庵曰："司馬氏之制，指府君夫人共爲一櫝。"『備要』：坐式，司馬公制，兩牕櫝，韓魏公制。家禮圖並存之。今人有俱用者，恐非也。尤庵曰："坐式者，對蓋式而言也。合坐與蓋，則是櫝也。非可以單言者，而以坐式名之。恐偶失照勘。"

반하여 퇴계는 '그 견실한 나무를 취한 것이고 따로 뜻이 있는 것은 아니다.'고 하였다.

(13-1) 만사(挽詞)

- 『좌전』에 오(吳)나라가 제(齊)나라를 치려고 전쟁을 하는데, 공손하(公孫夏)가 그 무리
에게 우빈(虞殯)을 노래하게 했다(歌). [주에 우빈(虞殯)은 장사 행렬을 보내는 노래로,
반드시 죽기로 싸울 것임을 나타냄이다.] 그러므로 그 무리에게 노래하게 했다. [소에
계빈(啓殯)하고 우제를 지내려고 할 때 부르는 노래이다.] 가(歌)란 음악이다. 상(喪)이
란 슬픔이다. 장사 행렬을 보내면서 노래를 부르는 것은 대개 상여를 끄는 사람들이 노
래 소리를 내어 슬픔을 돋우는 것이니, 지금의 만가(挽歌)가 이것이다. 여기에 근거하면
만가가 있은 지 오래되었다. 진(晉)나라 초에 순의(荀顗)가 예를 제정하면서, 길흉이 섞
이면 안 되니, 장사 행렬을 보낼 때 노래를 하는 것은 마땅하지 않다고 하여 없앴다.
지우(摯虞)가 반박하기를 "『시경』에 '군자가 노래를 짓는 것은 오직 슬픔을 드러내는
것'이라 했으니, 노래는 해가 되지 않는다."고 하여, 다시 존치하였다. 369)고 하였다.

- 『구의』에 살펴보건대, 옛사람의 만가는 오로지 수고로움을 덜고 여러 사람의 힘을 가
지런하게 하는 데 사용하였다. 또한 이는 사람이 태어나면 반드시 죽으며, 죽은 자는
다시 돌아올 수 없다는 뜻이다. 근세 이른 바 '만시(挽詩)'라는 것이 부조(父祖)가 죽었
을 때 자손들이 그를 위해 세상에서 시를 잘하는 사람에게 두루 요구하는 것과는 같지
않다. 심지어 죽은 지 이미 수십 년이 되었는데 여전히 추가로 짓기도 하니, 옛 뜻을
잃은 것이다. 당송(唐宋) 이래로 이런 시를 지었으나, 모두 평소에 교유하며 우정을 맺
었던 친한 벗이 하루아침에 죽었다는 소식을 듣고 슬픈 마음에서 저절로 말로 드러낸
것일 뿐이다. 근세에는 반 푼의 면식이나 하루의 정분도 없는 사람들도 모두 억지로 만
사를 지어 가니, 아주 말할 것이 못 된다. 370)고 하였다.

---

369) 『左傳』 : 吳伐齊, 將戰, 公孫夏命其徒歌虞殯. 註 : 虞殯, 送葬歌曲, 示必死. 故命其徒歌之. 疏 : 啓
殯將虞之歌. 歌者, 樂也. 喪者, 哀也. 送葬得有歌者, 蓋挽引之人, 爲歌聲以助哀, 今之挽歌, 是也.
據此, 挽歌之有久矣. 晉初荀顗制禮, 以吉凶不雜, 送葬不宜有歌, 去之. 摯虞駁之云, " 『詩』 云'君子
作歌, 惟以告哀', 歌不爲害也. "復存之.

370) 『丘儀』 : 按, 古人挽歌, 專用之以相斥苦, 齊衆力. 亦是人生必死, 死者不可復回之意. 非若近世所謂
挽詩者, 父祖物故, 子孫爲之, 遍干世之能詩者. 甚至死已數十年, 猶追爲之, 失古意矣. 唐宋以來, 固
有是作. 然皆平日交遊, 有契誼之舊, 有親比之好, 一旦聞其死, 而哀傷之自發於言爾. 近世至有無半面
之識, 一日之雅者, 亦皆强操之, 大無謂也.

10. 천구(遷柩)

1) 개요

- 대렴 후 치장기간동안 빈(殯)에 모셨던 망자를 발인의 때가 되어 마지막으로 조상(祖上)을 뵙기 위해 사당(祠堂)으로 모시는 절차이다. 다음날 발인을 위해 준비의 의미를 겸하고 있다.

- 천구(遷柩)의 자형을 분석하여 보면,

  • 遷 [옮길 천]은 『설문해자(說文解字)』에 "登也。从辵𡏚聲。拪, 古文遷从手西。"라 하여 "오른다는 의미이다. '辵'은 의미부분이고, '𡏚'은 발음부분이다. '拪'은 고문의 '遷'으로 '手'와 '西'를 썼다."고 하였다. 자형을 살펴보면, 은 뜻을 나타내는 '辶(=辵)'와 음을 나타내는 동시에 하늘에 오르다의 뜻을 나타내는 '𡏚(선·천)'을 합하여 써서 오르다의 뜻이 轉하여 옮기다의 의미로 쓰였다.

  • 柩 [널 구]는 『설문해자(說文解字)』에 "棺也。从匚从木, 久聲。"라 하여 관을 말한다고 하였다. 자형을 살펴보면 뜻을 나타내는 '木'과 음을 나타내는 글자 '匛(구)'를 합하여, 나무로 된 상자에 나이든 사람이 들어가 있는 모양으로 관속에 시신이 있음을 나타낸 것이다.

2) 천구(遷柩)의 예(禮)에 관하여 살펴보면

구 분	『朱子家禮』	『喪禮備要』	『四禮便覽』
遷柩	•發引前一日.因朝奠以遷柩告 •奉柩朝于祖 •遂遷于廳事 •乃代哭 •親賓致奠賻 •陳器 •日哺時設祖奠	[啓殯] •發引前一日.因朝奠.以遷柩告 •奉柩朝于祖. •遂遷于廳事. •乃代哭. •親賓玖奠賻. •陳器. •日哺時設祖奠.	•發引前一日,因朝奠以遷柩告 •奉柩朝于祖 •遂遷于廳事 •乃代哭 •親賓致奠賻 •陳器 •日哺時設祖奠

3) 의례절차의 이해

- 『구씨의절』에 '『의례』 「기석례」편에 계빈(啓殯)할 날을 청하여 빈(殯)에게 알린다.'
고 하였고, 『서의』에는 '점을 쳐서 길함을 얻은 후에 주인이 빈소(殯所) 앞에 이르러
곡한 후 사람을 시켜 친척과 동료와 장례에 모여야 될 사람들에게 알린다.'고 하였다.

(1) 發引前一日. 因朝奠以遷柩告

┌── 【주자가례 원문 10-1】 ─────────────────────────

● 發引前一日 因朝奠以遷柩告*
　⇒ 발인 하루 전에 조전을 드려 영구를 옮기는 것을 고한다.

● 設饌如朝奠祝 祝斟酒訖 北面跪告曰 今以吉辰遷柩敢告 俛伏興 主人以下哭盡哀再拜
　⇒ 음식을 차리는 것은 조전과 같다. 축이 술을 따르고 북면을 하여 무릎을 꿇고 고
　　하여 말하기를, "지금 좋은 날에 관을 옮기려고 감히 고합니다."라고 하고 엎드렸
　　다 일어나면, 주인 이하는 곡으로 슬픔을 다하고 재배한다.

● 蓋古有啓殯之奠 今旣不塗殯 則其禮無所施 然又不可全無節文 故爲此禮也
　⇒ 예전에는 계빈(啓殯)하는 전례가 있었으나, 지금은 이미 빈소에 흙을 바르지 않
　　았으니 그 예를 시행할 곳이 없다. 그러나 완전히 절문을 없앨 수 없으므로 이
　　예를 행하는 것이다.

● 楊氏復曰 古禮自啓殯至卒哭 更有兩變服之節 啓殯 斬衰男子括髮 婦人髽 蓋小斂括髮
　髽 今啓殯亦見尸柩 故變同小斂之節也 此是一節
　⇒ 양복이 말하기를, "고례에 계빈으로부터 졸곡까지 다시 두 번 옷을 갈아입는 절
　　차가 있었다. 계빈에 참최복을 입는 남자는 머리를 묶고 부인은 복머리를 하여 개
　　두를 썼다. 대개 소렴에도 머리를 묶고 복머리를 하였다. 지금 계빈에도 시신이 안
　　치된 관을 보게 되므로 옷을 갈아입는 것은 소렴의 절차와 같이 한다. 이것이 한
　　절문이다.

● 今旣不塗殯 則亦不啓 雖不變服 可也 古禮啓殯之後 斬衰男子免 至虞卒哭 皆免 此又
　是一節
　⇒ 지금은 이미 빈소에 흙을 바르지 않으니 또한 계빈을 하지 않으며 옷을 갈아입지
　　않아도 된다. 고례에는 계빈한 후에 참최복을 입는 남자는 문(免)하고 우제와 졸
　　곡까지는 모두 문을 하였다. 이것이 또 하나의 절문이다.

● 開元禮 主人及諸子皆去冠絰 以邪布巾帕頭 亦放古意
　⇒ 『개원례』에 '주인과 모든 아들은 모두 관과 질을 벗고 사포건으로 머리를 묶는
　　다.'고 하였으니 또한 옛 뜻을 따른 것이다.

- 家禮今皆不用 何也 司馬公曰 自啓殯至于卒哭 日數甚多 若使五服之親 皆不冠而袒免 恐其驚俗 故但各服其服而已
  ⇒ 『가례』에는 지금 모두 사용하지 않으니 어째서인가. 사마공은 말하기를 "계빈으로부터 졸곡까지 날짜 수가 매우 많다. 만약 오복을 입는 친척들에게 모두 관을 쓰지 않고 단(袒)하고 문(免)을 하게 하면 속인들을 놀라게 할까 두렵기 때문에 다만 각각 그 복을 입을 따름이다."고 하였다.

- 발인 하루 전날 조전(朝奠)을 올리면서 영구를 옮길 것을 영좌에 고한다.

今 以 吉 辰   遷 柩 敢 告 금 이 길 신   천 구 감 고
관을 옮기려고 감히 고告하나이다.

- 음식은 조전과 같이 차린다.

- 축이 술을 올리고 북향 부복하여 '좋은 날 관을 옮깁니다.'라고 고한다.

- 축이 일어나면 주인 이하는 모두 곡으로 슬픔을 다하고 재배한다.

- 「기석례」에 저녁이 되었으면 곡을 한다(旣夕哭). [소에 아침이 되어 곡하지 않고 저녁이 되기를 기다려 곡하는 것은 다음 날 아침에 비로소 계빈(啓殯)을 하는데 석곡(夕哭)과 간격이 있어서는 안 되기 때문에 저녁이 되어서 청하는 것이다.]371)고 하였다.

- 계빈할 기일을 청하여 빈(賓)에게 고한다. [주에 장차 장사 지내려고 조묘(祖廟)로 천구(遷柩)할 때에 유사(有司)가 이에 주인에게 계빈할 시기를 청하여 빈에게 고한다.] [소에 주인이 석곡(夕哭)을 마치면 침문(寢門)을 나와서 바깥 자리로 돌아간다.] 이때 반드시 조문하는 빈이 와서 바깥 자리에 있기 때문에 기일을 청하고 인하여 빈에게 고하는 것이다.372)고 하였다.

- 「기석례」에 장부와 복머리(髽)를 한 사람이 대(帶)를 흩어 드리우고 자리로 나아가는 것은 처음과 같다. [주에 장차 계빈을 위하여 복을 바꾸는 것이다.] 「소기(小記)」에

---

371) 「旣夕禮」 : 旣夕哭。疏 : 不於旣朝哭, 而待旣夕哭者, 明日之朝, 始啓殯, 不可隔夕哭, 故於旣夕請。

372) 『常變通攷』 請啓期, 告于賓。註 : 將葬當遷柩于祖, 有司乃請啓殯之期於主人, 以告賓。疏 : 主人夕哭訖, 出寢門, 復外位。時必有弔賓來在外位, 故請期因告賓也。

"남자는 문(免)을 하고, 부인은 복머리를 한다"고 했다. [소에 남자는 문(免), 괄발(括髮)하고, 띠를 흩어 드리우며, 부인은 복머리를 하니, 모두 소렴의 절도이다.] 계빈(啓殯)할 때도 시구(尸柩)를 보기 때문에 소렴할 때와 같이 복장을 바꾼다. 지금 장부는 그 사람은 나타내고, 문(免)은 나타내지 않았으니, 장부는 마땅히 문(免)을 하기 때문이고, 부인은 그 복머리는 나타내고 그 사람은 나타내지 않았으니, 부인은 마땅히 복머리를 하기 때문이다. 호문(互文)으로 서로를 나타내었다. 「소기」를 인용한 것은 성복을 하지 않았을 때 남자는 문을 하고 여자는 복머리를 하고, 참최복(斬衰服)을 입을 남자는 괄발하고, 자최복(齊衰服) 이하인 경우에는 남자는 문을 한다. 여기서 괄발한다고 하지 않는 것은 계빈한 후에는 비록 참최복이라 할지라도 또한 문을 하지 괄발하고 띠를 흩어 드리우는 것이 없기 때문이다. 대공복(大功服) 이상인 경우에는 남자는 모두 그렇게 한다. 뒤에 졸곡(卒哭)할 때까지 그 복(服)은 동일하다. 자리에 나감이 처음과 같음은 문 밖에 있을 때의 자리가 조곡(朝哭)과 석곡(夕哭)을 하는 자리와 같음이다. 부인은 곡하지 않는다. 주인은 빈에게 절하고 들어가 자리로 나아가 단(祖 윗옷의 왼쪽 소매를 벗음)한다. [주에 남자가 문에 들어가 곡을 하지 않는 것은 장차 일이 있어 시끄러운 소리를 중지함이다.]373)고 하였다.

- 「상대기」에 대부와 사(士)는 빈(殯)에 곡을 할 때는 상장(喪杖)을 짚고, 널에 곡할 때는 상장을 거둔다(輯). [주에 '빈에 곡함'은 이미 도빈(塗殯)하였음을 말하고, '널에 곡함'은 계빈한 다음을 말한다.] '집(輯)'은 거둠(斂)이니, 들어 올리지 그것으로 땅을 짚지 않는 것이다.374)고 하였다.

- 『개원례』에 계빈하는 날에 내외가 일찍 일어나서 최복(縗服)을 입는다. 주인과 여러 아들은 모두 관과 질(絰)을 벗고 최건(縗巾)으로 머리를 싸매고 계단을 올라가서 자리로 나아가 곡한다.375)고 하였다.

- 설찬(設饌)은 조전(朝奠)과 같이 하고, 축(祝)이 술을 따른다. 마치고 북면하여 꿇어앉

373) 「旣夕禮」 :丈夫髽散帶垂, 卽位如初. 註:爲將啓變也. 「小記」曰, "男子免, 而婦人髽."疏:男子免括髮散帶垂, 婦人髽, 皆小斂之節. 啓殯亦見尸柩, 故變同小斂之時. 今丈夫見其人, 不見免. 則丈夫當免矣, 婦人見其髽, 不見人, 則婦人當髽矣, 互文以相見耳. 引「小記」者, 未成服, 男子免, 而婦人髽, 斬衰, 男子括髮, 齊衰以下, 男子免, 此不言括髮者, 啓殯之後, 雖斬衰亦免, 而無括髮散帶垂者. 大功以上, 男子皆然. 後至卒哭, 其服同卽位, 如初在門外, 如朝夕哭位也. 婦人不哭. 主人拜賓, 入卽位祖. 註:男子入門不哭, 將有事, 止讙囂也.

374) 「喪大記」 :大夫士哭殯則杖, 哭柩則輯杖. 註:哭殯謂旣塗也, 哭柩謂啓後也. 輯, 斂也, 謂擧之不以拄地也.

375) 『開元禮』 :啓殯之日, 內外夙興縗服. 主人及諸子, 皆去冠絰, 以縗巾帕頭, 升階就位哭.

아 고하기를 "이제 길일에 널을 옮길 것을 감히 고 합니다"고 하고 부복했다가 일어난다. 주인 이하는 슬픔을 다해 곡을 하고서 두 번 절한다. 대개 옛날에는 계빈전(啓殯奠)이 있었는데, 지금은 이미 도빈(塗殯)을 하지 않으므로 그 예를 베풀 곳이 없지만, 또 전혀 절문(節文)이 없을 수 없기 때문에 이 예를 행하는 것이다. 「기석례」에는 계빈에 전(奠)을 차리지 않는다. 이미 계빈하고 조묘(祖廟)에 배알할 때는 묵은 전(宿奠)을 따르게 하여, 이미 널을 바르게 놓고는 널의 서쪽에 처음처럼 차린다. 날이 샐 무렵에 묵은 전을 거두고 이에 새로운 전(新奠)을 대렴전(大斂奠)과 같이 진설하는데, 이른 바 '천조전(遷祖奠)'이다. 이는 계빈을 위해 진설하는 것이 아니다. 「단궁(檀弓)」 소(疏)에 비록 '계빈전(啓殯奠)'이라는 조문이 있으나 이는 또한 '숙전(宿奠)'을 말한 것이다. 오직 『개원례』에는 조조(朝祖)가 없기 때문에 이 전(奠)을 이미 계빈한 이후에 진설하여 '계빈전(啓殯奠)'이라 말한 것이다. 이른 바 '옛날에는 계빈전이 있었다'고 한 것은 아마 이 때문일 것이다.376)고 하였다.

- 『개원례』에 빈(殯)에 바른 흙을 걷어 내고 나서 동쪽에 자리를 설치하고 자리 위에 널을 올린다. 그리고 널의 동쪽에 자리를 설치하고 전(奠)을 자리 위에 올려 차린다. 「기석례」 주에, '널의 동쪽에 차리지 않는다. 동쪽은 신위(神位)가 아니기 때문이다'라고 하였다. 이에 의거한다면 여기서 널의 동쪽에 차린다는 것은 아마 예의 본뜻이 아닌 것 같다. 생각건대, 『서의』와 『가례』에서 모두 널의 서쪽에 전을 차린 것은 대개 옛날로 되돌아간 것이다.377)고 하였다.

- 『서의』에 오복(五服)의 친속은 각각 그 상복을 입고 들어가서 자리에 나아가 곡한다. 집사자(執事者)는 영좌(靈座)와 횃대(椸)를 옆으로 옮긴다. 축(祝)은 널 앞에서 북향하여 서서 소리를 높여 세 번 고하기를 "삼가 길일이 되어 계빈합니다."고 한다. 고한 뒤에는 내외가 모두 슬픔을 다해 곡을 하고 그친다. 부인은 물러나고, 주인과 중주인(衆主人)은 상장을 거두어 잡고(輯杖) 계빈하는 것을 살핀다. 축(祝)이 명정(銘旌)을 가져다가 영좌 옆에 둔다. 「기석례」에서는 축이 명정을 취하여 중(重)에 둔다고 했는데, 지

---

376) 『常變通攷』 設饌如朝奠, 祝斟酒。 訖北面跪告曰: "今以吉辰, 遷柩敢告。" 俛伏興。 主人以下, 哭盡哀再拜。 蓋古有啓殯之奠, 今旣不塗殯, 則其禮無所施, 又不可全無節文, 故爲此禮也。 『旣夕禮』, 啓殯不奠。 旣啓朝于祖, 以宿奠從, 旣正柩, 設於柩西, 如初。 質明徹宿奠, 乃設新奠, 如大斂奠, 所謂遷祖奠也, 非爲啓殯設也。 「檀弓」疏, 雖有啓殯奠之文, 而此亦謂宿奠也。 惟『開元禮』, 無朝祖, 故此奠設於旣啓之後, 謂之啓殯奠。 所謂古有啓殯奠者, 或以此歟。

377) 『開元禮』 :徹殯塗, 訖, 設席於東, 升柩於席上。 及設席於柩東, 以奠升, 設於席上。 【案】「旣夕禮」註, 不設柩東, 東非神位也。 據此則此設於柩東, 恐非禮意。 『書儀』・『家禮』, 皆奠於柩西, 蓋反於古也。

금은 혼백(魂帛)이 중을 대신하기 때문에 영좌 옆에 둔다고 한 것이다. 일꾼이 들어가서 빈(殯)에 바른 흙과 날벽돌(墼)을 걷고 땅을 쓸어 깨끗하게 한다. 축(祝)이 공포(功布)를 가지고 관 위의 먼지를 털어 내고, 공포(功布)는 길이가 3자인데, 조금 촘촘하게 짠 새 베로 만든다. 축이 널을 어거할 때 이 공포를 잡고서 일꾼을 지휘한다. 겹금(裌衾)으로 관을 덮는다. 일꾼이 나가면, 부인은 자리로 가서 곡을 한다. 집사자는 다시 예전 자리에 햇대와 영좌를 설치하고 이에 묵은 전(奠)을 거두고 새 전(奠)을 설치하는데, 평소 조석전(朝夕奠)의 절도처럼 한다. [378]고 하였다.

- 묻기를 "천구(遷柩)라는 글은 대개 조조(朝祖)를 위하여 말한 것이다. 만약 널을 움직이는 절차가 없다면 형식치레에 가까울 것이다"고 하니, 밀암(密庵)이 말하기를 "『가례』에 계빈(啓殯)이 없지만 천구(遷柩)를 고하는 것은 전혀 절문(節文)이 없을 수 없기 때문이다. 이로써 미루어 보면, 천구는 다만 조조(朝祖)를 위해서만 하는 것은 아니니, 조전(朝奠)으로 인해 천구를 고하는 것은 빠뜨릴 수 없을 듯하다"고 했다.[379]고 하였다.

(2) 奉柩朝于祖

┌─── 【주자가례 원문 10-2】 ─────────────────────

● 奉柩朝于祖*
⇒ 영구를 받들고 조상들을 뵙는다.

● 將遷柩 役者入 婦人退避 主人及衆主人 輯杖立視 祝以箱奉魂帛前行 詣祠廟前 執事者
奉奠及倚卓次之 銘旌次之 役者擧柩次之 主人以下從哭 男子由右 婦人由左
⇒ 영구를 옮기려 할 때 역자가 들어오면, 부인은 물러나 피한다. 주인과 여러 상주들은 지팡이를 들고 서서 살핀다. 축은 상자에 혼백을 모시고 앞서서 사당 앞으로 간다. 집사자는 제수와 교의와 탁자를 받들고 뒤따르며 명정이 다음에 간다. 역자가 관을 들고 다음에 가고 주인 이하는 곡을 하며 따라간다. 남자는 오른쪽으로 가고 부인은 왼쪽으로 간다.

└───

---

378) 『書儀』 : 五服之親, 各服其服, 入就位哭。執事者, 遷靈座及椸於旁側。祝北向立於柩前抗, 聲三告曰:"謹以吉辰啓殯。" 旣告, 內外皆哭盡哀止。婦人退, 主人及衆主人, 輯杖立, 視啓殯。祝取銘旌, 置靈座側。「旣夕禮」, 祝取銘置于重, 今以魂帛代重, 故置於靈座側。役者入徹殯塗及墼, 掃地潔之。祝以功布, 拂去棺上塵, 功布, 長三尺, 以新布稍細者爲之, 祝御柩, 執此以指麾役者。覆以裌衾。役者出。婦人就位哭。執事者, 復設椸及靈座於故處, 乃徹宿奠, 置新奠, 如常日朝夕奠之儀。

379) 『常變通攷』 問:"遷柩之文, 蓋爲朝祖而言。若無動柩節次, 則近於文具。" 密庵曰:"『家禮』, 無啓殯而告遷柩, 以不可全無節文故也。以此推之, 遷柩, 不但爲朝祖而已, 因朝奠告遷柩, 似不可闕。"

- 重服在前 輕服在後 服各爲叙 侍者在末 無服之親 男居男右 女居女左 皆次主人主婦之後 婦人皆蓋頭
  ⇒ 복이 무거운 사람은 앞에 있고 복이 가벼운 사람은 뒤에 있으니 복으로 각각 순서를 삼는다. 시자는 끝에 간다. 상복을 입지 않는 친척의 경우 남자는 상복을 입은 남자의 오른쪽에 있고 여자는 상복을 입은 여자의 왼쪽에 있으며 모두 주인과 주부의 뒤에 차례 한다. 부인은 모두 머리가리개를 한다.

- 至祠堂前 執事者先布席 役者致柩於其上 北首而出 婦人蓋頭
  ⇒ 사당 앞에 이르면 집사자가 먼저 자리를 깔고 역자들은 그 위에 영구를 놓는데 머리를 북쪽으로 하고 나간다. 부인은 개두를 벗는다.

- 祝帥執事者 設靈座及奠于柩西東向 主人以下就位立哭盡哀止 此禮蓋象平生將出必辭尊者也
  ⇒ 축이 집사자를 거느리고 영좌와 전을 영구의 서쪽에 동향하여 놓는다. 주인 이하는 자리로 나가 서서 곡으로 슬픔을 다하고 그친다. 이 예는 대개 평소에 외출하려면 반드시 어른에게 말씀드렸던 것을 본뜬 것이다.

- 楊氏復曰 按儀禮 朝祖正柩之後 遂匠始納載柩之車于階間 卽家禮所謂大轝也
  ⇒ 양복이 말하기를, "살펴보니 『의례』에 '조상을 뵙고 영구를 바로 놓은 후 수인 (遂人)과 장인(匠人)이 영구를 실을 수레를 계단 사이에 들여 놓으니 곧 『가례』에서 이른바 대여이다.

- 方其朝祖時 又別有輁軸 註云 輁軸狀如長牀 夫輁狀如長牀 則僅可承棺 轉之以軸 輔之以人 故得以朝祖 旣正柩則用夷牀
  ⇒ 그 조상을 뵐 때는 별도로 공축이 있다.'고 한 구절의 주에 이르기를 '공축의 모양이 긴 침상과 같다.'고 하였다. 공(輁)은 모양이 긴 평상과 같아서 겨우 관을 놓을 수 있고, 축(軸)으로 굴리고, 사람이 돕기 때문에 조상을 뵐 수 있는 것이다. 이미 영구를 바로 하였으면 이상(夷狀)을 쓴다.

- 蓋朝祖時 載柩則有輁軸 正柩則有夷牀 後世皆闕之 今但使役者擧柩 柩旣重大 如何可擧 恐非謹之重之之意
  ⇒ 대개 조상을 뵐 때 영구를 실으니 공축이 있고 영구를 바로 하니 곧 이상이 있었는데 후세에 모두 없어졌다. 지금은 다만 역자에게 관을 들게 하는데 관이 이미 무겁고 크니 어떻게 들 수 있겠는가? 아마도 삼가고 삼가고 신중하게 하는 뜻이 아닌 듯하다.

- 若但魂帛朝于祖 亦失遷柩朝祖之本意 恐當從儀禮 別制輁軸以朝祖 至祠堂前 正柩用夷牀北首
  ⇒ 만약 다만 혼백만을 조상에게 보인다면 또한 영구를 옮겨서 조상을 뵙는 본의를 잃는 것이니 마땅히 『의례』를 따라서 별도로 공축을 만들어 조상을 뵙고 사당

앞에 이르러서는 영구를 바르게 놓는데 이상을 써서 머리를 북쪽으로 한다.

- 祝帥執事者設靈座及奠于柩西東向 主人以下就位立 哭盡哀止
 ⇒ 축이 집사자를 거느리고 영좌와 전을 영구의 서쪽에 동향하여 놓는다. 주인 이하
 는 자리에 나아가 서서 곡으로 슬픔을 다하고 그친다.”하였다.

- 輯 斂也 謂擧之不以柱地也
 ⇒ 집(輯)은 거두는 것이니, 들어서 땅을 짚지 않는 것을 이른다.

- 旣夕禮 遷于祖 正柩于兩楹間 席升設于柩西 奠設如初 註 奠設如初 東面也 不統於柩
 神不西面也 不設柩東 東非神位也
 ⇒ 『의례』의 「기석례」에 “관을 조상의 사당에 옮겨 두 기둥 사이에서 영구를 바
 로하고, 자리는 올라가 영구의 서쪽에 설치하고 전은 처음과 같이 차린다.”는 구
 절의 주에 “전을 처음과 같이 차린다는 것은 동면한다는 것이다. 영구에 가까이
 하지 않으니 신령은 서면하지 않는다. 영구의 동쪽에 차리지 않으니 동쪽은 신위
 가 아니다.” 하였다.

- 영구(靈柩)를 모시고 사당에 가서 조상에게 하직인사를 하게 하는 절차이다. 『예기』
「단궁」편에 '상례(喪禮)에서 장차 장지(葬地)로 떠나려고 할 때에 죽은 사람의 널을
받들고 조조(朝祖)를 하는 것은 죽은 자의 효심에 따르는 것이니, 그 집에서 떠나는 것
을 슬퍼하는 것이다. 그러므로 조상(祖上)의 사당(祠堂)에 이르렀다가 그 다음에 떠나가
는 것이다.'고 하였다.

- 천우조(遷于祖)란 『가례집람』에 '천(遷)은 옮기는 것이다. 조묘에 옮겨 조묘를 뵙는
것이다.'고 하였다.

- 「단궁」에 상례에서 조조(朝祖)함은 죽은 자의 효심에 순응함이다. 자기가 거처하던 곳
을 떠나면서 슬퍼할 것이므로 조고(祖考)의 사당에 온 뒤에 가는 것이다. 은(殷)나라에
서는 조조하고 조묘(祖廟)에 빈소를 차렸고, 주(周)나라에서는 조조하고 그대로 장사 지
냈다. 「기석례」의 소에 은나라 사람은 장차 빈소를 설치할 때 먼저 조묘를 뵙고 난
뒤에 빈소를 차렸다가 장사 지낼 때가 되어서는 다시 뵙지 않았다. 주나라 사람은 노침
(路寢)에 빈소를 차렸다가 장사 지낼 때 조조하고, 조조가 끝난 뒤에는 그대로 장사 지
냈다.380)고 하였다.

---

380) 「檀弓」 : 喪之朝也, 順死者之孝心也, 其哀離其室也。故至於祖考之廟, 而后行。殷朝而殯於祖, 周朝

- 이 절차는 평소에 외출할 때 사당(祠堂)에 고(告)하는 예(禮)를 따른 것이다.

- 퇴계가 말하였다. "무릇 조조(朝祖)의 의식은 평상시에 외출할 때 아뢰는 예법을 본뜬 것이다. 앞서 갖추었던 전(奠)을 널을 따라와서 드리는 이유는, '전(奠)'이 신을 의지하게 하는 것이므로 잠시도 치울 수가 없기 때문이지, 조조(朝祖) 때문에 설치하는 것은 아니다. 비록 별도로 전을 차리더라도 조묘(祖廟)와 녜묘(禰廟)에 전을 차리지 않는데, 그것은 죽어서 하직하고 떠남에 음식물을 드리는 의리를 취하지 않기 때문이다."381)고 하였다.

- 『구의』에 널을 받들고 가서 뵙는 것은 살아있을 때 외출하면 반드시 어른에게 아뢰던 것을 본뜬 것이어서 진실로 그만둘 수 없는 것이다. 다만 지금 사람들의 집이 좁은 경우가 많아서 널을 옮기거나 돌리는 것이 힘들다. 이제 혼백(魂帛)을 받들어서 널을 대신하려고 하는데, 비록 고례(古禮)는 아니지만 오히려 예를 행하지 않는 것보다 낫다. 만약 집이 넓고 큰 자는 예법대로 함이 절로 합당하다.382)고 하였다.

- 퇴계가 말했다. "조조(朝祖)에는 분향하고 재배하는 조문이 없으니, 대개 영구(靈柩)가 사당을 하직하는 데는 상주가 대신 행할 수가 없기 때문이다."383)고 하였다.

- 축(祝)이 상자에 혼백(魂帛)을 모시고 사당(祠堂)으로 앞으로 간다.

- 집사가 제수와 교의, 탁자를 들고 따르며, 명정·관 그리고 그 뒤에 상주들이 곡(哭)을 하며 따라간다. 남자는 오른쪽으로 가고, 여자는 왼쪽으로 간다.

- 사당에 이르러 자리를 깔고, 그 위에 영구를 놓는데, 머리를 북쪽으로 가게 한다. 『의례』 「기석례」편에 '사당에 뵐 때에 머리를 북쪽에 두는 것은 죽은 자의 효심을 따르는 것이다.'고 하였고, 또한, '이미 사당에서 조상을 뵙습니다. 고하였으면 발을 조묘 쪽으로 향하게 할 수 없다.'고 하였다.

- 영구의 서쪽에 영좌(靈座)와 전(奠)을 놓는다.

而逐葬。 「既夕」 疏：殷人將殯之時, 先朝廟訖, 乃殯, 至葬時, 不復朝, 周人殯于路寢, 至葬時, 乃朝, 朝訖而逐葬。 『書儀』：設靈座及奠于柩西東向, 若影堂前迫隘, 則置靈座及奠於旁近, 從地之宜。

381) 『常變通攷』 退溪曰："凡朝祖, 所以象平時出告之禮。 前奠之隨柩來奠者, 奠所以依神, 無時可去故耳, 非爲朝祖設也。 雖別設奠, 猶不奠於祖禰者, 死而辭去, 無取於奠獻之義也。"

382) 『丘儀』：奉柩朝, 象其平生出必辭尊者也, 固不可廢。 但今人家, 多狹隘, 難於遷轉。 今擬奉魂帛, 以代柩, 雖非古禮, 猶愈於不行。 若其屋宇寬大者, 自宜如禮。

383) 『常變通攷』 退溪曰："朝祖無焚香再拜之文, 蓋靈柩辭廟, 喪者不可代行也。"

- 『가례집람』에 '영구 가까이에 전을 차리지 않는 것을 말하는 것이니 만약 영구 가까이 전을 차린다면 영구에 붙여서 차리는 것이다.' 또한, '영구의 동쪽에 차리지 않는 것은 동쪽은 신위(神位)가 아니기 때문이다. 한 것은 신위가 오(奧)에 있고 동쪽에 있지 않는 것을 근거로 하여 말한 것이다. 소렴(小殮)에 시신의 동쪽에 전(奠)을 진설하는 것은 처음 죽었을 때 차마 아직 살아 있을 때와 다르게 할 수 없기 때문이고, 대렴(大殮) 이후의 전(奠)은 모두 실중(室中)에 진설하고 영구 가까이에 차리지 않는다. 여기서 전을 실(室)에 진설하지 않는 것은 실중(室中)에 신이 있는 곳이고, 죽은 사람에게 전(奠)을 올리는 곳이 아니기 때문이다.'고 하였다.

- 주인 이하는 자리에 나아가 곡(哭)을 한다.

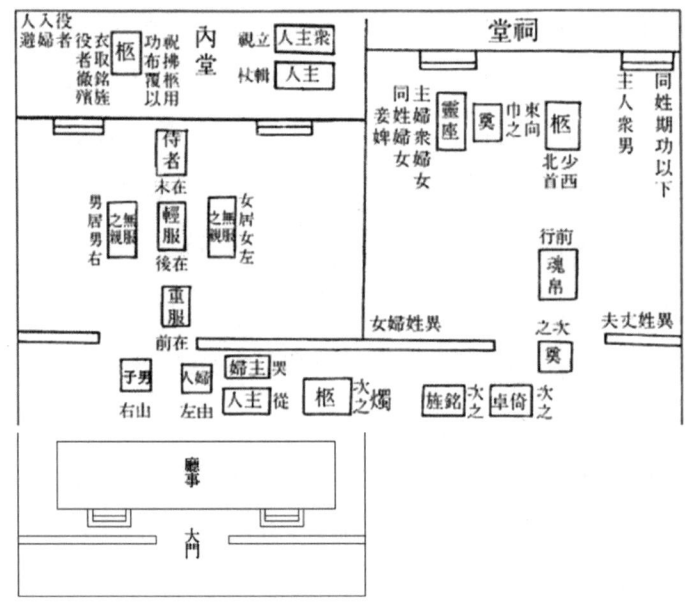

〈계빈후 사당으로 이동〉

① 役者入婦人遷 : 일하는 사람들이 들어오면 부인들은 자리를 피한다.
② 柩 祝拂柩用功布覆以 衣取銘旌役者徹殯 : 축(祝)이 공포(功布)로 영구를 털고, 옷으로 덮으면서 명정(銘旌)을 취한다. 일하는 자들이 빈(殯)을 철거한다.
③ 主人 衆主人 輯杖立視 : 주인(主人)과 중주인(衆主人)이 지팡이를 들고 서서 살핀다.
④ 魂帛 行前 : 혼백(魂帛)이 가장 앞장서서 사당으로 향해 간다.
⑤ 奠 次之 : 전(奠)이 혼백 다음에 간다.

⑥ 倚卓 次之 : 의자와 탁자가 전 다음에 간다.

⑦ 銘旌 次之 : 명정이 의자와 탁자 다음에 간다.

⑧ 柩 次之 燭 : 영구가 명정 다음에 간다.

⑨ 主人 主婦 哭從 : 주인과 주부가 곡하면서 영구를 따라간다.

⑩ 男子 右由 : 남자는 오른쪽으로 간다.

⑪ 婦人 左由 : 여자는 왼쪽으로 간다.

⑫ 重服 在前 : 무거운 복을 입은 사람이 앞에 있다.

⑬ 無服之親 男去男右 : 복(服)이 없는 친족 가운데 남자들은 복을 입는 남자들의 오른쪽에 있다.

⑭ 無服之親 女居女左 : 복이 없는 친족 가운데 여자들은 복을 입는 여자들의 왼쪽에 있다.

⑮ 輕服 在後 : 가벼운 복을 입은 사람이 뒤에 있다.

⑯ 侍者 在末 : 시자가 가장 뒤에 있다.

사당에 도착하여

⑰ 柩 少西北首 : 영구는 사당 앞에서 조금 서쪽에 놓되, 머리를 북쪽으로 가게 놓는다.

⑱ 奠 靈座 東向巾之 : 영좌와 전을 영구의 서쪽에 놓되, 동향하여 놓는다.

⑲ 主婦 衆婦女 同姓婦女 妾婢 : 주부(主婦), 중부녀(衆婦女), 동성(同姓)의 부녀, 첩(妾), 비(婢)가 이곳에 있다.

⑳ 主人 衆男 同姓緦功 以下 : 주인, 중남(衆男), 동성으로 기공(緦功) 이하의 남자 친족이 이곳에 있다.

㉑ 異性婦女 : 이성(異姓)의 부녀가 이곳에 있다.

㉒ 異性丈夫 : 이성의 장부가 이곳에 있다.

(3) 遂遷于廳事

┌─── 【주자가례 원문 10-3】 ───

● 遂遷于廳事*
  ⇒ 마침내 (관을) 청사(손님을 맞이하는 대청)로 옮긴다.

● 執事者設帷於廳事 役者入 婦人退避 祝奉魂帛導柩右旋 主人以下男女哭從如前
└──────────────────────

⇒ 집사자가 청사에 휘장을 치고 역자가 들어오면 부인은 물러가 파한다. 축이 혼백을 모시고 영구를 인도하여 오른쪽으로 돌아가면, 주인 이하의 남자와 여자는 곡을 하면서 앞에서와 같이 따라간다.

- 詣廳事 執事者布席 役者置柩于席上南首而出 祝設靈座及奠于柩前南向 主人以下就位坐哭 藉以薦席
⇒ 청사에 이르면 집사자가 자리를 깐다. 역자는 자리 위에 영구를 놓되 머리를 남쪽으로 하고 나간다. 축은 영좌와 전을 영구 앞의 남향으로 진설한다. 주인 이하는 자리에 나아가 곡을 하고 거적자리를 깐다.

- 조상에게 하직인사를 한 후 다시 청사(廳舍)로 영구를 옮기는 절차이다.

- 집사자(執事者)가 청사(廳事)에 장막을 설치한다. 일꾼이 들어가고 부인은 물러나서 피한다. 축(祝)이 혼백(魂帛)을 받들고 널을 인도하여 오른쪽으로 돈다. 부인이 오른쪽에 있다가 지금 물러나 피했기 때문에 널을 인도하여 오른쪽으로 돌 따름이다. 주인 이하의 남녀는 전과 같이 곡을 하며 따른다. 청사에 이르러 집사자는 자리를 펴고 일꾼은 자리 위에 널을 두어 남쪽으로 머리를 향하게 하고 나온다. 축(祝)은 영좌(靈座)와 전(奠)을 널 앞에 남향하여 설치한다. 주인 이하는 자리에 나아가 앉아서 곡을 하고 거적 자리를 깐다. 「기석례」에 주인이 들어와서 단(袒)하고, 이에 수레에 싣는다. 발 구르기를 수없이 한다. 수레에 묶는 것을 마치면 옷을 껴입는다. [주에 단(袒)을 하는 것은 널을 싣기 때문에 복장을 바꾼 것이다.] 널을 들고 바로(却) 내려와 수레에 싣는다. 묶는다는 것은 관을 구거(柩車)에 묶음이다. 수인(遂人)과 장인(匠人)이 구거(柩車)를 섬돌 사이에 들인다고 했으니 이 수레를 이른 것이다. [소에 널은 당(堂)에서 북쪽으로 머리를 두고 있는데, 지금 바로 내려와서 발이 앞을 향한다.] 당에서 내려와서 수레에 싣기 때문에 '바로(却)'라고 한 것이다. 널을 싣는 것을 마치고 이에 물건으로 관을 묶어 구거와 더불어 서로 지탱하여 움직이지 않도록 한다. 384)고 하였다.

- 천구축(遷柩祝)은 다음과 같다.

----

384) 『常變通攷』執事者, 設帷於廳事。婦人在右, 今退避, 故導柩右旋耳。今曰倣旋馬, 恐未安。主人以下男女哭從如前。詣廳事, 執事者布席, 役者置柩于席上, 南首而出。祝設靈座及奠于柩前南向。主人以下, 就位坐哭, 藉以薦席。「旣夕禮」 : 主人入, 袒, 乃載。踊無筭。卒束, 襲。註 : 袒爲載變也。擧柩却下而載之。束, 束棺於柩車。遂匠納車于階間, 謂此車。疏 : 柩在堂北首, 今却下以足向前。下堂載於車, 故謂之却也。載柩訖, 乃以物束棺, 使與柩車, 相持不動也。

請 遷 柩 于 廳 事
청 천 구 우 청 사
관을 대청으로 옮기기를 청하나이다.

- 집사자(執事者)가 청사(廳舍)에 휘장을 친다.

- 빈궁(殯宮)은 정침(正寢)에 있고 청사(廳事)는 정침(正寢) 밖에 있다. 그러므로 조조를 마치고는 다시 빈궁(殯宮)을 향하지 않고 이곳으로 옮김은 점차 멀어지기 때문이다.[385]고 하였다.

- 축관(祝官)이 혼백(魂帛)을 모시고 영구를 인도하여 청사(廳舍)로 가면 주인 이하가 곡(哭)을 하면서 따라간다.

- 청사에 이르면 집사자가 자리를 깔고 영구의 머리를 남쪽으로 가게 놓는다.

- 영좌와 전을 영구 앞에 남향으로 진설하고, 주인 이하는 자리에 나아가 곡을 하고 거적 자리를 깐다.

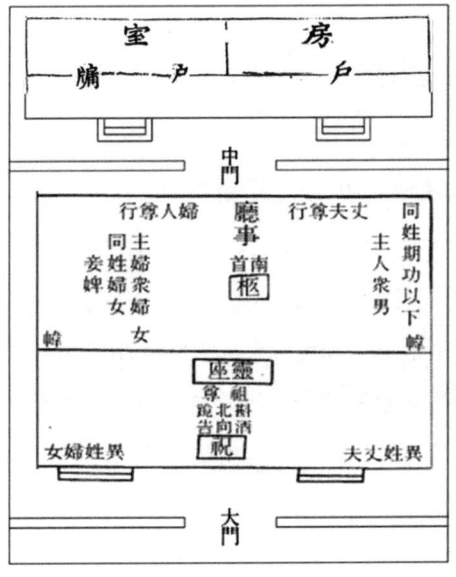

〈정사에서 준비 절차〉

----

385) 『常變通攷』殯在正寢, 而廳事在正寢之外。故旣朝, 不復向殯宮, 而遷於此, 所以卽遠也。役者入, 婦人退避。祝奉魂帛,

① 婦女尊行 : 높은 항렬의 부녀가 이곳에 있다.

② 丈夫尊行 : 높은 항렬의 장부가 이곳에 있다.

③ 柩 南首 : 영구를 놓되 머리를 남쪽으로 가게 하여 놓는다.

④ 主婦衆婦女 同姓婦女 妾婢 : 주부, 중부녀, 동성의 부녀, 첩, 비가 이곳에 있다.

⑤ 主人 衆男 同姓緦功 以下 : 주인, 중남, 동성으로 기공 이하의 남자 친족이 이곳에 있다.

⑥ 靈座 祖奠 : 조전(祖奠)을 올린다.

⑦ 祝 斟酒北向축告 : 축이 술을 따르고 북쪽을 향하여 무릎 꿇고 고한다.

⑧ 異性婦女 : 이성의 부녀가 이곳에 있다.

⑨ 異性丈夫 : 이성의 장부가 이곳에 있다.

(4) 乃代哭

┌─── 【주자가례 원문 10-4】 ──────────────────────────┐

● 乃代哭*
  ⇒ 이에 교대를 하여 곡을 한다.

● 如未斂之前以至發引
  ⇒ 염하기 전과 같이 하되 발인할 때까지 계속한다.

└──┘

- 발인(發靷)할 때까지 바꾸어 곡(哭)을 끊이지 않게 한다.

- 「기석례」에 이에 처음처럼 번갈아 곡을 한다. [주에 관구(棺柩)가 장차 떠나갈 때에 차마 곡소리를 끊을 수 없는 것이다.] ‘처음’은 소렴할 때이다. 밤에는 문 안의 오른쪽에 화톳불을 만들어 놓는다. [주에 곡을 하는 자를 위하여 밝게 하는 것이다.] [소에 반드시 문의 동쪽에서 하는 것은 귀신은 그윽하고 어두운 것을 숭상하여 널을 밝힐 필요가 없음이다.] 동쪽에는 주인이 있고, 계단 사이에는 부인이 있기 때문에 문의 오른쪽에서 비추는 것이다.[386]고 하였다.

----

386) 「旣夕禮」 ：乃代哭如初。 註：棺柩有時將去，不忍絶聲。 初謂旣小斂時。　宵，爲燎于門內之右。 註：爲哭者，爲明。 疏：必於門東者，鬼神尙幽闇，不須明柩。 東有主人，階間有婦人，故於門右照之。

(5) 親賓致奠賻

【주자가례 원문 10-5】

- 親賓致奠賻*
  ⇒ 친척과 손님이 전과 부의를 드린다.

- 如初喪儀
  ⇒ 초상의 의례처럼 한다.

- 친척과 손님이 술을 올리고 부의(賻儀)하는데, 초상의 의례와 같다. 부의(賻儀)하는 물품은 차, 초, 술, 과일 등이다.

- 『개원례』에 계빈(啓殯)하는 날에 친한 벗이 치전(致奠)한다.[387]고 하였다.

- 『구씨의절』에 '초상전(初喪奠)에는 향이나, 차, 술, 과일 등을 쓰는데, 이때가 되면 친분이 두터운 사람이라면 희생(犧牲)을 써도 된다. 제문(祭文)을 지을 수 없으면 문사(文士)에게 청하여 대신 짓도록 하여도 된다.'[388]고 하였다.

- 묻기를 "세상 사람들은 발인(發引) 전에 여러 자녀들이 각각 성찬(盛饌)을 갖추어, 친족들과 벗들이 치제(致祭)하는 의식과 같이 한다. 이는 예서(禮書)에 실려 있지 않은데도 또한 정리(情理)가 그러한 것이다. 다만 적자(適子)가 이미 궤전(饋奠)을 받들었다면 따로 전을 올릴 수 없고, 서자도 또한 감히 스스로 제사를 지낼 수 없으니 어찌해야 하는가?"고 하자, 동춘이 말하기를 "조전(祖奠), 견전(遣奠), 우제(虞祭), 졸곡(卒哭)에 여러 자식들이 돌아가며 차리더라도 적자가 주관하는 것이 온당할 것 같다. 지금의 사대부 집 안에도 또한 이와 같이 하는 경우가 많다"고 했다.[389]고 하였다.

---

387) 『開元禮』 : 啓之日, 親朋致奠。

388) 『丘儀』 : 初喪奠, 用香·茶·酒·果, 至是, 親厚用牲可也。

389) 『常變通攷』 問 : "世人於發引前, 諸子女各具盛饌, 如族黨朋知致祭之儀。此非禮書所載, 而亦其情理然也。但適子旣奉饋奠, 則不可別有奠, 庶子又不敢自祭, 如何?" 同春曰 : "祖遣虞卒哭, 諸子輪設, 而適子主之, 恐穩。今士大夫家, 亦多有如此行之。"

(6) 陳器

【주자가례 원문 10-6】

● 陳器
⇒ 기물을 진설한다.

● 方相在前 狂夫爲之 冠服如道士 執戈揚盾 四品以上 四目爲方相 以下兩目爲魌頭
⇒ 방상씨가 앞에 있으니 광부(狂夫)로 하고 도사와 같은 관복을 입고서 창을 잡고 방패를 든다. 벼슬이 4품 이상이면 눈이 네 개 있는 방상씨로 하고, 4품 이하면 눈이 두 개 있는 기두(魌頭)로 한다.

● 次明器下帳苞筲甖 以牀舁之 次銘旌去跗執之 次靈車以奉魂帛香火 次大轝 轝旁有翣 使人執之
⇒ 다음에 명기, 하장, 포, 소, 앵을 놓은 상을 들고 간다. 다음에 명정의 받침은 없애고 들고 간다. 영거에 혼백과 향불을 모신다. 다음에 대여는 옆에 삽선이 있으니 사람들이 잡게 한다.

● 劉氏璋曰 司馬溫公喪禮陳器篇內 於下帳之下 有曰上服二字 註云 有官則公服靴笏幞頭 無官則襴衫鞋履之類
⇒ 유장이 말하기를, "사마온공의 『상례』「진기」편에 '하장의 아래 상복(上服)이란 두 글자가 있다.'고 한 구절의 주에 '관직이 있으면 공복과 화와 홀과 복두를 하고, 관직이 없으면 난삼과 혜와 이를 한다.

● 又大轝旁有翣 貴賤有數 庶人無之 今書雖不曾載 姑附此 亦備引用
⇒ 또 대여 옆에 삽선이 있는데 귀천에 따라 개수가 다르고 서인은 없다.'고 하였다. 지금 책에는 비록 실려 있지 않으나 부기하여 인용할 수 있도록 한다."라고 하였다.

- 발인(發靷)에 필요한 기물을 준비하는 것이다. 『예기』「상복소기」편에 '진기(陳器)란 장사(葬事)지낼 때에 함께 묻는 명기(明器)를 진열하는 것이다.'고 하였다.

- 발인에 쓰이는 방상씨(方相氏), 명정(銘旌), 영거(靈轝), 대여(大輿), 삽선(翣扇) 등을 순서에 따라 진열해 둔다.

- 방상씨(方相氏)는 상여(喪輿)가 가는 길의 악귀를 쫓고, 광중(壙中)의 악귀를 쫓기 위한 것으로 무서운 얼굴을 본떠서 만든다. 신분에 따라 4품 이상이면 눈이 4개인 방상씨(方相氏)를, 4품 이하는 눈이 2개인 기두(魌頭)390)를 상여 행렬의 맨 앞에 세운다.

- 『주례』에 방상씨(方相氏)는 광부(狂夫) 네 사람이 곰 가죽을 덮어쓰고(蒙) 황금의 눈

이 네 개이며, 검정 저고리와 붉은 바지 차림으로 창을 쥐고 방패를 들고서 널보다 먼저 간다. [주에 몽(蒙)은 덮는 것이니, 곰 가죽을 덮는 것은 역질(疫疾)의 귀신을 놀라게 하여 몰아 내는 것으로 지금의 기두(魌頭)와 같다.] [소에 상(喪)에는 흉사(凶邪)가 많이 있기 때문에 그로 하여금 인도하게 하는 것이다.]391)고 하였다.

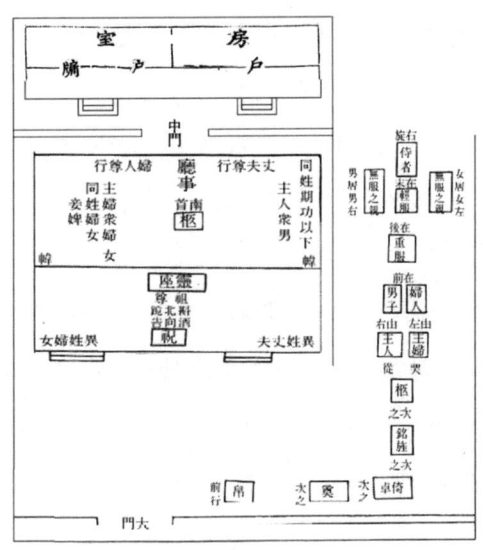

① 魂帛 行前 : 혼백이 가장 앞장서서 청사(廳事)로 향해 간다.

② 奠 次之 : 전이 혼백 다음에 간다.

③ 倚卓 次之 : 의자와 탁자가 전 다음에 간다.

④ 銘旌 次之 : 명정이 의자와 탁자 다음에 간다.

⑤ 柩 次之 燭 : 영구가 명정 다음에 간다.

⑥ 主人 主婦 哭從 : 주인과 주부가 곡을 하면서 영구를 따라간다.

⑦ 男子 右由 婦人 左由 : 남자의 경우는 오른쪽으로 가고 여자의 경우는 왼쪽으로 간다.

⑧ 重服 在前 : 무거운 복을 입은 사람이 앞에 있다.

⑨ 無服之親 男去男右 : 복(服)이 없는 친족 가운데 남자들은 복을 입는 남자들의 오른

---

390) 기두(魌頭) : 나례(儺禮)의식에서 쓰는 귀면(鬼面)으로 곰의 가죽을 둘러쓰고 역귀(疫鬼)를 놀라게 하여 물리치는 역할을 함

391) 『周禮』 方相氏 : 狂夫四人, 蒙熊皮, 黃金四目, 玄衣朱裳, 執戈揚盾, 先柩。註 : 蒙, 冒也, 冒熊皮者, 以驚敺疫癘之鬼, 如今魌頭。疏 : 喪, 所多有凶邪, 故使之導也。

쪽에 있는다.

⑩ 無服之親 女居女左 : 복이 없는 친족 가운데 여자들은 복을 입는 여자들의 왼쪽에 있는다.

⑪ 輕服 在後 : 가벼운 복을 입은 사람이 뒤에 있는다.

⑫ 侍者 在末 : 시자가 가장 뒤에 있는다.

- 명기(明器)는 식기, 악기(樂器), 무기(武器) 따위를 무덤에 함께 묻으려고 실물(實物)보다 작게 상징적(象徵的)으로 만든 그릇이다.

- 명정(銘旌)은 상례(喪禮)에서, 일정(一定)한 폭과 길이의 천에 죽은 사람의 품계(品階). 관직(官職). 본관(本貫). 성씨(姓氏)를 쓴 기(旗). 장대에 달아 상여(喪輿)앞에서 들고 가서 널 위에 펴고 묻는다.

- 영거(靈車) 영여 요여라고도 하며, 혼백(魂帛)과 향로를 실은 가마이다.

- 대여(大轝)는 상여를 말하며 구를 모시고 운반하는 가마이다. "轝"는 "輿"로도 쓴다.

- 삽(翣)은 발인하여 행상하는 과정에서 상여의 좌우에 세워 상여를 장엄하는 도구이다. 불삽과 운삽 등이 있다. 영여(靈輿)에는 혼백(魂帛)을 모시고 향(香)을 준비해 둔다.

(7) 日哺時設祖奠

┌─── 【주자가례 원문 10-7】 ─────────────┐

● 日哺時 設祖奠*
⇒ 낮 신시(申時)에 조전을 차린다.

● 饌如朝奠 祝斟酒訖 北向跪告曰 永遷之禮 靈辰不留 今奉柩車 式遵祖道 俛伏興 餘如朝夕奠儀
⇒ 음식은 조전(朝奠)과 같이 차린다. 축이 술을 따르고 나서 북향하여 무릎을 꿇고 고하기를, "영원히 옮겨가는 예를 행함에 있어서 좋은 날은 머물러 있지 않으니 이에 영구차를 모시고 길 떠날 의식을 준행합니다."고 하고 엎드렸다가 일어난다. 나머지는 조석전의 의식과 같다.

● 司馬溫公曰 若柩自他所歸葬 則行日但設朝奠哭而行 至葬乃備此及下遣奠禮
⇒ 사마온공이 말하기를, "만약 영구가 다른 곳으로부터 귀장(歸葬)하는 것이라면, 떠나는 날에는 다만 조전을 차려 곡을 하면서 간다. 장사 지낼 때에는 이것과 아래에 나오는 견전례를 갖추는 것이다."라고 하였다.

└───────────────────────────────┘

- 오후 3~5시 포시(哺時)에 조전(祖奠)을 올리는 절차이다.

- 「기석례」에 유사(有司)가 조전(祖奠)의 시기(祖期)를 청하면 [주에 또한 바깥 자리에 있음으로 인하여 청하는 것이다.] 장차 길을 떠나면서 술을 마시는 것을 '조(祖)'라고 한다. 조(祖)는 시작이다. [소에 빈(賓)이 와서 조문을 하고 계빈(啓殯)과 조묘(朝廟)의 일이 끝나면 나오는데, 주인이 바깥 자리에 있으면서 전송한다.] 살펴건대, 『시경(詩經)』에 '한후가 나갈 때 조하였다(韓侯出祖)'고 했는데, 여기서는 죽은 자가 장차 떠나는 것 또한 '조(祖)'라고 한 것이라[392]고 하였다.

- 음식은 조석전(朝夕奠)과 같이 차리는데, 관행에는 이를 일포제(日晡祭)라고도 한다.

- 『한서』「임강왕전」의 주에 '황제의 아들 누조(累祖)가 멀리 외유하기를 좋아하여 길에서 죽었으므로 후인(後人)들이 행신(行神)으로 여겼다. 조(祖)라는 것은 길을 떠나는 제사(祭祀)이다.'고 하였다. 또한, 『의례』「기석례」편에 '길을 떠나려 할 때 제사(祭祀)지내고 술을 마시는 것을 조(祖)라 하니, 조(祖)는 시작하는 것이다.'고 하였고, '모두 길을 떠나려 할 때 제사(祭祀)지내고 술을 마시는 것을 조(祖)라 하는 것이다. 여기에서 사자(死者)가 길을 떠나려 하는 것을 또 조(祖)라 하였으니 조(祖)라 하는 것은 길 떠나기를 시작하는 것이기 때문에 조(祖)라 말하는 것이다.'고 하였다.

- 절차는

• 축관(祝官)이 술을 올리고 나서 북향하여 무릎을 꿇고 장사를 지낼 것을 고한다.

• 조전축(祖奠祝)은 다음과 같다.

永遷之禮 令辰不留 今奉柩車 式遵朝道 영천지례 영신불류 금봉구거 식준조도
영원히 가시는 예이오며 명을 받은 때라, 머무르지 못하옵고 상여를 받들겠아오니 아침길을 인도하여 주옵소서

• 고사(告祀)가 끝나면 부복하여 일어나서 이후의 절차는 조석전(朝夕奠)과 같다.

---

392) 「旣夕禮」：有司請祖期。註：亦因在外位請之。將行飲酒曰祖。祖，始也。疏：賓來弔，啓殯朝廟事畢而出，主人送之在外位，

11. 견전(遣奠)·발인(發靷)

1) 개요

- 고인을 모신 상여(喪興)가 장지를 향해 출발하는 절차이다. 이때 올리는 전(奠)을 견전이라 한다. 발인은 택일(擇日)하여 유일(柔日)에 진행하며, 견전(遣奠)·발인(發靷)·반곡(反哭)·초우제(初虞祭)가 진행된다.

- 발인(發靷)의 자형을 분석하여 보면,

  - 發 [쏠 발] 은 『설문해자(說文解字)』에 "射發也。从弓癹聲。"라 하여 "활을 쏜다는 뜻이다. '弓'은 의미부분이고, '癹'은 발음부분이다."고 하였다. 자형은 '쏘다'라는 말로 활을 쏘는 것을 의미하여 양발을 디딘 모양의 '癶'에 활을 뜻하는 '弓' 던지다, 쏘다는 의미의 '殳'를 합하여 '發'[쏠 발]이라 한 것으로 보인다.

  - 靷 [가슴걸이 인]은 『설문해자(說文解字)』에 "引軸也。从革引聲。"라 하여 "굴대에 연결하여 끌다는 뜻이라고 하였다. 자형은 뜻을 나타내는 '革'과 음을 나타내는 '引(인)'이 합하여 이루어 졌는데, 이끌다는 의미이다.

2) 발인(發引)의 예(禮)에 관하여 살펴보면

구 분	『朱子家禮』	『喪禮備要』	『四禮便覽』
發引	[遣奠] •厥明遷柩就轝 •乃設遣奠 •祝奉魂帛升車焚香 [發引] •柩行 •主人以下哭步從 •尊長次之, 無服之親又次之, 賓客又次之 •親賓設幄於郭外道旁, 駐柩而奠 •塗中遇哀則哭	•厥明遷柩就轝. •乃設遣奠. •祝奉魂帛.升車焚香. •柩行. •主人以下男女哭步從. •尊長次之.無服之親又之.賓客又次之. •親賓設幄於郭外道傍.駐柩而奠 •途中遇哀則哭.	•厥明遷柩就轝 •乃設遣奠 •祝奉魂帛升車焚香 •柩行 •主人以下哭步從 •尊長次之,無服之親又次之,賓客又次之 •親賓設幄於郭外道傍駐柩而奠 •塗中遇哀則哭
비고	※ 『朱子家禮』는 견전遣奠과 발인發靷을 구분하였고, ※ 『喪禮備要』와 『四禮便覽』은 견전遣奠과 발인發靷을 합하여 발인조發靷條에 기록하였다.		

3) 의례절차의 이해

(1) 厥明遷柩就轝

【주자가례 원문 11-1】

- 厥明 遷柩就轝*
  ⇒ 다음날 아침 영구를 상여에 옮긴다.

- 轝夫納大轝於中庭 脫柱上橫局 執事者徹祖奠 祝北向跪告曰 今遷柩就轝敢告 遂遷靈座 置傍側 婦人退避
  ⇒ 상여를 메는 인부가 상여를 중정(中庭)에 들여놓고 기둥 위에 가로놓인 빗장을 빼낸다. 집사자가 조전을 물리면 축이 북향하여 무릎을 꿇고 고하기를 "지금 영구를 상여로 옮깁니다. 감히 고합니다."라고 한다. 마침내 영좌를 옮겨 옆에 놓으면 부인은 물러나 피한다.

- 召役夫遷柩就轝 乃載施局加楔 以索維之 令極牢實 主人從柩哭降視載 婦人哭於帷中 載畢 祝帥執事者 遷靈座于柩前南向
  ⇒ 상여를 메는 인부를 불러 영구를 상여에 옮기고 곧 실어서 빗장을 하고 쐐기를 박으며 새끼로 묶어 아주 단단하게 한다. 주인은 영구를 따르면서 곡을 하고 내려와 싣는 것을 본다. 부인은 휘장 안에서 곡을 한다. 싣는 것이 끝나면 축이 집사자를 거느리고 영좌를 영구 앞으로 옮기는데 남향이 되게 한다.

- 司馬溫公曰 啓殯之日 備布三尺以 鹽濯灰治之布爲之 祝御柩執此 以指麾役者
  ⇒ 사마온공이 말하기를, "계빈하는 날에는 무명베 세 자를 준비하는데 잿물로 빤 베로 한다. 축이 영구를 인도할 때 이것을 들고 역자를 지휘한다."라고 하였다.

- 劉氏璋曰 儀禮云 商祝拂柩 用功布幠[火吳切]用夷衾 註曰 商祝 祝習商禮者
  ⇒ 유장이 말하기를, "『의례』에 '상축이 관을 터는 데는 공포를 쓰고 관을 덮는 데는 무와 이금을 썼다.'는 구절의 주에, '상축'은 축으로서 상나라의 예를 익힌 자이다.

- 商人敎之以敬於接神 功布 拂去棺上塵土 幠 覆之爲其形露 夷之言 尸也 夷衾 覆尸之衾也
  ⇒ 상나라의 사람들은 신을 접하는데 공경하라고 가르쳤다. '공포'는 관 위의 먼지나 흙을 털어내는 것이다. '무'는 덮는 것이니 그 형체가 드러나기 때문이다. 이는 시신을 말하는 것이니 이금은 시신을 덮는 이불이다."고 하였다.

- 발인할 날이 밝으면 영구를 상여에 싣고 행상할 준비를 한다.

- 대여(大輿)를 마당에 준비하고, 어제 일포시(日晡時)에 차렸던 조전을 치우고 영구를 상여에 옮길 것을 고한다.

- 집사자는 조전(祖奠)을 거두고 축은 북향하여 꿇어앉아 고하기를 "지금 널을 옮기오니 대여에 오르시기를 감히 고(告) 합니다"고 한다.[393)]고 하였다.

- 영좌를 옮겨 옆에 놓고 영구를 상여로 옮겨 싣는다.

- 영구를 상여에 고정하는 등 일이 끝나면 축관(祝官)이 영좌를 영구 앞으로 옮겨 남향이 되게 한다.

(2) 乃設遣奠

┌─── 【주자가례 원문 11-2】 ───────────────────────────┐

● 乃設遣奠*
⇒ 이에 견전을 차린다.

● 饌如朝奠有脯 惟婦人不在 奠畢 執事者徹脯納苞中 置舁牀上 遂徹奠
⇒ 음식은 조전같이 하되 포(脯)가 있다. 부인은 참석하지 않는다. 견전례가 끝나면 집사자가 포를 거두어서 보자기에 싸서 들고 가는 상위에 놓는다. 끝나면 견전을 치운다.

● 楊氏復曰 高氏禮 祝跪告曰 靈輀旣駕 往卽幽宅 載陳遣禮 永訣終天
⇒ 양복이 말하기를, "고씨의 예에 축이 무릎을 꿇고 고하기를. '영이(靈輀)에 이미 실어 유택으로 가시니 견전례를 베풀어 영원한 작별을 고합니다.'고 한다."라고 하였다.

● 載 謂升柩於轝也 以新組左右束柩於轝 乃以橫木楔柩足兩旁 使不動搖
⇒ '재(載)'는 상여에 영구를 싣는 것을 이른다. 새 끈으로 영구를 상여에 좌우로 묶고 횡목으로 영구 받침의 양쪽 옆을 쐐기로 박아 움직이지 않게 하는 것이다.

└──┘

- 상여에 영구를 싣고 나서 차리는 전이다.

- 『통전(通典)』에 진(晉)나라 하순(賀循)이 말하기를 "대전(大奠)은 평상시보다 한 등급

---

393) 『常變通攷』 執事者徹祖奠, 祝北向跪告曰 : "今遷柩, 就轝, 敢告。"

을 더해서 장례를 성대하게 함인데, 이를 견전이라 한다. 『주례』의 주에 견(遣)은 조묘(祖廟)의 뜰에서 보냄을 말한다. 대전(大奠)은 장차 갈 때 차리는 것이다. 지금 비록 예를 갖추지 못한다고 하더라도 상전(常奠)보다 더해서 마지막 보내는 것을 성대하게 함이 마땅하다"고 했다.394)고 하였다.

- 관행에 발인제라고도 하는데, 발인을 하기 전 문 앞에서 영구를 떠나보내기 위해 올리는 전이다.

- 차리는 음식은 조전(朝奠)과 같이 하되 포(脯)를 추가한다.

- 축관(祝官)이 술을 올리고 떠나는 것을 고하면 주인 이하는 곡(哭)을 하고 재배한다.

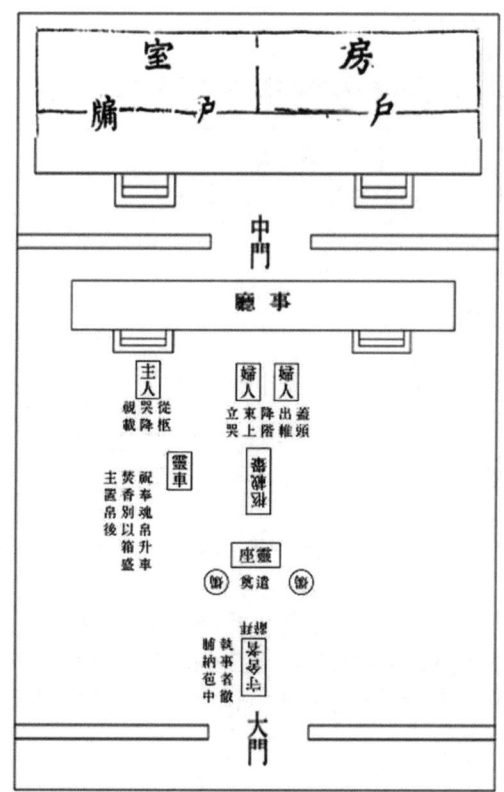

〈견전도(遣奠圖)〉

---

394) 『通典』: 晉賀循曰, "大奠者, 加於常一等, 盛葬禮也, 是謂遣奠。『周禮』註: 遣謂祖廟之庭。大奠, 將行時也。 今雖不能備禮, 宜加於常奠, 以盛送終也。"

① 主人 從柩哭降視載 : 주인이 영구를 따라오면서 곡하다가 계단을 내려와서는 영구를 대여(大轝)에 싣는 것을 본다.

② 婦人 蓋頭出帷降階東上立哭 : 부인은 개두(蓋頭) 차림을 하고 휘장 안에서 나와서 계단을 내려온 다음 동쪽을 위로 하여 서서 곡한다.

③ 靈座 遣奠 : 견전(遣奠)을 올린다.

④ 守舍者 拜辭 : 집을 지키는 자에게 배사(拜辭)한다.

⑤ 執事者 徹脯納苞中 : 집사자(執事者)가 포(脯)를 거두어서 포(苞) 안에 넣는다.

⑥ 祝奉魂帛升車焚香 別以箱盛主置帛後 : 축이 혼백을 받들어 수레에 오른다. 분향하고 상자에 담아 혼백뒤에 둔다.

- 견전축(遣奠祝)은 다음과 같다.

靈輀旣駕 往卽幽宅 載陳遣禮 永訣終天 영 이 기 가   왕 즉 유 택   재 진 전 례   영 결 종 천
상여를 메게 되었사오니. 다음은 곧 무덤입니다. 보내는 예를 베푸오니 이승을 마침을 고하나이다.

(3) 祝奉魂帛升車焚香

┌─── 【주자가례 원문 11-3】 ───────────────────┐

● 祝奉魂帛 升車焚香＊
  ⇒ 축이 혼백을 받들고 수레에 올라서 분향을 한다.

● 別以箱盛主 置帛後 至是 婦人乃蓋頭出帷 降階立哭 守舍者哭辭盡哀 再拜而歸 尊長則不拜
  ⇒ 따로 신주를 상자에 담아 혼백의 뒤에 놓는다. 이때 부인은 머리가리개를 하고 휘장에서 나와 계단을 내려서서 곡을 한다. 집을 지키는 자는 슬픔을 다하여 곡을 하며 하직하는데 재배하고 돌아간다. 존장은 절하지 않는다.

└────────────────────────────────────┘

- 축이 혼백(魂帛)을 받들고 수레에 올라 분향(焚香)한다.

- 별도의 상자에 신주(神主)를 담아 혼백(魂帛) 뒤에 둔다.

- 부인은 머리가리개를 하고 나와서 곡(哭)한다.

- 집을 지키는 사람들은 슬픔을 다하여 곡을 하고 재배(再拜)하여 하직인사를 한다.

- 묻기를 "부인은 상여를 따라서 묘소에 가기 때문에 절하여 작별하는 의식이 없다. 지금은 예법대로 하지 못하기 때문에 집을 지킬 자의 사례를 따라 널 앞에서 곡하여 작별함이 어떠한가?"라고 하니 한강이 말하기를 "그리함이 좋다"고 했다.395)고 하였다.

- 이때 존장(尊長)은 절을 하지 않는다.

- 남계가 말하기를 "『가례』에서 발인할 때 상식에 대해 말하지 않았으니, 식사를 드릴 때가 되면 상(喪)이 비록 길에 있더라도 널을 멈추고 상식을 설행함이 마땅하기 때문인 듯하다. 지금 풍속은 행상(行喪)에 편리하려고 새벽에 반드시 상식을 한 뒤에 견전(遣奠)을 하니, 전(奠)과 상식의 순서를 놓친 게 심하다"고 했다. 이른 아침에 발인하는 경우에는 진실로 이와 같이 함이 마땅하지만, 혹 늦게 발인하는 경우에는 형세상 사례에 따라서 조전(朝奠)과 상식을 차리고 상여로 나아간 뒤를 기다려 따로 견전을 차려야 마땅하다.396)고 하였다.

4) 발인(發靷)

(4) 柩行

┌─── 【주자가례 원문 11-4】 ───

● 柩行*
  ⇒ 영구가 떠난다.

● 方相等前導 如陳器之叙
  ⇒ 방상씨 등이 앞에서 인도를 하고, 기물을 진열한 순서대로 따라간다.

└─────

- 영구(靈柩)가 떠난다.

- 행상(行喪)의 순서는

---

395) 『常變通攷』 問：婦人從而之墓, 故無拜辭之儀。 今不能依禮, 當從守舍之例, 哭辭柩前, 如何, 寒岡曰："然。"

396) 『常變通攷』 南溪曰："『家禮』發引時, 不言上食, 似以食時喪雖在道, 自當停柩設行故也。 今俗便於行喪, 當曉必上食, 而後遣奠, 甚失奠食之序也。" 發引在早朝者, 固當如此, 而或在晚後者, 勢當依例, 設朝奠及上食, 待就轝後, 別設遣奠。

방상(方相) → 명정(銘旌) → 영여(靈輿) → 만장(輓章) → 공포(功布) → 운아삽(雲亞翣) →
상여(喪轝) → 상주(喪主) → 복인(服人) → 존장(尊長) → 무복친(無服親) → 조객(弔客)

- 『가례집람』의 주에 '어떤 사람이 묻기를, 영구(靈柩)가 갈 때 시신(屍身)의 머리는 어
  디로 향합니까? 하였다.' 내가 답하기를 ''개원례』 「숙지」의 조(條)에 영구(靈柩)가
  유문(帷門) 밖에 이르면 남향을 하여 돌고, 구거(柩車)가 흉유(凶帷)에 이르면 서상(西
  廂)에 머물러 끌채를 남쪽으로 하고, 묘(墓)에 이르러서도 그렇게 한다. 묘에 들어가면
  비로소 머리를 북쪽으로 한다. 이것으로 본다면, 이때 시신(屍身)은 마땅히 머리를 남쪽
  으로 하고 끌채는 남향으로 하여야 하니 머리가 앞에 있다는 것을 알 수 있다.'397)고
  하였다.

- 「기석례」에 상축(商祝)이 공포(功布)를 가지고 널을 끄는 자와 상여 줄을 잡는 자를
  어거한다. [주에 널의 앞에 있으면서 만약 낮거나 높거나 기울거나 패인 길이 있으면
  공포를 가지고 위로, 아래로, 좌로, 우로 하여 절도를 삼아, 널을 끄는 자와 상여 줄을
  잡는 자로 하여금 알게 한다.] 사(士)는 상여 줄을 잡는 자가 8인이다. [소에 전후좌우
  에 각각 2인이다.] 주인이 단(袒)하고, 이에 가는데(乃行), 발 구르기를 헤아릴 수가 없
  이 한다. [주에 단(袒)은 가기 위해서 바꾼 것이다.] 내행(乃行)은 구거가 가는 것이다.
  널을 따르는 자가 앞·뒤·좌·우에 있는데 조묘(祖廟)에 옮길 때의 순서와 같이 한다.
  궁(宮)을 나가서 발을 구르고 상복을 껴입는다. [소에 궁을 나감은 대문 밖 빈객이 머
  물던 곳으로, 부모님이 살아 계실 때 손님을 대접하던 곳이다.] 그러므로 이곳에 이르
  면 옛 생각이 들어 슬프다. 발을 구르는 것이 끝나면 상복을 껴입고, 상복을 껴입고는
  길을 떠난다.398)고 하였다.

---

397) 『輯覽』 : 柩行尸首所向, 按, 『開元禮』 '宿止'條, 靈車到帷門外, 廻南向, 柩車到, 入凶帷, 停於西
廂, 南轅。 到墓亦然。 入墓, 始北首。 以此觀之, 是時, 尸當南首, 而轅以南向, 首在前, 可知。
398) 「旣夕禮」 : 商祝執功布以御柩, 執披。 註 : 居柩之前, 若道有低昻傾虧, 則以布爲抑揚左右之節, 使引

- 「잡기」에 사(士)의 상(喪)에도 천자와 같은 점이 세 가지 있으니, 밤새도록 불을 피우는 것, 사람들이 상여 줄을 잡는 것(乘人), 길을 오로지 차지하고 가는 것(專道而行)이다. [주에 승인(乘人)은 사람들에게 상여 줄을 잡게 하는 것이다.] 전도(專道)는 사람들이 길을 피하는 것이다. [소에 승인은 사람이 수레를 끌어 말을 사용하지 않는 것을 말한다.]399)고 하였다.

- 『가례』에서 장사를 지낸 뒤에 영상(靈牀)을 거둔다는 조문이 없으니 필시 삼년상을 마치도록 행할 것이나, 다만 장사 지낸 뒤에 자주 영좌는 언급하면서 영상에 대해서는 끝내 보이는 곳이 없으니, 이것이 설치하지 않는다는 증거가 된다고 하였다"고 했다.400)고 하였다.

- 명재가 말하기를 "영좌는 습(襲)을 한 뒤에 세우는데 시신은 아직 상(牀)에 있기 때문에 영상(靈牀)을 설치하지 않고 다만 봉양할 기구만 설치한다. 이미 입관하고 나면 널 옆에 영상을 설치하고 또 봉양할 기구를 그 옆에 진설하였다. 그 시구(尸柩)를 이미 매장하고 나서 신주로 혼백을 대신한 뒤에는, 다시 신주를 받들어 영상에 나아간다는 조문이 없으니, 영상이 철거된 것은 따라서 알 수 있다"고 했다.401)고 하였다.

- 발인할 때 영상은 마땅히 철거하는 것이 맞을 듯한데, 지금 사람들 중에 혹 묘소 아래에 있으면서 또 곧장 장사 지내지 않는 경우에도 다시 영상을 설치하지 않는가? 이는 도리어 의심스럽다. 만약 '다시 설치한다'고 말하면 영상을 반드시 발인할 때 철거한다고 말할 수도 없다.402)고 하였다.

- 『개원례』에서 '이미 빈소를 차리고 영좌를 하실(下室)에 설치한다'고 했으니, 바로 『가례』에서 이른 바 '영상'이다. 장사 지낼 때에 따라서 묘소에 이르니, 이는 묘소 아래에 있으면서 곧장 장사 지내지 않는 경우에 다시 영상을 설치한다는 증거이다. 다만

者執披者, 知之. 士, 執披八人. 疏 : 前後左右, 各二人. 主人袒, 乃行, 踊無算. 註 : 袒, 爲行變也. 乃行, 柩車行也. 從柩者, 先後左右, 如遷于祖之序. 出宮, 踊, 襲. 疏 : 出宮, 大門外有賓客次舍之處, 父母生時, 接賓之所. 故至此感而哀. 踊訖襲, 襲而行.

399) 「雜記」 : 士喪, 有與天子同者三, 其終夜燎, 及乘人, 專道而行. 註 : 乘人, 使人執引也. 專道, 人辟之. 疏 : 乘人, 謂人引車, 不用馬也.

400) 『家禮』葬後無徹靈牀之文, 必終三年行之, 第葬後, 屢擧靈座, 而靈牀則終無見處, 此可爲不設之證."

401) 『常變通攷』 明齋曰 : "靈座立於襲後, 則尸尙在牀, 故不設靈牀, 而只設奉養之具, 旣入棺則設靈牀於柩傍, 而又設奉養之具於其側及其尸柩, 旣葬, 以神主代魂帛之後, 則更無奉主就靈牀之文, 而靈牀之徹, 從可知矣."

402) 『常變通攷』 發引時, 靈牀當徹徹似然, 而今人或在墓下, 又不卽葬者, 亦不復設靈牀耶? 此却可疑. 若謂復設, 則未可謂靈牀, 必徹於發引也.

『개원례』에서, 길을 가는 도중에는 전(奠)을 널의 동쪽에 차리고, 상식은 영좌에 설치하며, 묘소에 이르면 전(奠)과 상식을 합하여 모두 영좌에 차리고, 이 영좌로 반곡(反哭)을 한다고 했으니, 그래서 이미 장사를 지내고 철거한다는 글이 없는 것이다. 그러나 「단궁」 주(註)에서는 '졸곡(卒哭)하고는 다시 하실에 궤식(饋食)하지 않는다'고 했으니, 지금 비록 삼년상을 마치도록 상식을 하더라도 하실을 본뜬 영상은 본래 철거함이 마땅하다.403)고 하였다.

(5) 主人以下哭步從

┌─── 【주자가례 원문 11-5】 ───────────────

● 主人以下男女哭步從*
⇒ 주인 이하 남자와 여자는 곡을 하면서 걸어서 따라간다.

● 如朝祖之叙 出門則以白幕夾障之
⇒ 조조할 때의 순서와 같다. 문을 나가면 흰 장막으로 양 옆을 가린다.

└────────────────────────────────

- 주인 이하 남녀는 곡(哭)을 하며 걸어서 따라간다.
- 『개원례』에 주인과 여러 장부, 부인들은 차례에 맞게 따르면서 곡하는데, 소리가 끊어지지 않게 한다.404)고 하였다.

(6) 尊長次之, 無服之親又次之, 賓客又次之

┌─── 【주자가례 원문 11-6】 ───────────────

● 尊長次之 無服之親又次之 賓客又次之*
⇒ 존장이 그 다음이고 복이 없는 친척이 또 그 다음이고 빈객이 또 그 다음이다.

● 皆乘車馬 親賓或先待於墓所 或出郭哭拜辭歸
⇒ 모두 수레와 말을 탄다. 친척과 빈객은 혹 먼저 묘소에 가서 기다리기도 하고, 혹은 성곽을 나가서 곡을 하고 절을 하여 작별하고 돌아가기도 한다.

└────────────────────────────────

----

403) 『開元禮』, 旣殯, 設靈座於下室, 卽 『家禮』 所謂靈牀也。及葬隨至墓, 此可爲在墓下, 不卽葬者, 復設靈牀之證矣。但 『開元禮』, 在道, 奠設柩東, 上食設靈座, 而及墓則合奠與上食, 俱設於靈座, 仍以靈座反哭, 所以無旣葬徹去之文。然 「檀弓」 註曰, 卒哭不復饋食於下室, 今雖上食終三年, 而靈牀之象下室者, 自當徹去矣。

404) 『開元禮』 : 主人及諸丈夫婦人, 以次從哭, 不絶聲。

『개원례』에 내외가 거마를 타는데, 딸자식과 처첩의 수레에는 대자리(簟篨)를 수레에 덮고 백토(白土)를 바르고 거친 베로 비렴(幨幰)을 만든다. 기년(期年)과 대공(大功)의 수레에도 백토를 바르고 혹 대자리를 덮기도 하는데, 모두 베로 비렴을 만든다. 만약 묘지가 멀거나 병이 들어 걷는 것을 감당하지 못하는 자는 백토를 칠한 수레를 탄다. 묘역에서 300보 떨어진 곳에서 모두 말에서 내린다.405)고 하였다.

『서의』에 존장(尊長), 복이 없는 친척, 빈객은 모두 거마를 타고, 항렬이 낮거나 어린 자는 성곽을 나가서 거마를 탄다. 만약 성곽 문이 멀다면 걸어서 3리(里)를 따라간 뒤에 거마를 탄다.406)고 하였다.

(7) 親賓設幄於郭外道旁. 駐柩而奠

┌─── 【주자가례 원문 11-7】 ───
│
│ ● 親賓設幄於郭外道旁 駐柩而奠*
│   ⇒ 친척과 빈객은 성밖 길가에 장막을 치고 영구를 멈추면 전을 드린다.
│
│ ● 如在家之儀
│   ⇒ 집에 있을 때의 의례와 같다.
│
└─────────────────────────

- 친척과 빈객이 길가에 장막을 치고 영구를 멈추면 전(奠)을 올린다.

- 『집람』에 살펴보건대, 「기석례」 기(記)에 '오직 군주가 명한 경우에만 널을 길가에 멈추고, 그 나머지 경우에는 멈추지 않는다'고 했고, 『개원례』에 '성곽 밖으로 나가서 친족이나 빈객이 돌아갈 경우에는 임시로 구거(柩車)를 멈추고서 차례대로 나아가 슬픔을 다해 곡한다. 낮은 자는 재배하고 물러난다.'고만 했을 뿐, 이른 바 널을 멈추게 하여 전을 올린다는 설은 없다. 그러니 이 예가 어느 책에서 나온 것인지 잘 모르겠다. 아마도 이는 역시 당시에 세속에서 행하던 예인데, 『가례』에서 따른 것이리라.407)고 하였다.

----

405) 『開元禮』 : 內外乘車馬, 女子子妻妾之車, 以簟篨衣車, 白土堊之, 以麤布, 爲幨幰. 周及大功之車, 白土堊之, 或衣簟篨, 皆以布爲幨幰. 若墓遠及病, 不堪步者, 乘堊車, 去塋三百步, 皆下馬.

406) 『書儀』 : 尊長無服之親賓客, 皆乘車馬, 卑幼出郭, 乘車馬. 若郭門遠, 則步從三里, 所可乘車馬.

407) 『輯覽』 : 按, 「旣夕」記, '惟君命止柩堛, 其餘則否.' 『開元禮』, '出郭, 若親朋還者, 權停柩車, 以次就哭盡哀. 卑者再拜而退.' 無所謂駐柩而奠之說. 未知此禮出於何書也. 疑亦當時俗禮, 而 『家禮』 因之.

- 묻기를 "『가례』에서 '널을 멈추게 하여 전을 올린다.'고 했으니 친빈(親賓)의 전(奠)임이 분명한데, 세속에서는 인하여 '노전(路奠)'이라 하여 주인집에서 전을 차리는 데 어떠한가?"라고 하자, 남계가 말하기를 "『오례의』에 '친빈이 널을 멈추게 하여 전을 올린다.'는 조문 아래의 주(註)에 '바로 노제(路祭)를 지냄이다.'고 했으니, 필시 이를 따라서 잘못한 것인 듯하다"고 했다.408)고 하였다.

- 『개원례』에 성곽을 나가서 친빈 중에 돌아갈 자가 있으면 잠시 구거(柩車)를 멈추고, 상자(相者)가 돌아갈 친빈을 인도하여 순서대로 구거의 왼쪽으로 가서 널을 향하여 서서 슬픔을 다해 곡하게 한다. 낮은 자는 재배하고서 물러나고 부인 역시 그와 같이 한다. 『서의』에 성곽을 나가되 묘지까지 가지 않는 자는 모두 널 앞에서 작별한다.409)고 하였다.

(8) 塗中遇哀則哭

┌─── 【주자가례 원문 11-8】 ──────────────

● 塗中遇哀則哭*
⇒ 도중에 슬픔이 지나치면 곡을 한다.

● 若墓遠 則每舍設靈座於柩前 朝夕哭奠 食時上食 夜則主人兄弟皆宿柩旁 親戚共守衛之
⇒ 만약 묘소가 멀면 30리(舍)마다 영구 앞에 영좌를 차려 놓고 아침저녁으로 곡을 하고 전을 올린다. 식사 때는 상식을 올리고 밤이 되면 주인과 형제가 모두 영구 옆에서 자고 친척과 함께 지킨다.

└──────────────────────────────

- 도중에 슬픔이 지나치면 즉시 곡(哭)을 한다.

- 묘가 멀면 매 30사(舍)410)마다 영구 앞에 영좌를 설치하고, 무덤에서 삼백보 떨어진 곳에 이르러 모두 내린다.

- 아침 · 저녁으로 곡을 하고 전을 올리고 식사 때는 상식(上食)을 올린다. 밤이 되면 주인과 형제가 모두 영구 옆에서 자고 친척과 함께 지킨다.

----

408) 『常變通攷』問：" 『家禮』，停柩而奠，明是親賓之奠，而世俗因謂之路奠。自主家設奠如何？" 南溪曰：
    " 『五禮儀』，'親賓駐柩而奠'下註云，卽路祭，似必因此而誤也。"

409) 『開元禮』：出郭，若親賓還者，權停柩車，相者引親賓，以次就柩車之左向柩，立哭盡哀。卑者再拜而退，婦人亦如之。『書儀』：出郭不送至墓者，皆辭於柩前。

410) 舍는 군대가 하루에 걷는 거리의 단위로 里이다. 30舍는 우리나라에서는 50~60里에 해당한다. 『국역 주자가례朱子家禮』, 유교학술원, 2005, p242.

12. 급묘(及墓)

1) 개요

- 영구(靈柩)가 장지에 도착하여 장사(葬事)를 지내는 절차이다.

- 급묘(及墓)의 자형을 분석하여 보면,

  • 及 [미칠 급]은 『설문해자(說文解字)』에 "逮也。从又从人。乀, 古文及。"라 하여 "붙잡다는 의미이다. '又'와 '人'는 모두 의미부분이다. '乀'은 '及'의 고문이다."고 하여 자형의 구성이 사람(人, ⺈)과 손(又, ⺕)으로 쓴 것으로 다다르다 이르다는 의미이다.

  • 墓 [무덤 묘]는 『설문해자(說文解字)』에 " 丘也。从土莫聲。"라 하여 언덕이라는 의미로 뜻을 나타내는 '土'와 음을 나타내는 '莫(막)'을 합하여 썼다고 하였다. '莫'은 풀 숲 사이에 해가 들어간 모양에서 '해가지다'는 뜻에서 '하지 말라'는 의미가 되었고, '土'를 더하여 죽은 사람을 묻는 곳이라는 의미로 쓰였다. 봉분을 의미한다.

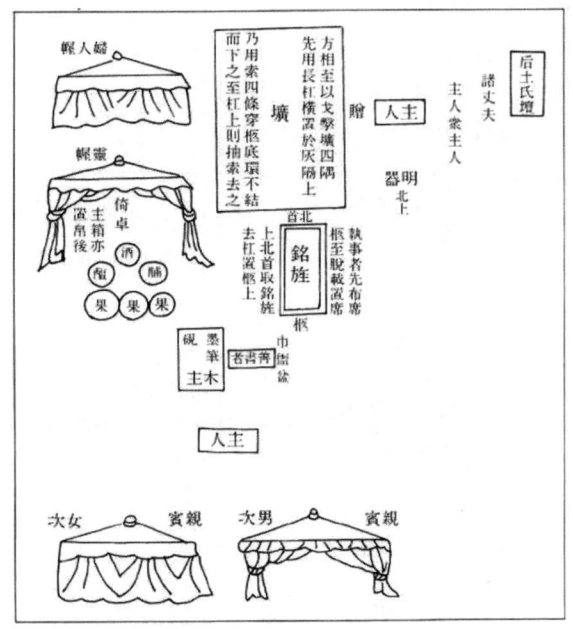

〈墓域全圖〉

① 壙 方相至以戈擊壙四隅 先用長杠橫置於灰隔上 乃用索四條穿柩環不結 而下之至杠上 則抽索去之 : 방상시(方相氏)가 도착하면 창[戈]으로 광(壙)의 사방 모퉁이를 친다.

그러고는 먼저 긴 장대를 회격(灰隔) 위에 가로질러 놓으며, 이어 새끼 네 가닥을 가지고 영구(靈柩) 바닥의 쇠고리에 끼운 다음 묶지 않고서 내린다. 장대 위에 놓이면 새끼를 뽑아 치운다.

② 北首 銘旌 柩 執事者先布席柩至脫載置席 上北首取銘旌去杠置柩上 : 집사자(執事者)가 먼저 광의 남쪽에 자리를 깐다. 영구가 도착하면 실은 것을 꺼내어 자리 위에 놓는데, 머리를 북쪽으로 하여 놓는다. 집사자가 명정을 가져다가 장대를 제거하고 영구 위에 놓는다.

③ 倚卓 主箱亦置帛後 酒脯醯果 : 신주를 넣은 상자 역시 혼백(魂帛) 뒤에 놓는다.

④ 盆盥巾 善書者 木主 筆 墨 硯

2) 급묘(及墓)의 예(禮)에 관하여 살펴보면

구 분	『朱子家禮』	『喪禮備要』	『四禮便覽』
절 차	•未至.執事者先設靈幄 •親賓次 •婦人幄 •方相至 •靈車至 •遂設奠而退 •柩至 •主人男女各就位哭 •賓客拜辭而歸 •乃窆 •主人贈 •加灰隔內外蓋 •實以灰 •乃實土而漸築之 •祠后土於墓左 •藏明器等. •下誌石 •復實以土而堅築之 •題主 •祝奉神主升車 •執事者徹靈座遂行 •墳高四尺.立小石碑於其前.亦高四尺.趺高尺許.	•未至.執事者先設靈幄 •親賓次. •婦人幄. •方相至. •明器等至. •靈車至. •遂設奠而退. •柩至. •主人男女各就位哭. •賓客拜辭而歸. •乃窆. •主人贈. •加灰隔內外蓋. •實以灰. •乃實土而漸築之. •祠土地於墓左. •藏明器等. •下誌石. •復實以土而堅築之. •題主 •祝奉神主升車. •執事者徹靈座.遂行. •墳高四尺.立小石碑於其前.亦高四尺.趺高尺許.	•未至執事者先設靈幄 •親賓次 •婦人幄 •方相至 •靈車至 •遂設奠而退 •柩至 •主人男女各就位哭 •賓客拜辭而歸 •乃窆 •主人贈 •加灰隔蓋 •實以灰 •乃實土而漸築之 •祠后土於墓左 •下誌石 •復實以土而堅築之 •題主 •祝奉神主升車 •執事者徹靈座遂行 •成墳

3) 의례절차의 이해

(1) 未至. 執事者先設靈幄

```
┌─── 【주자가례 원문 12-1】────────────────────────────────┐
│                                                         │
│ ● 未至 執事者先設靈幄*                                    │
│   ⇒ 도착하기 전에 집사자가 먼저 영악을 설치한다.          │
│                                                         │
│ ● 在墓道西南向有倚卓                                      │
│   ⇒ 묘소에 길 서쪽에 남향하여 교의와 탁자를 놓는다.       │
│                                                         │
└─────────────────────────────────────────────────────────┘
```

- 『주례』에 악역(幄帟 장막)이 앞서 간다. [주에 장막이 앞서 간다는 것은 장사 지내고 하관(下棺)하는 사이에 먼저 신좌(神座)를 펼치기 위함이다.]411)고 하였다.

- 영구(靈柩)가 도착하기 전에 영구를 임시로 안치할 영악(靈幄)을 설치한다. 묘소로 가는 길 서쪽에 남향(南向)으로 교의와 탁자를 놓는다.

(2) 親賓次

```
┌─── 【주자가례 원문 12-2】────────────────────────────────┐
│                                                         │
│ ● 親賓次*                                                │
│   ⇒ 친척과 빈객의 상차를 설치한다.                        │
│                                                         │
│ ● 在靈幄前十數步 男東女西 次北與靈幄相值 皆南向            │
│   ⇒ 영악의 앞 십여 걸음 되는 곳에 남자는 동쪽, 여자는 서쪽에 자리한다. 상차는 북  │
│     쪽으로 영악과 서로 똑바르게 하며 모두 남향한다.        │
│                                                         │
└─────────────────────────────────────────────────────────┘
```

- 영악(靈幄) 앞 10걸음 앞에 남향으로 친척과 빈객2의 상차를 설치하는데, 남자는 동쪽, 여자는 서쪽에 북쪽으로 영악과 서로 똑바르게 설치한다.

---

411) 『周禮』 : 幄帟先 °註 : 幄帟先, 所以爲葬窆之間, 先張神座也 °

(3) 婦人幄

┌─── 【주자가례 원문 12-3】 ───────────────────────────┐

● 婦人幄*
⇒ 부인의 장막을 설치한다.

● 在靈幄後壙西
⇒ 영악의 뒤 광의 서쪽에 있다.

└──┘

- 영악(靈幄) 뒤 광중의 서쪽에 부인의 장막을 설치한다.

- 악(幄)과 상차(喪次)는 차일을 이용하기도 한다.

(4) 方相至

┌─── 【주자가례 원문 12-4】 ───────────────────────────┐

● 方相至*
⇒ 방상씨가 도착한다.

● 以戈擊壙四隅
⇒ (방상씨가) 창으로 광중의 사방 모퉁이를 친다.

● 明器等至*
⇒ 명기 등이 도착한다.

● 陳於壙東南北上
⇒ 광의 동남쪽에 진열하되 북쪽이 위이다.

└──┘

- 『주례』에 방상씨(方相氏)가 광에 들어가서 창으로 네 귀퉁이를 쳐서 방량(方良)을 몰아낸다. [주에 방량(方良)은 망양(罔兩 도깨비나 요괴)이다.] 『국어(國語)』에 '목석(木石)의 요괴가 기(夔)와 망양(罔兩)'이라 했다.412)고 하였다.

- 『의례』「기석례」에 광에 도착하면 길의 동서(東西) 쪽에 명기를 진열하는데, 북쪽을 위로 한다. [주에 광에 통솔된다.] [소에 사당 안에서는 남쪽을 위로 하고, 여기서는 북쪽을 위로 한다.] 그러므로 '광에 통솔된다.'고 한 것이다.413)고 하였다.

----

412) 『周禮』 : 方相氏入壙, 以戈擊四隅, 毆方良。 註 : 方良, 罔兩也, 『國語』 曰, '木石之怪夔, 罔兩。'

(5) 靈車至

┌─── 【주자가례 원문 12-5】 ───────────────────────
│
│ ● 靈車至*
│ ⇒ 영거가 도착한다.
│
│ ● 祝奉魂帛就幄座 主箱亦置帛後
│ ⇒ 축이 혼백을 받들어 영악의 자리로 가고 신주상자는 혼백의 뒤에 놓는다.
│
└───

- 영여(靈輿)가 도착하면 축관(祝官)이 혼백(魂帛)을 악좌에 모시고 신주(神主)상자를 혼백(魂帛) 뒤에 안치한다.

- 전(奠)을 차려 놓고 물러난다. 전상(奠牀)에는 술, 과일, 포, 식혜를 차린다.

(6) 遂設奠而退

┌─── 【주자가례 원문 12-6】 ───────────────────────
│
│ ● 遂設奠而退*
│ ⇒ 드디어 전을 차리고 물러난다.
│
│ ● 酒果脯醢
│ ⇒ 술, 과일, 포, 육장으로 차린다.
│
└───

- 축이 혼백을 받들어 영악(靈幄)의 자리에 가고, 신주 상자는 역시 혼백 뒤에 둔다.414) 고 하였다.

(7) 柩至

┌─── 【주자가례 원문 12-7】 ───────────────────────
│
│ ● 柩至*
│ ⇒ 영구가 도착한다.
│
│ ● 執事者先布席於壙南 柩至脫載置席上北首 執事者取銘旌 去杠置柩上
│ ⇒ 집사자가 먼저 광의 남쪽에 자리를 깔고, 영구가 도착하면 수레에서 내려 머리를 북쪽으로 놓는다. 집사자가 명정을 가져다 장대를 제거하고 영구 위에 놓는다.
│
└───

---

413) 「旣夕禮」 : 至于壙, 陳器于道東西, 北上。 註 : 統於壙。 疏 : 廟中南上, 此則北上。 故云, 統于壙。

414) 『常變通攷』 祝奉魂帛, 就幄座, 主箱, 亦置帛後。

- 영구(靈柩)가 도착하면 집사자(執事者)는 포석(布席)을 광중의 남쪽에 깐다.

- 상여(喪輿)에서 영구(靈柩)를 내려 영좌(靈座)의 동쪽자리 위에 머리를 북쪽으로(北首) 가게 안치한다.

- 집사자(執事者)가 공포로 영구의 먼지를 털면 축관(祝官)이 명정(銘旌)의 장대를 제거하고 관 위에 덮는다.

- 북수(北首)에 대해 『예기』 「단궁」에 '북방(北方)에 머리를 북쪽으로 두고 장사 지내는 것은 하(夏)・은(殷)・주(周) 3대에 통용되던 예이니, 어두운 곳으로 가기 때문이다. [소에 나라의 북쪽에 머리를 북쪽으로 두고 장사 지내는 것은, 귀신은 그윽하고 어두운 것을 숭상하여 유명(幽冥)한 데로 가기 때문이다.] 『집설(集說)』에 어떤 향배(向背)냐를 묻지 않고 앞을 남쪽으로 하고, 뒤를 북쪽으로 한다.'415)고 하였다.

  또한, 방씨가 말하기를 '남쪽은 양(陽)이기 때문에 밝고, 북쪽은 음(陰)이기 때문에 어둡다. 사람은 어두운 곳에서 태어나 밝은 곳으로 나오기 때문에 산 사람은 남쪽을 향하고, 그 죽음에 미쳐서는 밝음으로부터 어두움으로 돌아가기 때문에 죽은 자는 머리를 북쪽으로 하니 대체로 음양(陰陽)의 이치를 따르는 것일 뿐이다. 이에 북쪽에서 머리를 북으로 하여 매장하는 것은 통용하여 행하였으니 모두 죽은 자가 어두움으로 돌아가는 까닭을 따랐기 때문이다.'고 하였다.

- 「기석례」에 광에 도착하면 상여 줄을 붙인다. [주에 이에 싣고 있던 것을 풀어서 장식을 제거한 다음, 다시 함이(縅耳 묶은 고리)에 상여 줄을 붙인다.] [소에 대부와 사(士)는 임(衽) 두 곳에 두 번 묶는데(束), 묶는 곳은 앞뒤로 둘이 있고 묶은 곳의 끝에 모두 묶은 고리(縅耳)를 만들어 상여 줄을 관통시켜 묶어서 관을 내린다.]416) 고 하였다.

---

415) 「檀弓」 : 葬於北方, 北首, 三代之達禮也, 之幽之故也。 疏 : 葬於國北及北首者, 鬼神尙幽暗, 往詣幽冥, 故也。

416) 「旣夕禮」 : 至于壙, 屬引。 註 : 於是脫載, 除飾, 更屬引於縅耳。 疏 : 大夫士, 二衽二束。 束有前後。 於束末, 皆爲縅耳。 以緋貫結之而下棺。

(8) 主人男女各就位哭

【주자가례 원문 12-8】

• 主人男女各就位哭*
⇒ 주인과 남자와 여자들이 각각 자리로 가서 곡을 한다.

• 主人諸丈夫立於壙東西向 主婦諸婦女立於壙西幄內東向 皆北上 如在途之儀
⇒ 주인과 여러 장부들은 관의 동쪽에 서서 서향을 하고 주부와 여러 부녀들은 광의 서쪽 장막 안에 서서 동향을 한다. 모두 북쪽이 위이고 길에서 한 의례처럼 한다.

- 고례(古禮)와 『가례』에는 이처럼 절하는 것이 없다. 그러나 영원토록 이별함에 끝내 절하여 작별하는 예를 빠뜨린다면 또한 미흡할 듯하니, 이에 의거하여 작별한 뒤에 하관함이 마땅할 듯하다.417)고 하였다.

- 『개원례』에 상여에서 널을 내릴 때 장부는 널의 동쪽에서 부인은 널의 서쪽에서 차례대로 나아가 널에 기대어 슬픔을 다하여 곡한다. 내외의 비자(卑者)들은 두 번 절하고 작별한다.418)고 하였다.

- 모두 북쪽이 상위(上位)이다.

(9) 賓客拜辭而歸

【주자가례 원문 12-9】

• 賓客拜辭而歸*
⇒ 빈객은 절하여 작별하고 돌아간다.

• 主人拜之 賓答拜
⇒ 주인이 절하면 빈객은 답배한다.

- 빈객들은 절로 작별하고 돌아간다. 주인이 절하면 빈객(賓客)도 절을 한다.

- 『의례』「기석례」편에 '빈객(賓客)이 나가면 절하고 전송한다.'고 하였다. 그 주에 상문(喪問)의 빈객(賓客)이라 하였다.

----

417) 『常變通攷』 古禮及 『家禮』, 無此拜。然千古之訣, 終闕拜辭之禮, 亦似欠缺, 依此辭訣然後, 下棺恐當。
418) 『開元禮』 : 下柩於輴, 丈夫柩東, 婦人柩西, 以次進憑柩, 哭盡哀。內外卑者, 再拜辭訣。

- 「기석례」에 빈이 나가면 절하여 전송한다. 소에 살펴보건대, 「잡기」에 "죽은 자와 자기가 서로 알고만 지내던 사이면 영구(靈柩)가 궁문(宮門) 밖을 나가는 것을 보고 물러나 나오고, 서로 읍(揖)을 하면서 지내던 사이면 애차(哀次)에 이르렀을 때 물러나 나오고, 서로 안부를 주고받던 사이면 묘소에 봉분이 이루어진 뒤에 물러나 나오고, 서로 집지(執贄)하던 사이면 상주가 반곡한 뒤에 물러나 나오고, 서로 친구 사이면 우제(虞祭)와 부제(祔祭)가 끝난 뒤에 물러나 나온다"고 했고, 주에 "이것은 조문하는 자의 은혜가 박하고 후함에 따라 떠나가는 것이 더디거나 빠른 의절이다. '서로 알고만 지내던 사이(相趨)[419]'는 서로 간에 성명을 물어봄을 이른다. '서로 읍을 하면서 지내던 사이(相揖)[420]'는 일찍이 다른 곳에서 만난 적이 있음이다. '서로 안부를 주고받던 사이(相問)[421]'는 일찍이 서로 간에 물건을 주고받음이다. '서로 집지하던 사이(相見)[422]'는 일찍이 서로 예물을 가지고 만나 봄이다"고 했다. 이것으로 말한다면, 여기에서 이미 '장사 지내고 나서는 물러간다.'고 했으니, 이는 서로 간에 보면서 안부를 물어보는 사이의 빈객인 바, 중간을 거론하여 상하를 보인 것이다.[423]고 하였다.

- 『구씨의절』에 '빈객(賓客)이 영구(靈柩) 앞으로 나아가 애통함을 드러내며 재배(再拜)하면 주인(主人)은 빈객(賓客)에게 사례하며 답배(答拜)한다.'고 하였다.

(10) 乃窆

┌─── 【주자가례 원문 12-10】 ───
│ ● 乃窆*
│ ⇒ 이에 하관을 한다
│
│ ● 先用木杠 橫於灰隔之上 乃用索四條穿柩底 闊不結而下之 至杠上則抽索去之 別摺細布

----

419) 상추(相趨)는 죽은 자와 아는 사이로 상가와 서로 성명 정도 들어본 사이 또는 일면식 정도의 사이를 이른다.
420) 상읍(相揖)은 일찍이 다른 곳에서 만난 사이를 일컬으며, 서로 揖하고 지내는 사이로 喪事에 참석함을 말한다.
421) 상문(相問)은 일찍이 서로 惠遺하던 사이를 일컬으며, 서로 안부를 묻던 사이로 喪事에 참석함을 말한다.
422) 상견(相見)은 일찍이 서로 집지로 만나던 사이를 일컬으며, 예물을 가지고 방문하던 사이로 喪事에 참석함을 말한다.
423) 「既夕禮」 :賓出則拜送。 疏:按, 「雜記」云, "相趨也, 出宮而退, 相揖也, 哀次而退, 相問也, 既封而退, 相見也, 反哭而退, 朋友, 虞祔而退。" 註云, "此弔者, 恩薄厚, 去遲速之節也。相趨, 謂相問姓名也, 相揖, 嘗會於他也, 相問, 嘗惠遺也, 相見, 嘗執贄相見也。" 以此而言, 此既葬而退, 是相見問遺之賓, 舉中以見上下。

若生絹兜柩底而下之 更不抽出 但截其餘棄之

⇒ 먼저 나무 장대를 회격 위에 가로질러 놓는다. 새끼 네 가닥을 관 밑의 고리에 끼워 묶지 않고 내린다. 장대 위에 놓이면 새끼 끈을 뽑아 제거한다. 따로 가는 무명 베나 생견을 접어서 영구 밑에 넣어서 내린다. 다시 빼내지 않고 다만 그 나머지는 잘라버린다.

- 若柩無鐶 卽用索兜柩底 兩頭放下 至杠上 乃去索用布如前

⇒ 만약 영구에 쇠고리가 없으면 곧 영구 바닥에 새끼줄을 써서 양 머리를 내리고 장대 위에 이르면 곧 새끼를 제거한다. 무명 베를 사용하는 것은 앞에서와 같다.

- 大凡下柩最須詳審用力 不可誤有傾墜動搖 主人兄弟宜輟哭 親臨視之 已下再整柩衣銘旌 令平正

⇒ 대체로 영구를 내리는 것은 가장 세심하게 살피고 힘을 써야한다. 잘못하여 기울거나 떨어지거나 흔들리게 해서는 안 된다. 주인과 형제들은 마땅히 곡을 그치고 직접 가서 보아야 한다. 이미 내렸으면 영구 덮개와 명정을 다시 손질하여 평평하고 바르게 해야 한다.

- 시신을 내광에 모시는 것을 말하는 것으로 이를 하관(下棺)이라고도 한다. 시속에는 하관시간이 맞지 않으면 시신을 버리는 것과 같다고 하여 장사일과 함께 하관시간을 아주 중요시 하였다. 머리를 북쪽에 둔다.

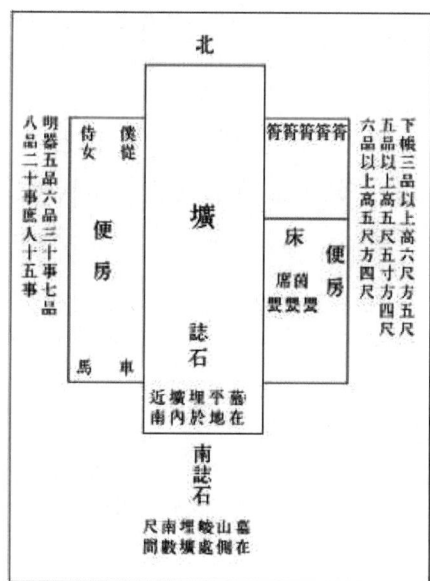

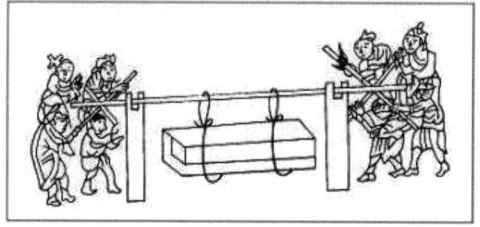

① 下帳三品以上 高六尺方五尺 五品以上 高五尺五寸方四尺 六品以上 高五尺方四尺 : 하
   장(下帳)은 3품 이상은 높이가 6척이고 사방이 5척이며, 5품 이상은 높이가 5척 5
   촌이고 사방이 4척이며, 6품 이상은 높이가 5척이고 사방이 4척이다.

② 明器五品六品三十事 七品八品二十 事庶人十五事 : 명기(明器)는 5품과 6품은 30사
   (事)이고, 7품과 8품은 20사이고, 서인(庶人)은 15사이다.

③ 墓在平地埋於壙內近南 : 묘소가 평지에 있으면 광(壙) 안에서 남쪽에 가까운 곳에
   지석(誌石)을 묻는다.

④ 墓在山側峻處埋壙南數尺問 : 묘소가 산기슭 험준한 곳에 있으면 광의 남쪽에서 몇
   자 떨어진 곳에 지석을 묻는다.

- 주인과 형제들이 잠시 곡을 그치고 관을 내리는 것을 보아야 한다.

- 하관시(下棺時)에는 조금의 요동도 있어서는 안 된다.

- 「기석례」에 주인은 단(袒)하고, 중주인(衆主人)은 서면하되 북쪽을 상석으로 한다. 부
  인은 동면한다. 모두 곡하지 않는다. [주에 연도(羨道) 옆에 자리한다.] [소에 주인이
  단(袒)하는 것은 하관을 위해 바꿈이다.] 곡하지 않는 것은 하관을 위해 정숙해야 하기
  때문이다. 이에 하관한다(窆). 주인이 곡하고, 발 구르기를 무수하게 한다. [주에 폄(窆)
  은 하관(下棺)이다.] [소에 광(壙) 동쪽의 서면하는 곳에서 곡하고 발을 구른다.]424)고
  하였다.

- 「상대기」에 대부(大夫)는 곡하지 말도록 명하고, 사(士)는 곡하는 자가 서로 곡을 그치
  도록 한다.425)고 하였다.

- 「왕제(王制)」에 서인은 줄을 매달아 하관한다(庶人縣封). [주에 봉(封)은 폄(窆)이 되어
  야 마땅하다.] [소에 서인은 천하여 비율(碑綍)이 없으므로, 줄을 매달아 하관한다.]426)
  고 하였다.

- 『개원례』에 널을 내릴 때 머리를 북쪽으로 가도록 하고, 이금으로 덮고, 명정을 펼친
  다. 『서의』에 명정을 널 위에 둔다. 427)고 하였다.

----

424) 「旣夕禮」 : 主人袒, 衆主人西面, 北上。 婦人東面。 皆不哭。 註 : 夾羨道爲位。 疏 : 主人袒者, 爲下棺
    變。 不哭者, 爲下棺宜靜。 乃窆。 主人哭, 踊無筭。 註 : 窆, 下棺。 疏 : 哭踊於壙東西面。

425) 「喪大記」 : 大夫命無哭, 士, 哭者相止也。

426) 「王制」 : 庶人縣封。 註 : 封當爲窆。 疏 : 庶人賤, 無碑綍, 縣繩下棺。

427) 『開元禮』 : 下柩北首, 覆以夷衾, 施銘旌。 『書儀』 : 置銘旌於柩上。

(11) 主人贈

- 하관(下棺)을 한 후 내광의 사이에 빈틈이 없도록 흙으로 채우고 상주가 폐백(幣帛)을 드린다. 폐백(幣帛)이란 고인에게 예물로 바치는 비단의 의미를 가진다.

- 『예기』「잡기」에 '물건으로 죽은 자를 곽 안에서 송별한다.'고 하였다.

- 폐백은 관 위에 명정을 덮고 주상에게서 현훈(玄纁)의 폐백(幣帛)을 받아 관(棺)의 가슴에 청색 폐백을 얹고, 다리 쪽에 붉은 비단을 얹는다. 현훈(玄纁)은 검은 색과 붉은 색의 비단으로 폐백(幣帛)이다.

- 「기석례」에 주인이 상복을 껴입고, 폐백을 드릴 적에는 제패(制幣)로 현훈(玄纁) 묶음을 사용한다. 절하고 이마를 조아리며, 발을 구르는 것을 처음과 같이 한다. [주에 1길 8자의 폐백을 제(制)라고 하는데, 2제(制)를 합쳐 묶으면 10제(制) 5합(合)이다.] [소에 1길 8자가 제(制)이다. 무릇 예식에 쓰이는 폐백에 모두 제(制)를 사용하는 것은 검소하게 하여 절제함을 취함이다.] 무릇 물건은 10개를 속(束)이라 한다. 현(玄)과 훈(纁)의 비율은 현(玄)이 3을 차지하고 훈(纁)이 2를 차지한다. 주(註)에서 '2제(制)를 합쳐 묶으면 10제(制) 5합(合)'이라 한 것은 1단(端)마다 1길 8자이고, 2단이 1필(匹)이 되고, 5필을 합쳐서 10제(制)가 됨이다. 마치면 단(袒)을 하고 빈(賓)에게 절하며, 주부(主婦)도 빈에게 절한다. 자리로 나아가, 번갈아서 세 차례 발을 구르고, 상복을 껴입는다. [주에 주부도 빈에게 절한다고 함은 여빈(女賓)에게 절함이다.]428)고 하였다.

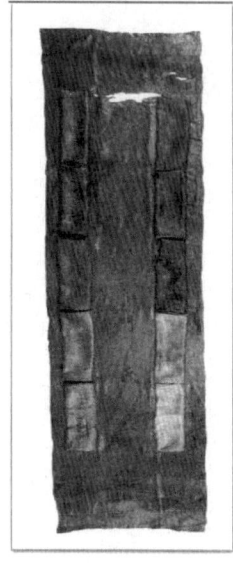

- 주인(主人)이 현훈(玄纁) 검은색 6, 붉은색 4장, 각각 1장 8 척을 받들어 관의 동쪽에 놓는다. 혹 상현하훈(上玄下纁)의 순서로 넣는다. 『개원례』「개장조」에 '검은 비단과 붉은 비단 꾸러미를 받들어 주인에게 주면 주인이 받아 축에게 주고, 주인은 계상 재배한다. 축이 받들고 영구 동쪽에 진설한다.'고 하였다. 『주자가례』에서는 '이미 영구의 옆이다.'하였고, 『가례집람』에는 '현훈(玄纁)을 나누어 양 옆에 두는 것이 마땅한 듯하다. 그 두는 것도 구의 위는 검은 비단, 아래는 붉은 비단으로 하여야 할 것이다.'고 하였다.

- 축관(祝官)이 넣기를 마치면 주상은 두 번 절하고 모든 복인은 극진히 곡(哭)한다.

※ 현재에는 현훈(玄纁, 幣帛)을 드리고 나서 횡대로 내광을 덮은 다음 상주가 취토(取土)한다. 취토(取土)는 상주가 상복 자락이나 삽으로 흙을 세 번 받아 광중(壙中)의 맨 위, 중간, 아래쪽에 각각 한 번씩 차례로 놓는 것으로, 취토가 끝나면 지석(誌石)과 명기(明器)를 묻고 광중(壙中)을 메우고 있으나, 취토(取土)의 의례(儀禮)는 예서에 보이지 않는다.

- 「단궁」에 주(周)나라 사람은 관곽의 둘레에 가리개를 만들어 삽(翣)을 두었다. 『개원례』에 삽(翣)을 광(壙) 안의 양상(兩廂)에 기댄다. 남계가 말했다. "불삽(黻翣)은 운삽(雲翣) 위에 있음이 마땅하다."429)고 하였다.

- 금과 옥, 보물과 노리개는 모두 광에 넣을 수 없으니, 망자에게 누가 되기 때문이다.430)고 하였다.

---

428) 「旣夕禮」 : 主人襲. 贈用制幣玄纁束. 拜稽顙. 踊如初. 註 : 丈八尺曰制, 二制合之, 束, 十制五合。 疏 : 丈八尺爲制。凡禮幣, 皆用制者, 取以儉爲節。凡物, 十曰束。玄纁之率, 玄居三, 纁居二。註云 '二制合之, 束, 十制五合'者, 每一端丈八尺, 二端爲一匹, 五匹合爲十制也。卒, 袒, 拜賓, 主婦亦拜賓。卽位, 拾踊三, 襲。註 : 主婦拜賓, 拜女賓也。

429) 「檀弓」 : 周人牆置翣。『開元禮』 : 倚翣於壙內兩廂。南溪曰 : "黻當在雲上。"

430) 『常變通攷』 金玉寶玩, 並不得入壙, 以爲亡者之累。

(12) 加灰隔內外蓋

- 관(棺)과 외곽 사이를 석회로 다지는 일이다.

- 석회(石灰)를 처음 넣을 때는 관(棺) 위에 횡판을 놓아 회(灰)가 직접 관에 닿지 않도록
  한다.

- 흙을 채울 때는 한 자정도 채우고서 손으로 가볍게 다지기를 한다. 영구(靈柩) 안이 진
  동하지 않도록 하기 위함이다.

- 『주자가례』에는

  ● 회격 안팎의 덮개를 덮는다(加灰隔內外蓋)고 하였고,

  ● 이어 회를 채운다(實以灰)고 하였고,

  ● 이에 흙을 채우고 점차 다진다(乃實土而漸築之)고 하였다.

『朱子家禮』	『家禮輯覽』	『四禮便覽』
● 加灰隔內外蓋	● 內外蓋	● 加灰隔內外蓋
● 實以灰	● 實以灰 註以酒灑而躡實	● 實以灰
● 乃實土而漸築之		● 乃實土而漸築之

(13) 實以灰

```
┌──── 【주자가례 원문 12-13】 ────────────────────────┐
│                                                          │
│  ● 實以灰*                                               │
│    ⇒ 재를 채운다.                                        │
│                                                          │
│  ● 三物 拌匀者居下 炭末居上 各倍於底及四旁之厚 以酒灑而踏實之 恐震柩中 故未敢築 │
│    但多用之以俟其實耳                                     │
│    ⇒ 세 가지 물건(석회·가는 모래·황토)을 잘 섞은 것을 아래에 깔고 재를 위에 펴는 │
│      데, 각각 바닥과 사방의 두께의보다 배가 되게 한다. 술을 뿌리고 밟아서 굳게 하 │
│      는데 영구 안이 흔들릴까 두렵기 때문에 감히 다지지 않는다. 다만 많이 써서 그것 │
│      이 견실해 지기를 기다릴 뿐이다.                      │
│                                                          │
└──────────────────────────────────────────────────┘
```

- 「기석례」에 흙을 세 번 채우면, 주인이 고을 사람들에게 절을 하고, [주에 수고한 것 (勞)에 대해 감사함이다.] [소에 살펴보건대, 「잡기」에 '고을 사람으로서 50세가 된 자는 주인을 따라 반곡(反哭)하고, 40세가 된 자는 흙이 광중(壙中)에 차기를 기다린다' 고 했으니, 이때에는 주인이 아직 반곡하지 않고 고을 사람들도 같이 있기 때문에, 지 금 흙을 채움에 이르러 주인이 절을 하며 감사한다.] '수고(勞)'란 상여 줄을 잡는 일을 돕고, 관을 내리고 흙을 채우는 일을 도운 것을 말한다. 자리로 나아가서, 발을 구르고 상복을 껴입는다. [소에 이미 마을 사람들에게 절하고 나서, 이에 연도(羨道) 동쪽의 자 리로 나아가서 발 구르기를 수없이 하니, 어버이가 이런 곳에 있음을 슬퍼함이다.]431) 고 하였다.

(14) 乃實土而漸築之

```
┌──── 【주자가례 원문 12-14】 ────────────────────────┐
│                                                          │
│  ● 乃實土而漸築之*                                       │
│    ⇒ 이에 흙을 채우고 점차로 다진다.                     │
│                                                          │
│  ● 下土每尺許 卽輕手築之 勿令震動柩中                    │
│    ⇒ 흙을 내려서 채루면서 1자 정도마다 손으로 가볍게 다져서 영구 안이 진동하지 │
│      않도록 한다.                                         │
│                                                          │
└──────────────────────────────────────────────────┘
```

----

431) 「旣夕禮」 :實土三, 主人拜鄕人, 註 : 謝其勤勞。疏 : 按, 「雜記」云, '鄕人五十者從反哭, 四十者待 盈坎。' 時主人未反哭, 鄕人並在, 故今至實土, 主人拜謝之。勤勞, 謂助執紼, 助下棺及實土也。 卽 位, 踊, 襲, 如初。疏 : 旣拜鄕人, 乃於羨道東卽位, 踊無筭, 哀親之在斯。

- 서애(西厓)가 말했다. "살펴보건대, 『가례』에 '이미 삼물(三物)을 붓고 나서 널 안이 흔들릴까 염려되므로 감히 다지지 않으며, 흙을 1자쯤 넣을 때마다 가벼운 손놀림으로 촘촘하게 다지고, 명기를 갈무리하고 지석을 내린 다음에 다시 흙을 채우며 견고하게 다지는데, 이때에도 여전히 감히 멋대로 다지지 않고 다만 공이질을 촘촘히 하여 견고하게 다진다.'고 했다. 예문(禮文)의 뜻이 여기에서 매우 지극하게 상세하니, 감히 견고하게 하려고만 하는 이유 때문에 널 안이 흔들리도록 해서는 안 된다. 내가 남들 집에서 장사 치르는 일을 보아하니, 석회를 채 1자 남짓도 붓지 않은 상태에서 일꾼들이 펄쩍펄쩍 뛰고 공이로 다져, 그 소리가 밖에까지 진동하는지라 마음에 편치 않았다. 지금 마땅히 예문을 자세하게 살펴서 흔들리지 말도록 해야 할 것이다. 만약에 견고하게 다져지지 않을까 염려가 되거든 다만 공이로 촘촘히 다지면 두 가지를 모두 이룰 수 있을 것이다. 요컨대 반드시 자세히 살필 것이요, 일꾼들이 하는 대로 오로지 맡겨 두어서는 안 된다."[432]고 하였다.

(15) 祠后土於墓左

```
┌─── 【주자가례 원문 12-15】 ───

● 祠后土於墓左*
⇒ 묘소의 왼쪽에서 후토신에게 제사를 지낸다.

● 如前儀 祝板前同 但云 今爲某官封謚 窆茲幽宅 神其後同
⇒ 앞의 의례와 같다. 축판도 앞과 같으나 다만 "지금 모관 모봉 모시(某官封謚)를 이곳 유택에 하관을 합니다."라고 하고, '신기(神其)' 이후는 같다.

● 劉氏璋曰 爲父母形體在此 故禮其神以安之
⇒ 유장이 말하기를, "부모의 형체가 이곳에 있기 때문에 그 신에게 예를 드려 편안하게 하는 것이다."라고 하였다.
```

- 『주례』「소종백(小宗伯)」에 장사를 다 지내고(成葬) 묘소에 제사 지내기 위하여 자리(位)를 만든다. [주에 성장(成葬)은 봉분을 다 만듦이다.] 위(位)는 단위(壇位)이니, 선

---

432) 『常變通攷』西厓曰 : "按, 『家禮』, '旣下三物, 恐震柩中, 故不敢築, 實土每尺許, 卽輕手築之, 藏明器下誌石, 然後復實以土而堅築之, 猶不敢肆意, 但令密杵堅築.' 禮文之意, 於此極加詳審, 不敢以但欲堅固之故, 使之震動柩中. 余見人家葬事, 自下灰未及尺許, 而役夫踴躍築杵, 聲震於外, 於心不安. 今宜詳察禮文, 勿令有所震動. 若懼不堅固, 則但令密杵而築之, 庶幾兩全. 要須十分審察, 不可全任役人所爲也."

조(先祖)의 형체가 이에 의탁하므로 그 신에게 제사 지내 안정시킨다.433)고 하였다.

- 하관을 했으므로 묘소의 왼쪽에서 후토신(后土神)에게 제사(祭祀)를 지낸다. 선사가 말했다. "신도(神道)는 오른쪽을 높이기 때문에 오른쪽에서 후토신에게 제사 지내니, 이는 후토신을 높임이 어버이를 높임보다 중한 것이다. 대개 산신(山神)은 곧 어버이의 체백(體魄)이 의탁하고 있는 곳이기 때문에 묘소에 제사 지낸 뒤에 후토신에게도 제사 지내니, 진실로 본디 차례가 있는 것이다."434)고 하였다.

- 개영역 고사와 같이 분향 헌작 고축 재배의 순서인데 일반적인 고유 형식을 따라 진행한다.

- 축문의 내용은

維歲次 干支 某月干支朔 某日干支 유세차 간지 모월간지삭 모일간지
某官姓名 敢昭告于 모관성명 감소고우
土地之神 今爲某官某公 窆玆幽宅 토지지신 금위모관모공 폄자유택
神其保佑 俾無後艱 謹以 淸酌脯醢 신기보우 비무후간 근이 청작포혜
祗薦于神 尙饗 지천우신 상향
어떤 해 어떤 날 어떤 벼슬을 한 누구가 감히 밝게 고합니다. 토지신이여, 이제 어떤 벼슬을 한 누구의 무덤을 여기에 정하오니 신께서 보호하여 뒷날에 아무 근심이 없도록 하소서. 삼가 맑은 술과 포혜로써 공손하고 겸손하게 올리니 흠향하소서.

라는 축문을 올려 묘의 안전을 기원한다.

- 『주자가례』에 '유씨가 말하기를, 부모의 형체가 이곳에 있기 때문에 그 신(神)에게 예(禮)를 드려 편안하게 하는 것이다.'고 하였다.

- 『가례집람』에 『예기』「단궁」에 '이미 반곡(返哭)을 마치면 주인(主人)은 유사(有司)와 우제(虞祭)에 쓸 희생을 살핀다. 다른 유사(有司)는 궤연(几筵)으로 묘 왼쪽에서 지신(地神)에게 제사(祭祀)지내고, 나머지는 그곳에 놓아둔다. 그리고 돌아와 그 날 중으로 우제(虞祭)를 지낸다.'고 하였고,

---

433) 『周禮』「小宗伯」 : 成葬而祭墓, 爲位。註 : 成葬, 丘已封也。位, 壇位, 先祖形體託於此地, 祀其神以安之。

434) 『常變通攷』 先師曰 : "以神道尙右而祭后土於右, 則是尊后土重於尊親也。蓋山神, 卽親之體魄所託, 故旣祭墓而后, 祭及后土, 則固自有次第也。"

- 그 주에 '효자(孝子)는 먼저 돌아와 희생을 살피고 따로 유사(有司)로 하여금 전(奠)을 놓아두어 지신(地神)에게 예(禮)를 올리도록 하니, 여기에 어버이가 몸을 의탁하기 때문이다. 전(奠)이라는 것은 두는 것이니 이 제찬(祭粲)을 놓아두는 것이다. 묘도(墓道)는 남쪽을 향하니 동쪽이 왼편이다. 여기서 유사(有司)가 돌아오기를 기다려 그 날 중에 우제(虞祭)를 지낸다.'고 하였다.

(16) 藏明器等

【주자가례 원문 12-16】

- 藏明器等*
  ⇒ 명기 등을 넣는다.

- 實土及半 乃藏明器 下帳苞筲甖於便房 以板塞其門
  ⇒ 흙을 재우는데 절반에 미치면 명기, 하장, 포, 소, 앵을 편방에 넣고 판자로 그 문을 막는다.

- 「기석례」에 기물을 곁에 갈무리하고 현(見)을 덮고, [주에 기물이란 용기(用器)와 역기(役器)이다.] [소에 또 악기(樂器)도 있는데 말하지 않은 것은 문장을 생략함이다.] 먼저 기물을 갈무리한다고 말하고, 이에 현(見)을 덮는다고 한 것은 기물이 현의 안에 있음이다. 포(苞)·소(筲)를 곁에 갈무리한다. [주에 현(見)의 밖에 있다. 옹(甕)·무(甒)는 말하지 않았는데, 서로 차례대로 갈무리함을 알 수 있다.] [소에 포(苞)·소(筲)가 한쪽 곁에 있고, 옹(甕)·무(甒)가 한쪽 곁에 있다.] 곽(槨) 안과 관(棺) 밖에 두 개씩 있다.435)고 하였다.

- 퇴계가 말했다. "명기(明器)를 편방(便房)에 넣는 것은 『가례』에 의거하여 흙을 반쯤 채우게 되면 광(壙)의 한 곁을 뚫어서 작은 구멍을 만들어 그곳에 갈무리하고, 그 입구를 촘촘히 막고 인하여 흙을 내린다."436)고 하였다.

---

435) 「旣夕禮」 : 藏器於旁, 加見. 註 : 用器役器. 疏 : 亦有樂器, 不言者, 省文. 先言藏器, 乃云加見者, 器在見內也.　藏苞·筲於旁. 註 : 在見外也. 不言甕·甒. 相次可知. 苞·筲居一旁, 甕·甒居一旁. 槨內棺外, 兩兩而居也.

436) 『常變通攷』 退溪曰 : "明器便房, 依 『家禮』, 實土及半, 穿壙一旁, 作小竅藏之, 而密塞其口, 因以下土."

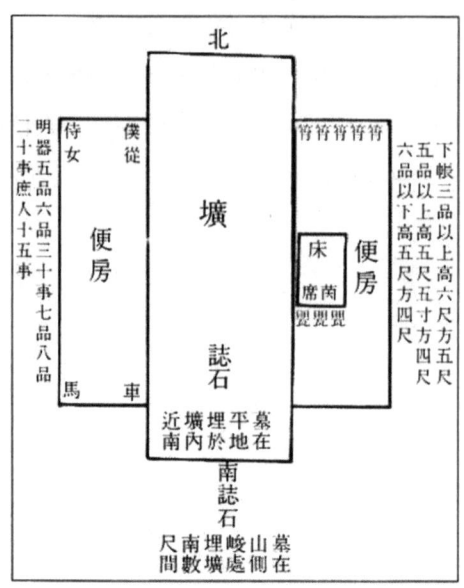

(17) 下誌石

【주자가례 원문 12-17】

● 下誌石*
⇒ 지석을 내린다.

● 墓在平地 則於壙內近南 先布磚一重 置石其上 又以磚四圍之 而覆其上 若墓在山側峻
處 則於壙南數尺間 掘地深四五尺 依此法埋之
⇒ 묘소가 평지에 있으면 광 안의 가까운 남쪽에 먼저 벽돌을 한 겹 깔고, 지석을
그 위에 놓는다. 또 벽돌로 사방을 둘러싸고 그 위를 덮는다. 만약 묘소가 산기슭
험준한 곳에 있으면 광의 남쪽으로 몇 자 사이에 4~5자 깊이로 땅을 파서 앞의
방법대에 의거하여 묻는다.

- 주자가 말했다. "지석은 모름지기 광 위 2~3자쯤에 있어야 훗날에 혹 잘못 삽질을 당
하더라도 오히려 중지할 수 있다. 만약 광 안에 있다면 이미 드러나게 되어, 비록 혹
보더라도 일에는 소용없게 된다."[437]고 하였다.

- 퇴계가 말했다. "장사 지낸 지 이미 오래된 뒤에 지석을 내리면 '광 남쪽에 묻는다.'는

---

437) 『常變通攷』 朱子曰：“誌石須在壙上二三尺許，他日或爲畚鍤誤及，猶可及止。若在壙中，則已暴露矣，
雖或見之，無及於事也。”

설에 의거하지 않을 수 없지만, 계체석(階砌石) 위에서 너무 멀다면 몇 자쯤에 묻는다는 설에 의거하여 마땅함을 헤아려 사용할 것이다."[438]고 하였다.

(18) 復實以土而堅築之

┌─── 【주자가례 원문 12-18】 ───

● 復實以土而堅築之*
 ⇒ 다시 흙으로 채우고 견고하게 다진다.

● 下土亦以尺許爲準 須密杵堅築
 ⇒ 흙을 내리는 것도 1자 정도를 기준으로 삼는다. 다만 모름지기 공이를 빽빽이 하여 견고하게 다진다.

└─────────────────────────

- 명기(明器)를 묻고, 지석(誌石)을 묻은 다음 다시 흙으로 견고하게 다지는 것이다.

『朱子家禮』	『家禮輯覽』	『四禮便覽』
● 藏明器等	● 藏明器	
● 下誌石	● 下誌石, 墓在峻處則於壙南	● 下誌石
● 復實以土而堅築之		● 復實以土而堅築之

- 장명기(藏明器)에 대해 『가례집람』에서는 『의례』「기석례」를 기준으로 '명기(明器)를 옆에 넣어두고 장식을 더한다.'고 하였고, 그 주에 '기(器)는 용기(用器)·역기(役器)[439]이고, 현(見)은 관의 장식이다. 현(見)이라고 한 것은 이 장식이 더하면 관구(棺柩)가 보이지 않기 때문이다. 먼저 기물을 넣는다고 하고 장식을 더한다고 한 것은 기물이 장식 안에 있기 때문이다.'고 하였다.

- 또한, 『개원례』에 '상여가 나가면 삽(翣)을 든 자가 들어와 광안 양쪽 곁방에 삽(翣)을 기대어 두고, 이윽고 하장(下帳)을 영구 동쪽에 펼쳐 남쪽을 향하게 한다. 생쌀과 술, 고기를 하장 동북쪽에 진설하고 식반(食盤)은 하장 앞에 진설하고 포생(苞牲)은 네 귀퉁이에 두고 해혜(醢醯)는 식반(食盤)의 남쪽에 진설하고 판(版)을 쌓아 격벽한다. 명기(明器)는 광(壙) 안 좌우에 진설한다.'고 하였다.

---

438) 『常變通攷』 退溪曰：“葬旣久而下誌石, 不得不倣壙南之說, 而階砌上太遠, 依數尺之說, 量宜用之”
439) 역기役器는 갑옷 등의 물건을 이른다.

- 지석(誌石)은 망자(亡者)의 공덕(功德)을 기록한 표지물이다. 돌이나 도자기로 굽기도 한다. 묘(墓)를 분실하였을 때 지석(誌石)이 묘의 주인을 찾아내는 결정적인 역할을 한다.

- 묘지(墓地)가 평지와 같이 되었으면 광중의 남쪽 가까운 곳에 먼저 벽돌을 한겹 깔고 지석을 그 위에 놓는다. 또 벽돌로 사방을 둘러싸고 그 위를 덮는다. 혹, 오지그릇 하나를 묻고 지석(誌石)을 묻기도 한다. 묘지가 산기슭이면 광중의 남쪽으로 두어 자 되는 곳에 조금 떨어진 곳에 구덩이를 4자 깊이 하고 묻는다.

- 『주자대전』에 '지석(誌石)은 오래 보존하고자 하는 증험으로 여기고자 하는 것이다. 그 장식을 생략하고 얕게 묻는다면 도한 참람한 혐의는 없을 것이다. 전에 전배의 절을 보니 무릇 지석(誌石)은 반드시 광 위 두세 자쯤에 있어야 한다고 하였으니, 다른 날 간혹 땅을 파다가 잘못 그곳에 미치더라도 오히려 지석을 보고서 땅 파는 일을 그칠 수 있지만 만일 광 안에 있다면 이미 파헤쳐져 드러나 비록 보이더라도 어찌할 도리가 없게 된다 하였으니 이 설이 일리가 있다.'고 하였다.

(19) 題主

┌─── 【주자가례 원문 12-19】 ───

● 題主*
⇒ 신주를 쓴다.

● 執事者設卓子於靈座東南西向 置硯筆墨對卓 置盥盆帨巾如前 主人立於其前北向
⇒ 집사자는 탁자를 영좌의 동남쪽에 서향하여 놓고, 벼루와 붓과 먹을 놓는다. 탁자의 맞은편에 세숫대야와 수건을 앞에서와 같이 놓는다. 주인이 그 앞에 서서 북향한다.

● 祝盥手出主 臥置卓上 使善書者盥手西向立 先題陷中 父則曰 故某官某公諱某字某第幾神主 粉面曰 考某官封諡府君神主 其下左傍曰 孝子某奉祀 母則曰 故某封某氏諱某字某第幾神主 粉面曰 妣某封某氏神主 旁亦如之
⇒ 축은 손을 씻고 신주를 꺼내어 탁자 위에 뉘어놓고 글을 잘 쓰는 사람에게 손을 씻고 서향을 하여 서서 먼저 함중에 글을 쓰게 한다. 아버지이면 '고모관모공휘모자제기신주(故某官某公諱某字某第幾神主)'라고 하고, 분면에는 '고모관봉시부군신주(考某官封諡府君神主)'라고 하며 그 아래 좌측 옆에는 '효자모봉사(孝子某奉祀)'라고 쓴다. 어머니이면 '고모봉모씨휘모자모제기신주(故某封某氏諱某字某第幾神主)'라고 쓰고, 분면에는 '비모봉모씨신주(妣某封某氏神主)'라고 하며 옆에는 앞에서와 같다.

└─────────────────────

- 無官封則以生時所稱爲號 題畢 祝奉置靈座 而藏魂帛於箱中 以置其後 炷香斟酒 執版 出於主人之右 跪讀之
  ⇒ 관직이나 봉호가 없으면 곧 생전에 부르던 호칭으로 한다. 쓰는 일이 끝나면 축 이 받들어 모셔다가 영좌에 놓고 혼백을 상자 안에 넣어 그 뒤쪽에 놓는다. 향을 피우고 술을 따른 다음 축판을 들고 주인의 오른편으로 나와 무릎을 꿇고 축문을 읽는다.

- 日子同前 但云 孤子某敢昭告于考某官封諡府君 形歸窀穸 神返室堂 神主既成 伏惟尊 靈舍舊從新 是憑是依 畢懷之興復位
  ⇒ 날짜는 앞의 축문과 같으나 다만 "고자(孤子) 모가 감히 '고모관봉시부군(考某官 封諡府君)'에게 밝게 고하는 바입니다. 형체는 무덤 속으로 가셨지만 신령은 집안 으로 돌아오십시오. 신주가 이미 이루어졌으니 엎드려 바라옵건대 높으신 신령께 서는 옛 것을 버리고 새것을 쫓아 여기에 기대고 의지하십시오."한다. 마치면 그 것을 품고 일어나서 제자리로 돌아간다.

- 主人再拜 哭盡哀止 母喪稱哀子 後放此 凡有封諡皆稱之 後皆放此
  ⇒ 주인은 재배하고 곡하여 슬픔을 다하고 그친다. 모친의 상에는 애자(哀子)라 일 컫는다. 뒤에도 이것을 따른다. 봉호나 시호가 있는 것은 모두 그것을 일컫는다. 뒤에도 모두 이와 같다.

- 問 夫在 妻之神主 宜書何人奉祀 朱子曰 旁註施於所尊 以下則不必書也
  ⇒ 묻기를 "남편이 살아있을 때 부인의 신주는 누가 봉사한다고 써야 합니까?"하니 주자가 답하기를, "방(旁)에 대한 주에 높여야 할 사람에게 한다고 하였으니 아 랫사람이면 반드시 쓰지 않아도 된다."고 하였다.

- 高氏曰 觀木主之制 旁題主祀之名 而知宗子之法不可廢也 宗子用家主祭 有君之道 諸 子不得而抗焉
  ⇒ 고씨가 말하기를, "나무 신주의 제도를 보면 신주의 옆면에는 제사를 주관하는 사 람의 이름을 쓰게 하니 종자의 법을 폐할 수 없음을 알 수 있다. 종자는 가문을 이어서 제사를 주관하며 군의 도리가 있어서 모든 아들이 거역하지 못한다.

- 故禮支子不祭 祭必告於宗子 宗子爲士 庶子爲大夫 則以上牲祭於宗子之家 其祝詞曰 孝子某爲介子某 薦其常事 若宗子居於他國 庶子無廟 則望墓爲壇以祭 其祝詞曰 孝子 某使介子某執其常事 若宗子死 則稱名不稱孝 蓋人重宗如此
  ⇒ 그러므로 『예기』에 지자(支子)는 제사를 지내지 못한다. 제사를 지내려면 반드 시 종자에게 고해야 한다. 종자가 사가 되고 서자가 대부가 되면 상생(上牲)으로 종자의 집에서 제사를 지낸다. 그 축사에는 '효자 아무개가 개자(介子) 아무개로 하여금 상사를 지내드리라고 합니다.' 만약 종자가 죽었으면 이름을 부르고 효자 라고 칭하지 않았으니 옛 사람이 종자를 중시함이 이와 같았다.

- 自宗子之法壞 而人不知所自來 以至流轉四方 往往親未絶 而有不相識者 是豈敎人尊祖收族之道哉

  ⇒ 종자의 법이 무너지면서 사람들은 자신이 어디서 왔는지 모르고, 사방으로 떠돌아다녀 왕왕 친족 관계는 끊어지지 않았는데 서로 알아보지 못하는 자가 있기에 이르렀다. 이것이 어찌 사람에게 조상을 높이고 친족을 거두는 것을 가르치는 도리라고 하겠는가?"라고 하였다.

- 치장의 절차에서 미리 준비한 신주(神主)에 글씨를 써 신주로서의 기능을 하는 절차이다.

- 『증보 사례편람』의 주에 '신주(神主) 쓰기를 흙을 채운 뒤에 하는 것은 글의 흐름이 그러할 뿐이지, 반드시 흙 채우기를 기다린 뒤에 쓰는 것만을 말한 것은 아니다. 몸이 광중(壙中)으로 돌아가면 정신은 갑자기 떠돌아 의지할 곳이 없으니, 진실로 속히 신주(神主)를 써서 의지할 곳이 있게 해야 한다.'고 하였다.

- 제주(題主)의 순서(順序)

  ① 집사자(執事者)는 영좌의 동남쪽에 서향하여 탁자를 마련하고, 벼루와 먹을 놓는다.

  ② 탁자의 맞은편에 세숫대야와 수건을 놓는다. 주인(主人)이 그 앞에 서서 북향(北向)한다.

  ③ 축관(祝官)이 손을 씻고 신주(神主)를 꺼내어 탁자 위에 놓는다.

  ④ 글씨를 잘 쓰는 사람이 서향(西向)하여 먼저 함중을 쓰고, 분면에 글씨를 쓰게 한다.

  ⑤ 글씨를 다 쓰면 제주전(題主奠)을 올린다.

  ⑥ 축관이 신주(神主)를 받들어 영좌에 모시고 혼백(魂帛)은 상자 안에 넣어 신주(神主) 뒤에 놓는다.

  ⑦ 축관(祝官)이 분향하고 술을 따르고 축판을 잡아 주인의 오른 쪽에 나와서 무릎을 꿇고 읽는다.

  ⑧ 읽기를 마치면 축문을 태우지 않고 품 안에 넣고 일어나 제자리로 돌아간다. 축문식은 다음과 같다.

維歲次干支 某月某干支朔 某日干支 孤子某 유세차간지 모월모간지삭 모일간지 고자모 敢昭告于 顯考 某官府君 形歸窀穸 神返室堂 감소고우 현고 모관부군 형귀둔석 신반실당 神主旣成 伏惟尊靈 舍舊從新 是憑 是依 신주기성 복유존령 사구종신 시빙 시의
어떤 날 아들 누구는 감히 고합니다. 아버님께서는 육신은 이미 광중으로 돌아가셨고 魂神은 집으로 돌아오시는데, 神主가 이미 이루어졌으니, 엎드려 바라옵건대, 신께서는 옛것을 버리시고 새로운 것을 따라 이에 의지하고 또 의지하소서.

⑨ 주인이 재배(再拜)하고 곡 한다.

- 『가례집람』에 "이암이 이르기를 세간에 간혹 회지의 문장을 잘 못보고 '잠시 신주(神主)를 품는 것'으로 보는데, 그 잘못됨을 공박하여 물리쳐 말하기를 '회지라는 것은 축문을 품는 것이고 신주를 품는 것이 아니다.'고 하였다. 또한 '축문을 품는다는 것은 영혼(靈魂)이 갑자기 새로운 신주에 의지하여 안정할 수 없는데, 갑자기 불로 축문(祝文)을 태운다면 혹시 놀래어 영혼(靈魂)이 흩어질 수가 있다. 그러므로 잠시 태우지 않고 품는 것이다.'고 하였다." 또한 반혼이 급한 일이고 또한 들판에서의 예는 항상 간략하게 하는 것이므로 축문을 태울 여지가 없는 것이니 아마도 다른 뜻은 없을 것이다."고 하였다.

- 『문해』에 『양정전서(兩程全書)』에 그려져 있는 것도 『가례』의 본도(本圖)와 같다. 정자 문하의 제자들이 편찬한 책이 어찌 소견 없이 그렇게 했겠는가? 풍선(馮善)이 이른 바, "무릇 '우(右)'라고 말함은 모두 위쪽에 있는 글이고, '좌(左)'라고 말함은 모두 아래쪽에 있는 글이다. 『대학』에서 '우는 전 십장이다(右傳十章)'고 하거나 '별도로 차례를 좌와 같이 했다(別爲序次如左)'라는 글에서 상세히 볼 수 있으니, '좌'라는 것이 아래쪽에 있는 글임을 말하는 것임은 굳이 따져 보지 않더라도 저절로 분명하게 알 수 있다"고 했는데, 그럴듯하다.[440]고 하였다.

- 물었다. "장사 지내는 시각이 늦어 날이 어두워지기 전에 복토(復土) 하지 못하였다면, 제주(題主)는 다음 날 행하는 것이 마땅한가?" 우복이 말했다. "「단궁(檀弓)」에 '장사 지내는 날에 우제(虞祭)를 지내는 것은 차마 하루라도 떨어져 있지 못하기 때문이다'고

----

440) 『問解』：『兩程全書』所圖，亦與 『家禮』圖同。程門諸子所纂，豈無所見而然乎？馮氏善所謂"凡言右，皆是上文，言左，皆是下文。詳觀 『大學』‘右傳十章’及‘別爲序次如左’，則左爲下文，不待辨說而自明云"者，近之。

했고, 정씨(鄭氏)는 '우제란 편안하게 함이다. 관이 이미 떠났으면 부모의 정신은 방황하여 의지할 곳이 없다. 그러므로 제사로써 편안하게 한다. 대개 혼기(魂氣)가 이미 흩어지면, 효자는 모으려고 한다. 그러므로 우제는 반드시 이날에 하는 것이니, 그 뜻이 깊다'고 했다. 그런즉 흙을 채워 넣지 않았는데 먼저 제주함은 조금 미안한 일이고, 흙을 채우고서 다음 날을 기다리는 것은 많이 미안한 일이다. 내 생각에는 그날의 형편을 보아서 비록 복토하지 않았더라도 부득이 먼저 제주하여, 주자가 말한 바대로 '머무는 곳(所館)에서 우제를 행한다'라는 설에 의거하면 될 듯하다."441)고 하였다.

- 『문해』에 물었다. "『가례』에는 제주(題主)에 단지 '향을 피우고 술을 따른다'라는 말만 있는데, 지금 시속에서는 별도로 성대한 전을 진설하니, 무방한가?" 답했다. "시속을 따르는 것이 무방하다. 『오례의(五禮儀)』에도 제주전이 있다."442)고 하였다.

(20) 祝奉神主升車

┌─── 【주자가례 원문 12-20】 ───

● 祝奉神主升車*
⇒ 축이 신주를 받들고 수레에 오른다.

● 魂帛箱在其後
⇒ 혼백상자는 그 뒤에 있다.

└──────────────────────────

- 축(祝)이 신주(神主)를 받들고 수레에 오른다.

- 제주전을 마치면 축관(祝官)이 신주(神主)를 영여(靈輿)에 싣고 그 뒤에 혼백(魂帛)상자를 둔다.

- 『서의』에 축은 혼백을 상자에 넣어 영여(靈轝)에 올린다. 이에 사판(祠版)을 받들어 덮개(韜)와 깔개(藉)를 하고 갑(匣)에 넣어 그 앞에 두고, 향을 피운다.443)고 하였다.

----

441) 『常變通攷』 問："葬時晚, 未及復土於日未昏之前, 題主當行於明日耶？" 愚伏曰："「檀弓」曰, '葬日虞, 不忍一日離也.' 鄭氏曰, '虞者, 安也. 棺已去, 恐父母精神, 彷徨無所依. 故祭以安之也. 蓋魂氣已散, 孝子欲萃聚之. 故虞必於是日, 其用意深矣.' 然則未實土, 而先題主, 其未安小, 實土而待翌日, 其未安大, 愚意當看日勢, 雖未及復土, 不得已先爲題主, 依朱子所言'行虞祭於所館', 似得."

442) 『問解』：問, "『家禮』題主, 只言炷香斟酒, 而今俗別設盛奠, 無害否？" 答, "從俗不妨. 『五禮儀』亦有題主奠."

443) 『書儀』：祝藏魂帛於箱篋, 靈轝上. 乃奉祠版韜藉匣之, 置其前, 炷香.

(21) 執事者徹靈座遂行

┌─── 【주자가례 원문 12-21】 ───

- 執事者徹靈座遂行*
  ⇒ 집사자가 영좌를 거두고 드디어 떠난다.

- 主人以下哭從如來儀 出墓門 尊長乘車馬 去墓百步許 卑幼亦乘車馬 但留子弟一人監視
  實土 以至成墳
  ⇒ 주인 이하는 곡을 하면서 따르는데 올 때와 같이 한다. 묘문을 나서면서 존장은
  수레와 말을 탄다. 묘에서 백여 걸음쯤 떨어졌으면 항렬이 낮거나 어린 사람도
  수레나 말을 탄다. 다만 자제 한 사람을 남겨두고 흙을 쌓고 봉분을 만드는 것을
  살펴보게 한다.

- 집사자(執事者)는 영좌(靈座)를 거두고 집으로 출발한다. 상주(喪主)는 곡(哭)을 하면서
  따른다.

- 주인 이하는 올 때의 의식처럼 곡을 하며 뒤를 따른다. 묘소 입구를 나서면 존장(尊長)
  은 수레나 말을 탄다. 묘소에서 백여 걸음쯤 떨어지면, 항렬이 낮거나 어린 사람도 말
  을 탄다.444)고 하였다.

- 물었다. "반혼할 때 묘소에 인사하는 절차에 대해서 예에서는 말하지 않았으니, 미세한
  절차라서 생략하였는가?" 사계(沙溪)가 말했다. "반혼할 때 묘소에 인사하지 않는 것은
  오로지 신주(神主)에 생각을 두기 때문이다. 세상에서 모두 곡을 하며 절하는 것은 예
  의 뜻이 아닌 듯하다."445)고 하였다.

- 명재가 말했다. "제주한 뒤에는 곧장 반혼하지, 다시 묘소에 인사한다는 글은 없다. 이
  는 반곡과 우제가 급하므로 다른 절차를 행할 겨를이 없기 때문일 것이다. 세속에서 혹
  제주한 뒤에 곧장 반혼하지 않고, 머물러서 산역(山役)을 마치는 것을 기다렸다가 묘소
  앞에서 곡하며 인사하고 떠나는 것은 실로 위항(委巷)의 예이지, 바른 예가 아니다
  ."446)고 하였다.

---

444) 『常變通攷』 主人以下哭從如來儀。出墓門，尊長乘車馬。去墓百步許，卑幼亦乘馬。
445) 『常變通攷』 問："反魂時辭墓，於禮無之，微節故略之歟？" 沙溪曰："反魂時不辭於墓者，專意於神主故
   也。世皆哭拜，恐非禮意。"
446) 『常變通攷』 明齋曰："題主後，卽反魂，更無辭墓之文。恐是急於反虞，未遑於他節也。世俗或有題主後，
   不卽反魂，留看畢役，乃哭辭於墓前而行者，此實委巷之禮，非禮之正也。"

(22) 墳高四尺. 立小石碑於其前. 亦高四尺. 趺高尺許

【주자가례 원문 12-22】

• 墳高四尺 立小石碑於其前 亦高四尺 趺高尺許*

⇒ 봉분은 높이가 네 자이다. 그 앞에 작은 돌비석을 세우는데 역시 높이는 4자이다. 받침대의 높이는 1자 정도로 한다.

• 司馬溫公曰 按令式 墳碑石獸 大小多寡 雖各有品數 然葬者當爲無窮之規 後世見此物 安知其中不多藏金玉耶 是皆無益於亡者 而反有害 故令式又有貴得同賤 賤不得同貴之文 然則不若不用之爲愈也

⇒ 사마온공이 말하기를 "살펴보니 법식에 봉분과 비석과 석수의 크고 작음과 많고 적음에 각각 품수가 있으나 장사를 지내는 자는 마땅히 무궁한 법규를 삼고 있다. 후세에 이러한 물건을 보면 어찌 그 속에 금과 옥이 많이 간직되지 않았음을 알겠는가. 이것은 모두 죽은사람에게 이롭지 못하고 도리어 해가 된다. 그러므로 법식에도 신분이 귀한 사람은 천한 사람과 같게 하여도 천한 사람은 귀한 사람과 같이 할 수 없다는 문장이 있다. 그렇다면 쓰지 않아서 좋은 것만 못하다."고 하였다.

• 今按 按孔子防墓之封 其崇四尺 故取以爲法 用司馬公說 別立小碑 但石須闊尺以上 其厚居三之二 圭首而刻其面如誌之蓋 乃略述其世系名字行實 而刻於其左 轉及後右而周焉 婦人則俟夫葬乃立 面如夫亡誌蓋之刻云

⇒ 지금 살펴보니 공자가 방묘(防墓 : 공자가 부모를 합장한 묘)에 봉분을 할 때 높이가 4자이다. 그러므로 이것을 취하여 법으로 삼고, 사마공의 말대로 작은 비석을 별도로 세우게 하였는데, 다만 돌의 너비가 1자 이상이며 그 두께는 3분의 2가 되게 하였다. 머리는 약간 뾰족하게 하고 그 앞면은 지석의 덮개와 같이 새긴다. 이에 세계(世系)와 이름과 자와 행실을 간략히 기술하여 그 왼쪽에 새기되 돌아가면서 뒷면과 오른쪽까지 두루 한다. 부인이면 남편의 장사를 기다렸다가 비석을 세우되 그 앞면에는 남편의 지석의 덮개처럼 새긴다.

• 司馬溫公曰 古人有大勳德 勒名鍾鼎 藏之宗廟 其葬則有豊碑以下棺耳

⇒ 사마온공이 말하기를, "옛날 사람은 큰 공훈과 덕행이 있으면 종(鍾)과 정(鼎)에 명(名)을 새겨 종묘에 보관하였다. 그들을 장사지낼 때는 풍비(豊碑 : 하관할 때 관의 네 모퉁이에 새우는 나무기둥)를 가지고 하관하였다.

• 秦漢以來 始命文士褒贊功德 刻之於石 亦謂之碑 降及南朝 復有銘誌埋之墓中

⇒ 진한(秦漢) 이후로 비로소 문사에게 명하여 공덕을 기려 돌에 새겨 비(碑)라고 하였다. 이후 남조에 이르러서 명과 지석이 생겨나 묘 안에 묻었다.

• 使其人果大賢也 則名聞昭顯 衆所稱頌 流播終古 不可掩蔽 豈待碑誌 始爲人知 若其不賢也 雖以巧言麗詞 强加采飾 功侔呂望 德比仲尼 徒取譏笑 其誰肯信 碑猶立於墓道

人得見之 誌乃藏於壙中 自非開發 莫之睹也

⇒ 사람이 과연 크게 어질었다면 명성과 소문이 밝게 드러나 많은 사람들이 칭송하고 널리 알려져 영원이 퍼져서 덮어 가려지겠는가. 만약 그가 어질지 못하였다면 비록 교묘한 말과 아름다운 글로 억지로 더하고 꾸며서 공은 태공망과 비길 만하고 덕은 공자와 견줄만하다고 해도 다만 기롱하고 비웃을 것이니 그 누가 믿으려 할 것인가. 비석은 오히려 묘도에 세워 사람들이 볼 수 있으나 지석은 묘 속에 묻어서 스스로 파내지 않으면 아무도 보지 못한다.

- 隋文帝子秦王俊薨 府僚請立碑 帝曰 欲求名 一卷史書足矣 何用碑爲 徒與人作鎭石耳 此實語也 今旣不能免 依其誌文 但可直叙鄕里世家官簿始終而已

⇒ 수나라 문제의 아들인 진왕 준이 죽자 관료들이 비석을 세울 것을 청하였다. 문제가 말하기를 '명성을 구하고자 한다면 한 권의 사서면 족하다.' 하였다. 이것은 실질적인 말이다. 지금 이미 그렇게 하는 것을 면할 수 없다면 거기에 새기는 글은 다만 향리와 세가와 관직을 써넣으면 된다.

- 季札墓前有石 世稱孔子所篆云 嗚乎有吳延陵季子之墓 豈在多言 然後人知其賢也 今但 刻姓名於墓前 人自知之耳

⇒ 계찰의 묘 앞에는 비석이 있는데 세상에서 공자가 '아아, 오나라 연릉 계자의 묘(嗚乎有吳延陵季子之墓)'라 썼다고 하였다. 어찌 많은 말을 적은 후에야 사람들이 그가 훌륭하다고 하겠는가 지금은 다만 묘 앞에 성명만을 새겨 놓아도 사람들이 절로 알 것이다." 하였다.

- 자식 중에 한 사람이 남아 봉분(封墳)을 완성할 때까지 지켜보게 한다.

- 「잡기」의 주에 나이가 50인 자는 주인을 따라 반곡하고, 나이가 40인 자는 흙이 구덩이에 차기를 기다렸다가 떠난다.[447]고 하였다.

- 묘(墓)의 봉분(封墳)은 높이가 4자이고, 그 앞에 작은 비석(碑石)을 세우는데, 높이는 4자이다.

- 퇴계가 말했다. "성분제는 신주에 신을 봉안하는 것이 아니고, 그대로 묘소에 봉안하는 것이니, 아주 말할 게 못된다."[448]고 하였다.

---

447) 「雜記」 註 : 五十者隨主人反哭, 四十者待士盈坎乃去 。

448) 『常變通攷』 退溪曰 : "成墳祭, 是不安神於神主, 而仍安於墓所, 甚無謂 。"

(23) 평토제(平土祭)

- 봉분(封墳)이 완성되어 묘(墓) 앞에 제물(祭物)을 진설하여 지내는 제(祭)로 일반적으로 성분제(成墳祭), 제주제(題主祭)라고도 한다.

- 그러나 예서에 이러한 명칭은 보이지 않는다. 이는 앞서 『증보 사례편람』의 주에 보이는 바와 같이 의례의 해석과 실행에 있어서 오류인 듯하다. 또한, 현재에는 신주(神主)를 만들지 않는 까닭에 제주전(題主奠)의 절차가 생략되어야 하는데, 생략되지 못하고 전(奠)의 형식이 제(祭)로 변환되어 전승된 것으로 보인다. 또한, '집사자철영좌수행(執事者徹靈座遂行)'의 절차에서 '자식 중에 한사람이 남아 봉분(封墳)을 완성할 때까지 지켜보게 한다.'고 하였으니 봉분(封墳)이 완성(完成)되어 지내는 성분(成墳)이라는 의미의 성분제(成墳祭)도 맞지 않는다.

- 『가례집람』에 이암이 '신주를 쓴 후에 는 바로 반곡(返哭)하고 우제(虞祭)를 하며 흙을 쌓아 봉분을 만드는 것은 자제로 하여금 살펴보도록 하는 것은 어째서인가? 대개 영혼(靈魂)을 인도하여 신주(神主)에 붙게 하는 것은 그 일이 매우 급하여 축문 읽는 것을 마치자마자 받들어 수레에 오르니 그 뜻을 알 수 있다. 세속에 깊이 궁구하지 못하여 신주(神主)의 영좌(靈座)를 설치하고 따로 전(奠)을 올리는 것을 대례로 여기며 도리어 우제(虞祭)를 대단치 않은 것으로 생각하니 어찌 그 가볍고 중한 것을 잃은 것이 아니겠는가.'하였다.

- 『국조오례의』에 '광(壙)을 덮고 전(奠)을 올리려면 봉분(封墳)을 만드는 것이 이미 끝나기를 기다려 집사(執事)는 영악(靈幄)을 묘(墓) 앞에 설치하고 향로(香爐)와 향합(香盒)과 촛불을 영좌(靈座) 앞에 설치한다. 찬(饌)을 진설하는 것을 마치면 축(祝)은 손을 씻고 향안(香案)으로 나아가 북향하여 무릎을 꿇는다. 세 번 향을 올리고 잔에 술을 따라 향안(香案)에 전(奠)을 올린 뒤 엎드렸다 일어나 물러나면 자리에 있는 사람들은 곡하고 두 번 절한다.'고 하였다. 살펴보니 이 전(奠)은 예(禮)에는 없으니 반드시 행할 필요는 없다.'고 하였다.

13. 반곡(返哭)

1) 개요

- 반곡(返哭)이란 제주(題主) 후 영거(靈車)에 신주와 혼백상자를 모시고 집으로 돌아오면서 곡하는 절차이다. 반곡(返哭) 시에는 마치 부모가 저편에 있는 양 천천히 걸으며 슬픔이 이르면 곡을 하다가 집 가까이 이르면 곡을 그친다. 그리고 집에 도착하면 다시 곡을 한다고 하였다.

- 반곡(返哭)의 자형을 분석하여 보면,

  • 返 [돌아올 반]은 『설문해자(說文解字)』에 "還也。从辵从反，反亦聲。"이라 하여 돌아온다는 의미라고 하였다. 자형은 뜻을 나타내는 '辶(=辵)'와 음을 나타내는 '反'이 합하여 이루어졌다. '反'은 돌이키다, 돌아오다, 되돌아가다의 뜻이다. 길을 되 돌아가다는 의미에서는 '返'의 자형을 쓰는 것이 맞다.

  • 哭 [울 곡]은 『설문해자(說文解字)』에 "哀聲也。从吅，獄省聲。凡哭之屬皆从哭。"이라 하여 슬피 소리내어 울다는 뜻이다. 자형을 살펴보면, 외친다는 뜻을 가진 '吅(훤)'과 '犬(견)'으로 이루어졌다. 자형의 의미는 짐승이 울부짖는다는 뜻에서 사람이 슬픔에 겨워 울다는 의미로 쓰였다.

- 한(漢)·당(唐) 이후로 '거려(居廬)'라는 명목이 없었는데, 그중에 혹 여묘하는 자가 있으면 그 마을에 정표(旌表)하였다. 이로 말미암아 여묘가 풍속이 되어 반혼의 예가 마침내 폐기되었으니, 매우 통탄스럽다. 다만 말세에 예법이 무너지고 어지러워, 집으로 반혼하는 자들이 삼가지 않는 일이 많으니, 도리어 여묘가 혼잡한 데서 벗어난 것만 같지 못하다. 그러나 이렇게 삼가지 않는 자는 명분은 비록 여묘를 한다지만 또한 여묘하면서도 삼가지 못할 것이다.[449]고 하였다.

- 퇴계가 말했다. "고인은 반혼(反魂)을 매우 중요하고 급한 일로 여겼다. 장사 지내는 날에 성분(成墳)을 미처 하지 못하고 반우(反虞)하는 것은, 평시에 거처하며 편안히 여기던 곳으로 돌아오게 하여 조금이라도 신혼(神魂)이 흩어지지 않게 하려 함이다. 여묘의 풍속이 일어나면서부터 이 예가 마침내 폐기되어, 그대로 빈 산 궁벽한 곳에서 혼

---

449) 『常變通攷』 漢唐以下，未有居廬之名，其中或有廬墓者，表旌其閭。由是，廬墓成俗，而反魂之禮遂廢，甚可歎也。但末世，禮法壞亂，反魂于家者，多有不謹之事，反不若廬墓之免於混雜也。然其不謹如此者，名雖廬墓，恐亦不能致謹於廬墓也。

백을 받들고, 평소에 거처하면서 편안히 여긴 적도 없던 곳에서 3년을 지낸 뒤에 돌아온다. 체백(體魄)을 무겁게 여기고 신혼(神魂)을 가볍게 여김이니, 그 무지하고 생각 없음이 심하다."450)고 하였다.

- 주자는 반곡(返哭)의 일에 대해 이르기를 '신주(神主)를 모시고 돌아오는 것은 상례(喪禮) 가운데 가장 큰 것이기 때문에 삼우(三虞) 아래는 모름지기 집에 이르러 곧 행해야 하는데, 나라의 풍속에 여묘(盧墓)를 하면서 결국 신주(神主)를 모시고 돌아오지 않고 여묘(盧墓)에 나아가 제사(祭祀)를 행하며 삼년을 마친다. 이는 단지 편의만을 알고 그 예경(禮經)의 취지를 크게 잃는 것을 알지 못하는 것이다.'고 하였다.

- 또, 주자는 거상(居喪)중에 여묘(盧墓)를 하다 매월 초하루와 보름이면 돌아와 궤연(几筵)451)에 절하였으니 대개 여묘살이는 곧 나의 사사로운 일이지만 초하루와 보름 같은 때는 때의 변화이니 예(禮)로 친히 하지 않을 수 없다. 대저 상(喪)을 당한 자는 자연히 여묘(盧墓)살이를 하고자 하니 그렇다면 진실로 금할 수 없고, 초하루와 보름에 궤연(几筵)에 올리는 예(禮)의 경우는 폐할 수 없으니 능히 주자가 한 것과 같이 한다면 정(情)과 예(禮)가 모두 완전해진다.

2) 반곡(返哭)의 예(禮)에 관하여 살펴보면

구분	『朱子家禮』	『喪禮備要』	『四禮便覽』
절차	•主人以下奉靈車在塗徐行哭 •至家哭 •祝奉神主入置于靈座 •主人以下哭于廳事 •遂詣靈座前哭 •有弔者拜之如初 •期九月之喪者,飲酒食肉,不與宴樂.小功以下大功異居者,可以歸	•主人以下奉靈車.在塗徐行哭. •至家哭 •祝奉神主入置于靈座 •主人以下哭于廳事. •遂詣靈座前哭. •有弔者拜之如初. •朞九月之喪者.飲酒食肉.不與宴樂.小功以下大功異居者.可以歸	•主人以下奉靈車在塗徐行哭 •至家哭 •祝奉神主入置于靈座 •主人以下哭于廳事 •遂詣靈座前哭 •有弔者拜之如初 •朞九月之喪者,飲酒食肉,不與宴樂,小功以下大功異居者,可以歸

---

450) 『常變通攷』 退溪曰：“古人深以反魂爲重且急。葬之日，未及成墳而反虞，所以欲反其平時所居處，所安樂之處，庶幾神魂不至於飄散也。自盧墓俗興，此禮遂廢，仍奉神帛於空山荒僻，平昔未嘗居處安樂之地，以歷三年而後久之。重體魄而輕神魂，其不知而無稽也甚矣。”

451) 几筵은 죽은 사람의 영혼靈魂을 모시는 靈几를 설치한 자리를 말한다. 『국역 가례집람 Ⅳ 상례, 제례』, 유교학술원, 2005, p90,

3) 의례절차의 이해

(1) 主人以下奉靈車在塗徐行哭

【주자가례 원문 13-1】

● 主人以下 奉靈車在塗徐行哭*
⇒ 주인 이하 영거를 모시고 돌아오는 길에서 천천히 걸으며 곡을 한다.

● 其反如疑爲親在彼 哀至則哭
⇒ 그들이 돌아올 때 까지 마치 부모가 저기에 계시다는 듯이 하고, 슬픔이 이르면 곡을 한다.

- 주인이하 영거를 모시고 길에서 천천히 걸으며 곡한다.

- 「기반여의(其反如疑)」의 주에 '그가 돌아옴에 의심하는 듯이 한다.'고 하였는데, 『의례』「기석례」에 '하관하기를 마치고 돌아올 적에는 재촉하지 않는다.'하였고, 그 주에 '하관을 마치고 돌아올 적에는 수레를 빨리 몰지 않는다. [주에 효자가 갈 때는 사모하는 듯이 하고, 돌아올 때는 의심하는 듯이 하여 어버이가 저기에 계시는 듯이 한다.] [소에 옷을 걷어 싣고, 하관을 마치면 흙을 세 번 다진다.] 효자는 신거(蜃車)를 따라 돌아가는데, 수레를 빨리 몰지 않는다. '갈 때 사모하는 듯이 한다'는 것은 마치 어린아이가 어머니를 따라가면서 울며 사모하는 듯이 하는 것이다. '돌아올 때 의심하는 듯이 한다.'는 것은 효자가 그 어버이의 모습이 보이지 않는데 정혼(精魂)이 그곳에 머물러 계시면서 돌아오지 않는 듯이 여김이다.'452)고 하였다.

- 「문상(問喪)」에 가슴을 치고 발을 구르며 곡을 하고 눈물을 흘리며 슬픔으로 보내는데, 형체를 보내러 갔다가 정령을 맞이하여 돌아온다. [주에 '슬픔으로 보낸다'는 것은 장사 치르는 때를 말한다.] '정령을 맞아 돌아온다'는 것은 반곡(反哭) 및 그날 중에 우제(虞祭)를 지내는 것을 말한다. 그 보내려고 갈 적에는 아득한 듯(望望然) 다급한 듯, 따라가면서 미치지 못하는 듯하며, 돌아오며 곡할 적에는 허둥지둥 구해도 얻지 못하는 듯하다. 그러므로 보내러 갈 때는 사모하는 듯하고, 되돌아올 때는 의심하는 듯이 한다. [주에 망망(望望)은 쳐다보는 모습이다. 사모함은 그 어버이가 앞에 있기 때문이

---

452) 『常變通攷』 卒窆而歸, 不驅。 註 : 孝子往如慕, 反如疑, 爲親之在彼。 疏 : 斂服載之, 下棺訖, 實土三。 孝子從蜃車歸, 不驅馳而疾。 往如慕者, 如嬰兒隨母而啼慕。 反如疑者, 孝子不見其親, 疑精魂在彼不歸。

다.] 의심함은 신(神)이 돌아올지 모르기 때문이다.453)고 하였다.

- 「단궁」에 공자가 위(衛)나라에 있을 때, 장사 행렬을 보내는(送葬) 자가 있었다. 부자 (夫子)가 그것을 보고 말하기를, "잘하는구나! 상을 치르는 것이 본받을 만하구나. 그 가는 것은 사모하는 듯이 하고, 그 되돌아오는 것은 의심하는 듯이 하는구나"라고 했 다. 자공(子貢)이 말하기를, "어찌 속히 돌아가서 우제를 지내는 것만 하겠습니까?"라 고 하니, 공자가 말했다. "소자(小子)들아 기록하라. 나는 저렇게 행하지 못했다."454)고 하였다.

(2) 至家哭

┌─── 【주자가례 원문 13-2】 ─────────────────────────┐
│   │
│ ● 至家哭*   │
│   ⇒ 집에 이르면 곡을 한다.   │
│   │
│ ● 望門卽哭   │
│   ⇒ 문이 바라보이면 곡을 한다.   │
│   │
│ ● 祝奉神主入 置于靈座*   │
│   ⇒ 축이 신주를 받들고 들어가서 영좌에 놓는다.   │
│   │
│ ● 執事者先設靈座於故處 祝奉神主入 就位櫝之 並出魂帛箱置主後 │
│   ⇒ 집사자가 먼저 영좌를 있던 곳에 놓는다. 축이 신주를 받들고 들어가 자리에 나 │
│   아가서 독(櫝 : 신주를 넣는 함)에 넣는다. 아울러 혼백 상자를 꺼내어 신주 뒤에 │
│   놓는다.   │
│   │
└──┘

- 집에 이르기까지 곡한다는 것이고, 문이 바라보이면 곡한다는 뜻이다.

- 「소기(小記)」에 멀리 장사를 치르러 간 자는 되돌아올 때까지 곡할 자가 모두 관을 쓰 고 있다가, 교외에 이른 뒤에 문(免)을 하고 반곡한다. [소에 장사를 먼 곳 교외 밖에서

---

453) 「問喪」 : 辟踊哭泣, 哀以送之, 送形而往, 迎精而反也. 註 : 哀以送之, 謂葬時也. 迎精而反, 謂反哭 及日中虞也.　其往送也, 望望然、汲汲然、如有追而弗及也, 其反哭也, 皇皇然, 若有求而不得也. 故 其往送也如慕, 其反也如疑. 註 : 望望, 瞻望之貌. 慕者, 以其親之在前. 疑者, 不知神之來否.

454) 「檀弓」 : 孔子在衛, 有送葬者. 夫子觀之曰, "善哉! 爲喪乎足以爲法矣. 其往也如慕, 其反也如疑." 子貢曰, "豈若速反而虞乎?" 孔子曰, "小子識之. 我未之能行也."

지내면 꾸미지 않을 수 없다.] 그러므로 반곡할 때 모두 관을 쓰고 있다가, 교외에 이른 뒤에 관을 벗고 문(免)을 하고 사당에서 반곡한다.[455]고 하였다.

- 「잡기」에 널을 따르거나 반곡한 사람이 아니면, 길에서 문(免)을 하지 않는다. [소에 도로에서는 꾸밈이 없을 수 없다.] 그러므로 효자는 이 두 조목이 아니면 도로에서 문(免)을 하지 않는다. 이는 가까운 곳에서 장사 지내고 반곡하는 자를 말함이다.[456]고 하였다.

(3) 祝奉神主入置于靈座

┌─── 【주자가례 원문 13-3】 ─────────────────────┐

● 主人以下 哭于廳事*
⇒ 주인 이하는 청사에서 곡을 한다.

└───────────────────────────────────┘

- 축(祝)이 신주(神主)를 받들고 들어가 영좌(靈座)에 놓는다.

- 이때 혼백(魂帛)상자는 신주(神主) 뒤에 둔다.

- 『문해』에 물었다. "들어가서 자리에 나아가 독에 넣는다면, 묘소로부터 올 적에는 독에 넣지 않는 것인가?" 답했다. "어찌 묘소로부터 올 적에는 독에 넣지 않았다가, 자리에 나아가서야 비로소 독에 넣겠는가? 살려서 보는 것이 좋겠다."[457]고 하였다.

(4) 主人以下哭于廳事

┌─── 【주자가례 원문 13-4】 ─────────────────────┐

● 主人以下 及門哭入 升自西階 哭于廳事 婦人先入哭於堂
⇒ 주인 이하는 문에 이르러 곡을 하며 들어간다. 서쪽 계단으로 올라가 청사에서 곡을 한다. 부인은 먼저 들어가 당에서 곡을 한다.

● 朱子曰 反哭升堂 反諸其所作也 主婦入于室 反諸其所養也 須知得這意思 則所謂踐其

└───────────────────────────────────┘

----

455) 「小記」：遠葬者，比反，哭者皆冠，及郊而後免，反哭。疏：葬在遠處郊野之外，不可無飾。故反哭之時，皆著冠，至郊而後，去冠著免，反哭於廟。

456) 「雜記」：非從柩與反哭，無免於堩。疏：道路不可無飾。故孝子非此二條，則不得免於道路也。此謂葬近而反哭者。

457) 『問解』：問，"入就位檳之，則自墓來時不檳耶？" 答，"豈有自墓來不檳，而就位始檳之哉？活看可也。"

位行其禮等事 行之自安 方見得繼志述事之事
⇒ 주자가 말하기를 "반곡을 당에 올라가서 하는 것은 돌아가신 분이 활동하던 곳으로 왔음을 뜻한다. 주부가 실에 들어가 (반곡을) 하는 것은 돌아가신 분이 봉양을 받던 곳으로 돌아왔음을 뜻한다. 모름지기 이 뜻을 알면 이른바 '그 자리를 밟아서 그 예를 행하는 것에 스스로 편안할 것이니 바야흐로 뜻을 잇고 사업을 계승하는 일을 볼 것이다."고 하였다.

• 楊氏復曰 按先生此言 蓋謂古者反哭于廟 反諸其所作 謂親所行禮之處 反諸其所養 謂親所饋食之處 皆指反哭于廟而言也
⇒ 양복이 말하기를, "살펴보니 선생의 이 말은 대개 옛날에는 사당에서 반곡을 하였다는 것을 말한 것이다. 그 활동하던 곳으로 돌아왔다는 것은 부모가 예를 행하던 곳을 말하며, 그 봉양 받던 곳으로 돌아왔다는 것은 부모가 식사하시던 곳을 말한 것이니 모두 사당에서 반곡을 하는 것을 가리켜서 말한 것이다.

• 先生家禮 反哭于廳事 婦人先入哭于堂 又與古異者 後世廟制不立 祠堂狹隘 所謂廳事者 乃祭祀之地 主婦饋食 亦在此堂也
⇒ 선생이 『가례』에서 '청사에게 반곡을 하고 부인은 먼저 들어가 당에서 곡을 한다.'고 하였으니 또한 옛날과 다른 것은 후세에 사당의 제도가 서지 않고 사당이 협소해져서 이른바 청사라는 것이 제사 지내는 곳이며 주부가 식사를 드리는 곳도 이 당(堂)이다."고 하였다.

– 「기석례」에 이에 반곡하며 들어가 서쪽 계단으로 올라가 동면한다. 중주인(衆主人)은 당 아래에서 동면하되 북쪽을 상석으로 한다. [주에 서쪽 계단으로 올라가 동면함은 어버이가 행사를 하던 곳으로 돌아왔음이다.] 그 조묘(祖廟)에 반곡할 적에는 조계(阼階)에서 서면하지 않는다. 서방은 신위(神位)이다. [소에 먼저 녜묘(禰廟)를 뵙고 뒤에 조묘(祖廟)를 뵙는다.] 반곡에는 먼저 조묘를 뵙고 뒤에 녜묘를 뵙고서 그대로 빈궁(殯宮)으로 간다. '서방은 신위'라는 것은, 「특생궤식례(特牲饋食禮)」와 「소뢰궤식례(少牢饋食禮)」에 모두 오(奧)에 자리를 펴고, 빈소 또한 서쪽 계단에 있으니, 이것이 '서방 신위'로, 주인은 행사를 하지 않고 곡만 할 따름이다. 그러므로 신위에 나아간다.458)고 하였다.

– 이암이 말하기를 '『예기』「단궁」편에 반곡(返哭)하고 당(堂)에 오르는 것은 그 행하던 곳(所作)459)을 돌아봄이고, 주부(主婦)가 실(室)로 들어오는 것은 그 봉양하던 곳(所

----

458) 「旣夕禮」 : 乃反哭入, 升自西階, 東面。衆主人堂下, 東面北上。註 : 西階東面, 反諸其所作也。反哭於其祖廟, 不於阼階西面。西方, 神位。疏 : 先朝禰, 後朝祖。反哭則先于祖, 後于禰, 遂適殯宮也。西方神位者, 「特牲」·「少牢」皆布席于奧, 殯又在西階, 是西方神位, 主人非行事, 直哭而已。故就神位。

養)460)을 돌아보는 것이다.'고 하였다.

또한 주자가 말하기를 '반곡(返哭)을 당에 올라가서 하는 것은 돌아가신 분이 활동하던 곳으로 왔음을 뜻한다. 주부(主婦)가 실(室)에 들어가 반곡(返哭)을 하는 것은 돌아가신 분이 봉양(奉養)을 받던 곳으로 돌아왔음을 뜻한다.'고 하였다.

(5) 遂詣靈座前哭

┌── 【주자가례 원문 13-5】 ──────────────────
│
│ • 遂詣靈座前哭*
│   ⇒ 드디어 영좌 앞에 나아가 곡을 한다.
│
│ • 盡哀止
│   ⇒ 슬픔을 다하고 그친다.
│
└──

- 드디어 영좌(靈座) 앞에 나아가 곡을 한다.

- 「기석례」에 그대로 빈궁(殯宮)에 가서, 모두들 계빈(啓殯)할 때와 같이 자리하여 번갈아 가면서 발을 구르기를 세 번 한다. [소에 계빈할 때와 같이 자리함은, 부인은 당(堂)에 자리하여 동향하고, 주인은 당 아래의 동서(東序)에 해당하는 곳의 자리에서 서향함이다.]461)고 하였다.

(6) 有弔者拜之如初

┌── 【주자가례 원문 13-6】 ──────────────────
│
│ • 有弔者 拜之如初*
│   ⇒ 조문하는 사람이 있으면 처음과 같이 한다.
│
│ • 謂賓客之親密者旣歸 待反哭而復弔 檀弓曰 反哭之弔也 哀之至也 反而亡焉 失之矣 於是爲甚
│   ⇒ 빈객 중에서 친밀한 사람이 돌아갔다가 반곡하기를 기다려 다시 조문하는 것을 말한다. 『예기』의 「단궁」에, "반곡을 할 때 조문을 하는 것은 슬픔이 지극한 것이다. 돌아왔는데 없으시니 잃는 것이다."라고 하였다.
│
└──

----

459) 소작所作은 평생 동안 제사祭祀하며 관례冠禮와 혼례婚禮를 행하던 곳이라는 의미이다.

460) 소양所養은 궤식饋食, 제사 때 익힌 음식을 올리는 일로 길례의 한가지이다.하고 공양供養하던 곳을 이름이다.

461) 「旣夕禮」 : 遂適殯宮, 皆如啓位拾踊三。 疏 : 如啓位, 婦人卽位于堂東面, 主人卽位于堂下, 直東序西面。

- 조문(弔問)하는 사람이 있으면 처음과 같이 한다.

- 『중용』의 주에 '처음 죽은 것을 일러 사(死)라 하고, 이미 장사(葬事)를 지냈으면 돌아와도 없다는 뜻에서 망(亡)이라 한다.'고 하였다.

- 「단궁」에 반곡하는 데 조문하는 것은 슬픔이 지극하기 때문이다. 되돌아오니 없어서 잃어버린 마음이 이에 와서 심한 것이다.462)고 하였다.

- 은(殷)나라에서는 봉분(封)을 마치고 조문하였고, 주(周)나라에서는 반곡하고 조문하였다. 공자가 말하기를, "은나라는 너무 질박하다. 나는 주나라를 따르리라"고 했다. [주에 봉(封)은 '폄(窆)'이라 해야 마땅하니, 하관(下棺)을 말한다.] 진씨(陳氏)가 말했다. "은나라에서는 묘소에 나아가서 조문하고, 주나라에서는 주인이 반곡하기를 기다려 조문하였다. 공자가 은나라 예가 너무 질박하다고 한 것은, 대개 어버이가 흙 속에 있는 것이 참으로 슬프지만, 어버이를 평소에 거처하던 곳에서 찾아도 찾지 못하면 그 슬픔이 더욱 심한 것만 같지 못하다고 여겼음이다. 그러므로 묘소에서 조문하는 것은 집에서 조문하는 것이 인정과 예문(禮文)을 겸한 것만 같지 못하다. 그러므로 주나라를 따르겠다고 했다."463)고 하였다.

- 『주자가례』의 보주(補註)에 '엄릉방씨가 말하기를, 사람이 비로소 죽으면 그 죽음을 슬퍼하고, 이미 장사(葬事)를 지냈으면 그 잃음을 슬퍼하며, 잃었으면 슬픔이 심하다. 그러므로 반곡(返哭)할 때 조문(弔問)하는 예(禮)가 있는 것이다.

- 『예기』 「문상」 편에 '문에 들어가도 보이지 않고, 당(堂)에 올라가도 보이지 않고, 실(室)에 들어와도 보이지 않으니 망(亡)하였고, 상(喪)하였으니 다시 볼 수 없는 것이다. 그러므로 눈물을 흘리며 울고 벽용(擗踊)464)하여 슬픔이 다한 후에 그친다.'고 하였다.

- 「기석례」에 중주인(衆主人)이 문을 나가면, 곡을 그치고 문을 닫는다. 주인은 중주인에게 읍을 하고, 머물 곳(次)으로 간다. [주에 차(次)는 의려(倚廬)이다.] [소에 주인은 형제와 중주인을 절하여 보내고 그대로 문 밖에 있다.] 문을 닫는 것은 귀신이 어두움을 숭상하기 때문이다.465)고 하였다.

---

462) 「檀弓」：反哭之弔也，哀之至也。反而亡焉，失之矣，於是爲甚。
463) 『常變通攷』，殷旣封而弔，周反哭而弔。孔子曰，"殷已慤，吾從周。" 註：封當爲窆，謂下棺也。 陳氏曰："殷就墓所弔，周俟主人反哭而後弔。孔子謂殷禮太質慤者，蓋親之在土，固爲可哀，不若求親於平生所居之所而不得，其哀爲尤甚也。故弔於墓者，不若弔於家者之情文爲兼盡。故欲從周也。"
464) 부모의 상을 당하였을 때 자녀가 가슴을 치고 뛰며 슬퍼함을 이른다.

- 「문상」에 묘소를 만들고 돌아와서 감히 실에 들어가 거처하지 못하고 여막에서 거처함은 어버이가 밖에 있음을 슬퍼함이다.466)고 하였다.

(7) 期九月之喪者, 飮酒食肉, 不與宴樂. 小功以下大功異居者, 可以歸

> ── 【주자가례 원문 13-7】 ──
>
> ● 期九月之喪者 飮酒食肉 不與宴樂 小功以下大功異居者 可以歸
> ⇒ 기년과 구월의 상을 당한 사람은 술을 마시고 고기를 먹으나 잔치를 하지 않는다. 소공 이하와 대공의 따로 사는 사람은 돌아간다.

- 「상대기」에 기년의 상에는 3월이면 이미 장사를 지내므로 고기를 먹고 술을 마시지만, 기년의 상을 마칠 때까지 고기를 먹지 않고 술을 마시지 않는 것은, 아버지가 계실 때 어머니를 위한 상이나, 처를 위한 상이다. [주에 대공의 상에 먹고 마시는 절차는 기년의 상과 같다.] 고기를 먹고 술을 마시지만, 사람들과 더불어 즐기지는 않는다.467)고 하였다.

- 「기석례」에 형제가 나가면 주인은 절하여 보낸다. [주에 형제는 소공 이하다. 다른 곳에 사는 대공 또한 돌아가도 된다.] [소에 이 형제들은 죽은 처음에 모두 와서 상에 임했지만, 빈소를 마치면 각기 그 집으로 돌아간다.] 조석곡을 할 때는 빈소에 나오고, 장사 지내려고 계빈할 때가 되면 상을 당한 곳에 오며, 이제 반곡한 때가 되면 각기 그 집으로 돌아갔다가, 우제(虞祭)와 졸곡제(卒哭祭)가 되면 다시 와서 참여한다. 그러므로 「상복소기」에 '시마와 소공은 우제와 졸곡이 되면 모두 문(免)을 한다'는 것이 이것이다. '다른 곳에 사는 대공 또한 돌아가도 된다'는 것은, 대공 이상은 재물을 함께하는 의리가 있지만, 다른 곳에 살면 은혜가 가벼우므로 돌아가도 된다.468)고 하였다.

---

465) 「旣夕禮」 : 衆主人出門, 哭止闔門。 主人揖衆主人, 乃就次。 註 : 次, 倚廬也。 疏 : 主人拜送兄弟衆主人, 因在門外。 闔門者, 鬼神尙幽闇。

466) 「問喪」 : 成壙而歸, 不敢入處室, 居於倚廬, 哀親之在外也。

467) 「喪大記」 : 朞之喪, 三月旣葬, 食肉飮酒, 朞終喪, 不食肉, 不飮酒, 父在爲母爲妻。 註 : 九月之喪食飮, 猶朞之喪也。 食肉飮酒, 不與人樂之。

468) 「旣夕禮」 : 兄弟出, 主人拜送。 註 : 兄弟, 小功以下。 異門大功, 亦可以歸。 疏 : 此兄弟等, 始死之時, 皆來臨喪, 殯訖, 各歸其家。 朝夕哭則就殯所, 至葬開殯而來喪所, 至此反哭, 各歸其家, 至虞卒哭祭, 還來預焉。 故 「喪服小記」 云‘緦小功虞卒哭則皆免’, 是也。 異門大功, 亦可以歸者, 大功以上, 有同財之義, 爲異門則恩輕, 故可歸也。

- 여묘(廬墓)를 할 경우에는 산소에서 여막(廬幕)을 짓고 상주(喪主)가 기거하기 때문에 반곡(返哭)의 절차를 하지 않는다.

14. 우제(虞祭)

1) 개요

- 우제(虞祭)는 부모의 장사를 지내고 영혼(靈魂)을 편안하게 위안하기 위해 지내는 제사(祭祀)로 세 번을 지내는 것으로 사자(死者)의 신령을 평안하게 하는 동시에 생자의 마음을 위로해 주는 안위의 제사(祭祀)이다.

- 우제(虞祭)의 자형을 분석하여 보면,

  • 虞 [헤아릴 우, 근심 우]는 뜻을 나타내는 '虍'와 음을 나타내는 '吳'를 합하여 염려하다 근심하다는 의미이다.

  • 祭 [제사 제] 은 『설문해자(說文解字)』에 "祭祀也。从示, 以手持肉。"라 하여 제사를 말하는데, 신(示)에게 고기(肉)를 두 손(又)으로 바치다는 뜻으로 신에게 희생을 바치는 모양을 쓴 것이다.

- 우(虞)는 편안하게 하는 것이다. 뼈와 살은 땅으로 돌아가고 혼(魂)과 기운(氣運)은 이르지 않는 곳이 없으므로 효자(孝子)가 그 방황함을 위하여 세 번의 우제(虞祭)를 지내어 편안하게 모신다.[469]고 하였다.

- 「단궁(檀弓)」에 이날에 전(奠)을 우(虞)로 바꾼다. [소에 '우(虞)'는 장사 지낸 날 빈궁(殯宮)으로 돌아와 신을 안정시키는 제사의 이름이다.][470]고 하였다.

- 정씨(鄭氏)가 말했다. "뼈와 살은 흙으로 돌아갔으나 혼기(魂氣)는 가지 않는 곳이 없으니, 효자는 그것이 방황할까 하여 세 번 제사를 지내 안정시킨다."고 하였고, 「단궁」에 장사 지낸 날에 우제를 지내는 것은 차마 하루라도 떨어지게 할 수 없기 때문

---

469) 『禮記』 虞安也 骨肉歸土 魂氣無所不至 孝子爲其彷徨 三虞安之
470) 「檀弓」 : 是日也, 以虞易奠。 疏 : 虞者, 葬日, 還殯宮, 安神之祭名。

이다. [주에 차마 돌아갈 곳이 없게 할 수 없다.]471)고 하였다.

우제(虞祭)에 대하여

【주자가례 원문】

● 葬之日 日中而虞 或墓遠 則但不出是日 可也, 若去家經宿以下 則初虞於所館行之
  ⇒ 장사 지낸 날 오후에 우제를 지낸다. 혹 묘소가 멀더라도 다만 이 날을 넘기지만
  않으면 된다. 만약 집을 떠나서 하루 이상이 걸리면 머무는 곳에서 초우제를 지
  낸다.

● 鄭氏曰 骨肉歸于土 魂氣則無所不之 孝子爲其彷徨 三祭以安之
  ⇒ 정씨가 말하기를, "뼈와 살은 흙으로 돌아갔으나 혼령의 기운은 가지 못하는 곳
  이 없으니 효자는 그 방황하는 혼기를 위하여 세 번 제사를 지내 편안하게 해
  야 한다."라고 하였다.

● 朱子曰 未葬時 奠而不祭 但酌酒陳饌再拜 虞始用祭禮 卒哭謂之吉祭
  ⇒ 주자가 말하기를, "아직 장사지내지 않았을 때는 전을 하고 제사지내지 않는다.
  다만 술을 따라 올리고 음식을 진설하고 재배할 뿐이다. 우제에 비로소 제례를
  한다. 졸곡(卒哭)은 길제(吉祭)라 한다."고 하였다.

- 「문상(問喪)」에 마음이 안타깝고(愴) 서글프고(悵) 아련하고(惚) 탄식하며(懍), 마음은
  끊어지고 생각은 슬플 뿐이다. 종묘에 제사하여 귀신으로 흠향하게 하는 것은 만에 하
  나 다시 돌아올 것을 바라는 것이다. [주에 우제의 뜻을 설명하였다.] [소에 빈궁(殯宮)
  에서 우제를 지내는데 신이 있기 때문에 종묘(宗廟)라고 일컬었다.]472)고 하였다.

- 「잡기(雜記)」에 사(士)는 우제를 세 번 지내고, 대부는 다섯 번 지낸다. 「단궁」 소에
  가령 정일(丁日)에 장사 지내면, 장사 지낸 날 초우제(初虞祭)를 지내고, 기일(己日)에
  이우제(二虞祭)를 지내고, 그 뒤의 우제는 강일(剛日)을 사용하여 경일(庚日)에 삼우제
  (三虞祭)를 지낸다. 사는 우제를 세 번 지내는데 4일이 소용되며, 대부는 우제를 다섯
  번 지내는데 8일이 걸린다. 최후 한 번의 우제는 졸곡(卒哭)과 같이 강일(剛日)을 사용
  한다.473)고 하였다.

----

471) 『常變通攷』 鄭氏曰 : "骨肉, 歸于土, 魂氣則無所不之, 孝子爲其彷徨, 三祭以安之。" 「檀弓」 : 葬
  日, 虞, 不忍一日離也。 註 : 不忍其無所歸。
472) 「問喪」 : 心, 悵焉愴焉, 惚焉懍焉, 心絶志悲而已矣。祭之宗廟, 以鬼饗之, 徼幸復反也。註 : 說虞之
  義。 疏 : 虞於殯宮神之所在, 故稱宗廟。

- 우제(虞祭)부터 대상(大祥)까지는 참신(參神)의 절차는 없다. 늘 모시고 있기 때문에 참신(參神)이 없는 것이다.

- 우(虞)란 '위안한다'는 의미로 사자(死者)의 신령을 평안하게 하는 동시에 생자의 마음을 위로해 주는 위안의 제사(祭祀)이다. 즉 우제(虞祭)란 시신(屍身)이 지하(地下)에 매장되었으므로 그 영혼(靈魂)이 방황할 것을 염려하여 영혼(靈魂)을 달래고 평안하게 하기 위해 지내는 제사(祭祀)이다. 따라서 우제(虞祭)를 하루라도 지체하면 안 되기 때문에 묘소가 멀어 당일에 귀가하지 못하면 노중의 숙소에서 지내더라도 날을 넘기지 않아야 한다.

- 고례(古禮)에는 사(士)는 삼우(三虞), 대부(大夫)는 오우(五虞), 제후(諸侯)는 칠우(七虞), 천자(天子)는 구우(九虞)를 지낸다고 하였다.

- 『의례』「사우례」의 주에 '우(虞)는 편안히 함이니 사(士)가 그 부모를 장사(葬事)지냈으면 정령(精靈)을 영접하여 돌아와 그 날 중으로 빈궁(殯宮)에 제사(祭祀)를 올려 편안히 한다.'고 하였다.

- 『가례집설』에 '전(傳)의 주를 살펴보니 천자(天子)는 아홉 번 우제(虞祭)를 지내니 구일(九日)을 절도로 삼고, 제후(諸侯)는 일곱 번 우제(虞祭)를 지내니 칠일(七日)을 절도로 삼으며, 대부(大夫)는 다섯 번 우제(虞祭)를 지내고, 사(士)는 세 번 우제(虞祭)를 지낸다고 하였다. 그러나 춘추시대말기(春秋時代末期) 대부(大夫)가 참람하게 제후(諸侯)의 일곱 번 우제(虞祭)를 지내는 예(禮)를 사용하니, 후세(後世)에는 마침내 사람이 죽은 후 칠일마다 부처에 공양(供養)하고 승려(僧侶)를 먹이고 말로는 지부(地府)의 모왕(某王)을 마땅히 보아야 한다고 하니 아아. 옛사람이 일곱 번 우제(虞祭)를 지낸다는 설이 곧 이와 같은가? 후세(後世)의 터무니없고 허황된 말이니 믿을 수 없다.'고 하였다.

---

473) 「雜記」 : 士三虞, 大夫五。 「檀弓」 疏 : 假令丁日葬, 葬日而虞, 則己日二虞, 後虞用剛, 則庚日三虞。 士之三虞, 用四日, 則大夫五虞, 當八日。 最後一虞, 與卒哭, 同用剛日。

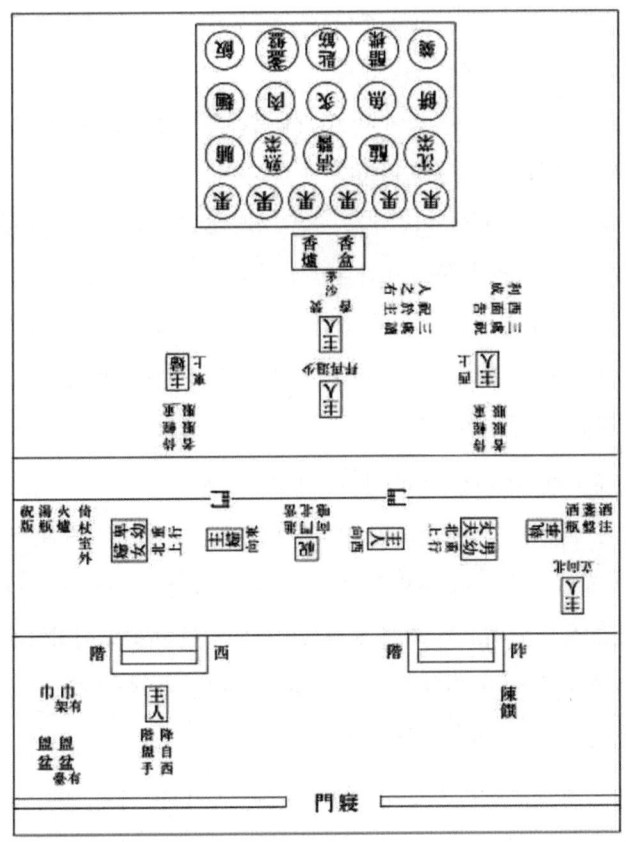

〈虞祭節次圖〉

① 三虞讀祝於主人之右 : 삼우제(三虞祭)를 지낼 적에는 축문을 주인의 오른쪽에서 읽는다.

② 三虞祝西面告利成 : 삼우제를 지낼 적에는 축(祝)이 서쪽을 바라보면서 이성(利成)을 고한다.

③ 主人 少退再拜 : 주인이 조금 물러나서 재배한다.

④ 主婦 東上 侍輕重者服服 : 여자로서 중한 복을 입은 자와 가벼운 복을 입은 자와 시자가 이곳에 있다.

⑤ 主人 西上 侍輕重者服服 : 남자로서 중한 복을 입은 자와 가벼운 복을 입은 자와 시자가 이곳에 있다.

⑥ 祝板, 湯餠, 火爐, 倚杖室外 : 축판, 탕병, 화로, 지팡이는 실(室) 밖에 기대어 놓는다.

⑦ 卑幼婦女 重行北上 : 나이 어린 부녀들은 여러 줄로 서되, 북쪽을 윗자리로 한다.

⑧ 主婦 東向 : 주부는 동쪽을 바라본다.

⑨ 祝 進當門北向噫 : 축이 문 앞에 이르러서 북쪽을 바라보면서 어흠하고 기침을 한다.

⑩ 主人 西向 : 주인은 서쪽을 바라본다.

⑪ 男幼丈夫 重行北上 : 나이 어린 장부들은 여러 줄로 서되, 북쪽을 윗자리로 한다.

⑫ 主人 北向立 : 주인은 북쪽을 바라보면서 서 있는다.

⑬ 主人 降自西階盥手 : 주인은 서쪽 계단으로 내려온 다음 손을 씻는다.

⑭ 巾 有架 盥盆 有臺, 陳饌 : 이곳에 시렁이 있고 수건을 놓고, 대가 있고 손씻을 물 그릇이 있다. 음식을 차려 놓는다.

- 『백호통(白虎通)』에 제사에 시가 있는 까닭은, 귀신은 들어도 소리가 없고 보아도 형체가 없어서 조계(阼階)로 올라가 서까래를 우러러보고 궤연(几筵)을 굽어봄에 그 기물은 있는데 그 사람은 없으니, 허무하고 적막하여 그리움과 슬픔을 쏟아낼 곳이 없어서이다. 그러므로 시를 앉히고서 먹게 하여 그 음식이 줄어들면 어버이가 배부른 듯이 기뻐하고, 시가 취하면 신이 취한 듯이 여긴다. 『시경』에 이르기를, "신이 모두 취하시니 황시(皇尸)가 일어나도다"고 했다.474)고 하였다.

- 정자(程子)가 말했다. "고인(古人)이 제사에 시를 쓴 데는 매우 깊은 뜻이 있다. 사람의 혼기(魂氣)가 이미 흩어지면 효자는 신을 찾아서 제사 지내는데, 시가 없으면 흠향하지 않는다. 혼기(魂氣)는 반드시 그 동류를 구하여 의지한다. 사람은 사람과 이미 동류이고, 골육은 또한 한집안의 동류가 된다. 자신이 시와 더불어 각기 재계하고 정결하게 하여, 지극한 정성으로 감통하여 이로써 신이 의당 흠향하기를 구하는 것이다."475)고 하였다.

---

474) 『白虎通』 : 祭所以有尸者, 鬼神, 聽之無聲, 視之無形。升自阼階, 仰視榱桷, 俯視几筵。其器存, 其人亡, 虛無寂寞, 思慕哀傷, 無所寫洩。故坐尸而食之, 毁損其饌, 欣然若親之飽, 尸醉, 若神之醉矣。『詩』云, "神具醉止, 皇尸載起。"

475) 『常變通攷』 程子曰 : "古人, 祭祀用尸, 極有深意。蓋人之魂氣旣散, 孝子求神, 而祭無尸, 則不享魂氣, 必求其類而依之。人與人, 旣爲類, 骨肉, 又爲一家之類。己與尸, 各齊潔, 至誠相通, 以此求神, 宜其饗之。"

2) 우제(虞祭)의 예(禮)에 관하여 살펴보면

구 분	『朱子家禮』	『喪禮備要』	『四禮便覽』
절차	•主人以下皆沐浴 •執事者陳器具饌 •祝出神主於座.主人以下皆入哭 •降神 •祝進饌 •初獻 •亞獻 •終獻 •侑食 •主人以下皆出.祝闔門 •祝啓門.主人以下入哭辭神 •祝埋魂帛 •罷朝夕奠 •遇柔日再虞. •遇剛日三虞.	[初虞] •主人以下皆沐浴. •執事者陳器具饌. 　[設蔬果酒饌] •祝出神主于座.主人以下皆入哭. •降神. •祝進饌. •初獻. •亞獻. •終獻. •侑食. •主人以下皆出.祝闔門 •祝啓門.主人以下入哭.辭神.徹饌. •祝埋魂帛. •罷朝夕奠. •遇柔日再虞. •遇剛日三虞.	•初虞 •主人以下皆沐浴 •執事者陳器具饌 •設蔬果 •祝出神主于座,主人以下皆入哭 •降神 •祝進饌 •初獻 •亞獻 •終獻 •侑食 •主人以下皆出,祝闔門 •祝啓門,主人以下入哭,辭神 •祝埋魂帛 •罷朝夕奠 •遇柔日再虞. •遇剛日三虞.

3) 의례절차의 이해

(1) 主人以下皆沐浴

> **【주자가례 원문 14-1】**
>
> • 主人以下 皆沐俗*
> ⇒ 주인 이하 모두 목욕을 한다.
>
> • 或已晚不暇 卽略自澡潔 可也
> ⇒ 혹 이미 늦어 겨를이 없으면 곧 생략하고 자신이 깨끗이 하면 된다.

- 「사우례」기(記)에 일중(日中)에 일을 행한다. [주에 아침에 장사 지내고, 일중(日中)에 우제를 지낸다.] 군자가 일을 행할 때는 반드시 바른 시각(辰正)을 사용한다. 재우(再虞)와 삼우(三虞)는 모두 날이 밝을 때(質明) 지낸다. [소에 신정(辰正)은 아침, 저녁

과 한낮(日中)을 말한다.] 아침에 장사 지내는 일이 있기 때문에 한낮(日中)에 이르러 우제를 행한다. 재우와 삼우를 모두 날이 밝을 때 지내는 것은 그날 아침에 장사 지내는 일이 없기 때문이다. 그래서 모두 날이 밝을 때 우제를 행한다.476)고 하였다.

- 시우(始虞 초우)는 유일(柔日)을 쓴다. [주에 유일은 음(陰)이니 그 고요함(靜)을 취한다.] [소에 장사는 정일(丁日)과 해일(亥日)을 쓰는데 이것이 유일이다.]477)고 하였다.

-「단궁」에 이미 하관(下棺)을 마치고 주인이 폐백을 드리면, 축이 우제의 시(尸)를 청한다. [소에 주인이 광(壙)에서 사자(死者)에게 폐백을 드릴 때, 축이 먼저 집으로 돌아가 우제의 시를 청한다.]478)고 하였다.

-『서의(書儀)』에 고인(古人)은 장사에 유일(柔日)을 썼는데, 지금은 강일(剛日)이나 유일에 구애되지 않고 장사 지낸 날 곧 우제를 지낸다.479)고 하였다.

- 묻기를 "해가 짧을 때는 미처 처리하지 못하는 일이 많은데, 비록 밤에 지내더라도 큰 잘못이 되지는 않는가?"라고 하자, 한강(寒岡)이 말하기를 "어찌 큰 잘못이 되기야 하겠는가?"라고 했다.480)고 하였다.

-「사우례」기(記)에 우제에는 목욕하되 빗질은 하지 않는다. [주에 목욕하는 것은 장차 제(祭)를 지내려고 스스로 청결하게 함이다.] 빗질을 하지 않음은 장식하는 데 있지 않음이다. 기년복(朞年服) 이하는 빗질을 해도 괜찮다.481)고 하였다.

(2) 執事者陳器具饌

┌─── 【주자가례 원문 14-2】 ───
│
│ • 執事者陳器具饌*
│   ⇒ 집사자는 기물을 진설하고 음식을 준비한다.
│
└─────────────────────────

----

476) 「士虞」 記：日中而行事。 註：朝葬, 日中而虞。 君子擧事, 必用辰正也。 再虞三虞, 皆質明。 疏：辰正者, 謂朝夕日中也。 以朝有葬事, 故至日中而行虞事也。 再虞三虞, 皆質明者, 以朝無葬事, 故皆質明而行虞事。

477) 『常變通攷』 始虞, 用柔日。 註：柔日, 陰, 取其靜。 疏：葬用丁亥, 是柔日。

478) 「檀弓」：既封, 主人贈, 而祝。 宿虞尸。 疏：主人, 以幣贈死者於壙之時, 祝先歸, 宿戒虞尸。

479) 『書儀』：古人, 葬用柔日, 今不拘剛柔, 葬日卽虞。

480) 『常變通攷』 問："日短, 事多未及, 雖行之於夜, 不至大失耶？" 寒岡曰："何至大失？"

481) 「士虞」 記：虞, 沐浴不櫛。 註：沐浴者, 將祭自潔清。 不櫛, 未在於飾也。 朞以下, 櫛可也。

- 盥盆帨巾各二於西階西南 上東 盆有臺巾有架 西者無之 凡喪禮皆放此
  ⇒ 세숫대야와 수건을 각각 두 개씩 서쪽 계단의 서쪽에 놓는데 남쪽을 위로 한다. 동쪽의 대야는 받침대가 있고 수건도 걸이가 있다. 서쪽의 것은 없다. 대체로 상례에는 모두 이와 같다.

- 酒瓶並架一於靈座東南 置卓子於其東 設注子及盤盞於其上 火爐湯瓶於靈座西南 置卓子於其西 設祝版於其上 設蔬果盤盞於靈座前卓子上
  ⇒ 술병을 받침과 함께 영좌의 동남쪽에 놓고 탁자는 그 동쪽에 놓아 주전자와 쟁반과 잔을 그 위에 놓는다. 화로와 탕병(湯餠 : 차를 담는 것)은 영좌의 서남쪽에 놓고 탁자를 그 서쪽에 놓으며 축판을 그 위에 놓는다. 채소와 과일과 쟁반과 잔은 영좌 앞의 탁자 위에 놓는다.

- 匙筯居內當中 酒盞在其西 醋楪在其東 果居外 蔬居果內 實酒于瓶 設香案於堂中 炷火於香爐 束茅聚沙於香案前
  ⇒ 수저는 안쪽(상의 제일 앞줄) 가운데 놓고, 술잔은 서쪽에 놓으며 초첩은 동쪽에 놓는다. 과일은 바깥 줄(상의 제일 끝줄)에 높고 채소는 과일의 안쪽에 놓는다. 병에 술을 채우고 향안(香案 : 향로를 놓는 상)을 당의 가운데 놓고 향로에 불을 피우며 띠풀 묶음과 모래 그릇을 향안 앞에 놓는다.

- 具饌如朝奠於堂門外之東
  ⇒ 음식을 준비하는데 조전(朝奠)과 같이 하여 당문 밖의 동쪽에 진설한다.

- 초우제(初虞祭)를 지낼 기구(器具)와 제수(祭需)를 준비한다. 제수(祭需)는 기제사의 제수와 같다.

- 구찬(具饌), 집사자진기구찬(執事者陳器具饌) : 음식을 준비한다. 절차는 『주자가례』(。로 표시)와 『가례집람』(‧ 로 표시)으로 구분하여 살펴보면 다음과 같다.

  • 세숫대야와 수건을 각각 두 개씩 서쪽 계단의 서쪽에 놓는데, 남쪽을 위로 한다. 동쪽대야는 받침대와 수건이 있으나, 서쪽의 것은 없다.

  • 술병을 받침과 함께 영좌의 동남쪽에 놓고 탁자는 그 동쪽에 놓아 주전자와 쟁반을 구 위에 놓는다.

  • 영좌 앞 탁자 위 영전에 가까운 곳에 첫째 줄에 시저(匙箸), 수저를 가운데 안쪽에 놓는다. 。수저는 안쪽 가운데 놓고,

  • 술잔은 시저(匙箸), 수저의 서쪽에 놓는다. 。술잔은 서쪽에 놓으며,

  • 초첩(醋楪)482)은 동쪽에 두고。초첩(醋楪)은 동쪽에 놓는다.

  • 갱(羹)은 초첩(醋楪)의 동쪽에 두고, 밥은 술잔의 서쪽에 둔다.

- 두 번째 줄에는 행례를 할 때를 기다려 음식을 올리고,

- 소채(蔬菜)와 포혜(脯醯)는 세 번째 줄에 놓고, 。채소는 과일의 안쪽에 놓는다.

- 과일은 네 번째 줄에 놓는다. 。과일은 바깥 줄에 놓고,

- 향안을 당의 중앙에 놓고 그 위에 향로를 놓고 향을 피우고,

- 띠풀 묶음과 모사는 향안 앞에 놓는다.

- 음식을 준비하는데, 조전(朝奠)과 같이 하여 당문 밖의 동쪽에 진설한다.

※ 『가례집람』에 '음식의 준비를 조전과 같이 한다면 다만 채소와 과일과 포혜(脯醯)만 있고, 어육(魚肉)・자간(炙肝)・면(麵)・미식(米食)・갱(羹)・반(飯)은 없게 된다. 그렇다면 진기(陳器)의 조목에 이미 시저(匙箸)를 둔다는 글이 있는데, 갱(羹)과 반(飯)이 없을 수 있겠는가? 이것이 하서(河西)가 조(朝)는 삭(朔)자의 오자로 고쳐 읽어야 한다고 한 까닭이다. 마땅히 『구씨의절』을 따라 구찬(具饌)과 설찬(設饌)을 모두 길제(吉祭)와 같이 해야 할 것이다.'고 하였다.

(3) 祝出神主於座. 主人以下皆入哭

┌─── 【주자가례 원문 14-3】 ───

- 祝出神主于座 主人以下 皆入哭*
  ⇒ 축이 신주를 영좌에서 내온다. 주인 이하는 모두 들어가 곡을 한다.

- 主人及兄弟倚杖於室外 及與祭者皆入哭於靈座前 其位皆北面 以服爲列 重者居前 輕者居後 尊長坐卑幼立
  ⇒ 주인과 형제는 실 밖에 지팡이를 기대어 놓고 제사에 참석한 사람들과 모두 들어가 영좌 앞에서 곡을 한다. 그 자리에서는 모두 북면을 한다. 상복으로 열을 만드는데 복이 무거운 사람은 앞줄에서고 가벼운 사람은 뒷줄에 선다. 존장은 앉고 항렬이 낮거나 어린사람은 선다.

- 丈夫處東 西上 婦人處西 東上 逐行各以長幼爲序 侍者在後
  ⇒ 장부는 동쪽에 자리하되 서쪽을 위로하고 부인은 서쪽에 자리하되 동쪽을 위로 한다. 줄마다 각각 나이대로 차례하고 시자는 뒤에 있는다.

└─────────────────────

- 진행절차를 살펴보면 다음과 같다.

  - 축관(祝官)이 영좌에서 신주를 내 모신다.(祝出神主于座) :

----

482) 초접醋楪은 식초에 간장을 섞은 것을 담는 그릇이다.

- 주인 이하는 모두 들어가 곡을 한다.(主人以下皆入哭) :
- 우제(虞祭) 때부터는 상장(喪杖)을 방안에 가지고 들어가지 못하므로 밖에 두고 제사 (祭祀)에 참가한다.
- 참사자 모두는 복의 경중에 따라 서열을 맞추어 북향(北向)하여 선다.
- 초우제(虞祭)를 진행한다.

(4) 降神

┌─── 【주자가례 원문 14-4】 ───────────────────────┐

- 降神*
  ⇒ 강신

- 祝止哭者 主人降自西階 盥手帨手 詣靈座前 焚香再拜 執事者皆盥帨
  ⇒ 축이 곡하는 사람을 그치게 하면 주인은 서쪽 계단으로 내려가 손을 씻고 수건 으로 닦은 후 영좌 앞으로 가서 분향하고 재배한다. 집사자와 모두가 손을 씻고 수건으로 닦는다.

- 一人開酒實于注 西面跪以注授主人 主人跪受 一人奉卓上盤盞東面 跪於主人之左
  ⇒ 한 사람은 술병 마개를 열어 주전자에 채우고 서면하여 무릎을 꿇고 주전자를 주인에게 준다. 주인은 무릎을 꿇고 받는다. 또 한 사람은 탁자 위에 있는 잔과 잔 받침을 받들어 주인의 왼쪽에서 동면하여 무릎을 꿇는다.

- 主人斟酒於盞以注 授執事者 左手取盤 右手執盞 酹之茅上 以盤盞授執事者 俛伏興 少退再拜復位
  ⇒ 주인은 술을 잔에 따르고 주전자를 집사에게 준다. 왼손으로 잔 받침을 들고 오른손으로 잔을 들어 띠풀 위에 붓고 잔과 잔 받침을 집사자에게 준다. 그리고 엎드렸다가 일어나 조금 물러나서 재배하고 자리로 돌아간다.

└──┘

① 강신(降神)은 신이 강림하게 하는 절차로서 혼과 백을 모시는 절차고 구분한다.

- 축관(祝官)이 상주들의 곡을 그치게 하면, 주인(主人)이 영좌(靈座) 앞에 나아가 분향(焚香)하고 재배(再拜)한다.
- 집사자(執事者) 한사람은 주전자에 술을 채워 서면하여 무릎을 꿇고 주전자를 주인에게 준다.
- 주인은 무릎을 꿇고 받는다.
- 집사자(執事者) 한사람은 탁자위의 잔과 잔 받침을 받들어 주인의 왼쪽에서 동면

(東面)하여 무릎을 꿇는다.

• 주인(主人)은 술을 잔에 따르고, 주전자를 집사(執事)에게 준다.

• 왼손으로 잔 받침을 들고, 오른손으로 잔을 들어 띠 풀 위에 붓고 나서 잔 받침과 잔을 집사자(執事者)에게 준다.

• 엎드렸다가 일어나, 조금 물러나서 재배하고 자리로 돌아온다.

※ 『가례집람』에 "우제(虞祭), 졸곡(卒哭), 대상(大祥), 소상(小祥)의 제사(祭祀)에 모두 참신(參神)이라는 글이 없고 다만 부제(祔祭)에만 있는데, 그 주에 '조고(祖考)·조비(祖妣)에게 참신(參神)한다.'고 하였으니, 새로운 신주(神主)에는 따로 참신(參神)하는 예(禮)가 없는 것이 분명하다."고 하였다.

또한, '참신(參神)이라는 것은 참알(參謁)이다. 무릇 제사(祭祀)에 이미 신주(神主)를 별도의 장소에 받들었으면 헛되이 바라볼 수 없기 때문에 반드시 참배(參拜)하여 알현(謁見)해야 하는 것이다. 새로운 신주(神主)는 삼년 동안 효자가 항상 그 곳에 거처하면서 아직 연제(練祭)를 지내기 전이면 조석곡(朝夕哭)을 두어 살아 계실 때 혼정신성(昏定晨省)[483]하던 것을 본떠 하루라도 영좌 앞에 있지 않음이 없으니 비록 제사를 행하는 날을 만나더라도 참알(參謁)하는 의리가 없기 때문에 다만 입곡(入哭)할 따름이다.'고 하였다.

(5) 祝進饌

【주자가례 원문 14-5】

• 祝進饌*
⇒ 축이 음식을 올린다.

• 執事者佐之 其設之叙如朝奠
⇒ 집사자가 도와준다. 그 진설하는 순서는 조전(朝奠)과 같다.

---

② 축진찬(祝進饌) : 축이 더운 음식을 올리는 절차이다.

• 축관(祝官)이 나머지
제물 모두를 차린다. 차리는 순서는 어(魚), 육(肉)을 진설하고 반(飯), 갱(羹), 면(麵), 미식(米食)의 순이다.

----

483) 혼정신성昏定晨省은 『예기禮記』 「곡례」 편의 '凡爲人之子之禮 冬溫而夏淸 昏定而晨省'이라 하여 부모를 모시는 자식이 저녁에 자리를 깔아드리고 아침에는 문안을 올리는 것을 말하는 것이다.

• 『구씨의절』에 '축이 어육(魚肉)·자간(炙肝)·면(麵)·미(米)·식(食)을 영좌(靈座) 앞의 탁자 위의 두 번째 줄 빈자리에 진설한다.'고 하였다.

(6) 初獻

【주자가례 원문 14-6】

• 初獻*
　⇒ 초헌

• 主人進詣注子卓前 執注北向立 執事者一人 取靈座前盤盞 立於主人之左
　⇒ 주인이 주전자가 놓여있는 탁자 앞으로 가서 주전자를 들고 북향하여 선다. 집사자 한 사람이 영좌 앞의 잔과 잔 받침을 들고 주인의 좌측에 선다.

• 主人斟酒 反注於卓子上 與執事者俱詣靈座前北向立 主人跪 執事者亦跪進盤盞
　⇒ 주인은 술을 따르고 주전자를 탁자 위에 돌려놓고 집사자와 함께 영좌 앞으로 나아가 북향하여 선다. 주인이 무릎을 꿇으면 집사자도 무릎을 꿇고 잔과 잔 받침을 드린다.

• 主人受盞 三祭於茅束上 俛伏興 執事者受盞 奉詣靈座前 奠於故處
　⇒ 주인은 잔을 받아 띠 풀 위에 세 번 제(세 번 술을 부어 처음 술을 만든 사람에게 제사지내는 것)지내고 엎드렸다가 일어난다. 집사자가 잔을 받아 받들고 영좌 앞으로 가 먼저 있던 곳에 올린다.

• 祝執版出於主人之右 西向跪讀之前同 云 日月不居 奄及初虞 夙興夜處 哀慕不寧 謹以 潔牲柔毛 粢盛醴齊 哀薦祫事 尙饗
　⇒ 축이 축판을 들고 주인의 오른쪽으로 가서 서향하여 무릎을 꿇고 축문을 읽는다. 그 내용은 앞과 같으나 다만, "해와 달은 멈춰 있지 않아 문득 초우를 할 때가 되었습니다. 아침 일찍부터 밤늦게까지 슬프고 사모하는 마음으로 편안하지 못하여 삼가 결생(潔牲)과 유모(柔毛)와 자성(粢盛)과 예제(醴齊)로 슬피 협사를 지내오니 흠향하시기 바랍니다."라고 한다.

• 祝興 主人哭再拜 復位哭止 牲用豕則曰剛鬣 不用牲則 曰淸酌庶羞 祫 合也 欲其合於先祖也
　⇒ 축이 일어나면 주인이 곡을 하며 재배하고 자리로 돌아가서 곡을 그친다. 희생을 돼지로 하면 '강렵(剛鬣)'이라 하고 희생을 쓰지 않으면 '청작석수(淸酌庶羞)'라고 한다. 협사의 협은 합하는 것이니 선조에게 합하고자 하는 것이다.

---

　③ 초헌(初獻) : 상주가 첫 번째 잔을 올리고 축문을 읽는 절차이다.
　　· 주인이 주전자가 놓인 탁자 앞으로 나아가 북향하여 선다.

- 집사자 한 사람이 영좌 앞의 잔 받침과 잔을 들고 주인의 왼쪽에 선다.
- 주인은 술을 따르고 주전자를 탁자 위에 올려놓고, 집사자(執事者)와 함께 영좌 앞으로 나아가 북향하여 선다.
- 주인이 무릎을 꿇으면 집사자(執事者)가 무릎을 꿇고 잔 받침과 잔을 드린다.
- 주인은 잔을 받아 모사(茅沙, 띠 풀)위에에 세 번 나누어 따르고 삼제, 엎드렸다가 일어난다.
- 집사자가 잔을 받아 받들고 영좌 앞으로 가서 원래의 자리에 놓는다.
- 집사자가 메의 뚜껑을 열어 남쪽에 놓는다.
- 주인이 조금 물러나서 꿇어앉고, 이하 모두 꿇어앉는다.
- 축관이 축판을 들고 주인의 오른쪽에 서향하여 꿇어앉아

維歲次 干支 某月干支朔 某日干支
유세차 간지 모월간지삭 모일간지

孤子 敢昭告于
고자 감소고우

顯考某官府君 日月不居 奄及初虞
현고모관부군 일월불거 엄급초우

夙興夜處 哀慕不寧 謹以 淸酌庶羞
숙흥야처 애모불녕 근이 청작서수

哀薦 祫事 尙饗
애천 협사 상향

어떤 해 어떤 날 고자는 감히 돌아가신 아버지 어떤 벼슬을 한 어른께 고합니다.
세월이 흘러 어언 초우가 되었습니다.

밤낮으로 돌아가신 아버지를 슬피 사모하여 편안치 못하여 삼가 맑은 술과 음식으로 제사를 올리오니 흠향하소서.

- 축관이 축을 다 읽고 일어나면, 주인은 곡하며 재배한 뒤, 본래의 자리로 돌아가서 곡을 그친다.
- 다른 사람도 상주를 따라 곡하다가 그친다.
- 집사자는 철주(徹酒)484)하고, 빈 잔을 본래의 자리에 올려놓는다.

- 묻기를 "우제(虞祭)에는 헌작(獻酌)할 때 모사 위에 제(祭)한 뒤 앞서 있던 곳에 놓는다. 그러나 시제(時祭)와 기제(忌祭)에는 술을 따라 앞서 있던 곳에 올렸다가, 집사가

---

484) 철주徹酒는 술을 물리다는 의미이다. 퇴주잔에 술을 따르다는 뜻이다.

올린 잔을 받들어 주인에게 주면, 주인은 꿇어앉아 받아서 모사 위에 제한 뒤에 집사에게 주어 도로 먼저 있던 곳에 올린다. 이렇듯 그 절도가 다른 것은 무슨 이유인가? 『가례』와 『의절』에 보면 삼헌(三獻)에 모두 술을 제한다고 했으나, 지금 예법을 안다고 하는 자들은 모두 '아헌과 종헌은 술을 제하지 않는다'고 한다"고 하자, 한강이 말했다. "우제와 시제가 서로 같지 않은 것은, 혹시 우제는 슬프고 급하므로 그 예가 간략해야 마땅하고, 시제는 엄숙하고 경건해야 하므로 그 예를 완비하지 않을 수 없어서가 아닌지 모르겠다.[485]고 하였다.

(7) 亞獻

【주자가례 원문 14-7】

- 亞獻*
  ⇒ 아헌

- 主婦爲之 禮如初 但不讀祝四拜
  ⇒ 주부가 한다. 의례는 초헌과 같다. 다만 축을 읽지 않고 네 번 절한다.
---

④ 아헌(亞獻) : 주부가 두 번째 잔을 올린다.

· 제사에서 두 번째 올리는 절차로 아헌(亞獻)은 주부(主婦)가 하도록 되어 있다.

· 헌작(獻爵)의 방법은 초헌(初獻)과 같으나 축(祝)이 없으며 절은 4번한다.

– 『문해』에 초상에는 망자의 처가 당연히 주부가 되니, 이때는 아직 총부(冢婦)에게 가사(家事)를 넘기지 않았기 때문이다. 우제 이후에는 주상자(主喪者)의 처가 주부가 되는데, 제사의 예는 반드시 부부가 친히 행하기 때문이다.[486]고 하였다.

---

485) 『常變通攷』 問 : "虞祭獻酌, 祭于茅上, 置于故處。 時祭及忌祭, 則斟酒奠于故處, 而執事奉奠盞, 授主人, 主人跪受, 祭于茅上, 授執事, 還奠故處。 其節目不同, 何也 ? 以 『家禮』 及 『儀節』 觀之, 則三獻皆祭酒, 今知禮者, 皆曰'亞終獻不祭酒'云云。" 寒岡曰 : "虞祭與時祭, 不同者, 豈不以虞祭哀遽, 其禮當簡, 時祭嚴敬, 其禮不得不備耶 ?
486) 『問解』 : 初喪則亡者之妻, 當爲主婦, 時未傳家於冢婦故也。 虞祭以後, 則主喪者之妻, 爲主婦, 祭祀之禮, 必夫婦親之故也。

(8) 終獻

【주자가례 원문 14-8】

• 終獻*
  ⇒ 종헌

• 親賓一人 或男或女爲之 禮如亞獻
  ⇒ 친척이나 손님 한 사람이 하는데, 혹은 아들이나 딸이 하기도 한다. 예는 아헌과
  같다.

⑤ 종헌(終獻) : 세 번째 잔을 올린다.

　· 제사에서 세 번째 올리는 잔이다.

　· 주로 친척이나 빈객 중에서 하며 여자도 가능하다. 혹은 아들·딸이 하기도 한다.

　· 예(禮)는 아헌(亞獻)과 같다.

　· 초헌이나 아헌(亞獻)에서처럼 술잔을 비우지는 않고 그대로 8부로 둔다.

(9) 侑食

【주자가례 원문 14-9】

• 侑食*
  ⇒ 유식

• 執事者執注就 添盞中酒
  ⇒ 집사자가 주전자를 들고 나가서 잔에 술을 첨잔한다.

⑥ 유식(侑食) : 잔에 술을 더하는 것이다.

　· 종헌에서 다 채우지 않은 잔에 술을 가득 채우는 것으로 종헌 때 8부만 채운 잔
  에 술이 부족하니 조금 더 드시라는 의미에서 나누어 채운다.

　※ 『주자가례』에는 첨잔(添盞)의 예만 있지, 삽시정저(揷匙正箸)의 예(禮)는 없다.

『朱子家禮』	『家禮輯覽』	『四禮便覽』	『喪禮備要』
• 添盞	• 添盞	• 添盞	• 添盞
		• 揷匙正箸	• 揷匙正箸

※ 『예기』「예기」 편에 '유(侑)라는 것은 시동(尸童)에게 더 마시고 먹기를 권하는 것이다.'고 하였다. 또한, 『예기』「옥조」 편에 '먹었어도 권유하는 것은 예를 힘써 하는 것이다.'고 하였다.

※ 『가례집람』에 '무릇 길제(吉祭)에 유식(侑食)이라는 조목은 수저를 밥 가운데 꼽는다는 것과 젓가락을 바르게 한다는 글이 모두 있지만 여기 우제와 부제, 졸곡, 대상과 소상의 제사에는 모두 없고 「구씨의절」에도 없으니 상제는 애통함에 근거하기 때문에 간략함을 따라 생략한 듯하다.'고 하였다.

· 일반적으로 첨작(添酌)과 삽시정저(揷匙正箸)의 절차를 묶은 것이다.

· 숟가락을 밥그릇에 꽂고, 젓가락을 자루가 서쪽으로 가게 떡이나 적위에 올려놓는다.

(10) 主人以下皆出, 祝闔門

【주자가례 원문 14-10】

• 主人以下皆出 祝闔門*
⇒ 주인 이하 모두 나가고 축이 문을 닫는다.

• 主人立於門東西向 卑幼丈夫在其後 重行北上 主婦立於門西東向 卑幼婦女亦如之 尊長休於他所 如食間
⇒ 주인은 문의 동쪽에 서서 서향을 하고 항렬이 낮거나 어린 남자는 그 뒤에 서는데 두 줄로 북쪽이 위이다. 주부는 문의 서쪽에 서서 동향하고 항렬이 낮거나 어린 부녀도 그와 같이 한다. 존장은 식사하는 동안 다른 곳에서 쉰다.

• 楊氏復曰 士虞禮無尸者 祝闔牖戶 如食間 詳見後四時祭禮
⇒ 양복이 말하기를, "『의례』의 「사우례」에는 '시동'이 없으니 축이 창문과 방문을 닫는데 밥을 먹을 동안 만큼이다."고 하였다. 뒤에 사시제에 자세히 보인다고 하였다.
---

⑦ 합문(闔門) : 신이 제사음식을 흠향하는 시간이다.

· 주인이하개출(主人以下皆出) 축합문(祝闔門)은 주인 이하가 모두 문밖으로 나가고 축관(祝官)이 문을 닫는다는 의미이다.

· 『주자가례』에 '주인은 문의 동쪽에 서서 서향하고, 항렬이 낮거나 어린 남자는 그 뒤에 두 줄로 서는데, 북쪽이 위이다. 주부는 문의 서쪽에 서서 동향하고 항렬이 낮거나 어린 부녀도 그와 같다.

· 밖에서 한식경 정도를 기다린다. 이때의 시간은 신위가 밥을 아홉 번 드시는 시간이다.

※ 『예기』 「월령」 편에 '문호의 가림을 나무로 한 것을 합이라 한다.' 고 하였다.

※ 『의례』 「사우례」 편에 '귀신은 유암한 곳에 있기를 좋아한다 하였고 어떤 사람은 사람을 멀리하는 것이다.' 고 하였다. 또한 '가리기를 시동이 한 끼를 먹을 적에 아홉 번 떠먹는 시각과 같이한다.' 고 하였다.

(11) 祝啓門. 主人以下入哭辭神

───【주자가례 원문 14-11】───

● 祝啓門 主人以下 入哭辭神*
 ⇒ 축이 문을 열면 주인 이하는 들어가 곡을 하고 사신(辭神 : 신과 작별하는 것) 한다.

● 祝進當門 北向噫歆 告啓門三 乃啓門 主人以下入就位 執事者點茶
 ⇒ 축이 문에 이르러 북향을 하고 '희흠(噫歆)하고 기침을 하여 문을 연다고 세 번 고한다. 이에 문을 열면 주인 이하는 들어가 자리로 간다. 집사자는 차를 따른다.

● 祝立于主人之右 西向告利成 斂主匣之置故處 主人以下哭再拜盡哀止 出就次 執事者徹
 ⇒ 축은 주인의 우측에 서서 서향을 하고 이성(利成 : 제사가 끝난 것)을 고하고 신주를 거두어 갑에 넣고 있던 곳에 놓는다. 주인 이하는 곡을 하며 재배하고 슬픔을 다하였으면 그치고 나가서 막차로 간다. 집사자가 상을 치운다.

⑧ 계문(啓門), 사신(辭神) : 다시 제청으로 들어가는 절차이다.

· 음식을 모두 흠향하였으므로 제청으로 들어간다.

· 축관이 문으로 가서 북향하여 서서 '어흠'하고 세 번 기침을 하고 문을 연다.

· 문이 열리면 주인 이하가 들어가 각자 자리로 간다.

· 차를 올린다. 관행에는 숭늉을 올린다고 한다.

· 축관이 주인의 오른쪽에서 서향하고 '이성(利成)[487]'이라고 고한다. 제사를 마쳤
  다는 것을 알리는 의미로 사신의 절차이다.

※ 『예기』「증자문」편에 '이는 양과 같으니 공양하는 예가 이미 이루어진 것을 말하
  는 것이다. 옛날에는 제사할 때 시동을 두어 주인이 시동을 섬기는 예를 마치면 축
  이 이성을 고하고 마침내 시동을 인도하고 나갔다. 지금은 시동이 없으니 이 예를
  없앤 것이다.'고 하였다. 또한 『가례집람』에는 '고이성(告利成)은 비록 주인에게
  고(告)하는 것이지만, 실제로는 시동(尸童)으로 하여금 듣고 일어나게 하고자 하는
  것이다.'고 하였다.

· 집사가 신주를 거두어 갑에 넣고 있던 곳에 놓는다.

· 주인 이하 참사자가 곡하고 재배(再拜)한다.

· 신주를 원래의 자리로 옮겨 모신다.

· 상주가 모두 나가면 집사자가 철상한다.

- 장자(張子)가 말했다. "차를 쓰는 것은 고례가 아니니, 살아 있는 사람의 뜻을 사용하
  여 섬김이다."[488]고 하였다.

- 퇴계가 말했다. "오늘날 사람들은 끓인 물을 올리니, 이는 옛날에 차를 올리던 뜻이
  다."명재가 말했다. "밥을 조금 뜨는(抄飯) 한 절차는 예문에 말하지 않았다. 숟가락만
  다기(茶器)에 옮기는 것이 마땅하다."[489]고 하였다.

- 묻기를, "시속에서 물을 올리고 밥을 조금 떠서(抄飯) 물에 마는데, 어떠한가?"라고 하
  자, 남계가 말하기를 "초반한다는 설은 3년 안에 살아 계실 때를 본뜨는 것은 괜찮지만
  시제(時祭)와 기제(忌祭) 등의 큰 제사에는 불가하니, 대개 예에 이런 조문이 없다."고
  하였고, 선사가 말하기를 "조석상식에 숟가락을 꽂고(揷匙) 젓가락을 고르는(正箸) 절

---

487) 이성利成은 흠향歆享을 마쳤음을 이른다. 이는 봉양奉養하다는 뜻이다.
488) 『常變通攷』 張子曰：“用茶, 非古也, 用生人意事之。”
489) 『常變通攷』 退溪曰：“今人進湯水, 是古進茶之意。” 明齋曰：“抄飯一節, 禮所不言, 只移匙於茶器爲宜。”

차가 『가례』에는 없다. 그러나 이미 궤전이 있으면 숟가락을 꽂고 젓가락을 고르는 것은 살아 계실 때 음식을 드시던 것을 본뜨는 의식이니, 행하더라도 아마 해로울 게 없을 것이다. 『가례』에는 우제, 졸곡, 연제, 상제(祥祭)에 모두 그 조문이 없는데, 그렇다고 어찌 이 때문에 행하지 않겠는가? 점다(點茶)는 지금 사람들이 대개 물을 올리는 것으로 대신하기 때문에 물에 밥을 마는(澆飯) 절차가 있는데 과연 고례가 아니다. 그러나 우리나라 풍속에 거개의 사람들이 이를 행하고 있으니, 만약 의리에 해가 없다면 반드시 풍속을 바로잡는 것이 좋다고 여길 필요는 없다."490)고 하였다.

- 정자(程子)가 말했다. "옛사람은 축문을 불사르거나 묻는 예가 없었다." 『집설(集說)』에축문을 불사른 것은 왕여(王璵)로부터 시작되었다. 『구의』에축이 축문을 불사른다. 『비요』에축이 축문을 들어 올려 불사르고 축판만 남긴다. 『가례』에는 우제에 축문을 불사른다는 예문이 없고, '일이 있으면 고한다'는 대목의 주에 "무릇 축문은 제사를 마치면 들어 올려 불사른다"고 했으니, 무릇 제사에는 모두 이 조문을 따르는 것이 마땅하다.491)고 하였다.

(12) 祝埋魂帛

┌─── 【주자가례 원문 14-12】 ───
│
│ ● 祝埋魂帛*
│ ⇒ 축이 혼백을 묻는다.
│
│ ● 祝取魂帛 帥執事者 埋於屛處潔地
│ ⇒ 축은 혼백을 들고 집사자를 거느리고 가려진 깨끗한 땅에 묻는다.
└─────────────────────

- 축관이 깨끗한 곳을 가려 혼백(魂帛)을 묻는다. 혼백(魂帛)의 기(氣)가 신주(神主)로 전

---

490) 『常變通攷』 問:"時俗, 進水, 抄飯小許而和水, 未知如何?" 南溪曰:"抄飯之說, 三年內, 象生時則可, 時忌大祭而則不可, 蓋禮無此文也。" 先師曰:"朝夕上食, 扱匙正筯之節, 『家禮』無之。然旣有饋奠, 則扱匙正筯, 所以象生時飮食之儀, 行之, 恐無害。『家禮』, 虞卒練祥, 並無其文, 然豈可以此而不行耶? 點茶, 今人例以進水代之, 故有澆飯之節, 果非古禮。然東俗擧皆行之, 若無害義, 則不必以矯俗爲高也。"

491) 『常變通攷』 程子曰:"古人無祝文焚埋之禮。" 『集說』:焚祝文, 自王璵始。 『丘儀』:祝焚祝文。 『備要』:祝揭祝文而焚之, 只留版。 『家禮』, 虞祭無焚祝之文, 而'有事告'註曰, "凡祝畢, 則揭而焚之。" 凡祭皆當蒙此文。

이되었음을 나타낸다.

- 『구의』에 만약 길이 멀어 머무는 여관에서 예를 행할 때는 반드시 삼우를 지낸 이후에 집에 이르러 묻는다.[492]고 하였다.

- 『집람』에 두 설이 같지 않다. 그러나 살펴보건대, '봉혼백승거(奉魂帛升車)' 조에 별도로 상자에 신주를 담아 혼백의 뒤에 둔다고 했고, '봉신주승거(奉神主升車)' 조에 혼백상자가 그 뒤에 있다고 했으며, 또 축문에 "삼가 존령께서는 옛것(혼백)을 버리고 새것(신주)을 따라 여기에 기대고 여기에 의지하소서"라고 했다. 이로써 보면 신주와 혼백을 갑자기 떼 놓지 않게 한 것은 그 의미가 있을 듯하다.[493]고 하였다.

- 관행에서는 삼우제(三虞祭)를 지내고 산소에 성묘를 하는데 이때 행하기도 한다.

(13) 罷朝夕奠

【주자가례 원문 14-13】

- 罷朝夕奠*
  ⇒ 아침과 저녁의 전례를 그친다.

- 朝夕哭 哀至哭如初
  ⇒ 아침과 저녁으로 곡한다. 슬픔이 이르면 곡하는데 처음과 같다.

- 이때부터 조석전을 올리지 않는다.(罷朝夕奠) 이러한 예는 앞서 '未葬時 奠而不祭'라고 한 것에서 이제 장례(葬禮)를 치렀기 때문에 전(奠)을 파(罷)하고 제(祭)로 전환된 것이다.

- 그러나 조석곡(朝夕哭)과 조석상식(朝夕上食)은 계속한다.

---

492) 『丘儀』 : 若路遠於所館行禮, 必須三虞後, 至家埋之.
493) 『輯覽』 : 二說不同. 然按 奉魂帛升車'條, 別以箱盛主, 置帛後, '奉神主升車'條, 魂帛箱在其後, 又祝曰, "伏惟尊靈, 舍舊從新, 是憑是依." 以此觀之, 主與帛, 不使遽離者, 恐有意思, 丘說似長.

제2장 喪禮節次의 理解 **373**

(14) 遇柔日再虞

【주자가례 원문 14-14】

- 遇柔日再虞*
  ⇒ 유일(柔日)을 만나면 재우(再虞)를 한다.

- 乙丁巳辛癸爲柔日 其禮如初虞 惟前期一日 陳器具饌
  ⇒ 을・정・기・신・계(乙・丁・己・辛・癸)가 유일이다. 그 의례는 초우와 같이 한다. 다만 하루 전에 기물을 진설하고 음식을 준비한다. 다음날 새벽에 일어나 채소, 과일, 술, 음식을 진설한다.

- 厥明夙興 設蔬果酒饌 質明行事 祝出神主于座 祝詞改初虞爲再虞祫事爲虞事 爲異 若墓遠 途中遇柔日 則亦於所館行之
  ⇒ 날이 밝으면 제사를 지낸다. 축이 신주를 영좌에 내어놓고 축사에 '초우'를 '재우'라 하고, '협사'를 '우사'로 고치는 것이 다르다. 만약 묘소가 멀어 도중에 유일을 만나면 역시 머무는 곳에서 행한다.

- 두 번째 우제(虞祭)를 지내는 절차를 재우제(再虞祭)라 한다.

- 날짜는 초우후(初虞後) 첫 유일(柔日)에 지내는데 재우(再虞)가 음수(陰數)이기 때문에 유일(柔日)에 지내는 것이다.

- 『의례』 「사우례」 편에 '재우(再虞)는 모두 초우(初虞)처럼 한다.'고 하였고, 주에 '그 후우(後虞)는 강일(剛日)을 쓰기 때문에 초우(初虞)와 재우(再虞)는 모두 유일(柔日)에 쓰는 것이니 시우(始虞)를 정일(丁日)에 올렸으면 무일(戊日)을 건너뛰기 때문에 재우(再虞)는 기일(己日)을 쓰는 것을 알 수 있다.'고 하였다.

- 『주자가례』에 '만약 묘소(墓所)가 멀어 도중에 유일(柔日)을 만나면 역시 머무는 곳에서 행한다.'고 하였다.

(15) 遇剛日三虞

- 세 번째 우제(虞祭)를 삼우제(三虞祭)라 한다.

- 재우후(再虞後) 첫 강일(剛日)에 지낸다. 삼(三)의 숫자가 기수(奇數)로 양수(陽數)인 강
  일(剛日)에 지낸다.

- 『의례』「사우례」편에 '삼우(三虞)와 졸곡(卒哭) 그리고 때가 되지 않았는데 장사를 치
  를 때는 강일(剛日)에 치르되 또한 초우(初虞)처럼 한다.'고 하였다.

- 『주자가례』에 '만약 묘소(墓所)가 멀어 도중에 강일(剛日)을 만나면 그냥 행하지 않고
  있다가 집에 도착하면 곧 이 제사(祭祀)를 행한다.'고 하였다.

- 「사우례」 기(記)에 삼우는 강일을 쓰는데 또한 초우와 같다. [주에 강일은 양이니 그
  동(動)함을 취함이다.] 사(士)는 경일(庚日)에 삼우를 지내고 임일(壬日)에 졸곡한다.
  [소에 강일로 고쳐 쓴 것은 장차 조부에게 부(祔)하려고 그 움직이는(動) 뜻을 취하기
  때문이다.]494)고 하였다.

(15-1) 삼우 후(三虞 後)

- 기년복과 9개월 복을 입은 자는 고기와 술을 마시되, 잔치에 참여하지 않고, 소공 이하
  대공으로 따로 사는 자는 돌아간다. 그리고 호상(護喪)에게서 모든 상례 결과에 대한
  인계를 받는다.

---

494) 「士虞」 記：三虞用剛日, 亦如初。 註：剛日, 陽也, 取其動也。 士則庚日三虞, 壬日卒哭。 疏：改用剛
日, 將祔於祖, 取其動義故也。

15. 졸곡(卒哭)

1) 개요

- 졸곡(卒哭)은 그동안 무시(無時)로 행하던 곡(哭)을 그치는 의례이다. 삼우(三虞)를 마치고, 강일(剛日)을 택하여 지내는 제사이다.

- 졸곡(卒哭)의 자형을 분석하여 보면,

  • 卒 [군사 졸]은 『설문해자(說文解字)』에 "隸人給事者衣爲卒。卒，衣有題識者。"라 하여 "노예나 급사가 입는 옷을 졸이라 한다. 그 옷에는 표식이 있다."고 하였다. 자형을 살펴보면, 갑골문에는 옷을 의미하는 '衣'에 '乂'을 썼고, 소전에는 'ノ'을 써서 표시를 하여 일반적인 옷과는 다르다는 의미로 쓴 것으로 보인다.

  • 哭 [울 곡]은 『설문해자(說文解字)』에 "哀聲也。从吅，獄省聲。凡哭之屬皆从哭。"이라 하여 슬피 소리내어 울다는 뜻이다. 자형을 살펴보면, 외친다는 뜻을 가진 '吅(훤)'과 '犬(견)'으로 이루어졌다. 자형의 의미는 짐승이 울부짖는다는 뜻에서 사람이 슬픔에 겨워 울다는 의미로 쓰였다.

- 졸곡제(卒哭祭)를 지내는 날에 대해서는 다양한 의견이 있는데, 대체로 삼우후(三虞後), 또는 임종 3개월 정도 후에 지내는 것으로 하고 있다.

- 졸곡(卒哭) 이후부터는 아침, 저녁으로만 곡을 하는 조석곡(朝夕哭)만 하고 무시곡(無時哭)은 하지 않는다. 졸곡(卒哭)은 곡(哭)을 그친다는 의미이며, 흉제(凶祭)를 길제(吉祭)로 바꾸어 가는 것이기 때문에 이때부터는 우제(虞祭)까지 사용하지 않았던 현주(玄酒), 깨끗한 물을 사용한다.

- 주인과 형제는 간이 있는 음식을 먹고 물을 마실 수 있다. 그러나 채소와 과일은 먹지 못한다. 자리를 깔고 나무를 베고 잔다.

【주자가례 원문】

- 檀弓曰 卒哭曰成事 是日也 以吉祭易喪祭 故此祭漸用吉禮
  ⇒ 『예기』의 「단궁」에 "졸곡을 성사라 한다."하였으니 이 날이다. 길제로 상제를 바꾸기 때문에 이 제사에서부터 점점 길례를 쓴다.

-「단궁」에 졸곡(卒哭)을 성사(成事)라고 한다. 이날 길제(吉祭)로써 상제(喪祭)를 대체한

다. [주에 성사(成事)는 제사를 완성함이다.] 제사는 길사를 완성으로 한다. 졸곡은 길
제이다. [소에 졸곡은 무시곡(無時哭)을 마치고 오직 조석으로 두 번만 곡하여 점점 길
사로 나아간다.] 『주례』 춘관(春官) 소에 상중에는 각자 상대하여 우제가 상제(喪
祭)이면 졸곡은 길제가 된다. 무시곡을 제거하여 슬픔이 줄어들기 때문에 길제가 된다.
만약 28개월 만에 평상으로 돌아가는 것을 길제라 하여 상대하여 말하자면 담제(禫祭)
이전은 모두 상제가 된다. 「곡례(曲禮)」의 소에 효자는 어버이가 돌아가신 처음부터
밤낮 무시로 곡한다. 그러다가 장사 지낸 뒤 우제가 끝나고서는 이에 신으로 섬겨 무
시곡을 끝내고는 오직 조석으로 한 번씩만 곡하기 때문에 그 제사를 졸곡이라 한
다.495)고 하였다.

- 「잡기」에 사(士)는 3개월 만에 장사를 치르고 그 달에 졸곡 한다. 대부는 3개월 만에
장사를 치르고 5개월 만에 졸곡한다. [소에 대부 이상의 경우 장사와 졸곡을 다른 달에
하는 까닭은 직위가 높아서 어버이를 생각하고 슬퍼하는 마음이 오래가기 때문이다.]
사는 직위가 낮아 예의 격식(禮數)을 펴지 못하기 때문에 3개월 만에 장사를 치르고, 장
사를 치르고 나면 바로 졸곡한다. 「사우례」 기(記)의 소에 대부는 3개월 만에 장사를
치르는데, 그중에서 돌아가신 달은 제외한다. 돌아가신 달을 포함하면 4개월 만에 장
사를 치르는 것이다. 대부에게는 오우(五虞)가 있어 졸곡을 5개월 만에 한다.496)고 하
였다.

- 주자가 말했다. "100일 만에 졸곡하는 것은 바로 『개원례』에 지금 사람들이 장사를
치름에 혹 기한대로 하지 못하기 때문에 이런 임시 제도를 만든 것이나, 왕공 이하가
모두 100일 만에 졸곡하는 것으로 단정하는 것은 매우 예의 뜻을 잃은 것이다. 옛날에
사(士)는 달을 건너 장사를 치르고, 장사를 치른 뒤에 우제를 지내고, 우제를 지낸 뒤에
졸곡을 했는데, 여기에는 본디 정해진 날수가 있으니 무슨 의심이 있겠는가? 다만 지금
사람들의 집에서는 상례의 여러 가지 일을 갖추지 못하여 자연히 이 기한에 미칠 수 없
을 뿐이다. 만약 졸곡 기한이 지나도 아직 장사를 치르지 않았다면 졸곡하는 것은 마

---

495) 「檀弓」 :卒哭曰成事。是日也, 以吉祭易喪祭。註:成事, 成祭祀也。祭以吉爲成。卒哭吉祭。疏:卒
哭, 卒無時之哭。惟有朝夕二哭, 漸就於吉。   『周禮』春官疏:喪中自相對, 虞爲喪祭, 卒哭爲吉祭。
以卒去無時哭, 哀殺, 故爲吉祭。若對二十八月復平常爲吉祭, 則禫祭以前, 皆爲喪祭也。   「曲禮」
疏:孝子親始死, 哭晝夜無時。葬後虞竟, 乃行神事。卒其無時之哭, 惟朝夕各一哭, 故謂其祭爲卒哭。

496) 「雜記」 :士三月而葬, 是月也卒哭。大夫三月而葬, 五月而卒哭。疏:大夫以上, 葬與卒哭異月者, 以
其位尊, 念親哀情長遠。士職卑位下, 禮數未申, 故三月而葬, 葬罷卽卒哭。   「士虞」記疏:大夫三月
葬, 除死月。通死月, 則四月。大夫有五虞, 卒哭在五月。

땅치 않으며, 돌아가신 지 한 달 미만이라면 장사를 치르는 것도 마땅치 않다."497)고 하였다.

- 가공언의 말하기를 '졸곡(卒哭)은 여막(廬幕)에서의 곡은 그만두고 오직 조계(阼階) 아래에서 아침·저녁으로 정해진 때에 곡하는 것을 말한다.'고 하였다.

- 『예기』 「단궁」에 '졸곡(卒哭)을 성사(成事)라 한다. 하였으니 이날이다. 길제(吉祭)를 상제(喪祭)로 바꾸기 때문에 이 제사는 점차 길례(吉禮)를 쓴다.'고 하였다. 『가례집람』의 주에 '성사(成事)라 한 것은 제사는 길(吉)한 것으로 이루어졌다고 여기므로 졸곡(卒哭)의 제사는 길제(吉祭)이기 때문이다.'고 하였다.

- 또한 주에 '길제(吉祭)는 졸곡(卒哭)의 제사이고, 상제(喪祭)는 우제(虞祭)이다. 졸곡(卒哭)이 우제(虞祭)의 뒤에 있기 때문에 길제(吉祭)로 상제(喪祭)를 바꾼다.'고 하였다.

- 『의례』 「사우례」 편에 '졸곡(卒哭)은 우제(虞祭)에 대해서는 길제(吉祭)가 되고, 부제(祔祭)에 비해서는 상제(喪祭)가 된다.'고 하였다.

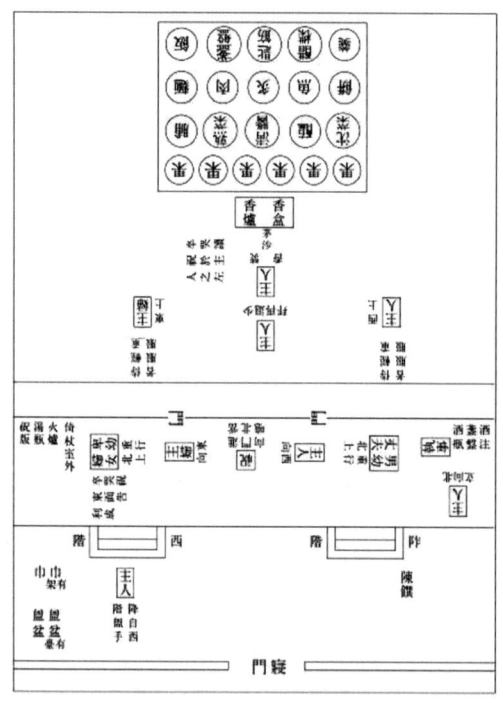

---

497) 『常變通攷』 朱子曰："百日卒哭，乃 『開元禮』 以今人葬，或不能如期，故爲此權制。王公以下，皆以百日爲斷，殊失禮意。古者，士踰月而葬，葬而虞，虞而卒哭，自有日數，何疑之有？但今人家諸事不辦，自不能及此期耳。若過期未葬，自不當卒哭，未滿一月，則又自不當葬也。"

① 卒哭讀祝於主人之左 : 졸곡제(卒哭祭)를 지낼 적에는 축문을 주인의 왼쪽에서 읽는다.

② 主人 少退再拜 : 주인이 조금 물러나서 재배한다.

③ 主婦 東上 侍輕重者服服 : 여자로서 중한 복을 입은 자와 가벼운 복을 입은 자와 시자가 이곳에 있는다.

④ 主人 西上 侍輕重者服服 : 남자로서 중한 복을 입은 자와 가벼운 복을 입은 자와 시자가 이곳에 있는다.

⑤ 祝板, 湯餠, 火爐, 倚杖室外 : 축판, 탕병, 화로, 지팡이늘 실(室) 밖에 기대어 놓는다.

⑥ 卒哭祝東面告利成 : 졸곡제를 지낼 적에는 축(祝)이 동쪽을 바라보면서 이성(利成)을 고한다.

⑦ 卑幼婦女 重行北上 : 나이 어린 부녀들은 여러 줄로 서되, 북쪽을 윗자리로 한다.

⑧ 主婦 東向 : 주부는 동쪽을 바라본다.

⑨ 祝 進當門北向噫 : 축이 문 앞에 이르러서 북쪽을 바라보면서 어흠 하고 기침을 한다.

⑩ 主人 西向 : 주인은 서쪽을 바라본다.

⑪ 男幼丈夫 重行北上 : 나이 어린 장부들은 여러 줄로 서되, 북쪽을 윗자리로 한다.

⑫ 主人 北向立 : 주인은 북쪽을 바라보면서 서 있는다.

⑬ 主人 降自西階盥手 : 주인은 서쪽 계단으로 내려온 다음 손을 씻는다.

⑭ 巾 有架 盥盆 有臺, 陳饌 : 이곳에 시렁이 있고 수건을 놓고, 대가 있고 손씻을 물그릇이 있다. 음식을 차려 놓는다.

2) 졸곡(卒哭)의 예(禮)에 관하여 살펴보면

구분	『朱子家禮』	『喪禮備要』	『四禮便覽』
절차	• 三虞後遇剛日卒哭.前期一日陳器具饌 • 厥明夙興.設蔬果酒饌. • 質明.祝出主.主人以下皆入哭降神 • 主人主婦進饌. • 初獻. • 亞獻.終獻.侑食.闔門.啓門.辭神 • 自是朝夕之間.哀至不哭. • 主人兄弟疏食水飮.不食菜果.寢席.枕木.	• 三虞後遇剛日卒哭.前期一日.陳器具饌. • 厥明夙興.設蔬果酒饌. • 質明祝出主.主人以下皆入哭.降神 • 主人主婦進饌. • 初獻. • 亞獻.終獻.侑食.闔門.啓門.辭神.徹饌. • 自是朝夕至間.哀至不哭. • 主人兄弟.疏食水飮.不食菜果.寢席枕木.	• 三虞後,遇剛日,卒哭 • 前期一日陳器具饌 • 厥明夙興設蔬果酒饌 • 質明,祝出主,主人以下皆入哭,降神 • 主人主婦進饌 • 初獻 • 亞獻,終獻,侑食,闔門,啓門,辭神 • 自是朝夕至間,哀至不哭 • 主人兄弟疏食水飮,不食菜果,寢席枕木

3) 의례절차의 이해

(1) 三虞後遇剛日卒哭. 前期一日陳器具饌

```
─── 【주자가례 원문 15-1】 ───

• 三虞後遇剛日 卒哭前期一日 陳器具饌*
  ⇒ 삼우 후에 강일을 만나면 졸곡이다. 하루 전에 기물을 진설하고 음식을 준비한다.

• 並同虞祭 惟更設玄酒瓶一於酒瓶之西
  ⇒ 모두 우제와 같으나 다만 다시 현주병(玄酒瓶 : 맑은 물을 병에 담은 것으로 술을
     쓰기 전에 이것을 썼기 때문에 쓰지는 않아도 술병 옆에 놓는다) 하나를 술병의
     서쪽에 놓는다.
```

(1-1) 전기일일진기구찬(前期一日陳器具饌), 진기(陳器, 祭器)의 준비

- 하루 전에 기물을 점검하여 진설하고 음식을 준비한다.

- 새벽에 일어나 채소, 과일, 술, 음식을 진설한다.

- 진설방법은 우제(虞祭)와 같으나, 현주병(玄酒瓶)498)에는 정화수(井華水)499)를 넣

---

498) 玄酒는 祭祀에 쓰던 맑은 물이다. 太古때에는 술이 없었으므로 물을 사용하였는데, 그 빛이 검기 때문에 玄酒라고 불렀다. 쓰지 않아도 술병 옆에 놓는다.

는다.

- 『예기』「향음주의」편에 '술 단지에 현주(玄酒)를 담아 두는 것은 사람들이 근본을 잊지 않도록 가르치는 것이다.'고 하였고, 주에 '현주는 옛날에 술이 없었을 때 물로 예를 행하였기 때문에 후세에 물을 현주라 한 것이다. 근본을 잊지 않도록 한다는 것은 예로 말미암아 시작된 바를 생각하도록 하는 것이다.'고 하였다.

- 『예기』「예운」편에 '매번 제사를 지낼 때는 반드시 현주(玄酒)를 진설하는데 그 사제에 있어서는 그것을 따르는데 작(酌)은 쓰이지 않는다.'고 하였다.

  - 초우제의(初虞祭儀) 구찬(具饌), 집사자진기구찬(執事者陳器具饌)의 절차는 음식을 준비한다는 의미이다.

(2) 厥明夙興. 設蔬果酒饌

┌─── **【주자가례 원문 15-2】** ───

- 厥明夙興 設蔬果酒饌*
⇒ 다음날 일찍 일어나 채소와 과일과 술 및 음식을 진설한다.

- 並同虞祭 惟更取井花水充玄酒
⇒ 모두 우제와 같으나 다만 정화수를 떠서 현주를 채운다.

└─────────────────────────────

(2-1) 구찬(具饌), 집사자진기구찬(執事者陳器具饌) : 음식을 준비한다. 절차는 『주자가례』(。로 표시)와 『가례집람』(·로 표시)으로 구분하여 살펴보면 다음과 같다.

　。세숫대야와 수건을 각각 두 개씩 서쪽 계단의 서쪽에 놓는데, 남쪽을 위로 한다. 동쪽대야는 받침대와 수건이 있으나, 서쪽의 것은 없다.

　。술병을 받침과 함께 영좌의 동남쪽에 놓고 탁자는 그 동쪽에 놓아 주전자와 쟁반을 구 위에 놓는다.

　·영좌 앞 탁자 위 영전에 가까운 곳에 첫째 줄에 시저(匙箸), 수저를 가운데 안쪽에 놓는다. 。수저는 안쪽 가운데 놓고,

---

499) 井華水는 평일 아침에 제일 먼저 길어 온 물을 이른다.

· 술잔은 시저의 서쪽에 놓는다. ◦ 술잔은 서쪽에 놓으며,

• 초접(醋楪)은 동쪽에 두고 ◦ 초접은 동쪽에 놓는다.

• 갱(羹)은 초접(醋楪)의 동쪽에 두고, 밥은 술잔의 서쪽에 둔다.

• 두 번째 줄에는 행례를 할 때를 기다려 음식을 올리고,

• 소채(蔬菜)와 포혜(脯醯)는 세 번째 줄에 놓고, ◦ 채소는 과일의 안쪽에 놓는다.

• 과일은 네 번째 줄에 놓는다. ◦ 과일은 바깥 줄에 놓고,

◦ 향안을 당의 중앙에 놓고 그 위에 향로를 놓고 향을 피우고,

◦ 띠풀 묶음과 모사는 향안 앞에 놓는다.

◦ 음식을 준비하는데, 조전(朝奠)과 같이 하여 당문 밖의 동쪽에 진설한다.

(3) 質明. 祝出主. 主人以下皆入哭降神

┌─── 【주자가례 원문 15-3】 ──────────────────┐

• 質明祝出主*
  ⇒ 날이 밝으면 축이 신주를 내놓는다.

• 同再虞
  ⇒ 재우와 같다.

• 主人以下 皆入哭降神
  ⇒ 주인 이하 모두 들어가 곡하고 강신한다.

• 並同虞祭
  ⇒ 모두 우제와 같다.

└──────────────────────────────────────┘

(3-1) 질명축출주(質明祝出主

　- 날이 밝으면 축이 신주를 내 놓는다.

　- 날이 밝으면 축관이 신주를 모신다.

　- 방법은 우제(虞祭)와 같다.

(3-2) 주인이하개입곡강신(主人以下皆入哭降神)

　- 주인 이하는 모두 들어가 곡하고 강신한다.

- 방법은 우제와 같다.

① 강신(降神) : 신이 강림하게 한다.
- 축관이 상주들의 곡을 그치게 하면, 주인이 영좌 앞에 나아가 분향(焚香)하고 재배(再拜)한다.
- 집사자 한사람은 주전자에 술을 채워 서면하여 무릎을 꿇고 주전자를 주인에게 준다.
- 주인은 무릎을 꿇고 받는다.
- 집사자 한사람은 탁자위의 잔과 잔 받침을 받들어 주인의 왼쪽에서 동면하여 무릎을 꿇는다.
- 주인은 술을 잔에 따르고, 주전자를 집사에게 준다.
- 왼손으로 잔 받침을 들고, 오른손으로 잔을 들어 띠 풀 위에 붓고 나서 잔 받침과 잔을 집사자에게 준다.
- 엎드렸다가 일어나, 조금 물러나서 재배하고 자리로 돌아온다.

(4) 主人主婦進饌

【주자가례 원문 15-4】

- 主人主婦進饌*
  ⇒ 주인과 주부가 음식을 올린다.

- 主人奉魚肉 主婦盥帨奉麪米食 主人奉羹 主婦奉飯以進 如虞祭之設
  ⇒ 주인은 생선과 고기를 올리고, 주부는 손을 씻어 수건에 닦고 면식과 미식을 올린다. 주인이 국을 올리면 주부가 밥을 올리는데 우제 때의 진설한 것과 같이 한다.

(4-1) 주인주부진찬(主人主婦進饌)
- 주인과 주부가 제수(祭需)를 올린다.
- 주인과 주부가 나머지 제수를 올린다.
- 주인은 생선과 고기, 주부는 면식과 미식을 올린다.
- 주인은 국을 올리고, 주부는 밥을 올린다.
- 진설은 우제와 같다.

② 축진찬(祝進饌) : 축이 음식을 올린다.

　·축관이 나머지 제물 모두를 차린다. 차리는 순서는 어(魚), 육(肉)을 진설하고 반(飯), 갱(羹), 면(麵), 미식(米食)의 순이다.

(5) 初獻

```
┌─── 【주자가례 원문 15-5】 ──────────────────────────────────
│
│ ● 初獻*
│   ⇒ 초헌
│
│
│ ● 並同虞祭 惟祝執版出於主人之左 東向跪讀 爲異 詞並同虞祭 但改三虞爲卒 哀薦成事下
│   云 來日隮祔于祖考某官府君 尙饗 按此云祖考 謂亡者之祖考也
│   ⇒ 우제와 같으나 다만 축이 축판을 들고 주인의 왼쪽에 가서 동향하여 무릎을 꿇고
│     읽는 것이 다르다. 축사는 모두 우제와 같다. 다만 '삼우'를 고쳐서 '졸곡'이라 한
│     다. "애천성사(哀薦成事 : 슬피 제사를 드립니다.)"라고 한 아래에 "내일 신주를 조
│     고모관부군(祖考某官府君)에게 부제로 모시겠으니 흠향하시기 바랍니다."라 한다.
│   ⇒ 내가 생각하니 여기서 말하는 조고는 죽은 사람의 조고를 말하는 것이다.
│
│ ● 朱子曰 溫公以虞祭讀祝於主人之右 卒哭讀祝於主人之左 蓋得禮意
│   ⇒ 주자가 말하기를, "사마온공이 '우제에는 주인의 오른쪽에서 축을 읽고, 졸곡에는
│     주인의 왼쪽에서 축을 읽는다.'고 하였으니 대개 예의 뜻에 맞는 것이다."라고 하
│     였다.
│
│ ● 楊氏復曰 高氏禮 祝進讀祝文曰 日月不居 奄及卒哭 叩地號天 五情糜潰 謹以淸酌庶羞
│   哀薦成事 尙饗
│   ⇒ 양복이 말하기를, "고씨의 예에 축이 나가서 읽는 축문은 '날과 달은 머물지 않아
│     졸곡이 되었습니다. 땅을 두드리고 하늘에 통곡하여도 슬픔이 다함이 없습니다.
│     삼가 맑은 술과 맛있는 음식으로 슬피 제사를 드리니 흠향하시기 바랍니다.'라고
│     한다."라고 하였다.
│
└─────────────────────────────────────────────────────────
```


(5-1) 초헌(初獻)

- 첫 번째 잔을 올리는 절차로 우제와 같다.

- 축관이 축판을 들고 주인의 왼쪽, 즉 서쪽에서 동향하여 축을 읽는 것이 다르다.

- 축문의 내용은 삼우제와 같으나, '우제(虞祭)'를 '졸곡(卒哭)'으로 고치고

- '애천성사(哀薦成事)' 아래에 '래일제부우조고모관부군(來日隮祔于祖考某官府君), 내

일은 조고모관부군(祖考某官府君)에게 부제(祔祭)로 모시겠으니 흠향(歆享)하시기 바랍니다.'이라고 추가하여 쓴다.

- 사마온공(司馬溫公)이 '우제(虞祭)에는 주인의 오른쪽에서 축을 읽고, 졸곡(卒哭)에는 주인의 왼쪽에서 축을 읽는다.'고 하였다.

③ 초헌(初獻) : 첫 번째 잔을 올린다.
 · 주인이 주전자가 놓인 탁자 앞으로 나아가 북향하여 선다.
 · 집사자 한 사람이 영좌 앞의 잔 받침과 잔을 들고 주인의 왼쪽에 선다.
 · 주인은 술을 따르고 주전자를 탁자 위에 올려놓고, 집사자와 함께 영좌 앞으로 나아가 북향하여 선다.
 · 주인이 무릎을 꿇으면 집사자가 무릎을 꿇고 잔 받침과 잔을 드린다.
 · 주인은 잔을 받아 모사띠 풀 위에에 세 번 나누어 따르고, 엎드렸다가 일어난다.
 · 집사자가 잔을 받아 받들고 영좌 앞으로 가서 원래의 자리에 놓는다.
 · 집사자가 메의 뚜껑을 열어 남쪽에 놓는다.
 · 주인이 조금 물러나서 꿇어앉고, 이하 모두 꿇어앉는다.
 · 축관이 축판을 들고 주인의 왼쪽에서 동향하여 꿇어앉아

維歲次 干支 某月干支朔 某日干支 유세차 간지 모월간지삭 모일간지 孤子 某 敢昭告于 고자 모 감소고우 顯考某官府君 日月不居 奄及卒哭 현고모관부군 일월불거 엄급졸곡 夙興夜處 哀慕不寧 謹以 淸酌庶羞 숙흥야처 애모불녕 근이 청작서수 哀薦 成事 來日隮祔于祖考某官府君 애천 성사 래일제부우조고모관부군 尙 饗 상 향
어떤 해 어떤 날 고자는 감히 돌아가신 아버지 어떤 벼슬을 한 어른께 고합니다. 세월이 흘러 어언 졸곡이 되었습니다.   밤낮으로 돌아가신 아버지를 슬피 사모하여 편안치 못하여 삼가 맑은 술과 음식을 올리며 명일이 부제일임을 알리오니 흠향하소서.

 · 축관이 축을 다 읽고 일어나면, 주인은 곡하며 재배한 뒤, 본래의 자리로 돌아가서 곡을 그친다.

· 다른 사람도 상주를 따라 곡하다가 그친다.

· 집사자는 철주하고, 빈 잔을 본래의 자리에 올려놓는다.

(6) 亞獻. 終獻. 侑食. 闔門. 啓門. 辭神

```
┌─── 【주자가례 원문 15-6】 ───

● 亞獻終獻侑食闔門啓門辭神*
  ⇒ 아헌, 종헌, 유식, 합문, 계문, 사신


● 並同虞祭 唯祝西階上東面告利成
  ⇒ 모두 우제와 같으나 다만 축이 서쪽 계단위에서 동면하고 제사가 끝났음을 고한다.
```

(6-1) 아헌(亞獻), 종헌(終獻), 유식(侑食), 합문(闔門), 계문(啓門), 사신(辭神)을 한다.

– 아헌이하(亞獻以下) 사신(辭神)까지의 절차는 우제(虞祭)와 같다.

– 축관이 서쪽 계단 위에서 동면하고 '이성(利成)'이라고 고하는 것이 다르다.

– 『가례집람』에 '우제(虞祭)는 상제(喪祭)이기 때문에 서향(西向)하여 고(告)하고, 졸곡(卒哭)은 길제(吉祭)이기 때문에 동면(東面)하여 고(告)한다.'고 하였다.

④ 아헌(亞獻) : 두 번째 잔을 올린다.

· 제사에서 두 번째 올리는 절차로 아헌(亞獻)은 주부(主婦)가 하도록 되어 있다.

· 헌작의 방법은 초헌과 같으나 축이 없으며 주부가 절하기 때문에 절의 횟수는 4번이다.

⑤ 종헌(終獻) : 세 번째 잔을 올린다.

• 제사에서 세 번째 올리는 잔이다.

• 주로 친척이나 빈객 중에서 하며 여자도 가능하다. 혹은 아들·딸이 하기도 한다.

• 종헌의 의례는 아헌(亞獻)과 같다.

• 초헌(初獻)과 아헌(亞獻)에서처럼 술잔을 비우지는 않고 그대로 8부로 둔다.

⑥ 유식(侑食) : 잔에 술을 더하는 것이다.

· 종헌에서 다 채우지 않은 잔에 술을 가득 채우는 것으로 종헌 때 8부만 채운 잔에 술이 부족하니 조금 더 드시라는 의미에서 나누어 채운다.

· 일반적으로 첨작(添酌)과 삽시정저(挿匙正箸)의 절차를 묶은 것이다.

· 숟가락을 밥그릇에 꽂고, 젓가락을 자루가 서쪽으로 가게 떡이나 적 위에 올려놓는다.

⑦ 합문(闔門) : 신이 제사음식을 흠향하는 시간이다.

· 주인이하개출(主人以下皆出) 축합문(祝闔門)의 절차는 주인 이하가 모두 문밖으로 나가고 축관이 문을 닫는다.

· 『주자가례』에 '주인은 문의 동쪽에 서서 서향(西向)하고, 항렬이 낮거나 어린 남자는 그 뒤에 두 줄로 서는데, 북쪽이 위이다. 주부(主婦)는 문의 서쪽에 서서 동향하고 항렬이 낮거나 어린 부녀도 그와 같다.

· 밖에서 한식경 정도를 기다린다.

⑧ 계문(啓門), 사신(辭神)의 절차는 다시 제청으로 들어가는 절차이다.

· 음식을 모두 흠향하였으므로 제청으로 들어간다.

· 축관이 문으로 가서 북향하여 서서 '어흠'하고 세 번 기침을 하고 문을 연다.

· 문이 열리면 주인 이하가 들어가 각자 자리로 간다.

· 차를 올린다. 관행에는 숭늉을 올린다고 한다.

· 축관이 주인의 오른쪽에서 서향하고 '이성(利成)'이라고 고한다. 제사를 마쳤다는 것을 알리는 의미로 사신의 절차이다.

· 집사가 신주를 거두어 갑에 넣고 있던 곳에 놓는다.

· 주인 이하 참사자가 곡하고 재배한다.

· 신주를 원래의 자리로 옮겨 모신다.

· 상주가 모두 나가면 집사자가 철상한다.

(7) 自是朝夕至間. 哀至不哭

─── 【주자가례 원문 15-7】 ───

● 自是 朝夕之間 哀至不哭
⇒ 이때부터 아침과 저녁 사이에는 슬픔이 이르러도 곡하지 않는다.

● 猶朝夕哭
⇒ 오히려 아침과 저녁에 곡을 한다.

─ 「상복」 전(傳)에 우제를 지낸 뒤에는 아침에 한 번, 저녁에 한 번 곡할 뿐이다.[500]고

---

500) 「喪服」 傳 : 旣虞, 朝一哭夕一哭而已。

하였다.

- 『개원례』에 졸곡한 뒤로부터는 아침에 한 번, 저녁에 한 번 곡한다.501)고 하였다.

(8) 主人兄弟疏食水飮. 不食菜果. 寢席. 枕木

```
┌─── 【주자가례 원문 15-8】 ──────────────────────┐
│                                                      │
│ ● 主人兄弟 疏食水飮 不食采果 寢席枕木*                 │
│  ⇒ 주인과 형제는 거친 밥을 먹고 물을 마시며 채소와 과일을 먹지 않으며 자리를 │
│    깔고 나무를 벤다.                                   │
│                                                      │
│ ● 楊氏復曰 按古者 旣虞卒哭有受服 練祥禫皆有成服 蓋服以表哀 哀漸殺 則服漸輕 然受 │
│   服數 更近於文繁                                      │
│  ⇒ 양복이 말하기를, "살펴보니 옛날에는 우제와 졸곡에 복을 이어 받는 것이 있었다. │
│    연제와 상제와 담제에도 모두 복을 이어받으니 대개 복은 슬픔을 나타내기 때문 │
│    이다. 슬픔이 점점 줄어들면 복도 점점 가벼워진다. 그러나 복을 이어받는 것이 │
│    자주 바뀌면 현식을 번잡하게 한다.                      │
│                                                      │
│ ● 今世俗無受服 自始死至大祥 其衰無變 非古也 書儀家禮 從俗而不泥古 所以從簡也 │
│  ⇒ 지금 세속에는 복을 이어받는 것이 없어 처음 죽었을 때로부터 대상에 이르기까 │
│    지 그 슬픔이 변함없으니 옛것이 아니다. 『서의』와 『가례』는 세속을 따르고 고 │
│    례에 구애받지 않았으니 간편한 것을 따른 것이다."라고 하였다.           │
│                                                      │
└──────────────────────────────────────────────┘
```


- 졸곡(卒哭) 후부터 차례(茶禮)나 기제(忌祭), 묘제(墓祭) 등을 지낼 수 있다.

- 상주들은 소식(疏食)과 음료를 들 수 있으며, 거처도 자리를 깔고 목침을 베고 잔다. 그리고 조문 온 사람들에게 감사의 편지로 회신한다.

- 졸곡에서부터 사자(死者)의 이름을 함부로 말하지 않는다. 이때부터 생자(生者)를 섬기는 예(禮)가 아니라 귀신(鬼神)을 섬기는 예(禮)로써 대하기 때문이다.

- 졸곡 전의 제사 축문(祝文)에는 상주(喪主)가 자신을 애자(哀子), 고자(孤子), 애손(哀孫), 고손(孤孫)이라고 하지만, 졸곡(卒哭) 후에는 효자(孝子), 효손(孝孫)이라고 한다.

- 「상복」 전(傳)에 우제를 지낸 뒤에는 가려진 풀을 깎고(翦屛), 상인방(上引枋)에 기둥

---

501) 『開元禮』 : 自卒哭之後, 朝一哭夕一哭。

을 받치고(柱楣), 잘 때 자리를 깐다. [소에 전병(翦屛)이란 삼우(三虞) 뒤에 옛 의려(倚廬)를 고쳐 서향으로 지게문을 열고 지게문 가의 양쪽 곁을 치워 남은 풀을 베어 버리는 것이다.] 주미(柱楣)란 앞쪽의 들보를 미(楣)라고 하는데, 미 아래의 양 끝에 기둥을 세워 들보를 받침이다. 잘 때 자리를 깐다는 것은 「간전(間傳)」에 '부들자리를 가지런히 잘라내되 그 머리를 안으로 엮어 넣지 않는다'고 했으니, 곧 이 자리를 부들자리로 하여 거적 위에 올리는 것이다.502)고 하였다.

- 「간전」에 부모의 상에 이미 우제를 지내고 졸곡도 지냈으면 거친 음식을 먹고 물을 마시되 채소와 과일은 먹지 않으며 상인방을 조금 들어 햇빛이 들어오게 하고 가려진 풀을 깎으며 부들자리 가장자리를 가지런하게 자르되 그 머리를 안으로 엮어 넣지 않는다.503)고 하였다.

- 묻기를 "삭망(朔望)은 장사 전에는 제례를 갖추어 지내지 못하니 소략하게 함이 진실로 마땅하나 길제로 상제를 바꾼 뒤 월삭(月朔)의 은례(殷禮)는 소략하게 할 수 없을 듯하니, 사당을 참례하는 경우처럼 뇌주(酹酒)와 사신(辭神)의 절차가 있어야 마땅할 것이다"고 하자, 대답하기를 "이른 바 길제로 상제를 바꾼다는 것은 우제와 졸곡의 큰 제사를 가리켜 말한 것이지 삭망의 은전과는 관계가 없다. 삭망의 제찬에 비록 어육(肉魚), 면식(麪食), 미식(米食)을 쓴다고 했지만 실은 전(奠)이지 제(祭)가 아니다. 그 절목 또한 사당에서 갖추는 것과 같지 않다. 대개 초상의 예에 조전(朝奠)의 의식처럼 그대로 하고 고치지 않는다. 사계(沙溪)가 말하기를 '효자가 항상 궤연을 모시는 까닭에 강신과 참신을 하지 않는다'고 했으니, 그 뜻이 그러한 것이다"고 했다.504)고 하였다.

---

502) 「喪服」 傳：旣虞, 翦屛, 柱楣, 寢有席。疏：翦屛者, 三虞之後, 乃改舊廬, 西向開戶, 翦去戶旁兩廂屛之餘草。柱楣者, 前梁謂之楣, 楣下兩頭竪柱, 施梁也。寢有席者, 「間傳」, 苄翦不納, 卽此席爲蒲席, 加於苫上也。

503) 「間傳」：父母之喪, 旣虞卒哭, 疏食水飮, 不食蔬果, 柱楣翦屛, 苄翦不納。

504) 『常變通攷』 問："朔望, 葬前祭禮未備, 固當疎略。以吉祭易喪祭之後, 月朔殷禮, 似不可疎略, 當如叅廟之禮有酹酒辭神之節。" 曰："所謂以吉祭易喪祭云者, 指度卒後大祭而言, 非有與於朔望殷奠也。朔望之饌, 雖曰用肉魚麪米食, 而實則奠也, 非祭也。其節目又不如祠堂之備者, 蓋遵初喪禮如朝奠之儀, 仍而不改耳。沙溪曰, '孝子常侍几筵, 故不爲叅降。' 其義然也。"

16. 부제(祔祭)

1) 개요

- 망자(亡者)의 신주(神主)를 합사할 것을 아뢰는 절차로서 망자의 조부모 신주를 모시고 진행한다.

- 부제(祔祭)의 자형을 분석하여 보면,

  · 祔 [합사할 부]는 『설문해자(說文解字)』 "後死者合食於先祖。从示付聲。"이라 하여 돌아가신 분을 선조에게 합하여 제사하는 것이라는 의미이다. 자형은 신(神)을 의미하는 '示(=礻)'와 음을 나타내는 글자 '付'가 합하여 썼다. '付'는 '寸(☞손에 물건을 듦)'과 '人'을 합하여 남에게 물건을 넘겨주는 의미로 합하여 신에게 부탁하다 붙이는 일의 의미로 쓰였다. 示와 합하여 神에게 부탁하다 붙이다는 뜻에서 합사하다는 의미이다.

  · 祭 [제사 제] 은 『설문해자(說文解字)』에 "祭祀也。从示, 以手持肉。"라 하여 제사를 말하는데, 신(示)에게 고기(肉)를 두 손(又)으로 바치다는 뜻으로 신에게 희생을 바치는 모양을 쓴 것이다.

┌─── **【주자가례 원문】** ───

● 檀弓曰 殷旣練而祔 周卒哭而祔 孔子善殷 註曰 期而神之人情 殷禮旣亡 其本末不可考
  ⇒ 『예기』의 「단궁」에 "은대에서 연제를 지내고 부제하였고, 주대에는 졸곡을 지내고 부제하였는데 공자는 은대의 제도가 옳다고 하였다."고 하였다. 그 구절의 주에 "1년 만에 귀신으로 여기는 것은 인정이다."하였으나 은대의 의례는 이미 없어져 그 본말을 상고할 수 없다.

● 今三虞卒哭 皆用周禮次第 則此不得獨從殷禮
  ⇒ 지금은 삼우와 졸곡에 모두 주대의 의례 순서를 쓰고 있으니 이것만 은대의 의례를 따를 수 없다."라고 하였다.

- 주자가 말했다. "공자가 은나라의 예가 좋다고 했으니, 마땅히 은나라의 예를 따라서 연제를 지내고서 부제(祔祭)를 행하여야 함에는 의심이 없겠다. 그러나 지금 그 말을 갑자기 따르기 어려운 이유는, 대개 지금 행하는 상례가 모두 주나라의 예이기 때문이

다. 장사 지내고서 우제를 지내고, 우제를 지내고서 졸곡제를 지내고, 졸곡제를 지내고
서 부(祔)함은 한 항목의 일로서 수미(首尾)가 서로 관통한다. 만약 주나라의 예를 고쳐
은나라의 예를 따라서 연제를 지내고서 부(祔)한다면 주나라 사람들이 행하던 우제는
또한 시행할 수가 없다. 은나라의 예를 구하여 징험하려고 해도 또한 할 수가 없다. 이
때문에 비록 공자의 말이 있기는 하지만 감히 고치지 못한다."505)고 하였다.

- 『예기』「단궁」편에 '부(祔)라는 말은 붙인다는 것이다. 부제(祔祭)는 할아버지를 다
른 사당으로 옮겨가야 한다는 것을 고하고, 망자가 이 사당에 들어와야 하는 것을 고
(告)하는 것이다. 부제(祔祭)를 마치면 우제(虞祭)의 신주(神主)를 정침(正寢)으로 가지
고 간다. 삼년상을 마치고, 사시(四時)의 길제(吉祭)를 만난 후에 새 신주(神主)를 받들
어 사당으로 들인다.'고 하였다.

- 아버지는 할아버지에게 어머니는 할머니에게 합사한다.

- 아버지를 합사할 경우에는 조고와 조비(祖妣)를 모두 모시고, 어머니를 합사할 경우에
는 조비만 모신다.
  · 시기는 졸곡(卒哭) 다음날이며, 기물과 음식은 사당에 진설한다.
  · 기물과 음식은 모두 졸곡(卒哭)처럼 하는데, 3위 분을 준비한다.
  · 망자의 조고와 조비의 신위를 가운데 놓고 남향하되 서쪽을 상위로 한다.
  · 망자(亡者)의 신위는 그 동남쪽에 놓는데 서향(西向)하여 놓는다.
  · 모친상이면 조고의 신위는 놓지 않는다.
  · 며느리는 시할머니에게 합사한다. 만약 시할머니가 세 분이면 시아버지를 낳은 할머
    니께 합사한다.

- 주자가 말했다. "옛날에는 사당에 소목의 차례가 있어 소(昭)는 항상 소가 되고 목(穆)
은 항상 목이 되었다. 그러므로 새로 죽은 자를 그 조부의 사당에 부(祔)하게 되면 그
조부에게는 다른 사당으로 옮겨 가야 한다고 아뢰고, 새로 죽은 자에게는 이 사당으로
차례에 따라 들어가야 한다고 아뢰었다. 지금은 공사(公私)의 사당이 모두 동당이실(同
堂異室)로 하여 서쪽을 상좌로 삼는 제도를 시행하므로 다시는 좌소 우목(左昭右穆)의
차례가 없게 되었다. 한 번 체천(遞遷)하는 일이 있으면 여러 신실(神室)을 모두 옮기

----

505) 『常變通攷』 朱子曰 : "孔子以殷禮爲善, 則當從殷禮, 練而祔, 無疑矣。然今難遽從者, 蓋今喪禮, 皆周
禮也。葬而虞, 虞而卒哭, 卒哭而祔, 是一項事, 首尾相貫。若改從殷禮, 俟練而祔, 卽周人之虞, 亦
不可行, 欲求殷禮而徵之, 又不可得。是以, 雖有孔子之言, 而未敢改也。"

고, 새로 죽은 자는 그 녜(禰)가 있던 옛 신실로 들어가야 한다. 이는 예의 큰 절목으로 옛날과 같지 않은 것인데, 예를 행하는 자들은 오히려 '조부에게 부한다'는 문구를 고집하니 의의가 없는 듯하다. 그러나 그대로 변경하여 녜묘(禰廟)에 부한다면 또한 '예를 아껴 양을 남겨 두는' 뜻이 아닐 것이다." 지금 사당을 달리하지 않으니 조부에게 부하는 것은 전혀 의리가 없다. 다만 고인들은 본래 조부에게 부했으니 지금 또한 그것을 고치기는 어렵다. 만약 갑자기 그것을 고치면 장래에 혹시 거듭 묘제(廟制)를 세우는 일이 있으면 또 고쳐야 할 것이다.506)고 하였다.

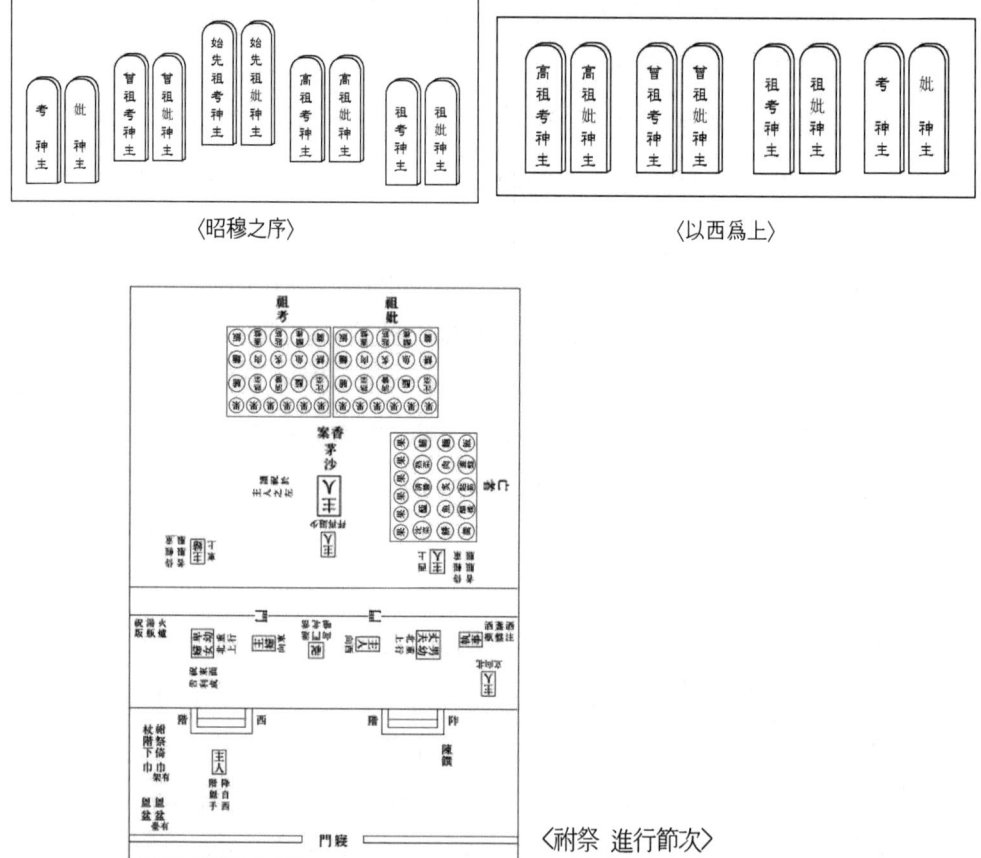

〈昭穆之序〉 〈以西爲上〉

〈祔祭 進行節次〉

---

506) 『常變通攷』 朱子曰: "古者, 廟有昭穆之次, 昭常爲昭, 穆常爲穆. 故祔新死者于其祖父之廟, 則爲告其祖父以當遷他廟, 而告新死者以當入此廟之漸也. 今公私之廟, 皆爲同堂異室, 以西爲上之制, 而無復左昭右穆之次. 一有遞遷, 則羣室皆遷, 而新死者當入于其禰之故室矣. 此乃禮之大節, 與古不同, 而爲禮者猶執祔于祖父之文, 似無意義. 然欲逐變而祔于禰廟, 則又非愛禮存羊之意." 今不異廟, 祔於祖, 全無義理. 但古人本是祔于祖, 今又難改他底. 若卒改他底, 將來或有重立廟制, 則又著改也.

① 讀祝於主人之左 : 축문을 주인의 왼쪽에서 읽는다.

② 主人 少退再拜 : 주인이 조금 물러나서 재배한다.

③ 主婦 東上 侍輕重者服 : 여자로서 중한 복을 입은 자와 가벼운 복을 입은 자와 시자가 이곳에 있는다.

④ 主人 西上 侍輕重者服服 : 남자로서 중한 복을 입은 자와 가벼운 복을 입은 자와 시자가 이곳에 있는다.

⑤ 祝板, 湯餅, 火爐, : 축판, 탕병, 화로가 있다.

⑥ 祝東面告利成 : 축(祝)이 동쪽을 바라보면서 이성(利成)을 고한다.

⑦ 卑幼婦女 重行北上 : 나이 어린 부녀들은 여러 줄로 서되, 북쪽을 윗자리로 한다.

⑧ 主婦 東向 : 주부는 동쪽을 바라본다.

⑨ 祝 進當門北向噫 : 축이 문 앞에 이르러서 북쪽을 바라보면서 어흠하고 기침을 한다.

⑩ 主人 西向 : 주인은 서쪽을 바라본다.

⑪ 男幼丈夫 重行北上 : 나이 어린 장부들은 여러 줄로 서되, 북쪽을 윗자리로 한다.

⑫ 主人 北向立 : 주인은 북쪽을 바라보면서 서 있는다.

⑬ 主人 降自西階盥手 : 주인은 서쪽 계단으로 내려온 다음 손을 씻는다.

⑭ 祔祭倚杖階下 : 부제(祔祭)를 지낼 적에는 지팡이를 계단 아래에 기대어 놓는다.

⑮ 巾 有架 盥盆 有臺, 陳饌 : 이곳에 시렁이 있고 수건을 놓고, 대가 있고 손씻을 물그릇이 있다. 음식을 차려 놓는다.

2) 부제(祔祭)의 예(禮)에 관하여 살펴보면

구분	『朱子家禮』	『喪禮備要』	『四禮便覽』
절차	• 卒哭明日而祔,卒哭之祭旣徹,卽陳器具饌 • 厥明夙興設蔬果酒饌 • 質明,主人以下哭於靈座前 • 詣祠堂,奉神主出.置于座 • 還奉新主入祠堂置于座 • 敍立 • 參神 • 降神	• 卒哭明日而祔.卒哭之祭旣徹. • 卽陳器具饌. • 厥明夙興設蔬果酒饌 • 質明主人以下哭於靈座前. • 詣祠堂.奉神主出置于座. • 還奉新主入祠堂.置于座. • 敍立 • 參神	• 卒哭明日而祔,卒哭之祭旣徹,卽陳器具饌 • 厥明夙興設蔬果酒饌 • 質明,主人以下哭,於靈座前 • 詣祠堂,奉神主出置于座 • 還奉新主入祠堂,置于座 • 序立 • 參神 • 降神

•祝進饌 •初獻 •亞獻,終獻, •侑食,闔門,啓門,辭神 •祝奉主各還故處	•降神 •祝進饌 •初獻 •亞獻,終獻, •侑食,闔門,啓門,辭神 •祝奉主各還故處	•祝進饌 •初獻 •亞獻,終獻, •侑食,闔門,啓門,辭神 •祝奉主,各還故處

3) 의례절차의 이해

(1) 卒哭明日而祔, 卒哭之祭旣徹, 卽陳器具饌

【주자가례 원문 16-1】

- 卒哭明日而祔 卒哭之祭旣徹 卽陳器具饌
  ⇒ 졸곡을 한 다음날 부제를 지낸다. 졸곡의 제사를 이미 철상하였으면 곧 기물을 진설하고 음식을 준비한다.

- 器如卒哭 唯陳之於祠堂 堂狹卽於廳事隨便
  ⇒ 기물은 졸곡 때와 같으나 다만 사당에 진설한다. 사당이 좁으면 청사에서 편리한 대로 한다.

- 設亡者祖考妣位於中 南向西上 設亡者位於其東南 西向 母喪則不設祖考位
  ⇒ 죽은 사람의 조고와 조비의 신위를 가운데 놓고 남향하는데 서쪽이 위이다. 죽은 사람의 신위는 그 동남쪽에 놓으며 서향한다. 어머니 상이면 조고의 신위는 차리지 않는다.

- 酒瓶玄酒瓶於阼階上 火爐湯瓶於西階上 具饌如卒哭而三分 母喪則兩分 祖妣二人以上則以親者
  ⇒ 술병과 현주병은 동쪽 계단 위에 놓고 화로와 탕병은 서쪽 계단 위에 놓는다. 음식을 준비하되 졸곡 때와 같으나 세 분이다. 어머니 상이면 두 분으로 하고 조비가 두 사람 이상이면 어버이인 사람으로 한다.

- 雜記曰 男子祔于王父則配 女子祔于王母則不配 註 有事於尊者 可以及卑 有事於卑者 不敢援尊也
  ⇒ 『예기』의 「잡기」에, "남자가 왕부에게 부제를 할 때는 배(配 : 조부에게 제사지낼 때 조모를 같이 제사지내는 것)를 함께 제사 지내지만 여자가 왕모에게 부제를 할 때는 배(配)에게 제사지내지 않는다."하였고, 그 구절의 주에, "어른에게 일이 있으면 낮은 사람에게도 미치지만 낮은 사람에게 일이 있으면 감히 어른을 끌어내지 못한다."라고 하였다.

- 高氏曰 若祔妣 則設祖妣及妣之位 更不設祖考位 若父在而祔妣 則不可遽遷祖妣
 ⇒ 고씨가 말하기를, "만약 비(妣)를 부제하면 조비(祖妣)와 비의 신위를 설치하고 다시 조고(祖考)의 신위를 설치하지 않는다. 만약 아버지가 살아 계시는데 비를 부제하면 조비를 체천하지 못한다.

- 宜別立室 以藏其主 待考同祔 若考妣同祔 則並設祖考及祖妣之位
 ⇒ 마땅히 따로 실(室)을 만들어 그 신주를 보관하다가 아버지가 돌아가시기를 기다려 같이 부제해야 한다. 만약 고와 비를 같이 부제하면 조고와 조비의 신위를 함께 설치한다."라고 하였다.

- 胡氏泳曰 高氏別室藏主之說 恐未然 先生內子之喪 主只祔在祖妣之傍 此當爲據 楊復曰 父在祔妣 則父爲主乃是 夫祔妻於祖妣
 ⇒ 호영이 말하기를, "고씨가 '별실에 신주를 보관한다.'고 한 말은 아마도 그렇지 않은 듯하다. 선생은 부인의 상에 신주를 단지 조비 옆에 부하였으니 이것을 당연히 근거로 삼아야 한다. 양복이 말하기를 "아버지가 살아 계신데 비를 부하면 아버지가 주인이 되니 이것은 지아비가 처를 조비에 부하는 것이다.

- 三年喪畢未遷 尙祔於祖妣 待父他日三年喪畢遞遷祖考妣 始考妣同遷也 高氏父在不可遞遷祖妣之說 亦是 但別室藏主之說則非也
 ⇒ 삼년상을 마치더라도 옮기지 않고 오히려 조비에 부하였다가 아버지가 돌아가시는 날을 기다려 삼년상을 마치면 조고와 조비을 체천하고 비로소 고와 비를 같이 옮긴다."고 하였다. 그러므로 고씨가 '아버지가 살아 계시는데 조비를 체천하지 못한다.'는 말은 옳다. 다만 별실을 만들어 신주를 보관한다는 것은 잘못이다."고 하였다.

(1-1) 졸곡명일이부(卒哭明日而祔) 졸곡지제기철(卒哭之祭旣徹) 즉진기구찬(卽陳器具饌)

  - 졸곡 다음날 부제(祔祭)를 지낸다.

  - 졸곡제(卒哭祭)를 이미 철상하였으면, 곧 기물을 진설하고 음식을 준비한다.

(2) 厥明夙興設蔬果酒饌

┌─── 【주자가례 원문 16-2】 ───

- 厥明夙興 設蔬果酒饌*
 ⇒ 다음날 새벽에 일찍 일어나 채소와 과일 및 술과 음식을 진설한다.

- 並同卒哭
 ⇒ 모두 졸곡과 같다.
└───

(2-1) 궐명숙흥(厥明夙興) 설소과주찬(設蔬果酒饌), 설소과(設蔬果)

- 채소와 과일을 진설한다.

- 새벽에 일어나 채소, 과일, 술, 음식을 진설한다.

- 진설방법은 졸곡과 동일하다.

- 구찬(具饌), 집사자진기구찬(執事者陳器具饌) : 음식을 준비한다.[절차는 『주자가
  례』(。로 표시)와 『가례집람』(·로 표시)으로 구분하여 살펴보면 다음과 같다.

  。세숫대야와 수건을 각각 두 개씩 서쪽 계단의 서쪽에 놓는데, 남쪽을 위로 한다.
    동쪽대야는 받침대와 수건이 있으나, 서쪽의 것은 없다.

  。술병을 받침과 함께 영좌의 동남쪽에 놓고 탁자는 그 동쪽에 놓아 주전자와 쟁반
    을 구 위에 놓는다.

  • 영좌 앞 탁자 위 영전에 가까운 곳에 첫째 줄에 시저(匙箸), 수저를 가운데 안쪽
    에 놓는다.

  。수저는 안쪽 가운데 놓고,

  • 술잔은 시저의 서쪽에 놓는다. 。술잔은 서쪽에 놓으며,

  • 초접(醋楪)은 동쪽에 두고。초접은 동쪽에 놓는다.

  • 갱(羹)은 초접의 동쪽에 두고, 밥은 술잔의 서쪽에 둔다.

  • 두 번째 줄에는 행례를 할 때를 기다려 음식을 올리고,

  • 소채(蔬菜)와 포혜(脯醢)는 세 번째 줄에 놓고,

  。채소는 과일의 안쪽에 놓는다.

  • 과일은 네 번째 줄에 놓는다. 。과일은 바깥 줄에 놓고,

  。향안을 당의 중앙에 놓고 그 위에 향로를 놓고 향을 피우고,

  。띠풀 묶음과 모사는 향안 앞에 놓는다.

  。음식을 준비하는데, 조전(朝奠)과 같이 하여 당문 밖의 동쪽에 진설한다.

(3) 質明, 主人以下哭於靈座前

【주자가례 원문 16-3】

- 質明主人以下 哭於靈座前*
  ⇒ 날이 밝으면 주인 이하는 영좌 앞에서 곡을 한다.

- 主人兄弟 皆倚杖于階下 入哭盡哀止
  ⇒ 주인과 형제는 모두 계단 아래에 지팡이를 기대 놓고 들어가 곡하여 슬픔을 다하고 그친다.

- 按此謂繼祖宗子之喪 其世嫡當爲後者主喪 乃用此禮 若喪主非宗子 則皆以亡者繼祖之宗 主此祔祭
  ⇒ 살펴보니 이것은 할아버지를 잇는 종자의 상(喪)을 말하는 것이니 그 세대의 적장(嫡長)으로서 마땅히 후사가 된 자가 주상이 되어야 이 예를 사용한다. 상주가 종자가 아니면 모두 죽은 사람의 할아버지를 잇는 종자가 부제를 주관한다.

- 禮註云 祔于祖廟 宜使尊者主之
  ⇒ 『예기』의 주에 "조상의 사당에 부제할 때는 마땅히 웃어른이 주관하도록 해야 한다."고 하였다.

(3-1) 질명주인이하곡어영좌전(質明主人以下哭於靈左傳)

  - 날이 밝으면 주인 이하 모두 영좌(靈座) 앞에 나아가 곡을 한다.

(4) 詣祠堂, 奉神主出, 置于座

【주자가례 원문 16-4】

- 詣祠堂 奉神主出 置于座*
  ⇒ 사당에 나아가 신주를 받들고 나와 영좌에 놓는다.

- 祝軸簾啓櫝 奉所祔祖考之主 置于座內 執事者奉祖妣之主 置于座西上
  ⇒ 축이 발을 걷어 올리고 독(櫝 : 신주를 넣어 보관하는 함)을 열어 부제할 할아버지의 신주를 받들어 영좌에 놓는다. 내집사자(內執事者 : 여자 집사)는 조비의 신주를 받들어 영좌에 놓되 서쪽을 위로 한다. 만약 다른 곳이면 서쪽 계단 위의 탁자 위에 놓는다. 그런 뒤에 독을 연다.

- 若在他所 則置于西階上卓子上 然後啓櫝 若喪主非宗子 而與繼祖之宗異居 則宗子爲告于祖 而設虛位以祭 祭訖除之

⇒ 만약 상주가 종자가 아니면서 할아버지를 잇는 종자와 따로 산다면 종자가 할아버지에게 고하고 허위(虛位)를 만들어 제사 지낸다. 제사가 끝나면 버린다.

(4-1) 출주(出主, 神主)를 모심
- 주인 등이 모두 사당에 가서 부제할 조고비의 신주(神主)를 모시고 나와 영좌(靈座)에 안치시킨다. 이때 서쪽을 상위로 안치한다.
- 다시 돌아와서 새 신주(神主)를 모시고 사당에 들어가 영좌에 모신다.
- 주인 이하는 영좌에 나아가 서립하여 곡을 한다.

(5) 還奉新主入祠堂置于座

┌─── 【주자가례 원문 16-5】 ───

● 還奉新主入祠堂 置于座*
⇒ 돌아와서 새 신주를 받들어 사당에 들어가 영좌에 놓는다.

● 主人以下 還詣靈座所哭 祝奉主櫝 詣祠堂西階上卓子 主人以下 哭從如從柩之叙 至門止哭 祝啓櫝出主如前儀 若喪主非宗子 則唯喪主主婦人以下還迎
⇒ 주인 이하는 돌아와서 영좌가 있는 곳에 나아가 곡을 한다. 축이 신주독을 받들고 사당의 서쪽 계단 위의 탁자 위로 나아가면 주인 이하는 곡을 하면서 따르는데 관을 따라가던 순서대로 한다. 문에 이르면 곡을 그친다. 축이 독을 열고 신주를 꺼내는 것은 앞의 의식과 같다. 만약 상주가 종자가 아니면 다만 상주와 주부 이하만 돌아와 맞이한다.

● 編譯者 善光 註; 禮記檀弓 下; 殷 練而祔, 周 卒哭而祔 孔子善殷.
⇒ 은나라는 연제후에 부제를 지내고 주나라는 졸곡후에 부제하니 공자께서는 은나라의 제도가 좋다고 했다.

(6) 敍立

【주자가례 원문 16-6】

- 敍立*
  ⇒ 차례로 선다.

- 若宗子自爲喪主 則敍立如虞祭之儀 若喪主非宗子 則宗子主婦分立兩階之下 喪主在宗子
  之右 喪主婦在宗子婦之左 長則居前 少則居後 餘亦如虞祭之儀
  ⇒ 만약 종자 자신이 상주가 되면 차례로 서되 우제의 의식과 같다. 줄을 선다. 만약
  상주가 종자가 아니면 종자와 종부가 나뉘어서 양쪽 계단 위에 선다. 상주는 종자
  의 우측에 있고, 상주부는 종자부의 좌측에 있으며 나이가 많으면 앞에 서고 어리
  면 뒤에 선다. 나머지는 우제와 같다.
---

(7) 叅神

【주자가례 원문 16-7】

- 參神*
  ⇒ 참신

- 在位者皆再拜 參祖考妣
  ⇒ 자리에 있는 사람은 모두 재배하여 조고와 조비에게 참신한다.
---

(8) 降神

【주자가례 원문 16-8】

- 降神*
  ⇒ 강신

- 若宗子自爲喪事 則喪主行之 若喪主非宗子 則宗子行之 並同卒哭
  ⇒ 만약 종자 자신이 상주가 되면 상주가 행하고, 만약 상주가 종자가 아니면 종자가
  행한다. 모두 졸곡과 같다.

(8-1) 참신(參神), 강신(降神), 진찬(進饌), 제수(祭需)를 올린다.

  - 참사자가 모두 재배로서 조고비(祖考妣)에게 인사를 드려 참신한다.

- 강신은 졸곡(卒哭)과 동일하다.
- 축관이 진찬하는데 방법은 우제(虞祭)와 같다.

① 강신(降神) : 신이 강림하게 한다.
- 축관이 상주들의 곡을 그치게 하면, 주인이 영좌 앞에 나아가 분향(焚香)하고 재배(再拜)한다.
- 집사자 한사람은 주전자에 술을 채워 서면하여 무릎을 꿇고 주전자를 주인에게 준다.
- 주인은 무릎을 꿇고 받는다.
- 집사자 한사람은 탁자위의 잔과 잔 받침을 받들어 주인의 왼쪽에서 동면하여 무릎을 꿇는다.
- 주인은 술을 잔에 따르고, 주전자를 집사에게 준다.
- 왼손으로 잔 받침을 들고, 오른손으로 잔을 들어 띠 풀 위에 붓고 나서 잔 받침과 잔을 집사자에게 준다.
- 엎드렸다가 일어나, 조금 물러나서 재배하고 자리로 돌아온다.

(9) 祝進饌

【주자가례 원문 16-9】

● 祝進饌*
⇒ 축이 음식을 올린다.

● 並同虞祭
⇒ 모두 우제와 같다.
---

② 축진찬(祝進饌) : 축이 음식을 올린다.
- 축관이 나머지 제물 모두를 차린다. 차리는 순서는 어(魚), 육(肉)을 진설하고 반(飯), 갱(羹), 면(麵), 미식(米食)의 순이다.
  - 선사(先師)가 말했다. "살펴보건대, 우제에는 효자가 혼미하고 소리치느라 절문(節文)을 차릴 경황이 없는 날이다. 그러므로 축으로 하여금 찬을 올리게 하고 집사자로 하여금 돕게 한다. 졸곡에 이르러서는 차츰 길례를 쓰기 때문에 주인과 주부가

찬을 올리고, 대상·소상의 예에도 모두 그 의식과 같은데, 오직 부제에만 다시 축으로 하여금 찬을 올리게 하니 무슨 의미인지 모르겠다. 생각하기로는 부제는 조고를 함께 제사 지내므로 상주가 감히 문득 최질(衰絰)을 입은 몸으로 친히 스스로 조고의 신위에 일을 거행하지 못하기 때문에 다만 우제 의식에 의거하여 축으로 하여금 대신 하도록 함을 면치 못함인가?"「사우례」에서는 좌식(佐食)이 정(鼎)을 들고 찬(贊)이 저해(菹醢)를 올리며 졸곡에도 처음과 같다고 했으니, 졸곡에는 우제에서 바뀜이 없음을 알 수 있다. 「궤식례(饋食禮)」에서는 주인이 생정(牲鼎)을 들고 주부가 양두(兩豆)를 올리며 부제에도 「궤식」과 같다고 했으니, 부제에는 우제와 바뀜을 또한 알 수 있다. 『가례』에는 길흉이 변하는 것이 졸곡 때부터 시작되는데, 부제에 이르러 다시 축으로 하여금 찬을 올리게 함은 고례와 다르다.507)고 하였다.

(10) 初獻

【주자가례 원문 16-10】

● 初獻*
  ⇒ 초헌

● 若宗子自爲喪主 則喪主行之 若喪主非宗子 則宗子行之 並同卒哭
  ⇒ 만약 종자가 자신이 상주가 되면 상주가 초헌을 하고, 상주가 종자가 아니면 종자가 초헌을 한다. 모두 졸곡과 같다. 다만 술잔을 올리는데 먼저 조고와 조비 앞에 나아간다. 날짜는 앞의 졸곡과 같다.

● 但酌獻 先詣祖考妣前 日子前同卒哭 祝版但云 孝子某 謹以潔牲柔毛 粢盛醴齊 適于某考某官府君隮祔 孫某官 尙饗 皆不哭
  ⇒ 축판에는 다만 이르기를 "효자 모가 삼가 결생(潔牲)과 유모(柔毛)와 자성(粢盛)과 예제(醴齊)로 모고모관부군(某考某官府君)에게 나아가 손 모관을 부제하오니 흠향하시기 바랍니다."한다. 모두 곡하지 않는다.

---

507) 『常變通攷』 先師曰:"按, 虞祭, 是孝子荒迷號絶, 未遑節文之日, 故使祝進饌, 而執事者佐之。至卒哭, 則漸用古禮, 故主人主婦進饌, 大小祥禮, 並如其儀, 而獨祔祭復使祝進饌, 未知何意也。意者, 祔祭並祭祖考, 喪主不敢輒以衰絰之身, 親自將事於祖考之位, 故不免只依虞祭之儀, 使祝代之歟?"「士虞禮」, 佐食擧鼎, 贊薦菹醢, 卒哭曰如初, 則卒哭之無變於虞, 可知。「饋食禮」, 主人擧牲鼎, 主婦薦兩豆, 而祔祭曰如「饋食」, 則祔祭之變於虞, 亦可知矣。『家禮』吉凶之變, 自卒哭始, 而祔祭更使祝進饌, 與古禮不同。

제2장 喪禮節次의 理解 401

- 內喪則云 某妣某封某氏 隨祔孫婦某封某氏 次詣亡者前 若宗子自爲喪主 則祝版同前 但 云 薦祔事于先考某官府君 適于某考某官府君 尙饗
  ⇒ 내상이면 "모비모봉모씨(某妣某封某氏)의 사당에 손부모봉모씨(孫婦某封某氏)를 부제합니다."한다. 다음으로 죽은 사람의 앞에 나아간다. 만약 종자 자신이 상주가 되면 축판의 내용은 앞서와 같고 다만 '선고모관부군(先考某官府君)에게 부사를 드리고자 모고모관부군(某考某官府君)의 사당에 나아가 부제하고자 하오니 흠향하시기 바랍니다."라고 한다.

- 若喪主非宗子 則隨宗子所稱 若亡者於宗子爲卑幼 則宗子不拜
  ⇒ 만약 상주가 종자가 아니면 종자가 칭하는 바에 따른다. 죽은 사람이 종자보다 항렬이 낮거나 어리면 종자는 절하지 않는다.

(10-1) 초헌(初獻)

- 주인이 초헌하는데 형식은 졸곡(卒哭)과 같다. 이때 상주가 종자가 아니면 종자가 초헌(初獻)한다.
- 절차는 졸곡과 같지만 술잔을 드릴 때 조고와 조비 앞으로 나아간다. 모두 곡하지 않는다.
- 다음으로 새 신주 앞으로 나간다.

③ 초헌(初獻) : 첫 번째 잔을 올린다.

· 주인이 주전자가 놓인 탁자 앞으로 나아가 북향하여 선다.
· 집사자 한 사람이 영좌 앞의 잔 받침과 잔을 들고 주인의 왼쪽에 선다.
· 주인은 술을 따르고 주전자를 탁자 위에 올려놓고, 집사자와 함께 영좌 앞으로 나아가 북향하여 선다.
· 주인이 무릎을 꿇으면 집사자가 무릎을 꿇고 잔 받침과 잔을 드린다.
· 주인은 잔을 받아 모사(茅沙, 띠 풀)위에 세 번 나누어 따르고, 엎드렸다가 일어난다.
· 집사자가 잔을 받아 받들고 영좌 앞으로 가서 원래의 자리에 놓는다.
· 집사자가 메의 뚜껑을 열어 남쪽에 놓는다.
· 주인이 조금 물러나서 꿇어앉고, 이하 모두 꿇어앉는다.
· 축관이 축판을 들고 주인의 오른쪽에 서향하여 꿇어앉아

<table>
<tr><td>

維歲次 干支 某月干支朔 某日干支
유세차 간지 모월간지삭 모일간지

孝子 某 謹以 淸酌庶羞 哀薦 祔事于
효자 모 근이 청작서수 애천 부사우

顯考某官府君 適于 顯曾祖考 尙饗
현고모관부군 적우 현증조고 상향

</td></tr>
<tr><td>
어떤 해 어떤 날 효자 모는 부사로써 삼가 맑은 술로
아버지 어떤 벼슬을 한 어른께 삼가 고합니다.
어떤 벼슬한 증조고를 좇으시고 흠향하소서.
</td></tr>
</table>

- 축관이 축을 다 읽고 일어나면, 주인은 곡하며 재배한 뒤, 본래의 자리로 돌아가서 곡을 그친다.

· 다른 사람도 상주를 따라 곡하다가 그친다.

· 집사자는 철주(徹酒)하고, 빈 잔을 본래의 자리에 올려놓는다.

(11) 亞獻,終獻

- 亞獻終獻*
  ⇒ 아헌, 종헌

- 若宗子自爲喪主 則主婦爲亞獻 親賓爲終獻 若喪主非宗子 則喪主爲亞獻 主婦爲終獻
  ⇒ 만약 종자 자신이 상주가 되면 주부가 아헌이 되고, 친척이나 빈객이 종헌이 된다.

- 並同卒哭及初獻儀 惟不讀祝
  ⇒ 모두 졸곡의 초헌의 의식과 같다. 다만 축은 읽지 않는다.

(11-1) 아헌(亞獻), 종헌(終獻)

- 종자(宗子) 자신이 상주(喪主)일 경우에는 주부(主婦)가 아헌관(亞獻官)이 되고, 친척이나 빈객(賓客)이 종헌관이 된다.

- 종자가 상주가 아닐 경우에는 상주가 아헌관이 되고, 주부가 종헌관이 된다.

- 절차는 모두 초헌과 같으나 축(祝)이 없다.

④ 아헌(亞獻) : 두 번째 잔을 올린다.

· 제사에서 두 번째 올리는 절차로 아헌은 주부가 하도록 되어 있다.

· 헌작(獻爵)의 방법은 초헌과 같으나 독축(讀祝)이 없으며 절은 4번 한다.

⑤ 종헌(終獻) : 세 번째 잔을 올린다.

· 제사에서 세 번째 올리는 잔이다.

· 주로 친척이나 빈객 중에서 하며 여자도 가능하다. 혹은 아들·딸이 하기도 한다.

· 예는 아헌(亞獻)과 같다.

· 초헌(初獻)과 아헌(亞獻)에서처럼 술잔을 비우지는 않고 그대로 8부로 둔다.

(12) 侑食, 闔門, 啓門, 辭神

```
─── 【주자가례 원문 16-12】 ───────────────

● 侑食闔門啓門辭神*
  ⇒ 유식, 합문, 계문, 사신

● 並同卒哭 但不哭
  ⇒ 모두 졸곡과 같다. 다만 곡을 하지 않는다.
```


(12-1) 유식(侑食), 합문(闔門), 계문(啓門), 사신(辭神)을 한다.

- 모두 졸곡제(卒哭祭)와 같다.

- 곡은 하지 않는다.

⑥ 유식(侑食) : 잔에 술을 더하는 것이다.

· 종헌에서 다 채우지 않은 잔에 술을 가득 채우는 것으로 종헌 때 8부만 채운 잔에 술이 부족하니 조금 더 드시라는 의미에서 나누어 채운다.

· 일반적으로 첨작(添酌)과 삽시정저(揷匙正箸)의 절차를 묶은 것이다.

· 숟가락을 밥그릇에 꽂고, 젓가락을 자루가 서쪽으로 가게 떡이나 적위에 올려놓는다.

⑦ 합문(闔門) : 신이 제사음식을 흠향하는 시간이다.

· 주인이하개출(主人以下皆出) 축합문(祝闔門)의 절차는 주인 이하가 모두 문 밖으로 나가고 축관(祝官)이 문을 닫는다.

· 주인은 문의 동쪽에 서서 서향하고, 항렬이 낮거나 어린 남자는 그 뒤에 두 줄로 서는데, 북쪽이 위이다. 주부는 문의 서쪽에 서서 동향하고 항렬이 낮거나 어린 부녀도 그와 같다.

· 밖에서 한식경 정도를 기다린다.

⑧ 계문(啓門), 사신(辭神)의 절차는 다시 제청으로 들어가는 절차이다.
- · 음식을 모두 흠향하였으므로 제청으로 들어간다.
- · 축관이 문으로 가서 북향하여 서서 '어흠'하고 세 번 기침을 하고 문을 연다.
- · 문이 열리면 주인 이하가 들어가 각자 자리로 간다.
- · 차를 올린다. 관행에는 숭늉을 올린다고 한다.
- · 축관이 주인의 오른쪽에서 서향하고 '이성(利成)'이라고 고한다.
- · 제사를 마쳤다는 것을 알리는 의미로 사신의 절차이다.

(13) 祝奉主各還故處

【주자가례 원문 16-13】

- 祝奉主各還故處*
  ⇒ 축이 신주를 받들어 각각 있던 곳에 돌려놓는다.

- 祝先納祖考妣神主于龕中匣之 次納亡者神主西階卓子上匣之 奉之反于靈座出門
  ⇒ 축이 먼저 조고와 조비의 신주를 감실 안의 상자에 넣고, 다음으로 죽은 사람의 신주를 서쪽 계단의 탁자 위 상자에 넣어 그것을 받들어 영좌에 돌려놓고 문을 나온다.

- 主人以下 哭從如來儀 盡哀止 若喪主非宗子 則哭而先行 宗子亦哭送之 盡哀止
  ⇒ 주인 이하는 곡을 하면서 따라가는데 올 때의 의식과 같이 하며 슬픔을 다하고 그친다. 만약 상주가 종자가 아니면 곡을 하면서 먼저 간다. 종자도 곡하면서 신주를 보내며 슬픔을 다하고 그친다.

- 若祭於他所 則祖考妣之主 亦如新主納之
  ⇒ 만약 다른 장소에서 제사지냈다면 조고와 조비의 신주는 또한 새 신주를 드리는 것과 같다.

- 程子曰 喪須三年而祔 若卒哭而祔 則三年却都無事禮 卒哭猶存朝夕哭 無主在寢哭於何處
  ⇒ 정자가 말하기를, "상은 삼년을 기다려서 부제하는 것이다. 만약 졸곡에 부제하면 2년은 도리어 모두 일이 없다. 『예기』에 '졸곡에는 오히려 조석으로 곡을 한다.' 고 하였으니 방에는 신주가 정침에 있지 않으면 어디에서 곡을 하겠는가."라고 하였다.

- 朱子曰 古者 廟有昭穆之次 昭常爲昭 穆常爲穆 故祔新死者于其祖父之廟 則爲告其祖父 以當遷他廟 而告新死者以當入 此廟之漸也

⇒ 주자가 말하기를, "옛날에는 사당에 소(昭)와 목(穆)의 차례가 있어서 소는 소가 되고, 목은 항상 목이 되었다. 그러므로 새로 죽은 사람을 그 조부의 사당에 부제한다면 그 조부에게는 마땅히 다른 사당에 옮겨야 함을 고하고 새로 죽은 사람에게는 이 사당에 들어갈 차례임을 고한다.

● 今公私之廟 皆爲同堂異室 以西爲上之制 而無復左昭右穆之次
⇒ 지금 공사의 사당이 모두 동앙이실에 서쪽을 위로 삼는 제도를 만들어 다시 좌소우목의 차례가 없어졌다.

● 一有遞遷 則羣室皆遷 而新死者當入于其禰之故室矣 此乃禮之大節 與古不同 而爲禮者 猶執 祔于祖父之文 似無意義 然欲遂變而祔于禰廟 則又非愛禮存羊意
⇒ 한번 체천하면 여러 실이 모두 옮겨지고 새로 죽은 사람은 마땅히 그 아버지의 고실에 들어간다. 이것은 예의 큰 절목이 옛날과 같지 않는데 예를 행하는 사람들이 오히려 조부에 부제라고 한 문장을 고집하니 의미가 없는 듯하다. 그러나 마침내 변하여 아버지 사당에 부제하고자 한다면 또한 '예를 아껴 양을 살려두는 뜻'이 아니다. 하였다.

● 楊氏復曰 司馬禮家禮 並是旣祔之後 主復于寢 所謂奉主各還故處也
⇒ 양복이 말하기를, "사마온곡의 예와 『가례』의 예는 모두 옳다. 이미 부제한 후에 신주를 정침에 돌려놓는 것은 이른바 신주를 받들어 각각 옛 자리로 돌려놓는 것이다."고 하였다.

(13-1) 축봉주각환고처(祝奉主各還故處), 납주(納主)

- 신주를 사당의 원래의 자리에 모신다.
- 축관이 먼저 조고비위의 신주를 감실에 넣고 다음에 새 신주는 서쪽 계단의 탁자 위 상자에 넣어 그것을 받들어 영좌에 모신다.
- 만약 청사(廳舍)에서 부제(祔祭)를 지냈으면 조고비위의 신주는 새 신주를 모시듯 하면 된다.
· 집사가 신주를 거두어 갑에 넣고 있던 곳에 놓는다.
· 주인 이하 참사자가 곡하고 재배한다.
· 신주를 원래의 자리로 옮겨 모신다.
· 상주가 모두 나가면 집사자가 철상한다.

17. 소상(小祥)

1) 개요

- 소상(小祥)은 초상(初喪)후 기년(朞年)을 맞아 망자(亡者)를 추모하는 제사로 윤달을 계산하지 않고 죽은 날부터 만 13개월째에 지낸다. 1주기의 개념으로 12개월 만에 지내기도 하였다.

- 소상(小祥)의 자형을 분석하여 보면,

  · 小는 『說文解字注』에 "物之微也。从八, ㅣ見而分之。"라 하여 "물체가 작다는 뜻이다. 八은 의미부분이고, ㅣ은 보아서 나눈다는 뜻이다."고 하였다. 자형을 분석하면, 'ㅣ' [뚫을 곤]의 의미는 큰 것 혹은 큰 물건을 뚫어서 나누다는 뜻이고, '八'은 양쪽으로 가르다는 의미로 쓰여서 합하여 '小'가 된 것으로 '小'는 어떤 물건을 뚫고 양편으로 갈라서 나누어 작아지게 하다는 의미이다.

  · 祥 [상서로울 상]은 『설문해자(說文解字)』에 "福也。从示羊聲。一云善。"라 하여 복의 의미라고 하였다. 복은 삶의 과정에서 누리는 운 좋은 현상과 그것에서 얻어지는 기쁨과 즐거움을 말한다. 자형은 뜻을 나타내는 '示(=礻)'와 음을 나타내는 동시에 좋다는 뜻을 가진 '羊'으로 이루어졌다. 신에게 양을 희생으로 바쳐 제사지내는 상서로운 일이라는 의미이다.

- 아버지가 살아계시면 죽은 어머니는 1년의 자최복을 입으므로 11개월 만에 날을 받아 소상(小祥)하고, 13개월 만에 대상(大祥)을 지내고, 15개월에 담제(禫祭)를 지낸다.

- 기년기일(朞年忌日)을 소상(小祥)이라고 한 것은 사계절(四季節)이 지나 일기(一朞)가 되어 천도(天道)가 일변하여 마음도 안정되고 슬퍼하는 마음도 많이 줄어 상(喪)자 대신 길(吉)의 의미를 가진 상(祥)자를 써서 소상(小祥)이라 하였다.

- 상주와 주부는 상복을 벗고 연복(練服)을 입는데, 연복(練服)은 빨아서 다듬는 옷을 말하고 연복(練服)을 입고 지낸다고 하여 소상(小祥)을 연제(練祭)라고도 한다.

- 『주자가례』에 '정씨가 말하기를 상(祥)은 길(吉)한 것이다.'고 하였다.

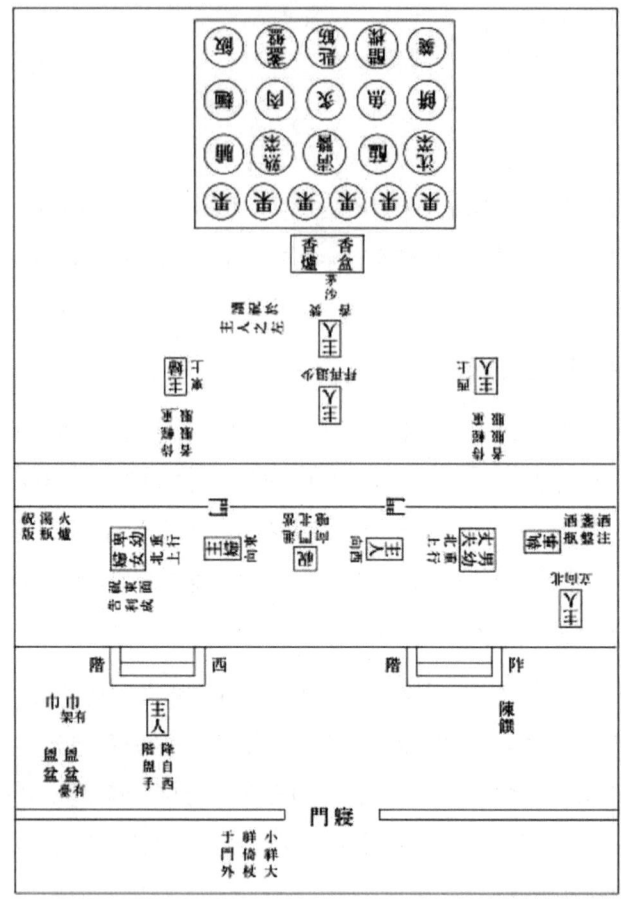

〈小祥 進行節次〉

① 讀祝於主人之左 : 축문을 주인의 왼쪽에서 읽는다.

② 主人 少退再拜 : 주인이 조금 물러나서 재배한다.

③ 主婦 東上 侍輕重者服服 : 여자로서 중한 복을 입은 자와 가벼운 복을 입은 자와 시자가 이곳에 있다.

④ 主人 西上 侍輕重者服服 : 남자로서 중한 복을 입은 자와 가벼운 복을 입은 자와 시자가 이곳에 있다.

⑤ 祝板, 湯餠, 火爐, : 축판, 탕병, 화로가 있다.

⑥ 祝東面告利成 : 축(祝)이 동쪽을 바라보면서 이성(利成)을 고한다.

⑦ 卑幼婦女 重行北上 : 나이 어린 부녀들은 여러 줄로 서되, 북쪽을 윗자리로 한다.

⑧ 主婦 東向 : 주부는 동쪽을 바라본다.

⑨ 祝 進當門北向噫 : 축이 문 앞에 이르러서 북쪽을 바라보면서 어흠하고 기침을 한다.

⑩ 主人 西向 : 주인은 서쪽을 바라본다.

⑪ 男幼丈夫 重行北上 : 나이 어린 장부들은 여러 줄로 서되, 북쪽을 윗자리로 한다.

⑫ 主人 北向立 : 주인은 북쪽을 바라보면서 서 있는다.

⑬ 主人 降自西階盥手 : 주인은 서쪽 계단으로 내려온 다음 손을 씻는다.

⑭ 祔祭倚杖階下 : 부제(祔祭)를 지낼 적에는 지팡이를 계단 아래에 기대어 놓는다.

⑮ 巾 有架 盥盆 有臺, 陳饌 : 이곳에 시렁이 있고 수건을 놓고, 대가 있고 손 씻을 물 그릇이 있다. 음식을 차려 놓는다.

⑯ 巾 有架 盥盆 有臺, 陳饌 : 이곳에 시렁이 있고 수건을 놓고, 대가 있고 손 씻을 물 그릇이 있다. 음식을 차려 놓는다.

⑰ 小祥大祥倚杖于門外 : 소상과 대상에는 지팡이를 문밖에 기대어 놓는다.

2) 소상(小祥)의 예(禮)에 관하여 살펴보면

구분	『朱子家禮』	『喪禮備要』	『四禮便覽』
절차	• 朞而小祥 • 前期一日.主人以下沐浴 陳器具饌 • 設次陳練服 • 厥明夙興設蔬果酒饌 • 質明.祝出主.主人以下入哭 • 乃出就次易服.復入哭 • 降神. • 三獻. • 侑食. • 闔門,啓門,辭神 • 止朝夕哭 • 始食菜果	• 朞而小祥 • 前期一日.主人以下沐浴. 陳器具饌. • 設次.陳練服 • 厥明夙興設蔬果酒饌 • 質明祝出主.主人以下入哭. • 乃出就次.易服復入哭 • 降神,三獻 • 侑食,闔門,啓門,辭神,徹饌 • 止朝夕哭. • 始食菜果.	• 朞而小祥 • 前期一日,主人以下沐浴, 陳器,具饌 • 設次陳練服 • 厥明夙興設蔬果酒饌 • 質明,祝出主,主人以下入哭, • 乃出就次易服,復入哭 • 降神,三獻,侑食, 闔門,啓門,辭神 • 止朝夕哭 • 始食菜果

3) 의례절차의 이해

(1) 朞而小祥

【주자가례 원문 17-1】

- 期而小祥*
⇒ 일 년 만에 소상을 지낸다.

- 自喪至此 不計閏 凡十三月 古者 卜日而祭 今止用初忌 以從簡易 大祥放此
⇒ 초상으로부터 이날까지 윤달은 계산하지 않고 모두 13개월이다. 옛날에는 날을 점
쳐서 제사를 지냈다. 지금은 단지 첫 기일로 하여 간편하고 쉬운 것을 따랐다. 대
상도 이와 같다.

- 『문해』에 『가례』에서는 대상과 소상에 첫 기제일과 둘째 기제일을 쓰기 때문에, 날
을 점치는 한 절차가 시행될 곳이 없다. 단지 담제에만 날을 점치는 의식이 있는데, 담
제는 길제이므로 먼저 상순 중에서 택일하여 점치도록 명한다. 만약 남편이 아내를 위
한 경우라면 소상은 11개월 만에 제사를 지내는데, 그 제사 날짜는 담제의 의식과 같
이 점치되, 먼저 하순 중에서 택일하여 점치도록 명하는 것이 마땅할 듯하다.508)고 하
였다.

- 『서의』에 12개월째의 말(末)에 주인이 향로를 설치하고 향을 피워 영당(影堂) 밖에서
서향하여 날을 점친다. 먼저 내달 하순 중에서 택일하여 점을 치되, 불길하면 다음으로
중순 중에서 택일하고, 불길하면 다음으로 상순 중에서 택일한다. 이미 길일을 얻으면
주인은 영좌(靈座) 앞에 향을 사르고 북향하여 선다. 축(祝)이 축사(祝辭)를 가지고 주
인 왼쪽으로 나와 동향하여 축을 읽는데, "효자 아무개가 내달 모일에 삼가 선고모관
(先考某官)께 상사(常事)를 올리고자 비(妣)의 경우에는 '모봉(某封)'이라 한다. 점을 쳐
서 이미 길일을 얻었기에 감히 고하나이다"고 한다. 축사를 다 읽으면 축사를 말아 가
슴에 품고 일어나 자리로 돌아간다. 주인은 재배하고 물러난다. 혹 점치지 않는다면 초
기(初忌)의 날을 따른다.509)고 하였다.

---

508) 『常變通攷』 『問解』 : 『家禮』 大小祥, 用初再忌祭, 故卜日一節無所施。只於禫有卜日之儀, 而禫者吉
祭, 故先命以上旬之日。若夫爲妻, 小祥, 用十一月而祭, 則其祭日, 卜如禫儀, 而先命以下旬之日, 似宜。
509) 『常變通攷』 『書儀』 : 十二月之末, 主人設香爐炷香, 卜筮日於影堂外, 西向。先擇日於來月下旬, 卜
筮之不吉, 次擇中旬, 不吉, 次擇上旬。旣得吉日, 主人焚香於靈座前, 北向立。祝執辭, 出於主人之
左, 東向讀曰, "孝子某, 將以來月某日, 祇薦常事于先考某官。妣言某封。 占旣得吉, 敢告。" 旣讀,

(2) 前期一日. 主人以下沐浴陳器具饌

【주자가례 원문 17-2】

● 前期一日 主人以下 沐浴陳器具饌*
⇒ 하루 전에 주인 이하는 목욕을 하고, 기물을 진설하며 음식을 준비한다.

● 主人率衆丈夫 灑掃滌濯 主婦率衆婦女 滌釜鼎 具祭饌 他皆如卒哭之禮
⇒ 주인은 여러 장부를 거느리고 청소하고 닦는다. 주부는 여러 부녀를 거느리고 솥 등을 닦고 제사 음식을 준비한다. 다른 것은 모두 졸곡의 의례와 같다.

- 『서의』에 주인과 주부가 비록 친히 할 수 없더라도 또한 모름지기 살펴보아 지극하게 정결하도록 힘써야 한다.510)고 하였다.

- 『개원례』에 주인 및 여러 아들들은 모두 목욕하고 머리 빗고 손톱을 깎고 희생과 음식, 기물을 졸곡의 예와 같이 준비한다.511)고 하였다.

(2-1) 전기일일(前期一日) 주인이하목욕(主人以下沐浴) 진기구찬(陳器具饌)

- 하루 전에 주인 이하 모두 목욕재계(沐浴齋戒)하고 기물을 점검하여 진설하고 음식을 준비한다.
- 주인은 남자들을 데리고 청소한다.
- 주부는 음식 기구를 닦고 음식을 준비한다.
- 다른 것은 졸곡(卒哭) 때와 같다.
- 예(禮)를 행하는 장소는 모두 영좌 앞이다.
- 구찬(具饌), 집사자진기구찬(執事者陳器具饌) : 음식을 준비한다.

※ 『가례집람, 구씨의절』은 · 표시로 『주자가례』는 。 표시를 구분하여 살펴보고 이후에는 『주자가례』의 예이다.

  。 세숫대야와 수건을 각각 두 개씩 서쪽 계단의 서쪽에 놓는데, 남쪽을 위로 한다. 동쪽대야는 받침대와 수건이 있으나, 서쪽의 것은 없다.
  。 술병을 받침과 함께 영좌의 동남쪽에 놓고 탁자는 그 동쪽에 놓아 주전자와 쟁반을 구 위에 놓는다.

卷辭懷之, 興, 復位. 主人再拜退。或不卜, 則從初忌日。
510) 『書儀』 :主人主婦, 縱不能親爲, 亦須監視, 務極精潔。 他皆如卒哭之禮。
511) 『開元禮』 :主人及諸子, 俱沐浴櫛爪翦, 牢饌及器, 如卒哭之禮。

- 영좌 앞 탁자 위 영전에 가까운 곳에 첫째 줄에 시저, 수저를 가운데 안쪽에 놓는다.
  - 수저는 안쪽 가운데 놓고,
- 술잔은 시저의 서쪽에 놓는다. 。술잔은 서쪽에 놓으며,
- 초접은 동쪽에 두고 。은 동쪽에 놓는다.
- 갱은 초접의 동쪽에 두고, 밥은 술잔의 서쪽에 둔다.
- 두 번째 줄에는 행례를 할 때를 기다려 음식을 올리고,
- 소채와 포혜는 세 번째 줄에 놓고, 。채소는 과일의 안쪽에 놓는다.
- 과일은 네 번째 줄에 놓는다. 。과일은 바깥 줄에 놓고,
  - 향안을 당의 중앙에 놓고 그 위에 향로를 놓고 향을 피우고,
  - 띠풀 묶음과 모사는 향안 앞에 놓는다.
  - 음식을 준비하는데, 조전과 같이 하여 당문 밖의 동쪽에 진설한다.

(2-2) 절차

- 축출신주우좌(祝出神主于座) : 축관(祝官)이 영좌에서 신주를 내 모신다.
- 주인이하개입곡(主人以下皆入哭) : 주인 이하는 모두 들어가 곡哭을 한다.
- 우제(虞祭) 때부터는 상장(喪杖)을 방 안에 가지고 들어가지 못하므로 밖에 두고 제사에 참가한다.
- 참사자 모두는 복의 경중에 따라 서열을 맞추어 북향하여 선다.

(3) 設次陳練服

┌─ 【주자가례 원문 17-3】 ─────────────────────

- 設次陳練服*
  ⇒ 막차를 설치하고 연복을 진설한다.

- 丈夫婦人 各設次於別所 置練服於其中 男子以練服爲冠 去首絰負版辟領衰 婦人截長裙 不令曳地 應服期者改吉服
  ⇒ 장부와 부인들은 각각 막차를 별도의 장소에 설치하고, 그 안에 연복을 둔다. 남자들은 연복으로 관을 쓰고 수질, 부판, 벽령의 최를 벗는다. 부인들은 긴 치마를 절단하여 땅에 끌리지 않도록 한다. 기년복을 입은 사람들은 길복(吉服)으로 고쳐 입는다.

└────────────────────────────────

- 然猶盡其月 不服金珠錦繡紅紫 唯爲妻者猶服禪 盡十五月而除
  ⇒ 그러나 아직 그 달이 다하지 않으면 금, 구슬, 비단, 수놓은 옷, 울긋불긋한 옷은 입지 않는다. 오직 처를 위하는 사람은 오히려 담복(禪服)을 입고 15개월이 다해야 벗는다.

- 楊氏復曰 按儀禮喪服記 載衰負版辟領之制 甚詳 但有闕文 不言衰負版辟 領何時而除
  ⇒ 양복이 말하기를 "살펴보니 『의례』의 「상복」기에 "최와 부판과 벽령의 제도를 실은 것은 아주 자세하다. 다만 빠진 글이 있으니 최와 부판과 벽령을 어느 때 벗어야 하는지를 말하지 않았다.

- 司馬公書儀云 旣練 男子去首経負版辟領衰 故家禮據書儀云 小祥去首経負版辟領衰
  ⇒ 사마공의 『의』에 이르기를, "이미 연제를 지냈으면 남자는 수질과 부판과 벽령과 최복을 벗는다고 하였으므로 『가례』도 『서의』에 근거하여 이르기를 '소상에는 수질 최 부판 벽령을 벗는다고 하였다.

- 但禮経旣練 男子除首経 婦人除腰帶 家禮於婦人成服時 並無婦人経帶之文 此爲疏略
  ⇒ 다만 예경에는 이미 연제를 지냈으면 남자는 수질을 벗고 부인은 요대를 벗는다.'고 하였는데 『가례』에는 부인이 성복할 때 모두 부인이 질대한다는 글이 없으니 이것은 소략한 것이다.

- 故旣練亦不言婦人除帶 當以禮経爲正
  ⇒ 그러므로 이미 연제를 지냈으면 또한 부인이 대를 벗는다는 것을 말하지 않았으니 마땅히 예경으로 바로 잡아야 할 것이다."고 하였다.

- 변복(變服)을 한다. 소상(小祥)의 변복(變服)은 연복(練服)이므로 연복(練服)을 준비한다.

- 남자와 여자의 막차를 따로 설치하고 구분하여 연복(練服)을 갖추어 놓는다.

- 연복(練服)은 소상(小祥)부터 담제(禪祭)까지 입는 옷을 말한다. 연복(練服)은 빨아서 다듬은 옷으로 남자들은 수질을 떼어내고, 여자들은 요질을 떼어낸다. 기년복을 입는 사람은 길복(吉服)으로 바꿔 입으나 울긋불긋한 옷은 입을 수 없다.

- 『운서』에 '연(練)은 오랫동안 물에 익힌 실이니 그 뜻은 연숙한 포로 관(冠)과 복(服)을 만드는 것이다. 그러므로 이를 연복(練服)이라 한 것이다.'고 하였다.

- 『가례』에 의하면 남자들은 관(冠)을 쓰고, 수질, 부판, 벽령, 최를 떼어내고, 여자들은 긴치마를 땅에 끌리지 않게 잘라 입는 것으로 되어 있어 차이를 보인다.

- 「단궁(檀弓)」에연제에는 연의(練衣)를 입되 황색 안감에 연한 분홍색(緣) 천으로 전

(線)은 칠(七)과 견(絹)의 반절이다. 가선을 두른다(緣).512)고 하였다.

- 『구의(丘儀)』에관(冠)은 조금 거칠게 누인 삼베를 사용해서 만든다. 그 복제(服制)는
또한 대공의 최복과 같은데, 부판(負版)과 적(適)과 최(衰)는 사용하지 않는다. 요질은
칡베를 사용해서 만들며, 삼신(麻屨)은 삼끈(麻繩)을 사용해서 만들며, 상장(喪杖)은 전
과 같다.513)고 하였다.

(4) 厥明夙興設蔬果酒饌

┌─── 【주자가례 원문 17-4】 ───

● 厥明夙興 設蔬果酒饌*
⇒ 다음날 새벽에 일찍 일어나 채소와 과일, 술과 음식을 진설한다.

● 並同卒哭
⇒ 모두 졸곡과 같다.

└─────────────────────────────

- 새벽에 일어나 채소, 과일, 술, 음식을 진설한다.

- 진설방법은 졸곡과 동일하다.

- 다음날 새벽에 일찍 일어나 채소, 과일, 술, 음식을 진설한다.

- 주인 이하는 심의를 입고, 집사자와 함께 제사지낼 곳에 나아가 손을 씻고 과일 접시를
신위마다 탁자의 남쪽 끝에 진설하고,

- 채소와 포와 육장은 서로 사이에 두고 차례로 놓는다.

- 술잔과 쟁반과 식초그릇은 북쪽 끝에 진설하고,

- 술잔은 서쪽에 접시는 동쪽에 놓고,

- 숟가락과 젓가락은 가운데 놓는다.

- 현주(玄酒)와 술은 각각 한 병씩 주가 위에 진설한다. 현주는 그날 정화수를 채워서 술
의 서쪽에 놓는다.

- 화로에 숯을 피우고 병에 물을 채운다. 화로는 간과 고기를 굽는데 쓰이며, 병에 물을

----

512) 「檀弓」 : 練, 練衣, 黃裏, 線 七絹反。

513) 『丘儀』 : 冠用稍龘熟麻布爲之。其服制, 則亦如大功衰服, 不用負版適衰。腰経用葛爲之, 麻屨用麻繩
爲之, 杖如故。

채우는 것은 차를 타기 위한 것이다.

- 주부는 배자를 입고, 불을 때서 제사음식을 데운다. 모두 충분히 익으면 합에 담아 가지고 동쪽계단 아래의 큰 상 위에 놓는다.

(5) 質明. 祝出主. 主人以下入哭

┌─── 【주자가례 원문 17-5】 ─────────────────────────┐

● 質明祝出主 主人以下入哭
  ⇒ 날이 밝으면 축이 신주를 내온다. 주인 이하는 들어가 곡한다.

● 皆如卒哭 但主人倚杖於門外 與期親各服其服而入
  ⇒ 모두 졸곡과 같다. 다만 주인은 문밖에서 지팡이를 기대 놓고 기년복을 입는 친족
    과 함께 각기 그 복을 입고 들어간다.

● 若已除服者來預祭 亦釋去華盛之服 皆哭盡哀止
  ⇒ 만약 이미 복을 벗은 자가 와서 제사에 참여하려면 또한 화려하고 성대한 옷을
    벗는다. 모두 곡으로 슬픔을 다하고 그친다.

└──┘

- 날이 밝으면 축관이 신주를 내모신다.
- 주인 이하가 들어가 곡을 한다. 방법은 모두 졸곡과 같다.
- 주인은 문밖에 지팡이를 놓고, 기년복을 입은 복인(服人)과 함께 각각 그 복(服)을 입고 들어간다.
- 이미 복을 벗은 사람이 참례하면 화려하고 성대한 옷은 벗는다.
- 모두 곡으로 슬픔을 다하고 그친다.

(6) 乃出就次易服. 復入哭

┌─── 【주자가례 원문 17-6】 ─────────────────────────┐

● 乃出就次易服 復入哭*
  ⇒ 이에 나와서 막차로 나아가 옷을 바꾸어 입고 다시 들어가 곡한다.

● 祝止之
  ⇒ 축이 곡을 그치게 한다.

└──┘

- 막차로 가서 연복(練服)으로 갈아입고 다시 들어가 곡을 한다. 이를 변복(變服)이라 한다.

- 축이 곡을 그치게 한다.

(7) 降神

【주자가례 원문 17-7】

● 降神*
 ⇒ 강신한다.

● 如卒哭
 ⇒ 졸곡과 같다.

- 모두 졸곡(卒哭)과 같다.

- 축문식은 우제(虞祭)와 같으나, '엄급삼우(奄及三虞)'를 '엄급소상(奄及小祥)'으로 바꾼다.

- '애천 협사(哀薦 祫事)'를 '애천 상사(哀薦 常事)'로 고쳐 쓴다. 상(祥)은 1년이 되었음을 나타낸다.

- 「사우례」 기에 소상에 '이 상사(常事)를 드린다'고 한다. [주에 '상(常)'이라 함은 1년이 되어 제사를 지냄이 예법이라는 말이다. 고문(古文)에는 '상(常)'이 '상(祥)'으로 되어 있다.514)고 하였다.

 ① 강신(降神) : 신이 강림하게 한다.

  • 축관이 상주들의 곡을 그치게 하면, 주인이 영좌 앞에 나아가 분향하고 재배한다.

  • 집사자 한사람은 주전자에 술을 채워 서면하여 무릎을 꿇고 주전자를 주인에게 준다.

  • 주인은 무릎을 꿇고 받는다.

  • 집사자 한사람은 탁자위의 잔과 잔 받침을 받들어 주인의 왼쪽에서 동면하여 무릎을 꿇는다.

  • 주인은 술을 잔에 따르고, 주전자를 집사에게 준다.

---

514) 「士虞」 記 : 小祥, 薦此常事。 註 : 言常者, 朞而祭禮也。 古文常爲祥。

• 왼손으로 잔 받침을 들고, 오른손으로 잔을 들어 띠 풀 위에 붓고 나서 잔 받침과
  잔을 집사자에게 준다.
• 엎드렸다가 일어나, 조금 물러나서 재배하고 자리로 돌아온다.

② 축진찬(祝進饌) : 축이 음식을 올린다.
• 축관이 나머지 제물 모두를 차린다. 차리는 순서는 어(魚), 육(肉)을 진설하고 반
  (飯), 갱(羹), 면(麵), 미식(米食)의 순이다.

(8) 三獻

> 【주자가례 원문 17-8】
>
> • 三獻*
>   ⇒ 삼헌
>
> • 如卒哭之儀 祝版同前 但云 日月不居 奄及小祥 夙興夜處 小心畏忌 不惰其身 哀慕不寧
>   敢用潔牲柔毛 粢盛醴齊 薦此常事 尚饗
>   ⇒ 졸곡과 의식이 같고 축판도 앞과 같다. 다만 이르기를 "날과 달은 머물지 않아 소
>   상이 되었습니다. 이른 아침부터 밤늦도록 삼가 두렵고 꺼려져 몸을 게을리 하지
>   않았고 슬피 사모하는 마음에 편안하지 못하였습니다. 감히 결생(潔牲)과 유모(柔
>   毛)와 자성(粢盛)과 예제(醴齊)로 이 상사(常事)를 드리오니 흠향하시기 바랍니
>   다."고 한다.

③ 초헌(初獻) : 첫 번째 잔을 올린다.
• 주인이 주전자가 놓인 탁자 앞으로 나아가 북향하여 선다.
• 집사자 한 사람이 영좌 앞의 잔 받침과 잔을 들고 주인의 왼쪽에 선다.
• 주인은 술을 따르고 주전자를 탁자 위에 올려놓고, 집사자와 함께 영좌 앞으로 나
  아가 북향하여 선다.
• 주인이 무릎을 꿇으면 집사자가 무릎을 꿇고 잔 받침과 잔을 드린다.
• 주인은 잔을 받아 모사(茅沙, 띠 풀)위에 세 번 나누어 따르고 엎드렸다가 일어
  난다.
• 집사자가 잔을 받아 받들고 영좌 앞으로 가서 원래의 자리에 놓는다.
• 집사자가 메의 뚜껑을 열어 남쪽에 놓는다.
• 주인이 조금 물러나서 꿇어앉고, 이하 모두 꿇어앉는다.
• 축관이 축판을 들고 주인의 오른쪽에 서향하여 꿇어앉아

維歲次 干支 某月干支朔 某日干支
유 세 차 간 지 모 월 간 지 삭 모 일 간 지

孤子 某 敢昭告于
고 자 모 감 소 고 우

顯考某官府君 日月不居 奄及小祥
현 고 모 관 부 군 일 월 불 거 엄 급 소 상

夙興夜處 哀慕不寧 謹以 淸酌庶羞
숙 흥 야 처 애 모 불 녕 근 이 청 작 서 수

哀薦 常事 尙饗
애 천 상 사 상 향

어떤 해 어떤 날 고자는 감히 돌아가신 아버지 어떤 벼슬을 한 어른께 고합니다.
세월이 흘러 어언 소상이 되었습니다.

밤낮으로 돌아가신 아버지를 슬피 사모하여 편안치 못하여 삼가 맑은 술과 음식을 올리오니 흠향하소서.

- 축관이 축을 다 읽고 일어나면, 주인은 곡하며 재배한 뒤, 본래의 자리로 돌아가서 곡을 그친다.
- 다른 사람도 상주를 따라 곡하다가 그친다.
- 집사자는 철주하고, 빈 잔을 본래의 자리에 올려놓는다.

④ 아헌(亞獻) : 두 번째 잔을 올린다.
- 제사(祭祀)에서 두 번째 올리는 절차로 아헌은 주부가 하도록 되어 있다.
- 헌작(獻爵)의 방법은 초헌과 같으나 독축이 없고 아헌관은 절을 4번한다.

⑤ 종헌(終獻) : 세 번째 잔을 올린다.
- 제사에서 세 번째 올리는 잔이다.
- 주로 친척이나 빈객 중에서 하며 여자도 가능하다. 혹은 아들·딸이 하기도 한다.
- 예는 아헌과 같다.
- 초헌과 아헌에서처럼 술잔을 비우지는 않고 그대로 8부로 둔다.

(9) 侑食. 闔門, 啓門, 辭神

【주자가례 원문 17-9】

- 侑食闔門啓門辭神*
  ⇒ 유식, 합문, 계문, 사신

- 皆如卒哭之儀
  ⇒ 모두 졸곡의 의식과 같다.

⑥ 유식(侑食) : 잔에 술을 더하는 것이다.
- 종헌에서 다 채우지 않은 잔에 술을 가득 채우는 것으로 종헌 때 8부만 채운 잔에 술이 부족하니 조금 더 드시라는 의미에서 나누어 채운다.
- 일반적으로 첨작과 삽시정저의 절차를 묶은 것이다.
- 숟가락을 밥그릇에 꽂고, 젓가락을 자루가 서쪽으로 가게 떡이나 적 위에 올려놓는다.

⑦ 합문(闔門) : 신이 제사음식을 흠향하는 시간이다.
- 주인이하개출(主人以下皆出) 축합문(祝闔門) : 주인 이하가 모두 문밖으로 나가고 축관이 문을 닫는다.
- 주인은 문의 동쪽에 서서 서향하고, 항렬이 낮거나 어린 남자는 그 뒤에 두 줄로 서는데, 북쪽이 위이다. 주부는 문의 서쪽에 서서 동향하고 항렬이 낮거나 어린 부녀도 그와 같다.
- 밖에서 한식경 정도를 기다린다.

⑧ 계문(啓門), 사신(辭神) : 다시 제청으로 들어가는 절차이다.
- 음식을 모두 흠향하였으므로 제청으로 들어간다.
- 축관이 문으로 가서 북향하여 서서 '어흠'하고 세 번 기침을 하고 문을 연다.
- 문이 열리면 주인 이하가 들어가 각자 자리로 간다.
- 차를 올린다. 관행에는 숭늉을 올린다고 한다.
- 축관이 주인의 오른쪽에서 서향하고 '이성'이라고 고한다. 제사를 마쳤다는 것을 알리는 의미로 사신의 절차이다.
- 집사가 신주를 거두어 갑에 넣고 있던 곳에 놓는다.
- 주인 이하 참사자가 곡하고 재배한다.
- 신주를 원래의 자리로 옮겨 모신다.
- 상주가 모두 나가면 집사자가 철상한다.

(10) 止朝夕哭

- 조석곡(朝夕哭)을 그친다.

- 아직 복을 벗지 않은 사람들은 초하루와 보름에 모여 삭망곡(朔望哭)을 한다.

- 『문해』에 주자의 설을 가지고 살펴보자면, 3년 내에는 항상 모신다는 뜻이 있으니, 아침저녁으로 참배함이 어떨지 모르겠다. 다시 살필 것이다.515)고 하였다.

- 물었다. "연제 뒤에 비록 조석곡을 그만두지만, 새벽과 저물녘에 궤연에 절하는 것이 인정과 예의에 합당할 듯하다." 퇴계가 말했다. "지당하고 지당한 말이다."516)고 하였다.

- 『개원례』에 소상 뒤에는 슬픈 생각이 들면 곡한다.517)고 하였다.

- 『통전』에 때맞춰 하는 곡이 없다는 것은 다시는 조석곡을 하지 않고, 혹 며칠 만에 슬픈 생각이 들면 곡함이다. 대덕(戴德)은 '곡하는 시기는 그 슬픔이 줄어듦에 따라 5일 또는 10일 만에 곡하면 된다'고 했다.518)고 하였다.

- 퇴계가 말했다. "졸곡부터는 점점 길례를 사용해서 아침과 저녁 사이에 슬픈 감정이 들어도 곡하지 않지만, 조석곡은 그대로 행한다. 연제가 되면 조석곡을 그치고, 다만 초하루와 보름에만 함께 모여 곡하니, 슬픔을 차츰 줄여가고 곡도 조금씩 줄인다. 만약 아직도 조석 상식에 곡을 행한다면 '다만 초하루와 보름에만 곡한다'는 말에 합당치 않다. 이제 자기 뜻대로 행하려는 것은 또한 미안할 듯하다."519)고 하였다.

---

515) 『問解』 : 以朱子說觀之, 三年內有常侍之義, 朝夕叅拜, 未知如何？更詳之.
516) 『常變通攷』 問："練後, 雖廢朝夕之哭, 晨昏, 展拜几筵, 似合情禮。" 退溪曰："至當至當。"
517) 『開元禮』 : 小祥之後, 哀至則哭.
518) 『通典』 : 哭無時者, 不復朝夕哭, 或數日哀至而哭. 戴德云, '哭時, 隨其哀殺, 五日十日, 可哭矣'.

– "「기석례(旣夕禮)」에 '주야에 정해진 때가 없이 곡한다'고 했고, 「상복」 전(傳)에 '우제를 지낸 뒤에 아침에 한 번 곡하고 저녁에 한 번 곡한다'고 했으며, 『가례』 '소상(小祥)' 장에 '조석곡을 그친다'고 했고, 「상복」 전(傳)에 또 '연제를 지낸 뒤에는 정해진 때가 없이 곡한다'고 했다. 이는 늘 하던 곡(常哭)은 이미 그쳤지만 슬픈 생각이 나면 곡함이다. 3년상에 조석곡을 그치면 곡이 없기 때문에 지극히 애통한 효자의 마음으로 하여금 때때로 그 슬픔을 펼 수 있게 허여한 것이다. 상식에도 여전히 곡하면 이는 늘 하던 곡이 여전히 있는 것이고, 또 슬픈 생각이 들면 곡하는 것은 초상 때와 같으니, 슬픔을 줄이는 절도가 아니다."520)고 하였다.

(11) 始食菜果

【주자가례 원문 17-11】

- 始食菜果*
⇒ 비로소 채소와 과일을 먹는다.

- 問 妻喪踰期主祭 朱子曰 此未有考 但司馬氏大小祥祭 已除服者皆與祭 則主祭者雖已除服 亦何害於與祭乎 但不可純用吉服 須如弔服及忌日之服 可也
⇒ 묻기를 "아내의 상에 기년을 넘겨서도 제사를 주관할 수 있습니까."하니 주자가 대답하기를 "그것은 아직 상고하지 못하였다. 다만 사마씨는 대·소상이 제사에 이미 복을 벗은 사람이 모두 제사에 참여한다고 하였으니 제사를 주관하는 자가 이미 복을 벗었다 해도 어찌 제사에 참여하는 데 해롭겠는가. 다만 순수하게 길복을 사용할 수 없으니 모름지기 조복과 기일의 복을 입는 것이 옳을 것이다."하였다.

–「상복」 전(傳)에 연제를 마치면 외침에 머물며 비로소 채소와 과일을 먹고 평소에 먹던 밥(素食)을 먹는다. [주에 외침에 머문다고 함은, 중문(中門) 밖 지붕 밑에 날벽돌을 포개어 만들되 벽을 칠하지 않은 이른 바 악실(堊室)이다.] '소(素)'는 '고(故)'와 같으니, 평상시에 먹던 밥으로 돌아감을 말한다. [소에 '사(食)'의 음은 '사(飼)'이다.] 천자

---

519) 『常變通攷』 退溪曰：“卒哭漸用吉禮, 朝夕之間, 哀至不哭, 猶存朝夕哭. 練而止朝夕哭, 惟朔望會哭, 哀漸殺, 哭亦漸殺也. 若猶朝夕上食哭, 不應曰惟朔望哭而已. 今欲以己意行之, 亦恐未安.”

520) 『旣夕禮』曰, '晝夜哭無時', 「喪服」傳, '旣虞, 朝一哭, 夕一哭', 『家禮』小祥章, '止朝夕哭', 「喪服」傳又曰, '旣練, 哭無時'. 此常哭旣止, 而哀至則哭也. 三年之喪, 止朝夕哭則無哭, 故令孝子之至痛, 許有時而伸其哀. 上食猶哭, 則是常哭猶在, 而又哀至則哭, 與初喪同, 非殺哀之節也.

이하가 평상시에 먹던 음식에는 모두 희생(牲牢)과 물고기와 포(魚腊)가 있다. 연제 뒤에는 아직 고기와 술을 먹지 못하는데, 어떻게 평소에 먹던 음식을 먹겠는가? 오로지 쌀밥(米飯)에만 의거하여 말함이다.521)고 하였다.

- 「상대기」에 대부나 사(土)는 부모상에 연제를 마치면 돌아가고, 초하루와 기일(忌日)에는 종실(宗室)로 돌아가서 곡한다. [주에 돌아감은 제집으로 돌아감을 말한다.] 기일은 사망한 날이다. 종실은 종자(宗子)의 집이니 빈궁(殯宮)을 말한다.522)고 하였다.

- 『비요』에 옛날에 명사(名士) 이상은 부자가 집(宮)을 달리했다. 그러므로 서자(庶子)로서 대부나 사가 된 사람은 소상에 이르러 각각 제집으로 돌아갔다. 오늘날은 아침저녁의 상식을 3년 동안 폐하지 않으므로 서자도 적자(嫡子)처럼 상을 마칠 때까지 빈궁에 있다.523)고 하였다.

18. 대상(大祥)

1) 개요

- 초상(初喪) 후 두 돌 만에 지내는 제사(祭祀)이다. 초상(初喪)으로부터 대상(大祥)까지 윤달을 계산하지 않으면 25개월이 된다.

- 대상(大祥)의 자형을 분석하여 보면,
  • 大는 『설문해자(說文解字)』에서 "天大，地大，人亦大。故大象人形。"라 하여 "크다는 의미로, 하늘이 크고, 땅이 크며, 사람도 역시 크다. 그래서 사람의 모습을 그린 것이다."고 하였다.
  • 祥 [상서로울 상]은 『설문해자(說文解字)』에 "福也。从示羊聲。一云善。"라 하여

---

521) 「喪服」 傳：已練，舍外寢，始食菜果，飯素食。註：舍外寢，於中門之外，屋下壘墼爲之，不塗墍，所謂堊室也。素猶故也，謂復平生時食也。疏：食爲飼讀。天子已下，平常之食皆有牲牢魚腊。練後未得食肉飲酒，何得平常時食？專據米飯而言也。

522) 「喪大記」：大夫士父母之喪，旣練而歸，朔月忌日則歸哭于宗室。註：歸，謂歸其宮也。忌日，死日也。宗室，宗子之家，謂殯宮也。

523) 『備要』：古者，命士以上，父子異宮。故庶子爲大夫士者，至小祥，各歸其宮。今朝夕上食，三年不廢，則庶子如嫡子，終喪在殯宮也。

복의 의미라고 하였다. 복은 삶의 과정에서 누리는 운 좋은 현상과 그것에서 얻어지는 기쁨과 즐거움을 말한다. 자형은 뜻을 나타내는 '示(=礻)'와 음을 나타내는 동시에 좋다는 뜻을 가진 '羊'으로 이루어졌다. 신에게 양을 희생으로 바쳐 제사지내는 상서로운 일이라는 의미이다.

- 사계절이 일기(一朞)한 소상(小祥)을 맞아도 부모에 대한 애정이 완전히 사라지는 것은 아니지만, 소상(小祥)이 지난 후 다시 1년이 되면 대상(大祥)을 지낸다.

-「사우례(士虞禮)」 기(記)에 또 기년이 되면 대상을 지낸다.524)고 하였다.

-「삼년문(三年問)」에 3년상은 25개월로 끝나니, 애통함을 다하지 못했고, 사모하는 마음을 잊을 수는 없지만, 그러나 상복을 이로써 끊는 것은, 어찌 죽은 이를 보내는 데 끝이 있어서가 아니겠으며, 삶으로 돌아감에 절도가 있어서가 아니겠는가? [주에 삶으로 돌아감(復生)은 상을 마치고 산 자의 일로 돌아감이다.]525)고 하였다.

2) 대상(大祥)의 예(禮)에 관하여 살펴보면

구 분	『朱子家禮』	『喪禮備要』	『四禮便覽』
절 차	•再朞而大祥. •前期一日.沐浴陳器具饌. •設次陳禫服. •告遷于祠堂 •厥明行事.皆如小祥之儀 •畢.祝奉神主入于祠堂. •徹靈座.斷杖棄之屛處. •奉遷主埋于墓側.始飮酒食肉而復寢	•再朞而大祥. •前期一日.沐浴陳器具饌. •設次陳禫服.厥明行事皆如小祥之儀 •畢.祝奉神主入于祠堂. •徹靈座.斷杖棄之屛處.	•再朞而大祥 •前期一日.沐浴.陳器.具饌 •厥明行事皆如小祥之儀 •畢.祝奉神主入于祠堂 •徹靈座.斷杖棄之屛處

---

524)「士虞」記：又朞而大祥。

525)「三年問」：三年之喪，二十五月而畢，哀痛未盡，思慕未忘，然而服以是斷之者，豈不送死有已，復生有節也哉？ 註：復生，除喪，反生者之事也。

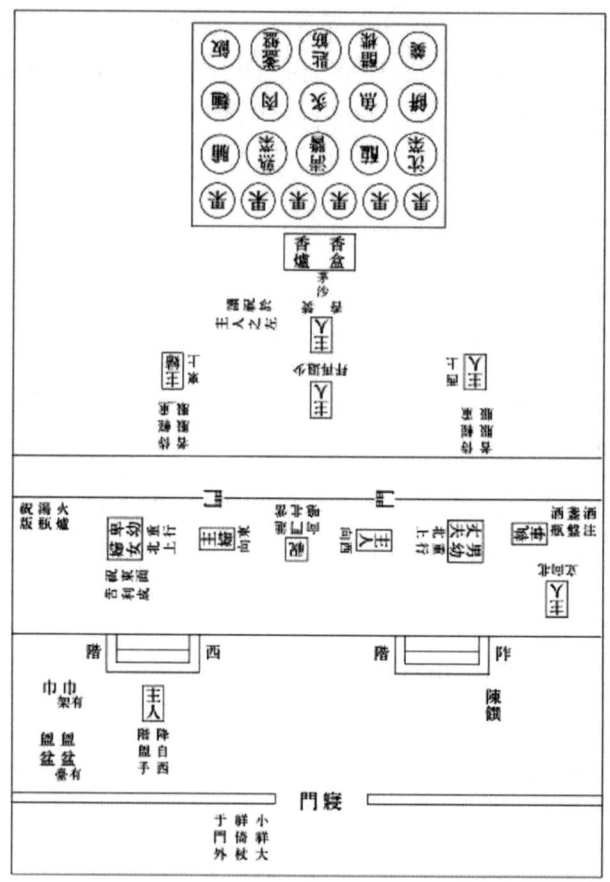

〈大祥 進行節次〉

① 讀祝於主人之左 : 축문을 주인의 왼쪽에서 읽는다.

② 主人 少退再拜 : 주인이 조금 물러나서 재배한다.

③ 主婦 東上 侍輕重者服服 : 여자로서 중한 복을 입은 자와 가벼운 복을 입은 자와 시자가 이곳에 있는다.

④ 主人 西上 侍輕重者服服 : 남자로서 중한 복을 입은 자와 가벼운 복을 입은 자와 시자가 이곳에 있는다.

⑤ 祝板, 湯餅, 火爐, : 축판, 탕병, 화로가 있다.

⑥ 祝東面告利成 : 축(祝)이 동쪽을 바라보면서 이성(利成)을 고한다.

⑦ 卑幼婦女 重行北上 : 나이 어린 부녀들은 여러 줄로 서되, 북쪽을 윗자리로 한다.

⑧ 主婦 東向 : 주부는 동쪽을 바라본다.

⑨ 祝 進當門北向噫 : 축이 문 앞에 이르러서 북쪽을 바라보면서 어흠하고 기침을 한다.

⑩ 主人 西向 : 주인은 서쪽을 바라본다.

⑪ 男幼丈夫 重行北上 : 나이 어린 장부들은 여러 줄로 서되, 북쪽을 윗자리로 한다.

⑫ 主人 北向立 : 주인은 북쪽을 바라보면서 서 있는다.

⑬ 主人 降自西階盥手 : 주인은 서쪽 계단으로 내려온 다음 손을 씻는다.

⑭ 祔祭倚杖階下 : 부제(祔祭)를 지낼 적에는 지팡이를 계단 아래에 기대어 놓는다.

⑮ 巾 有架 盥盆 有臺, 陳饌 : 이곳에 시렁이 있고 수건을 놓고, 대가 있고 손씻을 물 그릇이 있다. 음식을 차려 놓는다.

⑯ 巾 有架 盥盆 有臺, 陳饌 : 이곳에 시렁이 있고 수건을 놓고, 대가 있고 손씻을 물 그릇이 있다. 음식을 차려 놓는다.

⑰ 小祥大祥倚杖于門外 : 소상과 대상에는 지팡이를 문밖에 기대어 놓는다.

3) 의례절차의 이해

(1) 再朞而大祥

┌─── 【주자가례 원문 18-1】 ───
│
│ ● 再期而大祥*
│   ⇒ 이년 만에 대상을 지낸다.
│
│ ● 自喪至此 不計閏 凡二十五月 亦止用第二忌日祭
│   ⇒ 초상으로부터 이 때까지 윤달을 계산하지 않고 모두 25개월이다. 또한 다만 두 번
│   째 기일로써 제사를 지낸다.
└

- 『서의(書儀)』에 날을 점치는 일은 소상의 예(禮)와 같다. 단지 두 번째 기일(忌日)을 사용하여 제사를 지낸다.526)고 하였다.

- 대상(大祥)이 지나고 나면 혼백(魂帛)이나 신주(神主)를 모신 궤연(几筵)이 없어지기 때문에 사당(祠堂)에 새 신주(神主)를 모신다고 고(告)하고 대상(大祥)을 마치면 즉시 부묘한다.

- 대상(大祥)을 지내면 남자는 흰 옷을 입고 백립(白笠)을 쓰고 흰 신을 신으며, 여자는 흰옷에 흰 신을 신는다. 젓갈이나 간장, 포를 먹어도 된다.

---

526) 『書儀』: 卜日如小祥禮。只用第二忌日祭。

- 「잡기」 소에 "대상으로부터 길제(吉祭)까지 모두 의복이 여섯이다. 상제에는 조복(朝服)에 호관(縞冠)을 하니 하나요, 상제를 마치고 소호(素縞)에 마의(麻衣)를 입으니 둘이요, 담제에 현관(玄冠)에 황상(黃裳)을 입으니 셋이요, 담제를 마치고 조복에 침관(綅冠)을 하니 넷이요, 달을 넘겨 길제에 현관에 조복을 입으니 다섯이요, 길제를 지내고 현단(玄端)을 입고 지내니, 여섯이다."고 하였다.

- 『가례』에 의하면 술을 마시고 고기를 먹어도 된다고 한다.

- 대상(大祥)은 상(喪)을 치르고 만 2년이 되는 날로 정확히는 25개월째이다. 윤달은 계산하지 않고 아침 일찍 제사(祭祀)를 올린다.

(2) 前期一日. 沐浴陳器具饌

【주자가례 원문 18-2】

● 前期一日 沐浴陳器具饌* 皆如小祥
⇒ 하루 전에 목욕하고 기물을 진설하며 음식을 갖춘다. 모두 소상과 같다.

- (2-1) 하루 전에 목욕재계(沐浴齋戒)하고 기물을 점검하여 진설(陳設)하고 음식을 준비

- 모든 준비는 소상례(小祥禮)와 같다.

- 하루 전에 주인 이하 모두 목욕재계(沐浴齋戒)하고 기물을 점검하여 진설하고 음식을 준비한다.

- 주인은 남자들을 데리고 청소한다.

- 주부는 음식 기구를 닦고 음식을 준비한다.

- 다른 것은 졸곡(卒哭) 때와 같다.

- 예(禮)를 행하는 장소는 모두 영좌(靈座) 앞이다.

- 구찬(具饌), 집사자진기구찬(執事者陳器具饌) : 음식을 준비한다.

- ※ 『가례집람, 구씨의절』은 · 표시로 『주자가례』는 ◦표시를 구분하여 살펴보고 이후에는 『주자가례』의 예이다.

  ◦ 세숫대야와 수건을 각각 두 개씩 서쪽 계단의 서쪽에 놓는데, 남쪽을 위로 한다. 동쪽대야는 받침대와 수건이 있으나, 서쪽의 것은 없다.

  ◦ 술병을 받침과 함께 영좌의 동남쪽에 놓고 탁자는 그 동쪽에 놓아 주전자와 쟁반을

구 위에 놓는다.

· 영좌 앞 탁자 위 영전에 가까운 곳에 첫째 줄에 시저, 수저를 가운데 안쪽에 놓는다.

。수저는 안쪽 가운데 놓고,

· 술잔은 시저의 서쪽에 놓는다. 。술잔은 서쪽에 놓으며,

· 초접은 동쪽에 두고 。초접은 동쪽에 놓는다.

· 갱(羹)은 초접(醋楪)의 동쪽에 두고, 밥은 술잔의 서쪽에 둔다.

· 두 번째 줄에는 행례를 할 때를 기다려 음식을 올리고,

· 소채(蔬菜)와 포혜(脯醢)는 세 번째 줄에 놓고, 。채소는 과일의 안쪽에 놓는다.

· 과일은 네 번째 줄에 놓는다. 。과일은 바깥 줄에 놓고,

。향안을 당의 중앙에 놓고 그 위에 향로를 놓고 향을 피우고,

。띠풀 묶음과 모사(茅沙)는 향안 앞에 놓는다.

。음식을 준비하는데, 조전(朝奠)과 같이 하여 당문 밖의 동쪽에 진설한다.

(2-2) 절차

· 축출신주우좌(祝出神主于座) : 축관이 영좌에서 신주를 내 모신다.

· 주인이하개입곡(主人以下皆入哭) : 주인 이하는 모두 들어가 곡 한다.

· 우제(虞祭) 때부터는 상장(喪杖)을 방 안에 가지고 들어가지 못하므로 밖에 두고 제사(祭祀)에 참가한다.

· 참사자 모두는 복의 경중에 따라 서열을 맞추어 북향하여 선다.

(3) 設次陳禫服

┌─── 【주자가례 원문 18-3】 ───
│
│ ● 設次陳禫服*
│   ⇒ 막차를 설치하고 담복을 진설한다.
│
│ ● 司馬溫公曰 丈夫垂脚黲紗幞頭黲布衫布裹角帶 未大祥間 假以出謁者 婦人冠梳假髻 以
│   鵝黃靑碧皂白爲衣履 其金珠紅繡 皆不可用
│   ⇒ ⇒ 사마온공이 말하기를 "장부는 수각참사복두와 포과와 각대를 한다. 대상이
│   아직 지나지 않은 사이에는 여가가 있는 대로 나아가 배알한다. 부인은 관과 소와
│   가계를 하고 아황과 청 벽 조 백으로 옷과 신을 만들며 그것에 금 주 홍수는 모두

사용할 수 없다.

- 問 子爲母大祥及禫 夫已無服 其祭當如何 朱子曰 今禮几筵 必三年而除 則小祥大祥之 祭 皆夫主之 但小祥之後 夫卽除服 大祥之祭 夫亦恐須素服如弔服 可也 但改其祝詞 不必言爲子而祭也
  ⇒ 묻기를 "자식이 어머니를 위하여 지내는 대상과 담제에는 남편이 이미 복이 없으니 그 제사는 어떠해야 합니까."하였다. 주자가 답하기를 "지금의 예에 궤연은 반드시 3년만에 제거하니 곧 소상과 대상의 제사는 모두 남편이 주관한다. 다만 소상 후에 남편은 곧 복을 벗으니 대상의 제사에 남편은 아마도 반드시 소복으로 건복하는 것이 옳을 듯하다. 다만 그 축사를 고쳐 자식으로서 제사를 지낸다고 반드시 말할 필요는 없다."고 하였다.

- 「소기(小記)」에 대상(大祥)에는 길복(吉服)을 입고 시(尸)를 가린다. [소에 길복은 조복(朝服)이다.] 대상을 치르는 날은 호관(縞冠)에 조복(朝服)을 입는다. 지금 장차 상제(祥祭)를 지내려 하면, 또한 전날에 미리 대상의 복을 입고 날 가리는 일(筮日)과 시를 가리는 일(筮尸), 제기 씻는 것 살피는 일(視濯)에 임할 것인데, 여기서 오직 시의 일만 말하고 날 가리는 일과 제기 씻는 일을 말하지 않은 것으로, 소상(小祥)과 같이 함을 알 수 있다. 상제를 지내기 전에 벌써 길복을 입는 것은 흉(凶)으로 길(吉)에 임할 수 없기 때문이다.527)고 하였다.

- 장막을 설치하고 대상(大祥)에 입는 옷을 준비한다.

- 옷은 백립, 망건, 직령대, 백화, 비녀, 의상, 신발 등 평복에 가까운 옷으로 갈아입는다.

- 『국조오례의』에 '흰 옷과 흰 갓과 흰 신발을 진설한다.' 고 하였다.

(4) 告遷于祠堂

┌─── 【주자가례 원문 18-4】 ───
│ ● 告遷于祠堂＊
│ ⇒ 사당에 옮기는 것을 고한다.
│ ● 以酒果告如朔日之儀 若無親盡之祖 則祝版云云告畢 改題神主 如加贈之儀
│ ⇒ 술과 과일로 고하니 초하루의 의식과 같다. 만약 친함이 다한 조상이 없으면 축판

----

527) 「小記」：大祥, 吉服而筮尸。疏：吉服, 朝服也。大祥之日, 縞冠朝服。今將欲祥, 亦於前日, 豫服大祥之服, 以臨筮日及筮尸視濯, 今惟言尸, 不言日及濯者, 從小祥可知也。祥祭前, 已著吉服, 不以凶臨吉故也。

에 적어 넣는다. 고하기를 마치면 신주를 고쳐 쓰는데 가증하는 의식대로 한다.

- 遞遷而西 虛東一龕 以俟新主 若有親盡之祖 而其別子也 則祝版云云告畢 而遷于墓所不埋 其支子也 而族人有親未盡者 則祝版云云告畢 遷于最長之房 使主其祭
⇒ 체천하여 서쪽으로 옮기고 동쪽의 한 감실을 비워 신주를 기다린다. 만약 친함이 다한 조상이 있는데 그가 별자이면 축판에 적어 넣는다. 고하기를 마치면 묘소로 옮겨 매장하지 않는다. 그가 지자이고 족인에 친함이 다하지 않은 사람이 있으면 축판에 적어 넣는다. 고하는 일이 끝나면 최고 어른의 방으로 옮기고 그 제사를 주관하게 한다.

- 其餘改題 遞遷如前 若親皆已盡 則祝版云云告畢 埋于兩階之間 其餘改題 遞遷如前
⇒ 그 나머지 신주는 고쳐 쓰고 앞서와 같이 체천한다. 만약 친함이 모두 이미 다하였으면 축판에 적어 넣는다. 고하는 일을 마치면 양 계단의 사이에 매장하고 그 나머지 신주는 고쳐 쓰고 앞서와 같이 체천한다.

- 사당에 옮기는 것을 고한다.

- 『주자가례』에 '술과 과일로 고하니 초하루의 의식과 같다.'고 하였다.

- 또한, 『주자가례』에 '친함이 다한 조상이 없으면 축판에 적어 넣는다. 고하기를 마치면 신주를 고쳐 쓰는데, 가증하는 의식대로 한다. 체천하여 서쪽으로 옮기고 동쪽의 한 감실을 비워 신주를 기다린다. 나머지 신주는 고쳐 쓰고 앞서와 같이 체천한다. 만약 친함이 모두 이미 다하였으면 축판에 적어 넣는다. 고(告)하는 일을 마치면 양 계단의 사이에 매장하고 그 나머지 신주는 고쳐 쓰고 앞서와 같이 체천한다.'고 하였다.

(5) 厥明行事. 皆如小祥之儀

┌─── 【주자가례 원문 18-5】 ───

- 厥明行事 皆如小祥之儀*
⇒ 그 다음날 행사한다. 모두 소상의 의식과 같다.

- 惟祝版 改小祥曰大祥 常事曰祥事
⇒ 축판은 '소상'을 고쳐 '대상'이라 쓰고 '상사(常事)'를 '상사(祥事)'라 한다.

- 모든 절차는 소상(小祥)과 같다.

- 축문식은 우제(虞祭)와 같으나, '엄급소상(奄及小祥)'을 '엄급대상(奄及大祥)'으로 바꾼다.
- '애천 상사(哀薦 常事)'를 '애천 상사(哀薦 祥事)'로 고쳐 쓴다.

(5-1) 궐명숙흥(厥明夙興) 설소과주찬(設蔬果酒饌)

  - 다음날 새벽에 일찍 일어나 채소, 과일, 술, 음식을 진설한다.

  - 주인 이하는 심의를 입고, 집사자와 함께 제사지낼 곳에 나아가 손을 씻고 과일 접
    시를 신위마다 탁자의 남쪽 끝에 진설하고,

  - 채소와 포와 육장은 서로 사이에 두고 차례로 놓는다.

  - 술잔과 쟁반과 식초그릇은 북쪽 끝에 진설하고,

  - 술잔은 서쪽에 접시는 동쪽에 놓고, 숟가락과 젓가락은 가운데 놓는다.

  - 현주와 술은 각각 한 병씩 주가 위에 진설한다. 현주는 그 날 정화수를 채워서 술
    의 서쪽에 놓는다.

  - 화로에 숯을 피우고 병에 물을 채운다. 화로는 간과 고기를 굽는데 쓰이며, 병에 물
    을 채우는 것은 차를 타기 위한 것이다.

  - 주부는 배자를 입고, 불을 때서 제사음식을 데운다. 모두 충분히 익으면 합에 담아
    가지고 동쪽계단 아래의 큰 상 위에 놓는다.

(5-2) 질명축출주(質明祝出主) 주인이하입곡(主人以下入哭)

  - 날이 밝으면 축관이 신주를 내모신다.

  - 주인 이하가 들어가 곡을 한다. 방법은 모두 졸곡과 같다.

  - 주인은 문밖에 지팡이를 놓고, 기년복을 입은 복인과 함께 각각 그 복을 입고 들어
    간다.

  - 이미 복을 벗은 사람이 참례하면 화려하고 성대한 옷은 벗는다.

  - 모두 곡으로 슬픔을 다하고 그친다.

  - 막차로 가서 연복(練服)으로 변복(變服)한다.

  - 축이 곡을 그치게 한다.

(5-3) 강신(降神), 진찬(進饌), 초헌(初獻), 아헌(亞獻), 종헌(終獻), 유식(侑食), 합문(闔門), 계문(啓門), 사신(辭神)

① 강신(降神) : 신이 강림하게 한다.

- 축관이 상주들의 곡을 그치게 하면, 주인이 영좌 앞에 나아가 분향하고 재배한다.
- 집사자 한사람은 주전자에 술을 채워 서면하여 무릎을 꿇고 주전자를 주인에게 준다.
- 주인은 무릎을 꿇고 받는다.
- 집사자 한사람은 탁자위의 잔과 잔 받침을 받들어 주인의 왼쪽에서 동면하여 무릎을 꿇는다.
- 주인은 술을 잔에 따르고, 주전자를 집사에게 준다.
- 왼손으로 잔 받침을 들고, 오른손으로 잔을 들어 띠 풀 위에 붓고 나서 잔 받침과 잔을 집사자에게 준다.
- 엎드렸다가 일어나, 조금 물러나서 재배하고 자리로 돌아온다.

② 축진찬(祝進饌) : 축이 음식을 올린다.

- 축관이 나머지 제물 모두를 차린다.
- 차리는 순서는 어(魚), 육(肉)을 진설하고 반(飯), 갱(羹), 면(麵), 미식(米食)의 순이다.

③ 초헌(初獻) : 첫 번째 잔을 올린다.

- 주인이 주전자가 놓인 탁자 앞으로 나아가 북향하여 선다.
- 집사자 한 사람이 영좌 앞의 잔 받침과 잔을 들고 주인의 왼쪽에 선다.
- 주인은 술을 따르고 주전자를 탁자 위에 올려놓고, 집사자와 함께 영좌 앞으로 나아가 북향하여 선다.
- 주인이 무릎을 꿇으면 집사자가 무릎을 꿇고 잔 받침과 잔을 드린다.
- 주인은 잔을 받아 모사(茅沙, 띠 풀)위에 세 번 나누어 따르고 엎드렸다가 일어난다.
- 집사자가 잔을 받아 받들고 영좌 앞으로 가서 원래의 자리에 놓는다.
- 집사자가 메의 뚜껑을 열어 남쪽에 놓는다.
- 주인이 조금 물러나서 꿇어앉고, 이하 모두 꿇어앉는다.
- 축관이 축판을 들고 주인의 오른쪽에 서향하여 꿇어앉아

```
維歲次 干支 某月干支朔 某日干支
유세차 간지 모월간지삭 모일간지

孤子 某 敢昭告于
고자 모 감소고우

顯考某官府君 日月不居 奄及大祥
현고모관부군 일월불거 엄급대상

夙興夜處 哀慕不寧 謹以 淸酌庶羞
숙흥야처 애모불녕 근이 청작서수

哀薦 祥事 尙饗
애천 상사 상향
```

어떤해 어떤날 고자는 감히 돌아가신 아버지 어떤 벼슬을 한 어른께 고합니다.
세월이 흘러 어언 대상이 되었습니다. 밤낮으로 돌아가신 아버지를 슬피 사모하여 편안치 못하여 삼가
맑은 술과 음식을 올리오니 흠향하소서.

- 축관이 축을 다 읽고 일어나면, 주인은 곡하며 재배한 뒤, 본래의 자리로 돌아가서 곡을 그친다.
- 다른 사람도 상주를 따라 곡하다가 그친다.
- 집사자는 철주하고, 빈 잔을 본래의 자리에 올려놓는다.

④ 아헌(亞獻) : 두 번째 잔을 올린다.

- 제사에서 두 번째 올리는 절차로 아헌은 주부가 하도록 되어 있다.
- 헌작의 방법은 초헌과 같으나 독축이 없으며 절은 4번한다.

⑤ 종헌(終獻) : 세 번째 잔을 올린다.

- 주로 친척(親戚)이나 빈객(賓客) 중에서 하며 여자도 가능하다. 혹은 아들·딸이 하기도 한다.
- 예(禮)는 아헌(亞獻)과 같다.
- 초헌(初獻)과 아헌(亞獻)에서처럼 술잔을 비우지는 않고 그대로 8부로 둔다.

⑥ 유식(侑食) : 잔에 술을 더하는 것이다.

- 종헌에서 다 채우지 않은 잔에 술을 가득 채우는 것으로 종헌 때 8부만 채운 잔에 술이 부족하니 조금 더 드시라는 의미에서 나누어 채운다.
  일반적으로 첨작과 삽시정저의 절차를 묶은 것이다.
- 숟가락을 밥그릇에 꽂고, 젓가락을 자루가 서쪽으로 가게 떡이나 적 위에 올려놓는다.

⑦ 합문(闔門) : 신이 제사음식을 흠향하는 시간이다.

- 주인이하개출(主人以下皆出) 축합문(祝闔門) : 주인 이하가 모두 문 밖으로 나가고 축관이 문을 닫는다.
- 주인은 문의 동쪽에 서서 서향하고, 항렬이 낮거나 어린 남자는 그 뒤에 두 줄로

서는데, 북쪽이 위이다. 주부는 문의 서쪽에 서서 동향하고 항렬이 낮거나 어린 부녀도 그와 같다.

• 밖에서 한식경 정도를 기다린다.

⑧ 계문(啓門), 사신(辭神) : 다시 제청으로 들어가는 절차이다.

• 음식을 모두 흠향하였으므로 제청으로 들어간다.

• 축관이 문으로 가서 북향하여 서서 '어흠'하고 세 번 기침을 하고 문을 연다.

• 문이 열리면 주인 이하가 들어가 각자 자리로 간다.

• 차를 올린다. 관행에는 숭늉을 올린다고 한다.

• 축관이 주인의 오른쪽에서 서향하고 '이성(利成)'이라고 고한다. 제사를 마쳤다는 것을 알리는 의미로 사신의 절차이다.

• 집사가 신주를 거두어 갑에 넣고 있던 곳에 놓는다.

• 주인 이하 참사자가 곡하고 재배(再拜)한다.

• 신주를 원래의 자리로 옮겨 모신다.

• 상주가 모두 나가면 집사자가 철상한다.

(6) 畢. 祝奉神主入于祠堂

┌─── 【주자가례 원문 18-6】 ───────────────────────┐

• 畢祝奉神主 入于祠堂
⇒ 마치면 축이 신주를 받들어 사당으로 들어간다.

• 主人以下 哭從如祔祭之叙 至祠堂前哭止
⇒ 주인 이하는 곡을 하면서 따라가는데 부제 때의 차례와 같다. 사당 앞에 이르게 되면 곡하고 그친다.

└──┘

- 사당에 신주를 모신다.

- 제사를 마치면 축관이 신주를 모셔 사당에 안치한다.

- 주인 이하는 곡을 하면서 따라간다.

- 사당 앞에 이르게 되면 곡하고 그친다.

- 이때 사당에 모실 것을 신위에 고한다.

(7) 徹靈座,斷杖棄之屏處

【주자가례 원문 18-7】

- 徹靈座斷杖 棄之屏處 奉遷主埋于墓側 始飲酒食肉而復寢*
  ⇒ 영좌를 거두고 지팡이를 부러뜨려 구석진 곳에 버린다. 신주를 받들어 옮겨 묘소 옆에 묻는다. 비로소 술을 마시고 고기를 먹으며 침실로 돌아간다.

- 問 祧主 朱子曰 天子諸侯有太廟夾室 則祧主藏於其中
  ⇒ 묻기를 "조천한 신주는 어떻게 합니까."하니 주자가 말하기를 "천자와 제후는 태묘에 협실이 있으면 조천한 신주를 그 속에 보관하였다.

- 今士人家 無此祧主 無可置處 禮記說 藏於兩階間 今不得已 只埋於墓所
  ⇒ 지금의 선비 집안에서는 그것이 없어서 조천한 신주를 둘만한 곳이 없다. 『예기』에 '두 계단 사이에 매장한다.'고 하였으나 지금은 부득이하여 묘소에 매장한다."하였다.

- 빈소를 철거한다.

- 영좌를 철거하고 지팡이는 부러뜨려 구석진 곳에 버리는데, 이는 더럽혀지는 것을 막기 위함이다.
  - 『예기』「상대기」에 '상복(喪服)에 지팡이는 중요한 것이다. 대상(大祥)을 지내고 나서 그것을 버릴 적에 반드시 부러뜨려 다른 것에 사용하지 못하도록 하고, 잘 보이지 않는 곳에 버려 사람들로 하여금 함부로 대하지 못하도록 해야 한다.'고 하였다.
  - 또한, 장횡거가 말하기를 '제기(祭器)와 제복(祭服)은 귀신에게 사용하는 것이니 함부로 사용하여서는 안 된다. 그러므로 태우고 묻는 예가 있는 것이다.'고 하였다.

- 신주(神主)를 받들어 옮겨 묘소 옆에 묻는다. 『구씨의절』에
  - 상제를 지낸 후에는 제기를 진설하고 찬을 갖추기를 초하루의 의절과 같이 하여 탁자를 써서 청사 위에 진설한다.
  - 질명(質明, 黎明)에 주인이 친함이 다한 신주(神主)를 탁자 위에 봉안하고 차례대로 서는 것은 평상시의 의절과 같이 한다.
  - 참신(參神)과 강신(降神)을 하고 주인은 술을 따르고 주부는 점다하기를 마치면 나란히 서서 재배(再拜)하고 주부는 자리로 돌아간다.

- 주인은 무릎을 꿇고 축이 축문을 읽으면 재배하고 자리로 돌아가서 사신(辭神)하고 축문(祝文)을 태운다.
- 집사는 쟁반에 신주(神主)를 담아 받들고 주인은 몸소 전송하여 묘 옆에 이른다.
- 축이 신주 묻는 것을 마치면 비로소 축문(祝文)을 읽는데, 앞부분은 같고 다만 이르기를

> 효현손孝玄孫 모某가 감히 오세조고五世祖考 모관부군某官府君 五世祖妣五世祖妣 모봉모씨某封某氏에게 아룁니다.
> 옛사람들이 제정한 예법禮法에 제사祭祀는 사대四代에서 그치니 마음은 비록 다함이 없지만 분수에도 한도가 있어서
> 신주神主를 조천祧遷하게 되니 비통함을 이길 수 없습니다.
> 삼가 술과 과실로써 백배하고 아뢰오니 흠향하소서.

라고 한다.

- 비로소 술을 마시고 고기를 먹으며 침실로 돌아간다.
- 이를 탈상(脫喪)이라고도 한다.

(8) 奉遷主埋于墓側. 始飮酒食肉而復寢

【주자가례 원문 18-8】

- 李繼善問曰 納主之儀 禮經未見 書儀但言遷祠版匣於影堂 別無祭告之禮 周舜 以爲昧然歸匣 恐未爲得
 ⇒ 이계선이 물어 말하기를 "신주를 들여놓는 의식은 예경에 보이지 않습니다. 『서의』에서는 다만 '사판을 옮겨 영당에 넣어 둔다.'고 하였고 별도로 제사지내어 고하는 예는 없으니 주순필이 매연하다 여기고 명당의 작은 상자에 돌려놓았는데 아마도 깨달아 얻지 못하여 그런가 합니다.

- 先生前云 諸侯三年喪畢 皆有祭 但其禮亡 而大夫以下 又不可考 然則今當何所據耶 曰 橫渠說 三年後祫祭於太廟 因其告祭畢還主之時 遂奉祧主 歸於夾室 遷主新主 皆歸于其廟 此似爲得禮
 ⇒ 선생이 전에 이르기를 '제후가 3년상을 마치면 다 제사가 있었는데, 그 예가 없어지고 대부이하는 또 상고하지 못하겠다.'하였으니 그렇다면 지금은 마땅히 무엇을 근거로 해야 합니까."하였다. 대답하여 말하기를 "횡거의 설에 '3년후에 태묘에 합사하여 고하고 제사지내는 예를 마치고 나서 신주를 환안할 때 드디어 조천할 신주를 모셔 협실에 돌려놓고 체천할 신주와 새 신주는 모두 그 사당에 돌려 놓는다.'하였으니 이것이 예를 얻은 것 같다.

- 鄭氏周禮註 大宗伯享先王處 似亦有此意 而舜 所疑 與熹所謂三年喪畢有祭者 似亦暗與 之合 但旣祥而徹几筵 其主且當祔于祖父之廟 俟祫畢然後遷耳

⇒ 정씨의 『주례』 주에 '대종백이 선왕에게 제향하는 곳에 역시 이런 뜻이 있는 듯 하지만 순필이 의심한 바와 내가 말한 바 3년 상을 마치면 제사가 있다고 한 것 이 애매하면서도 더불어 맞는 듯하다. 다만 이미 대상을 지냈으면 궤연을 치우고 그 신주는 마땅히 조부의 사당에 합사하였다가 협제를 마치기를 기다린 후 옮겨 야 할 것이다."하였다.

- 楊氏復曰 家禮祔與遷 皆祥祭一時之事 前期一日 以酒果告訖 改題遞遷 而西虛東一龕 以俟新主 厥明祥祭畢 奉神主入于祠堂 又按先生與學者書 則祔與遷 是兩項事 旣祥而 徹几筵 其主且當祔于祖父之廟 俟三年喪畢 合祭而後遷

⇒ 양복이 말하기를 "『가례』에서는 '부'와 '천'은 모두 상제한 때의 일이다. 하루 전 에 술과 과일로 고하고 마치면 신주를 고쳐 쓰고 서쪽으로 체천하여 동쪽의 감실 하나를 비워서 새 신주를 기다린다. 이튿날 대상을 지내고 마치면 신주를 모셔 사 당에 드려놓는다."고 하였다. 또 살펴보니 선생이 배우는 자에게 주신 글에 '부와 천 두 항목에 관한 것으로 이미 대상을 지내고 궤연을 치웠으니 그 신주도 마땅 히 조부의 사당에 합사하여 3년상을 마치기를 기다렸다가 합제한 후에 옮긴다.'고 하였다.

- 蓋世次迭遷 昭穆繼序 其事至重 豈可無祭告禮 但以酒果告遽行迭遷乎 在禮喪三年不祭 故橫渠說 三年喪畢祫祭於太廟 因其祭畢還主之時 迭遷神主 用意婉轉 此爲得禮 而先 生從之

⇒ 대개 세대의 차례는 교대로 옮겨지고 소목으로 차례를 이으니 그 일이 지극히 중 요한데 어찌 제사지내 고하는 예가 없이 다만 술과 과일로 고하고 서둘러 체천을 행할 수 있겠는가. 예에서 '상 삼년에는 제사지내지 못한다.'고 하였기 때문에 횡 거가 '3년 상을 마치면 태묘에 합제하고 그 제사를 마친 것으로 인하여 신주를 환 안할 때 신주를 체천한다.'고 한 것이다. 마음을 쓴 것이 변화에 맞으면서도 아름 다워 예를 얻었으니 선생이 이를 따른 것이다.

- 或者又以大祥除喪 而新主未得祔廟爲疑 竊嘗思之 新主所以未遷廟者 正爲體亡者尊敬祖 考之意 祖考未有祭告 豈敢遽遷也 況禮辨昭穆 孫必祔祖 凡合祭時 孫常祔祖 今以新主 且祔於祖父之廟 有何所疑 當俟吉祭前一夕 以薦告 遷主畢 乃題神主

⇒ 어떤 사람이 또 대상에 상을 벗고서도 새 신주를 사당에 합사하지 않는 것을 의 심하였다. 가만히 생각해 보니 새 신주를 사당에 옮기지 않는 것은 바로 망자가 조고를 존경하는 뜻을 체득하기 위해서이다. 조고에게 아직 제사지내 고하지 않았 으니 어찌 감히 서둘러서 옮기겠는가. 하물며 예는 소목을 분변하는 것으로 손자 는 반드시 할아버지에게 합사하는데 지금 새 신주를 또한 조부의 사당에 합사하 는 것을 어찌 의심할 것이 있겠는가. 마땅히 고하고 제사지내기 전날 저녁을 기다 려 천신하여 신주를 옮김을 고하고 마치면 곧 신주를 쓴다.

- 厥明合祭畢 奉祧主埋於墓所 奉遷主新主 各歸于廟 故並述其說 以俟參考
  ⇒ 다음날 아침 합제하고 나면 조천할 신주를 모셔 묘소에 묻는다. 옮길 신주와 새 신주를 모셔 각각 사당에 들여 놓는다. 그러므로 그 설들을 아울러 서술하니 참고하기를 기다린다."고 하였다.

- 高氏告祔遷祝文曰 年月日孝曾孫某 罪積不滅 歲及免喪 世次迭遷 昭穆繼序 先王制禮 不敢不至
  ⇒ 고씨가 부와 천을 아뢰는 축문에 이르기를 "연 월 일에 효증손 아무개는 죄가 쌓여 없어지지 않았는데 세월이 상을 마치기에 이르렀습니다. 세대의 차례가 바뀌고 옮겨져서 소목이 차례를 이으니 선왕이 만드신 예를 감히 지극하게 아니할 수 없겠습니다."고 하였다.

- 주자가 말했다. "이미 상제(祥祭)를 지내고 궤연(几筵)을 철거하였으면 그 신주는 또한 조부의 사당에 부(祔)하되, 동쪽 측면에 서향으로 부(祔)하였다가 협제를 마친 다음에 옮기는 게 마땅하다."528)고 하였다.

- 「상대기」에 상장을 버린다는 것은 부러뜨려 은밀한 곳에 버린다는 것이다. [소에 상장은 상(喪)에 있어 지존(至尊)에 대한 복장이다.] 비록 대상을 치르고 버리지만, 다만 남들이 더럽힐까 걱정하여, 부러뜨려 감히 다른 용도로 쓰지 못하도록 하고, 깊고 은밀한 곳에 버려 더럽히지 못하도록 함이다.529)고 하였다.

- 퇴계가 말했다. "대상(大祥)을 지낸 뒤에 상식(上食)을 그치고 삭망전(朔望奠)만 거행하는 것은, 그 또한 점차 줄여가는 순서의 당연함이다. 『가례』 본문에 의하면, '상제(祥祭)를 마치고 신주를 사당에 들이면, 평소에 삭망전을 거행하던 경우는 사당에서 거행함이 합당하나, 평소 거행하지 않은 경우에는 전을 드려야 할 신주를 나가시자고 청하여 정침(正寢)에서 거행하는 것이 옳다'고 했다."530)고 하였다.

---

528) 『常變通攷』 朱子曰:"旣祥而徹几筵, 其主且當祔於祖父之廟, 祔于東邊西向, 祫畢然後遷。"

529) 「喪大記」 :棄杖者, 斷而棄之於隱者。疏:杖是喪至尊之服。雖大祥棄之, 惟恐人褻慢, 斷之不堪他用, 棄於幽隱之處, 使不穢汙。

530) 『常變通攷』 退溪曰:"大祥後罷上食, 只行朔望奠, 其亦漸殺之序所當然也。依 『家禮』 本文, 祥畢主入于廟, 則素行朔望者, 合行於廟, 素不行者, 請出當奠之主於正寢而行之, 可也。"

19. 담제(禫祭)

1) 개요

- 「사우례」 기(記)에 한 달을 건너(中月) 담제를 지낸다. [주에 중(中)은 간(間)과 같다.] 담(禫)은 제사 명칭이다. 대상과 한 달을 사이에 두니, 초상으로부터 담제까지 무릇 27 개월이다. '담(禫)'의 뜻은 담담(澹澹)하여 평안하다는 의미이다.[531]고 하였다.

- 담제(禫祭)의 자형을 분석하여 보면,
  - 禫 [담제 담]은 『설문해자(說文解字)』에 "除服祭也。士虞禮記曰。中月而禫。禫、祭名也。" 복을 벗어버리는 제사라는 뜻으로 사우례기에 중월에 담(禫)한다. 禫은 제사의 이름이다고 하였다. 뜻을 나타내는 '示(=礻)'와 음을 나타내며 오래되어 깊어지다는 의미의 '覃'을 합하여 이제는 신으로 받든지 오래되어 상복을 벗는 제사라는 의미이다.
    - 祭 [제사 제]은 『설문해자(說文解字)』에 "祭祀也。从示, 以手持肉。"라 하여 제사를 말하는데, 신(示)에게 고기(肉)를 두 손(又)으로 바치다는 뜻으로 신에게 희생을 바치는 모양을 쓴 것이다.

- 담제(禫祭)는 대상 후 두 달이 되는 날 지내는 제사(祭祀)로 초상에서부터 27개월째 해당하는 달에 지낸다. 이제는 마음이 어느 정도 담담해 졌다는 것을 의미 한다. 상복(喪服)을 벗는 제명(祭名)으로 담제(禫祭)를 지내고 나면 길제(吉祭)까지는 담복(禫服) 즉 흰옷을 입는다.

- 담(禫)은 담담하여 평안하다는 뜻이다. 따라서 평상으로 돌아가기를 기원하는 제사(祭祀)이다. 날짜를 따지면 27개월째에 해당한다.

2) 담제(禫祭)의 예(禮)에 관하여 살펴보면

구분	『朱子家禮』	『喪禮備要』	『四禮便覽』
절차	•大祥之後.中月而禫. •前一月下旬卜日.	•大祥之後中月而禫. •前一月下旬卜日.	•大祥之後,中月而禫 •前一月下旬,卜日

---

531) 「士虞」 記：中月而禫。 註：中, 猶間也。 禫, 祭名也。 與大祥, 間一月, 自喪至此, 凡二十七月, 禫之言, 澹澹然平安意也。

•前期一日.沐浴設位陳器具饌 •厥明行事.皆如大祥之儀	•前期一日沐浴.設位.陳器.具饌. 　[設次陳吉服] •厥明行事皆如大祥之儀 •始飲酒食肉 　[間傳始飲酒,食肉]	•前期一日,沐浴,設位,陳器,具饌 •設次陳禫服 •厥明行事皆如大祥之儀 •始飲酒食肉

3) 의례절차의 이해

(1) 大祥之後.中月而禫

─── 【주자가례 원문 19-1】

• 大祥之後 中月而禫*
  ⇒ 대상 후 중월에 담제를 지낸다.

• 間一月也 自喪至此 不計閏 凡二十七月
  ⇒ 한 달을 사이한다. 초상부터 이 때까지 윤달은 계산에 넣지 않고 모두 27개월이다.

• 司馬溫公曰 士虞禮 中月而禫 鄭註云 中 猶間也 禫 祭名也 自喪至此 凡二十七月
  ⇒ 사마온공이 말하기를 "『의례』의 「사우례」에 '중월에 담제한다.'는 구절에 대한 정씨의 주에 이르기를 '중(中)은 사이와 같다. 담은 제사의 이름이다. 초상으로부터 이때까지 모두 27개월이다.'고 하였다.

• 按魯人有朝祥而暮歌者 子路笑之 夫子曰 踰月則其善也
  ⇒ 노나라 사람 중에 아침에 대상을 치르고 저녁에 노래하는 자가 있어 자로(子路)가 웃자 부자가 말하기를 '한 달이 지났으면 좋았을 것이다.'하였다.

• 孔子旣祥五日 彈琴而不成聲 十日而成笙歌 檀弓曰 祥而縞 註 縞 冠素紕也 又曰 禫 徙月樂
  ⇒ 공자는 대상을 치르고 난 5일 만에 거문고를 타면서 소리내지 않았고 10일이 지나자 생황으로 노래하였다. 『예기』의 「단궁」에 '대상을 지내고 호관을 쓴다.'고 하였고, 그 주에 '호는 관에 흰 가선을 두른 것'이라 하였다. 또 '담제를 지내고 달이 바뀌면 음악을 연주한다.'고 하였다.

• 三年問曰 三年之喪 二十五月而畢 然則所謂中月而禫者 蓋禫祭 在祥月之中也 歷代多從 鄭說 今律勅三年之喪 皆二十七月而除 不可違也
  ⇒ 「삼년문」에는 '3년 상은 25개월 만에 마친다.'고 하였다. 그리하여 이른바 '중월에 담제한다.'는 것은 대개 담제가 대상이 있는 달의 중간에 있어서 이다. 역대로

정시의 설을 많이 따랐으나 지금의 법령에 '3년 상은 모두 27개월 만에 복을 벗는다.'고 하였으니 어길 수 없다."고 하였다.

• 朱子曰 二十五月祥後便禫 看來 當如王肅之說 於是月禫徙月樂之說 爲順而今從鄭氏之說 雖是禮宜從厚 然未爲當
⇒ 주자가 말하기를 "25개월 만에 대상을 지낸 뒤 곧 담제를 지내니 마땅히 왕숙의 서로가 같이 하되 이 달에 담제를 지내고 달이 지나서 음악을 연주한다고 한 말을 따라야 한다. 그런데 지금 정씨의 설을 따르고 있으니 비록 이 예가 마땅히 후함을 쫓고 있으나 온당하지는 않다."고 하였다.

- 한 달을 건너는 것에 대하여 「소기」를 살펴보면, '한 세대 건너 위로 부한다(中一以上而祔)'고 했고, 또 「학기(學記)」에 '한 해 건너(中年) 평가한다'고 한 것은 모두 중(中)을 간(間)으로 여긴 것이니, 1년의 간격을 둔다는 것이다. 그러므로 중월을 한 달 간격을 띄우는 것으로 여긴 것이다. 532)고 하였다.

(2) 前一月下旬卜日

【주자가례 원문 19-2】

• 前一月下旬卜日*
⇒ 한달 전 하순에 날을 점친다.

• 下旬之首 擇來月三旬 各一日 或丁或亥 設卓子于祠堂門外 置香爐香合环珓盤子于其上 西向 主人禫服西向
⇒ 하순 초에 다음 달 삼순의 각각 하루를 혹은 정일로 혹은 해일로 택한다. 탁자를 사당 문밖에 진설하고 향로 향합 배교 쟁반을 그 위에 서향하여 놓는다. 주인은 담복을 입고 서향한다.

• 衆主人次之 少退北上 子孫在其後 重行北上 執事者北向東上 主人炷香薰珓 命以上旬之日曰 某將以來月某日 祇薦禫事于先考某官府君 尚饗
⇒ 여러 주인들도 차례로 조금 물러나 있으며 북쪽이 위이다. 자손들은 그 뒤에 여러 줄로 있으며 북쪽이 위이다. 집사자는 북향하는데 동쪽이 위이다. 주인이 향을 피워 훈교하고 상순의 날짜로 명하면서 "아무개가 장차 다음달 모일에 선고모관부군(先考某官府君)에게 공경히 담사를 올리고자 하오니 흠향하기 바랍니다."한다.

---

532) 『常變通攷』 按 「小記」, '中一以上而祔.' 又 「學記」, '中年考校.' 皆以中爲間, 謂間隔一年。故以中月爲間隔一月也。下云, '祥而縞.'

- 卽以珓擲于盤 以一俯一仰爲吉不吉 更命中旬之日 又不吉則用下旬之日
  ⇒ 곧 배교를 쟁반에 던지는데 하나가 엎어지고 하나가 젖혀지는 것이 길하다. 불길
  하면 다시 중순의 날짜로 명한다. 또 불길하면 하순의 날짜를 사용한다.

- 主人乃入祠堂本龕前再拜 在位者皆再拜 主人焚香 祝執辭立於主人之左跪告曰 孝子某將
  以來月某日 祗禫事于先考某官府君 卜旣得吉 敢告
  ⇒ 주인이 곧 사당으로 들어가 본감 앞에서 재배하고 자리에 있는 자들도 모두 재배
  한다. 주인이 분향하고 축은 축사를 들고 주인의 왼쪽에 가서 무릎을 꿇고 읽기를
  "효자 아무개가 장차 다음달 모일에 선고모관부군(先考某官府君)에게 공경히 담사
  를 올리고자 점을 쳐서 이미 길일을 얻었으니 감히 고합니다."고 한다.

- 主人再拜降 與在位者皆再拜 祝闔門退 若不得吉 則不用卜旣得吉一句
  ⇒ 주인이 재배하고 내려가서 자리에 있는 사람들과 함께 모두 재배하고 나면 축이
  문을 닫고 물러간다. 만약 길일을 얻지 못했으면 '점을 쳐서 길일을 얻었습니다.
  (卜旣得吉日)'의 한 구절을 쓰지 않는다.

- 담제(禫祭) 한 달 전쯤에 날을 점친다. 택일(擇日)은 다음 달 삼순(三旬)의 정일(丁日)
  혹은 해일(亥日)로 한다.

- 『주자가례』에 '하순 초에 다음 달 삼순(三旬)의 각각 하루를 혹은 정일(丁日)로 혹은
  해일(亥日)로 택한다.

- 택일(擇日)하였으면 주인이 곧 사당으로 들어가 본 감 앞에서 재배(再拜)하고 자리에
  있는 자들도 모두 재배한다.

- 주인이 분향하고 축(祝)은 축사(祝辭)를 들고 주인의 왼쪽에서 무릎을 꿇고

> 효자 아무개가 장차 다음달 모일某日에 선고모관부군先考某官府君에게
> 공경히 담사禫祀를 올리고자 점占을 쳐서 이미 길일吉日을 얻었으니
> 감히 고고告합니다.

라고 한다.

- 주인이 재배(再拜)하고 내려가서 자리에 있는 사람들과 모두 재배하고 나면 축이 문을
  닫고 물러간다.

(3) 前期一日.沐浴設位陳器具饌

【주자가례 원문 19-3】

- 前期一日 沐浴設位 陳器具饌*
⇒ 하루 전에 목욕하고 자리를 설치하며 기물을 진설하고 음식을 갖춘다.

- 設神位於靈座故處 他如大祥之儀
⇒ 신위를 영좌의 옛 자리에 설치하고 다른 것은 대상의 의례와 같다.

- 하루 전에 주인 이하 모두 목욕재계(沐浴齋戒)하고 기물을 점검하여 진설하고 음식을 준비한다.

- 신위를 대상 전의 영좌(靈座)에 설치하는데 대상과 같다.

- 담제(禪祭)에서 입는 옷은 참포립, 망건, 참포삼, 백포대, 조화, 담황피, 백대의, 그리고 신발을 준비한다.

(4) 厥明行事.皆如大祥之儀

【주자가례 원문 19-4】

- 厥明行事 皆如大祥之儀*
⇒ 그 다음날 행사하니 모두 대상의 의례와 같다.

- 但主人以下詣祠堂 祝奉主櫝置于西階卓子上 出主置于座 主人以下皆哭盡哀 三獻不哭
⇒ 다만 주인 이하는 사당에 나아간다. 축은 신주독을 받들어 서쪽 계단의 탁자 위에 놓고 신주를 꺼내 자리에 놓는다. 주인 이하는 모두 곡으로 슬픔을 다한다. 삼헌에는 곡을 하지 않는다.

- 改祝版大祥爲禪祭 祥事爲禪事 至辭神乃哭盡哀 送神主至祠堂不哭
⇒ 축판을 고쳐 '대상'을 '담제'라 하고 '상사'를 '담사'라 한다. 사신에 이르면 곧 곡으로 슬픔을 다한다. 신주를 보내고 사당에 이르러도 곡을 하지 않는다.

- 朱子曰 薦新告朔 告凶相襲 似不可行 未葬可廢 旣葬則使輕服 或已除服者 入廟行禮 可也
⇒ 주자가 말하기를 "천신과 곡삭은 길흉이 서로 이어져 행하지 못할 듯하니 아직 장사지내지 않았으면 폐하고 이미 장사 지냈으면 가벼운 복을 입는 사람이나 혹은 복을 벗은 사람이 사당에 들어가 예를 행하게 하는 것이 옳다.

- 四時大祭 旣葬亦不可行 如韓魏公所謂 節祠者則 如薦新行之可也

⇒ 사계절의 큰 제사는 이미 장사를 지냈더라도 행할 수 없다. 한위공이 이른 바와 같이 절사 같은 것은 천신처럼 행하는 것이 좋다.”고 하였다.

- 又曰 家間頃年居喪 於四時正祭 則不敢擧 而俗節薦享 則以墨衰行之 蓋正祭三獻受胙 非居喪所可行
  ⇒ 또 말하기를 “집안의 지난해 상중에 사계절의 정제는 감히 거행하지 못하고 속절의 천향에는 묵최를 행하였다. 대개 정제의 삼헌과 수조는 거상에 행할 수 있는 것이 아니다.

- 而俗節則惟普同一獻 不讀祝 不受胙也
  ⇒ 속절에는 보통 일헌만 하고 축을 읽지 않으며 수조도 하지 않는다.”고 하였다.

- 又曰 喪三年不祭 但古人居喪 衰麻之衣不釋身 哭泣之聲 不絶於口 其出入居處 言語飮食 皆與平日絶異 故宗廟之祭 雖廢而幽明之間 兩無憾焉
  ⇒ 또 말하기를 “상삼년에는 제사지내지 않는다. 다만 옛사람들은 상중에 최마의 옷을 벗지 않았고 곡하면서 우는 소리가 입에서 그치지 않았으며 그 출입 거처 언어 음식이 모두 평일과 아주 달랐다. 그러기 때문에 종묘의 제사는 비록 폐했지만 내세와 현세 사이에 둘 다 원한이 없었다.

- 今人居喪 與古人異 卒哭之後 遂墨其衰 凡出入居處 言語飮食 與平日之所爲 皆不廢也 而獨廢此一事 恐亦有所未安 竊謂 欲處此義者 但當自省所以居喪之禮 果能始卒一一合 於古禮 卽廢祭無可疑
  ⇒ 지금 사람들은 상을 치르는 것이 옛사람들과 달라 졸곡 후에 드디어 묵최를 한다. 출입 거처 언어 음식과 평일에 하던 것을 모두 폐하지 않고 유독 이 한 가지 일을 폐하였으니 아마도 편안치 못한 바가 있었던 듯하다. 내가 생각해 보니 이 의리에 처하려는 자는 다만 마땅히 스스로 거상에 행하는 예를 살펴 과연 처음과 끝이 모두 「곡례」에 맞으면 곧 제사를 폐해도 의심할 바가 없을 것이다.

- 若他時不免墨衰出入 或其他有所未合者尙多 卽卒哭之前 不得已準禮 且廢卒哭之後 可以略倣左傳杜註之說 遇四時祭日 以衰服特祀於几筵 用墨衰常祀於家廟 可也
  ⇒ 만일 다른 때 묵최로 출입하는 것을 면치 못하거나 혹은 기타 맞지 않는 것이 오히려 많으면 곧 졸곡 전에 부득이 예를 기준하여 또한 폐해야 한다. 졸곡 이후에는 『좌전』의 두씨의 주석한 말과 대략 비슷하다. 사시제를 지내는 날 최복으로 특별히 궤연에 제사지내고 묵최를 써서 떳떳이 가묘에 제사지내는 것이 괜찮다.”고 하였다.

- 楊氏復曰 先生以子喪不擧盛祭 就祠堂內致薦 用深衣幅巾 祭畢反 喪服哭奠子則至慟
  ⇒ 양씨가 말하기를 “선생은 아들의 상에 성대한 제사를 거행하지 않았다. 사당 안으로 가서 천신하는데 심의와 복건을 사용하였다. 제사를 마치고 상복을 바꾸어 입고 곡하면서 아들에게 전을 올렸는데 지극히 애통해 하였다.”고 하였다.

- 모든 절차는 대상(大祥)과 같다.

- 축문식은 우제(虞祭)와 같으나, '엄급대상(奄及大祥)'을 '엄급담상(奄及禫祥)'으로 바꾼다.

- '애천 상사(哀薦 祥事)'를 '애천 담사(哀薦 禫事)'로 고쳐 쓴다.

  ◆ 삼헌(三獻)에는 곡을 하지 않는다.

  ◆ 사신(辭神)에는 곡을 극진히 한다.

- 이때부터 음주를 하고 고기를 먹을 수 있다. 제사(祭祀)가 끝나면 술을 마시는데 술을 마시기 전 식혜를 먹고, 고기를 먹기 전 건육을 먹는다.

(4-1) 궐명숙흥(厥明夙興) 설소과주찬(設蔬果酒饌)

- 다음날 새벽에 일찍 일어나 채소, 과일, 술, 음식을 진설한다.

- 주인 이하는 심의를 입고, 집사자와 함께 제사지낼 곳에 나아가 손을 씻고 과일 접시를 신위마다 탁자의 남쪽 끝에 진설하고,

- 채소와 포와 육장은 서로 사이에 두고 차례로 놓는다.

- 술잔과 쟁반과 식초그릇은 북쪽 끝에 진설하고,

- 술잔은 서쪽에 접시는 동쪽에 놓고,

- 숟가락과 젓가락은 가운데 놓는다.

- 현주와 술은 각각 한 병씩 주가 위에 진설한다. 현주는 그 날 정화수를 채워서 술의 서쪽에 놓는다.

- 화로에 숯을 피우고 병에 물을 채운다. 화로는 간과 고기를 굽는데 쓰이며, 병에 물을 채우는 것은 차를 타기 위한 것이다.

- 주부는 배자를 입고, 불을 때서 제사음식을 데운다. 모두 충분히 익으면 합에 담아 가지고 동쪽계단 아래의 큰 상 위에 놓는다.

(4-2) 질명축출주(質明祝出主) 주인이하입곡(主人以下入哭)

- 날이 밝으면 축관이 신주를 내모신다.

- 주인 이하가 들어가 곡을 한다. 방법은 모두 졸곡과 같다.

- 주인은 문 밖에 지팡이를 놓고, 기년복을 입은 복인과 함께 각각 그 복을 입고 들어간다.

- 이미 복을 벗은 사람이 참례하면 화려하고 성대한 옷은 벗는다.

- 모두 곡으로 슬픔을 다하고 그친다.

- 막차로 가서 연복(練服)으로 갈아입고 다시 들어가 곡을 한다. 이를 변복(變服)이라 한다.

- 축이 곡을 그치게 한다.

(4-3) 강신(降神), 진찬(進饌), 초헌(初獻), 아헌(亞獻), 종헌(終獻), 유식(侑食), 합문(闔門), 계문(啓門), 사신(辭神)

① 강신(降神) : 신이 강림하게 한다.
- 축관이 상주들의 곡을 그치게 하면, 주인이 영좌 앞에 나아가 분향하고 재배한다.
- 집사자 한 사람은 주전자에 술을 채워 서면하여 무릎을 꿇고 주전자를 주인에게 준다.
- 주인은 무릎을 꿇고 받는다.
- 집사자 한 사람은 탁자위의 잔과 잔 받침을 받들어 주인의 왼쪽에서 동면하여 무릎을 꿇는다.
- 주인은 술을 잔에 따르고, 주전자를 집사에게 준다.
- 왼손으로 잔 받침을 들고, 오른손으로 잔을 들어 띠 풀 위에 붓고 나서 잔 받침과 잔을 집사자에게 준다.
- 엎드렸다가 일어나, 조금 물러나서 재배하고 자리로 돌아온다.

② 축진찬(祝進饌) : 축이 음식을 올린다.
- 축관이 나머지 제물 모두를 차린다. 차리는 순서는 어(魚), 육(肉)을 진설하고 반(飯), 갱(羹), 면(麵), 미식(米食)의 순이다.

③ 초헌(初獻) : 첫 번째 잔을 올린다.
- 주인이 주전자가 놓인 탁자 앞으로 나아가 북향하여 선다.
- 집사자 한 사람이 영좌 앞의 잔 받침과 잔을 들고 주인의 왼쪽에 선다.
- 주인은 술을 따르고 주전자를 탁자 위에 올려놓고, 집사자와 함께 영좌 앞으로

나아가 북향하여 선다.

- 주인이 무릎을 꿇으면 집사자가 무릎을 꿇고 잔 받침과 잔을 드린다.
- 주인은 잔을 받아 모사(茅沙, 띠 풀)위에 세 번 나누어 따르고 엎드렸다가 일어 난다.
- 집사자가 잔을 받아 받들고 영좌 앞으로 가서 원래의 자리에 놓는다.
- 집사자가 메의 뚜껑을 열어 남쪽에 놓는다.
- 주인이 조금 물러나서 꿇어앉고, 이하 모두 꿇어앉는다.
- 축관이 축판을 들고 주인의 오른쪽에 서향하여 꿇어앉아

維歲次 干支 某月干支朔 某日干支
유 세 차 간 지 모 월 간 지 삭 모 일 간 지

孝子 某 敢昭告于
효 자 모 감 소 고 우

顯考某官府君 日月不居 奄及譚事
현 고 모 관 부 군 일 월 불 거 엄 급 담 사

夙興夜處 哀慕不寧 謹以 淸酌庶羞
숙 흥 야 처 애 모 불 녕 근 이 청 작 서 수

哀薦 禪事 尙響
애 천 담 사 상 향

어떤 해 어떤 날 고자는 감히 돌아가신 아버지 어떤 벼슬을 한 어른께 고합니다.
세월이 흘러 어언 담사가 되었습니다.
밤낮으로 돌아가신 아버지를 슬피 사모하여 편안치 못하여 삼가 맑은 술과 음식을 올리오니 흠향하소서.

- 축관이 축을 다 읽고 일어나면, 주인은 곡하며 재배 한 뒤, 본래의 자리로 돌아가 서 곡을 그친다.
- 다른 사람도 상주를 따라 곡하다가 그친다.
- 집사자는 철주하고, 빈 잔을 본래의 자리에 올려놓는다.

④ 아헌(亞獻) : 두 번째 잔을 올린다.
- 제사에서 두 번째 올리는 절차로 아헌은 주부가 하도록 되어 있다.
- 헌작의 방법은 초헌과 같으나 축이 없으며 절은 4번 한다.

⑤ 종헌(終獻) : 세 번째 잔을 올린다.
- 제사에서 세 번째 올리는 잔이다.
- 주로 친척이나 빈객 중에서 하며 여자도 가능하다. 혹은 아들 · 딸이 하기도 한다.
- 예는 아헌과 같다.
- 초헌과 아헌에서처럼 술잔을 비우지는 않고 그대로 8부로 둔다.

⑥ 유식(侑食) : 잔에 술을 더하는 것이다.

- 종헌에서 다 채우지 않은 잔에 술을 가득 채우는 것으로 종헌 때 8부만 채운 잔에 술이 부족하니 조금 더 드시라는 의미에서 나누어 채운다.
- 일반적으로 첨작(添酌)과 삽시정저(挿匙正箸)의 절차를 묶은 것이다.
- 숟가락을 밥그릇에 꽂고, 젓가락을 자루가 서쪽으로 가게 떡이나 적 위에 올려놓는다.

⑦ 합문(闔門) : 신이 제사음식을 흠향하는 시간이다.

- 주인이하개출(主人以下皆出) 축합문(祝闔門) : 주인 이하가 모두 문 밖으로 나가고 축관이 문을 닫는다.
- 주인은 문의 동쪽에 서서 서향하고, 항렬이 낮거나 어린 남자는 그 뒤에 두 줄로 서는데, 북쪽이 위이다. 주부는 문의 서쪽에 서서 동향하고 항렬이 낮거나 어린 부녀도 그와 같다.
- 밖에서 한식경 정도를 기다린다.

⑧ 계문(啓門), 사신(辭神) : 다시 제청으로 들어가는 절차이다.

- 음식을 모두 흠향하였으므로 제청으로 들어간다.
- 축관이 문으로 가서 북향하여 서서 '어흠' 하고 세 번 기침을 하고 문을 연다.
- 문이 열리면 주인 이하가 들어가 각자 자리로 간다.
- 차를 올린다. 관행에는 숭늉을 올린다고 한다.
- 축관이 주인의 오른쪽에서 서향하고 '이성(利成)'이라고 고한다. 제사를 마쳤다는 것을 알리는 의미로 사신의 절차이다.
- 집사가 신주를 거두어 갑에 넣고 있던 곳에 놓는다.
- 주인 이하 참사자가 곡하고 재배한다.
- 신주를 원래의 자리로 옮겨 모신다.
- 상주가 모두 나가면 집사자가 철상한다.

20. 길제(吉祭)

1) 개요

- 망자(亡者)의 혼령(魂靈)이 비로소 제사(祭祀)에 참여하는 제사(祭祀), 신주(神主)의 대를 바꾸는 제사(祭祀), 집의 계승으로서 종손(宗孫)이 바뀌었음을 공포하는 절차이다.

- 길제(吉祭)의 자형을 분석하여 보면,

  • 吉 [길할 길]은 『설문해자(說文解字)』에 "善也。从士口。"라 하여 "좋다는 뜻이다. '士'와 '口'는 모두 의미부분이다."고 하였다. 현재의 일반적인 해석은 『설문해자(說文解字)』의 견해를 따라 "전문가인 선비(士)의 말(口)을 잘 들으면 좋은 것"이라는 의미에서 '士'에 '口'를 합하여 써서 '吉[길할 길]'이 된 것으로 보고 있으나, 갑골문의 자형을 볼 때 본래 자형의 의미를 해석한 것이라고 보기는 어렵다.

  • 祭 [제사 제] 은 『설문해자(說文解字)』에 "祭祀也。从示, 以手持肉。"라 하여 제사를 말하는데, 신(示)에게 고기(肉)를 두 손(又)으로 바치다는 뜻으로 신에게 희생을 바치는 모양을 쓴 것이다.

- 주자(朱子)가 말했다. "횡거(橫渠 장재(張載))의 설에, 3년상을 마치고 난 뒤 태묘(太廟)에 협제(祫祭)를 지내고는, 제사를 마친 것을 고하고 신주를 돌려놓을 때를 말미암아 그대로 조천(祧遷)할 신주(祧主)를 받들어 협실(夾室)로 돌려놓고, 자리를 옮길 신주(遷主)와 새 신주(新主)는 모두 사당으로 돌려놓는다고 했는데, 예에 잘 맞는 듯하다.533)고 하였다.

- 『가례』에 의하면 담제(禫祭)까지로 상례가 끝나는 것으로 되어 있으나, 『상례비요』를 비롯한 우리나라에서 발간된 모든 예서(禮書)에는 길제(吉祭)가 상례(喪禮)의 마지막으로 간주되고 있다.

- 길제(吉祭)는 이틀에 걸쳐 지내는데, 첫날은 신주(神主)의 분면을 고쳐 쓰는 개제고유(改題告由)를 지낸다. 개제고유(改題告由)는 신주(神主)의 분면을 바꿔 새 종손이 지내는 제사로서 상주가 그 집안의 주인이 되었음을 상징한다.

- 『예기』에 상을 당한 3년 동안에는 제사를 지내지 않는다고 했기 때문에 횡거의 설에,

---

533) 『常變通攷』　朱子曰 : "橫渠說, '三年後, 祫祭於太廟, 因其告祭畢還主之時, 遂奉祧主, 歸於夾室, 遷主新主, 皆歸于其廟', 似爲得禮。

'삼년상을 마친 뒤 태묘에 협제를 지내고 나서, 제사를 마치고 신주를 되돌릴 때를 인하여 신주를 체천(遞遷)한다'고 했으니, 발상이 완곡하고 은근하다. 이 점이 예에 잘 맞아서 선생이 이를 따랐다. 고제(告祭) 고(告)는 길(吉)의 잘못인 듯하다. 하루 전날 저녁을 기다린 후 천(薦)을 천(薦)은 다른 본에는 천(遷)이다. 올려 체천할 신주에 고하고 마치면 신주를 쓰며, 다음 날 합제(合祭)를 하고, 합제를 마치면 신주를 받들어 묘소에 매안하고, 옮길 신주와 새 신주는 각기 사당으로 돌려놓음이 마땅하다."534)고 하였다.

2) 길제(吉祭)의 예(禮)에 관하여 살펴보면

구분	『朱子家禮』	『喪禮備要』	『四禮便覽』
절차		•禫之明日.卜日. •前期三日齊戒. •前一日告遷于祠堂. •設位. •陳器,省牲,滌器,具饌.厥明夙興 設蔬果酒饌.質明奉主就位. •參神,降神,進饌.初獻 •亞獻,終獻,侑食,闔門,啓門,受胙, 辭神 •納主 •徹饌. •復寢	•禫之明日,卜日 •前期三日齊戒. •告遷于祠堂 •設位 •陳器,省牲,滌器,具饌 •設次陳吉服 •厥明夙興,陳蔬果 •質明,奉主就位 •參神,降神,進饌 •初獻 •亞獻,終獻,侑食,闔門,啓門,受胙, 辭神 •納主 •徹饌 •奉遷主,埋于墓側 •復寢

---

534) 『禮』, 喪三年不祭, 故橫渠說, ‘三年喪畢祫祭於太廟, 因其祭畢遷主之時, 迭遷神主’, 用意宛轉。此爲得禮, 而先生從之。當俟告 疑吉之誤。祭前一夕, 以薦 一本作遷。告, 遷主畢, 乃題神主。厥明合祭, 祭畢奉神主, 埋於墓所, 奉遷主新主, 各歸于廟。”

3) 의례절차의 이해

(1) 禪之明日, 卜日

【주자가례 원문 20-1】

• 禪之明日 卜日
  ⇒ 담제 다음날에 날을 점친다.

• 澤來月三旬各一日 或丁或亥 禪在中月則 就是月內卜日.
  ⇒ 다음날 상중하순 중에 각 하루를 가리는데, 혹은 정일 혹은 해일로 하되, 담제시가 한 달 건너 있으니, 곧 그 달 안에 날을 가린다.

• 主人禪服帥衆兄弟及子孫執事, 立於祠堂中門外西向, 焚香薰珓, 金如禪祭卜日儀旣得日, 告如時祭卜日而告之儀.
  ⇒ 주인이 담복을 입고 여러 형제와 자손 그리고 집사를 거느리고 사당 중문 밖에 서향하여 서서, 향을 살라 향 기운을 배교에 쏘이되, 모두 담제 때의 날을 받는 의식대로 한다. 정해지면 시제때 날을 가려 고하는 예식대로 고한다.

• 士虞記 是月也吉祭猶未配. 註是月禪月也, 當四時之祭月則祭, 猶未以妃配. 備要 蹦月而祭, 是爲常制而禪祭 若當四時正祭之月則 卽於是月而行之, 蓋三年廢祭之餘, 正祭爲急故也, 祭時考妣異位. 祝用異板, 祭後合櫝, 若蹦月則祭時合位.
  ⇒ 사우기: 이 달에는 길제에 아직 아내를 같이 지내지 않는다. 주:이 달은 담제사 지내는 달이다. 사시제의 달을 만나게 되면 제사를 지내는데, 아내를 짝해 지내지 않는다. 비요;한 달을 건너 뛰어 제사를 지내는 것이 정상적인 제도인데, 담제사가 만약 사시제의 정제의 달을 만나게 되면, 바로 이 달에 지낸다. 대개 삼년 제사를 지내지 않은 뒤이어서 정제가 시급하기 때문이다. 제사지낼 때 고와 비는 신위를 따로 하고, 축문도 축판을 달리하고, 제사지낸 뒤에 신주독을 합한다. 만약 한 달을 건너 뛰어 제사를 지낼 때는 제사 때에 신위를 합한다.

• 尤庵曰吉祭實喪餘之祭, 則雖行於孟月, 亦無嫌也. 愼齋曰七月行吉祭則秋祭已行, 不當再行於八月. 備要:先亡已入廟則母喪畢後, 固無吉祭遞遷之節矣, 然其正祭, 似當倣此而行之.
  ⇒ 우암이 말했다. "길제는 사실 상의 여분의 제사이기 때문에 비록 사시의 첫 달에 행하더라도 거리낄 것이 없다." 신재가 말했다. "7월에 길제를 행하면 추제는 이미 지낸 것이니, 다시 8월에 지내서는 안된다." 비요:아버지가 먼저 돌아가셔서 사당에 들어가셨으면, 어머니 상이 끝난 뒤에는 길제에 체천하는 절차가 없으나, 정제는 이를 본받아 행해야 할 것 같다.

- 담제(禫祭)의 다음날 날을 점(占)친다. 택일(擇日)은 다음 달 삼순(三旬)의 정일(丁日) 혹은 해일(亥日)로 한다.

- 택일(擇日)하였으면 주인이 곧 사당으로 들어가 본 감 앞에서 재배(再拜)하고 자리에 있는 자들도 모두 재배한다.

- 주인이 분향하고 축은 축사를 들고 주인의 왼쪽에서 무릎을 꿇고

(2) 前期三日齊戒

【주자가례 원문 20-2】

- 前期三日齊戒.
  ⇒ 사흘 전에 재계한다.

- 主人帥衆丈夫, 致齋於外, 主婦帥衆婦人, 致齋於內, 皆沐浴
  ⇒ 주인은 여러 남자들을 거느리고 밖에서 치재하고, 주부는 여러 여자들을 거느리고 안에서 치재하는데 모두 목욕한다.

- 『비요』에 기일이 되기 사흘 전에 재계하는데, 시제(時祭)의 의식과 같다.[535]고 하였다.

- 주인은 남자들을 통솔하여 밖에서 재계(齊戒)하고,

- 주부는 부녀자를 통솔하여 안에서 재계(齊戒)한다.

- 재계(齊戒)는 부정한 일을 멀리하고 심신을 깨끗이 하기 위하여 음식이나 행동을 삼가고 몸을 깨끗이 씻음을 이른다.

(3) 告遷于祠堂

【주자가례 원문 20-3】

- 告遷于祠堂
  ⇒ 신주를 옮겨 모실 것을 사당에 고한다.

- 備要 告遷上有前一日三字

---

535) 『常變通攷』『備要』: 前期三日齊戒, 如時祭儀。

⇒ 비요에 고천이라는 글자 앞에 전일일 이라는 글자가 있다.

- 前一日夙興詣祠堂, 以酒果告, 如朔參之儀, 但別設一卓於香案之東, 直淨水粉盞刷子竹刀木賊硯筆墨於其上. 主人斟酒再拜訖, 立於香卓之前, 祝執版, 立於主人之左, 主人以下皆跪, 祝東向跪讀云云, 若承重祖喪畢後, 改題考位神主則主人又就考位所祔龕前跪, 祝就主人之左, 跪讀云云,

⇒ 하루 전에 일찍 일어나 사당에 나아가 술과 과일로 고하기를 삭참의 의식과 같이 한다. 다만 따로 탁자 하나를 향안의 동쪽에 놓고 맑은 물과 분과 분접시, 솔 죽도, 속새와 수건, 벼루, 붓, 먹을 그 위에 놓는다. 주인이 술을 따라 두 번 절하고 나서 향탁 앞에 서고 축관이 축판을 들고 주인의 왼쪽에 서면, 주인 이하가 모두 무릎을 꿇는다. 축관이 동쪽을 향하여 무릎을 꿇고 읽기를 '운운…' 한다. 만약 승중인 사람이 할아버지 상을 마친 뒤에 아버지 신주를 고쳐 쓰게 되면, 주인이 또 아버지의 신위를 붙여야 할 감실 앞에 나아가 무릎을 꿇고 축관이 주인의 왼쪽에 나아가 무릎을 꿇고 읽기를 '운운…'한다. 고하기를 마치고 축관이 내려가 제자리로 돌아간다.

- 告畢祝降復位主人再拜, 進奉所當改題最尊之主, 臥置卓上執事者先以帨巾淸水, 沾潤粉面, 次以竹刀刮去舊字, 次以刷子梳去舊粉, 又以帨巾拭之, 又以木賊磨之使滑, 乃別塗以粉, 俟乾, 命善書者, 盥手西向立, 改題之, 陷中不改. 洗水以灑祠堂之四壁, 主人奉主置故處.

⇒ 주인은 두 번 절하고 고쳐 써야 할 가장 높은 신주를 받들고 나아가 탁자 위에 뉘여 놓는다. 집사자는 우선 수건을 물에 적셔서 분칠한 면을 적시고, 다음에 죽도로 먼저 있던 글자를 깎아 내고, 다음에 솔로 먼저 있던 분가루를 쓸어 내고 또 수건으로 닦고, 다시 속새로 문질러 매끄럽게 하고, 따로 분을 바르고 마르기를 기다린다. 글씨를 잘 쓰는 사람에게 명하여 손을 씻고 서향해서 앉아서 고쳐 쓰게 하되, 함중은 고치지 않는다. 씻은 물을 사당의 네 벽에 뿌리고, 주인이 신주를 받들어 먼저 자리에 놓고, 앞서와 같이 여러 신위를 고쳐 쓴다.

- 改題諸位如前曾祖考妣改題爲高祖考妣, 祖考妣位曾祖考妣, 考妣位祖考妣, 旁題皆以其屬書之, 祔位皆倣此例, 不書旁題, 親盡當埋之主則不復改題, 當遷長房之主亦同, 若有不遷之位, 改題以幾代祖, 旁題亦改書乃降復位, 與在位者皆再拜辭神, 納主徹降簾闔門而退

⇒ '증조고비'는 고쳐서 '고조고비'라 하고, '조고비'는 고쳐서 '증조고비'라하고 '고비'는 고쳐서 '조고비'라 한다. 방제는 모두 친속과 관계에 따라 쓰니, 부위는 이 예에 따르되 방제는 쓰지 않는다. 친속관계가 다하여 묻어야 할 신주는 다시 고쳐 쓰지 않고 최장방에게 옮겨 가야 할 신주도 역시 같다. 만약 불천지위가 있으면 '0대 조'라 고쳐 쓰고, 방제도 고쳐 쓴다. 그리고 내려와 제자리로 돌아가서 자리에 있는 사람과 함께 모두 두 번 절하고, 사신하고, 신주를 신주독에 넣어 감실에 모시고 발을 내리고 합문하고 물러난다.

- 하루 전날 일찍 일어나 사당으로 나아가 주과를 올려 아뢴다.

- 초하루의 의식과 같이 한다.

- 다만, 향안의 동쪽으로 따로 탁자하나를 설치하되, 정한 물, 분가루의 잔, 털이개, 대칼, 수건, 벼루와 붓과 먹을 그 위에 둔다.

- 주인은 술을 따르고 재배한 다음 향탁의 앞에 서고,

- 축관은 축판을 가지고 주인의 왼쪽에서 동향(東向)하여 꿇어앉아 독축한다.

- 주인 이하는 모두 무릎을 꿇는다.

- 고유(告由)가 끝나면 축관은 내려와 제자리로 가고,

- 주인은 재배하고 나아가 개제(改題)한다.

- 개제(改題)의 순서는 다음과 같다.
  ① 개제할 신주를 모셔 탁상에 눕혀 놓는다.
  ② 집사자가 먼저 수건을 물에 적셔, 분으로 쓴 면을 적신 다음 대칼로 옛 글자를 긁어 낸다.
  ③ 털이개로 옛 분가루를 훑어내고, 수건으로 닦는다.
  ④ 나무칼로 긁어내어 매끄럽게 하고, 새로이 분가루를 발라 마르기를 기다린다.
  ⑤ 글씨를 잘 쓰는 사람에게 명하여, 손을 씻고, 서향하고 앉아 고쳐 쓰게 한다. 단, 주독(主櫝) 안은 고치지 않는다.
    - 증고비(曾考妣) → 고조고비(高祖考妣)
    - 조고비(祖考妣) → 증조고비(曾祖考妣)
    - 고비(考妣) → 조고비(祖考妣)
  ⑥ 사방 네 벽을 닦고, 주인이 신주를 모셔 옛 자리에 둔다.
    - 세대가 지나 매장(埋葬)하여야 할 신주는 개제(改題)하지 않는다.
    - 불천위(不遷位)는 몇 대조고로 개제(改題)하고, 방제(傍題)도 개서한다.
    - 이에 제자리로 내려와 참여자 모두 재배 사신한다.
    - 신주의 봉납을 주관한 이는 내려오고, 발을 내리고, 문을 닫는다.

(4) 設位

- 主人帥衆丈夫及執事者, 灑掃正寢洗拭椅卓務今蠲潔設五代祖考妣位於堂西北壁下南向, 考西妣東, 各用一椅一卓而合之, 高祖考妣曾祖考妣祖考妣以次而東皆如五代祖考妣之位, 設考妣位於東壁下西向, 考北妣南.
  ⇒ 주인이 여러 남자와 집사자를 거느리고 정침에 물 뿌려 쓸고, 의자, 탁자를 씻어 닦아 힘써 깨끗하게 하낟. 오대 조고비의 신위를 당의 서북벽 아래에 남향해서 마련하는데, 할아버지는 서쪽에 할머니는 동쪽에 모시어, 각각 한 교의와 탁자를 써서 합한다. 고조고비와 증고조비와 조고비는 차례로 동으로하여 모두 오대 조고비의 자리와 같이 하고, 고비의 자리는 동쪽 벽 아래에 서향해서 마련하는데 고는 북쪽, 비는 남쪽으로 한다.

- 禫月行祭則新主考妣異位, 世各爲位不屬祔位皆於東序, 西向北上, 或兩序相向尊者居西, 妻以下則於階下. 若繼曾祖以下之宗則計世數設位, 拜新主皆南向如儀, 若始爲繼禰之宗則只設新主位於堂, 中北壁下南向.
  ⇒ 담제사 지내는 달에 제사를 지내게 되면, 새 신주는 고와 비가 위치가 다르므로, 대마다 각각 자리를 만들고 붙이지 않는다. 부위는 모두 동쪽 벽에 서향해서 북쪽을 상석으로 하고, 혹은 양쪽 벽에서 서로 바라보는데, 항렬이 높은 사람이 서쪽에 있다. 아내 이하는 계단 아래에 있다. 만약 증조 이하를 잇는 종자의 경우에는 대수를 헤아려 자리를 마련하고 새 신주에 절하는데, 모두 남향으로 마련하기를 의식대로 한다. 처음으로 아버지를 잇는 종자가 되면, 새 신주만을 대청의 북쪽 벽아래에 남향해서 마련한다.

- 沙溪曰世數若已滿而又陞新主則是五世, 似未安, 當以新主, 姑位於東壁下, 祭畢遷祧後, 始入正位恐當, 然則未滿四世者直爲正位無妨.
  ⇒ 사계가 말했다. "대수가 이미 차서 또 새 신주를 올려놓게 되면 오대가 되니, 온당치 않을 듯하다. 새 신주를 잠시 동쪽 벽 아래에 모셔 놓았다가 오대조의 신주 제사를 마치고 옮겨 매안한 뒤에 비로소 정규 위치로 들여 모시는 것이 아마 마땅할 듯하다. 그렇다면 4대가 아직 차지 않은 경우는 곧바로 정규위치에 놓아도 무방하다.

- 주인은 대중과 집사자를 인솔하여 정침을 청소하고, 탁자를 씻어 정결하게 한다.

- 5대조고비의 자리를 당 서북쪽 벽 아래에 남향으로 설치하되, 고위(考位)는 서쪽, 비위(妣位)는 동쪽으로 하여 각기 의자, 탁자를 하나씩 차려 합설한다.

- 고조고비, 증조고비, 조고비는 차례대로 동쪽으로 설치하되, 모두 5대조고비처럼 한다.

- 고비의 신위는 동쪽 벽 아래 서향하되, 고위는 북쪽, 비위는 남쪽으로 한다.

- 존장자는 서쪽에 거하고, 처 이하는 층계 아래에 있다.

(5) 陳器, 省牲, 滌器, 具饌

┌─── 【주자가례 원문 20-5】 ────────────────────────┐

• 陳器,省牲,滌器,具饌
  ⇒ 제기를 늘어놓고, 희생을 살피고, 그릇을 씻고, 제물을 마련한다.

└──┘

- 『비요』에 제기를 진열하고, 희생물을 살피고, 제기를 씻고, 찬을 갖춘다. 그다음 날 일찍 일어나 채소와 과일과 술과 찬을 진설하고, 날이 밝을 무렵에 신주를 받들고 자리에 나아간다.[536)]고 하였다.

- 모두 시제 때의 의식대로 한다.
  ① 주인은 여러 장부를 거느리고 심의를 입고 희생 잡는 것을 살핀다.
  ② 주부는 여러 부녀를 거느리고 배자를 입고 제기를 씻고, 솥을 깨끗이 하여 제사음식을 갖춘다.
  ③ 매 신위마다 과일은 여섯 가지, 채소와 포와 해는 각각 세 가지, 육어·만두·떡은 각각 한 쟁반, 밥·국은 각각 한 주발, 간 각 한 꿰미, 고기 각각 두 꿰미를 차리되 정결하도록 힘쓴다.
  ④ 제사 지내기 전에는 사람들이 먼저 먹거나 고양이, 개, 벌레나 쥐가 더럽히지 않도록 한다.

(6) 設次陳吉服

┌─── 【주자가례 원문 20-6】 ────────────────────────┐

• 設次陳吉服
  ⇒ 대기소를 마련하고 길복을 늘어놓는다.

• 陳氏曰 至吉祭, 平常所服之物, 無所不佣
  ⇒ 진씨가 이르기를 "길제에 이르러서는 평상시에 착용하던 물건은 무엇이든지 모두 착용한다.

└──┘

----

536) 『備要』: 陳器, 省牲, 滌器, 具饌 °厥明夙興, 設蔬果酒饌, 質明, 奉主就位 °

- 按 此一節備要 在禫條而今移置于此, 若是祔位而無吉祭者則當於禫祭後月朔參而服吉矣. 父在母喪持心制以終禫月, 禫月旣盡來哭於墓前, 除之亦似穩當.
  ⇒ 살펴보건대, 이 한 구절은 비요에는 담제 조항에 잇지만 지금 여기에 옮겨 놓았다. 만약 부위여서 길제를 지내 줄 사람이 없으면, 담제사를 지낸 다음 달 삭참 때를 당하여 길복을 착용한다. 아버지가 계신 어머니의 상에는 심제를 지켜 담제사 달을 마치고, 담제사 달이 이미 끝나면 무덤 앞에 와서 곡하고 복을 벗는 것이 온당할 듯하다.

- 장막을 설치하고 길복을 진설한다.

(7) 厥明夙興, 陳蔬果

【주자가례 원문 20-7】

- 厥明夙興,陳蔬果
  ⇒ 다음날 일찍 일어나 나물과 과일을 마련한다.

- 如時祭儀
  ⇒ 시제 때의 의례와 같다.

- 모두 시제 때의 의식대로 한다.
  ① 다음날 새벽에 일찍 일어나 채소, 과일, 술, 음식을 진설한다.
  ② 주인 이하는 심의를 입고, 집사자와 함께 제사지낼 곳에 나아가 손을 씻고 과일 접시를 신위마다 탁자의 남쪽 끝에 진설하고,
  ③ 채소와 포와 육장은 서로 사이에 두고 차례로 놓는다.
  ④ 술잔과 쟁반과 식초그릇은 북쪽 끝에 진설하고,
  ⑤ 술잔은 서쪽에 접시는 동쪽에 놓고,
  ⑥ 숟가락과 젓가락은 가운데 놓는다.
  ⑦ 현주와 술은 각각 한 병씩 주가 위에 진설한다. 현주는 그 날 정화수를 채워서 술의 서쪽에 놓는다.
  ⑧ 화로에 숯을 피우고 병에 물을 채운다. 화로는 간과 고기를 굽는데 쓰이며, 병에 물을 채우는 것은 차를 타기 위한 것이다.
  ⑨ 주부는 배자를 입고, 불을 때서 제사음식을 데운다. 모두 충분히 익으면 합에 담아 가지고 동쪽계단 아래의 큰 상 위에 놓는다.

(8) 質明, 奉主就位

- 주인 이하 각기 차서대로 나아가 성복으로 갈아입는다.

- 세수하고 상당 앞으로 나아가되, 다른 의식은 모두 시제 때처럼 한다.

  ① 날이 밝으면 신주를 받들어 자리에 나아간다.

  ② 주인 이하는 각각 성복하고 손을 씻어 수건에 닦고, 사당 앞에 나아간다.

  ③ 여러 장부는 차례로 서는데, 날짜를 고하는 의식과 같다.

  ④ 주부는 서쪽계단 아래에 북향하여 선다. 주인에게 어머니가 계시면 특별히 주부 앞에 자리하고, 여러 백숙모와 여러 고모들이 이어서 선다.

  ⑤ 형수와 제부와 제매는 주부의 왼쪽에 자리 한다.

  ⑥ 그 주모와 주부보다 어른인 사람은 모두 조금 나아가 선다.

  ⑦ 자손, 부녀, 내집사자는 주부의 뒤에 여러 줄로 자리하는데, 모두 북향하며 동쪽이 위이다.

  ⑧ 자리가 정해지면, 주인은 조계로 올라가 홀을 꽂고, 분향하고, 홀을 뽑아들고 고하기를

> 효손 모孝孫 某는 지금 중추仲秋의 달에
> 고조고모관부군高祖考某官府君과 고조비모봉모씨高祖妣某封某氏,
> 증조고모관부군曾祖考某官府君과 증조비모봉모씨曾祖妣某封某氏,
> 조고모관부군祖考某官府君과 조비모봉모씨祖妣某封某氏,
> 고모관부군考某官府君과 비모봉모씨妣某封某氏에게 제사祭祀가 있어,
> 모친모관부군某親某官府君과 모친모봉모씨某親某封某氏를 부식祔食하고자
> 감히 신주神主를 청청請請하여 정침正寢에 내놓고 공손히 술을 올립니다.

⑨ 고하기를 마치면, 홀을 꽂고 독을 거두어 정위(正位)와 부위(祔位)는 각각 한 상자에 넣고, 각각 집사자 한 사람이 받들게 한다.

⑩ 주인이 홀을 뽑아들고 앞에서 인도하고, 주부는 뒤를 따르며 항렬이 낮거나 어린 사람은 그 뒤에 따른다.

⑪ 정침에 이르면 서쪽계단의 탁자 위에 놓는다.

⑫ 주인이 홀을 꽂고, 독을 열어 여러 할아버지의 신주를 받들어 자리에 모신다.

⑬ 주부는 손을 씻어 수건에 닦고 올라가 여러 할머니 신주를 받들어 모시기를 역시 똑같이 한다.

⑭ 그 부위(祔位)는 자제 한 사람이 받든다.

⑮ 끝나면 주인 이하는 모두 내려와 자리로 돌아간다.

(9) 叅神, 降神, 進饌

- 모두 시제(時祭)의 의식처럼 한다.

① 참신(參神)
   - 주인 이하는 차례로 서는데, 사당의 의식과 같다.
   - 자리가 정해지면, 재배한다.
   - 만약, 존장이 늙거나 병들었으면 다른 장소에서 쉰다.

② 강신(降神)
   - 주인이 올라가 홀을 꽂고, 분향(焚香)하고, 홀을 꺼내들고 조금 물러나 선다.
   - 집사자 한 사람이 술병마개를 열고 수건으로 병 부리를 닦고, 주전자에 술을 채운다.
   - 한 사람이 동쪽 계단의 탁자위에 있는 잔 받침과 술잔을 가지고 주인의 왼쪽에 선다.

- 한 사람은 주전자를 들고 주인의 오른쪽에 선다.
- 주인이 홀을 꽂고 꿇어앉으면, 반잔을 든 사람도 무릎을 꿇는다.
- 잔 받침과 술잔을 내놓으면 주인이 그것을 받는다.
- 술 주전자를 가지고 있는 사람도 무릎을 꿇고 앉아 잔에 술을 따른다.
- 주인은 왼손에 잔 받침을 들고, 오른 손으로 잔을 들고 띠풀 위에 붓고, 잔 받침을 집사에게 준다.
- 홀을 꺼내들고, 엎드렸다가 일어나 재배하고,
- 내려와 자리로 돌아간다.

③ 진찬(進饌)
- 음식을 올리는 절차이다.
- 주인이 올라가면, 주부가 따른다.
- 집사자 한 사람은 쟁반에 생선고기를 받들고, 한 사람은 쟁반에 미식과 면식을 받들고, 한 사람은 쟁반에 국과 밥을 받들고 따라 올라간다.
- 고조의 신위 앞에 이르면 주인은 홀을 꽂고, 고기를 쟁반과 술잔의 남쪽에 올리며, 주부는 면식을 고기의 서쪽에 올린다.
- 주인이 생선을 받들어 초첩 남쪽에 올리고, 주부는 미식을 받들어 생선의 동쪽에 올린다.
- 주인은 국을 받들어 시초그릇의 동쪽에 올리고, 주부는 밥을 받들어 잔 받침과 술잔의 서쪽에 올린다.
- 주인이 홀을 뽑아들고 모든 저위를 차례로 진설하고,
- 여러 자제와 부녀들에게 각각 부위를 진설하도록 한다.
- 다 끝나면, 주인 이하는 모두 내려와 자리로 돌아간다.

(10) 初獻

【주자가례 원문 20-10】

• 初獻
 ⇒ 초헌한다.
• 如時祭儀但先詣 五代祖位前獻祝, 以次詣考位前如初
 ⇒ 사시제의 의식과 같이하되, 먼저 오대조 신위 앞에 나아가 술잔을 올리고 축문을

읽고, 차례로 아버지 신위 앞에까지 나아가 앞서와 같이 한다.

● 若禫月行祭則考位獻祝畢, 復就妣位前獻祝. 若承重喪畢則祖位獻祝畢, 復就考位前獻祝.
  ⇒ 담제를 지낸 달에 길제를 지내게 되면 아버지 신위에 잔을 올리고 축문을 읽기를
    마친 다음에 다시 어머니 신위 앞에 나아가 잔을 올리고 축문을 읽는다. 만약 승
    중한 사람이 상을 마쳤거든 할아버지 신위에 잔을 올리고 축문을 읽기를 마친 다
    음에 다시 아버지 신위 앞에 나아가서 잔을 올리고 축문을 읽는다.

- 시제(時祭)의 의식과 같으나, 다만 5대조의 신위 앞에 먼저 나아가 독축을 드리고, 차
  례로 고비위까지 나아가기를 처음과 같이 한다.

- 주인이 올라가 고조의 신위 앞에 나아가면 집사자 한 사람이 술 주전자를 잡고 오른쪽
  에 선다.

- 주인이 홀을 꽂고 고조고의 잔 받침과 술잔을 받들어 신위 앞에 동향하여 선다.

- 집사자가 서향하여 잔에 술을 따르면 주인이 이를 받들어 제자리에 올린다.

- 다음에 고조비의 잔 받침과 술잔을 받들어 역시 그와 같이 한다.

- 홀을 뽑아들고 신위 앞에 북향하여 선다.

- 집사자 두 사람이 고조고비의 잔 받침과 술잔을 받들어 주인의 왼쪽과 오른쪽에 선다.

- 주인이 홀을 꽂고 무릎을 꿇으면 집사자도 무릎을 꿇는다.

- 주인이 고조고의 잔 받침과 술잔을 받아 오른손으로 술잔을 들어 띠풀 위에 제지내고
  잔 받침과 술잔을 집사에게 주면 제자리에 돌려놓는다.

- 고조비의 잔 받침과 술잔을 받아 역시 그와 같이 한다.

- 주인은 홀을 뽑아 들고 엎드렸다가 일어나서 조금 물러선다.

- 집사자가 화로에 간적을 구어 접시에 담는다.

- 형제중의 맏이 한 사람이 그것을 받들어 고조고비의 앞에 있는 시저의 남쪽에 올린다.

- 축관이 축판을 들고 주인의 왼쪽에 서서 무릎을 꿇고 앉아 읽기를

❖ 5대 조고비(祖考妣)에 대해 읽는 축문(祝文)

維歲次 干支 某月干支朔 某日干支朔 五代孫
유세차 간지 모월간지삭 모일간지삭 오대손

某 敢昭告于
모 감소고우

顯五代祖考 某官府君
현오대조고 모관부군

顯五代祖妣 某封某氏 玆以 先考
현오대조비 모봉모씨 자이 선고

某官府君 喪期已盡 禮當遷主入廟
모관부군 상기이진 예당천주입묘

先王制禮 祀期四代 心雖無窮
선왕제례 사기사대 심수무궁

分則有限 神主當祧 埋于墓所 不勝感愴
분즉유한 신주당조 매우묘소 불승감창

謹以 淸酌庶羞 百拜告辭 尚饗
근이 청작서수 백배고사 상향

어떤 해 어떤 날 오대손이 감히 고합니다.
5대 조고어른과 5대 조고비 어른께서는 돌아가신 아버지의 상기가 이미 다 되었으므로 예에 마땅히 신주를 옮겨 사당에 들입니다.
이는 선대 임금들이 마련한 예의가 4대 봉사로 그치게 하였기에 마음은 비록 무궁하오나 분별하신 것은 한도가 있기에 신주를 체천하여 묘소에 묻으려 하니 슬픔을 이기지 못하여 삼가 맑은 술과 음식으로 오늘 백배하면서 고합니다. 흠향하소서.

❖ 새 신주에 올리는 축문

維歲次 干支 某月干支朔 某日干支
유세차 간지 모월간지삭 모일간지

孝子 某 敢昭告于
효자 모 감소고우

顯考某官府君 喪制有期 追遠無及
현고모관부군 상제유기 추원무급

今以告辰 式遵典禮 酢入于廟
금이고신 식준전례 조입우묘

謹以 淸酌庶羞 祗薦歲事 尚饗
근이 청작서수 지천세사 상향

어떤 해 어떤 날 고자는 감히 돌아가신 아버지 어떤 벼슬을 한 어른께 고합니다.
아버지 어른의 상을 마련하는 기한이 다 되었으므로 더 미루려 해도 미룰 수가 없습니다. 이제 좋은 날을 택하여 일정한 의식을 받들어 사당에 모시려고 하니 삼가 맑은 술과 음식으로 세사를 드리오니 흠향하소서.

- 마치고 일어나면 주인은 재배하고 물러나 모든 신위에 나아가서 술잔을 올리고 축 읽기를 앞서와 같이 한다.

- 신위마다 축 읽기가 끝나면 형제와 여러 남자 중 아헌이나 종헌이 되지 못하는 사람은 차례대로 나뉘어 본위에 부식한 신위에 나아가 술잔을 올리기를 의례대로 하는데, 축은 읽지 않는다.

- 술잔을 올리는 일이 마치면 모두 내려와 자리로 돌아간다.

- 집사자는 다른 그릇에 술과 간적을 치우고, 술잔을 제자리에 놓는다.

(11) 亞獻, 終獻, 侑食, 闔門, 啓門, 受胙, 辭神

```
┌──── 【주자가례 원문 20-11】 ───────────────────────────
│ ● 亞獻, 終獻, 侑食, 闔門, 啓門, 受胙, 辭神
│  ⇒ 아헌, 종헌, 유식, 합문, 계문, 수조, 사신한다.
│
│ ● 並如時祭儀
│  ⇒ 모두 시제의 의식과 같다.
└──────────────────────────────────────────────────
```

(11-1) 아헌(亞獻)

- 두 번째 헌작하는 것이다.

- 주부가 한다. 모든 부녀는 구운 고기를 받들어 올리고,

- 나누어 헌작하는 일을 초헌의 의례와 같이 하는데,

- 다만 축을 읽지 않는다.

(11-2) 종헌(終獻)

- 세 번째 헌작하는 것이다.

- 형제 중 장자 혹은 장남 혹은 친척이나 빈객이 한다.

- 여러 자제는 구운 고기를 받들어 올린다.

- 나누어 헌작하는 일은 아헌과 같이 한다.

(11-3) 유식(侑食)

- 주인이 올라가 홀을 꽂고 술 주전자를 잡고 모든 신위에 나아가 술을 부어 모두 가득하게 하고 향안의 동남쪽에 선다.

- 주부가 올라가 숟가락을 밥 가운데 꽂되 손잡이를 서쪽으로 하고,

- 젓가락을 바르게 하며 향안의 서남쪽에 선다.
- 모두 북향하여 재배하고 내려와 자리로 돌아간다.

(11-4) 합문(闔門)

- 주인 이하가 모두 나오면, 축이 문을 닫는데 문이 없으면 발을 드리우는 것도 괜찮다.
- 주인은 동쪽에 서서 서향하고 여러 장부는 그 뒤를 따른다.
- 주부는 문의 서쪽에 서서 동향하고, 여러 부녀는 그 뒤에 따른다.
- 만약 존장이 있으면, 다른 곳에서 조금 쉬니 그것이 이른바 염(厭)[537]이다.

(11-5) 계문(啓門)

- 축이 '어흠'하고 세 번 소리로 문을 열면, 주인 이하는 모두 들어간다. 앞서 다른 곳에서 쉬던 존장(尊長)도 들어가 자리에 나아간다.
- 주인과 주부가 차(茶)를 나누어 받들어 고(考)와 비(妣)의 앞에 나아간다.
- 부위는 여러 자제와 부녀가 나아가게 한다.

(11-6) 수조(受胙)[538]

- 집사자가 향안 앞에 자리를 만들면 주인은 자리에 나아가 북면한다.
- 축이 고조고 앞에 나아가 잔 받침과 술을 들고 주인의 오른쪽으로 나아간다.
- 주인이 무릎을 꿇으면 축도 무릎을 꿇는다.
- 주인이 홀을 꽂고 잔 받침의 술을 받아서 술로 제 지내고 술을 맛본다.
- 축이 수저와 쟁반을 가져다가 모든 신위의 밥을 조금씩 떠서 받들어 주인의 왼쪽으로 나아가 주인에게 복을 빌면서 말하기를

> 조고祖考께서 공축工祝[539]에게 명命하여 많은 복福을 너의 효손孝孫에게 이르게 하였으니,
> 너희들은 하늘에서 복록을 받고, 밭에서 농사가 잘 될 것이며, 눈썹이 희어지도록 오래 살아서 폐하지 말고 길이 하라.

---

537) 염厭은 배부르다는 뜻이니, 신령이 충분한 흠향을 받았다는 말이다.
538) 수조受胙는 복福을 나누는 것을 말하니, 제사음식祭祀飮食을 나누어 주는 것이다.
539) 공축工祝은 제사祭祀때 고축告祝을 맡은 사람을 이른다.

고 한다.

- 주인은 술을 자리 앞에 놓고 홀을 꺼내 들고 엎드렸다가 일어나서 재배하고, 홀을 꽂고 무릎을 꿇고 밥을 받아 맛보고 왼쪽소매에 채우며 소매에 새끼손가락을 건다.

- 술을 가져다 다 마시면 집사자가 술잔을 오른쪽에서 받아 주전자 옆에 놓고 밥은 왼손으로 받아 역시 그와 같이 한다.

- 주인이 홀을 들고 엎드렸다가 일어나 동쪽계단 위에 서서 서향한다.

- 축은 서쪽계단 위에 서서 동향하여 이성(利成)이라고 고하고 내려와 자리로 돌아간다.

- 자리에 있는 사람들과 함께 재배한다.

- 주인은 절하지 않고 내려와 자리로 돌아간다.

(11-7) 사신(辭神)

- 주인 이하는 모두 재배한다.

(12) 納主

┌─── 【주자가례 원문 20-12】 ───

● 納主
⇒ 신주를 신주독에 모신다.

● 主人主婦皆升, 各奉主, 納于櫝, 考妣有先亡者, 至是合安于櫝先奉親盡神主, 安於夾室以笥斂高祖以下之櫝, 奉歸祠堂如來儀, 以次遞升, 新主亦入正位, 降簾闔門而退.
⇒ 주인과 주부는 모두 올라가 각각 신주를 받들고 신주독에 모신다. 고비중에 먼저 죽은 사람이 있으면 이에 이르러 독 속에 합하여 안치하는데, 친속이 다한 신주를 먼저 받들어 협실에 모시고, 대나무 상자로 고조이하의 독을 거두어 사당으로 모시고 돌아가기를 올 때의 의식과 같이 한다. 차례를 바꾸어 올려 모시고 새 신주 역시 정규 위치로 들여 모신 뒤, 발을 내리고 문을 닫고 물러난다.

- 주인과 주부는 모두 올라가 각각 신주를 받들어 독에 들여놓는다.
- 주인은 상자에 독을 거두어들이고, 받들어 사당으로 돌아간다.
- 올 때의 예식과 같이 한다.

(13) 徹餕

- 철상하는 절차이다.

- 주부가 돌아와서 잔과 주전자와 다른 그릇에 남아 있는 술을 살펴 거두어 모두 병(甁)
에 넣고 봉한다. 이른바 복주(福酒)라는 것이다.

- 과일과 채소와 고기 음식을 모두 연기(燕器)에 옮긴다.

- 주부는 제기를 씻어 보관하는 것을 살핀다.

(13-1) 준(餕)

- 남은 제사음식을 대접하는 절차이다.

- 이날 주인은 살펴서 제사고기(祭胙)를 종류별로 조금씩 합(盒)에 담아 술과 함께
모두 봉한다. 종을 보내 서신을 가지고 친우에게 제사음식을 보낸다.

(14) 奉遷主, 埋于墓側

⇒ 그가 지자인 경우에는 친족 중에 친속관계가 다하지 않은 사람이 있으면, 최장방에게로 옮겨서 그 제사를 주관하게 한다. 비요에 신주는 제사를 주관하는 사람으로 고쳐 쓰되 방제에는 효라고 적지 않는다. 대개 부위의 신주는 본위 신주가 사당에서 나오게 되면 당연히 묘소에 묻어야 한다.

● 尤庵曰 祧主埋於本墓之右邊, 旣掘坎以木匣先安於坎中然後, 以主櫝安于木匣中, 子孫皆再拜而辭畢, 閉匣門而掩土堅築, 後加以莎草, 或云盛以瓷缸則不朽, 或云瓷缸入水則永無乾時, 不若木匣之爲善云矣.
⇒ 우암이 이르기를 "내어 모실 신주를 본묘의 오른쪽에 묻을 경우에는 구덩이를 판 후에 목갑을 먼저 구덩이 속에 안치한 다음에 신주독을 그 목갑속에 안치한다. 자손이 모두 재배하고 하직한 다음에 갑의 뚜껑을 닫고 흙을 덮어 단단히 다진 뒤에 떼를 입힌다. 혹은 도자기 항아리에 담으면 썩지 않는다라고도 하고, 혹은 '도자기 항아리에 물이 들어가면 영원히 마를 때가 없으니, 목갑만큼 좋지 못하다.'고 말하기도 한다.

● 問 埋主時似當有告墓之節, 尤庵曰以酒果告之似宜. 按此條註說, 家禮在告遷條下故今移置于此, 祧主埋安時無子孫擧哀之文而今俗多有行之者, 情禮俱得.
⇒ 물었다. '신주를 묻을 때 마땅히 무덤에 고하는 절차가 있어야 할 듯합니다. 우암이 이르기를 술과 과일로 고하는 것이 옳을 듯하다. 살피건데, 이 조항의 주의 설은 가례에 '고천'조항의 아래에 있으므로, 지금 여기에 옮겨 놓았다. 내어 모실 신주를 매안 할 경우에 '자손들이 곡한다.'는 글이 없는데, 지금 풍속에 곡을 행하는 사람이 많으니, 정과 예가 다 적절하다.

- 세대의 친분이 다하여 묻는 절차이다.

- 만약, 세대의 친분이 다한 할아버지나, 따로 분파된 자손이면 묘소로 옮겨 묻지 않는다.

- 지손으로서 족인 중에 세대가 다하지 않은 이는 가장 존장자의 집으로 옮겨, 제사를 주관하게 한다.

- 『통전(通典)』에 진(晉)나라 우희(虞喜)가 말했다. "한대(漢代)에 위현성(韋玄成) 등이 훼묘(毀廟 조천)된 신주를 동산에 묻었는데, 위(魏)나라 조정에 논의하는 자가 '응당 두 계단 사이에 묻어야 한다'고 했다."[540]고 하였다.

- 조천한 신주(祧主)에 대해서 묻자, 주자가 말했다. "천자와 제후는 태묘에 협실이 있어서 조주(祧主)를 그 속에 갈무리하였다. 지금 사인(士人) 집에는 이것이 없기 때문에 조

---

540) 『通典』 : 晉虞喜曰, "漢代韋玄成等, 以毁主瘞於園。魏朝議者云, '應埋兩階間。'"

주를 둘 만한 곳이 없다. 『예기』의 설로는 두 계단 사이에 갈무리한다고 하는데, 지금은 부득이하여 단지 묘소에 매안한다."541)고 하였다.

- 물었다. "조주는 어느 곳으로 옮기는 것이 마땅한가?" 답했다. "이 일은 조처하기가 어렵다. 한(漢) · 당(唐) 사람들은 대부분 두 계단 사이에 묻었다. 지금 인가(人家)의 사당에는 또한 이른 바 '두 계단'이란 게 없다. 두 계단의 사이는 사람의 자취가 이르지 않아서 깨끗함을 취할 수 있기 때문이다." 물었다. "각각 소목(昭穆)에 따라 조종(祖宗)의 분묘에 묻는 것은 어떠한가?" 답했다. "당나라 사람 중에서도 침원(寢園)에 묻은 자가 있었다. 다만 요즘 사람들의 분묘가 또한 너무 먼 곳에 있어 사용하기 어려울 듯하다."542)고 하였다.

- 『구의』에 집사가 소반에 신주를 담아 받들고, 주인이 스스로 전송하여 묘소 곁에 이른다. 축이 매안하기를 마치면 비로소 돌아온다.543)고 하였다.

- 우암(尤庵)이 말했다. "조주를 땅에 매안하는 절목은 고증하지 못했다. 우리 집 안에서 항상 행하던 것으로 말하면, 본 묘소의 오른쪽 곁에 매안하는데, 구덩이를 파고 나서 나무 상자를 먼저 구덩이 속에 안치한 다음에 신주독(主櫝)을 나무 상자 안에 안치하고, 자손들이 모두 재배하여 사신(辭神)하고 마치고는 상자의 문을 닫고 흙을 덮어서 견고하게 다진 다음에 사초(莎草)를 더한다. 과연 예에 맞는지 모르겠다."544)고 하였다.

(15) 復寢

┌─ 【주자가례 원문 20-25】 ─────────────────
│
│ • 復寢
│   ⇒ 침소로 돌아간다.
│ • 按吉祭, 家禮所無而 備要旣採古禮補入 故今亦從之而. 備要所載則猶欠詳備故就其中,
│   更加添修俾便於考閱.
└──────────────────────────────────────

----

541) 問："祧主？" 朱子曰："天子諸侯, 有太廟夾室, 則祧主藏於其中。 今士人家無此, 祧主無可置處。 『禮記』 說, 藏於兩階間, 今不得已, 只埋於墓所。"

542) 問："祧主當遷何處？" 曰："便是這事難處。 漢唐人, 多瘞于兩階間。 今人家廟, 亦無所謂兩階者。 兩階之間, 以其人跡不到, 取其潔耳。" 問："各以昭穆, 瘞于祖宗之墳, 如何？" 曰："唐人亦有瘞于寢園者。 但今人墳墓, 又有太遠者, 恐難用耳。"

543) 『丘儀』 ：執事者用盤盛主捧之, 主人自送至墓側。 祝埋畢, 始回。

544) 尤庵曰："祧主埋地節目, 未有所考。 以鄙家常行者言之, 埋於本墓之右邊, 旣掘坎, 以木匣先安于坎中, 然後以主櫝安於木匣中, 子孫皆再拜而辭畢, 閉匣門, 而掩土堅築, 後加以莎草。 未知果合於禮否也。"

⇒ 살펴보건대, 길제는 가례에 없는 것인데, 비요에서 고례를 채택하여 보충해 넣었으므로, 지금 또한 이를 따른다. 비요에 기록된 것은 오히려 자세하지 않기 때문에 그 속에 다시 보태어 넣어, 참고하여 보기 편하게 하였다.

- 「상대기」에 길제를 지낸 뒤에 침소로 돌아간다. [주에 침소로 돌아감은 다시 빈궁(殯宮)에서 자지 않음이다.]545)고 하였다.

- 침소로 되돌아온다.

- 「잡기」의 주에 제사를 지낸 뒤에는 현단복(玄端服)을 입고 생활하며 평상시로 돌아간다.546)고 하였다.

- 「간전(間傳)」에 차지 않는 것이다. [소에 길제(吉祭) 뒤에야 비로소 길(吉)함을 따른다.] 만약 길제가 담월에 있다면 아직 순길(純吉)로 생활하지 않는다. 담제를 지낸 다음 달이 되어서야 평상시의 생활로 돌아간다.547)고 하였다.

(15-1) 기 타
- 주인은 일상의 제복인 길복으로 성복을 하고, 주부는 혼례식에 입었던 원삼에 족두리를 한다.
- 조매고유(祧埋告由)는 사당에 모시고 있었던 친진한 신주, 5대조를 제천하거나 매주하는 절차를 행하는 것을 말한다.
- 이로서 상주는 완전히 일상으로 돌아오며, 한 집안의 주손으로서의 역할을 수행해 간다.
- 내실에 들어가도 된다.
- 길제는 다른 제사와는 다르게 제물을 성대하게 차리고 화려한 옷을 입는데, 이는 제물로 표현된 성경을 통해 선조와 통교하고 일체를 이룸으로써 상례가 길례로 변하게 되고 상례가 완성되었음을 의미한다.
- 제사를 마치면 대가 지난 5대조 할아버지와 할머니 신주는 묘소 곁에 묻는다. 신주를 묻을 때 묘에 알리는 절차는 없으나 술과 과일 등을 올리고 분향하고 절을

---

545) 「喪大記」 : 吉祭而復寢。註 : 復寢, 不復宿殯宮也。
546) 「雜記」 註 : 旣祭, 玄端而居, 復平常。
547) 「間傳」 : 無所不佩。疏 : 吉祭以後, 始從吉。若吉祭在禫月, 猶未純吉。禫之後月, 乃得復平常。

올린다.

- 고조할아버지와 고조할머니 이하의 신주는 새로 쓴다.
- 신주를 매안(埋安)한 5대조 이상 선조에 대해서는 매년 한 번씩 자손들이 모여 산소에서 묘제를 지낸다. 묘제는 대개 초목이 뿌리로 돌아가는 계절인 10월에 지낸다.

제3장 儒敎喪禮의 理解

1. 유교상례의 이해

인간에게 있어서 삶은 모든 행위의 순환과정이라고 할 수 있으며, 이 순환의 과정에는 언제나 시작점과 종점이 존재한다. 이렇게 각기 존재하는 순환과정의 시점과 종점에 구성원들의 합의된 행위를 통해 그 의미를 강화하고자 하였다. 구성원간의 합의된 행위인 의례는 자연스럽게 지역공동체적 성격을 강하게 나타내면서, 오래도록 전승 되어진 관습과 결합되어 그 절차가 매우 다양하게 나타난다고 할 수 있다. 그 결과 의례에 대한 연구는 사회적 변화과정과 사회적 함의의 단면을 이해하는 척도로서 중요한 시사점을 제공한다고 할 수 있다.

인간의 삶을 이해하는 과정에서 그 시작점인 탄생과 종점인 죽음의 중요성은 강조하지 않더라도 충분한 이해가 가능할 것이다. 이중 죽음에 대한 의례인 '상례'의 의례적 특징은 일생 의례 가운데 가장 마지막 의례라는 데서 찾을 수 있다. 다른 통과의례들은 의례의 대상자가 의례 주체로서 역할을 수행하는 것이 일반적이다. 그러나 상례는 삶을 마감하는 순간부터 이루어지는 의례이므로 당사자가 의례를 주체적으로 수행할 수 없게 된다. 자연히 상례는 의례를 거치는 당사자가 아닌 살아남은 자들의 몫이 된다는 것이 특징이라고 할 수 있다. 그리하여 산자와 죽자가 함께 통과의례의 일정한 과정을 겪는 또 다른 특성548)을 지니게 됨으로써 보수적 성격이 강화되어 나타난 것으로 이해할 수 있다. 고려말 유입되어 현재까지 우리 민족의 전통적 죽음의례로 인식되는 유교식 상례는 매우 복잡한 절차와 긴 시간을 요구하면서 전승 되어져 왔다. 상례에는 죽음에 대한 표현과 태도가 시대적·지역적·문화적으로 매우 다양하게 표현되어 있다.

유교의 전통적인 관점에서 죽음을 의미하는 단어로는 사(死), 종(終), 상(喪) 등이 대표적인 표현이다.549) 의미를 살펴보면 사람의 죽음을 다루는 의례인 만큼 마땅히 이를 사례(死禮)라 하여야 하지만 그렇게 쓰지 않고 '상(喪)'을 써서 상례(喪禮)라 한다. 이는 사(死)란 육신이 죽어 썩는 것을 말하고, 종(終)은 사람 노릇을 끝냄을 의미한다. 즉 사(死)는 소인의 죽음을 말하며, 종(終)은 군자의 죽음을 말하는 것으로, 사(死)와 종(終)의 중간을 택하여

---

548) 임재해, 『전통상례』, 서울 : 대원사, 1996, 12~13쪽.
549) 국사편찬위원회 편저, 『상·장례, 삶과 죽음의 방정식』 서울 : 두산동아, 2005, 49쪽.

'없어진다'는 의미인 '상(喪)'자를 써서 상례라 쓴 것550)이다.

　우리의 의례적 전통의 변화양상은 왕조의 변화와 함께 다양한 변화과정을 통해 정착되었음은 앞선 논의를 통해 살펴보았다. 현대 한국사회가 인식하는 전통의례는 고려말 유입되어 조선의 건국과 더불어 사회 지도이념이 되었던 성리학과 함께 『주자가례』에 의한 사례(四禮)로 정착되어 현재에 이르고 있는 유교식 의례를 의미한다. 이중 죽음의례인 상례(喪禮)는 초종(初終) ⇒ 습(襲) ⇒ 소렴(小殮) ⇒ 대렴(大斂) ⇒ 성복(成服) ⇒ 조상(弔喪) ⇒ 문상(聞喪) ⇒ 치장(治葬) ⇒ 천구(遷柩) ⇒ 발인(發靷) ⇒ 급묘(及墓) ⇒ 반곡(返哭) ⇒ 우제(虞祭) ⇒ 졸곡(卒哭) ⇒ 부제(祔祭) ⇒ 소상(小祥) ⇒ 대상(大祥) ⇒ 담제(禫祭)의 18개의 절차로 구성되어있다. 이후 대상의례에서 신주의 분면을 고쳐 쓰는 개재고유의 의례와 제사봉사의 기준을 넘어선 5대조의 신주를 체천(遞遷)하는 의례를 별도로 의례화하여 마지막 단계인 길제(吉祭)로 정착되면서 19단계의 절차로 이해되어 왔다. 이 절차들을 분석하여 보면 다시 60여 항목의 소절차로 분화되고, 세부항목으로 본다면 239개의 항으로 기술 되어있다.

　이러한 상례절차의 단계적 구성과 세부적 내용은 각각의 의례절차가 독립적이기 보다는 상호연계적 관계를 통해 유교의 죽음에 대한 인식과 시신의 처리에 대한 논리를 실천하는 의례적 표현양식을 통해 나타내고 있음을 시사한다. 이를 도표화하여 나타내면 다음과 같이 단계적으로 이해 할 수 있다.

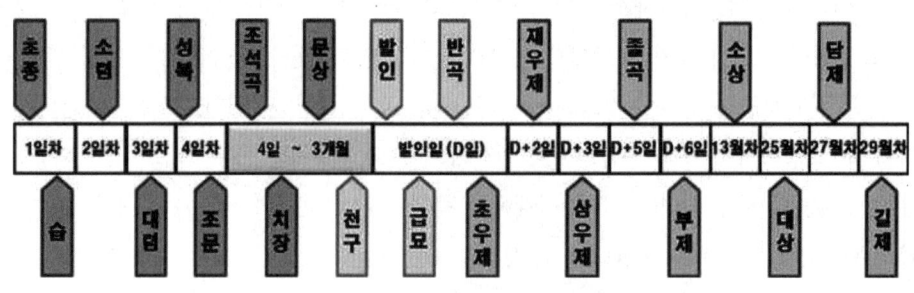

〈그림 13〉 상례진행 절차도

　그러나 〈그림 13〉에 나타난 상례의 19단계에 대한 절차적 이해는 고인의 죽음을 인식하고, 시신을 처리한 후 조상신으로 배향하는 절차를 위주로 구성되어있으며, 부수적으로 살아 있는 사람들인 복인(服人)들의 복장과 행동에 대한 서술을 통해 고인의 죽음으로 인한 슬픔을 극복하게 하는 절차로 이해됨으로써 표면적인 단계적 변화에 주목함으로써 의례적 성격

---

550) 국립중앙박물관 편저 『전통문화교양강좌』, 서울 : 국립중앙박물관, 1995 45쪽.

을 규명하고 각 절차의 관계성을 살펴보는데 한계성을 가진다고 할 수 있다.

의례에 나타난 주체와 대상의 상호 관계와 역할에 주목하면서 단계별 변화의 요인과 유교 상례의 구조, 구성원리에 대한 논의를 위해 19단계의 절차보다는 세부진행내용에 주목하고자 한다.

상례진행절차와 세부적인 특징을 살펴보면, 먼저 첫 번째 절차는 초종(初終)551)이다. 초종(初終)은 죽음을 맞이하는 과정과 의례의 시작을 위해 각자의 역할을 결정하는 절차로서 "임종준비(疾病遷居正寢, 旣絶乃哭) ⇒ 복(復) ⇒ 수시(楔齒綴足) ⇒ 사자상차리기 ⇒ 역할분담(立喪主. 主婦. 護喪. 設, 司書. 司貨) ⇒ 역복불식(乃易服不食) ⇒ 시사전(設奠) ⇒ 치관(治棺) ⇒ 부고(訃告)"의 절차로 진행된다. 이러한 절차 중 유교적 생사관을 반영하여 의례화된 복의 절차는 초혼(招魂), 고복(皐復)이라고도 하며 북망산천으로 떠나가는 영혼(靈魂)을 불러 백(魄)과 다시 합치게 함으로써 다시 살아나기를 기원하는 절차이다. 복을 한 옷인 복의(復衣)는 의례의 대상으로 혼백 신주와 함께 모셨다가 4대 봉사를 마치고 체천(遞遷)할 때 묘지 곁에 신주를 싸서 함께 묻도록 하고 있다.

초종이후에는 운명한 당일에 진행되는 습(襲)552)의 절차를 진행한다. 시신을 목욕시키고 습의(襲衣)를 입히며, 반함(飯含)하는 절차로서 시신을 정화하는 절차이다. 예서에 나타난 세부진행절차로는 "굴감(堀坎) ⇒ 진습의(陣襲衣) ⇒ 목욕반함지구(沐浴飯含之具) ⇒ 내목욕(乃沐浴) ⇒ 습(襲) ⇒ 사시상치당중간(徙尸牀置堂中間) ⇒ 내설전, 습전(乃設奠) ⇒ 주인이하위위이곡(主人以下爲位而哭) ⇒ 반함(乃飯含) ⇒ 시자졸습복이금(侍者卒襲覆以衾) ⇒ 치영좌, 설혼백(置靈座設魂帛) ⇒ 입명정(立銘旌) ⇒ 불작불사(不作佛事) ⇒ 집우친후지인지시입곡가야(執友親厚之人至是入哭可也)"의 순서로 진행된다. 습의를 입히고 혼(魂)이 의지하게 하기 위하여 혼백을 만들고, 영좌를 설치한다. 그 옆에 명정을 설치하여 의례공간을 조성한다.

운명한 다음날인 2일차에 진행되는 소렴(小斂)553)은 시신을 소렴포로 싸서 묶는 절차로서 이때 소렴에 쓰이는 옷은 총 19벌이다. 세부적인 절차를 살펴보면, "궐명(厥明) ⇒ 집사자진소렴의금(執事者陣小斂衣衾) ⇒ 설전(設奠(小設奠)) ⇒ 구괄발마, 문포좌마(具括髮麻, 免布髽麻) ⇒ 설소렴상, 포교금의, 소렴(設小斂牀, 布絞衾衣, 小斂) ⇒ 내천습전(乃遷襲奠) ⇒

---

551) 疾病遷居正寢, 旣絶乃哭, 復, 廢牀寢地, 遺言, 屬纊. 楔齒綴足, 執事者設幃及牀遷尸, 立喪主. 主婦. 護喪. 設, 司書. 司貨, 乃易服不食, 設奠, 治棺.

552) 四禮便覽：堀坎, 陣襲衣, 沐浴飯含之具, 乃沐浴, 設泳, 襲, 徙尸牀置堂中間, 乃設奠,, 主人以下爲位而哭, 乃飯含, 侍者卒襲覆以衾, 置靈座設魂帛, 立銘旌, 不作佛事, 執友親厚之人至是入哭可也

553) 厥明, 執事者陣小斂衣衾, 設奠(小設奠), 具括髮麻, 免布髽麻. 設小斂牀, 布絞衾衣, 小斂, 乃遷襲奠, 遂小斂, 主人主婦, 憑尸哭擗, 袒括髮免髽于別室, 還遷尸牀于堂中, 乃奠, 主人以下哭盡哀, 乃代哭不絶聲.

수소렴(遂小斂) ⇒ 주인주부, 빙시곡벽(主人主婦, 憑尸哭擗) ⇒ 단괄발면조우별실(袒括髮免髽于別室) ⇒ 환, 천시상우당중(還, 遷尸牀于堂中) ⇒ 내전(乃奠) ⇒ 주인이하곡진애, 내대곡불절성(主人以下哭盡哀, 乃代哭不絶聲)"의 순서로 진행된다. 습의 절차는 시신에 옷을 입히는 것이고, 염의 절차는 시신을 싸는 것이다. 염은 옷을 위주로 진행하는데 소렴의 옷은 반드시 열아홉 벌을 쓰는데, 천수(天數)와 지수(地數)의 끝수를 쓴다고 하였다. 소렴을 마치면 남자로서 참최복을 입는 사람은 어깨를 벗고, 머리를 묶고, 주인 이하는 곡하여 슬픔을 다하고, 곡하는 소리가 끊기지 않게 대신 곡한다.

3일차에는 앞서 소렴에서 염포로 싸서 묶은 시신을 다시 옷과 이불을 더해 대렴포로 싸서 관에 넣는 절차인 대렴(大斂)554)인 진행된다. 세부적인 절차를 살펴보면, "궐명(厥明) ⇒ 집사자진대렴의금(執事者陳大斂衣衾) ⇒ 설전구(設奠具) ⇒ 거관입치우당중소서(擧棺入置于堂中少西) ⇒ 내대렴(乃大斂) ⇒ 설영상우구동(設靈牀于柩東) ⇒ 내설전(乃設奠) ⇒ 주인이하각귀상차(主人以下各歸喪次) ⇒ 지대곡자(止代哭者) ⇒ 빈(喪次, 外賓, 殯)"이다. 대렴은 신분에 따라 옷의 수량을 달리하는데, 사는 30벌, 대부는 50벌 군은 100벌이라고 하였다. 이처럼 3일째에 대렴하고 입관하는 것은 혹시 살아나기를 기다리는 효성 때문에 소렴에서 가리지 않은 얼굴을 가리고 관속에서 대렴한다고 하였다. 이어지는 치장의 기간 동안 시신을 보존하기 위해 빈(殯)하게 되며, 소렴 후 곡이 끊기지 않게 하였던 대곡을 그치게 된다.

임종 후 4일차에는 성복(成服)555)의 의례가 진행된다. 성복은 고인과의 친등관계(親等關係)에 따라 오복제도에 맞추어 복을 입는 절차와 이어지는 의례진행절차에 대한 규정으로 성복 후부터 정식으로 문상(問喪)을 받고, 조석전(朝夕奠)과 조석(朝夕)으로 상식(上食)을 올리며 주인 형제는 죽을 먹을 수 있다. 예서의 세부 절차로는 "궐명오복지인(厥明五服之人) ⇒ 각복기복(各服其服) ⇒ 입취위. 연후조곡(入就位. 然後朝哭) ⇒ 상조여의(相弔如儀) ⇒ 성복지일. 주인급형제시식죽(成服之日. 主人及兄弟始食粥) ⇒ 조전(朝奠) ⇒ 식시상식(食時上食) ⇒ 석전(夕奠) ⇒ 석곡(夕哭) ⇒ 무시곡(無時哭) ⇒ 삭일칙어조전설찬(朔日則於朝奠設饌) ⇒ 유신물칙천지(有新物則薦之)"이라 하였다. 오복제도의 복제는 참최(斬衰), 자최(齊衰), 대공(大功), 소공(小功), 시마(緦麻)의 다섯 종류이며 착용기간에 따라서 3년, 1년, 9월, 5월, 3월의 기간으로 지팡이의 유무에 따라 장기, 부장기로 구분된다. 아울러 경중에 따라 정복(正

---

554) 厥明, 執事者陳大斂衣衾, 設奠具, 擧棺入置于堂中少西, 乃大斂, 設靈牀于柩東, 乃設奠, 主人以下各歸喪次, 止代哭者, 喪次, 外賓, 殯, 入棺.

555) 厥明五服之人. 各服其服. 入就位. 然後朝哭. 相弔如儀, 成服之日. 主人及兄弟始食粥. 一曰斬衰三年, 二曰齊衰三年, 杖朞, 不杖朞, 五月, 三月, 三曰大功九月, 四曰小功五月, 五曰緦麻三月, 凡爲殤服以次降一等, 凡男爲人後, 女適人者, 爲其私親皆降一等, 私親之爲之也亦然..

服), 가복(加服), 의복(義服), 강복(降服) 등으로 구분한다.

성복이후 조상(弔喪)556)하게 되는데, 조(弔)란 상주를 위로하고 고인의 명복을 비는 일을 말한다. 따라서 예서에서는 영전에 드리는 전(奠)과 부의(賻儀), 그리고 문상방법에 대한 설명이 주를 이룬다. 이어서 문상(聞喪)의 절차는 상주가 멀리서 부고를 들었을 때 하는 행위와 해야 하는 일, 성복하는 일시 등에 관한 절차를 말한다.

아울러 이 기간 장사할 시간과 장소를 정하고 준비하는 치장(治葬)557)의 절차가 있는데, 치장의 기간은 신분에 따라 그 기간이 다르게 진행되었다. 대부의 치장기간은 3월, 선비는 달을 넘겨 장사지내는 유월장(踰月葬)을 하였다. 예서의 세부 절차로는 "삼월이장선기택지지가장자(三月而葬先期擇地之可葬者) ⇒ 택일개영역사후토(擇日開塋域祀后土) ⇒ 수천광(遂穿壙) ⇒ 작회격(作灰隔) ⇒ 각지석(刻誌石) ⇒ 조명기(造明器) ⇒ 하장(下帳) ⇒ 포(苞) ⇒ 소(筲) ⇒ 앵(甖) ⇒ 대여(大轝) ⇒ 삽(翣) ⇒ 작주(作主)"이라 하였다. 진행절차를 살펴보면, 이 기간 내에 장사지낼 땅을 선택하여야 하고, 터가 정해지면 조전(朝奠)이나 석전(夕奠)을 올릴 때 고유(告由)를 하고, 묘역을 정리하게 되는데, 이때 토지신(土地神)에게 고(告)한 후에 광중을 파고 회격을 하여 준비한다.

이후 택일을 통해 장일(葬日)을 결정하고, 장사 하루 전에 발인하기 위해 대렴이후 빈(殯)하였던 영구를 사당에 옮기어 조상에게 인사하는 천구(遷柩)558)의 절차를 진행한다. 예서의 세부 절차로는 "발인전일일(發引前一日), 인조전(因朝奠), 이천구고(以遷柩告) ⇒ 봉구조우조奉柩朝于祖() ⇒ 수천우청사(遂遷于廳事) ⇒ 내대곡(乃代哭) ⇒ 친빈치전부(親賓致奠賻) ⇒ 진기(陳器) ⇒ 일포시(日晡時), 설조전(設祖奠)"이라 하였다. 천구하여 사당에 의례를 진행하고 청사로 옮기면 대곡(代哭)하는데 발인전까지 한다. 일포시 즉 신시(申時)인 3시에서 5시 사이에 조전(祖奠)을 올린다.

다음날 아침 영구를 상여에 싣고 장지로 운반하는 절차인 발인(發靷)559)의 절차를 진행하는데, 예서의 세부 절차로는 "궐명(厥明), 천구취여(遷柩就轝) ⇒ 내설견전(乃設遣奠) ⇒ 축봉혼백승거(祝奉魂帛升車), 분향(焚香) ⇒ 구행(柩行) ⇒ 주인이하곡보종(主人以下哭步從) ⇒ 존장차지(尊長次之), 무복지친우차지(無服之親又次之), 빈객우차지(賓客又次之) ⇒ 친빈설악

---

556) 朝奠, 食時上食, 夕奠, 無時哭, 朔日則於朝奠設饌, 有新物則薦之, 凡弔皆素服, 奠 用香茶燭酒果, 賻用錢帛, 具刺通名, 入哭奠訖乃弔而退.

557) 三月而葬. 前期擇地之可葬者, 擇日. 開塋域, 祠后土, 遂穿壙, 作灰隔, 刻誌石, 造明器, 下帳, 苞, 筲甖大轝, 翣作主.

558) 因朝奠以遷柩告, 奉柩朝于祖, 遂遷于廳事, 乃代哭(以至發引), 親賓致奠賻, 陳器, 日晡時設祖奠,

559) [遣奠]厥明遷柩就轝, 乃設遣奠, 祝奉魂帛升車焚香. 柩行, 主人以下哭步從, 尊長次之, 無服之親又次之, 賓客又次之, 親賓設幄於郭外道旁, 駐柩而奠, 塗中遇哀則哭.

어곽외도방(親賓設幄於郭外道傍), 주구이전(駐柩而奠) ⇒ 도중우애칙곡(塗中遇哀則哭)"이라 하였다. 이때 장지(葬地)까지 이동하는 행상(行喪)의 순서는 "방상씨 ⇒ 명정 ⇒ 영여 ⇒ 만장 ⇒ 공포 ⇒ 삽 ⇒ 상여 ⇒ 상주와 복인 ⇒ 존장 ⇒ 무복친 ⇒ 빈객"의 순이다. 상주이하는 곡하면서 따른다.

영구가 장지에 도착하면, 장사를 지내는 급묘(及墓)560)의 절차가 진행되는데, 예서의 세부 절차로는 "미지(未至), 집사자선설영악(執事者先設靈幄) ⇒ 친빈차(親賓次) ⇒ 부인악(婦人幄) ⇒ 방상지(方相至) ⇒ 영거지(靈車至) ⇒ 수설전이퇴(遂設奠而退) ⇒ 구지(柩至) ⇒ 주인남여각취위곡(主人男女各就位哭) ⇒ 빈객배사이귀(賓客拜辭而歸) ⇒ 내폄(乃窆) ⇒ 주인증(主人贈) ⇒ 가회격개(加灰隔蓋) ⇒ 실이회(實以灰) ⇒ 내실토이점축지(乃實土而漸築之) ⇒ 사후토어묘좌(祠后土於墓左) ⇒ 하지석(下誌石) ⇒ 복실이토이견축지(復實以土而堅築之) ⇒ 제주(題主) ⇒ 축봉신주승거(祝奉神主升車) ⇒ 집사자철영좌수행(執事者徹靈座遂行) ⇒ 성분(成墳)"이라 하였다. 영구가 도착하여 시신을 매장하면 주인이 현훈을 드리고 회격한후 점차 흙으로 다진다. 이때 무덤의 왼쪽에서 후토신에게 제사하고, 명기와 지석을 묻은 후 신주의 분면에 글씨를 쓰는 제주(題主)의 절차를 진행하게 된다.

제주(題主)절차를 마치고난 후에는 영여에 신주를 모시고, 집으로 돌아오면서 곡(哭)하는 절차인 반곡(返哭)561)이 이어진다. 예서의 세부 절차로는 "주인이하봉영거(主人以下奉靈車), 재도서행곡(在塗徐行哭) ⇒ 지가곡(至家哭) ⇒ 축봉신주(祝奉神主), 입치우영좌(入置于靈座) ⇒ 주인이하곡우청사(主人以下哭于廳事) ⇒ 수예영좌전곡(遂詣靈座前哭) ⇒ 유조자(有弔者), 배지여초(拜之如初) ⇒ 기구월지상자(朞九月之喪者),음주식육(飮酒食肉),불여연락(不與宴樂), 소공이하대공이거자(小功以下大功異居者),가이귀(可以歸)"이라 하였다.

반곡하여 집에 도착하면, 첫 번째 제사인 초우제(初虞祭)562)가 진행되는데, 예서의 세부 절차로는 "초우(初虞) ⇒ 주인이하개목욕(主人以下皆沐浴) ⇒ 집사자진기구찬(執事者陳器具饌) ⇒ 설소과(設蔬果) ⇒ 축출신주우좌(祝出神主于座), 주인이하개입곡(主人以下皆入哭) ⇒ 강신(降神) ⇒ 축진찬(祝進饌) ⇒ 초헌(初獻) ⇒ 아헌(亞獻) ⇒ 종헌(終獻) ⇒ 유식(侑食) ⇒

----

560) 未至.執事者先設靈幄,親賓次,婦人幄,方相至,靈車至,遂設奠而退,柩至,主人男女就位哭,賓客拜辭而歸, 乃窆主人贈,加灰隔內外蓋,實以灰,乃實土而漸築之,祠后土於墓左,藏明器等,下誌石,復實以土而堅築之, 題主,題主奠,祝奉神主升車,執事者徹靈座遂行,墳高四尺.立小石碑於其前. 亦高四尺.趺高尺許.

561) 主人以下奉靈車在塗徐行哭,至家哭,祝奉神主入置于靈座,主人以下哭于廳事,遂詣靈座前哭, 有弔者拜之如初,朞九月之喪者,飮酒食肉,不與宴樂.小功以下大功異居者,可以歸.

562) 主人以下皆沐浴,執事者陳器具饌,祝出神主于座.主人以下皆入哭,降神,祝進饌,初獻,亞獻,終獻,侑食,主人 以下皆出.祝闔門,祝啓門.主人以下入哭辭神,祝埋魂帛,罷朝夕奠.

주인이하개출(主人以下皆出), 축합문(祝闔門) ⇒ 축계문(祝啓門), 주인이하입곡사신(主人以下入哭辭神) ⇒ 축매혼백(祝埋魂帛) ⇒ 파조석전(罷朝夕奠) ⇒ 우유왈(遇柔曰), 재우(再虞). ⇒ 우강왈(遇剛曰), 삼우(三虞)"이라 하였다. 상중(喪中)에 처음으로 지내는 제사로 흉제(凶祭)에 속하나 반드시 장사 당일에 지내야 하기 때문에 길이 멀 경우 도중에서 지내기도 한다. 우제의 일정과 절차는 반곡한 당일에 초우제(初虞祭)를 지내고, 다음 첫 유일(柔日)에 재우제(再虞祭)를 지낸다. 재우후 첫 강일(剛日)에 삼우제(三虞祭)를 지내면서 삼우제가 마무리 된다. 초우제 이후에는 혼백(魂帛)을 깨끗한 땅에 묻고, 아침저녁으로 드리던 조석전을 그만한다.

삼우제(三虞祭)를 지낸 후 첫 강일(剛日)에 무시곡(無時哭)을 그치는 졸곡(卒哭)563)의 절차가 이어진다. 장사를 빨리 지낼 경우 우제는 신을 안정시키기 위하여 늦출 수 없지만 졸곡은 반드시 석달을 기다려 지내야 한다고 하였다. 예서의 세부 절차로는 "삼우후(三虞後), 우강왈(遇剛曰), 졸곡(卒哭) ⇒ 전기일일(前期一日), 진기구찬(陳器具饌) ⇒ 궐명숙흥(厥明夙興), 설소과주찬(設蔬果酒饌) ⇒ 질명(質明), 축출주(祝出主), 주인이하개입곡(主人以下皆入哭), 강신(降神) ⇒ 주인주부진찬(主人主婦進饌) ⇒ 초헌(初獻) ⇒ 아헌(亞獻) 종헌(終獻), 유식(侑食) 합문(闔門), 계문(啓門) 사신(辭神) ⇒ 자시조석지한(自是朝夕至閒), 애지부곡(哀至不哭) ⇒ 주인형제소식수음(主人兄弟疏食水飮), 불식채과(不食菜果), 침석침목(寢席枕木)"이라 하였다. 졸곡은 성사(成事)라 하여 길제에 속하며 이때부터 길례가 된다. 현주병을 놓고, 축관의 위치가 주인의 왼쪽에서 동향하여 독축한다. 이때부터 조석곡만하고, 슬픔이 이르러도 곡하지 않는다. 주인형제는 거친 밥에 물을 마시되 나물과 과일을 먹지않고, 거적자리에 나무토막을 벤다.

다음날 고인의 신주를 고인의 조고비를 모시고 합사함을 고하는 부제(祔祭)564)의 절차가 진행된다. 예서의 세부 절차로는 "졸곡명일이부(卒哭明日而祔), 졸곡지제기철(卒哭之祭旣徹), 즉진기구찬(卽陳器具饌) ⇒ 궐명숙흥(厥明夙興), 설소과주찬(設蔬果酒饌) ⇒ 질명(質明), 주인이하(主人以下), 곡어영좌전(哭於靈座前) ⇒ 예사당(詣祠堂), 봉신주출치우좌(奉神主出置于座) ⇒ 환봉신주입사당(還奉新主入祠堂), 치우좌(置于座) ⇒ 서립(序立) ⇒ 참신(參神) ⇒ 강신(降神) ⇒ 축진찬(祝進饌) ⇒ 초헌(初獻) ⇒ 아헌(亞獻) 종헌(終獻), ⇒ 유식(侑食) 합문(闔門), 계문(啓門) 사신(辭神) ⇒ 축봉주(祝奉主), 각환고처(各還故處)"이라 하였다. 사당에서

----

563) 厥明夙興. 設蔬果酒饌. 質明. 祝出主. 主人以下皆入哭降神. 主人主婦進饌. 初獻. 亞獻. 終獻. 侑食. 闔門. 啓門. 辭神. 自是朝夕至間. 哀至不哭. 主人兄弟疏食水飮. 不食菜果. 寢席枕木.

564) 卒哭明日而祔. 卒哭之祭旣徹. 卽陳器具饌. 厥明夙興設蔬果酒饌. 質明. 主人以下哭於靈座前. 詣祠堂. 奉神主出. 置于座. 還奉新主入祠堂置于座. 敍立. 參神. 降神. 祝進饌. 初獻. 亞獻. 終獻. 侑食. 闔門. 啓門. 辭神. 祝奉主各還故處.

진행하는 것이 다르나 형편에 따라 대청에서 진설하기도 하였다.

이후 기년(朞年)을 맞아 고인을 추모하는 제사인 소상(小祥)565)의 절차이다. 소상(小祥)은 초상(初喪)으로부터 윤달을 계산하지 않고 13개월이 되는 날 택일하여 지냈으나, 1년만에 지내기도 하였다. 예서의 세부 절차로는 "기이소상(朞而小祥) ⇒ 전기일일(前期一日), 주인이 하목욕(主人以下沐浴), 진기(陳器) 구찬(具饌) ⇒ 설차(設次), 진련복(陳練服) ⇒ 궐명숙흥(厥明夙興), 설소과주찬(設蔬果酒饌) ⇒ 질명(質明), 축출주(祝出主), 주인이하입곡(主人以下入哭) ⇒ 내출취차역복(乃出就次易服), 복입곡(復入哭) ⇒ 강신(降神) 삼헌(三獻), 유식(侑食) 합문(闔門), 계문(啓門) 사신(辭神) ⇒ 지조석곡(止朝夕哭) ⇒ 시식채과(始食菜果)"이라 하였다. 연복으로 바꿔 입고 제사한 후 조석곡을 그치고, 채소와 과일을 먹는다.

소상 후 12개월 후인 25개월이 되는 날에는 2주기 의례인 대상(大祥)566)을 지내게 된다. 예서의 세부 절차로는 "재기이대상(再朞而大祥) ⇒ 전기일일목욕(前期一日沐浴), 진기구찬(陳器具饌) ⇒ 궐명행사(厥明行事), 개여소상지의(皆如小祥之儀) ⇒ 필(畢), 축봉신주입우사당(祝奉神主入于祠堂) ⇒ 철영좌(徹靈座), 단장(斷杖), 기지병처(棄之屛處)"이라 하였다. 대상을 마친후 영좌를 철거하고, 상장(喪杖)을 부러뜨려 보이지 않는 곳에 버린다. 『가례』에는 5 대조 신주를 체천하고, 술과 고기를 먹고 침실로 돌아간다고 하였으나, 『상례비요』와 『사례편람』에는 이 예가 길제로 옮겨 진행하도록 하였다.

그리고 담담하고 평안하다는 의미에서 담제(禫祭)567)를 지낸다. 대상 뒤 한 달을 건너 택일하여 지내는데, 임종으로부터 27개월째 이다. 예서의 세부 절차로는 "대상지후,(大祥之後) 중월이담(中月而禫) ⇒ 전일월하순(前一月下旬),복일(卜日) ⇒ 전기일일(前期一日), 목욕(沐浴), 설위(設位) 진기구찬(陳器具饌) ⇒ 설차(設次), 진담복(陳禫服) ⇒ 궐명행사(厥明行事), 개여대상지의(皆如大祥之儀) ⇒ 시음주식육(始飮酒食肉)"이라 하였다. 『사례편람』에는 대상의 의식과 같다고 하였고, 비로소 술과 고기를 먹는다고 하였다.

마지막으로 담제 후 택일하여 사후 28개월 혹은 29개월째에 신주(神主)의 대(代)를 바꾸고 집의 계승할 종손이 바뀌었음을 공포하는 제사인 길제(吉祭)568)를 지냄으로써 상례의 절

---

565) 前期一日.主人以下沐浴陳器具饌,設次陳練服,厥明夙興設蔬果酒饌,質明.祝出主.主人以下入哭,乃出就次 易服.復入哭,降神.三獻,侑食,闔門,啓門,辭神,止朝夕哭,始食菜果.

566) 再朞而大祥,前期一日.沐浴陳器具饌,厥明行事,皆如小祥之儀,畢.祝奉神主入于祠堂,徹靈座,斷杖棄之屛處..

567) 大祥之後.中月而禫前一月下旬卜日,沐浴設位陳器具饌,厥明行事,皆如大祥之儀,厥明夙興設蔬果 酒饌,質 明.祝出主.主人以下入哭,乃出就次易服.復入哭, 降神.三獻,侑食,闔門,啓門,辭神,禫之明日,卜日,告遷于 祠堂.

568) 齊戒.告遷于祠堂,設位,陳器,省牲,滌器,具饌,設次陳吉服,厥明夙興,陳蔬果,質明,奉主就位•叅神,降神,進

차를 마무리하게 된다. 예서의 세부 절차로는 "담지명일(禪之明日), 복일(卜日) ⇒ 전기삼일 제계(前期三日齊戒) ⇒ 고천우사당(告遷于祠堂) ⇒ 설위(設位) ⇒ 진기(陳器), 성생(省牲), 척기구찬(滌器具饌) ⇒ 설차(設次), 진길복(陳吉服) ⇒ 궐명숙흥(厥明夙興), 진소과(陳蔬果) ⇒ 질명(質明), 봉주취위(奉主就位) ⇒ 참신(參神), 강신(降神), 진찬(進饌) ⇒ 초헌(初獻) ⇒ 아헌(亞獻) 종헌(終獻), 유식(侑食) 합문(闔門), 계문(啓門) 수조(受胙) 사신(辭神) ⇒ 납주(納主) ⇒ 철준(徹餕) ⇒ 봉천주(奉遷主), 매우묘측(埋于墓側) ⇒ 복침(復寢)"이라 하였다. 『상례비요』와 『사례편람』에는 이 예의 절차가 시제(時祭)와 같다고 하여 비로소 길사(吉祀)로 전환되었음을 밝히고 있다.

이상의 논의와 앞서 <그림 1, 상례진행 절차도>에 나타난 상례의 19단계에 대한 절차적 이해를 바탕으로 의례화의 과정이 축적된 문화적 자산과 당시의 사상, 시간과 공간개념에 대한 폭넓은 이해를 바탕으로 상징화 한다는 점에서 단계별 이해가 아닌, 일정별 시간의 변화와 의례절차를 교차하여 도표화 하면 다음과 같다.

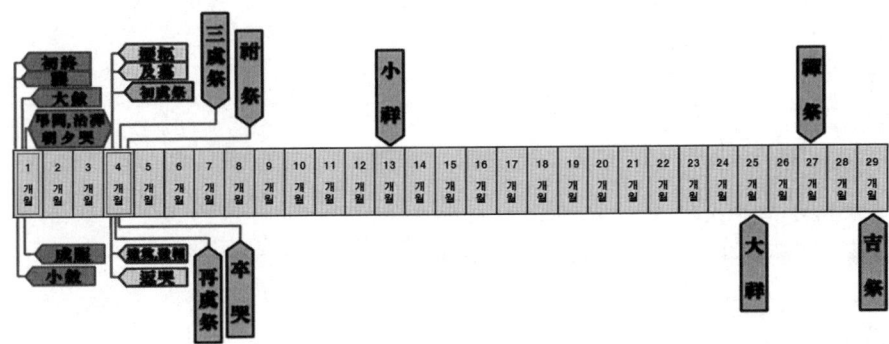

〈그림 14〉 일정별 상례진행 절차도

시간의 변화를 반영한 <그림 14>의 분석결과는 앞서 설명한 <그림 13>과는 의례절차의 구성과 진행에서 확연한 차이를 알 수 있다. 세부적으로는 주요 의례가 의례의 초기인 사망 당일과 4개월차 즉 시신의 처리 과정에 집중되어 진행되고 있음을 알 수 있다. 이를 통해 의례절차가 죽음의 인지와 시신의 처리에 집중하고 있음을 알 수 있어 상례가 고인을 위한 의례임을 나타내는 것이라 할 수 있다. 다음 장에서는 이를 구체화하여 고인을 위한 의례적 요소를 세분화하고 관계된 사람들의 의례분석을 통해 의례의 형식과 이를 구체화하고자 한다.

饌, 初獻, 亞獻, 終獻, 侑食, 闔門, 啓門, 受胙辭神, 納主, 徹餕奉遷主, 埋于墓側.

● 참고문헌

원전류

『家禮』

『管子』 「形勢解」

『論語』

『道德經』

『史記』 「孔子世家」

『四禮便覽』

『喪禮備要』

『尙書』 「洪範」

『常變通攷』

『荀子』

『易學啓蒙』

『禮記』

『莊子』

『周易』

『春秋穀梁傳』

『春秋蕃露』

『漢書』 「藝文志略」

「洪範」

『淮南子』

저서류

국사편찬위원회, 『상장례, 삶과 죽음의 방정식』, 두산동아 2005

국립중앙박물관, 『전통문화 교양강좌』, 국립중앙박물관, 1995

謝松齡, 『음양오행설의 연구』, 신지서원, 1993

양계초, 『陰陽五行說之來歷』, 경문사, 1978

윤내현, 『우리 고대사, 상상에서 현실로』, 지식산업사, 2003

임재해, 『전통상례』, 서울 : 대원사, 1996

전창선, 어윤형, 『陰陽五行으로 가는 길』, 세기, 2003

Joseph Needham, 李錫浩 外 역, 『中國의 科學과 文明』 2책, 乙酉문화사, 1991

채병윤, 『인간과 오행』, 집문당. 1997
풍우란, 『陰陽五行說의 硏究』, 신지서원, 1993
한동석, 『宇宙變化의 原理』, 대원출판, 2001
허진웅, 『중국 고대사회 -문자와 인류학의 효시-』, 동문선, 1998

논문류

김영목, 「陰陽五行思想의 存在論的 考察」, 충남대학교 대학원. 2001
남상호, 「周易과 孔子仁學」, 汎韓哲學 28輯, 2003
박정윤, 「陰陽五行說의 成立과 그 理論的 배경 -春秋·戰國時代를 중심으로-」, 고려대, 2001
송갑준, 「陰陽五行說의 思惟體系」, 人文論叢 14輯, 2001
우실하, 「한국 전통문화의 구성에 대한 연구 -초기 형성과정을 중심으로-」, 연세대, 1997
원용준, 「『莊子』의 生死觀 硏究」, 성균관대학교, 1996
유권종, 「유교의 상례와 죽음의 의미」, 철학탐구 16집, 2004
윤석열, 「河圖와 洛書에 나타난 陰陽五行에 관한 硏究」, 大韓原典醫師學會誌 8집, 1994,
이정재, 「陰陽五行論의 形成과 이의 應用硏究」, 한국문화연구 7집
이진우, 「한국사회 장묘관행 변화의 추세 연구」, 고려대학교 석사학위논문, 2004,
이철영, 「한민족의 전통적 생사관에 관한 연구」, 동국대 불교대학원 2007
임원철, 『주역(周易)』의 음양대대적(陰陽對待的) 관념에 관한 연구」, 제주대학교 철학과 석사학위논문, 2013.
임채우, 「주역 음양 관계론의 정합성 문제」, 『동서철학연구 제72호』 2014
천인석, 「渤海의 儒學思想과 統一新羅의 儒學思想 比較」, 東洋思想硏究 第 17輯, 1997
_____, 「高句麗의 儒學思想 硏究」, 東洋思想硏究 第 8輯, 1987
최영진, 「易學思想의 哲學的 探究 : 『周易』의 陰陽對待的 構造와 中正思想을 中心으로」, 성균관대학교 동양철학과 박사학위논문, 1989.

儒敎 喪禮의 이해

2020년 03월 25일 초판 인쇄
2020년 04월 08일 초판 발행

저 자 이철영
발행인 이주현
발행처 도서출판 해조음
등 록 2002. 3. 15. 제 2-3500호
　　　　서울중구 필동로1길 14-6 리앤리하우스 203호
　　　　전화 02-2279-2343
　　　　전송 02-2279-2406
　　　　메일 haejoum@naver.com

값 33,000원

ISBN 978-89-91107-30-4　　13380